La France Parlementaire: Recueil Complet Des Discours Et Rapports......

Honoré-Gabriel Riqueti Mirabeau

LA

FRANCE PARLEMENTAIRE.

MIRABEAU.

Paris. — Imprimerie BLONDEAU, rue du Petit-Carreau, 32.

LA
FRANCE PARLÉMENTAIRE

RECUEIL COMPLET DES

DISCOURS ET RAPPORTS

PRONONCÉS PAR LES PRINCIPAUX ORATEURS, DEPUIS 1789 JUSQU'A NOS JOURS,

PRÉCÉDÉS D'UNE

ÉTUDE BIOGRAPHIQUE ET CRITIQUE,

ET SUIVIS DES

JUGEMENTS ET OPINIONS DES ÉCRIVAINS FRANÇAIS ET ÉTRANGERS LES PLUS CÉLÈBRES,

ET D'UNE NOTICE BIBLIOGRAPHIQUE POUR CHAQUE ORATEUR,

PUBLIÉS PAR

MM. Eugène DUMEZ, MELVIL-BLONCOURT, Louis HUGUIER et Henri VALLETON.

MIRABEAU

Avec des appréciations tirées des Ouvrages de : BAILLEUL, LOUIS BLANC, BUCHEZ, CABET, CHATEAUBRIAND, CORMENIN, CAMILLE DESMOULINS, DROZ, ÉTIENNE DUMONT, DE FALLOUX, DE GENOUDE, VICTOR HUGO, JULES JANIN, LACRETELLE, LA MARCK, LAMARTINE, LERMINIER, LUCAS MONTIGNY, JOSEPH DE MAISTRE, MARAT, MICHELET, MIGNET, LOUIS XVI, A. NETTEMENT, NISARD, POUJOULAT, RIVAROL, SAINTE-BEUVE, THIERS, TISSOT, VILLEMAIN, Mme DE STAEL, etc., etc.

ÉTRANGERS :

ALISON, THOMAS CARLYLE, DAHLMANN, SCHLOSSER, WALTER-SCOTT. etc., etc.

PARIS,

SIÉGE DE L'ADMINISTRATION, RUE PAVÉE SAINT-ANDRÉ, 12,

Et chez tous les principaux libraires de Paris, des Départements et de l'Étranger,

—

1851.

La Révolution était faite dans les esprits, quand s'ouvrirent à Versailles les États-Généraux, le 5 mai 1789. Les causes du grand mouvement social qui se produisit à cette époque ont été savamment exposées par les historiens ; il n'entre pas dans notre plan de refaire leur œuvre.

Sans doute il eût été d'un grand intérêt de remonter le cours des siècles écoulés, de faire revivre les anciennes assemblées, représentation embryonnaire du peuple, de compter une à une les pulsations de la nationalité française sous la longue époque monarchique, puis de décrire le travail philosophique qui précéda et amena la Révolution, avec ses critiques, ses plans, ses utopies. On entrait ainsi par un immense péristyle dans la France parlementaire. Mais quelle science d'investigateurs, quelles facultés d'encyclopédistes, pour plonger un regard sûr dans les lointaines origines, dans ce monde aujourd'hui endormi et enveloppé de ténèbres ! Une colonie de Bénédictins seule retrouverait le sol antique sous les couches épaisses qui le recouvrent. Tout nous manque pour procéder à cette grande analyse.

1789 est une phase synthétique que nous pouvons apprécier et caractériser dans son ensemble, sinon approfondir et éclairer dans sa formation.

Sous la pression de la servitude, et comme en serre chaude, s'étaient produites les théories régénératrices ; tout l'avenir était dans les livres ; il n'y avait plus qu'à appliquer, à soumettre au creuset de la pratique les principes qui remuaient le monde. On ne pouvait d'ailleurs en différer l'épreuve. En vain les rois eussent voulu conjurer la nécessité des réformes : le moment était fatal ; leur prestige et leur infaillibilité s'évanouissaient. Les peuples peuvent ignorer, mais ils n'oublient pas ce qu'ils savent. Or, les abus tolérés si longtemps par l'habitude du joug, avaient été dénoncés avec éclat, et il fallait qu'ils disparussent, sous peine d'une guerre sociale, d'un épouvantable cataclysme, dont les terribles symptômes sillonnaient çà et là l'horizon comme les éclairs précurseurs de la tempête. A côté de cette menace de révolte qui se réalisa dans quelques provinces, s'organisait une résistance régulière et pacifique, comme pour prouver la force calme et majestueuse de l'esprit nouveau. Le Parlement de Paris déclarait que le refus des subsides étant un moyen légal de défense pour les sujets opprimés, il n'enregistrerait les impôts qu'autant qu'ils seraient librement consentis par la nation.

C'est au milieu de l'universelle agitation que furent convoqués les Etats-Généraux.

Nous allons décrire la France d'alors, et montrer dans tous ses points saisissables, la société sur laquelle la Révolution allait passer. L'initiation aux sentiments, aux intérêts des partis, est indispensable; elle facilitera l'intelligence du drame qui commençait à se dérouler.

Déjà la noblesse, le clergé et le tiers-état avaient rédigé leurs programmes, et les intentions du roi étaient connues.

Les cahiers de la noblesse repoussaient énergiquement toute innovation. La réunion des États y était admise, leur périodicité même demandée, mais dans l'unique but, y était-il dit, de restaurer le passé, de rétablir dans leur pureté et leur intégrité les coutumes anciennes. Les droits féodaux étaient abandonnés, mais moyennant indemnité et rachat. Ces cahiers insistaient d'ailleurs sur le maintien du vote par ordre, des propriétés et priviléges nobiliaires, du droit exclusif de chasse, etc. Quelques-uns, par un bizarre anachronisme, proposaient l'institution d'un tribunal héraldique, de nouvelles commanderies. A côté de l'esprit de résistance et de conservation que nous venons de constater, s'élevaient les tendances les plus subversives contre le clergé; la division profonde qui séparait les deux ordres privilégiés se dessinait nettement. On demandait que les ordres religieux fussent supprimés, qu'il en fût de même des dîmes, que les dettes du clergé fussent laissées à sa charge et que les fortunes ecclésiastiques fussent limitées. — Il y avait là toute une page arrachée aux pamphlets de Voltaire. — Signalons pourtant dans cette profession de foi l'expression des vœux communs à la Noblesse, au Clergé et au Tiers. Les trois ordres, également attentifs au présent et préoccupés de l'avenir, revendiquaient avec la même force la liberté individuelle, la liberté de la presse, l'inviolabilité du secret des lettres. Il n'était personne, en effet, qui, au début de la lutte qui s'annonçait, ne comprît l'importance de ces garanties. Toutes les manifestations devaient pouvoir se produire sans entraves dans la solennelle élaboration qui allait se faire.

Le clergé, sauf les préjugés inhérents à sa constitution et les réserves de l'esprit de corps, se montrait plus libéral et plus révolutionnaire que la noblesse. Et d'abord, il censurait de lui-même les vices qui lui étaient reprochés; il demandait à revenir à l'antique discipline, à l'église primitive, et proposait, comme moyens de réforme : le rétablissement des conciles nationaux et des synodes provinciaux, l'abolition de la pluralité des bénéfices, l'obligation de la résidence, l'attribution au mérite et à la vertu des dignités ecclésiastiques. Arrivant aux intérêts généraux de la société, il se déclarait pour la permanence ou la périodicité des États, le vote par tête, la fondation d'états particuliers dans chaque province, la fin des tribunaux d'exception, l'institution d'un même Code civil et d'un même Code criminel et de procédure pour toute la France, l'adoucissement et l'égalité des peines, l'abolition des supplices qui équivalent à la torture, des confiscations, du bannissement; l'égale répartition des charges, la création d'impôts sur le capital, sur le luxe; la suppression des droits féodaux, droits de chasse, banalités, corvées, droits de péage et de prévôté, priviléges des compagnies, jurandes et maîtrises; la répression de l'usure, de l'agiotage, des banqueroutes frauduleuses. Le clergé insistait encore sur l'admission du tiers à tous les emplois et charges de robe ou d'épée, réservés jusqu'alors à la seule noblesse. Il parlait d'éducation gratuite. Enfin, et ce dernier trait couronnait dignement le programme tout chrétien du clergé et lui donnait un caractère vraiment égalitaire, ses cahiers réclamaient l'abolition de l'esclavage.

La Révolution était toute entière dans les cahiers du tiers-état. Aujourd'hui encore nous vivons sur les idées qui s'y produisirent. On est forcé de reconnaître, en les lisant, que l'ordre mineur avait passé l'âge de la tutelle, et que, sous l'actif stimulant de la souffrance et de la compression, il avait mené à fin son travail émancipateur. Il était prêt à conquérir la liberté et l'égalité, et mûr pour posséder la terre promise. Ecoutons Siéyès :

« Qu'est-ce que le tiers-état? — Tout. »

« Qu'a-t-il été jusqu'à présent dans l'ordre politique? — Rien. »

« Que demande-t-il? — A y devenir quelque chose. »

« Que tous les priviléges qui divisent les ordres soient révoqués, ajoutait le duc d'Orléans; le tiers est la nation. »

Mirabeau venait de louer une boutique à Marseille, et sur la devanture de cette boutique, on lisait : *Mirabeau, marchand de draps.*

Un prince du sang, un noble, un prêtre, apparaissaient les premiers sur la brèche, à l'avant-garde de l'armée du tiers-état et montaient à l'assaut de la vieille France féodale. La force était là.

Le droit y était aussi, et il y parut bien. Les plans de réforme jetés dans les cahiers du tiers, les vues qu'il étendait vers l'avenir, accusaient sa puissance et présageaient son triomphe. Il montrait sur toutes choses une science pratique à laquelle nous refuserions de croire à cause de la condition difficile et inférieure dans laquelle il avait vécu, si des documents authentiques, des témoignages irrécusables n'en faisaient foi, si nous n'avions vu et touché pièce à pièce le terrible arsenal qu'il avait forgé. Nous citerons seulement, car il faut se borner, un extrait du cahier du tiers-état de la ville de Paris. L'instruction que les électeurs de la capitale confiaient au patriotisme et au zèle de leurs représentants, était divisée en six parties que nous rappelons ici pour prouver l'ordre et l'intelligence qui y régnaient : 1° constitution; 2° finances; 3° agriculture, commerce et juridiction consulaire; 4° religion, clergé, éducation, hôpitaux et mœurs; 5° législation; 6° objets particuliers à la ville de Paris. — Nous avons parlé des cahiers des ordres privilégiés, parce que les vœux émis par la noblesse et le clergé sont peu connus aujourd'hui, la plupart n'ayant point été réalisés; et puis il fallait faire ressortir les éléments qui furent hostiles à la Révolution. Nous croyons inutile et impossible d'ailleurs, dans notre cadre étroit, de reproduire tout au long la profession de foi et la revendication du tiers-état. L'intérêt n'est pas le même, le tiers-état a vaincu; resté irrévocablement maître du champ de bataille, il a formulé en lois et fait passer en institutions toutes les réformes présentées dans ses cahiers. Ce qui existe maintenant est ce qu'il réclamait alors.

Voici la *déclaration des droits* rédigée par le tiers-état de Paris. Quelle précision et quelle netteté !

« Dans toute société politique, tous les hommes sont égaux en droits.

« Tout pouvoir émane de la nation, et ne peut être exercé que pour son bonheur.

« La volonté générale fait la loi, la force publique en assure l'exécution.

« La nation peut seule concéder le subside ; elle a le droit d'en déterminer la quotité, d'en limiter la durée, d'en fixer la répartition, d'en assigner l'emploi, d'en demander le compte, d'en exiger la publication.

« Les lois n'existent que pour garantir à chaque citoyen la propriété de ses biens et la sûreté de sa personne.

« Toute propriété est inviolable. Nul citoyen ne peut être arrêté ni puni que par un jugement légal.

« Nul citoyen, même militaire, ne peut être destitué sans un jugement.

« Tout citoyen a le droit d'être admis à tous les emplois, professions et dignités.

« La liberté naturelle, civile, religieuse de chaque homme, sa sûreté personnelle, son indépendance absolue de toute autre autorité que celle de la loi, excluent toute recherche sur ses opinions, ses discours, ses écrits, ses actions, autant qu'ils ne troublent point l'ordre public, et ne blessent pas les droits d'autrui.

« En conséquence de la déclaration des droits de la nation, nos représentants demanderont expressément l'abolition de la servitude personnelle, sans aucune indemnité ; de la servitude réelle en indemnisant les propriétaires ; de la milice forcée ; de toutes commissions extraordinaires ; de la violation de la foi publique dans les lettres confiées à la poste ; et de tous les priviléges exclusifs, si ce n'est pour les inventeurs, à qui ils ne seront accordés que pour un temps déterminé.

« Par une suite de ces principes, la liberté de la presse doit être accordée, sous la condition que les auteurs signeront leurs manuscrits, que l'imprimeur en répondra, et que l'un et l'autre seront responsables des suites de la publication.

« La déclaration de ces droits naturels, civils et politiques, telle qu'elle sera arrêtée dans les Etats-Généraux, deviendra la charte nationale et la base du gouvernement français. »

Suivent les corollaires et conséquences des principes énoncés dans *la déclaration*. Dans toute la France, même mouvement, même maturité. Dans ces instructions également fortes de pensée et de style, énergiques comme il convient à la manifestation de l'inprescriptible droit, on ne reconnaît plus l'humble tiers-état d'autrefois, le tiers-état du comte de Boulainvilliers, déposant, tête nue, à genoux, sa supplique aux pieds du roi. Le temps des doléances était passé.

Quant à Louis XVI, le rôle qu'il joua dans la Révolution est mieux connu. Les malheurs de la victime expiatoire de la monarchie l'ont mise en relief. Il avait hésité longtemps à convoquer les Etats; homme faible et irrésolu, il était peu propre à se mouvoir dans un ardent milieu. La royauté, d'ailleurs, était en dissolution, ses jours étaient comptés; la lutte, si héroïquement que la conduisit le représentant de la monarchie, devait tourner contre elle, et jamais le destin, cette divinité antique, n'intervînt aussi cruellement dans les affaires humaines. Mais au moment de l'ouverture des Etats, nul symptôme ne menaçait le roi; sa popularité semblait même grandir. Il aimait le peuple, gémissait sur ses misères et voulait sincèrement les réformes, seulement il n'avait pas foi en la liberté, dont il craignait les agitations; il l'irrita par des entraves et se heurtant aux angles de la Révolution, il recula jusqu'à l'échafaud.

Le discours du ministre Calonne à l'assemblée des notables de 1787, révèle le caractère flottant et indécis du roi, qui, avec l'héritage légué par Louis XV, avait à gouverner la rude nation façonnée par le XVIIIe siècle. Calonne, parlant au nom du monarque, promettait d'abattre la vaine confédération des abus, dont l'existence pesait sur la classe productive et laborieuse; il s'engageait à détruire les priviléges pécuniaires, les exemptions à la loi commune, et tant d'immunités injustes qui n'affranchissaient une partie des contribuables qu'en aggravant le sort des autres; il s'élevait aussi contre l'inégalité générale dans la répartition des subsides, et l'énormité des proportions qui existait entre les contributions des provinces d'une même nation, et des sujets d'un même souverain; contre la rigueur et l'arbitraire de la perception de la taille, la crainte, la gêne et même le déshonneur imprimés au commerce des premières productions; contre les droits qui décourageaient l'industrie, ceux dont le recouvrement exigeait des frais excessifs et des préposés innombrables; enfin contre tout ce qui altérait les produits, tout ce qui affaiblissait les sources du crédit, tout ce qui rendait les revenus insuffisants et les absorbait en dépenses superflues.

La royauté entrait donc dans le concert universel de plaintes qui remplissaient l'air; elle apportait, elle aussi, sa critique et son plan de réformes, mais elle s'effrayait de l'exécution. Elle aurait voulu concilier les usages locaux, les prétentions diverses, les priviléges et intérêts opposés les uns aux autres; œuvre impossible toujours, impossible surtout alors.

On s'explique les variations de la conduite de Louis XVI : il s'arrêta, un pied dans le passé et l'autre dans l'avenir; les traditions et les aspirations se partagèrent son cœur, et il voulut sacrifier à la fois au principe d'autorité et au principe de liberté : tous les partis le renièrent, et il périt à l'œuvre.

Maintenant, nous avons présenté la matière révolutionnaire, nous avons compté les partis, réveillé leur voix, ranimé leurs passions, leurs intérêts : nomenclature longue, mais indispensable.

C'est avec tout cela que se fit l'unité de la France.

La première question qui s'éleva au sein des États fut celle du mode à adopter pour le vote, question vitale et essentielle. « Convaincue de ses droits, dit un auteur, l'Assemblée (celle du tiers, ou la nation, comme disait Siéyès), s'adressait à des ennemis qui n'étaient pas convaincus des leurs, et elle l'emporta par une simple expression de sa volonté sur une puissance de plusieurs siècles. C'est là toute la Révolution; c'en est le premier acte et le plus noble; il est juste, il est héroïque, car jamais une nation n'a agi avec plus de droit et de danger. » Les ordres privilégiés furent donc vaincus. Le premier obstacle renversé, le travail d'élimination continua. l'Assemblée constituée en *représentants du peuple français*, attira à elle toute la puissance. Il n'y eût bientôt plus ni royauté, ni noblesse, ni clergé : ce monde vermoulu tomba en poussière, et sur ses ruines s'éleva une imposante réunion d'hommes de qui tout relèverait à l'avenir, et qui devait tout lier et délier dans la nation.

On sait quel usage a fait l'Assemblée constituante du pouvoir sans bornes qu'elle venait de se donner; elle a laissé sur toutes les choses de notre société l'empreinte de sa main. Nos institutions et nos mœurs sont son œuvre. Elle n'a pas seulement renversé un édifice bâti et cimenté par les siècles, elle n'a pas seulement jeté une fondation plus solide et plus durable; elle a créé un moyen indestructible de progrès. Tout en burinant la loi nouvelle, elle a respecté et garanti l'essor de l'activité et de la liberté humaines; elle a légué aux générations futures le droit et la faculté de réviser le pacte de leurs pères; elle leur a permis d'accepter ses décrets sous bénéfice d'inventaire. En un mot, c'est à elle que nous devons le régime démocratique et représentatif. Les assemblées ne sont pas devenues permanentes, comme le vœu en avait été exprimé, mais elles n'en ont pas moins de force, et leur absence serait, plus que leur présence, redoutable au débris de pouvoir qui reste encore debout. Leurs portes peuvent être brisées, leur sanctuaire violé en des jours de délire et d'orgie; l'usurpation ne dure pas. La justice, un instant violée, reparaît bientôt, car rien ne prévaut contre le droit.

Les assemblées introduisent la vie dans le corps politique. Cette vie a ses dangers; il n'y a que la mort qui n'ait pas d'orages. Mais que de maux conjure le système représentatif! Une tribune libre est le fidèle écho des vœux et des plaintes du peuple; elle est la lumière des gouvernants et la garantie des gouvernés; elle rend les citoyens calmes et les pouvoirs progressifs. Les impatiences deviennent de moins en moins légitimes, les colères de moins en moins justifiables.

On sent qu'en écrivant ces lignes, nous sommes en contemplation devant la magnifique perspective ouverte par l'Assemblée constituante; nous perdons le souvenir ou le sentiment de la servitude, et nous cessons d'apercevoir l'altération des principes au nom desquels se fit la Révolution de 1789. Nous cherchons à décrire l'œuvre immortelle de la Constituante, sans nous arrêter à d'affligeants parallèles, aux accidents qui traversent la société actuelle, aux nuages qui couvrent son ciel.

A quoi bon d'ailleurs songer aux espérances déçues, jeter des paroles amères? Si les vérités s'obscurcissent, elles ont un lendemain plus brillant; si les peuples semblent privés de vie, ils ne dorment qu'un court sommeil; car les peuples ne meurent pas.

Et de cette vie éternelle, 1789 est une des plus grandes époques, et l'œuvre de la Constituante une des plus glorieuses manifestations.

MIRABEAU

(HONORÉ-GABRIEL-RIQUETTI, Comte de)

NÉ A BIGNON, PRÈS NEMOURS, LE 9 MARS 1749; MORT A PARIS,
LE 2 AVRIL 1791.

———————

Mirabeau, a dit Boissy-d'Anglas, fut la providence de la Révolution.

Les États venaient d'être convoqués : noblesse, clergé, tiers-état allaient de concert fixer les destinées de la France. Mais cette grande assemblée n'était qu'un corps immobile et sans vie; un homme survint qui en fut l'âme : cet homme était Mirabeau.

Mirabeau créa l'Assemblée constituante. C'est dans sa puissante individualité que surgit le tiers-état, c'est-à-dire la nation. De rien qu'elle était, la nation devint tout. Il y eût création dans toute l'extension du terme.

Sous l'impulsion de Mirabeau, le tiers-état s'ébranla; sous sa direction, il se disciplina; sous son inspiration, il refit la société française; et pour vaincre le vieux monde, qui avait résisté à l'action de plusieurs siècles, il ne fallut qu'un jour à ce chef et à cette armée.

Le jour que nous évoquons est dans toutes les mémoires. Nous avons rappelé les tendances des ordres privilégiés · l'esprit philosophique qui s'était emparé de la noblesse, la tradition chrétienne qui semblait renaître dans le clergé, la division profonde qui se manifestait depuis longues années entre ces deux puissances rivales, promettaient à la Révolution un facile triomphe. Mais quand il s'agit de passer de la théorie au fait, quand on toucha à l'avénement du droit, les obstacles s'élevèrent, les priviléges se coalisèrent et se raidirent. Un instant effacés, les camps se reformèrent et la lutte commença.

La grande, l'unique question pour le tiers-état, était d'obtenir le vote par tête, et, par-là, de dominer la noblesse et le clergé. Nous insistons sur ce premier moment des débats parlementaires : il fut décisif. Si la solution allait au gré du tiers-état, il n'avait plus rien à revendiquer, il était maître de la position, il était tout. Le vote par tête lui assurait la majorité, car lui seul comptait six cents députés, autant qu'il y en avait dans le clergé et la noblesse réunis. Ce fut sur ce point capital que se livra le combat. Les éléments qui formaient l'ancienne majorité résistèrent : il se forma autant d'assemblées qu'il y avait d'ordres, et les privilégiés repoussèrent toute délibération en commun. La dispute dura deux mois. Le clergé, de guerre las, sortit de la ligue, et vint se joindre au tiers-état qui, docile à la voix déjà prépondérante de Mirabeau, opposait une force d'inertie. L'influence qu'exerçait alors ce grand orateur n'était pas usurpée ; le premier, il s'était énergiquement expliqué sur la question vitale qui s'agitait : « Qu'ai-je besoin de démontrer, avait-il dit, que la division des ordres, que l'opinion et la délibération par ordre seraient une invention vraiment sublime pour fixer constitutionnellement l'égoïsme dans le sacerdoce, l'orgueil dans le patriciat, la bassesse dans le peuple, la confusion entre tous les intérêts, la corruption dans toutes les classes dont se compose la grande famille, la cupidité dans toutes les âmes, l'insignifiance de la nation, la tutelle du prince, le despotisme des ministres ? » Le stratégiste qui signalait ainsi l'ennemi, conquit, de haute lutte, une véritable dictature dans le sein des communes.

Louis XVI intervenant au fort du conflit, cassa les actes du tiers, ordonna que la réunion se ferait par ordre, et somma les députés de se retirer. La résolution extrême prise par le roi avait une incalculable portée. Il abdiquait le rôle tutélaire et émancipateur qu'il s'était tracé ; il agissait au nom des priviléges dont il avait le malheur de représenter la somme ; il compromettait enfin la monarchie dans l'arène des partis et la jetait dans l'éclat de suspicion permanente qui la perdit.

En présence de cette sommation, les cœurs les plus fermes hésitèrent entre la soumission et la résistance ; l'audace, comme la pusillanimité, avait ses dangers. Il s'agissait, d'ailleurs, de tout l'avenir.

M. de Dreux-Brézé, grand-maître des cérémonies, ayant répété les ordres du roi, Bailly, qui présidait, lui répondit par quelques paroles pleines de dignité et de convenance que personne n'a retenues. Bailly n'était pas l'homme de la situation.

La voix de Mirabeau s'éleva alors retentissante :

« Les communes de France, s'écria-t-il, ont résolu de délibérer ; et vous, Monsieur, qui ne sauriez être l'organe du roi auprès de l'Assemblée nationale ; vous, qui n'avez ni place, ni voix, ni droit de parler, allez dire à votre maître que nous sommes ici par la volonté du Peuple, et qu'on ne nous en arrachera que par la force des baïonnettes. »

Le grand-maître des cérémonies sortit à reculons. Le serment du Jeu-de-Paume était tenu.

L'audacieux député, qui, d'un mot, venait de sauver la Révolution et de changer les bases de l'ordre politique, était un des privilégiés de l'ancien régime. Il sortait d'une noble race et ne l'oublia jamais. Tout en invoquant Rome républicaine et ses tribuns, il écrivait la généalogie des Riquetti, ses pères, rejetés depuis deux siècles de l'Italie ; il errait en imagination dans la galerie des portraits de l'antique famille Florentine et essuyait respectueusement la poussière dont ils étaient voilés. Il les saluait tour à tour : celui-ci, syndic de la noblesse, celui-là, procureur de la Provence, son aïeul, couvert d'honorables blesssures, son père enfin, savant économiste et *grand citoyen du monde*, mais tous hommes de cour. Il n'omettait pas de parler, à propos de la royale arquebusade de la Saint-Barthélemy, de Coligny, son cousin. Rien dans cette fierté native et toute patricienne, n'eût fait pressentir le génie destructeur des castes et des aristocraties. Aussi, quelles conditions anormales il fallut pour lui souffler la haine du passé et l'attacher au sort de la Révolution !

Mirabeau fut pendant les quarante années qu'il vécut, en insurrection permanente contre toutes les autorités. Enfant, il se débattit contre le despotisme de son père, homme sec et dur qui entendait la famille comme la loi tyrannique par excellence, la loi romaine primitive. On a conservé la correspondance du marquis et du vicomte de Mirabeau, le père et l'oncle de M. *L'Ouragan*, c'est ainsi qu'ils y appellent le jeune comte. Ils se disputent à qui n'aura pas à se charger de lui. Ils sont frappés des éclairs de son intelligence, mais ils ne trouvent pas l'emploi de sa dévorante ardeur. Ils considèrent sa puissante virtualité comme un principe de mal, et loin de concevoir le rôle et le théâtre qui lui sont réservés, ils le redoutent comme un fléau domestique. Les deux vieillards n'ont pas conscience du mouvement qui s'opère autour d'eux, le monde marche à leur insu, et les tressaillements qui agitent la société sont lettre morte pour eux ; à les lire, on croit voir deux figures d'un autre âge s'animer et parler du temps présent.

Aussi quelle éducation! Mirabeau fut abandonné à des valets investis d'un pouvoir sans bornes sur lui. Point de torture qu'il ne subît de la part de cette domesticité. Le titre dont il s'énorgueillit plus tard au milieu des enivrements du triomphe, lui fut retiré. Ce fut avec le nom rotu- rier de Pierre Buffières qu'il entra dans un régiment : nouvelle condition, nouvelle servitude. Impatient du joug, avide de plaisirs, le soldat Pierre Buffières encourut bientôt le châtiment paternel et fut enfermé, en vertu d'une lettre de cachet, au fort de l'île de Rhé. Le marquis de Mira- beau montrait une grande libéralité dans la distribution des peines. Il obtint soixante-sept lettres de cachet contre sa famille, et son fils eut le droit de dire que sous ce rapport au moins, il avait été traité en aîné de Normandie. Mirabeau nous a laissé sur les lettres de cachet un livre écrit dans une de ses prisons. Mieux que personne, il pouvait traiter la matière.

Cette première captivité ne fut pas de longue durée; il en sortit pour contracter, avec mademoiselle de Marignane, une union qui fut rompue un an après, de l'accord des deux époux. De ce moment commença pour Mirabeau une série non interrompue de misères et de douleurs; nous ne suivrons pas cette vie dans ses sinuosités et ses écarts; nous ne remettrons pas en lumière la partie morte d'une grande figure historique. C'est la partie vivante que nous voulons en retracer, c'est-à-dire ce qui en a été utile, honnête et véritablement grand. Éclairer l'ombre du tableau, ce serait interroger la poussière, ce serait faire une nécrologie. Un publiciste re- marquable interdit ainsi au biographe l'étude de la douloureuse période de formation des grands hommes : « La vie supérieure qui était en eux, qui a échappé au tombeau et qui domine les âges, se développait lente- ment et naissait d'un germe invisible ou du moins chétif, humble comme le gland d'où naîtra le chêne. Sans doute il est bon d'étudier, autant qu'il est en nous, le chêne caché dans le gland, mais est-ce à dire que lorsque l'arbre immense est là qui nous domine et nous jette son ombre, nous devions nous obstiner pour le connaître à le considérer uniquement et toujours dans son germe? Serait-ce donc écrire la biographie d'un chêne que d'énumérer curieusement les gouttes de pluie qui l'ont pénétré quand il était gland, les cailloux qui l'ont meurtri quand les vents le roulaient dans l'orage, pour venir s'arrêter au jour mystérieux où, sous le souffle de Dieu, un peu de terre l'a recouvert et l'a fait chêne? »

Loin de nous la pensée de présenter une apologie de la vie privée de

Mirabeau, une atténuation des fautes qui la souillèrent. C'est surtout lorsque le vice s'attache à de sublimes intelligences qu'il doit être énergiquement flétri. Le génie oblige, et aux natures richement douées incombent de plus grands devoirs qu'aux natures vulgaires.

Et pourtant, voyez quelle immense sympathie s'attacha de tout temps au nom de Mirabeau, de quelle glorieuse auréole il resplendit encore! Sans parler des séductions invincibles qu'il exerça sur l'âme tendre des femmes brisées et sacrifiées sur sa route, il gagnait les cœurs les plus impitoyables, les geôliers; ces rudes instruments du despotisme, laissèrent plus d'une fois tomber leurs clefs à sa parole. Les membres de l'Assemblée constituante, hommes purs pour la plupart, et qui étaient édifiés sur ses antécédents, l'écoutaient avec respect et se glorifiaient de son amitié. Ils suivirent tous son convoi et lui votèrent le Panthéon. Les historiens ont partagé cet enthousiasme et nos orateurs invoquent sa paternité. Si les cendres de Mirabeau ont été jetées au vent par le peuple mobile et inconstant, ç'a été en des jours de lutte ardente où l'on n'assiste qu'aux emportements de la force, où un sceau de fatalité semble s'attacher plus particulièrement aux mouvements des sociétés.

Le secret des unanimes et sincères applaudissements excités par Mirabeau est dans la puissance que lui communiqua l'idée révolutionnaire dont il fut un moment l'incarnation. Son individualité fut d'autant plus saillante, que son identification avec le principe nouveau avait été plus douloureuse. Né dans une caste riche et privilégiée, il avait vécu pauvre et opprimé; il avait été traîné de cachot en cachot; la moitié de sa vie s'était consumée dans les forts de l'île de Rhé, de Joux, dans les châteaux d'If, de Vincennes; sa vigoureuse jeunesse s'était usée, privée d'air et de soleil; il emporta de ses prisons, cachés dans les doublures de ses vêtements en lambeaux, des mémoires qui constatent jour par jour sa pénible initiation au sort de ceux qui, jusqu'alors, avaient été privés de la justice et du droit. Il retrace ses angoisses dans ce *long tête-à-tête avec sa douleur;* il se plaint éloquemment des *sévérités muettes et terribles* qui l'enveloppent; il maudit les oubliettes du despotisme, *d'où l'on ne peut sortir que fou et où l'on meurt enragé.* Il faillit y perdre la vue, et déjà il s'essayait à écrire les yeux fermés, prévoyant le temps où ses regards seraient privés de lumière.

Quand il arriva aux États-Généraux, il avait été interdit, emprisonné, exilé, décapité en effigie; ses livres avaient été livrés au bourreau. Toutes les circonstances l'avaient irrésistiblement poussé dans les voies de l'avenir. La noblesse, inhabile comme tout ce qui est condamné à mourir, ne fit rien pour retenir dans ses rangs l'écrivain qui avait vaincu Beaumarchais, l'orateur qui avait triomphé de Portalis. Repoussé par les possesseurs de fiefs de Provence, il tomba dans les bras du peuple, en lançant ce véhément défi à la noblesse : « Dans tous les pays, dans tous les âges, les aristocrates ont implacablement poursuivi les amis du peuple, et si, par je ne sais quelle combinaison de la fortune, il s'en est élevé quelqu'un dans leur sein, c'est celui-là surtout qu'ils ont frappé, avides qu'ils étaient d'inspirer la terreur par le choix de la victime. Ainsi périt le dernier des Gracques de la main des patriciens; mais, atteint du coup mortel, il lança de la poussière vers le ciel, en attestant les dieux vengeurs, et de cette poussière naquit Marius, Marius moins grand pour avoir exterminé les Cimbres, que pour avoir abattu dans Rome l'aristocratie de la noblesse. » Il terminait par cette prophétie si près de se réaliser : « les priviléges finiront, le peuple est éternel. »

Ce n'était pas le premier gage qu'il donnait à la révolution. Déjà il avait bravé et attaqué les trônes en face. Il avait écrit au roi de Prusse : « Si vous faites ce que le fils de votre esclave aura fait dix fois par jour, mieux que vous, les courtisans diront que vous avez fait une action extraordinaire; si vous obéissez à vos passions, il vous diront que vous faites bien; si vous prodiguez les sueurs de vos sujets comme l'eau des fleuves, ils diront que vous faites bien; si vous affermez l'air, ils diront que vous faites bien; ils l'ont dit lorsqu'Alexandre, dans l'ivresse, déchira d'un coup de poignard le sein de son ami; ils l'ont dit quand Néron assassina sa mère. » Comme l'homme disparaît dans cette magnifique protestation ! Il n'est plus que la voix éloquente des siècles proclamant la morale éternelle et absolue.

Mirabeau revendiquait ailleurs un droit encore contesté de nos jours, le droit du suffrage universel : « Lorsqu'une nation est trop nombreuse pour être réunie dans une seule assemblée, elle en forme plusieurs, et les individus de chaque assemblée particulière donnent à un seul le droit de voter pour eux. — Tout représentant est par conséquent un élu. La collection des représentants est la nation, et tous ceux qui ne sont point représentants ont dû être électeurs, par cela seul qu'ils sont représentés. — Il ne doit exister aucun individu dans la nation qui ne soit électeur ou élu, représentant ou représenté. » Les électeurs du tiers-état accueillirent Mirabeau avec transport, et il fut nommé à Aix et à Marseille. On a contesté son glorieux début à l'Assemblée constituante, et la courageuse apostrophe qu'il lança à M. de Brézé. Mais l'histoire a enregistré irrévocablement la victoire de l'orateur : aujourd'hui que soixante ans ont passé sur la mémorable séance du 23 juin 1789, les mots qu'il prononça sont encore vivants; leur écho se prolongera sous les voûtes des assemblées, tant qu'il y aura des assemblées; ils sont immortels, et pour les peuples dont ils proclament la souveraineté, et pour les gouvernements dont ils déclarent la dépendance. Toutes les fois que le corps législatif dont il protégea le berceau, est menacé dans la liberté de ses délibérations, on invoque l'éloquente formule du droit qui sortit frémissante de la poitrine de Mirabeau, et on écoute si la voix puissante du tribun ne se réveillera pas. Qui, d'ailleurs, disputerait à sa mémoire cette héroïque action? Seraient-ce les amis des libertés qu'il défendit de toutes les forces de son corps et de son âme? Seraient-ce les partis vaincus qui, s'humiliant sous sa main, et confessant leur agonie, voulurent le charger d'or, à condition qu'il serait la digue de la Révolution, qu'il calmerait l'orage déchaîné par lui? Il est trop tard pour déchirer de notre histoire et de la sienne cette grande page. Il fallait parler de son vivant, quand l'émotion universelle s'attachait à lui, quand tout un peuple était suspendu à ses lèvres. Mirabeau est depuis longtemps sorti des contestations.

La pensée politique de Mirabeau se résume dans sa déclaration des Droits de l'Homme. Les principes qu'il y exposa sont développés dans ses admirables discours. Cette déclaration contenait :

L'égalité et la liberté de tous les hommes par droit de naissance; l'établissement, la modification et la révision périodique de la Constitution par le peuple; la loi comme expression de la volonté générale; la délégation du pouvoir législatif à des représentants souvent renouvelés, légalement et librement élus, toujours existants, annuellement rassemblés, inviolables.

L'infaillibilité du roi et la responsabilité des ministres;

La liberté d'autrui pour limite de la liberté de chacun;

La liberté de la personne et pour garantie la publicité de la poursuite, de la confrontation et du jugement, l'antériorité et la gradation des peines;

La liberté de la presse par la parole, l'écriture ou l'impression, sauf la répression de ses abus;

La liberté des cultes, sauf la police;

La liberté des associations politiques, sauf la surveillance municipale;

La liberté de la propriété, du commerce, de l'industrie;

L'expropriation pour cause d'utilité publique, moyennant une juste indemnité;

Le vote préalable, l'égalité proportionnelle, la moralité, la justice et la modération de l'impôt;

L'établissement d'une comptabilité régulière, l'économie dans les dépenses, la modicité des salaires et l'abolition des cumuls et des sinécures;

L'admission de tous les citoyens aux emplois civils, ecclésiastiques, militaires;

La subordination des troupes à l'autorité civile;

La résistance à l'oppression [1].

Écrivit-on jamais un programme plus large que celui-là?

Il y eut dans la vie parlementaire si courte et si pleine de ce grand homme, deux phases bien distinctes. Dans la première, il combattit pour les droits de la nation encore méconnus; dans la seconde, il plaida la cause des privilèges déjà menacés. Jeté dans l'Assemblée par le flot populaire, il resta d'abord fidèle à son origine : il se lança impétueusement contre la société officielle, la société monarchique, féodale et cléricale, et se mit à la dépouiller de son prestige et de sa puissance. C'est lui qui excita et aiguillonna l'Assemblée constituante; c'est lui qui battit la charge quand elle envahit au pas de course tous les éléments de la souveraineté, quand elle repoussa la division des pouvoirs, le système anglais des deux Chambres, la résistance des Parlements, quand elle décréta la responsabilité des ministres et des agents de l'administration, *depuis le premier visir, jusqu'au dernier sbire.* Mais le sol nivelé, le vide fait autour de l'Assemblée, l'ivresse de la victoire dissipée, Mirabeau se retourna et s'effraya des ruines accumulées derrière lui; il voulut arrêter le mouvement, mettre un frein à la Révolution. Les câbles qui retenaient la France au rivage étaient brisés; il la voyait aventurée en pleine mer, et il chercha à jeter l'ancre; son esprit plongé à moitié dans l'ombre, pensait asseoir la liberté sur les vieilles fondations. Le génie fut impuissant à remplir cette œuvre, et dès qu'il sortit de la Révolution, Mirabeau parut même perdre sa force et sa popularité; son influence diminuait sensiblement; Barnave, Lameth, Duport, le triumvirat, dont ses succès troublaient le sommeil, lui disputaient avec quelque chance la dictature que jusque là il avait exercée sur ses collègues. Il s'épuisa en efforts désespérés, il fit

1 Cormenin · *Livre des Orateurs.*

appel à toutes ses ressources ; son éloquence sembla grandir, mais ce fut en vain ; il ne réussit pas à relever ce qu'il avait renversé.

Mirabeau, dans les deux périodes que nous venons de constater, fut sincère. Il crut marcher sur le terrain de la justice et de la vérité, aussi bien au moment où il fit reculer la royauté et assura l'omnipotence de l'Assemblée, que le jour où il soutint le *veto* absolu. Si son caractère fut vénal, son talent resta incorruptible. Sans doute, c'est à la fin de sa vie, à l'époque où se manifesta dans sa conduite une réaction violente contre tous ses antécédents, qu'il conclut avec la cour un honteux marché, qu'il eut avec Marie-Antoinette et avec M. de Montmorin ces entrevues où il conseillait la fuite de la famille royale, où il proposait la dissolution de la Constituante et la restauration des abus qu'il avait été le premier à stygmatiser et à flétrir. On ne peut nier la coïncidence. Mais ne peut-il avoir été, comme il le déclarait lui-même avec cynisme, payé et non vendu? La mort le prit d'ailleurs au moment où le problème allait être résolu. S'il eut le projet de trahir les intérêts du peuple, il n'en eut pas le temps.

Les hommes de cette époque doivent être jugés avec une grande réserve. La mobilité et l'inconstance ne sont qu'apparentes chez eux ; comment sonder les reins et les cœurs, quand la fatalité enveloppe tous les membres d'une société, quand ils ne sont que les instruments d'une nécessité invincible, et quand ils se hâtent vers un but qu'ils ne connaissent pas et qu'ils ne peuvent éviter, quoi d'étonnant si, leur tâche finie, ils assistent au drame qu'ils ont traversé comme on repasse un songe au réveil? L'instinct seul poussa Mirabeau, et il remplit, les yeux fermés, la fonction qui lui était tracée. Voilà pourquoi, ne comprenant pas la mission, il obéit et exécuta, puis voulut retourner sur ses pas. Mais il ne put arracher du sol les bases de granit qu'il y avait jetées et qui, chaque jour, s'y enfonçaient plus profondément.

Mirabeau n'eut pas conscience de son œuvre ; ainsi, jamais l'idée ne lui vint de détruire la monarchie, et c'est lui qui fit au trône la plus large brèche. Il faut en dire autant de ses collègues, les constituants de 1789 ; en léguant aux assemblées à venir un pouvoir sans bornes, et en conservant un débris illusoire de force à la royauté, ils n'avaient pas vu que l'autorité est impartageable, que la répartir sur plusieurs têtes, c'est créer un antagonisme qui ne doit se résoudre que par l'extinction d'un des éléments mis en présence et en hostilité. Cette conséquence fut tirée par les conventionnels, génération d'hommes héroïques et terribles, qui accomplirent, les pieds dans le sang, leur rôle providentiel. Danton, Robespierre, furent aussi entraînés par l'instinct ; ils avaient, à leur début, affirmé la monarchie : on sait comment ils la traitèrent.

Aussi la souveraineté du but est-elle l'unique culte auquel tous sacrifièrent alors. Il fallait vaincre, quels que fussent les moyens. Telle est la doctrine qui vivait et qui vit encore dans les esprits, doctrine funeste et impie, qui n'est que la conséquence des divisions et des haines. Le sang coule-t-il à la prise de la Bastille, Mirabeau sanctifie l'insurrection : « Trop souvent, dit-il, dans un mouvement admirable d'ailleurs, on n'oppose que les baïonnettes aux convulsions de l'agonie ou de la misère. Mais les baïonnettes ne rétablissent jamais que la paix de la terreur et le silence du despotisme. Ah ! le peuple n'est pas un troupeau furieux qu'il faille enchaîner ! Toujours calme et mesuré, lorsqu'il est vraiment libre, il n'est violent et fougueux que sous les gouvernements où on l'avilit pour avoir le droit de le mépriser. » Puis il rappelle l'inquisition, les guerres de religion, le massacre de la Saint-Barthélemy. Barnave apprenant le meurtre de Berthier et de Foulon « leur sang était-il donc si pur ! » s'écrie-t-il. Plus tard, quand le combat sera plus ardent, les cœurs plus impitoyables, Robespierre pourra proclamer l'insurrection comme le plus saint des devoirs, Danton pourra rendre grâces aux septembriseurs : Ce seront toujours les mêmes sentiments, les mêmes passions ; il n'y aura de changé que les formules et les termes. Et de nos jours encore, n'est-ce pas au succès qu'on mesure les actions humaines, n'est-ce pas à la fortune qu'on subordonne la morale ? Les insurrections victorieuses ne sont-elles pas glorifiées et bénies, pendant que les fureurs et les malédictions poursuivent les émeutes étouffées et domptées ? Quand sortirons-nous du règne de la force pour entrer dans le règne du droit ?...

Il fallait, pour expliquer les variations de Mirabeau, caractériser l'époque où il vécut. La France d'alors lui tint compte des services qu'il rendit à la liberté ; elle le combla d'honneurs. Il mourut enseveli dans son triomphe, et sa perte fut considérée comme une calamité publique. Il put entrevoir à ses derniers moments la pompe de ses funérailles et les regrets qu'il exciterait en quittant la vie. Une foule immense, attentive et silencieuse, pressait de ses flots la demeure du mourant. Ses amis et ses ennemis se mêlaient dans un pieux recueillement et conjuraient la mort. Un homme du peuple offrit un sacrifice sublime, le croyant un moyen de salut : il demanda à ce qu'on fît la transfusion de son sang jeune et riche dans les veines appauvries de Mirabeau. « J'offre mon sang de grand cœur, disait-il, l'un et l'autre sont purs. »

Tant de vœux furent stériles, tant de dévouement inutile. Mirabeau sentit le froid de la mort envahir peu à peu ses organes. La tête fut atteinte la dernière et resta libre jusqu'à la fin. Voyant poindre l'aurore de son dernier jour, il fit ouvrir les fenêtres : « Mon ami, dit-il à Cabanis, je mourrai aujourd'hui ; quand on en est là, il ne reste plus qu'une chose à faire : c'est de se parfumer, de se couronner de fleurs, et de s'environner de musique, afin d'entrer agréablement dans le sommeil dont on ne se réveille plus. »

Mais bientôt l'agonie devint douloureuse et la souffrance altéra le calme que jusqu'alors il avait montré. « Il fit, dit Cabanis, dans le journal qu'il nous a laissé, le mouvement d'un homme qui veut écrire ; nous lui donnâmes une plume et du papier ; il écrivit très-lisiblement : *dormir*. Je fis semblant de ne pas l'entendre ; il fit signe de lui rapporter le papier et la plume, et il écrivit : « *Croyez-vous que la mort soit un sentiment douloureux ?* Voyant que je n'adoptais pas sa demande, il écrivit encore : *Tant qu'on a pu croire que l'opium fixerait l'humeur, on a bien fait de ne pas le donner, mais maintenant qu'il n'y a plus de ressources que dans un phénomène inconnu, pourquoi ne pas tenter ce phénomène ? Et peut-on laisser mourir son ami sur la roue, pendant plusieurs jours peut-être ?* »

Entendant un coup de canon, il s'écria : Sont-ce les funérailles d'Achille ? Achille est mort, dit le lendemain Robespierre, Troie ne sera pas prise.

Jamais convoi royal n'avait été escorté par une foule aussi nombreuse et aussi sympathique que le fut le convoi de Mirabeau. Cérutti prononça sur lui une oraison funèbre ; l'Assemblée constituante, Pétion seul excepté, le conduisit au Panthéon. On n'avait pas encore vu la mémoire d'un homme célébrée aussi pompeusement et aussi sincèrement.

Trois ans après cependant, un huissier de la Convention s'avançait jusqu'à la porte du caveau où gisaient les restes de Mirabeau, et y faisait lecture du décret qui l'excluait du Panthéon. Par une étrange vicissitude, ce décret avait été rendu sur le rapport de Chénier, le même qui, dans une ode magnifique, avait exalté le génie de l'orateur. Des valets de police brisèrent le double cercueil qui renfermait le corps et jetèrent cette froide dépouille dans le cimetière de Clamart. C'est là qu'elle repose aujourd'hui sans que rien n'indique le coin de terre qui la recouvre, sans que rien ne la distingue de celles des suppliciés qu'on entasse pêle-mêle dans ce lieu de repos. Plus tard, sous le gouvernement consulaire, sa statue décora le palais du sénat, mais la restauration de 1815 la renversa.

La tombe de Mirabeau a été profanée, sa cendre semée au vent, ses statues brisées. Mais sa mémoire, dégagée des luttes et des agitations, n'a fait que grandir.

Mirabeau est le fondateur de la tribune française; et il en est resté le plus grand orateur.

EUGENE DUMEZ.

ÉTATS-GÉNÉRAUX.

(COMMUNES — 1789.)

.

Séance du 18 Mai. — Présidence de Bailly.

A la séance du 6 mai, Mirabeau s'était déjà opposé à l'envoi d'une députation aux deux ordres privilégiés, pour les engager à se réunir aux communes ; à la séance du 13 mai, Rabaud de Saint-Etienne proposa de nommer un certain nombre de personnes, auxquelles il serait permis de conférer avec les commissaires nommés par les ecclésiastiques et les nobles, pour réunir tous les députés dans la salle nationale, sans pouvoir jamais se départir des principes de l'opinion par tête, et de l'individualité des Etats-Généraux. Chapelier, de son côté, proposa d'adopter et de faire notifier au clergé et à la noblesse une déclaration par laquelle les députés des communes invitaient et interpellaient les députés de l'église et de la noblesse à se réunir dans la salle des Etats-Généraux où ils étaient attendus depuis trois jours, et à se former en Etats-Généraux pour vérifier les pouvoirs de tous les représentants de la nation.

A la séance du 15 mai, Rabaud de Saint-Etienne développa longuement sa motion. La séance du 18 mai s'ouvrit par la discussion de cette motion et de celle de Chapelier. Mirabeau prit le premier la parole :

MESSIEURS, les sentiments très-estimables, les principes en général très-purs qui caractérisent les deux motions dont nous nous sommes occupés, n'ont pas suffi pour me ranger entièrement aux propositions de MM. Rabaud de Saint-Etienne et Chapelier. Je désirerai qu'un avis mitoyen, tempérât, ou plutôt réunît ces deux opinions.

M. Rabaud de Saint-Etienne demande que nous autorisions MM. du bureau à conférer avec les commissaires du clergé et de la noblesse pour obtenir la réunion des membres qui doivent former les Etats-Généraux.

M. Chapelier désire que, dans une déclaration très-formelle, nous démontrions au clergé et à la noblesse l'inégalité de leur conduite, et que nous les avisions des démarches qu'il deviendrait nécessaire d'opposer à leurs prétentions.

Ce dernier avis, plus conforme aux principes que le premier, il faut en convenir, plus animé de cette mâle énergie qui entraîne les hommes à leur insu même, renferme, selon moi, un grand inconvénient dont les préopinants ne m'ont paru tous assez frappés.

Indépendamment de ce que le parti que nous propose M. Chapelier, tend à porter un décret très-solennel avant que nous ayions aucune existence légale, indépendamment de ce qu'il confond deux ordres qui ont tenu une conduite très-différente, indépendamment de ce qu'il avertit nos adversaires d'un système qu'il est bon de ne leur faire connaître qu'en le développant tout entier, lorsque nous-mêmes en aurons saisi toutes les conséquences, il appelle, il nécessite en quelque sorte une déclaration de la noblesse, encore plus impérative que celle dont nous fûmes accueillis hier; une déclaration que, dans nos formes actuelles, nous ne sommes ni préparés, ni aptes à repousser, et qui cependant peut exiger les résolutions les plus promptes. Si nous sommes persuadés, Messieurs, autant que nous devons l'être, qu'une démarche aussi mémorable, aussi nouvelle, aussi profondément décisive que celle de nous déclarer Assemblée nationale, et de prononcer défaut contre les autres ordres, ne saurait jamais être trop mûrie, trop mesurée, trop imposante, et même qu'elle nécessite d'autres actes, sans lesquels nous pourrions obtenir pour tout succès une dissolution qui livrerait la France aux plus terribles désordres; nous devons infiniment redouter de nous trouver contraints en quelque sorte, par notre déclaration même, à faire avec précipitation ce qui ne peut jamais être soumis à trop de délibérations.

D'un autre côté, la motion de M. Rabaud de Saint-Étienne dissimule entièrement la conduite arrogante de la noblesse; elle donne en quelque sorte l'attitude de la clientelle suppliante aux communes, qui, ne fussent-elles pas bravées et presque défiées, doivent sentir qu'il est temps que le peuple soit protégé par lui seul, c'est-à-dire, par la loi, qui suppose l'expression de la volonté générale. Cette motion enfin, traite avec la même déférence ceux qui, se rendant juges dans leur propre cause, n'ont pas même daigné condescendre à la discuter; et ceux qui, plus habiles ou plus délicats, couvrent du moins de quelques procédés leur marche irrégulière et chancelante.

Ces deux avis, chacun dans leur sens, me paraissent également exagérés.

Et qu'on ne nous répète pas de grands lieux communs sur la nécessité d'une conciliation. Rien n'est plus aisé que de saisir, par le mot salutaire, les esprits peu attentifs, ou même les bons citoyens qui ont plus de qualités morales que de connaissances des affaires, plus de zèle que de prévoyance : car le vœu de tous les cœurs honnêtes est la concorde et la paix; mais les hommes éclairés savent aussi qu'une paix durable n'a d'autre base que la justice, qui ne peut reposer que sur les principes.

Mais peut-on, sans aveuglement volontaire, se flatter d'une conciliation avec les membres de la noblesse, lorsqu'ils daignent laisser entrevoir qu'ils ne pourront s'y prêter qu'après avoir dicté des lois exclusives de toute conciliation ? Lorsqu'ils font précéder leur consentement à nommer des commissaires pour se concerter avec les autres ordres, de la fière déclaration qu'ils sont légalement constitués. N'est-ce pas là joindre la dérision au despotisme? Et que leur reste-t-il à concerter, du moment où ils s'adjugent eux-mêmes leurs prétentions? Laissez-les faire, Messieurs, ils vont vous donner une constitutiou, régler l'État, arranger les finances; et l'on vous apportera solennellement l'extrait de leurs registres pour servir désormais de code national..... Non, Messieurs, on ne transige point avec un tel orgueil, ou l'on est bientôt esclave.

Que si nous voulons essayer encore des voies de conciliation, c'est au clergé, qui du moins a eu pour nos invitations l'égard de déclarer qu'il ne se regardait pas comme constitué légalement, et cela au moment même où la noblesse nous dictait ses décrets souverains, c'est au clergé qui, soit intérêt bien entendu, soit politique déliée, montre le désir de rester fidèle au caractère de médiateur, c'est au clergé, trop habile pour s'exposer au premier coup de tempête; c'est au clergé, qui aura toujours une grande part à la confiance des peuples, et auquel il nous importera longtemps encore de la conserver; c'est au clergé qu'il faut nous adresser, non pour arbitrer ce différend, une nation juge d'elle et de tous ses membres ue peut avoir ni procès, ni arbitres avec eux ; mais pour interposer la puissance de la doctrine chrétienne, des fonctions sacrées, des ministres de la religion, des officiers de morale et d'instruction; qu'il se consacre donc à faire revenir, s'il est possible, la noblesse à des principes plus équitables, à des sentiments plus fraternels, à un système moins périlleux, avant que les députés des communes, obligés de remplir enfin leur devoir et les vœux de leurs commettants, ne puissent se dispenser de déclarer à leur tour les principes éternels de la justice, et les droits imprescriptibles de la nation.

Cette marche a plusieurs avantages ; elle nous laisse le temps de délibérer mûrement sur la conduite à tenir avec la noblesse, et sur la suite des démarches qu'exigent ses hostilités ; elle offre un prétexte naturel et favorable à l'inaction qui est de prudence, mais non pas de devoir ; elle fournit à la partie des députés du clergé qui fait des vœux pour la cause populaire, l'occasion dont ils ont paru très-avides, de se réunir avec nous ; elle donne enfin des forces à la trop peu nombreuse partie de la noblesse, que sa généreuse conduite nous permet de regarder comme les auxiliaires des bons principes. Vous conservez ainsi tous vos avantages, et vous ne vous compromettez pas en aucun sens, ce qui ne peut pas se dire dans tous les systèmes; car on aura beau se récrier sur ce qu'on appelle des disputes de mots, tant que les hommes n'auront que des mots pour exprimer leurs pensées, il faudra peser ces mots. Eh! de bonne foi, est-ce bien à ceux qui courbent la tête devant les pointilleries des publicistes, est-ce bien à ceux qui nous rappellent sans cesse à de vieux textes, à de vieux titres, à de belles phrases, à des autorités de discours et d'insinuations; est-ce bien à ceux

qui nous ont journellement fait dire ce que nous ne voulions pas dire, répondre ce que nous ne pouvions répondre, à nous reprocher de peser sur
les mots? Nous n'avons cessé de convenir que nous n'étions point constitués : devons-nous nous permettre des formules qui aient toutes les apparences d'un acte de juridiction? Avons-nous eu tort de prétendre que la
puissance doit précéder l'action? Si cela était vrai hier, cela ne l'est-il pas
aujourd'hui? Si cela l'est encore, pouvons-nous, plus que les jours passés,
faire des déclarations secrètes, commenter des registres, donner des pouvoirs? Tout peut se défendre, Messieurs, excepté l'inconséquence.

Envoyez au clergé, Messieurs, et n'envoyez point à la noblesse, car la
noblesse ordonne et le clergé négocie. Autorisez qui vous voudrez à conférer
avec les commissaires du clergé, pourvu que vos envoyés ne puissent pas
proposer la plus légère composition, parce que sur le point fondamental de
la vérification des pouvoirs dans l'Assemblée nationale, vous ne pouvez vous
départir de rien. Et quant à la noblesse, tolérez que les adjoints confèrent
avec elle comme individus; mais ne leur donnez aucune mission, parce
qu'elle serait sans but et ne serait pas sans danger.

En effet, ne nous dissimulons pas que dans notre sein même on s'efforce de former un parti pour diviser les Etats-Généraux en trois chambres,
pour les faire délibérer et opiner par ordre; unique ambition des priviléges
en cet instant, et qui est l'objet d'un véritable fanatisme. Toute déviation
du principe, toute apparence de composition encouragera le parti, et en-
traînera ceux d'entre nous qu'on est parvenu à ébranler. Déjà l'on a répondu, déjà l'on professe qu'il vaut mieux opiner par ordre que de s'exposer
à une scission (ce qui revient à dire, *séparons-nous de peur de nous séparer*)
que le ministre désire, que le roi veut, que le royaume craint. Si le ministre est faible, soutenez-le contre lui-même, prêtez-lui de vos forces, parce
que vous avez besoin de ses forces. Un aussi bon roi que le nôtre ne veut pas
ce qu'il n'a pas le droit de vouloir. Le royaume craindrait s'il pouvait vous croire
vacillants. Qu'il vous sache fermes et unis, vous serez investis de toute sa sécurité. On nous flatte enfin (et c'est le plus adroit des piéges que depuis vingt-
quatre heures seulement on n'a pas craint de dresser, même à découvert), on
nous flatte que les ordres privilégiés vont sacrifier leurs occupations pécuniaires.
Et quel intérêt, dit-on alors, d'opiner plutôt par tête que par ordre? quel intérêt! Je comprendrais ce langage s'il était adressé à ceux qui s'appellent les
deux premiers ordres; car, comme ils n'ont pas un seul privilége au-delà des
exemptions pécuniaires, comme hors de ce cercle tous nos intérêts sont évidemment communs; je ne leur vois pas une seule raison de s'opposer à la
délibération par tête, s'ils sont de bonne foi; et voilà, pour le dire en passant, pourquoi je ne crois encore que faiblement à la sincérité de leurs sacrifices. Mais nous qui, malgré leur fierté dédaigneuse, avons de grandes
raisons de douter qu'ils aient le privilége exclusif de l'instruction et des
lumières; nous qui ne regardons point l'Assemblée nationale comme un bu-

reau de subdélégués ; nous qui croyons que travailler à la Constitution est le premier de nos devoirs, et la plus sainte de nos missions ; nous qui savons qu'il est physiquement impossible de s'assurer d'avoir obtenu le vœu national autrement que par la votation par tête ; la renonciation la plus complète et la moins ambigue aux exemptions pécuniaires ne nous désintéressera nullement du seul mode de délibérer et d'opiner, auquel nos principes nous autorisent, et nos consciences nous contraignent.

Ne compromettons pas ce principe sacré, Messieurs, n'encourageons pas les intrigants, n'exposons pas les faibles, n'égarons pas, n'alarmons pas l'opinion publique, marchons avec une circonspection prévoyante, mais marchons...

La noblesse a rompu par le fait, l'ajournement du roi ; nous devons en aviser M. le garde des sceaux, pour constater que le pouvoir est fini, et annoncer ainsi, par la voie la plus modérée et la plus respectueuse, mais la plus régulière et la plus directe, que les communes vont s'occuper des moyens d'exercer leurs droits et de conserver les principes.

Envoyons ensuite au clergé des hommes munis de votre confiance, et autorités à inviter, à entendre, mais non à proposer. Laissons la noblesse continuer horriblement sa marche usurpatrice autant qu'orgueilleuse ; plus elle aura fait de chemin, plus elle se sera donnée de torts ; plus les communes, qui n'en veulent point avoir, qui n'en auront jamais, seront encouragés aux principes, sûres de leur force, et par cela même de leur modération ; plus la concorde, l'ensemble, l'harmonie s'établiront parmi nous, plus l'esprit public se formera : et de lui seul se formeront notre irrésistible puissance, nos glorieux et durables succès.

La motion de Rabaud de Saint-Etienne avec les deux amendements qui avaient été proposés, fut adoptée en ces termes :

« L'Assemblée des Communes a résolu qu'elle nommerait des personnes pour conférer avec celles qui ont été ou qui seront choisies par MM. du clergé et de la noblesse, sur les moyens proposés pour réunir tous les députés, afin de vérifier tous les pouvoirs en commun ; et il sera fait une relation écrite des conférences. »

Séance du 23 mai. — Présidence de Bailly.

Un des secrétaires lit à l'Assemblée la lettre suivante du marquis de Brézé :

Versailles, 23 mai 1789.

« Le roi voulant, Monsieur, admettre à l'honneur de lui être présenté, dimancheprochain, 24 mai, ceux de MM. les députées qui n'étaient point encore arrivés le 2, j'ai celui de vous en prévenir, et de vouloir bien engager ces messieurs à donner leurs noms, en indiquant de quels baillages ils sont.

« Voulez-vous bien, Monsieur, le leur dire, et les prier de se rassembler dans le salon d'Hercule, en habits de cérémonie, un peu avant six heures du soir.

« J'ai l'honneur d'être, avec un sincère attachement, Monsieur, votre, etc.

« Le marquis de BRÉZÉ. »

MIRABEAU. A qui s'adresse *ce sincère attachement?*

LE SECRÉTAIRE. Il est écrit au bas de la lettre : *M. le doyen de l'ordre du tiers.*

MIRABEAU. Il ne convient à personne, dans le royaume, d'écrire ainsi au doyen des communes.

L'Assemblée partage ce sentiment, et charge le doyen d'en faire part à l'auteur de la lettre.

Séance du 27 mai.—Présidence de Bailly.

Les divisions qui existent entre les trois ordres persistant, Populus propose de nommer des commissaires qui iront demander aux députés des deux ordres privilégiés le résultat de leurs conférences, pour que les communes avisent.

MIRABEAU. Je ne vois rien que de sage et de mesuré dans la motion qui vous est soumise, et je conviens que l'on peut, sans inconvénient, se donner encore le mérite de cet inutile essai ; mais je vous prie d'examiner s'il ne serait pas bon d'y joindre une autre démarche plus efficace, et qui ait un but plus déterminé.

Il est clair, d'après le rapport de nos commissaires, que la proposition qu'on leur a faite est entièrement inacceptable. Elle choque tous nos principes ; elle excède nos pouvoirs.

Il est et il sera à jamais impossible de suppléer, dans une vérification par commissaires, à la sanction des Etats-Généraux réunis, il ne l'est pas moins que des contentions qui intéressent les ordres respectifs ne soient pas débattues par les trois ordres, en présence les uns des autres. Il l'est encore davantage qu'un ordre en particulier devienne le juge des questions qui intéressent les deux autres. Chaque ordre n'est que partie; les États-généraux sont seuls juges. Admettre une vérification des pouvoirs séparée et partielle, ce serait d'ailleurs vouloir être agité d'un éternel conflit de juridiction, susciter une foule de procès interminables.

La vérification par commissaires excède nos pouvoirs. Investis de la puissance nationale, autant du moins qu'une espèce de législative provisoire peut l'être, nous ne le sommes pas du droit de la déléguer. Nous ne pouvons pas subroger des juges à notre place ; la conséquence du principe contraire serait que nous pourrions limiter les Etats-Généraux, les circonscrire, les dénaturer, les réduire, enfin nommer des dictateurs. Une telle prétention serait criminelle autant qu'absurde. Ce serait une usurpation de la souveraineté, qui ferait sortir de cette Assemblée une véritable tyrannie, et qui frapperait de la plus détestable, si ce n'était en même temps de la plus pitoyable, toutes nos opérations.

Voilà, Messieurs, où conduit le système que proposent les deux ordres, et dont sans doute ils n'ont pas senti toutes les conséquences.

Je ne parlerai point de la proposition d'un des commissaires du clergé ; elle est probablement celle d'un ami de la paix : mais outre qu'en reconnaissant qu'il y a là vérification des pouvoirs, procès et nécessité à un jugement, elle nous renvoie à la sévérité du principe sur le choix des juges ; outre qu'elle ne saurait jamais échapper à cette observation simple, que s'il est possible, s'il est nécessaire, s'il est inévitable de se réunir pour la solution de certaines difficultés, il n'existe point une raison de ne pas se réunir pour la solution de toutes les difficultés. La proposition d'un seul homme ne peut point, en pareil cas, être matière à délibération, et nous savons que la noblesse a déjà repoussé les expédiens.

Sans doute, Messieurs, le système des ordres privilégiés est très-conséquent. L'un est déclaré légalement constitué. Il s'est, lui seul, investi de tous les pouvoirs qu'il a trouvés à sa convenance, il a fait des actes de véritable souveraineté, et l'un de ses membres, tout en parlant des principes constitutifs de la monarchie, ridicule cri de ralliement de tous ceux qui voudraient bien que la monarchie ne fût jamais constituée, n'a pas craint d'appeler l'assemblée des députés présumés de la noblesse, *cette chambre législative est souveraine.*

L'autre, plus temporiseur, plus circonspect, et surtout plus menacé de divisions intérieures, sous le titre modeste d'Etats-provisoires, fait à peu près les mêmes choses et tend évidemment au même but, avec cette circonstance très-remarquable, qu'il augmente tous les jours, par sa modération même, le nombre de ses auxiliaires ; tandis que la démarche violente de la noblesse attiédit les préjugés des hommes de bonne foi qu'elle renferme, et augmente les forces des amis de la liberté et de la paix.

Que devons-nous à nous-mêmes dans ces circonstances pour être fidèles tout à la fois à notre système de pacification, à nos devoirs et aux intérêts de nos commettants ?

J'ai déjà eu l'honneur de le dire dans cette assemblée, Messieurs, je ne conçois pas qu'il puisse être ni convenable, ni prudent de traiter de même avec celui qui ordonne sans titre, et celui qui négocie de notre gré ? Est-il bien certain, d'ailleurs, que dans ce système il y ait compensation entre nos acquisitions et nos pertes? C'est-il que le contraste de la conduite des communes et des ordres privilégiés nous acquierre autant d'amis dans la noblesse que l'intrigue favorisée par notre inaction nous en fait perdre dans le clergé? C'est-il qu'une plus longue persévérance dans notre immobilité, et surtout dans l'uniformité de notre tolérance, ne compromette pas les droits nationaux, en propageant l'idée que le monarque doit prononcer, si les ordres ne peuvent s'accorder, qu'au lieu de n'être que l'organe du jugement national, il peut en être l'auteur? Ces maximes très-odieuses, mais autorisées par des exemples, si la déraison et l'injustice pouvaient l'être, et que la mauvaise foi parvînt à confondre les temps et les circonstances, ces maximes acquièrent tous les jours beaucoup de partisans, parce qu'elles ont beaucoup de prôneurs intéressés, et que le besoin de faire et d'agir qui nous tourmente, leur conquiert un grand nombre de suffrages.

Il me semble qu'il est temps, sinon d'entrer en pleine activité, du moins de nous préparer de manière à ne pas laisser le plus léger doute sur notre résolution, sur nos principes, sur la nécessité où nous sommes de les mettre incessamment en pratique. Craignons qu'une plus longue persévérance dans notre immobilité, ne compromette les droits nationaux en propageant l'idée que le monarque doit prononcer, qu'au lieu de n'être que l'organe du jugement national, il peut en être l'auteur.

Les arguments de la noblesse se réduisent à ce peu de mots : *Nous ne voulons pas nous réunir pour juger des pouvoirs communs.*

Notre réponse est très-simple : *Nous voulons vérifier les pouvoirs en commun.* Je ne vois pas pourquoi le noble exemple de l'obstination, étayé de la déraison et de l'injustice, ne serait point l'usage de la fermeté qui plaide pour la raison et pour la justice.

Le clergé persévère dans le rôle de conciliateur qu'il a choisi, et que nous lui avons confirmé. Adressons-nous à lui, mais d'une manière qui ne laisse pas le plus léger prétexte à une évasion.

Si par impossible, les privilégiés s'obstinent dans leur conduite impérieuse et ambigue, nous recourrons au commissaire du roi, et nous lui demanderons de faire respecter son ajournement. M. le garde-des-sceaux, par ordre du roi, a ajourné cette assemblée. Toute assemblée ajournée, doit incontestablement se retrouver la même qu'elle était au moment où on l'a ajournée. M. le garde-des-sceaux doit donc faire respecter et exécuter l'ordre du législateur provisoire dont il a été l'organe; et ce n'est qu'alors que la conduite des privilégiés aura montré tout à la fois leur indiscipline et l'impuissance du ministre, que, forcé d'établir et d'exercer vous-mêmes les droits nationaux, vous aviserez, dans votre sagesse, aux moyens les plus paisibles, mais les plus sûrs d'en développer l'étendue.

Je propose en conséquence de décréter une députation vers le clergé, très-solennelle et très-nombreuse, qui, résumant tout ce que les commissaires conciliateurs des communes ont répondu, adjurera les ministres du Dieu de paix de se ranger du côté de la raison, de la justice et de la vérité, et de se réunir à leurs co-députés dans la salle commune.

La motion de Mirabeau est accueillie par acclamation et exécutée au même instant.

Séance du 29 Mai. — Présidence de Bailly.

Discours de Mirabeau contre les intrigues qui ont surpris au roi sa lettre aux communes, relative aux conférences des commissaires choisis pour la conciliation des trois ordres :

Il est difficile de fermer les yeux sur les circonstances où la lettre du roi nous a été remise. Il est impossible de ne pas désigner les motifs de ceux qui l'ont provoquée, du sentiment de l'auguste auteur de cette lettre. Il serait dangereux de confondre ses intentions respectables et les suites probables de son invitation. Un médiateur tel que le roi, ne peut jamais laisser une véritable liberté aux partis qu'il désire concilier. La majesté du trône suffirait seule pour la leur ravir. Nous n'avons pas donné le plus léger prétexte à son intervention. Elle paraît au moment où deux ordres sont en négociation avec le troisième, au moment où l'un de ces ordres est presque invinciblement entraîné par le parti populaire. C'est au milieu de la délibération du clergé, avant aucun résultat, après les conciliabules (je parle des assemblées nocturnes du haut clergé, que la notoriété publique nous a dénoncés), que les lettres du roi sont remises aux divers ordres. Qu'est-ce donc que tout ceci ? Un effort de courage, de patience et de bonté de la part du roi, mais en même temps un piége dressé par la main de ceux qui lui ont rendu un compte inexact de la situation des esprits et des choses, un piége en tout sens, piége ourdi de la main des Druides. — Piége, si l'on défère au désir du roi ; piége, si l'on s'y refuse. Adopterons-nous les conférences ?

Tout ceci finira par un arrêt du conseil. Nous serons chambrés et despotisés par le fait, d'autant plus infailliblement, que tous les aristocrates tendent à l'opinion par ordre. Si nous n'acceptons pas : le trône sera assiégé de dénonciations, de calomnies, de prédictions sinistres. On répétera avec plus de force ce qu'on dit aujourd'hui pour tuer l'opinion par tête, que les communes, tumultueuses, indisciplinées, avides d'indépendance, sans système, sans principes, détruiront l'autorité royale. On proférera avec plus de ferveur que jamais cette absurdité profonde, que la Constitution va périr sous l'influence de la démocratie.

Faisons route entre ces deux écueils ; rendons-nous à l'invitation du roi ;

mais faisons précéder ces conférences d'une démarche plus éclatante, qui déjoue l'intrigue et démasque la calomnie. Le roi nous a adressé un hommage rempli de bonté. Portons lui une adresse pleine d'amour, où nous consacrerons à la fois, nos sentiments et nos principes.

Je propose, d'après ces motifs, qu'il soit fait à Sa Majesté une très-humble adresse, pour lui exprimer l'attachement inviolable de ses fidèles communes à sa royale personne, à son auguste maison, et aux vrais principes de la monarchie, et lui témoigner leur respectueuse reconnaissance; que pour s'occuper de concert avec Sa Majesté, de la régénération du royaume, faire cesser la sollicitude dont elle a été pénétrée et mettre fin à la malheureuse inaction à laquelle cette Assemblée nationale est réduite par l'incident le plus imprévu, elles ont autorisé leurs commissaires à reprendre les conférences; que cependant les communes se voient dans la nécessité de déclarer que la vérification des pouvoirs ne peut être définitivement faite que dans l'Assemblée nationale, qu'en conséquence elles chargent leurs commissaires de s'occuper de tous les expédients, qui, sans porter atteinte à ce principe fondamental, pourront être jugés propres à ramener la concorde entre les divers ordres, et à réaliser les espérances que Sa Majesté a conçues pour le bonheur et la prospérité de l'État.

A la séance du soir, les députés des communes arrêtèrent que pour répondre aux intentions paternelles du roi, les commissaires déjà choisis par eux reprendraient leurs conférences avec ceux choisis par le clergé et la noblesse, et qu'une députation solennelle serait faite au roi pour lui présenter les hommages respectueux de ses fidèles communes.

Séance du 15 juin. — Présidence de Bailly.

Les deux ordres de la noblesse et du clergé refusaient de se réunir aux communes. Cette dernière Assemblée avait cependant le droit et sentait le besoin de se constituer; mais sous quelle dénomination? L'abbé Siéyès, dans une motion qui réunit un grand nombre de suffrages, avait proposé celle-ci : *Assemblée des représentants connus et vérifiés de la nation française.* Mirabeau la combattit en ces termes :

Je n'ai jamais été moins capable qu'aujourd'hui de discuter une question importante et de parler devant vous. Agité depuis plusieurs jours d'une fièvre opiniâtre, elle me tourmente dans ce moment même; je sollicite donc une grande indulgence pour ce que je vais dire : si mon âme parle à votre âme, vos forces suppléeront à mes forces; mais j'ose vous demander en même temps une grande attention pour la série de résolutions que j'aurai l'honneur de vous offrir. Longtemps méditées, rédigées dans un moment plus favorable, je les soumets à votre sagesse avec plus de confiance que le peu de mots que je vais balbutier.

Nous sommes prêts à sortir du cercle où votre sagesse s'est longtemps circonscrite. Si vous avez persévéré avec une fermeté rare dans un système d'inaction politique, infiniment décrié par ceux qui avaient intérêt à vous faire adopter de fausses mesures, c'était pour donner le temps aux esprits de se calmer, aux amis du bien public celui de seconder le vœu de la justice et de la raison; c'était pour vous assurer mieux que, même dans la poursuite du bien, vous n'excéderiez aucunes bornes; c'était, en un mot, pour manifester une modération qui convient surtout au courage, ou plutôt sans laquelle il n'est pas de courage vraiment durable et invincible.

Cependant le temps est écoulé, les prétentions, les usurpations des deux ordres se sont accrues; votre sage lenteur a été prise pour faiblesse; on a conçu l'espoir que l'ennui, l'inquiétude, les malheurs publics, incessamment aggravés par des circonstances presque inouies, vous arracheraient quelque démarche pusillanime ou inconsidérée. Voici le moment de rassurer vos âmes et d'inspirer la retenue, la crainte, j'ai presque dit la terreur du respect à vos adversaires, en montrant, dès vos premières opérations, la prévoyance de l'habileté jointe à la fermeté douce de la raison.

Chacun de vous sent, Messieurs, combien il serait facile aujourd'hui d'essayer, par un discours véhément, de nous porter à des résolutions extrêmes; vos droits sont si évidents, vos réclamations si simples, et les procédés des deux ordres si manifestement irréguliers, leurs principes tellement insoutenables, que ce parallèle en serait au-dessous de l'attente publique.

Que dans les circonstances où le roi a senti lui-même qu'il fallait donner à la France *une manière fixe d'être gouvernée*, c'est-à-dire, une constitution: on oppose à ses volontés et aux vœux de son peuple, les vieux préjugés, les gothiques oppressions des siècles barbares; qu'à la fin du xviiie siècle une foule de citoyens dévoile et suive le projet de nous y replonger, réclame le droit d'arrêter tout, quand tout doit marcher; c'est-à-dire, de gouverner tout à sa guise, et qualifie cette prétention vraiment délirante *de propriétés*; que quelques *personnes*, quelques *gens* des trois états, parce que, dans l'idiôme moderne, on les appelés des ordres, opposent sans pudeur la magie de ce mot vide de sens à l'intérêt général, sans daigner dissimuler que leurs intérêts privés sont en contradiction ouverte avec cet intérêt général; qu'ils veuillent ramener le peuple de France à ces formes qui classaient la nation en deux espèces d'hommes, des oppresseurs et des opprimés; qu'ils s'efforcent de perpétuer une prétendue constitution, où un seul mot prononcé par cent cinquante-un individus pourraient arrêter le roi et vingt-cinq millions d'hommes; une constitution où deux ordres qui ne sont ni le peuple, ni le prince, se serviront du second pour pressurer le premier, du premier pour effrayer le second, et des circonstances pour réduire tout ce qui n'est pas eux à la nullité; qu'enfin, tandis que vous n'attestez que les

principes et l'intérêt de tous, plutôt que de ne pas river sur nous les fers
de l'aristocratie, ils invoquent hautement le despotisme ministériel, sûrs
qu'ils se croient de le faire dégénérer toujours par leurs cabales en une
anarchie ministérielle ; c'est le comble sans doute de la déraison orgueilleuse.
Et je n'ai pas besoin de colorer cette faible esquisse pour démontrer que la
division des ordres, que le *veto* des ordres, que l'opinion et la délibération
par ordre seraient une invention vraiment sublime pour fixer constitutionnellement l'égoïsme dans le sacerdoce, l'orgueil dans le patriciat, la bassesse dans le peuple, la division entre tous les intérêts, la corruption dans
toutes les classes dont se compose la grande famille, la cupidité dans toutes
les âmes, l'insignifiance de la nation, la tutelle du prince, le despotisme des
ministres

Cependant, Messieurs, que conclurons-nous de ces tristes vérités, sinon, la
nécessité de redoubler de sagesse et de persévérance pour parvenir à une
constitution qui nous tire d'un état de choses si déplorable, et de proportionner notre émulation et nos efforts aux difficultés de cette entreprise,
sublime sans doute, mais simple, ce qui ne demande que le concours des
lumières et de la suite dans les volontés ; car c'est au développement de la
raison que la nature a remis la destinée éternelle des sociétés ; et la raison
seule peut faire des lois obligatoires et durables ; et la raison et les lois seules
doivent gouverner l'homme en société.

Espérons donc, Messieurs, loin de nous décourager, et marchons d'un pas
ferme vers un but qui ne saurait nous échapper.

Mais toutes les voies de douceur sont épuisées, toutes les conférences sont
finies, il ne nous reste que des partis décisifs et peut-être extrêmes........
Extrêmes ! oh ! non, Messieurs, la justice et la vérité sont toujours dans un
sage milieu : les partis extrêmes ne sont jamais que les dernières ressources
du désespoir. Et, qui donc pourrait réduire le peuple français dans une telle
situation ?

Il faut nous constituer, nous en sommes tous d'accord ; mais comment ?
sous quelle forme ? sous quelle dénomination ?

En Etats-Généraux ? — Le mot serait impropre, vous l'avez tous senti ; il
suppose trois ordres, trois Etats, et certes ces trois ordres ne sont pas ici.

Nous proposerait-on de nous constituer sous quelque autre dénomination
synonyme, après tout, de celle d'Etats-Généraux ? Je demanderai toujours :
aurez-vous la sanction du roi, et pourrez-vous vous en passer ? L'autorité du
monarque peut-elle sommeiller un instant ? Ne faut-il pas qu'il concoure à
votre décret, ne fut-ce que pour en être lié ; et quand on nierait contre tous
les principes, que sa sanction fût nécessaire pour rendre obligatoire tout
acte extérieur de cette assemblée, accordera-t-il aux décrets subséquents
une sanction dont on avoue qu'il est impossible de se passer, lorsqu'ils
émaneront d'un mode de constitution qu'il ne voudra pas reconnaître ?

Etes-vous sûrs d'être approuvés de vos commettants ? N'allez pas croire que le peuple s'intéresse aux discussions métaphysiques qui nous ont agités jusqu'ici, elles ont plus d'importance qu'on ne leur en donnera sans doute elles sont le développement et la conséquence du principe de la représentation nationale, base de toute constitution. Mais le peuple est trop loin encore de connaître le système de ses droits, et la saine théorie de la liberté. Le peuple veut des soulagements, parce qu'il n'a plus de force pour souffrir ; le peuple secoue l'oppression, parce qu'il ne peut plus respirer sous l'horrible faix dont on l'écrase ; mais il demande seulement de ne payer que ce qu'il peut, et de porter paisiblement sa misère.

Sans doute, nous devons avoir des vues plus élevées, et former des vœux plus dignes d'hommes qui aspirent à la liberté ; mais il faut s'accommoder aux circonstances, et se servir des instruments que le sort nous a confiés. Ce n'est qu'alors que vos opérations toucheront directement aux premiers intérêts des contribuables, des classes les plus utiles et les plus infortunées, que vous pourrez compter sur leur appui, que vous serez investis de l'irrésistible puissance de l'opinion publique, de la confiance, du dévouement illimité du peuple. Jusques-là, il est trop aisé de le diviser par des secours passagers, des dons éphémères, des accusations forcenées, des machinations ourdies de la main des courtisans. Il est trop facile de l'engager à vendre la constitution pour du pain.

Enfin, le principe est-il indubitablement pour vous ? Nous sommes tous ici sous le mode de convocation que nous a donné le roi. Sans doute vous pourrez et vous devrez le changer pour l'avenir, lorsque vous serez en activité; mais le pouvez-vous aujourd'hui ? Le pouvez-vous avant d'être constitués ? Le pouvez-vous en vous constituant ? De quel droit sortiriez-vous aujourd'hui des limites de votre titre ? N'êtes-vous point appelés en *Etats* ? Le législateur provisoire n'a-t-il pas supposé trois ordres, quoiqu'il les ait convoqués en une seule assemblée ? Vos mandats, vos cahiers, vous autorisent-ils à vous déclarer l'assemblée des seuls représentants connus et vérifiés ? Et ne dites point que le cas où vous vous trouvez, n'a pas été prévu : il l'a trop été, puisque quelques-uns de vos mandats, heureusement en très-petit nombre, vous enjoignent de vous retirer, s'il vous est impossible de parvenir à la délibération en commun, sans qu'il y en ait un qui vous autorise à vous dire les seuls représentants connus et vérifiés. Il ne vous suffira donc pas de vous donner ce titre pour l'avoir en effet, ni pour qu'on vous en croie légalement revêtus.

Mais si vous échouez, si le roi vous refuse sa sanction, si les ordres réclament son autorité qu'arrivera-t-il ? Dissolution ou prorogation.

La suite évidente en est le déchaînement de toutes les vengeances, la coalition de toute l'aristocratie, et la hideuse anarchie qui toujours ramène au despotisme. Vous aurez des pillages, vous aurez des boucheries ; vous n'aurez pas même l'exécrable honneur d'une guerre civile ; car on ne s'est jamais battu dans nos contrées pour les choses, mais pour tel ou tel individu, et les bannières des intérêts privés ne permirent en aucun temps à l'oriflamme de la liberté de s'élever.

D'ailleurs, ce titre de représentant connu et vérifié, est-il bien intelligible? Frappera-il vos commettants, qui ne connaissent que les Etats-Généraux? Les réticences qu'il est destiné à couvrir, conviennent-elles à votre dignité? La motion de M. l'abbé Siéyès, vous donne-t-elle des racines assez profondes. — N'est-elle pas évidemment une détermination première, laquelle a des conséquences qui doivent être développées?

Doit-on vous lancer dans la carrière, sans vous montrer le but auquel on se propose de vous conduire?

Pouvez-vous, sans une précipitation indigne de votre prudence, et vraiment périlleuse dans les circonstances, ne pas avoir un plan arrêté d'opérations successives, qui soit garant de votre sagesse, et le mobile de vos forces?

Le titre de *Députés connus et vérifiés de la nation française* ne convient ni à votre dignité ni à la suite de vos opérations, puisque la réunion que vous voulez espérer et faciliter dans tous les temps vous forcerait à le changer. Ne prenez pas un titre qui effraie. Cherchez-en un qu'on ne puisse vous contester, qui, plus doux et non moins imposant dans sa plénitude, convienne à tous les temps, soit susceptible de tous les développements que vous permettront les événements et puisse au besoin vous servir de lance comme d'aide aux droits et aux principes nationaux.

Telle est à mon sens la formule suivante : Représentants du peuple français.

Qui peut vous disputer ce titre? Que ne deviendra-t-il pas quand vos principes seront communs, quand vous aurez proposé de bonnes lois, quand vous aurez conquis la confiance publique? Que feront les deux autres ordres alors? Adhéreront-ils? Il le faudra bien; et s'ils en reconnaissent la nécessité, que leur en coûtera-t-il de plus pour adhérer dans une forme régulière? Refuseront-ils d'adhérer? Nous prononcerons contre eux, quand tout le monde pourra juger contre nous.

Mais ce n'est point assez de constituer notre assemblée, de lui donner un titre, le seul qui lui convienne, tant que les deux autres ordres ne se réuniront pas à nous en États-Généraux. Il faut établir nos principes : Ces principes sages et lumineux qui jusqu'à présent nous ont dirigés. Il faut montrer que ce n'est pas à nous, mais aux deux ordres qu'on doit attribuer cette non-réunion des trois Etats que Sa Majesté a convoqués en une seule assemblée.

Il faut montrer pourquoi et comment nous allons entrer en activité ; pourquoi et comment nous soutenons que les deux ordres ne peuvent s'y mettre eux-mêmes en se séparant de nous. Il faut montrer qu'ils n'ont aucun *veto*, aucun droit de prendre des résolutions séparées des nôtres. Il faut montrer qu'ils n'ont aucun *veto*, aucun droit de prendre des délibérations séparées des nôtres. Il faut assurer, par une démarche également sage, légale et graduée, la solidité de nos mesures, maintenir les ressources du gouvernement, tant qu'on les fera servir au besoin national, et présenter aux créanciers de l'Etat l'espoir de cette sécurité qu'ils désirent, que l'honneur national exige que nous leur offrions; mais toujours en la faisant dépendre du succès de cette régénération nationale, qui est le grand et le premier objet de notre convocation et de nos vœux.

C'est dans ce but qu'a été dressée la résolution que je vais avoir l'honneur de vous lire.

Après cette lecture[1], Mirabeau reprend :

Vous venez d'entendre, Messieurs, la série des résolutions dont je pense qu'il faut appuyer le titre sous lequel je propose de constituer notre assemblée; si elles vous paraissent mériter une discussion particulière, j'aurai l'honneur de vous exposer les motifs qui les rendent nécessaires.

Dans ce moment, je me borne à insister sur la convenance de la dénomination que j'ai adoptée de *représentants du peuple français*. Je dis la convenance, car je reconnais que la motion de l'abbé Siéyès est conforme à la rigueur des principes, et telle qu'on doit l'attendre d'un citoyen philosophe. Mais, Messieurs, il n'est pas toujours expédient; il n'est pas toujours convenable de consulter uniquement le droit sans rien accorder aux circonstances. Il est de cette différence essentielle entre le métaphysicien qui, dans la méditation du cabinet, saisit la vérité dans son énergique pureté et l'homme d'Etat qui est obligé de tenir compte des antécédents, des difficultés, des obstacles; il est, dis-je, cette différence entre l'instructeur du peuple et l'administrateur politique, que l'un ne songe qu'à *ce qui est*, et l'autre s'occupe de *ce qui peut être*.

Le métaphysicien, voyageant sur une mappemonde, franchit tout sans peine, ne s'embarrasse ni des montagnes, ni des déserts, ni des fleuves, ni des abîmes; mais quand on veut réaliser le voyage, quand on veut arriver au but, il faut se rappeler sans cesse qu'on marche sur la terre et qu'on n'est pas dans le monde idéal.

Voilà, Messieurs, un des grands motifs de préférence pour la dénomination que j'ai mûrement réfléchie. Si nous en prenions une autre, nous aurons à créer une nouveauté; elle va fournir abondamment aux déclamations de ceux qui nous calomnient : Nous aurons contre nous tous les antécédents, tous les usages, tout ce qui est consacré par les habitudes, tout ce qui est sous la garde puissante des préjugés et de l'aristocratie. Si nous prenions le titre de représentants du peuple, qui peut nous l'ôter? Qui peut nous le disputer? Qui peut crier à l'innovation, à des prétentions exorbitantes, à la dangereuse ambition de notre Assemblée? Qui peut nous empêcher d'être ce que nous sommes? Et cependant, cette dénomi-

[1] *Moniteur* du 15 au 16 juin 1789, n° 8 page 37.]

nation si peu alarmante, si peu prétentieuse, si indispensable, cette dénomination contient tout, renferme tout, répond à tout. Elle abordera facilement le trône, elle ôtera tout prétexte à nos ennemis ; elle ne nous exposera point à des combats, à des chocs dangereux dans tous les temps, qui pourraient nous être funestes dans l'état où nous sommes, et jusqu'à ce que nous ayons jeté des racines profondes : Cette dénomination simple, paisible, incontestable, deviendra tout avec le temps ; elle est propre à notre naissance, elle le sera encore à notre maturité ; elle prendra les mêmes degrés de force que nous-mêmes ; et si elle est aujourd'hui peu fastueuse, parce que les classes privilégiées ont avili le corps de la nation ; qu'elle sera grande, imposante, majestueuse ! elle sera tout, lorsque le peuple, relevé par nos efforts, aura pris le rang que l'éternelle nature des choses lui destine.

Le mot *peuple* devient alors l'objet d'une vive discussion. Entre autres opposants à cette dénomination, on remarque Bergasse, qui prétendait qu'elle blessait les classes privilégiées, Target et Thouret, qui trouvaient que le mot *peuple* embrassait trop ou trop peu. Mirabeau défendit sa motion. Sur le reproche que le nom de peuple a une acception basse, il s'exprime ainsi à la séance du 16 juin :

Je suis peu inquiet de la signification des mots dans la langue absurde du préjugé. Je parlerai ici la langue de la liberté, et je m'appuierais sur l'exemple des Anglais, sur celui des Américains, qui ont toujours honoré le nom de peuple, qui l'ont toujours consacré dans leurs déclarations, dans leurs lois, dans leur politique. Quand Chatam renferma dans un seul mot la charte des nations, et dit : *la majesté du peuple* ; quand les Américains ont opposé les droits naturels du peuple à tous les fatras des publicistes sur les conventions qu'on leur oppose, ils ont reconnu toute la signification, toute l'énergie de cette expression, à qui la liberté donne tant de valeur. Est-ce, Messieurs, à l'école des Anglais et des Américains que j'aurais appris à employer ce nom d'une manière suspecte, qui blessât la délicatesse des représentants nationaux, et que je serais devenu moins jaloux qu'eux de la dignité de notre Assemblée ? Non, je ne le peux pas : je n'imagine pas même que je puisse être accusé de dégrader le peuple, si je réfute l'opinion hasardée d'un préopinant[1] dont la jeunesse peut bien ajouter à mon estime pour ses talents, mais n'est pas un titre pour m'en imposer.

Il répond à ce que j'ai dit sur la nécessité de la sanction royale, que lorsque le peuple a parlé, il ne le croit pas nécessaire. Et moi, Messieurs, je crois le *veto* du roi tellement nécessaire, que j'aimerais mieux vivre à Constantinople qu'en France, s'il ne l'avait pas : oui, je le déclare pour la seconde

---

[1] Camus, député de la ville de Paris. (tiers-état.)

fois, je ne reconnaîtrais rien de plus terrible que l'aristocratie souveraine de
six cents personnes qui, demain, pourraient se rendre inamovibles, après-
demain héréditaires, et finiraient, comme tous les aristocrates de tous les
pays du monde, par tout envahir. Mais, Messieurs, puisque ma motion a été
mal comprise, je dois la défendre avec des raisons plutôt qu'avec des récriminations ou des exemples tirés des langues étrangères. Je dois vous montrer en quoi elle ressemble à toutes les autres, et vous prouver que dans les
points où elle diffère, elle présente de grands avantages. Tant que nous
sommes ici des individus qui exprimons nos sentiments, mon devoir m'impose de défendre le mien, et il n'appartient qu'à la décision de l'Assemblée
de me soumettre.

Plus je considère les différentes motions entre lesquelles vous avez à vous
déterminer, plus je me pénètre de cette incontestable vérité, c'est qu'elles
se rapprochent, c'est qu'elles coïncident en leurs points essentiels.

1° La nécessité de se constituer promptement en assemblée active; cette
nécessité est reconnue par M. l'abbé Siéyès, par M. Mounier; elle l'est par
ma motion, qui tend à vous préserver des malheureux effets que pourrait
avoir une plus longue durée de l'inaction à laquelle nous avons été jusqu'à
présent forcés par la persévérance des classes privilégiées, leur refus de se
réunir.

2° L'aveu que notre assemblée n'est et ne peut-être les Etats-Généraux.
Aucun de nous n'ose nous donner ce titre. Chacun sent qu'il n'appartient
qu'à une assemblée de députés des trois ordres. Ici encore M. l'abbé Siéyès,
M. Mounier et moi, nous nous rencontrons parfaitement.

3° L'avantage qu'il y aurait à trouver quelque autre dénomination, sous
laquelle cette assemblée puisse être constituée, et qui, sans équivaloir à
celle d'Etats-Généraux, soit cependant suffisante pour la mettre en activité.

Ici nous sommes d'accord; car soit que nous nous appelions les représentants connus et vérifiés de la nation, les représentants de la majeure
partie de la nation, et les représentants du peuple, notre but est le même;
toujours nous réunissons-nous contre la qualification également absurde et
déplacée d'*Etats-Généraux*; toujours cherchons-nous, en excluant ces titres,
à en trouver un qui aille au grand but de l'*activité*, sans avoir le funeste
inconvénient de paraître une spoliation de deux ordres, dont, quoique nous
fassions, nous ne pourrons nous dissimuler l'existence, bien que nous nous
accordions à penser qu'ils ne peuvent rien par eux-mêmes.

Le quatrième point sur lequel nous sommes d'accord, c'est la nécessité
de prévenir toute opinion par chambre, toute scission de l'Assemblée nationale, tout *veto* des ordres privilégiés.

Ici encore je me plais à rendre hommage aux autres motions; mais sans
croire qu'elles aient pourvu à ce mal que nous craignons tous, avec plus
d'énergie que je ne l'ai fait. En est-il une qui ait plus fortement exprimé
que la mienne l'intention de communiquer, non avec les autres ordres,

mais directement à Sa Majesté, les mesures que nous estimons nécessaires à la régénération du royaume? En est-il une qui rejette plus fortement que la mienne tout *veto*, c'est-à-dire tout droit par lequel les députés des classes privilégiées, en quelque nombre qu'ils soient, voudraient s'opposer, par des délibérations séparées, prises hors de l'Assemblée nationale, à ce qui serait jugé nécessaire pour le bien général de la France?

Nous sommes donc d'accord sur ces quatre points vraiment cardinaux, vraiment nécessaires, qui devraient nous servir à tous de signal de ralliement.

En quoi différons-nous? Qu'est-ce qui peut justifier cette chaleur, cet éloignement que nous marquent les uns pour les opinions des autres? Comment se fait-il que ma motion, si clairement fondée sur les principes, qui les met au-dessus de toute atteinte, si explicite, si satisfaisante pour tout homme qui déteste, comme moi, toute espèce d'aristocratie, comment se peut-il que cette motion ait été présentée comme si étrange, si peu digne d'une assemblée d'amis, de serviteurs de ce peuple qui nous a chargé de le défendre?

1° Un défaut commun aux dénominations que j'attaque c'est qu'elles sont longues, c'est qu'elles sont inintelligibles pour cette portion immense de Français qui nous ont honoré de leur confiance. En est-il un seul qui puisse se faire une idée juste de ce que c'est que les représentants connus et vérifiés de la nation? En est-il un seul qui vous comprenne, quand vous lui direz que vous êtes « l'assemblée formée par les représentants de la plus grande partie de la nation, et par la majorité de tous les députés envoyés aux État-Généraux dûment invités, délibérants en l'absence de la minorité dûment invitée? »

A ces titres énigmatiques, à ces doubles logogriphes, substituez : *les représentants du peuple français*, et voyez quelle dénomination offre la définition la plus claire, la plus sensible, la plus propre à nous concilier nos commettants mêmes?

2° Un défaut particulier à une de ces deux motions, c'est qu'elle nous donne un nom qui ne nous désigne pas seuls, qui, par conséquent, ne nous distingue pas; qui peut convenir aux députés des autres ordres, des autres Chambres, aux députés des classes privilégiées, suivant qu'il vous plaira les appeler; car ils peuvent, aussi bien que nous, se dénommer les représentants connus de la nation. Supposons que vous ayez à vous adresser au roi, oseriez-vous lui dire que vous êtes les seuls représentants de la nation qui soient connus de Sa Majesté? Lui diriez-vous qu'il ne connaît pas les députés du clergé, qu'il ne connaît pas ceux de la noblesse pour des représentants de la nation, lui qui les a convoqués comme tels, lui qui a désiré qu'ils lui fussent présentés comme tels, lui qui les a fait appeler comme tels; lui qui les a présidés, ainsi que nous, dans l'Assemblé nationale; lui, enfin, qui a reçu leurs discours, leurs adresses comme les nôtres, et qui les a constamment désignés par des termes équivalents à ceux dont il s'est servi avec nous.

Le titre que je vous propose, ce titre que vous réprouvez, n'a point l'inconvénient de s'appliquer à d'autres qu'à nous; il ne convient qu'à nous, il ne nous sera disputé par personne. *Les représentants du peuple français!* Quel titre pour des hommes qui, comme vous, aiment le peuple, qui sentent comme vous ce qu'ils doivent au peuple!

3° Cette même motion que je combats, tout en vouant mon estime, mon respect à celui qui l'a proposée, vous appelle les *représentants vérifiés* de la nation. Comme si les autres représentants n'avaient pas été aussi vérifiés; comme s'il pouvait leur être défendu de s'appeler, ainsi que nous, les représentants vérifiés, parce qu'ils n'ont pas été vérifiés à notre manière.

4° Cette même motion tire une conséquence qui n'a aucun rapport avec les premières. Consultez celle-ci, on croirait que vous allez vous constituer en assemblée nationale, en états-généraux. C'est ce qui résulte de cette phrase remarquable : *Il appartient à cette Assemblée, il n'appartient qu'à elle d'interpréter la volonté générale de la nation.* Est-ce là cependant ce qu'on nous propose? Est-ce la conclusion que, selon la motion, vous devez tirer du principe? Non, vous allez vous déclarer *les représentants connus et vérifiés de la nation.* Vous laissez à ce qu'il vous plaît d'appeler les représentants non connus, non vérifiés, le soin de fixer à leur tour les qualifications dont il leur plaira de se décorer.

5° Cette même qualification ne porte que sur une simple dispute de forme, dans laquelle notre droit n'est fondé que sur des arguments très-subtils, quoique très-solides, et non sur une loi positive.

La mienne porte sur un fait, un fait authentique, indéniable : c'est que nous sommes les représentants du peuple français.

6° Cette même qualification est d'une telle faiblesse, comme l'a observé un des préopinants (Thouret), que dans le cas, très-aisé à supposer, où les députés du clergé et de la noblesse se détermineraient à venir dans notre salle, pour faire vérifier leurs pouvoirs, et retourneraient ensuite dans leurs chambres respectives, pour y opiner par ordre, cette qualification ne pourrait plus nous convenir.

Celle que je vous suppose nous convient dans tous les temps, dans tous les cas, et même dans celui où, comme nous le désirons tous, les députés des trois ordres se réuniraient formellement dans cette salle, en États-Généraux, pour y voter par tête et non par ordre.

On vous a dit, Messieurs, on l'a dit au public, on en a fait une espèce de cri d'alarme contre ma motion, qu'elle tendait à chambrer les Etats-Genéraux, à autoriser la distinction des ordres. Mais moi, je vous le demande, je le demande à tous ceux qui m'ont entendu, à tous ceux qui m'ont lu ou qui liront ma motion, où s'y trouve cette distinction des ordres, cette nécessité des chambres? Peut-on ainsi, en prenant une partie de cette motion, passer l'autre sous silence? Je vous ai déjà rappelé les termes dont je me suis servi ; je vous ai dit, et j'ai exprimé de la manière la plus forte, que les deux ordres qui veulent s'isoler du peuple ne sont rien, quant à la Constitution, tant qu'ils veulent être étrangers au peuple ; qu'ils ne peuvent pas avoir une volonté séparée de la sienne ; qu'ils ne peuvent ni s'assembler, ni exercer un *veto*, ni prendre des résolutions séparées.

Voilà le principe sur lequel ma motion est fondée, voilà le but où elle tend, voilà ce que, à moins de s'aveugler volontairement, tout homme de sens y trouvera.

Si je voulais employer contre les autres motions les armes dont on se sert pour attaquer les miennes, ne pourrais-je pas dire à mon tour : de quelque manière que vous vous qualifiiez, que vous soyez les représentants connus et vérifiés de la nation, les représentants de 25 millions d'hommes, les représentants de la majorité du peuple, dussiez-vous même vous appeler l'Assemblée nationale, les Etats-Généraux, empêcherez-vous les classes privilégiées de continuer des assemblées que Sa Majesté a reconnues? Les empêcherez-vous de prendre des délibérations? Les empêcherez-vous de prétendre au *veto?* Empêcherez-vous le roi de les recevoir, de les reconnaître, de leur continuer les mêmes titres qu'il leur a donnés jusqu'à présent? Enfin, empêcherez-vous la nation d'appeler le clergé, le clergé! la noblesse, noblesse?

On a cru m'opposer le plus terrible dilemme, en me disant que le mot *peuple* signifie nécessairement ou trop ou trop peu ; que si on l'applique dans le même sens que le latin *populus*, il signifie *la nation*, et qu'alors il a une acception plus étendue que le titre auquel aspire la généralité de l'Assemblée ; que si on l'entend dans un sens plus restreint, comme le latin *plebs*, alors il suppose des ordres, des différences d'ordre, et que c'est là ce que nous voulons prévenir. On a même été jusqu'à craindre que ce mot ne signifiât ce que les *Latins* appelaient *vulgus*, ce que les Anglais appellent *mob* ; ce que les aristocrates, tant nobles que roturiers, appellent insolemment *la canaille*.

A cet argument, je n'ai que ceci à répondre ; c'est qu'il est infiniment heureux que notre langue, dans sa stérilité, nous ait fourni un mot que les autres langues n'auraient pas donné dans leur abondance ; un mot qui présente tant d'acceptions différentes ; un mot qui, dans ce moment où il s'agit de nous constituer sans hasarder le bien public, nous qualifie sans nous avilir, nous désigne sans nous rendre terribles ; un mot qui ne puisse nous être contesté, et qui, dans son exquise simplicité, nous rende chers à nos commettants, sans effrayer ceux dont nous avons à combattre la hauteur et les prétentions ; un mot qui se prête à tout, et qui, modeste aujourd'hui, puisse agrandir notre existence à mesure que les circonstances le rendront nécessaire ; à mesure que, par leur obstination, par leurs fautes, les classes privilégiées, nous forceront à prendre en main la défense des droits nationaux, de la liberté du peuple.

Je persévère dans ma motion et dans la seule expression qu'on avait attaquée ; je veux dire la qualification du *peuple français*. Je l'adopte, je la
proclame, par la raison qui la fait combattre.

Oui, c'est parce que le nom de *peuple* n'est pas assez respecté en France ;
parce qu'il est obscurci, couvert de la rouille du préjugé ; parce qu'il nous
présente une idée dont l'orgueil s'alarme et dont la vanité se révolte ; parce
qu'il est prononcé avec mépris dans les chambres des aristocrates ; c'est
pour cela même que nous devons nous imposer, non-seulement de le relever,
mais de l'ennoblir, de le rendre désormais respectable aux ministres et cher
à tous les cœurs. Si ce nom n'était pas le nôtre, il faudrait le choisir entre
tous, l'envisager comme la plus précieuse occasion de servir ce peuple qui
existe, ce peuple qui est tout, ce peuple que nous représentons, dont nous
défendons les droits, de qui nous avons reçu les nôtres, et dont on semble
rougir que nous empruntions notre dénomination et nos titres. Ah ! si le
choix de ce nom rendait au peuple abattu de la fermeté et du courage.....
Mon âme s'élève en contemplant dans l'avenir les heureuses suites que ce
nom peut avoir ! Le peuple ne verra plus que nous, et nous ne verrons plus
que le peuple ; notre titre nous rappellera et nos devoirs et nos forces. A
l'abri d'un nom qui n'effarouche point, qui n'alarme point, nous jetons un
germe, nous le cultiverons, nous en écarterons les ombres funestes qui voudraient l'étouffer ; nous le protégerons ; nos derniers descendants seront assis
sous l'ombrage bienfaisant de ses branches immenses.

Représentants du peuple, daignez me répondre. Irez-vous dire à vos
commettants que vous avez repoussé ce nom de peuple ? Que si vous n'avez
pas rougi d'eux, vous avez pourtant cherché à éluder cette dénomination qui
ne vous paraît pas assez brillante ? qu'il vous faut un titre plus fastueux que
celui qu'ils vous ont conféré ? Eh ! ne voyez-vous pas que le nom *de représentants du peuple* vous est nécessaire, parce qu'il vous attache le peuple,
cette masse imposante sans laquelle vous ne seriez que des individus, de
faibles roseaux qu'on briserait un à un ! Ne voyez-vous pas qu'il vous faut
le nom de peuple, parce qu'il donne à connaître au peuple que nous avons
lié notre sort au sien, et qu'il lui apprendra à reposer sur nous toutes ses
pensées, toutes ses espérances !

Plus habiles que nous, les héros Bataves qui fondèrent la liberté de leur pays
prirent le nom de *Gueux* ; ils ne voulurent que ce titre, parce que le mépris
de leurs tyrans avait prétendu les en flétrir, et ce titre, en leur attachant
cette classe immense que l'aristocratie et le despotisme avilissaient, fut à la
fois leur force, leur gloire et le gage de leurs succès. Les amis de la liberté
choisissent le nom qui les sert le mieux et non celui qui les flatte le plus ;
ils s'appelleront *les Remontrants*, en Amérique ; *les Pâtres*, en Suisse ; *les
Gueux*, dans les Pays-Bas. Ils se pareront des injures de leurs ennemis ; ils
leur ôteront le pouvoir de les humilier avec des expressions dont ils auront
su s'honorer.

Cette dernière partie du discours de Mirabeau, excite de nombreux murmures dans l'Assemblée. Au milieu du bruit, l'orateur s'écrie :

Si ce morceau de mon discours est coupable, je ne crains pas de l'avouer; je le laisse, signé de ma main, sur le bureau.

Le titre de *Représentant du Peuple*, plus tard généralement adopté, fut rejeté cette fois.—Le lendemain, 17 juin, la motion de Siéyès, amendée par une proposition de Legrand, qui avait donné l'idée d'une *Assemblée nationale*, fut adoptée. Dès lors l'assemblée fut dénommée *Assemblée nationale*.

ASSEMBLÉE NATIONALE.

(1789.)

Séance du 23 juin. — Présidence de Bailly.

Le 23 juin eut lieu la séance royale des États-Généraux. La volonté expresse du roi était que l'ancienne destination des trois ordres fut consacrée en son entier, et que les députés formassent trois Chambres. En finissant son troisième discours, le roi ordonna aux députés de se retirer, et de se rendre le lendemain chacun dans la chambre affectée à son ordre. Les députés de la noblesse et une partie de ceux du clergé quittèrent la salle après le départ du roi. Tous les membres de l'Assemblée nationale, qui jusqu'alors avaient écouté dans un profond silence, restèrent à leur place dans un calme héroïque. Mirabeau éleva le premier la voix :

Messieurs, j'avoue que ce que vous venez d'entendre pourrait être le salut de la patrie, si les présents du despotisme n'étaient pas toujours dangereux. Qu'elle est cette insultante dictature? L'appareil des armes, la violation du temple national, pour vous commander d'être heureux? Qui vous fait ce commandement? Votre mandataire, lui qui doit les recevoir de vous, de nous, Messieurs, qui sommes revêtus d'un sacerdoce politique et inviolable; de nous, enfin, de qui seuls vingt-cinq millions d'hommes attendent un bonheur certain, parce qu'il doit être consenti, donné et reçu par tous! Mais la liberté de vos délibérations est enchaînée; une force militaire environne l'Assemblée! Où sont les ennemis de la nation? Catilina est-il à nos portes? Je demande qu'en vous couvrant de votre dignité, de votre puissance législative, vous vous renfermiez dans la religion de votre serment; il ne nous permet de nous séparer qu'après avoir fait la Constitution.

M. le marquis de Brezé, grand-maître des cérémonies, voyant que les députés ne se retiraient point, s'approcha du président, et dit : « Messieurs, vous avez entendu les intentions du roi. » Aussitôt Mirabeau reprend :

Oui, Monsieur, nous avons entendu les intentions qu'on a suggérées au Roi; mais vous, qui ne sauriez être un organe auprès de l'Assemblée nationale, vous qui n'avez ici ni place, ni voix, ni droit de parler, vous n'êtes pas fait pour nous rappeler son discours. Cependant, pour éviter toute équi-

voque et tout délai, je vous déclare que si l'on vous a chargé de nous faire
sortir d'ici, vous devez demander des ordres pour employer la force. Allez
dire à votre maître que nous sommes ici par la puissance du peuple, et qu'on
ne nous en arrachera que par la puissance des baïonnettes. »

Tel est le vœu de l'Assemblée! s'écrièrent spontanément tous les députés.

A la même séance et sur les motions de Mirabeau, l'Assemblée déclara,
par un arrêté, l'inviolabilité de la personne des députés.

Séance du 27 juin. — Présidence de Bailly.

*Discours de Mirabeau sur l'invitation faite par le roi à la majorité
de la noblesse et à la minorité du clergé, non réunis, de se rendre
dans le sein de l'Assemblée nationale.*

Messieurs, je sais que les événements inopinés d'un jour trop mémorable
ont affligé les cœurs patriotes, mais ne les ébranlent pas. A la hauteur où
la raison a placé les représentants de la nation, ils jugent sainement les
objets et ne sont point trompés par les apparences, qu'au travers des préjugés et des passions on aperçoit comme autant de fantômes.

Si nos rois, instruits que la défiance est la première sagesse de ceux qui
portent le sceptre, ont permis à de simples cours de judicature de leur présenter des remontrances, d'en appeler à leur volonté mieux éclairée; si nos
rois, persuadés qu'il n'appartient qu'à un despote imbécile de se croire
infaillible, cédèrent tant de fois aux avis de leurs parlements, comment le
prince, qui a eu le noble courage de convoquer l'Assemblée nationale,
n'en écouterait-il pas les membres avec autant de faveur que des cours de
judicature, qui défendent aussi souvent leurs intérêts personnels que ceux du
peuple? En éclairant la religion du roi, lorsque des conseils violents l'auront
trompé, les députés du peuple assureront leur triomphe; ils invoqueront
toujours la bonté du monarque; et ce ne sera pas en vain, dès qu'il aura
voulu prendre sur lui-même de ne se fier qu'à la droiture de ses intentions et
de sortir du piége qu'on a su tendre à sa vertu. Ils ont été calmes dans un
moment orageux, ils le seront toujours, et ce calme est le signe non équivoque du courage.

Mais la journée du 23 juin a fait sur ce peuple, inquiet et malheureux,
une impression dont je crains les suites.

Où les représentants de la nation n'ont vu qu'une erreur de l'autorité, le
peuple a cru voir un dessein formel d'attaquer leurs droits et leurs pouvoirs.
Il n'a pas encore eu l'occasion de connaître toute la fermeté de ses mandataires. Sa confiance en eux n'a point encore eu de racines assez profondes.
Qui ne sait, d'ailleurs, comment les alarmes se propagent; comment la

vérité, même dénaturée par des craintes, exagérée par les échos d'une ville, empoisonnée par toutes les passions, peut occasionner une fermentation violente, qui, dans les circonstances actuelles et les crises de la misère publique, serait une calamité ajoutée à une calamité?

Le mouvement de Versailles est bien le mouvement de Paris; l'agitation de la capitale se communique aux provinces voisines, et chaque commotion, s'étendant à un cercle plus vaste, de proche en proche, produit une agitation universelle; Telle est l'image faible, mais vraie des mouvements populaires; et je n'ai pas besoin de prouver que les derniers événements, dénaturés par la crainte, interprétés par la défiance, accompagnés de toutes les rumeurs publiques, risquent d'égarer l'imagination du peuple, déjà préparée aux impressions sinistres par une situation vraiment déplorable!

Ah!! sans doute, ils seraient pardonnables ces mouvements, fussent-ils même ceux du désespoir, à un peuple qui, sous le règne d'un roi, s'est vu traîné par la perfidie des mauvais conseils, je ne dirai pas sur les bords, mais sur les pentes escarpées du plus affreux des précipices! Et comment les citoyens auraient-ils les mêmes motifs que les députés, pour rassurer leur confiance? Ont-ils vu dans les regards mêmes du roi, ont-ils senti, dans l'accent de son discours, combien cet acte de rigueur et de violence coûtait à son cœur? Ont-ils jugé, par leurs propres yeux, qu'il est lui-même, quand il veut le bien; lui-même quand il imite les représentants du peuple, à fixer une manière d'être équitablement gouverné, et qu'il cède à des impressions étrangères lorsqu'ils restreint la générosité de son cœur, lorsqu'il retient les mouvements de sa justice naturelle? Si notre roi était plus qu'un homme, s'il pouvait tout par lui-même, on ne redouterait pas les effets de cette démarche que des conseillers imprudents et pervers lui ont arrachée; il serait inutile de prémunir le peuple contre les égarements, où des intentions criminelles et des séductions adroites pourraient le précipiter.

Quand on se rappelle les désastres occasionnés dans la capitale par une cause infiniment disproportionnée à ses suites cruelles; tant de scènes déplorables dans différentes provinces, où le sang des citoyens a coulé par le fer des soldats et le glaive des bourreaux; on sent la nécessité de prévenir de nouveaux accès de frénésie et de vengeance; car les agitations, les insultes, les excès ne servent que les ennemis de la liberté.

Mais les hommes de mauvaise foi, qui affectent toujours de confondre la liberté avec les écarts de la licence; les hommes faibles incessamment alarmés, lorsqu'on leur montre le plus précieux des biens exposé à des dangers et à des convulsions populaires; le ralliement des partisans du pouvoir absolu, alors animés d'un prétexte, tant d'infortunés, victimes de la fureur du moment, des précautions sanguinaires ou des punitions légitimes, tous ces maux si graves ne sont pas ceux qui, dans ce moment, m'effraient le plus.

Je considère tous les bons effets d'une marche ferme, sage et tranquille; c'est par elle seule qu'on peut se rendre les événements favorables, qu'on

profite des fautes de ses adversaires pour le triomphe du bon droit ; au lieu
que, jetés peut-être hors des mesures sages, les représentants de la nation
ne seraient plus les maîtres de leurs mouvements ; ils verraient, d'un jour à
l'autre, les progrès d'un mal qu'ils ne pourraient plus arrêter, et ils seraient
réduits au plus grand des malheurs, celui de n'avoir plus que le choix des
fautes.

Les délégués de la nation ont pour eux la souveraine des événements, la
nécessité ; elle les pousse au but salutaire qu'ils se sont proposé, elle sou-
mettra tout par sa propre force ; mais sa force est dans la raison : rien ne lui
est plus étranger que les tumultes, les cris du désordre, les agitations sans
objet et sans règle. La raison veut vaincre par ses propres armes ; tous ces
auxiliaires séditieux sont ses plus grands ennemis.

A qui, dans ce moment, convient-il mieux qu'aux députés de la France,
d'éclairer, de calmer, de sauver le peuple des excès que pourrait produire
l'ivresse d'un zèle furieux ! C'est un devoir sacré pour les députés que d'inviter leurs commettants à se reposer entièrement du soin de faire triompher
leurs droits, en leur apprenant que, loin d'avoir aucune raison de désespérer, jamais leur confiance n'a été mieux fondée. Trop souvent on n'oppose aux convulsions que la misère ou l'oppression arrachent aux peuples,
que les baïonnettes ; mais les baïonnettes ne rétablissent jamais que la paix
de la terreur et le silence qui plaît au despotisme. Les représentants de la
nation doivent, au contraire, verser dans les cœurs inquiets le baume adou-
cissant de l'espérance, et les appaiser avec la puissance de la persuasion et
de la raison. La tranquillité de l'Assemblée deviendra peu à peu le fondement de la tranquillité de la France ; et ses représentants prouveront à ceux
qui ne connaissent pas les effets infaillibles du régime de la liberté, qu'elle
est plus forte pour enchaîner les peuples à l'ordre public, que toutes les
cruelles, mais petites ressources d'un gouvernement qui ne met sa confiance
que dans les moyens de contrainte et de terreur.

Il serait donc de la prudence des représentants de la nation de faire une
adresse à leurs commettants, pour leur inspirer une confiance calme, en leur
exposant la position de l'Assemblée nationale ; pour leur recommander, au
nom de leurs intérêts les plus chers, de contribuer de toute leur sagesse et
de tous leurs conseils, au maintien de l'ordre, à la tranquillité publique, à
l'autorité de lois et de leurs ministres ; pour se justifier enfin à leurs yeux,
quels que soient les événement, en leur montrant qu'ils ont connu tout le
prix de la modération et de la paix.

Voici le projet d'adresse que je présente :

PROJET D'ADRESSE DE L'ASSEMBLÉE NATIONALE A SES COMMETTANTS.

Messieurs,

Vos députés aux Etats-Généraux, longtemps retenus dans une inaction
bien pénible à leur cœur, mais dont vous approuvez les motifs, entraient en

activité, par le seul moyen qui leur parût compatible avec nos intérêts et nos droits.

La majorité du clergé s'était déclarée pour la réunion, une minorité respectable dans la noblesse manifestait le même vœu, et tout annonçait à la France le beau jour qui sera l'époque de sa constitution et de son bonheur.

Des événements que vous connaissez ont retardé cette réunion et rendu à l'aristocratie le courage de persister encore dans une séparation dont elle sentira bientôt les dangers.

L'alarme s'est trop aisément répandue; la capitale a été consternée, le lieu même où nous sommes a éprouvé une agitation contre laquelle nous avons vu employer des précautions que l'on croit nécessaires, mais qui n'en sont pas moins alarmantes.

Tout nous fait un devoir d'aller au devant des malheurs et des désordres qui, dans une situation aussi extraordinaire, peuvent sortir à chaque instant de l'inquiétude générale.

Le renouvellement des États-Généraux, après un si long terme, l'agitation qui l'a précédé, le but de cette convocation, si différent de celui qui rassemblait vos ancêtres, les prétentions de la noblesse, son attachement à des lois gothiques et barbares, mais surtout les formes extraordinaires dont on s'est servi pour faire intervenir le roi, beaucoup d'autres causes enfin ont échauffé les esprits, et l'état de fermentation où se trouve le royaume est tel, nous osons le dire, que ceux qui veulent user de violence, lorsque les plus grands ménagements sont tous les jours plus nécessaires, ne se rendent pas seulement indignes d'être regardés comme Français, mais d'être envisagés comme des incendiaires.

D'après ces considérations, Messieurs, nous croyons devoir vous présenter le tableau de notre vraie position, pour vous prémunir contre toutes les exagérations et les craintes qu'un zèle trompé ou que des intentions coupables pourraient affecter de faire prévaloir.

Dans cette même journée, où un appareil plutôt menaçant qu'imposant vous montrait un monarque absolu et sévère, quand l'Assemblée nationale n'aurait voulu voir que le chef suprême, escorté seulement de ses vertus; dans cette même journée, nous avons entendu de sa bouche les déclarations les plus pures de ses grandes vues, de ses sentiments vraiment généreux, vraiment magnanimes.

Non, les formes les moins propres à concilier les cœurs ne nous déguiseront point les sentiments de notre roi; nous pourrions gémir d'être mal connus de ce prince, mais nous n'aurons jamais à nous reprocher d'être injustes. Malheur à ceux qui nous peindraient formidables! nous pourrions le devenir au jour de la justice, mais ce serait pour eux seuls.

Et comment les sentiments du roi pourraient-ils causer quelques alarmes; si nous connaissons moins ses vues, n'avons-nous pas la garantie de ses lumières et de son intérêt? L'aristocratie cessera-t-elle jamais d'être l'ennemie du trône? Toute son ambition n'est-elle pas de fractionner l'autorité? Ne sont-ce pas ses prérogatives, ses usurpations qu'elle cherche à augmenter par de mauvaises lois? Et n'est-ce pas une vérité démontrée que le peuple ne veut que la justice, mais qu'aux grands il faut du pouvoir.

Ah! l'aristocratie a fait à nos rois les plus grands de tous les maux; elle a souvent fait douter de leurs vertus même; mais la vérité est arrivée aux pieds du trône, et le roi, qui s'est déclaré le père de son peuple, veut que ses bienfaits soient communs; il ne consacrera point les titres de la spoliation, qui n'ont été que trop longtemps respectés. C'est à la prévention seule, c'est à la fatigue des obsessions, c'est peut-être à la considération que les meilleurs esprits conservent longtemps pour les anciens usages, et à l'espoir d'opérer promptement la réunion; c'est à tous ces motifs que nous attribuons les déclarations en faveur de la séparation des ordres, du *veto* des ordres, des priviléges féodaux; ces timides ménagements pour tous ces restes de barbarie, pour ces mesures de la féodalité qui ôteraient toute solidité, toute beauté, toute proportion à l'édifice que nous sommes appelés à construire.

Nous voyons par l'histoire de tous les temps, surtout par la nôtre, que ce qui est vrai, juste, nécessaire, ne peut pas être disputé longtemps comme illégitime, faux et dangereux, que les préjugés s'usent et succombent enfin par la discussion. Notre confiance est donc ferme et tranquille. Vous la partagerez avec nous, Messieurs; vous ne croirez pas que sous l'empire d'un sage monarque, les justes, les persévérantes réclamations d'un grand peuple puissent être vaines, à côté de quelques illusions particulières, adoptées par un petit nombre, et qui perdent chaque jour de leurs partisans. Vous sentirez que le triomphe de l'ordre, quand on l'attend de la sagesse et de la prudence, ne doit point être exposé par des agitations inconsidérées.

C'est à vous, Messieurs, à nous aider dans la carrière qui nous est ouverte par vos conseils et par vos lumières; vous entretiendrez partout le calme et la modération; vous serez les promoteurs de l'ordre, de la subordination, du respect pour les lois et pour leurs ministres, vous reposerez la plénitude de votre confiance dans l'immuable fidélité de vos représentants, et vous nous prêterez ainsi le secours le plus efficace.

C'est dans cette classe vénale et corrompue que nos ennemis chercheront à exciter des tumultes, des révoltes, qui embarrasseront et retarderont la chose publique. Voilà les fruits de la liberté! voilà la démocratie! affectent de répéter tous ceux qui n'ont pas honte de représenter le peuple comme un troupeau furieux qu'il faut enchaîner, tous ceux qui feignent d'ignorer que ce même peuple toujours calme et mesuré, lorsqu'il est vraiment libre n'est violent et fougueux que dans les constitutions où on l'avilit, pour avoir droit de le mépriser. Combien n'est-il pas de ces hommes cruels qui, indifférents au sort de ce peuple, toujours victime de ses imprudences, font naître des événements dont la conséquence infaillible est d'augmenter la force de l'autorité, qui, lorsqu'elle se fait précéder de la terreur, est toujours suivie de la servitude? Ah! qu'ils sont funestes à la liberté, ceux qui croient la soutenir par leurs inquiétudes et leurs révoltes! ne voient-ils pas qu'ils font redoubler les précautions qui enchaînent les peuples, qui arment la calomnie au moins d'un prétexte, qu'ils effraient toutes les âmes faibles, soulèvent tous ceux qui, n'ayant rien à perdre, se font un moment auxiliaires pour devenir les plus dangereux ennemis.

On exagère beaucoup, Messieurs, le nombre de nos ennemis; plusieurs de ceux qui ne pensent pas comme nous, sont loin de mériter pour cela ce titre odieux. Les choses arrivent souvent à la suite des expressions, et les inimitiés trop aisément supposées font naître les inimitiés réelles. Des concitoyens qui ne cherchent comme nous que le bien public, mais qui le cherchent dans une autre route; des hommes qui, entraînés par les préjugés de l'éducation et les habitudes de l'enfance, n'ont pas la force de remonter le torrent; des hommes qui, en nous voyant dans une position toute nouvelle, ont redouté de notre part des prétentions exagérées, se sont alarmés pour leurs propriétés; on craint que la liberté ne soit un prétexte pour arriver à la licence; tous ces hommes méritent de notre part des ménagements : il faut plaindre les uns, donner aux autres le temps de revenir, les éclairer tous et ne point faire dégénérer en querelles d'amour-propre, en guerre de factions des différences d'opinions, qui sont inséparables de la faiblesse de l'esprit humain, de la multitude des aspects que présentent des objets si compliqués, et dont la diversité même est utile à la chose publique sous les vastes rapports de la discussion et de l'examen.

Déjà nous pouvons nous honorer de plusieurs conquêtes heureuses et paisibles. Il n'est pas un jour qui ne nous ait amené quelques-uns de ceux qui d'abord s'étaient éloignés de nous. Il n'est pas un jour où l'horizon de la vérité ne s'agrandisse, et où l'aurore de la raison ne se lève pour quelques individus qui, jusqu'à présent, avaient été éblouis plutôt qu'éclairés par l'éclat même de la lumière. Que serait-ce si, désespérant de la puissance de la vérité, nous nous étions séparés de ceux que nous invitions inutilement? Nous aurions glacé nos amis, même dans les deux premiers ordres de nos concitoyens; nous nous serions privés peut-être de cette réunion si avantageuse à la France, au lieu que notre modération actuelle leur ayant paru un gage de notre modération future, ils ont conclu que la justice dirigeait nos démarches; et c'est en leur nom comme au nôtre que nous vous recommandons cette douce modération dont nous avons déjà recueilli les fruits.

Qu'il sera glorieux pour la France, pour nous, que cette grande révolution ne coûte à l'humanité ni des forfaits, ni des larmes! Les plus petits états n'ont souvent acheté une ombre de liberté qu'au prix du sang le plus précieux.

Une nation, trop fière de sa Constitution et des vices de la nôtre, a souffert plus d'un siècle de convulsions et de guerres civiles, avant que d'affermir ses lois. L'Amérique même, dont le génie tutélaire des mondes semble récompenser aujourd'hui l'affranchissement qui est notre ouvrage, n'a joui de ce bien inestimable qu'après des revers sanglants et des combats longs et douteux. Et nous, Messieurs, nous verrons la même révolution s'opérer par le seul concours des lumières et des intentions patriotiques! Nos combats sont de simples discussions, nos ennemis sont des préjugés pardonnables, nos victoires ne sont pas cruelles, nos triomphes seront bénis par ceux qui seront subjugués les derniers. L'histoire n'a souvent raconté les actions que de bêtes féroces, parmi lesquelles on distingue de loin en loin des héros; il nous est permis d'espérer que nous commençons l'histoire des hommes, celle de frères qui, nés pour se rendre mutuellement heureux, sont d'accord presque dans leurs dissentiments, puisque leur objet est le même, et que leurs moyens seuls diffèrent. Ah! malheur à qui ne craindrait de corrompre une révolution pure, et de livrer aux tristes hazards des événements les plus incertains, le sort de la France, qui n'est pas douteux, si nous voulons tout attendre de la justice et de la raison.

Quand on pèse tout ce qu'il doit résulter pour le bonheur de vingt-cinq millions d'hommes, d'une Constitution légale, substituée aux caprices ministériels, du concours de toutes les volontés, de toutes les lumières pour le perfectionnement de nos lois, de la réforme des abus, de l'adoucissement des impôts, de l'économie dans les finances, de la modération dans les peines, de la règle dans les tribunaux, de l'abolition d'une foule de servitudes qui entravent l'industrie et mutilent les facultés humaines, en un mot, de ce grand système de liberté qui, s'affermissant sur les bases des municipalités rendues à des élections libres, s'élève graduellement jusqu'aux administrations provinciales, et reçoit sa perfection du retour annuel des États-Généraux; quand on pèse tout ce qu'il doit résulter de la restauration de ce vaste empire, on sent que le plus grand des forfaits, le plus noir attentat contre l'humanité, serait de s'opposer à la haute destinée de notre nation, de la repousser dans le fond de l'abîme pour l'y tenir opprimée sous le poids de toutes ses chaînes. Mais ce malheur ne pourrait être que le résultat des calamités de tout genre qui accompagnent les troubles, les noirceurs, les abominations des guerres civiles. Notre sort est dans notre sagesse. La violence seule pourrait rendre douteuse ou même anéantir cette liberté que la raison nous assure.

Voilà nos sentiments, Messieurs, nous nous devons à nous-mêmes de vous les exposer, pour nous honorer de leur conformité avec les autres : il était important de vous prouver qu'en poursuivant le grand but patriotique, nous ne nous écarterions point des mesures propres à l'atteindre.

Tels nous nous sommes montrés depuis le moment où vous nous avez confié les plus nobles intérêts, tels nous serons toujours affermis dans la révolution de travailler, de concert avec notre roi, non pas à des biens passagers, mais à la Constitution même du royaume; déterminés à voir enfin tous nos concitoyens dans tous les ordres, jouir des innombrables avantages que la nature et la liberté nous promettent, à soulager le peuple souffrant des campagnes, à remédier au découragement de la misère qui étouffe les vertus et l'industrie, n'estimant rien à l'égal des lois, qui, semblables pour tous, seront la sauvegarde commune ; non moins inacessibles aux projets de l'ambition personnelle, qu'à l'abattement de la crainte ; souhaitant la concorde, mais ne voulant pas l'acheter par le sacrifice des droits du peuple ; désirant enfin pour unique récompense de nos travaux, de voir tous les enfants de cette immense patrie réunir dans les mêmes sentiments, heureux du bonheur de tous, et chérissant le père commun dont le règne aura été l'époque de la régénération de la France.

On demande de toutes parts l'impression de ce projet d'adresse.

Séance du 3 Juillet. Présidence de Lefranc Pompignan, archevêque de Vienne.

, Discours tendant à faire fixer à quatre les députés de Saint-Domingue.

Je me renfermerai dans la seule question que nous ayons à examiner ; j'entends la détermination du nombre des députés de Saint-Domingue.

J'observerai cependant que nous aurions dû d'abord examiner, et avant de la juger, la question de savoir *s'il faut admettre les représentants des colonies.*

On aurait pu dire sur cette question : les colonies n'ont jamais assisté par représentation aux Etats-Généraux ; elles n'y devaient donc paraître que sous la convocation du roi. Or leurs députés paraissaient contre cette convocation, et malgré les ordres du roi.

Ce n'est pas là sans doute une raison pour les exclure, mais c'en est une invincible pour qu'ils ne puissent être admis qu'en vertu d'un acte du pouvoir législatif, lequel a incontestablement besoin de la sanction du roi. Mais les députés des colonies ont été admis'...

J'observerai qu'on a entièrement passé sous silence cette seconde et importante question,

L'élection des députés des colonies est-elle valide, et leurs pouvoirs sont-ils en bonne forme ?

Enfin, on n'a pas même essayé d'expliquer pourquoi les hommes de couleur, libres, propriétaires, contribuant aux charges publiques, n'avaient pas été électeurs et n'étaient pas représentés.

Mais ce n'est pas de cela dont il s'agit à présent ; c'est seulement de savoir *quel nombre de députés doit être admis.*

' Ils l'avaient été provisoirement dans la séance du Jeu de Paume.

Je prierai d'abord de m'expliquer sur quel principe on se fonde pour la proposition de la députation des colonies.

Les colons prétendent que la proportion de leurs représentants doit être à raison des habitants de l'île, des richesses qu'elle produit et de ses rapports commerciaux ; mais je rappelle ce dilemme irréplicable:

Les colonies prétendent-elles ranger leurs nègres et leurs gens de couleur dans la classe des hommes, ou dans celle des bêtes de somme? Mais les gens de couleur sont libres, propriétaires et contribuables, et cependant ils n'ont pu être électeurs.

Si les colons veulent que les nègres et les gens de couleur soient hommes, qu'ils affranchissent les premiers ; que tous soient électeurs, que tous puissent être élus? Dans le cas contraire, nous prierons d'observer qu'en proportionnant le nombre des députés à la population de la France, nous n'avons pas pris en considération la quantité de nos chevaux ni de nos mulets ; qu'ainsi la prétention des colonies d'avoir vingt représentants est absolument dérisoire.

J'observe ensuite qu'on s'en est tenu à ces généralités vides de principes et de sens, à vanter ce que nous rapporte la colonie de Saint-Domingue par sa balance de commerce. Les 600 millions mis en circulation par elle, les 500 vaisseaux, et les 620,000 matelots qu'elle occupe, etc., etc.

Ainsi l'on n'a pas même daigné se souvenir qu'il est démontré que aujourd'hui que les résultats des prétendues balances de commerce sont entièrement fautifs et insignifiants ; que les colonies, fussent-elles d'une utilité aussi incontestable que l'ont nié et que le nient les meilleurs esprits, les têtes les plus fortes qui se soient occupées de ces matières, il est impossible de concevoir pourquoi elles réclameront d'autres principes pour la proportion de leurs représentants, que ceux qui ont servi à la fixation de cette proportion dans toutes les provinces du royaume.

En effet, je supplie MM. les discrets proclamateurs de 600 millions mis dans la circulation par le commerce de cette colonie, je les supplie de me dire s'ils ont calculé la quantité de millions que met en circulation la manufacture appelée le labourage, par exemple ; et pourquoi, d'après leurs principes, ils ne réclament pas pour les laboureurs un nombre de représentants proportionné à cette circulation? Je les supplie de me dire pourquoi, dans leurs principes, Nantes, Bordeaux, Marseille ne demanderaient pas à fixer le nombre de leurs députés d'après les millions sans nombre que leur commerce met dans la circulation? Je les supplie de dire pourquoi, toujours dans leurs principes, Paris qui n'est point, qui ne peut pas être, qui ne sera jamais une ville de commerce, a quarante députés, etc.

Le nombre des députés des colonies doit être proportionné au nombre des électeurs et éligibles colons. Or, ce dernier nombre est tel que mon avis est que celui des députés doit être réduit à quatre.

Plusieurs membres prennent part à la discussion, entre autres le marquis de Sillery, représentant de Saint-Domingue. Il fait un tableau des richesses de ces colonies, et conclut à ce qu'on lui accorde une députation composée de vingt membres. Mirabeau remonte à la tribune.

Je crois que le préopinant a fait des richesses de Saint-Domingue un tableau plus ingénieux que ressemblant.

Au reste, ce n'est pas des richesses de Saint-Domingue dont il est ici question ; c'est de savoir s'il faut suivre pour Saint-Domingue une autre proportion de députation que celle suivie dans toutes les parties de la France.

M. de Sillery a dit que l'établissement des colonies est superbe, qu'il est susceptible d'accroissement. Je réponds que nous aussi nous sommes susceptibles d'un grand accroissement.

Que les richesses des colons sont considérables ; mais nous aussi sommes considérablement riches ! Que d'après cela, c'est-à-dire cette richesse, il importe que la députation soit nombreuse ; mais d'après cela, la nôtre doit l'être aussi.

Pourquoi donc voulez-vous adopter pour Saint-Domingue une loi plus favorable que celle qui a fixé les députations de tous les baillages ? De tous côtés nos provinces réclameraient contre cette distinction ; elles demanderaient que leurs députations fusssent augmentées.

Ce n'est pas sans surprise que j'ai entendu dire, pour faire valoir la nombreuse députation, que les nègres qui n'ont pas le droit de réclamer dans le sanctuaire de la liberté, sont les agents des richesses coloniales ; mais nos bœufs, nos chevaux sont également les agents de nos richesses.

Je demande de quel droit les vingt-trois mille blancs qui existent dans les colonies, ont exclu des assemblées primaires à peu près un pareil nombre d'hommes de couleur, libres, propriétaires et contribuables cemme eux ?

Je demande pourquoi, surtout, on veut que les vingt blancs qui sont ici, représentent les hommes de couleur, desquels ils n'ont aucun mandat ?

Je demande de quel droit les vingt-trois mille blancs électeurs ont défendu à leurs concitoyens de se nommer des représentants, et se sont arrogés celui d'en nommer exclusivement pour eux et pour ceux qu'ils ont exclus des assemblées électorales.

Croyent-ils que ces hommes qu'ils ont exclus, nous ne les représentons ? Croyent-ils que nous ne défendrons ici leur cause ? Ah ! sans doute, si telle a été leur espérance, je leur déclare qu'elle est outrageante pour nous, et qu'elle sera déçue.

Le nombre des députés doit être en proportion des votants. Cette loi a été générale pour nous, je conclus à ce qu'elle soit la même pour les colons.

La question mise aux voix à la séance du lendemain, l'Assemblée décrète que Saint-Domingue aura six députés.

Séance des 8 et 9 juillet. — Présidence de Lefranc de Pompignan, archevêque de Vienne.

Des troubles avaient agité Paris. On avait forcé la prison de l'Abbaye-Saint-Germain, et porté en triomphe deux soldats des gardes-françaises arrêtés pour n'avoir pas exécuté avec rigueur quelques actes prescrits contre le peuple. La fermentation était générale. L'Assemblée, priée d'interposer sa protection en faveur des prisonniers délivrés, s'en était rapportée à la sagesse du roi. Mais les ministres, effrayés de l'attitude imposante que prenait la nation, saisirent dans ces évènements un prétexte pour s'appuyer d'une armée de plus de quarante mille hommes. La consternation agissait partout.

Mirabeau : Messieurs, il a fallu, pour me décider à interrompre l'ordre des motions que le comité se propose de vous soumettre, une conviction profonde que l'objet dont j'ai demandé la permission de vous entretenir est le plus urgent de tous les intérêts ; mais, Messieurs, si le péril que j'ose vous dénoncer menace tout à la fois et la paix du royaume et la santé du monarque, vous approuverez mon zèle. Le peu de moments que j'ai eus pour rassembler mes idées ne me permettra pas sans doute de leur donner tout le développement nécessaire ; mais j'en dirai assez pour éveiller votre attention, et vos lumières suppléeront à mon insuffisance.

Veuillez, Messieurs, vous replacer au moment où la violation des prisons de l'Abbaye-Saint-Germain occasionna votre arrêté du premier de ce mois. En invoquant la clémence du roi pour les personnes qui pourraient s'être rendues coupables, l'Assemblée décréta que le roi serait supplié *de vouloir bien employer, pour le rétablissement de l'ordre, les moyens infaillibles de la clémence et de la bonté si naturelles à son cœur, et de la confiance que son bon peuple méritera toujours.*

Le roi, dans sa réponse, a déclaré qu'il trouvait cet arrêté fort sage ; il a donné des éloges aux sentiments que l'Assemblée lui témoignait, et proféré ces paroles remarquables : *tant que vous me donnerez des marques de votre confiance, j'espère que tout ira bien.*

Enfin, Messieurs, la lettre du roi à M. l'archevêque de Paris, en date du 2 juillet, après avoir exprimé les intentions paternelles de Sa Majesté à l'égard des prisonniers dont la liberté suivrait immédiatement le rétablissement de l'ordre, annonce qu'il va *prendre des mesures pour ramener l'ordre dans la capitale, et qu'il ne doute pas que l'Assemblée n'attache la plus grande importance à leur succès.*

En ne considérant que ces expressions de la lettre du roi, la première idée qui semblait s'offrir à l'esprit était le doute et l'inquiétude sur la nature de ces mesures.

Cette inquiétude aurait pu conduire l'Assemblée à demander dès lors au roi qu'il lui plût de s'expliquer à cet égard et de caractériser et détailler ces mesures, pour lesquelles il paraissait désirer l'approbation de l'Assemblée.

Aussi, dès ce moment, eussé-je proposé une motion tendante à ce but, si, en comparant ces expressions de la lettre du roi avec la bonté qu'elle respire dans toutes ses parties, avec les paroles précieuses qu'on nous a données comme l'expression affectueuse et paternelle du monarque, *je trouve votre arrêté fort sage*, je n'avais cru apercevoir dans ce parallèle, de nouveaux motifs pour cette confiance, dont tout Français se fait gloire d'offrir des témoignages au chef de la nation.

Cependant quelle a été la suite de ces déclarations et de nos ménagements respectueux? Déjà un grand nombre de troupes nous environnaient; il en est arrivé davantage, il en arrive chaque jour, elles accourent de toutes parts; trente-cinq mille hommes sont déjà répartis entre Paris et Versailles; on en attend vingt mille; des trains d'artillerie les suivent, des points sont désignés pour les batteries; on s'assure de toutes les communications; on intercepte tous les passages; nos chemins, nos ponts, nos promenades sont changés en postes militaires; des événements publics, des faits cachés, des ordres secrets, des contre-ordres précipités, les préparatifs de la guerre, en un mot, frappent tous les yeux et remplissent d'indignation tous les cœurs.

Ainsi, ce n'était pas assez que le sanctuaire de la liberté eut été souillé par des troupes! Ce n'était pas assez qu'on eût donné le spectacle inouï d'une assemblée nationale astreinte à des consignes militaires et soumise à une force armée! Ce n'était pas assez qu'on joignit à cet attentat toutes les inconvenances, tous les manques d'égards, et, pour trancher le mot, la grossièreté de la police orientale! Il a fallu déployer tout l'appareil du despotisme, et montrer plus de soldats menaçants à la nation, le jour où le roi lui-même l'a convoquée pour lui demander des conseils et des secours, qu'une invasion ennemie n'en rencontrerait peut-être, et mille fois plus du moins qu'on n'en a pu réunir pour secourir des amis martyrs de leur fidélité envers nous, pour remplir nos engagements les plus sacrés, pour conserver notre considération politique, et cette alliance des Hollandais, si précieuse, mais si chèrement conquise, et surtout si honteusement perdue!

Messieurs, quand il ne s'agirait ici que de nous, quand la dignité de l'Assemblée nationale serait seule blessée, il ne serait pas moins convenable, juste, nécessaire, important pour le roi lui-même, que nous fussions traités avec décence, puisqu'enfin nous sommes les députés de cette même nation qui seule fait sa gloire, qui seule constitue la splendeur du trône; de cette nation qui rendra la personne du roi honorable à proportion de ce qu'il l'honorera plus lui-même. Puisque c'est à des hommes libres qu'il veut commander, il est temps de faire disparaître ces formes odieuses, ces procédés insultants qui persuadent trop facilement à ceux dont le prince est entouré que la majesté royale consiste dans les rapports avilissants du maître à l'esclave, qu'un roi légitime et chéri doit partout et en toute occasion ne se montrer que sous l'aspect des tyrans irrités ou de ces usurpateurs tristement condamnés à méconnaître le sentiment si doux, si honorable de la confiance.

Et qu'on ne dise pas que les circonstances ont nécessité ces mesures menaçantes, car je vais démontrer qu'également inutiles et dangereuses, soit au bon ordre, soit à la pacification des esprits, soit à la sûreté du trône, loin de pouvoir être regardé comme le fruit d'un sincère attachement au bien public et à la personne du monarque, elles ne peuvent servir que des passions particulières et couvrir des vues perfides.

Ces mesures sont inutiles. Je veux supposer que les désordres que l'on craint sont de nature à être réprimés par des troupes, et je dis que, dans cette supposition même, ces troupes étaient inutiles. Le peuple, après une émeute dans la capitale, a donné un exemple de subordination infiniment remarquable dans ces circonstances. Une prison avait été forcée; des prisonniers en avaient été arrachés et mis en liberté; la fermentation la plus contentieuse menaçait de tout entraver... Un mot de clémence, une invitation du roi ont calmé le tumulte, et obtenu ce qu'on n'aurait jamais fait avec des canons et des armées; les prisonniers ont repris leurs fers, le peuple est rentré dans l'ordre, tant la raison seule est puissante! tant le peuple est disposé à tout faire lorsqu'au lieu de le menacer et de l'avilir, on lui témoigne de la bonté et de clémence!

Et dans ce moment, pourquoi des troupes? Jamais le peuple n'a dû être plus calme, plus tranquille, plus confiant; tout lui annonce la fin de ses malheurs, tout lui promet la régénération du royaume. Ses regards, ses espérances, ses vœux reposent sur nous. Comment ne serions-nous pas auprès du monarque la meilleure garantie de la confiance, de l'obéissance, de la fidélité des peuples? S'il avait jamais pu en douter, il ne le pourrait plus aujourd'hui; notre présence est la caution de la paix publique, et sans doute il n'en existera jamais de meilleure. Ah! qu'on assemble des troupes pour soumettre le peuple aux affreux projets du despotisme; mais qu'on n'entraîne pas le meilleur des rois à commencer le bonheur, la liberté de la nation avec le sinistre appareil de la tyrannie!

Certes, je ne connais pas encore tous les prétextes, tous les artifices des ennemis du peuple, puisque je ne saurais deviner de quelle raison plausible, on a coloré le prétendu besoin de troupes, au moment où non-seulement leur inutilité, mais leur danger frappe tous les esprits. De quel œil ce peuple, assailli de tant de calamités, verra-t-il cette foule de soldats oisifs venir lui disputer les restes de sa subsistance? Le contraste de l'abondance des uns et de l'indigence des autres, de la sécurité du soldat, à qui la manne tombe sans qu'il ait jamais besoin de penser au lendemain, et des angoisses du peuple, qui n'obtient rien qu'au prix de travaux pénibles et de sueurs douloureuses; ce contraste est fait pour porter le désespoir dans les cœurs.

Ajoutez, Messieurs, que la présence des troupes, frappant l'imagination de la multitude, lui présentant l'idée du danger se liant à ses craintes, à des alarmes, excite une effervescence universelle; les citoyens paisibles sont, dans leurs foyers, en proie à des terreurs de toute espèce; le peuple ému, agité, attroupé, se livre à des mouvements impétueux, se précipite aveuglément dans le péril, et la crainte ne calcule ni ne raisonne; ici les faits déposent pour nous.

Quelle est l'époque de la fermentation? Le mouvement des soldats, l'appareil militaire de la séance royale. Auparavaut, tout était tranquille; l'agitation a commencé dans cette triste et mémorable journée. Est-ce donc à nous qu'il faut s'en prendre si le peuple, qui nous a observés, a murmuré, s'il a conçu des alarmes, lorsqu'il a vu les instruments de la violence dirigés, non-seulement contre lui, mais contre une assemblée qui doit être libre, pour s'occuper avec liberté de toutes les causes de ses gémissements! Comment le peuple ne s'agiterait-il pas, lorsqu'on lui inspire des craintes contre le seul espoir qui lui reste! Ne sait-il pas que si nous ne brisons ses fers, nous les aurons rendus plus pesants, nous aurons cimenté l'oppression, nous aurons livré sans défense nos concitoyens à la verge impitoyable de leurs ennemis, nous aurons ajouté à l'insolence du triomphe de ceux qui les dépouillent et qui les insultent.

Que les conseillers de ces mesures désastreuses nous disent encore s'ils sont sûrs de conserver dans la sévérité, la discipline militaire, de prévenir tous les effets de l'éternelle jalousie entre les troupes nationales et les troupes étrangères, de réduire les soldats français à n'être que de purs automates, à les séparer d'intérêts, de pensées, de sentiments, d'avec leurs concitoyens! Quelle imprudence dans leur système, de les rapprocher du lieu de nos assemblées, de les électriser par le contact de la capitale, de les intéresser à nos discussions politiques! Non, malgré le dévoûment aveugle de l'obéissance militaire, ils n'oublieront pas ce que nous sommes; ils verront en nous leurs parents, leurs amis, leur famille occupée de leurs intérêts les plus précieux; car ils font partie de cette nation qui nous a confié le soin de sa liberté, de sa propriété, de son honneur. Non, de tels hommes, non, des Français ne feront jamais l'abandon du total de leurs facultés intellectuelles; ils ne croiront jamais que leur devoir est de frapper sans s'enquérir quelles sont les victimes.

Ces soldats, bientôt unis et séparés par des dénominations qui deviennent le signal des partis; ces soldats, dont le métier est de manier les armes, ne savent, dans toutes leurs rixes, que recourir au seul instrument dont ils connaissent la puissance. De là naissent des combats d'homme à homme, bientôt de régiment à régiment, bientôt de troupes nationales aux troupes étrangères; le soulèvement est dans tous les cœurs, la sédition marche tête levée, on est obligé par faiblesse, de voiler la loi militaire; et la discipline est énervée. Le plus affreux désordre menace la société; tout est à craindre de ces légions qui, après être sorties du devoir, ne voient plus leur sûreté que dans la terreur qu'elles inspirent.

Enfin ont-ils prévu, les conseillers de ces mesures, ont-ils prévu les suites quelles entraînent pour la sécurité même du trône? Ont-ils étudié dans l'histoire de tous les peuples comment les révolutions ont commencé, comment elles se sont opérées? Ont-ils observé par quel enchaînement funeste de circonstances les esprits les plus sages se sont jetés hors de toutes les limites de la modération, et par quelle impulsion terrible un peuple enivré se précipite vers des excès dont la première idée l'eût fait frémir? Ont-ils lu dans le cœur de notre bon roi? Connaissent-ils avec quelle horreur il regarderait ceux qui auraient allumé les flammes d'une sédition, d'une révolte peut-être (je le dis en frémissant, mais je dois le dire), ceux qui l'exposeraient à verser le sang de son peuple, ceux qui seraient la cause première des rigueurs, des violences, des supplices, dont une foule de malheureux seraient les victimes.

Mais, Messieurs, le temps presse; je me reproche chaque moment que mon discours pourrait ravir à vos délibérations, et j'espère que ces considérations, plutôt indiquées que présentées, mais dont l'évidence me paraît irrésistible, suffiront pour fonder la motion que j'ai l'honneur de vous proposer:

Qu'il soit fait au roi une très-humble adresse pour peindre à Sa Majesté les vives alarmes qu'inspire à l'Assemblée nationale l'abus qu'on s'est permis depuis quelque temps du nom d'un bon roi pour faire approcher de la capitale et de cette ville de Versailles, un train d'artillerie et des corps nombreux de troupes, tant étrangères que nationales, dont plusieurs se sont déjà cantonnés dans les villages voisins, et pour la formation annoncée de divers camps aux environs de ces deux villes.

Qu'il soit représenté au roi, non-seulement combien ces mesures sont opposées aux intentions bienfaisantes de Sa Majesté pour le soulagement de ses peuples, dans cette malheureuse circonstance de cherté et de disette de grains, mais encore combien elles sont contraires à la liberté et à l'honneur de l'Assemblée nationale, propres à altérer, entre le roi et ses peuples, cette confiance qui fait la gloire et la sûreté du monarque, qui seule peut assurer le repos et la tranquillité du royaume, procurer enfin à la nation les fruits inestimables qu'elle attend des travaux et du zèle de cette Assemblée.

Que Sa Majesté soit suppliée très-respectueusement de rassurer ses fidèles sujets en donnant des ordres nécessaires pour la cessation immédiate de ces mesures, également inutiles, dangereuses et alarmantes, et pour le prompt renvoi des troupes et du train d'artillerie aux lieux d'où on les a tirés.

Et attendu qu'il peut être convenable, ensuite des inquiétudes et de l'effroi que ces mesures ont jetés dans le cœur des peuples, de pourvoir provisionnellement au maintien du calme et de la tranquillité, Sa Majesté sera suppliée d'ordonner que, dans les deux villes de Paris et de Versailles, il soit incessamment levé des gardes bourgeoises, qui, sous les ordres du roi, suffiront pleinement à remplir ce but, sans augmenter autour de deux villes travaillées des calamités de la disette le nombre des consommateurs.

La proposition de Mirabeau, mise en délibération avec un amendement de Biaujat, qui supprimait la paragraphe relatif aux gardes bourgeoises, passa à l'unanimité moins quatre voix. En conséquence, l'Assemblée chargea l'orateur de la rédaction de l'adresse au roi qu'il avait sollicitée :

SIRE,

Vous avez invité l'Assemblée nationale à vous témoigner sa confiance : c'était aller au devant du plus cher de ses vœux.

Nous venons déposer, dans le sein de Votre Majesté, les plus vives alarmes. Si nous en étions l'objet, si nous avions la faiblesse de craindre pour nous-mêmes, votre bonté daignerait encore nous rassurer, et même, en nous blâmant d'avoir douté de vos intentions, vous accueilleriez nos inquiétudes, vous en dissiperiez la cause, vous ne laisseriez point d'incertitude sur la position de l'Asssemblée nationale.

Mais, Sire, nous n'implorons point votre protection : ce serait offenser votre justice. Nous avons conçu des craintes, et, nous l'osons dire, elles tiennent au patriotisme le plus pur, à l'intérêt de nos commettants, à la tranquillité publique, au bonheur du monarque chéri qui, en nous aplanissant la route de la félicité, mérite bien d'y marcher lui-même sans obstacle.

Les mouvements de notre cœur, Sire, voilà le vrai salut des Français. Lorsque des troupes s'avancent de toutes parts, que des camps se forment autour de nous, que la capitale est envahie, nous nous demandons avec étonnement : Le roi s'est-il méfié de la fidélité de ses peuples? S'il avait pu en douter, n'aurait-il pas versé dans notre cœur ses chagrins paternels? Que veut dire cet appareil menaçant? Où sont les ennemis de l'État et du roi qu'il faut subjuguer? où sont les rebelles, les ligueurs qu'il faut réduire?... Une voix unanime répond dans la capitale et dans l'étendue du royaume : *Nous chérissons notre roi, nous bénissons le ciel du don qu'il nous a fait dans son amour.*

Sire, la religion de Votre Majesté ne peut être surprise que sous le prétexte du bien public.

Si ceux qui ont donné ces conseils à notre roi avaient assez de confiance dans leurs principes pour les exposer devant nous, ce moment amènerait le plus beau triomphe de la vérité.

L'État n'a rien a redouter que des mauvais principes qui vont assiéger le trône même, et ne respectent pas la confiance du plus pur, du plus vertueux des princes. Eh! comment s'y prend-on, Sire, pour vous faire douter de l'attachement et de l'amour de vos sujets? Avez-vous prodigué leur sang? Êtes-vous cruel, implacable? Avez-vous abusé de la justice? Le peuple vous impute-t-il ses malheurs? Vous nomme-t-il dans ses calamités? Ont-ils pu vous dire que le peuple est impatient de votre joug, qu'il est las du sceptre des Bourbons? Non, non, ils ne l'ont pas fait; la calomnie, du moins, n'est pas absurde, elle cherche un peu de ressemblance pour colorer ses noirceurs.

Votre Majesté a vu récemment tout ce quelle peut sur son peuple. La subordination s'est rétablie dans la capitale agitée; les prisonniers mis en liberté par la multitude, d'eux-mêmes ont repris leurs fers, et l'ordre public, qui, peut-être, aurait coûté des torrents de sang, si l'on eût employé la force, un seul mot de votre bouche l'a rétabli. Mais ce mot était un mot de paix; il était l'expression de notre cœur, et vos sujets se font gloire de n'y résister jamais. Qu'il est beau d'exercer cet empire! C'est celui de Louis IX, de Louis XII, de Henri IV; c'est le seul qui soit digne de vous.

Nous vous tromperions, Sire, si nous n'ajoutions pas, forcés par les circonstances : cet empire est le seul qu'il soit aujourd'hui possible en France d'exercer. La France ne souffrira pas qu'on abuse le meilleur des rois, et qu'on l'écarte, par des vues sinistres, du noble plan qu'il a lui-même tracé. Vous nous avez appelés pour fixer, de concert avec vous, la Constitution, pour opérer la régénération du royaume : l'Assemblée nationale vient vous déclarer solennellement que vos vœux seront accomplis, que nos promesses ne seront point vaines; que les piéges, les difficultés, les terreurs, ne retarderont point sa marche, n'intimideront point son courage.

Où donc est le danger des troupes? affecteront de dire nos ennemis..... Que veulent leurs plaintes, puisqu'ils sont inaccessibles au découragement?

Le danger, Sire, est pressant, est universel, est au-delà de tous les calculs de la puissance humaine.

Le danger est pour le peuple des provinces. Une fois alarmés sur notre liberté, nous ne reconnaissons plus de frein qui puisse le retenir. La distance seule grossit tout, exagère tout, double les inquiétudes, les aigrit, les envenime.

Le danger est pour la capitale. De quel œil le peuple, au sein de la disette et tourmenté des angoisses les plus cruelles, se verra-t-il disputer les restes de sa subsistance par une foule de soldats menaçants? La présence des troupes échauffera, ameutera, produira une fermentation universelle, et le premier acte de violence exercé sous prétexte de police, peut commencer une suite de malheurs.

Le danger est pour les troupes. Des soldats français, approchés du centre des discussions, participant aux passions comme aux intérêts du peuple, peuvent oublier qu'un engagement les a fait soldats, pour se souvenir que la nature les fit hommes.

Le danger, Sire, menace les travaux qui sont notre premier devoir, et qui n'auront un plein succès, une véritable permanence, qu'autant que les peuples les regarderont comme entièrement libres. Il est, d'ailleurs, une contagion dans les mouvements passionnés : nous ne sommes que des hommes; la défiance de nous-mêmes, la crainte de paraître faibles, peuvent nous entraîner au-delà du but; nous serons obsédés de conseils violents, dénoncés, et la raison calme, la tranquille sagesse ne rendent pas leurs oracles au milieu du tumulte, des désordres, des scènes factieuses.

Le danger, Sire, est plus terrible encore. . . Et jugez de son étendue par les alarmes qui nous amènent devant vous! De grandes révolutions ont eu des causes bien moins éclatantes; plus d'une entreprise fatale aux nations et aux rois s'est annoncée d'une manière moins sinistre et moins formidable !

Ne croyez pas ceux qui vous parlent légèrement de la nation, et qui ne savent vous la représenter que selon leur vues, tantôt insolente, rebelle, séditieuse; tantôt soumise, docile au joug, prompte à courber la tête pour le recevoir. Ces deux tableaux sont également infidèles.

Toujours prêts à vous obéir, Sire, parce que vous commandez au nom des lois, notre fidélité est sans bornes comme sans atteintes.

Prêts à résister à tous les commandements arbitraires de ceux qui abusent de votre nom, parce qu'ils sont ennemis des lois, notre fidélité même nous ordonne cette résistance, et nous nous honorerons toujours de mériter les reproches que notre fermeté nous attire.

Sire, nous vous en conjurons, au nom de la patrie, au nom de votre bonheur et de votre gloire, renvoyez vos soldats aux postes d'où vos conseillers les ont tirés; renvoyez cette artillerie, destinée à couvrir vos frontières; renvoyez surtout les troupes étrangères, ces alliés de la nation, que nous payons pour défendre et non pour troubler nos foyers. Votre Majesté n'en a pas besoin. Eh! pourquoi un monarque, adoré de vingt-cinq millions de français ferait-il accourir à grands frais, autour du trône, quelques milliers d'étrangers?

Sire, au milieu de vos enfants, soyez gardé par leur amour. Les députés de la nation sont appelés à consacrer avec vous les droits éminents de la royauté sur la base immuable de la liberté du peuple; mais lorsqu'ils remplissent leur devoir, lorsqu'ils cèdent à leur raison, à leurs sentiments, les exposeriez-vous au soupçon de n'avoir cédé qu'à la crainte? Ah! l'autorité que tous les cœurs vous défèrent est la seule pure, la seule inébranlable; elle est le juste retour de vos bienfaits, et l'immortel apanage des princes dont vous serez le modèle.

Cette lecture provoque partout des applaudissements, et l'adresse est adoptée. Le roi y répondit en faisant déclarer, par son garde-des-sceaux, que cet appareil de troupes dont on s'alarmait devait au contraire rassurer l'Assemblée; qu'il n'avait d'autre but que de protéger ses délibérations, et de prévenir de nouveaux troubles dans la capitale; que si pourtant la présence des troupes causait encore des craintes, S. M., sur la demande de l'Assemblée, consentirait à ce qu'elle choisît Noyon ou Soissons pour le lieu de ses séances, et qu'alors S. M. se rendrait elle-même à Compiègne, afin de maintenir la communication nécessaire entre l'Assemblée et le roi.

Séance du 11 Juillet.

Le président rend compte de ce résultat : un murmure général s'élève, mais le comte Grillon désire qu'on n'insiste plus sur le renvoi des troupes, il veut qu'on s'en rapporte à la parole du roi.

MIRABEAU : Messieurs, sans doute la parole du roi est digne de la plus grande confiance; nous en devons tous à la bonté connue du monarque; nous pouvons nous abandonner à ses vertus.

Mais, Messieurs, la parole du roi, toute rassurante qu'elle doive être, n'est pas moins un mauvais garant de la conduite d'un ministère qui n'a cessé de surprendre sa religion.

Nous savons tous qu'avec plus de réserve nous aurions évité de grands désordres; nous savons tous que la confiance habituelle des Français dans leur roi est moins une vertu qu'un vice, si surtout elle s'étend à toutes les parties de l'administration.

Qui de nous ignore, en effet, que c'est notre aveuglement et notre inconsidération qui nous ont conduits, de siècle en siècle et de faute en faute, à la crise qui nous afflige aujourd'hui, et qui doit enfin dessiller nos yeux si nous n'avions pas résolu d'être, jusqu'à la consommation des temps, des enfants toujours mutins et esclaves ! La réponse du roi est un véritable refus; le ministère ne l'a considéré que comme une simple formule de rassurance et de bonté : il a l'air de penser que nous avions fait notre demande sans attacher à son succès un grand intérêt, et seulement pour paraître l'avoir faite.

Il faut détromper le ministère.

Sans doute mon avis n'est pas de manquer à la confiance et au respect qu'on doit aux vertus du roi, mais mon avis n'est pas non plus que nous soyons inconséquents, timides, incertains dans notre marche.

Certes, il n'y a pas lieu de délibérer sur la translation qu'on nous propose; car enfin, même d'après la réponse du roi, nous n'irons, soit à Noyon, soit à Soissons, que si nous le demandons, et nous ne l'avons pas demandé, et nous ne le demanderons pas, parce que probablement nous ne désirerons jamais de nous placer entre deux ou trois corps de troupes, celles qui investissent Paris, et celles que pourraient, d'un moment à l'autre, lancer sur nous la Flandre et l'Alsace.

Nous avons demandé la retraite des troupes ; voilà l'objet de notre adresse. Nous n'avons pas demandé à fuir les troupes, mais seulement que les troupes s'éloignassent de la capitale. Ce n'est certainement pas le sentiment de la peur qui nous a conduits, on le sait bien, c'est celui de l'intérêt général. Or, la présence des troupes contrarie l'ordre et la paix publique, et peut occasionner les plus grands malheurs. Ces malheurs, notre translation ne les éloignerait pas ; elle les aggraverait au contraire.

Il faut donc amener la paix en dépit des amis du trouble ; il faut être conséquents avec nous-mêmes, et pour cela nous n'avons qu'une conduite à tenir, c'est d'insister sans relâche sur le renvoi des troupes, seul moyen infaillible de l'obtenir.

Cette opinion de Mirabeau ne fut pas appuyée.

Séance du 13 au 15 juillet.—Présidence de Lefranc de Pompignan.

Mirabeau aux vingt-quatre membres chargés par l'Assemblée nationale de peindre au roi les calamités survenues à la suite du renvoi du ministère Necker :

Dites-lui bien, dites-lui que les hordes étrangères dont nous sommes investis ont reçu hier la visite des princes, des princesses, des favoris, des favorites, et leurs caresses, et leurs exhortations, et leurs présents [1] ; dites-lui que toute la nuit ces satellites étrangers, gorgés d'or et de vin, ont prédit dans leurs chants impies l'asservissement de la France, et que leurs vœux brutaux invoquaient la destruction de l'Assemblée nationale ; dites-lui que, dans son palais même, les courtisans ont mêlé leurs danses au son de cette musique barbare, et que telle fut l'avant-scène de la Saint-Barthélemy !

Dites-lui que ce Henri dont l'univers bénit la mémoire, celui de ses aïeux qu'il voulait prendre pour modèle, faisait passer des vivres dans Paris révolté, qu'il assiégeait en personne, et que ses conseillers féroces font rebrousser les farines que le commerce apporte dans Paris fidèle et affamé !

Au moment où la députation allait partir, on apprend que le roi, de son propre mouvement, s'est déterminé à venir au milieu des représentants de la nation ; à cette nouvelle, des applaudissements se font entendre dans la salle ; mais quelques membres s'élèvent contre ces marques de joie inopportunes, et parmi eux, Mirabeau s'écrie :

---

[1] Quelques personnes de la cour avaient, disait-on alors, fait la veille une visite à des hussards abrités dans l'Orangerie de Versailles.

Attendez que le roi nous ait fait connaître les bonnes dispositions qu'on nous annonce de sa part ; qu'un morne respect soit le premier accueil fait au monarque dans ce moment de douleur...... Le silence du peuple est la leçon des rois.

Séance du 16 juillet. — Présidence de Lefranc de Pompignan.

Discours tendant à prouver que l'Assemblée a le droit de déclarer au roi que ses ministres [1] *n'ont point la confiance du peuple.*

Dans une circonstance aussi urgente, je pourrais éviter toute controverse, puisque le préopinant [2], obligé de convenir avec nous que le roi nous ayant consultés, nous avons le droit et le devoir de lui proposer ce que nous croirons opportun, ne s'oppose point à l'adresse pour le renvoi des ministres ; mais je ne crois pas qu'il soit jamais permis dans cette Assemblée de laisser, sans réclamation, violer, même dans un discours, les principes, et de composer avec les amours-propres aux dépens de la vérité.

S'il est une maxime impie et détestable, ce serait celle qui interdirait à l'Assemblée nationale de déclarer au monarque que son peuple n'a point de confiance dans ses ministres. Cette opinion attaque à la fois et la nature des choses, et les droits essentiels du peuple, et la loi de la responsabilité des ministres, loi que nous sommes chargés de statuer, loi plus importante encore, s'il est possible, au roi qu'à son peuple ; loi qui ne sera jamais librement en exercice si les représentants du peuple n'ont pas l'initiative de l'accusation, qu'il me soit permis de m'exprimer ainsi.

Et depuis quand les bénédictions ou les malédictions du peuple ne sont-elles plus le jugement des bons ou des mauvais ministres ? Pourquoi une nation qui est représentée s'épuiserait-elle en vains murmures, en stériles imprécations, plutôt que de faire entendre le vœu de tous par ses organes assermentés ? Le peuple n'a-t-il placé le trône entre le ciel et lui afin de réaliser, autant que le peuvent les hommes, la justice éternelle, et anticiper sur ses décrets, du moins pour le bonheur de ce monde ?

Mais vous voulez donc confondre les pouvoirs.

Nous aurons bientôt occasion d'examiner cette théorie des trois pouvoirs, laquelle, exactement analysée, montrera peut-être la facilité de l'esprit humain à prendre des mots pour des choses, des formules pour des arguments, et à se routiner vers un certain ordre d'idées, sans revenir jamais à examiner l'intelligible définition qu'il a prise pour un axiôme. Les valeureux champions des *trois pouvoirs* tâcheront alors de nous faire comprendre ce qu'ils entendent par cette grande locution de *trois pouvoirs,*

---

[1] C'étaient le baron de Breteuil, pour les finances ; de la Galaizière, contrôleur-général ; le maréchal de Broglie, pour la guerre ; Foulon, intendant, pour la marine.

[2] Barnave.

et, par exemple, comment ils conçoivent le pouvoir judiciaire distinct du pouvoir exécutif, ou même le pouvoir législatif sans aucune participation au pouvoir exécutif.

Il me suffit aujourd'hui de leur dire : vous oubliez que ce peuple, à qui vous opposez les limites des trois pouvoirs, est la source de tous les pouvoirs, et que lui seul peut les déléguer ; vous oubliez que c'est au souverain que vous disputez le contrôle des administrateurs ; vous oubliez enfin que nous, les représentants du souverain, nous devant qui sont suspendus tous les pouvoirs, et même ceux du chef de la nation s'il ne marche point d'accord avec nous, vous oubliez que nous ne prétendons point à placer ni déplacer les ministres en vertu de nos décrets, mais seulement à manifester l'opinion de nos commettants sur tel ou tel ministre. Eh ! comment nous refuseriez-vous ce simple droit de déclaration, vous qui nous accordez celui de les accuser, de les poursuivre, et de créer le tribunal qui devra punir ces artisans d'iniquités dont, par une contradiction palpable, vous nous proposez de contempler les œuvres dans un respectueux silence ? Ne voyez-vous donc pas combien je fais aux gouvernants un meilleur sort que vous, combien je suis plus modéré ? Vous n'admettez aucun intervalle entre un morne silence et une dénonciation sanguinaire ; se taire ou punir, obéir ou frapper, voilà votre système. Et moi, j'avertis avant de dénoncer, j'accuse avant de flétrir, j'offre une retraite à l'inconsidération ou à l'incapacité avant de les traiter de crimes. Qui de nous a plus de mesure et d'équité ?

Mais voyez la Grande-Bretagne ! que d'agitations populaires n'y occasionne ce droit que vous réclamez ! C'est lui qui a perdu l'Angleterre... L'Angleterre est perdue ! Ah ! grand Dieu ! quelle sinistre nouvelle ! Eh ! par quelle latitude s'est-elle donc perdue ? ou quel tremblement de terre, quelle convulsion de la nature a englouti cette île fameuse, cet inépuisable foyer de si grands exemples, cette terre classique des amis de la liberté ?.... Mais rassurez-vous.... l'Angleterre fleurit encore pour l'éternelle instruction du peuple ; l'Angleterre répare, dans un glorieux silence, les plaies qu'au milieu d'une fièvre ardente elle s'est faites ; l'Angleterre développe tous les germes d'industrie, exploite tous les filons de la propriété humaine, et, tout à l'heure encore, elle vient de remplir une grande lacune de sa Constitution avec toute la vigueur de la plus énergique jeunesse et l'imposante maturité d'un peuple vieilli dans les affaires publiques... Vous ne pensiez donc pas qu'à quelques dissensions parlementaires (là, comme ailleurs, ce n'est souvent que du parlage qui n'a guère d'autre importance que l'intérêt de la loquacité) ; ou plutôt c'est apparemment la dernière dissolution du Parlement qui vous effraie.

Je ne vous dirai pas que, sur votre exposé, il est évident que vous ignoriez les causes et les détails de ce grand événement, qui n'est point une révolution, comme vous l'appelez ; mais je vous dirai que cet exemple offre la preuve la plus irrésistible que l'influence d'une assemblée nationale sur les ministres ne peut jamais être désastreuse, parce qu'elle est nulle, cette influence, aussitôt que le sénat en abuse.

Qu'est-il arrivé, en effet, dans cette circonstance rare où le roi d'Angleterre, étayé d'une très-faible minorité, n'a pas craint de combattre la formidable assemblée nationale et de la dissoudre ? Soudain l'édifice fantastique d'une opposition colossale s'est écroulé sur ses frêles fondements, sur cette coalition cupide et factieuse, qui semblait menacer de tout envahir. Eh ! quelle est la cause d'un changement si subit ? C'est que le peuple était de l'avis du roi, et non de celui du parlement. Le chef de la nation dompta l'aristocratie législative par un simple appel au peuple, à ce peuple qui n'a jamais qu'un intérêt, parce que le bien public est essentiellement le sien. Ses représentants, revêtus d'une invisible puissance, et presque d'une véritable dictature quand ils sont les organes de la volonté générale, ne sont que des pygmées impuissants s'ils osent substituer à leur mission sacrée des vues intéressées ou des passions particulières.

Livrons-nous donc sans crainte à l'impulsion de l'opinion publique ; loin de la redouter, invoquons sans cesse le contrôle universel : c'est la sentinelle incorruptible de la patrie ; c'est le premier instrument auxiliaire de toute bonne constitution ; c'est l'unique surveillant, le seul et puissant compensateur de toute constitution vicieuse ; c'est le garant sacré de la paix sociale, avec laquelle nul individu, nul intérêt, nulle considération ne peut entrer en balance.

Après ce discours, plusieurs orateurs prennent part à la discussion et l'avis de Lally-Tollendal, qui était pour qu'on demandât au roi le rappel de Necker, réunit tous les suffrages ; mais au moment où l'on se disposait à mettre aux voix l'adresse au roi, rédigée par Mirabeau, l'Assemblée reçut la nouvelle du renvoi de tous les ministres et du rappel de Necker.

Séance du 23 juillet. — Présidence du duc de Liancourt.

Discours sur les troubles de Paris.

Je commence par déclarer, qu'à mon sens, les petits moyens compromettent la dignité de l'Assemblée.

Examinons quelles sont les causes des désordres de Paris ; la première et la principale, c'est qu'aucune autorité reconnue n'y existe, c'est que le dissentiment le plus marqué s'établit entre les districts et les électeurs. Ceux-ci ont saisi les rênes de l'administration de la ville sans le consentement formel de la commune, mais autorisés par un péril imminent. A présent qu'ils ne peuvent pas méconnaître le principe, qu'ils sentent que ce consentement est absolument nécessaire, ils ont encore des assemblées ; ils ont délibéré si, nonobstant le vœu formé par les districts de créer une administration nouvelle, ils ne resteraient pas revêtus du pouvoir qu'ils exercent ; ils ont enfin établi dans leur sein un comité permanent, qui n'a point de rapports directs avec les districts, dont l'objet incontestable est le bien public, dont la continuation a été nécessitée par les circonstances, mais dont le fruit est devenu nul, parce que les créateurs et les créés ne sont que de simples particuliers, sans délégation, sans confiance, et que leur pouvoir a cessé au moment où leur mission d'électeur a été consommée.

De là résulte que les districts ne s'accordent point, ne marchent point ensemble ; que devant cette anarchie, il est impossible d'égaliser le fardeau, de proportionner les contingents et les secours ; qu'il faut au plus tôt réunir les districts ; qu'on le fera aisément par l'intervention de quelques députés conciliateurs ; que la commune nommera un conseil provisoire, et que ce conseil s'occupera d'un plan de *municipalité*[1] dont l'établissement assurera la subordination et la paix.

Les municipalités sont d'autant plus importantes, qu'elles sont la base du bonheur public, le plus utile élément d'une bonne constitution, le salut de tous les jours, en un mot, le seul moyen possible d'intéresser le peuple entier au gouvernement et de préserver les droits de tous les individus. Quelle heureuse circonstance que celle où l'on peut faire un si grand bien, sans composer avec une foule de prétentions, de titres achetés, d'intérêts contraires que l'on aurait à concilier, à sauver, à ménager dans des temps calmes ! Quelle heureuse circonstance que celle où la capitale, en élevant sa municipalité sur les vrais principes d'une élection libre, faite par la fusion des trois ordres dans la commune, avec la fréquente amovibilité des conseils et des emplois, peut offrir à toutes les villes du royaume un modèle à imiter !

Interrompu par Mounier, qui lui demande s'il a entendu autoriser toutes les villes à se municipaliser à leur manière, Mirabeau reprend :

Le préopinant se trompe sur mes intentions. Ma pensée est précisément que l'Assemblée nationale doit organiser les municipalités. Nous sommes chargés d'empêcher qu'aucune classe de citoyens, qu'aucun individu n'attente à la liberté : toute municipalité peut avoir besoin de notre sanction, ne fût-ce que pour lui servir de garant et de sauvegarde.

Toute municipalité doit être subordonnée au grand principe de la représentation nationale : mélange des trois ordres, liberté d'élections, amovibilité d'offices, voilà ce que nous pouvons exiger ; mais quant aux détails, ils dépendent des localités, et nous ne devons point prétendre à les ordonner. Voyez les Américains, ils ont partagé leurs terrains inhabités en plusieurs États, qu'ils offrent à la population, et ils laissent à tous ces États le choix du gouvernement qu'il leur plaira d'adopter, pourvu qu'ils soient républicains et qu'ils fassent partie de la confédération.

[1] C'était la première fois que ce mot était proféré dans l'Assemblée.

L'orateur conclut à ce qu'on envoie à Paris un député par district, pour établir un centre de correspondance entre toutes les assemblées, afin de les accorder et de les faire marcher ensemble : il demande aussi qu'on déclare formellement que les fonctions des électeurs sont finies, et que toute assemblée revêtue de fonctions municipales doit être établie du consentement de tous.

Cette motion est applaudie [1].

[1] C'est ici le lieu de placer les réflexions de Mirabeau sur les événements qui, quelques jours avant qu'il n'eût prononcé ce discours, avaient affligé Paris :

Que l'on compare le nombre des innocents sacrifiés par les méprises et les sanguinaires maximes des tribunaux, les vengeances ministérielles exercées seulement dans le donjon de Vincennes, dans les cachots de la Bastille, qu'on les compare avec les soudaines et impétueuses vengeances de la multitude, et qu'après on décide de quel côté se trouve la barbarie ! Au moment où cet enfer, créé par la tyrannie pour le tourment de ses victimes, s'est ouvert aux yeux de la capitale; au moment où tous les citoyens ont été admis à descendre dans ces lugubres souterrains, à peser les fers de leurs amis, de leurs défenseurs ; au moment où les feuilles de ces archives d'iniquité sont tombées dans toutes les mains, certes, il faut que le peuple soit essentiellement bon, pour que cette révélation des atrocités des ministres ne l'ait pas rendu aussi cruel qu'eux-mêmes et n'ait pas fait verser plus de sang... *La colère du peuple*... Ah! si la colère du peuple est terrible, c'est le sang-froid du despotisme qui est atroce. Les cruautés systématiques font plus de malheureux en un jour que les insurrections populaires n'immolent de victimes pendant des années.

Voyez combien de causes avaient préparé les matériaux de cette explosion! Tous les dénis de justice, toutes les insultes, tous les scandales, des ministres chéris, exilés ; le rebut du mépris public inauguré à la tête de ceux qui le remplacent ; le sanctuaire des lois profané ; l'Assemblée nationale compromise et menacée ; des troupes étrangères, de l'artillerie ; la capitale au moment d'être assiégée ou envahie ; les apprêts d'une guerre civile, que dis-je ? d'une horrible boucherie où tous les amis du peuple, connus ou soupçonnés, devaient tomber, surpris, désarmés, sous le glaive des soldats, et pour tout dire, en un mot, deux cents ans d'oppression particulière, politique et fiscale, féodale et judiciaire, couronnés par la plus horrible conjuration dont les fastes du monde garderont à jamais la mémoire... Voilà ce qui a provoqué le peuple... Il a puni un petit nombre de ceux que le cri public lui désignait comme les auteurs de ses maux ; mais qu'on nous dise s'il n'eût pas coulé plus de sang dans le triomphe de nos ennemis, ou avant que la victoire fût décidée. On craint souvent le peuple en raison du mal qu'on lui a fait ; on est forcé de l'enchaîner parce qu'on l'opprime, et ses persécuteurs le calomnient pour calmer leurs remords. Ceux qui s'étaient arrangés pour ne redouter aucun tribunal, tremblent devant le sien : il existe trop de coupables, pour qu'il ne reste pas beaucoup de terreurs.

Si les scènes qui ont eu lieu à Paris s'étaient passées à Constantinople, les hommes les plus timorés diraient : le Peuple s'est fait justice. La mesure était au comble, la punition d'un visir devient la leçon des autres. Cet événement, loin de paraître extraordinaire, exciterait à peine notre attention.

Nous ferions un volume si nous voulions démontrer par des exemples, que dans ces moments de rigueur les gouvernements ne font que moissonner les fruits de leurs propres iniquités. On méprise le Peuple, et l'on veut qu'il soit toujours doux, toujours impassible! Non : C'est une instruction qu'il faut tirer de ces tristes événements; l'injustice des autres classes envers le Peuple lui fait trouver la justice dans sa barbarie même.

Nous ne craindrions pas de blesser utilement la délicatesse de la sensibilité, en exposant les circonstances douloureuses, les tourments dont la mort de ces tristes victimes a été accompagnée. Mais ces cruautés sont loin d'atteindre aux solennelles félicités que des corps de justice exercent sur des malheureux que les vices des gouvernements conduisent au crime. Félicitons-nous que le Peuple n'ait pas appris tous ces raffinements de la barbarie, et qu'il ait laissé à des compagnies savantes l'honneur de ces abominables inventions.

Après ces réflexions que nous avons cru nécessaires et dans un moment où l'humanité même

Discours sur l'inviolabilité du secret des lettres.

Est-ce à un peuple qui veut devenir libre à emprunter les maximes et les procédés de la tyrannie? Peut-il convenir de blesser la morale après avoir été si longtemps victime de ceux qui la violèrent? Que ces politiques vulgaires, qui font passer avant la justice ce que dans leurs étroites combinaisons ils osent appeler l'*utilité publique*; que ces politiques nous disent du moins quel intérêt peut colorer cette violation de la probité nationale. Qu'apprendrons-nous par la honteuse inquisition des lettres? De viles et sales intrigues, des anecdotes scandaleuses, de méprisables frivolités. Croit-on même que les nouvelles politiques de quelque importance passent par cette voie? Quelle grande ambassade, quel homme chargé d'une négociation délicate ne correspond pas directement, et ne sait pas échapper à l'espionnage de la Poste aux lettres? C'est donc sans aucune utilité qu'on violerait les secrets des familles, le commerce des absents, les confidences de l'amitié, la confiance entre les hommes.

Un procédé si coupable n'aurait pas même une excuse, et l'on dirait de nous dans l'Europe:

En France, sous le prétexte de la sûreté publique, on prive les citoyens de tout droit de propriété sur les lettres, qui sont les productions du cœur et le trésor de la confiance. Ce dernier asile de la liberté a été impunément violé par ceux mêmes que la nation avait délégués pour assurer tous ses droits; ils ont décidé, par le fait, que les plus secrètes communications de l'âme, les conjectures les plus hasardées de l'esprit, les émotions d'une colère souvent mal fondée, les erreurs souvent redressées le moment d'après, pouvaient être transformées en dépositions contre les tiers; que le citoyen, l'ami, le frère, le père, deviendraient ainsi les juges les uns des autres sans le savoir; qu'ils pourront périr un jour l'un par l'autre; car l'Assemblée nationale a déclaré qu'elle ferait servir de base à ses jugements des communications équivoques et surprises, qu'elle n'a pu se procurer que par un crime!

La question mise aux voix, l'Assemblée décida d'abord qu'il n'y avait pas lieu à délibérer sur de telles mesures, mais ayant été ramenée à cette discussion deux jours après par la découverte d'un complot contre le port

égare la réflexion; nous nous hâtons de dire que toute l'Assemblée nationale a bien senti que la consternation de cette formidable dictature exposait la liberté publique autant que les complots de ses ennemis.

La société serait bientôt dissoute si la multitude, s'accoutumant au sang et au désordre, se mettait au-dessus des magistrats et bravait l'autorité des lois. Au lieu de courir à la liberté, le Peuple se jetterait bientôt dans l'abîme de la servitude; car, trop souvent le danger rallie à la domination absolue, et dans le sein de l'anarchie un despote même paraît un sauveur.

(Extrait de la dix-neuvième lettre de Mirabeau à ses commettants.)

de Brest, elle écarta de nouveau la question de l'inviolabilité des lettres et créa un *comité permanent de recherches ou d'informations.*

Séance du 29 juillet. — Présidence du duc de Liancourt.

Discours contre le système de pluralité graduée.

Il n'est dans toute association politique qu'un seul acte qui, par sa nature, exige un consentement supérieur à celui de la pluralité : c'est le pacte social qui, de lui-même, étant entièrement volontaire, ne peut exister sans un consentement unanime. L'un des premiers effets de ce pacte, c'est la loi de la pluralité des suffrages. C'est cette loi qui constitue, pour ainsi dire, l'existence, le moi moral, l'activité de l'association. C'est elle qui donne à ses actes le caractère sacré de la loi, en constatant qu'il sont en effet l'expression du vœu général. Qu'à cette simple et belle loi de la pluralité, l'on substitue tout autre degré de la majorité; dès ce moment toutes les fois qu'un objet quelconque aura réuni une pluralité inférieure à la majorité requise, la société est nécessairement condamnée au schisme, car il n'est dans la nature d'aucune société légitime, que le plus grand nombre soit assujetti à la minorité.

Si tel est le danger de tout autre genre de pluralité que la pluralitésimple, même dans un état naissant, combien ce danger ne devient-il pas imminent dans un état comme la France, où tout est à créer, à combiner, à méditer même? où une longue série d'abus de tout genre et des siècles d'esclavage, en couvrant la surface entière de la constitution et de l'administration dans toutes leurs parties, ne montre pas une seule loi à établir qu'au travers d'une couche épaisse de préjugés ou de désordres à corriger?

Est-ce dans un tel état de choses qu'on peut raisonnablement apporter des obstacles à la faculté de vouloir?

Et si jamais cette faculté doit être laissée à toute son activité, n'est-ce pas surtout lorsqu'elle est entre les mains d'un corps constitué, comme l'Assemblée nationale, de parties hétérogènes dont quelques-unes ont eu tant de peine à s'amalgamer en tout, et entre lesquelles il serait si aisé de réunir une majorité suffisante pour arrêter tout? On a tant disséqué le *vote par ordre,* on a tant frémi du *veto des ordres!* Eh! n'est-il pas clair que la pluralité graduée est exactement la même prétention sous un nom plus doux, et que, dans ce cas comme dans l'autre, ce serait toujours le quart où le tiers de l'Assemblée qui donnerait des lois à la nation?

Toute personne qui a observé les Etats républicains, y verra les nobles effets de cette aristocratique invention.

Dans la législation que nos commis de bureaux donnèrent à main armée aux Génevois, en 1782, ils eurent soin d'introduire cette loi de la pluralité graduée, comme l'égide du despotisme aristocratique et militaire auquel ils assujettissaient cette petite, mais respectable république. Non contents de ce qu'aucune loi ne pouvait être faite par l'Assemblée générale sans le consentement préalable de deux conseils administrateurs, ils mirent la pluralité des trois quarts des suffrages à la place de la pluralité simple qui, toujours, avait existé. Ainsi une loi qui n'avait été introduite que par la force, qui n'avait reçu pour sanction souveraine que celle d'une Assemblée dont les trois quarts des membres étaient exclus à main armée, devait être maintenue contre la volonté de tous par le vœu du quart, plus un, d'un simple conseil d'administration! Qu'est-il arrivé de cette loi? Jamais Genève n'a été plus malheureuse, plus tourmentée, jamais les arrogants aristocrates eux-mêmes n'ont été plus méprisés, moins redoutés, malgré leurs troupes, malgré des serments forcés, que depuis que leurs concitoyens ont été soumis à cet absurde et criant régime.

A la première occasion qui s'est offerte de mettre la loi à exécution, au moment où des magistrats, maintenus en place par une minorité de voix, ont voulu gouverner, l'incendie s'est trouvé prêt; la plus légère étincelle a causé l'embrasement. Attérée par la crainte d'une nouvelle garantie d'un nouveau siége, Genève a conservé cette loi folle qu'une triple garantie armée l'avait forcée d'adopter. Jamais elle ne sera libre, ni par conséquent tranquille, tant que ce monument de la criminelle ambition de ses chefs et de notre injustice ne sera pas détruit.

Mais pour revenir aux pluralités graduées dans leur rapport avec un grand Etat, supposons la Constitution faite ou prête à se faire, et voyons si, comme M. Fréteau le pensait, on pourrait y joindre alors quelque loi de ce genre pour garantir la Constitution.

Si c'est dans le but de mettre la Constitution à l'abri de toute atteinte du pouvoir législatif, qu'on veut établir la pluralité graduée, le moyen est visiblement insuffisant. La Constitution n'ayant pu s'opérer par la volonté du peuple lui-même, elle ne peut être détruite que par son aveu. Voilà le principe; consacrez-le, et la Constitution est en sûreté.

Est-ce pour les lois de détail que l'on voudrait établir la pluralité graduée? Dans ce cas, outre les inconvénients déjà énoncés, n'est-il pas clair que vous privez les futurs représentants de la nation de leur liberté de législation? Et qui sait à quel point cette entrave que vous mettez à une faculté si nécessaire dans tout bon gouvernement, peut être nuisible à la postérité! Lorsque les Anglais autorisèrent, au commencement du siècle, le fatal système des emprunts nationaux, lorsqu'ils voulurent rejeter sur leurs descendants une portion du fardeau qu'ils prétendaient trop pesant pour eux, prévoyaient-ils que cette bévue en finances nuirait un jour à l'influence qu'ils avaient voulu réserver au peuple, en mettant les subsides entièrement à sa disposition?

L'Assemblée décide que le réglement sera adopté, sauf les changements que l'expérience fera juger nécessaires.

Séance du 8 août. — Présidence de Chapelier.

Le duc d'Aiguillon, délégué par le comité des finances, met sous les yeux de l'Assemblée le rapport entre la recette et la dépense, afin qu'elle soit à même de juger de la nécessité d'un emprunt qui lui est proposé. '

MIRABEAU. Messieurs, en chargeant le comité des finances de nous porter un préavis sur la demande que nous font les ministres d'autoriser le roi à un emprunt de 30 millions, vous avez voulu laisser à chacun des membres de cette Assemblée le temps de la réflexion, car nul travail actuel sur l'état des finances ne pourrait servir à diriger notre détermination. Il n'entre dans l'esprit de personne que le trésor puisse se passer de secours, et ce n'est pas un emprunt de 30 millions qui empirera le rapport de nos finances avec les ressources nationales.

Nous devons nous diriger par de plus hautes considérations. Il faut sans doute pourvoir au courant : telle est même la nature des malheurs qui multiplient nos embarras, que nous courrions le risque de les aggraver, si une rigidité de principes que rien ne tempérerait, nous laissait indifférents pour des besoins ou des égards dont il est impossible de se dissimuler l'importance.

Mais n'est-il aucun moyen de conserver cette rigidité, et de répondre seulement à l'attente du ministère? Si ce moyen existe, le patriotisme, la saine politique, et, s'il faut parler clairement, les ménagements infinis avec lesquels nous devons user de la confiance de nos commettants, ne nous font-ils pas la loi de nous servir de ce moyen?

Avant de vous le proposer, qu'il me soit permis, Messieurs, d'exprimer une réflexion que m'arrache la grandeur de nos devoirs.

Elle ne peut plus exister dans l'ordre nouveau qui va régir l'empire, cette prompte obéissance que notre sensibilité savait transformer en témoignage d'amour pour la personne du monarque que nous représentaient ses ministres. Aucun d'eux ne doit désormais rien attendre que des volontés libres de la nation, et un examen réfléchi peut seul leur imprimer ce caractère. En nous tenant en garde contre les résolutions précipitées, nous éloignerons de l'esprit des ministres toute tentative qui ne s'adresserait pas uniquement à notre raison, et dès-lors rien n'en viendra troubler le libre exercice.

Surpris hier par une demande à laquelle nous n'étions pas préparés, je hasardai mon opinion plus que je ne la donnai ; et me représentant la pluralité des instructions de nos commettants et les circonstances où se trouve l'Assemblée, il me parut que les premières nous empêchaient d'accepter l'emprunt sous les formes ordinaires, et que les secondes nous interdisaient l'essai d'un crédit que nous ne devons jamais compromettre.

Je proposerai donc d'avoir recours à nos commettants, en leur indiquant une forme qui ne compromet point les motifs généraux qu'ils ont de n'accorder les secours pécuniaires qu'après avoir irrévocablement fixé les bases de la Constitution.

On a craint trop de lenteur dans cette manière de pourvoir à des besoins très-urgents ; cependant je crois impossible d'échapper à ce dilemme :

Ou nous avons la certitude morale que nos commettants nous autoriseraient à faire les emprunts que ces besoins exigent, et alors la résolution de demander cette autorisation suffit déjà au ministre des finances pour trouver dans ses propres ressources les moyens d'attendre cette autorisation ; ou nous devons la regarder comme très-douteuse, et alors nous prononçons nous-mêmes l'impossibilité d'accorder l'autorisation qui nous est demandée.

Dira-t-on qu'en supposant possible le refus de l'autorisation, si nous la demandons, nous n'avons pas à craindre le désaveu du consentement que nous donnerons pour la nation à l'emprunt, sans la consulter, parce qu'au défaut des égards auxquels nous avons droit de prétendre, les circonstances impérieuses que nos commettants n'ont pas pu prévoir justifieraient assez notre conduite, et d'autant mieux qu'un emprunt de 30 millions est trop peu considérable pour diminuer la force des choses qui rend à la nation sa liberté, ou pour aggraver le poids de la dette ?

J'admettrai cette réponse, Messieurs. Eh bien ! qu'en résultera-t-il ? Que nous n'osons pas nous fier à la certitude de l'autorisation que la rigueur de notre devoir nous oblige à demander à nos commettans en tout état de cause, et que nous nous prévalons, pour autoriser l'emprunt, d'un consentement que, par décence, la nation ne pourra refuser, une fois que nous l'aurons donné.

Mais puisque nous pressentons ce résultat de notre position, ne vaudrait-il pas mieux respecter scrupuleusement la sage politique de nos commettants, et faire servir dans cette circonstance notre propre responsabilité, comme médiatrice entre l'inflexibilité avec laquelle la nation doit se maintenir dans la position qu'elle a prise relativement à l'impôt, et la nécessité de pourvoir à des besoins qu'il serait trop dangereux de négliger ?

Songez, Messieurs, à l'état actuel des esprits. Une défiance excessive et sourde à tous les raisonnements est toujours prête à dicter les résolutions les plus étranges : faut-il nous exposer à lui donner contre nous l'ombre d'un prétexte ? Ceux qui nous ont menacés de Paris, nous demandant compte d'avoir refusé l'emprunt, croient-ils que les provinces aient renoncé au droit de nous dire : Pourquoi l'avez-vous accordé ? Pour moi, je frémis de ce danger, et ne pensant pas qu'il puisse jamais nous convenir de résister à une défiance, même injuste, je crois que nous devons nous résoudre à tous les sacrifices personnels qui seront en notre pouvoir, plutôt que de nous écarter de la lettre de nos mandats sur l'objet des subsides.

Je n'hésite donc pas à vous proposer que l'emprunt de 30 millions, actuellement nécessaire au gouvernement, soit fait sur l'engagement des membres de cette Assemblée, chacun pour la somme dont ses facultés permettront de le rendre responsable envers les prêteurs; somme dont nous ferons incessamment la souscription entre les mains de notre président, pour être remise à Sa Majesté, et servir de caution à l'emprunt de 30 millions, dont ses ministres demandent l'autorisation à l'Assemblée.

J'ai déjà indiqué un puissant motif pour nous déterminer à cette résolution patriotique. Elle nous laisse toute la confiance de nos commettants, puisque nous restons fidèles aux intentions consignées dans leurs mandats sur les secours pécuniaires, et que nous ne les obligeons point à s'en rapporter à nous sur le jugement des circonstances qui rendent cet emprunt nécessaire; en sorte qu'ils ne peuvent pas redouter de favoriser aucune politique ténébreuse, qui consisterait à gagner du temps par des incidents; car, n'engageant pas la nation, nos propres hypothèques ne pourraient pas se répéter deux fois de suite avec le même succès.

Mais cette résolution a d'autres avantages : elle est patriotique; et, sous ce point de vue, nous donnons l'exemple le plus propre à ramener tous les sujets de l'empire à la subordination volontaire qui caractérise l'homme libre, le vrai citoyen. Nous mettons le sceau à notre arrêté du 4 de ce mois, dont la précipitation semble nous accuser du besoin d'émotions vives pour nous résoudre à des sacrifices généreux, tandis qu'on doit également les attendre de nos plus mûres délibérations.

Elle nous revêt de toute la force morale dont nous avons besoin pour rétablir et conserver la perception des impôts et la soumission aux lois et aux usages, jusqu'à ce que les changements annoncés soient mis en état de prendre leur place.

Devenant nous-mêmes dans nos propres personnes la caution d'un emprunt destiné aux besoins de l'État, nous avertissons avec énergie tout intérêt sordide de s'éloigner enfin d'opérations qui sont le triste fruit de nos malheurs; nous rappelons de plus en plus l'esprit public, si nécessaire au rétablissement de la sûreté générale et individuelle : nous montrons notre confiance dans les ressources nationales pour maintenir la foi publique, tandis que nos ennemis n'avaient que l'exécrable ressource de la violer. Nous annonçons, mettant tout notre espoir dans les bons exemples, qu'une inflexible rigueur doit poursuivre les mauvais.

Enfin, le roi lui-même prendra dans notre dévouement toute la force dont il peut avoir besoin pour résister non à ses goûts, puisque nul monarque ne fut plus disposé à la simplicité qui appartient à la vraie grandeur, mais aux artisans de ce faste déprédateur qui multiplie autour du trône tant d'êtres inutiles.

Vous n'hésiterez donc pas, Messieurs, à prendre le noble parti que je vous propose; et i vous éprouvez à cet égard quelque doute, il viendra de la crainte de n'être généreux qu'en apparence, tant il y a lieu de croire que la nation se hâtera de vous relever de vos engagements. N'importe, Messieurs, vous aurez toujours aux yeux de cette nation généreuse, aux yeux de l'Europe attentive, un grand mérite, celui de la fidélité la plus exacte aux mandats dont vous êtes les dépositaires, et dans un point sur lequel la nation fait reposer la certitude de la restauration de l'empire.

Cette proposition est reçue avec beaucoup de faveur; elle paraît réunir toutes les opinions de l'Assemblée, et suspend un moment les débats; mais ils recommencent bientôt; et, après avoir entendu plusieurs orateurs, l'Assemblée décrète qu'il sera fait un emprunt de 30 millions.

Séance du 9 août. — Présidence de Chapelier.

Discours contre la proposition de soumettre les prêteurs à des retenues.

On ne peut, sans attenter à la foi des engagements, lever le plus léger tribut sur les rentes anciennes, ni en imposer sur les nouvelles, sans rehausser les intérêts et commettre une grande faute en finances. Je demande que la proposition des retenues soit, à cause de sa haute importance, traitée à part, et discutée avec d'autant plus de maturité que, de son résultat, dépendent exclusivement l'honneur et le crédit national.

Dans un temps où les droits de l'homme et du citoyen sont le cri général de ralliement; où la restauration du crédit public, ruiné par de longs désordres, est l'un des premiers objets qui réclament l'attention; dans un temps où l'Assemblée nationale vient de déclarer qu'elle place les créanciers de l'Etat sous la sauvegarde de l'honneur et de la loyauté nationales; où elle a dit qu'il n'appartient à personne de prononcer l'infâme mot de banqueroute, nous avons peine à concevoir cette proposition d'assujettir les créanciers de l'Etat à des impositions, à des retenues sur les rentes que leur doit la nation.

On nous dit que toute nation, étant souveraine, n'est liée par ses propres actes qu'autant qu'elle juge à propos de leur continuer sa sanction. Cette maxime est vraie; elle est juste relativement aux actes par lesquels cette nation agit sur elle-même; mais elle ne l'est pas relativement à ceux par lesquels elle contracte avec une autre partie.

Les premières sont des lois, vraies émanations de la volonté générale, qui cessent d'exister toutes les fois que la volonté qui leur donna l'être juge à propos de les détruire.

Les autres sont de véritables contrats, soumis aux mêmes règles, aux mêmes principes que les conventions entre particuliers : si, par le contrat, la nation s'est obligée, en recevant une certaine somme, à payer annuellement une certaine rente, cette obligation est aussi sacrée pour elle que pour tout particulier qui en aurait contracté une du même genre; et si celui-ci ne pourrait refuser le paiement qu'il aurait promis sans retomber dans l'in-

justice ou la banqueroute, comment et sous quel prétexte une nation pourrait-elle s'en dispenser?

On nous dit que la nation a le droit d'imposer. Sans doute que les impositions doivent être réparties avec justice; nous en convenons encore; mais
on ajoute qu'il faut pour cela que tous les genres de propriété soient im-
posés. Ceci demande quelques explications.

Il n'est point vrai qu'il faille que tous les genres de propriété soient im-
posés; mais, ce qui est vrai, c'est que tous les individus, sans exemption,
doivent être soumis à l'impôt.

Or, direz-vous, par exemple, qu'un impôt mis sur les terres seulement ne
porte que sur les propriétaires ou sur les fermiers? N'est-il pas évident que,
s'ils en font l'avance, ils exercent à leur tour une reprise sur le consommateur, et, qu'en dernier résultat, c'est toujours celui-ci qui paie l'impôt,
quoiqu'en apparence l'Etat ne lui demande rien? Or, ce consommateur, qui
vient de payer sa part de l'impôt sur les terres, est précisément le rentier
sur qui vous voudriez mettre un impôt direct, en lui retenant une partie
de la rente que lui doit la nation.

La même observation peut se faire pour tous les autres impôts, gabelles,
traites, aides, etc., il n'en est aucun que le rentier ne supporte en raison
de ses facultés et de ses dépenses.

Soumettre le rentier à une retenue, à un impôt direct sur sa rente, ce
n'est donc pas vouloir qu'il paie sa part des contributions publiques: c'est
vouloir qu'il la paie deux fois.

Et combien cette prétention n'est-elle pas injuste, si l'on réfléchit que
cette retenue, cette imposition directe, sont formellement condamnées par
le contrat du rentier avec la nation; qu'en lui demandant son argent on lui
a promis qu'aucune retenue, aucun impôt ne pourrait avoir lieu sur la rente
qui lui fut promise?

Alors la retenue, l'impôt dont on parle, étant une contravention manifeste à un contrat exprès, devient, quant à la nation qui a promis, quant aux
prêteurs à qui la promesse a été faite, une véritable banqueroute.

Ne nous laissons point tromper par des mots: une banqueroute n'est
autre chose que la rupture des engagements d'un débiteur envers ses créanciers. Elle est innocente lorsqu'elle résulte d'une impossibilité réelle de
remplir ses engagements; elle est frauduleuse lorsque cette impossibilité
n'est que simulée, lorsque le débiteur qui prétend ne pouvoir pas payer est
en état de le faire.

Quel est ici le cas de la nation? Quelqu'un peut-il dire qu'elle soit hors
d'état de payer? Et lors même qu'on hasarderait de le dire, est-il bien vrai
qu'une telle assertion suffise pour autoriser ce qui, dans le fait, est une
banqueroute?

Ne perdons point de vue que les engagements des nations envers les
particuliers sont du même genre, ont la même force, entraînent les

mêmes obligations, et de plus strictes encore que celles des particuliers entre eux.

Suffit-il qu'un négociant dise à ses créanciers : je ne puis payer les intérêts que je vous ai promis, pour qu'il soit dispensé de les payer en entier? La loi civile, qui n'est ici que l'interprète du droit naturel, l'assujétit à des formalités dont le but est de prouver que cette impossibilité existe. Ne faut-il pas qu'il dresse un état particulier de ses créances et de ses dettes, qu'il le présente aux créanciers, qu'il joigne toutes les pièces, qu'il en affirme la vérité par serment?

Et l'on voudrait que, sans aucun examen, sans avoir fait son inventaire, avant d'avoir sondé ses ressources, une nation riche, puissante, manque à ses engagements; que se déclarant banqueroutière, opprobre inouï dans les fastes des nations, elle se prive pour jamais de tout moyen de rétablir son crédit! Non, Messieurs, vous ne le souffrirez pas.

L'Assemblée décrète que l'intérêt sera accordé aux prêteurs sans aucune retenue.

Discours sur la dîme ecclésiastique.

Le préopinant [1] a si bien discuté la matière des dîmes, il en a tellement posé les principes, qu'il n'y a presque rien à ajouter. Je voudrais cependant rendre plus sensible encore qu'il ne l'a fait, combien l'article 7, de la rédaction duquel vous êtes occupés, exprime mal vos intentions.

Vous n'avez pu, je le soutiens, Messieurs, statuer ce que semble dire cet article, savoir : que la dîme serait représentée par une somme d'argent toute pareille ; car elle est si excessivement oppressive, que nous ne pourrions, sans trahir nos plus saints devoirs, la laisser subsister, soit en nature, soit dans un équivalent proportionnel ; il me sera facile de le démontrer en deux mots.

Supposons le produit d'une terre quelconque à douze gerbes. . . 12
Les frais de culture, semences, avances, récolte, entretien, etc., emportent au moins la moitié, ci . . . . 6 » } 9
Les droits du roi sont évalués à un huitième de la récolte; une gerbe et demie, ci . . . . 1 1/2 }
Droits du roi de nouveau, pour l'année de jachère . . 1 1/2 }

Reste au cultivateur seulement trois gerbes. 3
Dont il donne au décimateur. 1

Il lui reste les deux tiers de son produit net. 2

[1] De Chasset, qui concluait « à ce que les dîmes fussent entièrement supprimées, sauf à aviser, etc. » et dont la motion fut adoptée.

Le décimateur emporte donc le tiers de la portion nette du cultivateur.

Si à cet aperçu qui, loin d'être exagéré, porte sur une moyenne proportionnelle très-affaiblie, vous joignez les considérations d'économie politique
qui peuvent servir à apprécier cet impôt, telles que la perception d'un tel
revenu sans participer aux avances, ni même à tous les hasards; l'enlèvement d'une grande portion des pailles, dont chaque champ se trouve dépouillé, et qui prive par conséquent le cultivateur d'une partie considérable de ses engrais; enfin la multiplicité des objets sur lesquels se prélève
la dîme, les lins, les chanvres, les fruits, les olives, les agneaux, quelquefois
les foins, etc., vous prendrez une idée juste de ce tribut oppressif que l'on
voudrait couvrir du beau nom de propriété.

Non, Messieurs, la dîme n'est point une propriété; la propriété ne s'entend que de celui qui peut aliéner le fonds, et jamais le clergé ne l'a pu.
L'histoire nous offre mille faits de suspension de dîmes, d'application de
dîmes en faveur des seigneurs, ou à d'autres usages, et de restitution ensuite
à l'Eglise. Ainsi les dîmes n'ont jamais été pour le clergé que des jouissances
annuelles, de simples possessions révocables à la volonté du souverain.

Il y a plus, la dîme n'est pas même une possession comme on l'a dit[1];
elle est une contribution destinée à cette partie du service public qui concerne les ministres des autels; c'est le subside avec lequel la nation sa-
larie les officiers de morale et d'instruction.

(*De violents murmures s'élèvent parmi les membres du clergé.*)

J'entends, à ce mot *salarier*, beaucoup de murmures, et l'on dirait
qu'il blesse la dignité du sacerdoce; mais, Messieurs, il serait temps, dans
cette révolution qui fait éclore tant de sentiments justes et généreux,
que l'on abjurât les préjugés d'une ignorance orgueilleuse qui fait dédaigner
les mots *salaires* et *salariés*. Je ne connais que trois manières d'exister dans
la société; il faut y être *mendiant, voleur* ou *salarié*. Le propriétaire n'est
lui-même que le premier des salariés. Ce que nous appelons vulgairement
sa propriété n'est autre chose que le prix que lui paie la société pour les
distributions qu'il est chargé de faire aux autres individus par ses consommations et ses dépenses : les propriétaires sont les agents, les économes du
corps social.

Quoi qu'il en soit, les officiers de morale et d'instruction doivent tenir
sans doute une place très-distinguée dans la hiérarchie sociale; il leur faut
de la considération, afin qu'ils s'en montrent dignes; du respect même,
afin qu'ils s'efforcent toujours davantage d'en mériter; il leur faut de l'aisance, pour qu'ils puissent être bienfaisants. Il est juste et convenable qu'ils
soient dotés d'une manière conforme à la dignité de leur ministère et à l'im-

[1] Lanjuinais venait de chercher à établir comme inviolable et sacrée la possession des dîmes
entre les mains du clergé.

portance de leurs fonctions ; mais il ne faut pas qu'ils puissent réclamer un mode pernicieux de contribution comme une propriété.

Je ne sais pourquoi on leur disputerait que la dîme est d'institution nationale ; elle l'est en effet, et c'est à cause de cela même que la nation a le droit de la révoquer et d'y substituer une autre institution. Si l'on n'était pas enfin parvenu à dédaigner autant qu'on le doit la frivole autorité des érudits en matière de droit naturel ou public, je défierais de trouver, à propos des dîmes, dans les capitulaires de Charlemagne le mot *solverint* ; c'est *dederint* que l'on y rencontre toujours. Mais qu'importe? La nation abolit les dîmes ecclésiastiques parce qu'elles sont un moyen onéreux de payer la partie du service public auquel elles sont destinées, et qu'il est facile de les remplacer d'une manière moins dispendieuse et plus égale.

Quant aux dîmes inféodées et laïques, le préopinant a tout dit ; il a bien exposé le principe que la propriété n'appartient réellement qu'à celui qui peut transmettre, et qu'on troublerait tout en remontant au travers du commerce des propriétés pour jeter des doutes sur le titre primitif.

Plusieurs ecclésiastiques firent individuellement, dans le cours de la discussion, l'abandon des dîmes en argent. Le 11, la majorité adhéra à cette renonciation.

Séance du 17 août. — Présidence du comte de Clermont-Tonnerre.

Discours sur la déclaration des droits de l'homme et du citoyen.

Messieurs, la déclaration des droits de l'homme en Société n'est sans doute qu'une exposition de quelques principes généraux applicables à toutes les associations politiques et à toutes les formes du gouvernement.

Sous ce point de vue, on croirait un travail de cette nature très-simple et peu susceptible de contestations et de doutes.

Mais le comité[1] que vous avez nommé pour s'en occuper s'est bientôt aperçu qu'un tel exposé, lorsqu'on le destine à un corps politique, vieux et presque caduc, est nécessairement subordonné à beaucoup de circonstances locales, et ne peut jamais atteindre qu'à une perfection relative : sous ce rapport une déclaration des droits est un ouvrage difficile.

Il l'est davantage lorsqu'il doit servir de préambule à une constitution qui n'est pas connue.

Il l'est enfin, lorsqu'il s'agit de le composer en trois jours, d'après vingt projets de déclaration qui, dignes d'estime chacun en leur genre, mais conçus sur des plans divers, n'en sont que plus difficiles à fondre ensemble, pour en extraire un résultat utile à la masse générale d'un peuple préparé à la liberté par l'impression des faits, et non par les raisonnements.

---

[1] Mirabeau en était un des membres.

Cependant, Messieurs, il a fallu vous obéir; heureusement nous étions éclairés par les réflexions de cette Assemblée sur l'esprit d'un tel travail. Nous avons cherché cette forme populaire qui rappelle au peuple, non ce qu'on a étudié dans les livres ou dans les méditations abstraites, mais ce qu'il a lui-même éprouvé; en sorte que la déclaration des droits, dont une association politique ne doit jamais s'écarter, soit plutôt le langage qu'il tiendrait, s'il avait l'habitude d'exprimer ses idées, qu'une science qu'on se propose de lui enseigner.

Cette différence, Messieurs, est capitale; et comme la liberté ne fut jamais le fruit d'une doctrine travaillée en déductions philosophiques, mais de l'expérience de tous les jours et des raisonnements simples que les faits excitent, il s'ensuit que nous serons mieux entendus à proportion que nous nous rapprocherons davantage de ces raisonnements. S'il faut employer des termes abstraits, nous les rendrons intelligibles en les liant à tout ce qui peut rappeler les sensations qui ont servi à faire éclore la liberté, et en écartant, autant qu'il est possible, tout ce qui se présente sous l'appareil de l'innovation.

C'est ainsi que les Américains ont fait leur déclaration des droits; ils en ont à dessein écarté la science; ils ont présenté les vérités politiques qu'il s'agissait de fixer sous une forme qui pût devenir facilement celle du peuple, à qui seul la liberté importe, et qui seul peut la maintenir.

Mais en nous rapprochant de cette méthode, nous avons éprouvé une grande difficulté, celle de distinguer ce qui appartient à la nature de l'homme, des modifications qu'il a reçues dans telle ou telle société; d'énoncer tous les principes de la liberté, sans entrer dans les détails, et sans prendre la forme des lois; de ne pas s'abandonner au ressentiment des abus du despotisme, jusqu'à faire moins une déclaration des droits de l'homme qu'une déclaration de guerre aux tyrans.

Une déclaration des droits, si elle pouvait répondre à une perfection idéale, serait celle qui contiendrait des axiomes tellement simples, évidents et féconds en conséquences, qu'il serait impossible de s'en écarter sans être absurde, et qu'on en verrait sortir toutes les constitutions.

Mais les hommes et les circonstances n'y sont point assez préparés dans cet empire, et nous ne vous offrons qu'un très-faible essai que vous améliorerez sans doute, mais sans oublier que le véritable courage de la sagesse consiste à garder, dans le bien même, un juste milieu.

Après la lecture du projet, l'orateur reprend :

Voilà, Messieurs, le projet que notre comité vous apporte avec une extrême défiance, mais avec une docilité profonde : c'est à la Constitution, qui suivra la déclaration des droits, à montrer de combien d'applications étaient susceptibles les principes que nous vous proposons de consacrer.

Vous allez établir un régime social qui se trouvait, il y a peu d'années, au-dessus de nos espérances : vos lois deviendront celles de l'Europe si elles sont dignes de vous, car telle est l'influence des grands Etats, et surtout de l'empire français, que chaque progrès dans leur constitution, dans leurs lois, dans leur gouvernement, agrandit la raison et la perfectibilité humaine.

Elle vous sera due cette époque fortunée, où, tout prenant la place, la forme, les rapports que lui assigne l'immuable nature des choses, la liberté générale bannira du monde entier les abus des oppressions qui accablent les hommes, les préjugés d'ignorance et de cupidité qui les divisent, les jalousies insensées qui tourmentent les nations, et fera renaître une fraternité universelle, sans laquelle tous les avantages publics et individuels sont si douteux et si précaires.

C'est pour nous, c'est pour nos neveux, c'est pour le monde entier que vous allez travailler ; vous marcherez d'un pas ferme, mais mesuré, vers cette grande œuvre ; la circonspection, la patience, le recueillement qui conviennent à des législateurs accompagneront vos décrets : les peuples admireront le calme et la maturité de vos délibérations, et l'espèce humaine vous comptera au nombre de ses bienfaiteurs.

La discussion commença dès le lendemain ; et, le 27, après deux jours de débats, l'Assemblée revint unanimement à l'avis de Mirabeau, en déclarant par un arrêté que les articles décrétés jusqu'alors ne compléteraient pas la déclaration, et que ceux qu'il convenait d'y ajouter seraient mis en délibération *lorsque la Constitution serait terminée.*

Séance du 19 août. — Présidence du comte de Clermont-Tonnerre.

Discours sur le crédit national.

Messieurs, il n'est sans doute aucun de nous qui ne sente l'importance du crédit national, et qui ne prévoie combien il sera nécessaire d'en faire usage, pour remplir les engagements que nous avons déclarés inviolables.

Nous devions espérer que les revenus publics resteraient du moins ce qu'ils étaient jusqu'au moment où vous les remplaceriez par des contributions plus sagement assises et plus équitablement réparties. Mais dans le trouble et l'anarchie où les ennemis de ce pays ont plongé le royaume, des proportions importantes ont disparu, et il est devenu tous les jours plus difficile de pourvoir aux dépenses que nécessitent les besoins de l'Etat.

Le malheur ne les rend ni moins urgentes ni moins considérables. Au contraire, en même temps que de nouveaux déficits se forment, il est chaque jour plus important de se précautionner contre l'anarchie. Nous devons craindre surtout d'exposer le royaume au désespoir qui résulterait d'une longue cessation de paiements que fournit le revenu public. La chaîne de ceux qui subsistent par la circulation de ces paiements est immense. On y rencontre, sans doute, des hommes assez riches pour supporter de grandes privations ; mais ces riches sont des agents de la circulation, et si elle s'arrêtait dans leurs mains, la pénurie atteindrait une foule d'individus qui ne peuvent être privés de rien, sans sacrifier de leur plus étroit nécessaire. A ceux-ci se joindrait cette masse d'hommes que la cessation des salaires ou des rentes qu'ils reçoivent immédiatement du trésor public jetterait dans la misère. Et qui peut calculer les effets d'une telle suspension, dans le moment où tous les citoyens attendent avec inquiétude un meilleur régime, mais où rien encore n'est remplacé ?

Cependant, nous ne pouvons pas rétablir soudainement les finances. La sagesse et la maturité doivent présider à cet important ouvrage.

Quel est donc le revenu de l'Etat dans des circonstances aussi critiques ? Le crédit national ; et certes, Messieurs, il devrait n'être pas difficile de l'établir. Le royaume reste encore le même. L'ennemi ne l'a pas dévasté. Les pertes que nous avons faites sont calculables. En considérant la nation comme un débiteur, elle est toujours riche et puissante ; elle est loin d'avoir reçu aucun échec qui la rende insolvable.

Que la concorde se rétablisse, et le numéraire caché, de quelque manière que ce soit, reparaîtra bientôt, et les moyens de prospérité reprendront une activité nouvelle, une activité augmentée de toute l'influence de la liberté.

Il est donc nécessaire, il est donc urgent de nous occuper du crédit. Heureusement ce n'est pas une œuvre compliquée. Il suffit de connaître les causes qui le suspendent. Il suffit, du moins en ce moment, de se pénétrer du besoin de les faire cesser ; et bientôt le crédit renaîtra, bientôt il nous fournira les moyens d'attendre paisiblement que le revenu public suffise à toutes les dépenses.

Ces considérations m'ont fait un devoir, Messieurs, de vous parler aujourd'hui de l'emprunt que vous avez décrété. Jusqu'à présent on y porte peu d'argent. N'attendons pas qu'on vienne nous dire qu'il ne se remplit point. Apercevons de nous-mêmes que, sans un changement favorable au crédit, cet emprunt ne sera pas réalisé avant que de nouveaux besoins d'emprunter arrivent et nous trouvent dans les mêmes perplexités.

Laissons là les vaines déclamations contre les financiers, les gens d'affaires, les banquiers, les capitalistes. A quoi serviraient les plaintes qui s'élèveraient contre eux dans cette assemblée, si ce n'est à augmenter les alarmes ?

Quand il ne serait pas souverainement injuste de revenir sur des contrats revêtus de toutes les sanctions qui, depuis deux siècles, obtiennent notre obéissance, chercherons-nous au travers des mutations journalières, le créancier que nous voudrions trouver trop riche de nos prodigalités ? Si nous le trouvions, qui de nous oserait le punir de n'avoir pas repoussé des gains séduisants et offerts par des ministres restés impunis ! Mais si les dif-

ficultés d'une aussi odieuse recherche nous la rendent impossible, frappe-
rons-nous en aveugles sur les propriétaires d'une dette respectable sous tous
les aspects? Car vous n'avez pas oublié, Messieurs, que c'est la fidélité du
roi envers les créanciers de l'État qui nous a conduits à la liberté, et que si,
écoutant les murmures dont je parle, il eût voulu se constituer débiteur infidèle, il n'était pas besoin qu'il nous délivrât de nos fers?

Loin donc d'inquiéter les citoyens par des opinions que nous avons solennellement flétries, appliquons-nous à maintenir sans cesse sur la dette
publique une sécurité sans laquelle les difficultés deviendraient enfin insurmontables.

Nous avons voulu déterminer l'intérêt de notre emprunt; nous nous
sommes trompés. Le ministre des finances ne pouvait pas lui-même le fixer
avec certitude.

Il comptait sur un mouvement patriotique; son opinion nous a entraînés.
Mais lorsque des mesures sont indispensables, faut-il faire dépendre leur
succès d'un sentiment généreux?

Ce sentiment ne pouvait agir que par une entière confiance dans l'Assemblée nationale. Mais tout en méritant cette confiance par nos intentions
et par notre dévouement sans bornes à la chose publique, ne lui avons-nous
donné aucune atteinte involontaire?

On s'éclaircira de plus en plus, sans doute, sur les circonstances qui ont
hâté vos arrêtés du 4 de ce mois, et avec le temps vous n'aurez pas même
besoin d'apologie. Il n'en est pas moins vrai que si ces arrêtés eussent paru
plus lentement, si les discussions qui les ont suivis les eussent précédés, il
n'en serait résulté aucune inquiétude pour les propriétés. Certainement
elles n'ont reçu aucune atteinte; mais pour reconnaître cette vérité, il faut
qu'on s'accoutume à distinguer ce qui appartient à la nation d'avec ce qui
appartient aux individus, et ces abstractions ont à lutter contre l'habitude.

Je vous ai dit, Messieurs, que nous avions voulu, contre la force des
choses, fixer l'intérêt de l'emprunt. Cette fixation n'a pas été seulement in-
tempestive; elle a produit un autre mal.

Nous avions mis la dette publique sous la sauvegarde de l'honneur et de
la loyauté nationales, et en fixant l'intérêt de notre emprunt à quatre et
demi pour cent, sans égard au prix actuel des effets royaux, lesquels rapportent un intérêt beaucoup plus considérable, il a paru que nous voulions
établir une différence entre la dette contractée et celle que nous résolvions
de contracter. Nous avons semblé dire que l'une sera plus sacrée que l'autre :
contradiction malheureuse! Elle était loin de notre intention. Mais la défiance raisonne peu, et les formes de cet emprunt ont ainsi donné des alarmes
sur la dette publique, tandis qu'il devait être considéré comme un moyen
d'en assurer le remboursement.

Pensé-je donc que nous devions décréter un emprunt à un intérêt égal
à celui que rend le prix actuel des fonds publics? Non, Messieurs; mais en

autorisant l'emprunt, nous devions laisser au ministre, dont les intentions ne sont pas suspectes, le soin d'en régler les conditions, selon l'exigence des conjonctures.

Tout ce que je viens d'avoir l'honneur de vous exposer est très-simple, et vous y auriez pourvu, si nous avions, en général, plus de temps pour nous consulter sur les questions importantes, si nos délibérations étaient plus tranquilles, si, ne pouvant rien sans la réflexion, on nous laissait plus de moyens pour réfléchir.

Je ne saurais trop le répéter, Messieurs, le respect pour la foi publique est notre sauvegarde, et le crédit national est dans ce moment l'unique moyen de remplir les devoirs qu'elle nous impose. Quand, par impossible, nous voudrions suivre la détestable maxime qu'il n'est point de morale en politique, avons-nous dans les mains une force publique qui se chargeât de contenir la juste indignation des citoyens?

Nous ne pouvons compter ni sur le crédit du roi, ni sur celui du ministre des finances. Quand tout est remis par le roi, par ses serviteurs, par la force des événements, dans la main de l'Assemblée nationale, est-il possible de pourvoir à la chose publique par un autre crédit que celui de la nation? et si les volontés ne se réunissent pas dans l'Assemblée nationale, où se formera le crédit public? à quel état de confusion ne marcherons-nous pas?

Je propose donc d'arrêter que l'Assemblée nationale, persévérant invariablement dans l'intention la plus entière de maintenir la foi publique, et considérant la nécessité urgente des fonds de l'emprunt décrété le 9 août, à l'intérêt de quatre et demi pour cent, autorise Sa Majesté à employer les moyens que la situation des affaires et les besoins impérieux du moment lui paraîtront exiger, pour assurer à l'emprunt un succès plus prompt, lors même que ces moyens apporteraient quelques modifications à l'article IV de l'arrêté du 9 août.

La publicité de cet arrêté suffira pour dissiper les fausses craintes que les fatalités imprévues ont fait naître; et les personnes qui dépendent du maintien de la foi publique sentiront de plus en plus qu'il est de leur intérêt de seconder les intérêts de l'Assemblée nationale, puisqu'elles tendent au rétablissement de l'ordre public, sans lequel les mesures les plus sages ne peuvent avoir aucun succès.

La motion de Mirabeau est mise sur le bureau.

Quelques membres prétendent qu'il n'y a pas encore assez de temps écoulé pour que les ordres aient pu parvenir chez l'étranger, et même dans nos provinces éloignées; que si les capitalistes de Paris veulent pressurer l'État, il faut s'adresser aux provinces et y créer des caisses d'escompte.

L'Assemblée ordonne l'impression de la motion et le renvoi aux bureaux.

Discours sur la liberté des cultes.

Je ne viens pas prêcher la tolérance : la liberté la plus illimitée de la religion est à mes yeux un droit si sacré, que le mot *tolérance*, qui voudrait l'exprimer, me paraît en quelque sorte tyrannique lui-même, puisque l'existence de l'autorité qui a le pouvoir de tolérer, attente à la liberté de penser, par cela même qu'elle tolère, et qu'ainsi elle pourrait ne pas tolérer.

Mais je ne sais pourquoi l'on traite le fond d'une question dont le jour n'est point arrivé.

Nous faisons une déclaration des droits; il est donc absolument nécessaire que la chose qu'on propose soit un droit ; autrement on y ferait entrer tous les principes qu'on voudrait, et alors ce serait un recueil de principes.

Il faut donc examiner si les articles proposés sont un droit.

Certainement, dans leur exposition, ils n'en expriment pas ; il faut donc les poser autrement.

Mais il faut les insérer en forme de déclaration des droits, et alors il faut dire : Le droit des hommes est de respecter la religion et de la maintenir.

Mais il est évident que c'est un devoir et non pas un droit.

Les hommes n'apportent pas le culte en société, il ne naît qu'en commun ; c'est donc une institution purement sociale et conventionnelle.

C'est donc un devoir.

Mais ce devoir fait naître un droit, savoir : que nul ne peut être troublé dans sa religion.

En effet, il y a toujours eu diverses religions ; et pourquoi ?

Parce qu'il y a toujours eu diverses opinions religieuses.

Mais la diversité des opinions résulte nécessairement de la diversité des esprits, et l'on ne peut empêcher cette diversité.

Donc cette diversité ne peut-être attaquée.

Mais alors le libre exercice d'un culte quelconque est un droit de chacun.

Donc on doit respecter son droit.

Donc on doit respecter son culte.

Voilà le seul article qu'il soit nécessaire d'insérer dans la déclaration des droits sur cet objet.

Et il doit y être inséré : car les facultés ne sont pas des droits ; mais l'homme a droit de les exercer, et l'on peut et l'on doit distinguer l'un et l'autre.

Mais si le droit est le résultat d'une convention, la convention consiste à exercer librement ses facultés ; donc on peut et on doit rappeler dans une déclaration de droits l'exercice des facultés.

Je soutiens donc l'article de M. de Castellane[1] ; et sans entrer en aucune manière dans le fond de la question, je supplie tous ceux qui anticipent par leurs craintes sur les désordres qui ravageront le royaume si l'on y introduit la liberté des cultes, de penser que la tolérance, pour me servir du mot consacré, n'a pas produit chez nos voisins des fruits empoisonnés, et que les protestants, inévitablement damnés dans l'autre monde, comme chacun sait, se sont très-passablement arrangés dans celui-ci, sans doute par une compensation due à la bonté de l'Être Suprême.

Nous qui n'avons le droit de nous mêler que des choses de ce monde, nous pouvons donc permettre la liberté des cultes et dormir en paix.

Continuation du même discours. — Séance du lendemain.

J'ai eu l'honneur de vous soumettre hier quelques réflexions qui tendaient à démontrer que la religion est un devoir et non pas un droit, et que la seule chose qui appartienne à la déclaration dont nous sommes occupés, c'était de prononcer hautement la liberté religieuse.

On n'a presque rien opposé à la motion de M. de Castellane ; et que peut-on opposer contre un axiome si évident, que le contraire est une absurdité !

On nous dit que le culte est un objet de police extérieure ; qu'en conséquence, il appartient à la société de le régler, de permettre l'un et de défendre l'autre.

Je demande à ceux qui soutiennent que le culte est un objet de police, s'ils parlent comme catholiques ou comme législateurs ?

S'ils font cette difficulté comme catholiques, ils conviennent que le culte est un objet de réglement, que c'est une chose purement civile ; mais si elle est civile, c'est une institution humaine ; si c'est une institution humaine, elle est faillible, ; les hommes peuvent la changer : d'où il suit, selon eux, que le culte catholique n'est pas d'institution divine, et, selon moi, qu'ils ne sont pas catholiques.

S'ils font la difficulté comme législateurs, comme hommes d'état, j'ai le droit de leur parler comme à des hommes d'état, et je leur dis d'abord qu'il n'est pas vrai que le culte soit une chose de police, quoique Néron et Domitien l'aient dit ainsi pour interdire celui des chrétiens.

Le culte consiste en hymnes, en discours, en divers actes d'adoration rendus à Dieu, par des hommes qui s'assemblent en commun ; et il est tout à fait absurde de dire que l'inspecteur de police ait le droit de dresser les *oremus* et les *litanies*.

Ce qui est de la police c'est d'empêcher que personne ne trouble l'ordre et la tranquillité publique ; voilà pourquoi elle veille dans vos rues, dans

---

[1] M. de Castellane avait proposé la rédaction suivante lors de la discussion de l'article de la déclaration concernant la *liberté des cultes* : « Nul homme ne doit être inquiété pour ses opinions « religieuses, ni troublé dans l'exercice de son culte. »

vos places, autour de vos maisons, autour de vos temples ; mais elle ne se mêle point de régler ce que vous y faites ; tout son pouvoir consiste à empêcher que ce que vous y faites ne nuise à vos concitoyens.

Je trouve donc absurde encore de prétendre que pour prévenir le désordre qui pourrait naître de vos actions, il faut défendre vos actions : assurément cela est très-expéditif, mais il m'est permis de douter que personne ait ce droit.

Il nous est permis à tous de former des assemblées, des cercles, des clubs, des loges de francs-maçons, des sociétés de toute espèce : le soin de la police est d'empêcher que ces assemblées ne troublent l'ordre public ; mais certes on ne se peut imaginer qu'afin que ces assemblées ne troublent pas l'ordre public, il faille les défendre.

Veiller à ce qu'aucun culte, pas même le nôtre, ne trouble l'ordre public, voilà notre devoir ; mais vous ne pouvez pas aller plus loin.

On nous parle sans cesse d'un culte *dominant.*

Dominant, Messieurs ! Je n'entends pas ce mot, et j'ai besoin qu'on me le répète. Est-ce un culte oppresseur que l'on veut dire ! Mais vous avez banni ce mot ; et des hommes qui ont assuré le droit de liberté ne revendiquent pas celui d'oppression.

Est-ce le culte du prince que l'on veut dire ? Mais le prince n'a pas le droit de dominer sur les consciences, ni de régler les opinions. Est-ce le culte du plus grand nombre ? Mais le culte est une opinion ; tel ou tel culte est le résultat de telle ou telle opinion : Or les opinions ne se forment pas pas le résultat des suffrages ; votre pensée est à vous, elle est indépendante ; vous ne pouvez pas l'engager.

Enfin une opinion qui serait celle du plus grand nombre n'a pas le droit de *dominer ;* c'est un mot tyrannique qui doit être banni de notre législation, car si vous l'y mettez dans un cas, vous pouvez l'y mettre dans tous : vous aurez donc un culte *dominant,* une philosophie *dominante,* des systèmes *dominants !* Rien ne doit dominer que la justice ; il n'y a de dominant que le droit de chacun, tout le reste y est soumis. Or, c'est un droit évident, et déjà consacré par vous, *de faire tout ce qui ne peut nuire à autrui.*

L'Assemblée adopta la liberté des opinions et des cultes avec cet amendement : *pourvu que leur manifestation ne trouble pas l'ordre public établi par la loi.*

Séance du 27 août — Présidence du comte de Clermont-Tonnerre.

Discours sur le second emprunt décrété par l'Assemblée nationale.

Si j'avais eu l'honneur de parler le premier à cette Assemblée, peut-être me serais-je borné à une approbation pure et simple de la proposition de M. le directeur-général des finances ; mais les additions de M. l'évêque d'Autun sont de telle nature , la première du moins , qu'une fois proposée il y aurait les plus grands dangers à l'en séparer. On nous parle de renvoyer la discussion à un autre jour : ceux qui nous font cette proposition en ont-ils bien pesé les conséquences. Voudraient-ils, par un simple attachement à une forme rigoureuse, exposer l'Assemblée à perdre les fruits d'une discussion aussi lumineuse que celle que nous venons d'entendre.

Après avoir manqué notre premier emprunt par un malheureux attachement à des formes , par un désir bien ou mal entendu de perfection , voudrons-nous exposer le royaume à tous les maux que pourrait entraîner le mauvais succès de celui qui nous est aujourd'hui proposé? Je ne suis pas de ceux qui sont prêts à se rendre l'écho de tout ce qui sort d'une bouche ministérielle. Je ne dis pas que ce qui vient de nous être lu de la part du ministre, soit au-dessus de toute exception ; mais le besoin d'une ressource momentanée est évident ; mais l'importance d'assurer le crédit public sur la base sacrée de la fidélité de la nation à remplir ses engagements, voilà ce qui me paraît également juste et pressant, voilà ce qui ne saurait, dans le moment actuel, plus admettre de retard.

Je n'insisterai pas, Messieurs, pour que vous passiez en une seule délibération les quatre propositions de M. l'évêque d'Autun ; mais les deux premières sont tellement liées, tellement connexes, que leur séparation, même momentanée, pourrait avoir sur le crédit public les conséqueces les plus funestes : approuver l'emprunt sans consacrer la dette, sans la mettre à l'abri de toute réduction, de toute atteinte, c'est semer la défiance et l'effroi parmi les capitalistes , c'est leur annoncer des intentions sinistres, c'est, en un mot, proclamer la banqueroute dans le moment où nous demandons du crédit.

Et dans quel temps, à quelle époque pensez-vous à annoncer des vues aussi malheureuses ? Quand vous êtes prêts à recevoir le grand, l'inestimable bien d'une constitution libre, quand cette constitution est à l'enchère ! (*Quelques murmures s'étant fait entendre*) : Oui, Messieurs, je ne ne crains point de le répéter, par un heureux effet des fautes et des déprédations ministérielles, la Constitution est aujourd'hui à l'enchère : c'est le déficit qui est le trésor de l'État ; c'est la dette publique qui a été le germe de notre liberté. Voudriez-vous recevoir le bienfait, et vous refuser à en acquitter le prix?

Ce second emprunt fut accordé dans les termes suivants :

« L'Assemblée nationale, délibérant sur les propositions qui lui ont été faites au nom du roi par le premier ministre des finances, déclare l'emprunt de trente millions fermé ; décrète l'emprunt de quatre-vingts millions, moitié en argent, moitié en effets publics, tel qu'il a été proposé par le premier ministre des finances, et elle en laisse le mode au pouvoir exécutif. »

Discours sur l'Unité et et la Division du pouvoir législatif, sur le Veto, ou sanction royale, et sur la Permanence et la Périodicité des Assemblées législatives.

Messieurs [1], dans la monarchie la mieux organisée l'autorité royale est toujours l'objet des craintes des meilleurs citoyens : celui que la loi met au-dessus de tous devient aisément le rival de la loi ; assez puissant pour potéger la Constitution, il est souvent tenté de la détruire. La marche uniforme qu'a suivie partout l'autorité des rois n'a que trop enseigné la nécessité de les surveiller ; cette défiance, salutaire en soi, nous porte naturellement à désirer de contenir un pouvoir si redoutable ; une secrète terreur nous éloigne malgré nous des moyens dont il faut armer le chef suprême de la nation, afin qu'il puisse remplir les fonctions qui lui sont assignées.

Cependant, si l'on considère de sang-froid les principes et la nature d'un gouvernement monarchique, institué sur la base de la souveraineté du peuple ; si l'on examine attentivement les circonstances qui donnent lieu à sa formation, on verra que le monarque doit être considéré plutôt comme le protecteur des peuples que comme l'ennemi de leur bonheur.

Deux pouvoirs sont nécessaires à l'existence et aux fonctions du corps politique ; celui de vouloir et celui d'agir. Par le premier, la société établit les règles qui doivent la conduire au but qu'elle se propose et qui est incontestablement le bien de tous : par le second, ces règles s'exécutent, et la force publique sert à faire triompher la société des obstacles que cette exécution pourrait rencontrer dans l'opposition des volontés individuelles.

Chez une grande nation ces deux pouvoirs ne peuvent être exercés par elle-même ; de là nécessité des représentants du peuple pour l'exercice de la faculté de vouloir, ou de la puissance législative ; de là encore la nécessité d'une autre espèce de représentants, pour l'exercice de la faculté d'agir, ou de la puissance exécutive.

[1] Lorsque j'ai parlé sur la *sanction royale*, j'ai autant parlé que lu ; ainsi, l'on ne retrouvera pas ici tout ce que j'ai dit, mais on n'y lira rien que je n'aie dit. L'indulgence d'une Assemblée est beaucoup plus grande que celle des lecteurs ; c'est donc un véritable sacrifice de mon amour-propre que je fais, par obéissance pour l'Assemblée, en laissant imprimer mon discours. Il est devenu impossible, par la marche des séances de l'Assemblée nationale, de rien écrire avec soin, ni même d'organiser aucun ouvrage ; il ne l'est pas moins de réfléchir, si l'on n'a pas de très-grandes avances : quiconque n'apportera pas à l'Assemblée nationale des principes arrêtés, risquera de n'y embrasser que des opinions très-inconsidérées.

Mais il a paru sur le beau sujet de la sanction royale un écrit de M. le marquis de Cazaux, intitulé : *Simplicité de l'idée d'une Constitution*, qui est une mine inépuisable d'idées saines et profondes, dont j'ai beaucoup profité ; par exemple, toute la partie de mon discours relative à la permanence des Assemblées nationales en est extraite.

Je regarde l'écrit de M. de Cazaux comme l'ouvrage de génie qu'a produit la révolution. Je ne connais pas un journal qui en ait parlé, et à en juger par les principes exposés en cette occasion solennelle dans l'Assemblée, il a été très-peu lu des représentants de la nation.

(Note de Mirabeau.)

Plus la nation est considérable, plus il importe peu que cette dernière puissance soit active ; de là la nécessité d'un chef unique et suprême, d'un gouvernement monarchique dans les grands états, où les convulsions, les démembrements seraient infiniment à craindre s'il n'existait une force suffisante pour en réunir toutes les parties, et tourner vers un centre commun leur activité.

L'une et l'autre de ces puissances sont également nécessaires, également chères à la nation. Il y a cependant ceci de remarquable, c'est que la puissance exécutive, agissant continuellement sur le peuple, est dans un rapport plus immédiat avec lui ; que, chargée du soin de maintenir l'équilibre, d'empêcher les partialités, les préférences vers lesquelles le petit nombre tend sans cesse au préjudice du plus grand, il importe à ce même peuple que cette puissance ait constamment en main un moyen sûr de se maintenir.

Ce moyen existe dans le droit attribué au chef suprême de la nation, d'examiner les actes de la puissance législative, et de leur donner ou de leur refuser le caractère sacré de la loi.

Appelé par son institution même à être tout à la fois l'exécuteur de la loi et le protecteur du peuple, le monarque pourrait être forcé de tourner contre le peuple la force publique, si son intervention n'était pas requise pour compléter les actes de la législation en les déclarant conformes à la volonté générale.

Cette prérogative du monarque est particulièrement essentielle dans tout état où le pouvoir législatif, ne pouvant en aucune manière être exercé par le peuple lui-même, il est forcé de le confier à des représentants.

La nature des choses ne tournant pas nécessairement le choix de ces représentants vers les plus dignes, mais vers ceux que leur situation, leur fortune, et des circonstances particulières désignent comme pouvant faire plus volontiers le sacrifice de leur temps à la chose publique, il résultera toujours, du choix de ces représentants du peuple, une espèce d'aristocratie de fait, qui, tendant sans cesse à acquérir une consistance légale, deviendra légalement hostile pour le monarque, à qui elle voudra s'égaler, et pour le peuple qu'elle cherchera toujours à tenir dans l'abaissement.

De là cette alliance naturelle et nécessaire entre le prince et le peuple contre toute espèce d'aristocratie ; alliance fondée sur ce qu'ayant les mêmes intérêts, les mêmes craintes, ils doivent avoir un même but, et par conséquent une même volonté.

Si d'un côté la grandeur du peuple dépend de la prospérité du peuple, le bonheur du peuple repose principalement sur la puissance tutélaire du prince.

Ce n'est donc point pour son avantage particulier que le monarque intervient dans la législation, mais pour l'intérêt même du peuple ; et c'est dans ce sens qu'on peut et qu'on doit dire que la sanction royale n'est point la prérogative du monarque, mais la propriété, le domaine de la nation.

J'ai supposé jusqu'ici un ordre de choses vers lequel nous marchons à grands pas; je veux dire une monarchie organisée et constituée; mais comme nous ne sommes point encore arrivés à cet ordre de choses, je dois m'expliquer hautement. Je pense que le droit de suspendre, et même d'arrêter l'action du corps législatif, doit appartenir au roi quand la Constitution sera faite, et qu'il s'agira seulement de la maintenir. Mais ce droit d'arrêter ce *veto*, ne saurait s'exercer quand il s'agit de créer la Constitution; je ne conçois pas comment on pourrait disputer à un peuple le droit de se donner à lui-même la Constitution par laquelle il lui plaît d'être gouverné désormais.

Cherchons donc uniquement si dans la question à créer, la sanction royale doit entrer comme partie intégrante de la législature.

Certainement, à qui ne saisit que les surfaces, de grandes objections s'offrent contre l'idée d'un *veto* exercée par un individu quelconque, contre le vœu des représentants du peuple. Lorsqu'on suppose que l'Assemblée nationale, composée de ses vrais éléments, présente au prince le fruit de ses délibérations par tête, lui offre le résultat de la discussion la plus libre et la plus éclairée, le produit de toutes les connaissances qu'elle a pu recueillir, il semble que c'est là tout ce que la prudence humaine peut constater, je ne dis pas seulement la volonté, mais la volonté générale; et sans doute, sous ce point de vue abstrait, il paraît répugner au bon sens d'admettre qu'un homme seul ait le droit de répondre : je m'oppose à cette volonté, à cette raison générale. Cette idée devient même plus choquante encore lorsqu'il doit être établi, par la Constitution, que l'homme armé de tout ce *veto* le sera de toute la force physique, sans laquelle la volonté générale ne peut jamais être assurée de son exécution.

Toutes ces objections disparaissent devant cette grande vérité, que, sans un droit de résistance dans la main du dépositaire de la force publique, cette force pourrait souvent être réclamée et employée malgré lui, par des volontés contraires à la volonté générale.

Or, pour démontrer par un exemple que ce danger existerait si le prince était dépouillé du *veto* sur toutes les propositions de loi que lui présenterait l'Assemblée nationale, je ne demande que la supposition d'un mauvais choix de représentants, et deux réglements intérieurs déjà proposés et autorisés par l'exemple de l'Angleterre, savoir, l'exclusion du public de la chambre nationale sur la simple réquisition d'un membre de l'Assemblée, et l'interdiction aux papiers publics de rendre compte de ses délibérations.

Ces deux réglements obtenus, il est évident qu'on passerait bientôt à l'expulsion de tout membre indiscret, et la terreur du despotisme de l'Assemblée agissant sur l'Assemblée même, il ne faudrait plus, sous un prince faible, qu'un peu de temps et d'adresse pour établir légalement la domination de douze cents aristocrates, réduire l'autorité royale à n'être que l'instrument passif de leurs volontés, et replonger le peuple dans cet état d'avilissement qui accompagne toujours la servitude du prince.

Le prince est le représentant perpétuel du peuple, comme les députés sont ses représentants élus à certaines époques. Les droits de l'un, comme ceux des autres, ne sont fondés que sur l'utilité de ceux qui les ont établis.

Personne ne réclame contre le *veto* de l'Assemblée nationale, qui n'est effectivement qu'un droit du peuple confié à ses représentants pour s'opposer à toute proposition qui tendrait au rétablissement du despotisme matériel : pourquoi donc réclamer contre le *veto* du prince, qui n'est aussi qu'un droit du peuple confié spécialement au prince, parce que le prince est aussi intéressé que le peuple à prévenir l'aristocratie.

Mais, dit-on, les députés de l'Assemblée nationale n'étant revêtus du pouvoir que pour un temps limité, et n'ayant aucune partie du pouvoir exécutif, l'abus qu'ils peuvent faire de leur *veto* ne peut être d'aucune conséquence aussi funeste que celui qu'un prince inamovible opposerait à une loi juste et raisonnable.

Premièrement, si le prince n'a pas le *veto*, qui empêchera les représentants du peuple de prolonger, et bientôt après d'éterniser leur députation ? (c'est ainsi, et non comme on vous l'a dit, par la suppression de la Chambre des pairs, que le long parlement renversa la liberté politique de la Grande-Bretagne.) Qui les empêchera même de s'approprier la partie du pouvoir exécutif qui dispose des emplois et des grâces ? Manqueront-ils de prétextes pour justifier cette usurpation ? Les emplois sont si scandaleusement remplis ! les grâces si indignement prostituées ! etc.

Secondement, le *veto*, soit du prince, soit des députés à l'Assemblée nationale, n'a d'autre vertu que d'arrêter une proposition ; il ne peut donc résulter d'un *veto*, quel qu'il soit, qu'une inaction du pouvoir exécutif à cet effet.

Troisièmement, le *veto* du prince peut, sans doute, s'opposer à une bonne loi ; mais il peut préserver d'une mauvaise, dont la possibilité ne saurait être contestée.

Quatrièmement, je supposerai qu'en effet le *veto* du prince empêche l'établissement de la loi la plus sage et la plus avantageuse à la nation. Qu'arrivera-t-il si le retour annuel de l'Assemblée nationale est aussi solidement assuré que la couronne sur la tête du prince qui la porte, c'est-à-dire si le retour de l'Assemblée nationale est assuré par une loi vraiment constitutionnelle, qui défende, sous peine de conviction d'imbécilité, de proposer ni la concession d'aucune espèce d'impôt, ni l'établissement de la force militaire pour plus d'une année ? Supposons que le prince ait usé de son *veto*, l'Assemblée d'abord déterminera si l'usage qu'il en a fait a ou n'a pas des conséquences fâcheuses pour la liberté.

Dans le second cas, la difficulté élevée par l'interposition du *veto* se trouvant nulle ou d'une légère importance, l'Assemblée nationale votera l'impôt et l'armée pour le terme ordinaire, et dès lors tout reste dans l'ordre accoutumé.

Dans le premier cas, l'Assemblée aura divers moyens d'influer sur la volonté du roi; elle pourra refuser l'impôt; elle pourrait refuser l'armée; elle pourra refuser l'un et l'autre, ou simplement ne les voter que pour un terme très-court. Quel que soit celui de ces partis qu'adopte l'Assemblée, le prince, menacé de la paralysie du pouvoir exécutif à une époque connue, n'a plus d'autre moyen que d'en appeler à son peuple en dissolvant l'Assemblée.

Si donc alors le peuple renvoie les mêmes députés à l'Assemblée, ne faudrait-il pas que le peuple obéisse? Car c'est là le vrai mot, quelque idée qu'on lui ait donné jusqu'alors de sa prétendue souveraineté, lorsqu'il cesse d'être uni d'opinion avec son peuple, et que le peuple est éclairé.

Supposez maintenant le droit du *veto* enlevé au prince, et le prince obligé de sanctionner une mauvaise loi, vous n'avez plus d'espoir que dans une insurrection générale, dont l'issue la plus heureuse serait probablement plus funeste aux indignes représentants du peuple que la dissolution de leur assemblée. Mais est-il bien certain que cette insurrection ne serait funeste qu'aux indignes représentants du peuple? J'y vois encore une ressource pour les partisans du despotisme des ministres; j'y vois le danger imminent de la paix publique, troublée et peut-être violée; j'y vois l'incendie presque inévitable et trop longtemps à craindre dans un état où une révolution si nécessaire, mais si rapide, a laissé des germes de division et de haine, que l'affermissement de la Constitution, par les travaux successifs de l'Assemblée, peut seule étouffer.

Vous le voyez, Messieurs, j'ai partout supposé la permanence de l'Assemblée nationale, et j'en ai même tiré tous mes arguments en faveur de la sanction royale, qui me paraît le rempart inexpugnable de la liberté politique, pourvu que le roi ne puisse jamais s'obstiner dans son *veto* sans dissoudre, ni dissoudre sans convoquer immédiatement une autre Assemblée, parce que la Constitution ne doit pas permettre que le corps social soit jamais sans représentants; pourvu qu'une loi constitutionnelle déclare tous les impôts et même l'armée annullés de droit trois mois après la dissolution de l'Assemblée nationale; pourvu enfin que la responsabilité des ministres soit toujours exercée avec la plus inflexible rigueur. Et quand la chose publique ne devrait pas s'améliorer chaque année des progrès de la raison publique ne suffirait-il pas pour nous décider à prononcer l'annualité de l'Assemblée nationale, de jeter un coup-d'œil sur l'effrayante étendue de nos devoirs?

Les finances seules appellent peut-être pour un demi-siècle nos travaux.

Qui de nous, j'ose le demander, a calculé l'action immédiate et la réaction plus éloignée de cette multitude d'impôts qui nous écrase sur la richesse générale, dont on reconnaît enfin qu'on ne peut plus se passer.

Est-il un seul de nos impôts dont on ait imaginé d'approfondir l'influence sur l'aisance du travailleur, aisance sans laquelle une nation ne peut jamais être riche?

Savez-vous jusqu'à quel point l'inquisition, l'espionnage et la délation assurent le produit des uns ? Etes-vous assez instruits que le génie fiscal n'a recours qu'au fusil, à la potence et aux galères pour prévenir la diminution des autres ?

Est-il impossible d'imaginer quelque chose de moins ridiculement absurde, de moins horriblement partial que ce système de finance que nos grands financiers ont trouvé si bien balancé jusqu'à présent ?

A-t-on des idées assez claires de la propriété, et ces idées sont-elles assez répandues dans la généralité des hommes, pour assurer aux lois qu'elles produiront cette espèce d'obéissance qui ne répugne jamais à l'homme raisonnable, et qui honore l'homme de bien ?

Aurez-vous jamais un crédit national aussi longtemps qu'une loi ne vous garantira pas que tous les ans la nation assemblée recevra des administrateurs des finances un compte exact de leur gestion, que tous les créanciers de l'Etat pourront demander chaque année à la nation le paiement des intérêts qui leur sont dus, que tous les ans, enfin, l'étranger saura où trouver la nation, qui craindra toujours de se déshonorer, ce qui n'inquiètera jamais les ministres ?

Si vous passez des finances au Code civil et criminel, ne voyez-vous pas que l'impossibilité d'en rédiger, qui soient dignes de vous avant une longue période, ne saurait vous dispenser de profiter des lumières qui seront l'acquisition de chaque année ? Vous en reposez-vous encore, pour les améliorations provisoires qui peuvent s'adapter aux circonstances, sur des ministres qui croiront avoir tout fait quand ils auront dit : le roi sait tout, car je lui ai tout appris, et je n'ai fait qu'exécuter ses ordres absolus, que je lui ai dit de me donner.

Peut-être, pour empêcher le retour des Assemblées nationales, on vous proposera une commission intermédiaire ; mais cette commission intermédiaire fera ce que ferait l'Assemblée nationale, et alors je ne vois pas pourquoi celle-ci ne se rassemblerait pas ; ou elle n'aura pas le pouvoir de faire ce que ferait l'Assemblée, et alors elle ne la suppléerait pas. Et ne voyez-vous pas, d'ailleurs, que cette commission deviendrait le corps où le ministère viendrait se recruter, et que, pour y parvenir, on deviendrait insensiblement de la cour et de l'intrigue ?

On a soutenu que le peu d'esprit public s'oppose au retour annuel de l'Assemblée nationale. Mais comment formerez-vous mieux cet esprit public qu'en rapprochant les époques où chaque citoyen sera appelé à en donner des preuves ? Pouvait-il exister cet esprit public, quand la fatale division des ordres absorbait tout ce qu'elle n'avilissait pas ; quand tous les citoyens, grands et petits, n'avaient d'autres ressources contre les humiliations et l'insouciance, et d'autre dédommagement de leur nullité que les spectacles, la chasse, l'intrigue, la cabale, le jeu, tous les vices ?

On a objecté les frais immenses d'une élection et d'une Assemblée nationale annuelle.

Tout est calculé : trois millions forment la substance de cette grande objection. Eh! que sont trois millions en temps de paix pour une nation qui en paie six cents, et qui n'en aurait pas trois cent-cinquante à payer si, depuis trente ans, elle avait eu annuellement une Assemblée nationale !

On a été jusqu'à me dire : Qui voudra être membre de l'Assemblée nationale, si elle a des cessions annuelles ?... Et je réponds à ces étranges paroles : Ce ne sera pas vous qui le demandez... mais ce sera tout digne membre du clergé qui voudra et qui pourra prouver aux malheureux combien le clergé est utile... tout digne membre de la noblesse qui voudra et pourra prouver à la nation que la noblesse aussi peut la prouver de plus d'une manière.... ce sera tout membre des communes qui voudra pouvoir dire à tout noble enorgueilli de son titre : Combien de fois avez-vous siégé parmi les législateurs ?

Enfin, les Anglais qui ont tout fait, dit-on, s'assemblent néanmoins tous les ans et trouvent toujours quelque chose à faire ; et les Français, qui ont tout à faire, ne s'assembleraient pas tous les ans !...

Nous aurons donc une Assemblée permanente, et cette institution sublime serait à elle seule le contrepoids suffisant du *veto* royal.

Quoi, disent ceux qu'un grand pouvoir effraie, parce qu'ils ne savent le juger que par ses abus, le *veto* royal serait sans limites ! Il n'y aurait pas un moment déterminé par la Constitution où ce *veto* ne pourrait plus entraver la puissance législative ? Ne serait-ce pas un despotisme que le gouvernement où le roi pourrait dire : Voilà la volonté de mon peuple ; mais la mienne est contraire, et c'est la mienne qui prévaudra.

Ceux qui sont agités de cette crainte proposent ce qu'on appelle un *veto* suspensif, c'est-à-dire que le roi pourra refuser sa sanction à un projet de loi qu'il désapprouve ; il pourra dissoudre l'Assemblée nationale ou en attendre une nouvelle ; mais si cette nouvelle Assemblée lui représente la même loi qu'il a rejetée, il sera forcé de l'admettre.

Voici leur raisonnement dans toute sa force. Quand le roi refuse de sanctionner la loi que l'Assemblée nationale lui propose, il est à supposer qu'il juge cette loi contraire aux intérêts du peuple, ou qu'elle usurpe sur le pouvoir exécutif, qui réside en lui, et qu'il doit défendre. Dans ce cas, il en appelle à la nation ; elle nomme une nouvelle législature ; elle confie son vœu à ses nouveaux représentants ; par conséquent, elle prononce ; il faut que le roi se soumette, ou qu'il dénie l'autorité du tribunal suprême auquel lui-même en avait appelé.

Cette objection est très-spécieuse, et je ne suis parvenu à en sentir la fausseté qu'en examinant la question sous tous ses aspects ; mais on a pu déjà voir, et l'on remarquera davantage encore dans le cours des opinions, que :

1° Elle suppose faussement qu'il est impossible qu'une seconde législature n'apporte pas le vœu du peuple ;

2° Elle suppose faussement que le roi sera tenté de prolonger son *veto* contre le vœu connu de la nation;

3° Elle suppose que le *veto* suspensif n'a point d'inconvénients, tandis qu'à plusieurs égards il a les mêmes inconvénients que si l'on n'accordait au roi aucun *veto*[1].

Il a fallu rendre la couronne héréditaire pour qu'elle ne fût pas une cause perpétuelle de bouleversement. Il en est résulté la nécessité de rendre la personne du roi irréprochable et sacrée, sans quoi on n'aurait jamais mis le trône à l'abri des ambitieux. Or, quelle n'est pas déjà la puissance d'un chef héréditaire et rendu inviolable? Le refus de faire exécuter une loi qu'il jugerait contraire à ses intérêts, dont sa qualité de chef du pouvoir exécutif le rend gardien, ce refus suffira-t-il pour le faire déchoir de ses hautes prérogatives? Ce serait détruire d'une main ce que vous auriez élevé de l'autre; ce serait associer à une précaution de paix et de sûreté le moyen le plus propre à soulever sans cesse les plus terribles orages?

Passez de cette considération aux instruments du pouvoir qui doivent être entre les mains du chef de la nation. C'est à vingt-cinq millions d'hommes qu'il doit commander; c'est sur tous les points d'une étendue de trente mille lieues carrées que son pouvoir doit être sans cesse prêt à se montrer pour protéger ou défendre; et l'on prétendrait que le chef dépositaire légitime des moyens que ce pouvoir exige pourrait être contraint de faire exécuter les lois qu'il n'aurait pas consenties! Mais par quels troubles affreux, par quelles insurrections convulsives et sanguinaires voudrait-on donc nous faire passer pour combattre sa résistance! Quand la loi est sous la sauvegarde de l'opinion publique, elle devient vraiment impérieuse pour le chef que vous avez armé de toute la force publique; mais quel est le moment où l'on peut compter sur cet empire de l'opinion publique? N'est-ce pas lorsque le chef du pouvoir exécutif a lui-même donné son consentement à la loi, et que ce consentement est connu de tous les citoyens? N'est-ce pas uniquement alors que l'opinion publique la place irrévocablement au-dessus de lui, et le force, sous peine de devenir un objet d'horreur, à exécuter ce qu'il a

[1] « Voilà de ces formes, sans doute, qui n'appartiennent pas à un discours arrangé; mais quand, par un mode très-vicieux de discussion, on a, comme chez nous, rendu physiquement impossible de débattre, et mis chaque chef d'opinion dans la nécessité d'attendre trois jours pour réfuter des objections quelquefois oubliées de leurs auteurs mêmes (heureux encore s'il y parvient!), l'homme, qui aime plus la chose publique que sa réputation, est obligé d'anticiper ainsi, et de prémunir autant qu'il est en lui l'Assemblée, où il ne sera pas maître de reprendre la parole. J'ai demandé la réplique hier, elle m'a été refusée; j'ose croire, cependant, que j'eusse réduit les partisans du *veto* suspensif dans leurs derniers retranchements.

« J'ose promettre d'établir invinciblement ces trois points contre toutes les objections que susciteront à la sanction royale les partisans du *veto* suspensif, lorsqu'à la fin du débat il me sera permis de leur répondre. Je les invite seulement aujourd'hui à réfléchir sur la formidable puissance dont le roi d'un grand empire est nécessairement revêtu, et combien il est dangereux de le provoquer à la diriger contre le corps législatif, comme il arrive infailliblement si l'on détermine un moyen quelconque où il ne voie aucun moyen d'échapper à la nécessité de promulguer une loi qu'il n'aurait pas consentie. » (*Note de Mirabeau.*)

promis? Car son consentement, en qualité de chef de la puissance exécutive, n'est autre chose que l'engagement solennel de faire exécuter la loi qu'il vient de revêtir de sa sanction?

Et qu'on ne dise pas que les généraux d'armée sont dépositaires de très-grandes forces, et sont néanmoins obligés d'obéir à des ordres supérieurs, quelle que soit leur opinion sur la nature de ces ordres. Les généraux d'armée ne sont pas des chefs héréditaires; leur personne n'est pas inviolable; leur autorité cesse en la présence de celui dont ils exécutent les ordres; et si l'on voulait pousser plus loin la comparaison, on serait forcé de convenir que ceux-là sont pour l'ordinaire de très-mauvais généraux, qui exécutent des dispositions qu'ils n'ont pas approuvées. Voilà donc les dangers que vous allez courir! Et dans quel but? Où est le véritable efficace du *veto* suspensif?

N'est-il pas besoin, comme dans mon système, que certaines précautions contre le *veto* royal soient prises dans la Constitution? Si le roi renverse les précautions, ne sera-t-il pas au-dessus de la loi? Votre formule est donc inutile dans votre propre théorie, et je la trouve dangereuse dans la mienne.

On ne peut supposer le refus de la sanction royale que dans deux cas:

Dans celui où le monarque jugerait que la loi proposée blesserait les intérêts de la nation, et dans celui où, trompé par ses ministres, il résisterait à des intérêts contraires à leurs vues personnelles.

Or, dans l'une et l'autre de ces suppositions, le roi, ou ses ministres, privés de la faculté d'empêcher la loi par le moyen possible d'un *veto* légal, n'auraient-ils pas recours à une résistance illégale et violente, selon qu'ils mettraient à la loi plus ou moins d'importance? Peut-on douter qu'ils ne préparassent leurs moyens de très bonne heure? Car il est toujours facile de préjuger le degré d'attachement que la puissance législative aura pour sa loi. Il se pourrait donc que le pouvoir exécutif se trouvât enchaîné à l'instant marqué par la Constitution pour rendre le *veto* royal impuissant; tandis que si ce *veto* reste toujours possible, la résistance illégale et violente devenant inutile au prince, ne peut plus être employée sans en faire aux yeux de toute la nation une révolte contre la Constitution, circonstance qui rend bientôt une telle résistance infiniment dangereuse pour le roi lui-même et surtout pour ses ministres: remarquez bien que ce danger n'est plus le même lorsque le prince n'aurait résisté qu'à une loi qu'il n'aurait pas consentie.

Dans ce dernier cas, comme la résistance violente et illégale peut toujours être appuyée par des prétextes plausibles, l'insurrection du pouvoir exécutif contre la Constitution trouve toujours des partisans, surtout quand elle est le fait du monarque. Avec quelle facilité la Suède n'est-elle pas retournée au despotisme, pour avoir voulu que son roi, quoique héréditaire, ne fût que l'instrument aveugle et passif des volontés du sénat!

N'armons donc pas le roi contre le pouvoir législatif, en lui faisant entre-

1re SÉRIE.   13

voir un instant quelconque où l'on se passerait de sa volonté, et où par conséquent il n'en serait que l'exécuteur aveugle et forcé. Sachons voir que la
nation trouvera plus de sûreté et de tranquillité dans les lois expressément
consenties par son chef, que dans des résolutions où il n'aurait aucune part,
et qui contrasteraient avec la puissance dont il faudrait, en tout état de
cause, le revêtir. Sachons que dès que nous avons placé la couronne dans
une famille désignée, que nous en avons fait le patrimoine de ses aînés, il
est imprudent de les alarmer en les assujétissant à un pouvoir législatif dont
la force reste entre leurs mains, et où cependant leur opinion serait mépri-
sée : ce mépris revient enfin à la personne, et le dépositaire de toutes les
forces de l'empire français ne peut pas être méprisé sans les plus grands
dangers.

Par une suite de ces considérations, puisées dans le cœur humain et dans
l'expérience, le roi doit avoir le pouvoir d'agir sur l'Assemblée nationale, en la
faisant réélire. Cette sorte d'action est nécessaire pour laisser au roi un moyen
légal et paisible de faire à son tour agréer des lois qu'il jugerait utiles à la
nation, et auxquelles l'Assemblée nationale résisterait : rien ne serait moins
dangereux ; car il faudrait bien que le roi comptât sur le vœu de la nation,
si, pour faire agréer une loi, il avait recours à une élection de nouveaux
membres ; et quand la nation et le roi se réunissent à désirer une loi, la résistance du corps législatif ne peut plus avoir que deux causes, ou la corruption de ses membres, et alors leur remplacement est un bien, ou un doute
sur l'opinion publique, et alors le meilleur moyen de l'éclairer est sans doute
une élection de nouveaux membres.

Je me résume en un seul mot, Messieurs : annualité de l'Assemblée nationale, annualité de l'armée, annualité des impôts, responsabilité des ministres ; et la sanction royale sans restriction écrite, mais parfaitement limitée de fait, sera le *palladium* de la liberté nationale, et le plus précieux
exercice de la liberté du peuple.

La discussion fut close le 11 septembre. Maury, Pétion, Malouet, l'abbé
Grégoire, Rabaut de Saint-Étienne, l'abbé Siéyès, etc., etc., y prirent
part. L'Assemblée adopta, à la majorité de 673 voix contre 325, le *veto
suspensif*, *l'unité* du pouvoir législatif et sa permanence. Dans le même
mois, elle décréta que la durée de chaque législature serait de deux ans,
et que le renouvellement s'effectuerait en entier.

Séance du 18 septembre. — Présidence du comte de Clermont-Tonnerre.

*Discours sur la proposition faite par Chapelier de décider, séance
tenante, quels sont les termes et la forme de la sanction royale.*

Non-seulement la motion de M. Chapelier n'est pas irrégulière, mais
elle seule est précisément conforme à la loi que vous vous êtes imposée. On

lit dans l'art. 10 du chapitre IV du règlement ces propres paroles : « Toute question qui aura été jugée, toute loi qui aura été portée dans une session de l'Assemblée nationale, ne pourra pas être agitée de nouveau.....» Je demande, Messieurs, si les arrêtés du 4 août sont ou ne sont pas une question jugée.

Et qu'on ne subtilise pas, en disant que nulle loi n'est portée à cet égard; car je me retrancherai à prier les controversistes de m'expliquer la première partie de l'article invoqué : « Toute question jugée, etc.....»

Mais j'ai méprisé toute ma vie les fins de non recevoir, et je ne m'apprivoiserai pas avec ces formes de palais dans une question si importante. Examinons-la donc sous un autre aspect.

Revenir sur les articles du 4 est un acte également irrégulier, impolitique et impossible. Examiner si l'on n'aurait pas dû, comme on le pouvait incontestablement, se dispenser de les porter à la sanction, serait superflu, puisqu'ils y ont été portés. Cherchons donc le parti qu'il nous reste à prendre.

Ici je me vois contraint de faire une remarque que la nature des circonstances publiques rend très-délicate, mais que la rapidité de notre marche et l'hésitation du gouvernement rend encore plus nécessaire. Depuis que les grandes questions de la constitution s'agitent, nous avons montré à l'envi la crainte d'ajouter à la fermentation des esprits, ou seulement de la nourrir par l'énonciation de quelques principes évidents de leur nature, mais nouveaux pour des Français dans leur application, et que, par cela même qu'en matière de constitution on peut les regarder comme des axiomes, nous avons cru pouvoir nous dispenser de consacrer.

Ces considérations étaient dignes de votre sagesse et de votre patriotisme. Mais si, au lieu de nous savoir gré de notre respect religieux, on en conclut contre les principes que nous avons voulu taire, et non dissimuler, a-t-on bien calculé combien on provoquait notre honneur et le sentiment de nos devoirs à rompre le silence !

Nous avons pensé, pour la plupart, que l'examen du pouvoir constituant dans ses rapports avec le principe était superflu au fond et dangereux dans la circonstance. Mais cet examen n'est superflu qu'autant que nous reconnaissons tous, tacitement du moins, les droits illimités du pouvoir constituant. S'ils sont contestés, la discussion en devient nécessaire, et le danger serait surtout dans l'indécision.

Nous ne sommes point des sauvages, arrivant nus des bords de l'Orénoque pour former une société. Nous sommes une nation vieille, et sans doute trop vieille pour notre époque. Nous avons un gouvernement préexistant, un roi préexistant, des préjugés préexistants.

Il faut, autant qu'il est possible, assortir toutes ces choses à la révolution, et sauver la soudaineté du passage. Il le faut, jusqu'à ce qu'il résulte de cette tolérance une violation pratique des principes de la liberté nationale, une dissonnance absolue dans l'ordre social. Mais si l'ancien ordre de choses et le nouveau laissent une lacune, il faut franchir le pas, lever le voile et marcher.

Aucun de nous, sans doute, ne veut allumer l'incendie dont les matériaux sont si notoirement prêts d'une extrémité du royaume à l'autre. Le rapprochement où la nécessité des affaires suffit pour nous contenir, ressemble plus à la concorde que l'état de situation de nos provinces, qui, au poids de nos propres inquiétudes et des dangers de la chose publique, mêlent le sentiment de leurs propres maux, la triste influence de leurs divisions particulières, et les difficultés de leurs intérêts partiels. Traitons donc entre nous, appuyons ces réticences, ces suppositions notoirement fausses, ces locutions manifestement perfides, qui nous donnent à tous la physionomie du mensonge et l'accent des conspirateurs. Parlons clairement; pesons et discutons nos prétentions et nos doutes; disons, osons nous dire mutuellement : — Je veux aller jusque-là; je n'irai pas plus loin. — Vous n'avez droit d'aller que jusqu'ici, et je ne souffrirai pas que vous outrepassiez votre droit. Ayons la bonne foi de tenir ce langage, et nous serons bientôt d'accord. Mars est le tyran; mais le droit est le souverain du monde. Débattons, sinon fraternellement, du moins paisiblement; ne nous défions pas de l'empire de la vérité et de la raison : elles finissent par dompter, ou, ce qui vaut mieux, par modérer l'espèce humaine, et gouverner tous les gouvernements de la terre.

Mais, Messieurs, i nous substituons l'irascibilité de l'amour propre à l'énergie du patriotisme, les méfiances à la discussion, de petites passions haineuses, des réminiscences rancunières à des débats réguliers et vraiment faits pour nous éclairer, nous ne sommes que d'égoïstes prévaricateurs; et c'est vers la dissolution et non vers la Constitution que nous conduisons la monarchie dont les intérêts suprêmes nous ont été confiés pour son malheur.

L'exécution soudaine des arrêtés du 4 août, pris avec une précipitation qu'a nécessité la sorte d'émulation qui entraîne l'Assemblée, auraient produit sans doute de grands inconvénients. Vous l'avez senti, Messieurs, et vous y avez obvié de vous-mêmes, parce que vous avez opposé une réserve à chacun de ces arrêtés. Le roi, en opposant les difficultés qui pouvaient s'élever dans leur exécution, ne fait donc que répéter nos propres observations, d'où il résulte que la suspension de sa sanction n'en saurait être motivée. D'abord parce que vous avez demandé au roi, non pas son consentement à vos arrêtés, mais leur promulgation. Ensuite, parce que l'hésitation à promulguer atteste des obstacles qui n'existent pas encore. Je m'expliquerai par deux exemples :

Si vous apportiez au roi l'abolition de certains offices, sans lui montrer l'hypothèque du remboursement de leur finance, le conservateur de toutes les propriétés aurait le droit et le devoir de vous arrêter.

Si même vous aviez retiré les dîmes pour l'avantage de certains particuliers et sans les appliquer à quelque partie du service public, dont les besoins urgents ont surtout provoqué ce retrait qui a excité tant de réclamations, l'auguste délégué de la nation aurait droit d'aviser votre sagesse.

Mais vous consacrez comme maxime la non vénalité des offices : et il n'y a pas aujourd'hui un homme en Europe, cultivant sa raison et sa pensée avec quelque respect de lui-même, qui osât établir une théorie contraire. Le roi n'a donc ni le droit, ni l'intérêt de s'opposer à la déclaration d'une telle maxime.

Vous déclarez le service des autels trop cher, et leurs ministres de respectables, mais de simples salariés, comme officiers de morale, d'instruction et de culte ; vous déclarez le principal impôt sur lequel étaient consignés leurs salaires, distinctif de la prospérité de l'agriculture. Le roi ne peut pas et ne doit pas nier cette vérité, ni en arrêter la promulgation.

Cette observation s'applique à tous vos arrêtés du 4 août. Encore une fois, on aurait pu ne pas demander au roi de les sanctionner. Mais puisqu'on l'a fait ; puisque les imaginations, permettez-moi de m'exprimer ainsi, sont en jouissance de ces arrêtés ; puisque, s'ils étaient contestés aujourd'hui, les méfiances publiques, les mécontentements presque universels en seraient très aggravés ; puisque le clergé, qui perdrait le droit de remplacement des dîmes, n'en aurait pas moins perdu les dîmes de fait ; puisque la noblesse, qui pourrait refuser de transiger sur les droits féodaux, ne se les verrait pas moins ravis par l'insurrection de l'opinion, nous sommes tous intéressés à ce que la sanction pure et simple de ces arrêtés, réprimés par l'effet de nos propres réserves, rétablisse l'harmonie et la concorde. Alors nous arriverons paisiblement à la promulgation des lois, dans la confection desquelles nous prendrons en très-respectueuse considération les observations du roi, et où nous mesurerons avec beaucoup de maturité les localités et les autres difficultés de détails plus nécessaires à considérer dans l'application des maximes constitutionnelles que dans leur énonciation.

J'appuie donc la motion de M. Chapelier, et je demande que notre président reçoive l'ordre de se retirer de nouveau auprès du roi, pour lui déclarer que nous attendons, séance tenante, la promulgation de nos arrêtés.

A la séance du lendemain, l'Assemblée décida que son président se retirerait devers le roi pour, après de longues discussions, demander la promulgation des arrêtés du 4 août et jours suivants. A l'issue de la séance le président rendit ainsi compte de cette mission : « Le roi m'a dit : Revenez demain soir, et je vous donnerai une réponse aux demandes de l'Assemblée nationale. M. le garde des sceaux, qui était alors chez le roi, ayant demandé à Sa Majesté si je pouvais assurer l'Assemblée nationale

de ses dispositions favorables, Sa Majesté a répondu avec bonté : *Ah! oui,
toujours.*

*Réponse au vicomte de Mirabeau, qui réclamait la priorité pour une
motion de Volney ayant pour objet, d'engager l'Assemblée à s'occuper, sans délai, de l'orgnisation de nouvelles lois électorales.*

J'ai toujours regardé comme la preuve d'un très-bon esprit qu'on fît son
métier galment. Ainsi, je n'ai garde de reprocher au préopinant sa joyeu-
seté dans des circonstances qui n'appellent que de trop tristes réflexions et
de sombres pensées. Je n'ai pas le droit de le louer; il n'est ni dans mon
cœur ni dans mon intention de le critiquer, mais il est de mon devoir de
réfuter ses opinions lorsqu'elles me paraissent dangereuses. Telle est, à mon
sens, l'opinion qu'il a soutenue. Certainement elle est le produit d'un très-
bon esprit, et surtout d'une âme très-civique et très-pure; certainement, à
l'isoler de l'ensemble de nos circonstances et de nos travaux, elle est saine
en principe; mais j'y vois d'abord une difficulté insoluble, le serment qui
nous lie à ne pas quitter l'ouvrage de la Constitution qu'il ne soit consommé..... Ce peu de mots suffirait sans doute pour écarter cette motion ;
mais je voudrais ôter le regret même à son auteur, en lui montrant combien
elle est peu assortie à nos circonstances, à la pieuse politique qui doit diriger notre conduite.

Et pour vous le démontrer, Messieurs, je me servirai de l'argument
même avec lequel on a prétendu soutenir cette motion : *Il est impossible
d'opérer le bien par la diversité de nos opinions et de nos moyens.* Il faut
convoquer les provinces pour leur demander de nous envoyer des successeurs, puisque nous sommes discords et inaccordables..... Est-ce bien là,
Messieurs, le langage que nous devons tenir? Est-ce là ce que nous devons
croire? Est-ce là ce que nous devons être? Nous avouerons donc que notre
amour-propre est plus sacré que notre mission, notre orgueil plus cher que
la patrie, notre opiniâtreté plus forte que la raison, impénétrable à notre
bonne foi, et totalement exclusive de la paix, de la concorde et de la liberté.
Ah! si telle était la vérité, nous ne serions pas même dignes de la dire;
nous n'en aurions pas le courage, et ceux qui provoquent de telles déclarations prouvent, par cela même, que leurs discours sont de simples jeux d'esprit, où ils nous prêtent fort injustement des sentiments tout-à-fait indignes
de nous.

C'est donc précisément parce que demander des successeurs serait nous
déclarer *discords et inaccords*, que nous ne porterions pas un tel décret,
quand un serment solennel, base de la Constitution et palladium de la liberté
française, ne nous l'interdirait pas. A Dieu ne plaise que nous regardions

comme impossible *d'opérer le bien par la diversité de nos opinions et de nos moyens*. Il était impossible que, dans les premiers temps d'une première Assemblée nationale, tant d'esprits si opposés, tant d'intérêts si contradictoires, même en tendant au même but, ne perdissent beaucoup de temps et beaucoup de leurs forces à se combattre ; mais ces jeux de discussions finissent pour nous ; les esprits même, en se heurtant, se sont pénétrés ; ils ont appris à se connaître et à s'entendre. Nous touchons à la paix ; et si nous mettons à notre place d'autres députés, ce premier moment serait peut-être encore pour eux celui de la guerre. Restons donc à nos postes ; mettons à profit jusqu'à nos fautes, et recueillons les fruits de notre expérience.

Mais, dit-on, l'approbation unanime qu'a reçue la motion de M. de Volney n'est-elle pas une preuve invincible que chacun de nous a reconnu que la véritable situation de cette Assemblée était cet état de discordance inaccordable qui invoque nos successeurs ? Non sans doute ; je ne trouve dans ce succès que l'effet naturel qu'a tout sentiment généreux sur les hommes assemblés. Tous les députés de la nation ont senti à la fois que leurs places devaient être aux plus dignes ; tous ont senti que lorsqu'un des plus estimables d'entre nos collègues provoquait sur lui-même le contrôle de l'opinion, il était naturel d'anticiper sur les décrets de la nation, et que nous aurions bonne grâce à préjuger contre nous. Mais cet élan de modestie et de désintéressement doit faire place aux réflexions et aux combinaisons de la prudence.

Et si l'esprit dans lequel on soutient la motion de M. de Volney pouvait avoir besoin d'être encore plus développé, il ne faudrait que réfléchir quelques instants sur les amendements que le préopinant a proposés.

« Nul membre de l'Assemblée actuellement existante ne pourra être réélu pour la prochaine Assemblée. »

Ainsi nous voilà donnant des ordres à la nation ! Il y aura désormais dans les élections une autre loi que la confiance. Eh ! Messieurs, n'oublions jamais que nous devons consulter et non dominer l'opinion publique. N'oublions jamais que nous sommes les représentants du souverain, mais que nous ne sommes pas le souverain.

« Aucun membre de l'Assemblée actuelle ne peut se présenter dans les assemblées élémentaires, ni dans les lieux d'élection... et nous nous sommes rendu justice. »

Je ne sais s'il est bien de faire ainsi ses propres honneurs, mais je ne conçois pas qu'on puisse se permettre de faire à ce point ceux des autres. Ainsi, pour prix d'un dévouement illimité, de tant de sacrifices, de tant de périls bravés, soutenus, provoqués avec une intrépidité qui vous a valu, Messieurs, quelque gloire ; d'une continuité de travaux mêlés sans doute de tous les défauts des premiers essais, mais auxquels la nation devra sa liberté, et le royaume sa régénération, nous serons privés de la prérogative la plus précieuse, du droit de cité ! Exclus du corps législatif, nous serions comme exilés dans notre propre patrie ! Nous qui réclamerions, s'il était possible, un droit plus particulier de chérir, de défendre, de servir la Constitution que nous aurons fondée, nous n'aurions pas même l'honneur de pouvoir désigner des sujets plus dignes que nous de la confiance publique! Nous perdrions enfin le droit qu'un citoyen ne peut jamais perdre, sans que la liberté de la nation soit violée, celui de participer à la représentation, d'étr eélecteur ou éligible !

Ce discours fut prononcé d'une manière incidente, à l'occasion d'une proposition du duc d'Aiguillon, président du comité des finances, ayant pour objet d'engager l'Assemblée à consacrer deux jours par semaine à l'administration des finances. Cette proposition fut acceptée.

Séance du 26 septembre. — Présidence du comte de Clermont-Tonnerre.

Discours sur le plan de finances proposé par Necker.

Messieurs, demander des détails sur des objets de détail, c'est s'éloigner de la question. Il y a déjà trois jours que le ministre des finances vous a peint les dangers qui nous environnent avec l'énergie que réclame une situation presque désespérée : il vous demande les secours les plus urgents; il vous indique des moyens; il vous presse de les accepter. Votre comité des finances vient de vous soumettre un rapport parfaitement conforme à l'avis du ministre ; c'est sur cet avis et sur ce rapport qu'il s'agit de délibérer.

Mais telle est ici la fatalité de nos circonstances; nous avons d'autant moins le temps et les moyens nécessaires pour délibérer, que la résolution à prendre est plus décisive et plus importante. Les revenus de l'Etat sont anéantis, le Trésor est vide, la force publique est sans ressort ; et c'est demain, c'est aujourd'hui, c'est à cet instant même, que l'on a besoin de votre intervention.

Dans de telles circonstances, Messieurs, il me paraît impossible soit d'offrir un plan au premier ministre des finances, soit d'examiner celui qu'il nous propose.

Offrir un plan n'est pas notre mission, et nous n'avons pas une seule des connaissances préliminaires indispensables pour essayer de se former un ensemble des besoins de l'Etat et de ses ressources.

Examiner le projet du premier ministre des finances, c'est une entreprise tout-à-fait impraticable ; la seule vérification de ces chiffres consumerait des jours entiers ; et si les objections qu'on pourrait lui faire ne portent que sur des données hypothétiques, les seules que la nature de notre gouvernement nous ait permis jusqu'ici de nous procurer, n'aurait-on pas mauvaise grâce de trop presser des objections de cette nature dans des moments si pressés et si critiques?

Il n'est pas de votre sagesse, Messieurs, de vous rendre responsables des

nicipaux, pour le moins, lesquels commenceront par faire faire lecture, à haute et intelligible voix, de la présente loi nationale; après quoi ils sommeront ceux qui sont ainsi attroupés, de déclarer dans quel but ils se sont ainsi rassemblés, quelles demandes ils ont à former, et de charger sur-le-champ quelques-uns d'eux, dont le nombre ne pourra excéder celui de six, de rédiger leurs plaintes et réquisitions, et de les porter d'une manière paisible et légale, soit au corps municipal, soit aux ministres, magistrats, tribunaux ou départements de l'administration, auquel il appartient d'en connaître. Cela fait, les officiers municipaux ordonneront à tous ceux qui se trouveront présents à l'attroupement, sauf les députés qui auront été choisis, de se retirer paisiblement dans leurs domiciles respectifs, et feront sur le champ dresser procès-verbal de tout ce qu'ils auront fait en vertu des présentes, ainsi que des réponses qu'ils auront reçues, et de ce qui s'en sera suivi; lequel procès-verbal ils signeront et feront signer au moins par trois témoins.

« ART. 4. Tous ceux qui, par violence ou par quelque excès que ce soit, troubleraient les officiers municipaux ou leurs assistants dans quelques-unes des fonctions qui leur seront prescrites par l'article précédent, seront sur-le champ saisis et emprisonnés, et en cas de conviction, ils seront punis de mort, comme coupables de rébellion envers la nation et envers le roi. Dans lesdits cas de violence ou excès, les officiers municipaux seront, non-seulement en droit, mais encore il leur est très-expressément enjoint et ordonné de faire agir la force militaire en la manière qui leur paraîtra la plus efficace pour repousser lesdites violences ou excès, pour dissiper les dits attroupements, et pour saisir ceux qui paraîtront en être les auteurs, ou y avoir concouru, à peine, contre les dits officiers municipaux, de répondre, en leur propre et privé nom, des désordres qui auront été commis, et auxquels ils n'auraient pas résisté de toutes leurs forces.

« ART. 5. Dans les cas où, après qu'il aura été satisfait aux formalités prescrites par l'article 3 ci-dessus, les séditieux ne voudraient pas nommer de députés, ou si, après en avoir nommé, ils ne voulaient pas se retirer, ou s'ils se rendaient en quelque autre lieu pour former des attroupements, ou commettaient quelque violence ou autre acte illégal, non-seulement il sera permis, mais il est même très-expressément enjoint et ordonné aux susdits officiers municipaux, après qu'ils auront fait au x séditieux une seconde sommation de se retirer, en leur dénonçant les peines graves portées par le présent acte, de faire agir la force militaire de la manière qui leur paraîtra le plus efficace, à peine de répondre des suites de leur négligence, de la manière énoncée en l'article précédent.

« ART. 6. Après la seconde sommation ci-dessus, toute assemblée dans les rues, quais, ponts, places ou promenades publiques, depuis le nombre de dix personnes en sus, si elles sont armées, et depuis le nombre de vingt personnes en sus, si elles ne sont pas armées, devra être dissipée par toutes voies. Si ceux qui s'en seront rendus coupables ne sont pas armés, ils seront punis par une amende à la discrétion du juge, et par un emprisonnement à la maison de correction, pour un terme qui ne sera pas moindre de deux ans, et qui pourra être étendu jusqu'à dix ans, selon la gravité des cas.

« ART. 8. Si ceux qui seront tombés dans quelqu'un des cas ci-dessus, se trouvent armés, ou sont capables de quelques violences ou excès contre les officiers municipaux ou contre leurs assistants, ils seront poursuivis comme coupables de rébellion envers le roi et la nation, et, en cas de conviction, punis de mort.

« ART. 9. En cas de violences ou d'excès contre les officiers municipaux ou ceux qui les assistent, et dans tous les cas où, suivant la loi ci-dessus, il est enjoint d'employer la force militaire, les officiers municipaux, non plus que les officiers et soldats qui leur auront prêté main forte, ne pourront être exposés à aucune poursuite ou recherche quelconque, à raison des personnes qui se trouveraient avoir été tuées ou blessées, soit que le fait arrive volontairement ou par accident.

« ART. 10. Attendu qu'il est également juste et nécessaire de sévir d'une manière particulière contre ceux qui, par leurs mauvaises manœuvres et machinations, auraient contribué à l'égarement des peuples, et aux malheurs qui en sont la suite, lors même que les attroupements séditieux auraient été dissipés par les soins des officiers municipaux, et que le calme serait rétabli, il n'en sera pas moins informé contre les auteurs, promoteurs et instigateurs d'iceux, en la forme ordinaire, et ceux qui seront atteints et convaincus des dits cas, seront punis, s'il s'agit d'attroupements séditieux non armés, par une amende à la discrétion du juge, et par un emprisonnement à la maison de correction, pour un terme qui ne pourra être plus court de six ans, et qui pourra s'étendre jusqu'à douze ans, selon la gravité des cas; et s'il s'agit d'attroupements séditieux faits avec arme, ou accompagnés de violence, ils seront punis de mort comme rebelles au roi et à la nation.

« ART. 11. Tous officiers ou soldats, tant des milices nationales que des troupes réglées qui, dans quelqu'un des cas susdits, refuseraient leur assistance aux officiers municipaux pour le rétablissement de la paix, de la tranquillité et de la sûreté publique, seront poursuivis comme rebelles envers le roi et la nation, et punis comme tels. »

Après des applaudissements unanimes, on fait observer à Mirabeau que cette loi n'est pas pour tout le royaume, il répond qu'en effet elle serait parfaitement inique dans les lieux où les municipalités ne sont pas électives.

L'Assemblée ordonne l'impression du projet et l'ajournement. A la

séance du 21 octobre, elle réunit à la motion de Mirabeau celle d'A-
lexandre Lameth et celle de Duport; et la loi martiale est décrétée contre
les attroupements.

**Séance du 19 octobre (dans une salle de l'archevêché de Paris.) — Présidence de
Fréteau.**

*Proposition de voter des remercîments à Bailly et à Lafayette,
venus à l'Assemblée pour lui apporter les hommages de la commune de Paris.*

Messieurs, la première de nos séances dans la capitale n'est-elle pas la
plus convenable que nous puissions choisir pour remplir une obligation de
justice, et je puis ajouter un devoir de sentiment.

Deux de nos collègues, vous le savez, ont été appelés par la voix publique
à occuper les deux premiers emplois de Paris, l'un dans le civil, l'autre dans
le militaire. Je hais le ton des éloges, et j'espère que nous approchons du
temps où l'on ne louera plus que par le simple exposé des faits. Ici, les faits
vous sont connus. Vous savez dans quelle situation, au milieu de quelles
difficultés vraiment impossibles à décrire, se sont trouvés ces vertueux citoyens. La prudence ne permet pas de dévoiler toutes les circonstances délicates, toutes les crises périlleuses, tous les dangers personnels, toutes les
menaces, toutes les peines de leur position dans une ville de sept cent mille
hommes, tenus en fermentation continuelle à la suite d'une révolution qui
a bouleversé tous les anciens rapports; dans ces temps de troubles et de terreurs, où des mains invisibles faisaient disparaître l'abondance, et combat-
taient secrètement tous les soins, tous les efforts des chefs, pour nourrir l'immensité de ce peuple, obligé de conquérir, à force de patience, le morceau
de pain qu'il avait déjà gagné par ses sueurs.

Quelle administration! quelle époque où il faut tout craindre et tout braver; où le tumulte renaît du tumulte; où l'on produit une émeute par les
moyens qu'on prend pour la prévenir; où il faut sans cesse de la mesure,
et où la mesure paraît équivoque, timide, pusillanime; où il faut déployer
beaucoup de force, et où la force paraît tyrannie; où l'on est assiégé de
mille conseils, et où il faut les prendre de soi-même; où l'on est obligé
de recruter jusqu'à des citoyens dont les intentions sont pures, mais que la
défiance, l'inquiétude, l'exagération rendent presque aussi redoutables que
des conspirateurs; où l'on est réduit même, dans des occasions difficiles, à
céder par sagesse, à conduire le désordre pour le retenir, à se charger d'un
emploi glorieux, il est vrai, mais environné d'alarmes cruelles; où il faut
encore, au milieu de si grandes difficultés, déployer un front serein, être
toujours calme, mettre de l'ordre jusques dans les plus petits objets, n'of-

fenser personne, guérir toutes les jalousies, servir sans cesse, et chercher à plaire comme si l'on ne servait point.

Je vous propose, Messieurs, de voter des remercîments à ces deux citoyens pour l'étendue de leurs travaux et leur infatigable vigilance. On pourrait dire, il est vrai, que c'est un honneur reversible à nous-mêmes, puisque ces citoyens sont nos collègues. Mais ne cherchons point à le dissimuler, nous sentirons un noble orgueil, si l'on cherche parmi eux les défenseurs de la patrie et les appuis de la liberté, si l'on récompense notre zèle, en nous donnant la noble préférence des postes les plus périlleux, des travaux et des sacrifices.

Ne craignons donc point de marquer notre reconnaissance à nos collègues, et donnons cet exemple à un certain nombre d'hommes qui, imbus de notions faussement républicaines, deviennent jaloux de l'autorité au moment même où ils l'ont confiée, et lorsqu'à un terme fixé ils peuvent la reprendre; qui ne se rassurent jamais ni par les précautions des lois, ni par les vertus des individus; qui s'effraient sans cesse des fantômes de leur imagination; qui ne savent pas qu'on s'honore soi-même en respectant les chefs qu'on a choisis; qui ne se doutent pas assez que le zèle de la liberté ne doit point ressembler à la jalousie des places et des personnes; qui accueillent trop aisément tous les faux bruits, toutes les calomnies, tous les reproches. Et voilà cependant comment l'autorité la plus légitime est exercée, dégradée, avilie; comment l'exécution des lois récentes rencontre mille obstacles; comment la défiance répand partout ses poisons; comment, au lieu de présenter une société de citoyens qui élèvent ensemble l'édifice de la liberté, on ne ressemblerait plus qu'à des esclaves mutins qui viennent de rompre leurs fers, et qui s'en servent pour se battre et se déchirer mutuellement.

Je crois donc, Messieurs, que le sentiment d'équité qui nous porte à voter des remercîments à nos deux collègues est encore une invitation indirecte, mais efficace, une recommandation puissante à tous les bons citoyens de s'unir à nous pour faire respecter l'autorité légitime, pour la maintenir contre les clameurs de l'ignorance, de l'ingratitude ou de la sédition; pour faciliter les travaux des chefs, leur inspection nécessaire, l'obéissance aux lois, la règle, la discipline, la modération, toutes ces vertus de la liberté. Je pense enfin que cet acte de remercîments prouvera aux habitants de la capitale que nous savons, dans les magistrats qu'ils ont élus, honorer leur ouvrage et les respecter dans leurs droits. Nous unirons, dans ces remercîments, les braves milices dont l'intrépide patriotisme a dompté le despotisme ministériel; les représentants de la Commune et les comités de districts, dont les travaux civiques ont rendu tant de services vraiment nationaux.

La proposition de Mirabeau est unanimement adoptée.

*Les faillis, banqueroutiers ou débiteurs insolvables, peuvent-ils être
élus aux fonctions publiques ?*

Messieurs, avant que vous finissiez l'examen des caractères à exiger pour
être électeur ou éligible, je vais vous proposer une loi qui, si vous l'adoptez,
honorera la nation. (*Il s'élève quelques murmures.*)

Si la loi que je vous propose est faite pour relever la morale nationale,
c'est moi qui aurai raison, et ceux qui murmurent auront eu tort. Je
reprends.

Avant que vous finissiez l'examen des conditions d'éligibilité, je vais,
Messieurs, vous en proposer une, qui, si vous l'adoptez, honorera la nation.
Tirée des lois d'une petite république, non moins recommandable par ses
mœurs, par la rigidité de ses principes, que florissante par son commerce et
par la liberté dont elle jouissait, avant que l'injustice de nos ministres la lui
eût ravie, elle peut singulièrement s'adapter à un État comme la France ;
à un État qui, aux avantages immenses de la masse, de l'étendue et de la
population, va réunir les avantages plus grands encore de ces divisions et de
ces sous-divisions, qui la rendront aussi facile à gouverner que les républiques même dont le territoire est le plus borné.

Je veux parler de cette institution de Genève, que le président de Montesquieu appelle avec tant de raison une *belle loi*, quoiqu'il paraisse ne l'avoir
connue qu'en partie ; de cette institution qui éloigne de tous les droits politiques, de tous les conseils, le citoyen qui a fait faillite ou qui vit insolvable, et qui exclut de toutes les magistratures, et même de l'entrée dans
le grand conseil, les enfants de ceux qui sont morts insolvables, à moins
qu'ils n'acquittent la portion virile des dettes de leur père.

Cette loi, dit Montesquieu, *est très-bonne. Elle a cet effet qu'elle donne de
la confiance pour les magistrats ; elle en donne pour la cité même. La foi
particulière y a encore la force de la foi publique.*

Ce n'est point ici, Messieurs, une simple loi de commerce, une loi fiscale,
une loi d'argent ; c'est une loi politique et fondamentale, une loi morale,
une loi qui, plus que toute autre, a peut-être contribué, je ne dis pas à la
réputation, mais à la vraie prospérité de l'État qui l'a adoptée, à cette
pureté de principes, à cette union dans les familles, à ces sacrifices si communs entre les parents, entre les amis, qui le rendent si recommandable aux
yeux de tous ceux qui savent penser.

Une institution du même genre, mais plus sévère, établie dans la prin-
cipauté de Neufchâtel en Suisse, a créé les bourgs les plus riants et les plus
peuplés, sur des montagnes arides et couvertes de neige durant près de six
mois. Elle y développe des ressources incroyables pour le commerce et pour

les arts, et dans ces retraites que la nature semblait n'avoir réservées qu'aux bêtes ennemies de l'homme, l'œil du voyageur contemple une population étonnante d'hommes aisés, sobres et laborieux, gage assuré de la sagesse des lois.

Dans l'état présent de la France, dans la nécessité où nous sommes de remonter chez nous tous les problèmes sociaux, de nous donner des mœurs publiques, de ranimer la confiance, de vivifier l'industrie, d'unir par de sages liens la partie consommatrice à la partie productive, c'est-à-dire à la partie vraiment intéressante de la nation, des lois pareilles sont non-seulement utiles, mais indispensables.

Assez longtemps une éducation vicieuse ou négligée a dénaturé en nous les notions du juste et de l'injuste, a relâché les liens qui unissent le fils à son père, nous a accoutumés à ne rien respecter de ce qui est respectable. Assez longtemps une administration, dirai-je corrompue ou corruptrice? a couvert de son indulgence des écarts qu'elle faisait naître, pour qu'on n'aperçût pas les siens propres. Retournons à ce qui est droit, à ce qui est honnête. Ouvrons aux générations qui vont suivre une carrière nouvelle de sagesse dans la conduite, d'union dans les familles, de respect pour la foi donnée.

Vainement, Messieurs, vous avez aboli les priviléges et les ordres, si vous laissez subsister cette prérogative de fait qui dispense l'homme d'un certain rang de payer ses dettes ou celles de son père, qui fait languir le commerce, et qui trop souvent dévoue l'industrie laborieuse de l'artisan et du boutiquier à soutenir le luxe effréné de ce que nous appelons si improprement l'*homme comme il faut.*

Laissons à cette nation voisine, dont la Constitution nous offre tant de vues sages, dont nous craignons de profiter, cette loi injuste, reste honteux de la féodalité, qui met à l'abri de toutes poursuites pour dettes, le citoyen que la nation appelle à la représenter dans son parlement. Profitons de l'exemple des Anglais, mais sachons éviter leurs erreurs; et au lieu de récompenser le désordre dans la conduite, éloignons de toute place dans les assemblées, tant nationales que provinciales et municipales, le citoyen qui, par une mauvaise administration de ses propres affaires, se montrera peu capable de bien gérer celles du public.

C'est dans ce but que je vous propose les articles suivants :

ARTICLE 1er. Aucun failli, banqueroutier ou débiteur insolvable, ne pourra être élu ou rester membre d'aucun conseil ou comité municipal, non plus que des assemblées provinciales, ou de l'Assemblée nationale, ni exercer aucune charge de judicature ou municipale quelconque.

ART. 2. Il en sera de même de ceux qui n'auront pas acquitté, dans le terme de trois ans, leur portion virile des dettes de leur père mort insolvable, c'est-à-dire, la portion de ses dettes dont ils auraient été chargés, s'ils lui eussent succédé *ab intestat.*

ART. 3. Ceux qui étant dans les cas ci-dessus, auront fait cesser la cause d'exclusion en satisfaisant leur créancier, ou en acquittant leur portion virile des dettes de leur père, pourront, par une élection nouvelle, rentrer dans les places dont ils auraient été exclus.

Ce projet de loi fut adoptée dans ces termes :

« ARTICLE 1er. Aucun failli, banqueroutier ou débiteur insolvable, ne pourra être, devenir, ni rester membre d'aucun conseil ou comité municipal, non plus que des assemblées provinciales, ou de l'Assemblée nationale, ni exercer aucune charge publique ni municipale.

« ART. 2. L'exclusion aura lieu contre les enfants et autres personnes qui retiendront les biens d'un failli, à quelque titre que ce soit, sauf les enfants dotés avant la faillite. »

L'ART. 3 fut aussi adopté, sauf rédaction.

Séance du 28 octobre. — Présidence de Camus.

Projet de décret sur l'inscription civique.

Pendant que vous vous occupez des conditions à exiger pour être électeur ou éligible, je vous propose de consacrer une idée qui m'a paru très-simple et très-noble, et que je trouve indiquée dans un écrit publié récemment par un de nos collègues[1]. Il propose d'attribuer aux assemblées primaires la fonction d'inscrire solennellement les hommes qui auront atteint l'âge de vingt-un ans sur le tableau des citoyens, et c'est ce qu'il appelle l'inscription civique.

Ce n'est point le moment d'entrer dans cette question vaste et profonde d'une éducation civique, réclamée aujourd'hui par tous les hommes éclairés, et dont nous devons l'exemple à l'Europe. Il suffit à mon but de vous rappeler qu'il est important de montrer à la jeunesse les rapports qu'elle soutient avec la patrie, de se saisir de bonne heure des mouvements du cœur humain pour les diriger au bien général, et d'attacher aux premières affections de l'homme les anneaux de cette chaîne qui doit lier toute son existence à l'obéissance des lois et aux devoirs du citoyen. Je n'ai besoin que d'énoncer cette vérité. La patrie, en revêtant d'un caractère de solennité l'adoption de ses enfants, imprime plus profondément dans leur cœur le prix de ses bienfaits et la force de leurs obligations.

L'idée d'une *inscription civique* n'est pas nouvelle; je la crois même aussi ancienne que les constitutions des peuples libres. Les Athéniens, en particulier, qui avaient si bien connu tout le parti qu'on peut tirer des forces morales de l'homme, avaient réglé par une loi, que les jeunes gens, après un service militaire de deux années, espèce de noviciat où tous étaient

[1] Siéyès.

égaux, où tous apprenaient à porter docilement le joug de la subordination légale, étaient inscrits à l'âge de vingt ans sur le rôle des citoyens. C'était pour les familles et pour les tribus une réjouissance publique; et pour les nouveaux citoyens, c'était un grand jour : ils juraient aux pieds des autels de vivre et de mourir pour les lois de la patrie. Les effets de ces institutions ne sont bien sentis que par ceux qui ont étudié les véritables crises du cœur humain; ils savent qu'il est plus important de donner aux hommes des mœurs et des habitudes que des lois et des tribunaux. La langue des signes est la vraie langue des législateurs. Tracer une constitution, c'est peu de chose; le grand art est d'approprier les hommes à la loi qu'ils doivent chérir.

Si vous consacrez le projet que je vous propose, vous pourrez vous en servir dans le Code pénal, en déterminant qu'une des peines les plus graves pour les fautes de la jeunesse sera la suspension de son droit à l'*inscription civique*, et l'humiliation d'un retard pour deux, trois ou même cinq années. Une peine de cette nature est heureusement assortie aux erreurs de cet âge, plutôt frivole que corrompu, qu'il ne faut ni flétrir, comme on l'a fait trop longtemps, par des punitions arbitraires, ni laisser sans frein, comme il arrive aussi quand les lois sont trop rigoureuses. Qu'on imagine combien, dans l'âge de l'émulation, la terreur d'une exclusion publique agirait avec énergie, et comment elle ferait de l'éducation le premier intérêt des familles. Si la punition qui résulterait de ce retard paraissait un jour trop sévère, ce serait une grande preuve de la bonté de notre Constitution politique; vous auriez rendu l'état de citoyen si honorable, qu'il serait devenu la première des ambitions.

Je n'ai pas besoin d'ajouter qu'il faudra donner à cette adoption de la patrie la plus grande solennité ; mais je le dirai : voilà les fêtes qui conviennent désormais à un peuple libre; voilà les cérémonies patriotiques, et par conséquent religieuses, qui doivent rappeler aux hommes, d'une manière éclatante, leurs droits et leurs devoirs. Tout y parlera d'égalité; toutes les distinctions s'effaceront devant le caractère de citoyen : on ne verra que les lois et la patrie. Je désirerais que ce serment, rendu plus auguste par un grand concours de témoins, fût le seul auquel un citoyen français pût être appelé; il embrasse tout; et en demander un autre, c'est supposer un parjure.

Je propose donc le décret suivant :

« L'Assemblée nationale décrète qu'après l'organisation des municipalités, les assemblées primaires seront chargées de former un tableau des citoyens, et d'y inscrire à un jour marqué, par ordre d'âge, tous les citoyens qui auront atteint l'âge de vingt-un ans, après leur avoir fait prêter le serment de fidélité aux lois de l'Etat et au roi. Et nul ne pourra être ni électeur, ni éligible dans les assemblées primaires, qu'il n'ait été inscrit sur ce tableau. »

Ce décret est adopté par acclamation.

Discours sur la propriété des biens ecclésiastiques.

Messieurs, lorsqu'une grande nation est assemblée, et qu'elle examine une question qui intéresse une grande partie de ses membres, une classe entière de la société, et une classe infiniment respectable ; lorsque cette question paraît tenir tout à la fois aux règles inviolables de la propriété, au culte public, à l'ordre politique et aux premiers fondements de l'ordre social, il importe de la traiter avec une religieuse lenteur, de la discuter avec une scrupuleuse sagesse, de la considérer surtout, pour s'exempter même du soupçon d'erreur, sous ses rapports les plus étendus.

La question de la propriété des biens du clergé est certainement de ce nombre. Une foule de membres[1] l'ont déjà discutée avec une solennité digne de son importance : je ne crois pas cependant qu'elle soit encore épuisée.

Les uns ne l'ont considérée que relativement à l'intérêt public ; mais ce motif, quelque grand qu'il puisse être, ne suffirait pas pour décréter que les biens du clergé appartiennent à la nation, si l'on devait par-là violer les propriétés d'une grande portion de ses membres. On vous a dit qu'il n'y a d'utile que ce qui est juste, et certainement nous admettons tous ce principe.

Les autres ont parlé de l'influence qu'aurait sur le crédit public le décret qui vous a été proposé, de l'immense hypothèque qu'il offrirait aux créanciers de l'Etat, de la confiance qu'il ressusciterait dans un moment où elle semble se dérober chaque jour à nos espérances ; mais gardez-vous encore, Messieurs, de penser que ce motif fût insuffisant si la déclaration qu'on vous propose n'était destinée qu'à sanctionner une usurpation. Le véritable crédit n'est que le résultat de tous les genres de confiance, et nulle confiance ne pourrait être durable là où la violation d'une seule, mais d'une immense propriété, menacerait par cela seul toutes les autres. Plutôt que de sauver l'empire par un tel moyen, j'aimerais mieux, quels que soient les dangers qui nous environnent, me confier uniquement à cette Providence éternelle qui veille sur les peuples et sur les rois ; aussi n'est-ce pas uniquement sous ce point de vue que je vais envisager la même question.

Ceux-ci ne l'ont traitée que dans ses rapports avec les corps politiques, que la loi seule fait naître, que la loi seule détruit, et qui, liés par cela même à toutes les vicissitudes de la législation, ne peuvent avoir des propriétés assurées lorsque leur existence même ne l'est pas. Mais cette considération laisse encore incertain le point de savoir si, même en dissolvant le corps du clergé pour le réduire à ses premiers éléments, pour n'en former

---

[1] Talleyrand, l'abbé Maury, etc.

qu'une collection d'individus et de citoyens, les biens de l'Eglise ne peuvent pas être regardés comme des propriétés particulières.

Ceux là ont discuté plus directement la question de la propriété. Mais en observant que celui qui possède à ce titre a le droit de disposer et de transmettre, tandis qu'aucun ecclésiastique ne peut vendre; que le clergé, même en corps, ne peut aliéner; et que si des individus possèdent des richesses, nul d'entre eux, du moins dans l'ordre des lois, n'a le droit d'en hériter, ils n'ont peut-être pas senti que le principe qui met toutes les propriétés sous la sauvegarde de la foi publique doit s'étendre à tout ce dont un citoyen a le droit de jouir, et que, sous ce rapport, la possession est aussi un droit, et la jouissance une propriété sociale.

Enfin, d'autres ont discuté les mêmes questions en distinguant différentes classes de biens ecclésiastiques; ils ont tâché de montrer qu'il n'est aucune espèce de ces biens à laquelle le nom de propriété puisse convenir. Mais ils n'ont peut-être pas assez examiné si les fondations ne devaient pas continuer d'exister, par cela seul que ce sont des fondations, et qu'en suivant les règles de nos lois civiles, leurs auteurs ont pu librement disposer de leur fortune et faire des lois dans l'avenir.

C'est, Messieurs, sous ce dernier rapport que je traiterai la même question. On vous a déjà cité sur cette matière l'opinion d'un des plus grands hommes d'État qu'aient produit les temps modernes. Je ne puis ni l'approuver entièrement, ni la combattre; mais je crois devoir commencer par la rappeler.

Il n'y a aucun doute, disait-il, sur le droit incontestable qu'ont le gouvernement dans l'ordre civil, le gouvernement et l'Eglise dans l'ordre de la religion, de disposer des fondations anciennes, d'en diriger les fonds à de nouveaux objets, ou, mieux encore, de les supprimer tout-à-fait. L'utilité publique est la loi suprême, et ne doit être balancée ni par un respect superstitieux pour ce qu'on appelle intention des fondateurs, comme si des particuliers ignorants et bornés avaient eu le droit d'enchaîner à leur volontés capricieuses les générations qui n'étaient point encore, ni par la crainte de blesser les droits prétendus de certains corps, comme si les corps particuliers avaient quelques droits vis à vis de l'État. Les citoyens ont des droits, et des droits sacrés pour le corps même de la société; ils existent indépendamment d'elle; ils en sont les éléments nécessaires, et ils n'y entrent que pour se mettre avec tous les droits sous la protection de ces mêmes lois auxquelles ils sacrifient leur liberté. Mais les corps particuliers n'existent point par eux-mêmes ni pour eux; ils ont été formés par la société et ils doivent cesser d'être au moment où ils cessent d'être utiles. Concluons qu'aucun ouvrage des hommes n'est pour l'immortalité. Puisque les fondations, toujours multipliées par la vanité, absorberaient à la longue tous les fonds et toutes les propriétés particulières, il faut bien qu'on puisse à la fin les détruire. Si tous les hommes qui ont vécu avaient eu un tombeau, il aurait bien fallu, pour trouver des terres à cultiver, renverser ces monuments stériles, et remuer les cendres des morts pour nourrir les vivants.

Pour moi, Messieurs, je distingue trois sortes de fondations : celles qui ont été faites par nos rois, celles qui sont l'ouvrage des corps et des aggrégations politiques, et celles des simples particuliers.

Les fondations de nos rois n'ont pu être faites qu'au nom de la nation : démembrement du domaine de l'Etat, ou emploi du revenu public et des impôts payés par les peuples, voilà par quelle espèce de biens ils s'acquittèrent d'un grand devoir; et certainement la plus grande partie des biens de l'Eglise n'a point eu d'autre origine. Or, outre que les rois ne sont que les organes des peuples, outre que les nations sont héréditaires des rois, qu'elles peuvent reprendre tout ce que ceux-ci ont aliéné, et qu'elles ne sont aucunement liées par ces augustes mandataires de leurs pouvoirs, il est de plus évident que les rois n'ont point doté les églises dans le même sens qu'ils ont enrichi la noblesse, et qu'ils n'ont voulu pourvoir qu'à une dépense publique. Comme chrétiens et chefs de l'Etat, ils doivent l'exemple de la piété; mais c'est comme rois, sans doute, que leur piété a été si libérale.

On a déjà dit que la nation avait le droit de reprendre les domaines de la couronne, par cela seul que dans le principe ces biens ne furent consacrés qu'aux dépenses communes de la royauté. Pourquoi donc la nation ne pourrait-elle pas se déclarer propriétaire de ses propres biens, donnés en son nom pour le service de l'Eglise? Les rois ont des vertus privées; mais leur justice et leurs bienfaits appartiennent uniquement à la nation.

Ce que je viens de dire de la fondation des rois, je puis le dire également de celles qui furent l'ouvrage d'aggrégations politiques. C'est de leur réunion que la nation se trouve formée, et elles sont solidaires entre elles, puisque chacun doit en partie ce que la nation doit en corps. Or, s'il est vrai que l'Etat doit à chacun de ses membres les dépenses du culte; s'il est vrai que la religion soit au nombre des besoins qui appartiennent à la société entière, et qui ne sont que les résultats de chacune de ses parties en particulier, les monuments de la piété des corps de l'Etat ne peuvent plus dès-lors être regardés que comme une partie de la dépense publique.

Qu'ont fait les aggrégations politiques lorsqu'elles ont bâti des temples, lorsqu'elles ont fondé des églises? Elles n'ont payé que leur portion d'une dette commune; elles n'ont acquitté que leur contingent d'une charge nationale : leur piété a pu devancer un plan plus uniforme de contribution; mais elle n'a pu priver la nation du droit de l'établir. Toutes les fondations de ce genre sont donc aussi, comme celles de nos rois, le véritable ouvrage, c'est-à-dire la véritable propriété de l'Etat.

Quant aux biens qui dérivent des fondations faites par des simples particuliers, il est également facile de démontrer qu'en se les appropriant, sous la condition inviolable d'en remplir les charges, la nation ne porte aucune atteinte au droit de propriété, ni à la volonté des fondateurs, telle qu'il faut la supposer dans l'ordre des lois.

En effet, Messieurs, qu'est-ce que la propriété, en général? C'est le droit que tous ont donné à un seul de posséder exclusivement une chose à laquelle, dans l'état naturel, tous avaient un droit égal ; et d'après cette définition générale, qu'est-ce qu'une propriété particulière? C'est un bien acquis en vertu des lois.

Je reviens sur ce principe parce qu'un honorable membre qui a parlé, il y a quelques jours, sur la même question, ne l'a peut-être pas posée aussi exactement que les autres vérités dont il a si habilement développé les principes et les conséquences. Oui, Messieurs, c'est la loi seule qui constitue la propriété, parce qu'il n'y a que la volonté publique qui puisse opérer la renonciation de tous, et donner un titre comme un garant à la jouissance d'un seul.

Si l'on se place hors de la loi, que découvre-t-on ?

Ou tous possèdent, et dès lors rien n'étant propre à un seul, il n'y a pas de propriété.

Ou il y a usurpation, et l'usurpation n'est pas un titre.

Ou la possession n'est que physique et matérielle, si l'on peut s'exprimer ainsi, et dans ce cas aucune loi ne garantissant une telle possession, on ne saurait la considérer comme une propriété civile.

Telles sont, Messieurs, les fondations ecclésiastiques. Aucune loi nationale n'a constitué le clergé un corps permanent dans l'Etat; aucune loi n'a privé la nation du droit d'examiner s'il convient que les ministres de sa religion forment une aggrégation politique, existant par elle-même, capable d'acquérir et de posséder.

Or, de là naissent encore deux conséquences : la première, c'est que le clergé, en acceptant ces fondations, a dû s'attendre que la nation pourrait un jour détruire cette existence commune et politique, sans laquelle il ne peut rien posséder ; la seconde, c'est que tout fondateur a dû prévoir également qu'il ne pouvait nuire au droit de la nation ; que le clergé pourrait cesser d'être un jour dans l'État ; que la collection des officiers du culte n'aurait plus alors ni propriété distincte, ni administration séparée, et qu'ainsi aucune loi ne garantissait la perpétuité des fondations dans la forme précise où elles étaient établies.

Prenez garde, Messieurs, que si vous n'admettiez pas ces principes, tous vos décrets sur les biens de la noblesse, sur la contribution personnelle et sur l'abolition de ces priviléges, ne seraient plus que de vaines lois. Lorsque vous avez cru que vos décrets sur ces importantes questions ne portaient point atteinte au droit de propriété, vous avez été fondés sur ce que ce nom ne convenait point à des prérogatives et à des exemptions que la loi n'avait point sanctionnées, ou que l'intérêt public était forcé de détruire. Or, mêmes principes ne s'appliquent-ils pas aux fondations particulières de l'Église?

Si vous pensez que des fondateurs, c'est-à-dire, de simples citoyens en donnant leurs biens au clergé, et le clergé, en les conservant, ont pu créer un corps dans l'État, lui donner la capacité d'acquérir, priver la nation du droit de le dissoudre, la forcer d'admettre dans son sein, comme propriétaire, un grand corps à qui tant de sources de crédit donnent déjà tant de puissance, alors respectez la propriété du clergé; le décret que je vous propose y porterait atteinte.

Mais si, malgré les fondations particulières, la nation est restée dans tous ses droits; si vous pouvez déclarer que le clergé n'est pas un ordre, que le clergé n'est pas un corps, que le clergé dans une nation bien organisée, ne doit pas être propriétaire, il suit de là que sa possession n'était que précaire et momentanée; que ses biens n'ont jamais été une véritable propriété; qu'en les acceptant des fondateurs, c'est pour la religion, les pauvres et le service des autels qu'il les a reçus, et que l'intention de ceux qui ont donné des biens à l'église ne sera pas trompée, puisqu'ils ont dû prévoir que l'administration de ces biens passerait en d'autres mains si la nation rentrait dans ses droits.

Je pourrais considérer la propriété des biens ecclésiastiques sous une foule d'autres rapports, si la question n'était pas déjà suffisamment éclaircie.

Je pourrais dire que l'ecclésiastique n'est pas même usufruitier, mais simplement dispensateur. J'ajouterais, si l'on pouvait prescrire contre les nations, que les possesseurs de la plus grande partie des biens de l'Église ayant été depuis un temps immémorial à la nomination du roi, la nation n'a cessé de conserver, par son chef, les droits qu'elle a toujours eus sur la propriété de ces mêmes biens.

Je dirais encore que si les biens de l'Église sont consacrés au culte public, les temples et les autels appartiennent à la société et non point à leurs ministres; que s'ils sont destinés aux pauvres, les pauvres et leurs maux appartiennent à l'État; que s'ils sont employés à la subsistance des prêtres, toutes les classes de la société peuvent offrir des ministres au sacerdoce.

Je remarquerais que tous les membres du clergé sont des officiers de l'État; que le service des autels est une fonction publique, et que la religion appartenant à tous, il faut, par cela seul, que ses ministres soient à la solde de la nation, comme le magistrat qui juge au nom de la loi, comme le soldat qui défend, au nom de tous, des propriétés communes.

Je conclurais de ce principe que si le clergé n'avait point de revenus, l'État serait obligé d'y suppléer; or, un bien qui ne sert qu'à payer nos dettes est certainement à nous.

Je conclurais encore que le clergé n'a pu acquérir des biens qu'à la décharge de l'État, puisqu'en les donnant les fondateurs ont fait ce qu'à leur place, ce qu'à leur défaut la nation aurait dû faire.

Je dirais que si les réflexions que je viens de présenter conviennent parfaitement aux biens donnés par des fondateurs, elles doivent s'appliquer, à plus forte raison, aux biens acquis par les ecclésiastiques eux-mêmes, par le produit des biens de l'Église ; le mandataire ne pouvant acquérir que pour son mandant, et la violation de la volonté des fondateurs ne pouvant pas donner des droits plus réels que cette volonté même.

Je ferais observer que, quoique le sacerdoce parmi nous ne soit point uni à l'empire, la religion doit cependant se confondre avec lui ; s'il prospère par elle, il est prêt à la défendre. Eh! que deviendrait la religion, si l'État venait à succomber! Les grandes calamités d'un peuple seraient-elles donc étrangères à ces ministres de paix et de charité, qui demandent tous les jours à l'Être suprême de bénir un peuple fidèle? Le clergé conserverait-il ses biens, si l'État ne pouvait plus défendre ceux des autres citoyens? Respecterait-on ces prétendues propriétés, si toutes les autres devaient être violées?

Je dirais : Jamais le corps de marine ne s'est approprié les vaisseaux que les peuples ont fait construire pour la défense de l'État ; jamais, dans nos mœurs actuelles, une armée ne partagera entre les soldats les pays qu'elle aura conquis. Serait-il vrai, du clergé seul, que des conquêtes faites par sa piété sur celle des fidèles doivent lui appartenir et rester inviolables, au lieu de faire partie du domaine indivisible de l'État?

Enfin, si je voulais envisager une aussi grave question sous tous les rapports qui la lient à la nouvelle Constitution du royaume, aux principes de la morale, à ceux de l'économie politique, j'examinerais d'abord s'il convient au nouvel ordre de choses que nous venons d'établir, que le gouvernement, distributeur de toutes les richesses ecclésiastiques par la nomination des titulaires, conserve par cela seul des moyens infinis d'action, de corruption et d'influence.

Je demanderais si, pour l'intérêt même de la religion et de la morale publique, ces deux bienfaitrices du genre humain, il n'importe pas qu'une distribution plus égale des biens de l'Église s'oppose désormais au luxe de ceux qui ne sont que les dispensateurs des biens des pauvres, à la licence de ceux que la religion et la société présentent aux peuples comme un exemple toujours vivant de la pureté des mœurs.

Je dirais à ceux qui s'obstineraient à regarder comme une institution utile à la société celle d'un clergé propriétaire, de vouloir bien examiner si, dans des pays voisins du nôtre, les officiers du culte sont moins respectés pour n'être pas propriétaires ; s'ils obtiennent et s'ils méritent moins de confiance ; si leurs mœurs sont moins pures, leurs lumières moins étendues, leur influence sur le peuple moins active, je dirais presque moins bienfaisante et moins salutaire. Ce n'est point, on le sent bien, ni notre religion sainte, ni nos divins préceptes que je cherche à comparer avec des erreurs ; je ne parle que des hommes ; je ne considère les officiers du culte que dans leurs rapports avec la société civile ; et certes, lorsque je m'exprime ainsi devant l'élite du clergé de France, devant ces pasteurs citoyens qui nous ont secondés par tant d'efforts, qui nous ont édifiés par tant de sacrifices, je suis bien assuré que nulle fausse interprétation ne pervertira mes intentions, ni mes sentiments.

Je reviens maintenant sur mes pas. Qu'ai-je prouvé, Messieurs, par les détails dans lesquels je suis entré ?

Mon objet n'a point été de montrer que le clergé dût être dépouillé de ses biens, ni que d'autres citoyens, ni que des acquéreurs dussent être mis à sa place.

Je n'ai pas non plus entendu soutenir que les créanciers de l'Etat dussent être payés par les biens du clergé, puisqu'il n'y a pas de dette plus sacrée que les frais du culte, l'entretien des temples et les aumônes des pauvres.

Je n'ai pas voulu dire non plus qu'il fallût priver les ecclésiastiques de l'administration des biens et revenus dont le produit doit leur être assuré. Eh ! quel intérêt aurions-nous à substituer les agens du fisc à des économes fidèles, et à des mains toujours pures des mains si souvent suspectes !

Qu'ai-je donc, Messieurs, voulu montrer ? Une seule chose : c'est qu'il est, et qu'il doit être de principe, que toute nation est seule et véritable propriétaire des biens de son clergé. Je ne vous ai demandé que de consacrer ce principe, parce que ce sont les erreurs ou les vérités qui perdent ou qui sauvent les nations. Mais en même temps, afin que personne ne pût douter de la générosité de la nation française envers la portion la plus nécessaire et la plus respectée de ses membres, j'ai demandé qu'il fût décrété qu'aucun curé, même ceux des campagnes, n'aurait moins de douze cents livres.

L'abbé Maury répond à ce discours, qui est vivement applaudi.

Second discours sur la propriété de biens ecclésiastiques. —
Réplique à l'abbé Maury. —

Vous allez décider une grande question. Elle intéresse la religion et l'État ; la nation et l'Europe sont attentives, et nous nous sommes arrêtés jusqu'à présent à de frivoles, à de puériles objections.

C'est moi, Messieurs, qui ai eu l'honneur de vous proposer de déclarer que la nation est seule propriétaire des biens du clergé.

Ce n'est point un nouveau droit que j'ai voulu faire acquérir à la Nation ; j'ai seulement voulu constater celui qu'elle a, qu'elle a toujours eu, qu'elle aura toujours, et j'ai désiré que cette justice lui fut rendue, parce que ce sont les principes qui sauvent les peuples, et les erreurs qui les détruisent.

Supposez qu'au lieu de la motion que j'ai faite, je vous eusse demandé de déclarer que les individus sont les seuls éléments d'une société quelconque, personne n'aurait combattu ce principe.

Si je vous avais proposé de décider que des sociétés particulières, placées dans la société générale, rompent l'unité de ses principes et l'équilibre de ses forces, personne n'aurait méconnu cette grande vérité.

Si je vous avais dit de consacrer ce principe : que les grands corps politiques sont dangereux dans un État, par la force qui résulte de leur coalition, par la résistance qui naît de leurs intérêts, il n'est aucun de vous pour qui ce danger n'eût été sensible.

Si je vous avais transportés à l'époque de la société naissante, et que je vous eusse demandé s'il était prudent de laisser établir des corps, de regarder ces aggrégations comme autant d'individus dans la société, de leur communiquer les actions civiles, et de leur permettre de devenir propriétaires à l'instar des citoyens, qui de vous n'aurait pas reconnu qu'une pareille organisation ne pouvait être que vicieuse ?

Si, vous peignant ensuite le clergé tel qu'il est, avec ses forces et ses richesses, avec son luxe et sa morale, avec son crédit et sa puissance, je vous avais dit : Croyez-vous que si le clergé n'était pas propriétaire la religion fût moins sainte, la morale publique moins pure, et les mœurs du clergé moins sévères ?

Pensez-vous que le respect du peuple pour les ministres des autels fût moins religieux, ou que sa confiance en eux fût moins ébranlée, s'il n'était plus forcé de comparer leur opulence avec sa misère, leur superflu avec ses besoins, et ses travaux avec la rapidité de leur fortune ?

Vous imaginez-vous qu'il soit impossible de supposer le clergé respectable, stipendié par l'Etat comme sa magistrature, son gouvernement, son armée, et même comme ses rois, ayant des revenus et non des propriétés, dégagé du soin des affaires terrestres, mais assuré d'une existence aussi décente que doivent le comporter ses honorables fonctions ?

Si j'avais continué de vous dire : Ne voyez-vous pas que les trois quarts du clergé ne sont réellement que stipendiés des autres membres du même corps, et qu'autant vaut-il qu'ils le soient de l'Etat ? Ne voyez-vous pas que toutes les grandes places du clergé sont à la nomination royale, et qu'il est indifférent pour celui qui en est l'objet que cette nomination donne un revenu fixe ou des possessions territoriales ? Il n'est certainement aucun de ces principes que vous n'eussiez adopté.

Enfin, Messieurs, si je vous avais dit : Le clergé convient qu'il n'y a que le tiers de ses revenus qui lui appartienne ; qu'un tiers doit être consacré à l'entretien des temples, et un autre tiers au soulagement des pauvres : Etablissez donc trois caisses de revenu de ces biens ; déclarez que le tiers qui sera destiné aux ministres des autels sera chargé de toutes les dettes du clergé, et supportera encore une portion proportionnelle des impôts.

Si je vous avais dit : Les ministres des autels ne doivent pas même avoir le tiers des revenus de l'Eglise, parce que les besoins publics auxquels ces biens étaient destinés sont beaucoup moindres que dans les temps où les fondations ont été faites, et que, tandis que ces besoins ont diminué par l'effet inévitable de la perfection sociale, les biens se sont accrus par l'effet non moins inévitable du temps.

Si j'avais ajouté qu'il ne faut pas comprendre dans le tiers des biens destinés aux ministres des autels, les domaines que les ecclésiastiques ont acquis du produit des autres biens, parce que ce produit ne leur appartenait point, d'après leurs propres principes; qu'ils n'auraient rien épargné s'ils s'étaient contentés du simple nécessaire que leur accordent les canons de l'Eglise, et que c'est à la nation, protectrice des pauvres et du culte, à surveiller si les fondations ont été remplies.

Si j'avais dévoilé comment le clergé, depuis plus d'un siècle, a grevé les biens de l'Église d'une dette immense, en empruntant au lieu d'imposer, en ne payant que les intérêts de sa contribution annuelle, au lieu de payer cette contribution sur ses revenus, à l'instar de tous les autres citoyens, et que j'eusse demandé qu'il fût forcé d'aliéner sur le tiers qui lui appartient, jusqu'à la concurrence de ses dettes.

Si je vous avais dit : que le clergé soit propriétaire ou qu'il ne le soit pas, il n'en est pas moins indispensable de distinguer ses possessions légitimes de ses usurpations évidentes : une foule de bénéfices existent sans service, un grand nombre de fondations ne sont pas remplies; voilà donc encore des biens immenses qu'il faut retrancher du tiers qui doit rester au clergé. Vous avez déclaré qu'une foule de droits seigneuriaux n'étaient que des usurpations, et d'après ce principe vous les avez supprimés sans indemnités? N'y aura-t-il d'inviolable que les usurpations de l'Eglise?

Si j'avais encore observé que beaucoup d'abbayes ne sont que de création royale, que beaucoup de sécularisations d'ordres religieux ne permettent plus d'exécuter la volonté des premiers fondateurs, pour laquelle on voudrait aujourd'hui nous inspirer tant de respect; que plusieurs corps ecclésiastiques ont été détruits du consentement du clergé; qu'il est très-facile, sans nuire au service des églises, de diminuer le nombre des évêques; que les richesses ecclésiastiques sont trop inégalement distribuées pour que la nation puisse souffrir plus longtemps la pauvreté et la chaumière d'un utile pasteur, à côté du luxe et des palais d'un membre de l'Église souvent inutile; il n'est aucune de ces réflexions qui ne vous eût parue digne d'attention et susceptible de quelque loi.

Eh bien ! Messieurs, ce n'est rien de tout cela que je vous ai dit. Au lieu d'entrer dans ce dédale de difficultés, je vous ai proposé un parti plus convenable et plus simple. Déclarez, vous ai-je dit, que les biens de l'Église

Imprimerie Blondeau, rue du Petit-Carreau, 32.

appartiennent à la nation, ce seul principe conduira à mille réformes utiles, et par cela seul tous les obstacles sont surmontés.

Mais, non : s'il faut en croire quelques membres du clergé, le principe que je vous propose de déclarer n'est qu'une erreur.

Le clergé, que j'avais cru jusqu'ici n'être qu'un simple dispensateur, qu'un simple dépositaire, ne doit pas seulement jouir des biens de l'Église, il doit encore en avoir la propriété; et la religion, la morale et l'État seront ébranlés si l'on touche à ses immenses richesses.

Permettez donc, Messieurs, que je vous rappelle encore quelques principes, et que je réponde à quelques objections.

La nation a certainement le droit d'établir ou de ne pas établir des corps; je demande d'abord que l'on admette ou que l'on nie ce principe.

Si on le nie, je prouverai que les corps ne peuvent pas être des éléments de l'ordre social, puisqu'ils n'existent point dans l'instant où la société se forme, puisqu'ils n'ont pas l'existence morale que leur donne la loi, puisqu'ils sont son ouvrage, et que la question de savoir s'il faut permettre des sociétés particulières dans la société générale, ne peut certainement être décidée que par la société entière, lorsqu'elle se trouve déjà formée. Admettre d'autres principes, ce serait admettre des effets sans cause.

M. l'abbé Maury prétend que les corps peuvent s'établir sans le concours de la loi, et par la seule volonté des individus auxquels il plaît de former une agrégation politique.

Mais il est facile de lui répondre que ce n'est point la réunion matérielle des individus qui forme une agrégation politique; qu'il faut pour cela qu'une telle agrégation soit regardée comme un individu dans la société générale; qu'elle ait une personnalité distincte de celle de chacun de ses membres, et qu'elle participe aux effets civils; or, il est évident que de pareils droits intéressant la société entière ne peuvent émaner que de sa puissance; et à moins de supposer que quelques individus peuvent faire des lois, il est absurde de soutenir qu'ils puissent établir des corps, ou que les corps puissent se former d'eux-mêmes.

Ayant une fois prouvé, Messieurs, que la société a le droit d'établir ou de ne pas établir des corps, je dis qu'elle a également le droit de décider si les corps qu'elle admet doivent être propriétaires ou ne l'être pas.

La nation a ce droit, parce que, si les corps n'existent qu'en vertu de la loi, c'est à la loi à modifier leur existence, parce que la faculté d'être propriétaire est au nombre des effets civils, et qu'il dépend de la société de ne point accorder tous les effets civils à des agrégations qui ne sont pas son ouvrage; parce qu'enfin la question de savoir s'il convient d'établir des corps est entièrement différente du point de déterminer s'il convient que ces corps soient propriétaires.

M. l'abbé Maury prétend qu'aucun corps ne peut exister sans propriété;

je me bornerai à lui demander quels sont les domaines de la magistrature et de l'armée ; je lui dirai : qu'elle était la propriété du clergé de la primitive église? quels étaient les domaines des membres des premiers conciles? On peut supposer un état social sans propriétés, même individuelles, tel que celui de Lacédémone, pendant la législature de Lycurgue. Pourquoi donc ne pourrait-on pas supposer un corps quelconque, et surtout un corps de clergé, sans propriété?

Après avoir prouvé, Messieurs, que la nation a le droit d'établir ou de ne pas établir des corps ; que c'est encore à elle à décider si ces corps doivent être propriétaires ou ne pas l'être. Je dis que, partout où de pareils corps existent, la nation a le droit de les détruire, comme elle a celui de les établir, et je demande encore qu'on admette ou que l'on nie ce principe.

Je dirai à ceux qui voudraient le contester, qu'il n'est aucun acte législatif qu'une nation ne puisse révoquer ; qu'elle peut changer, quand il lui plaît, ses lois , sa constitution, son organisation et son mécanisme ; la même puissance qui a créé peut détruire, et tout ce qui n'est que l'effet d'une volonté générale doit cesser dès que cette volonté vient à changer.

Je dirai ensuite que l'Assemblée actuelle n'étant pas seulement législative, mais constituante, elle a, par cela seul, tous les droits que pouvaient exercer les premiers individus qui formèrent la nation française. Or, supposons, pour un moment, qu'il fût question d'établir parmi nous le premier principe de l'ordre social : qui pourrait nous contester le droit de créer des corps ou de les empêcher de naître? d'accorder à des corps des propriétés particulières ou de les déclarer incapables d'en acquérir? Nous avons donc aujourd'hui le même droit, à moins de supposer que notre pouvoir constituant soit limité, et certes nous avons déjà fait assez de changements dans l'ancien ordre de choses, pour que la proposition que j'ai l'honneur de vous soumettre ne puisse pas être regardée comme au-dessus de votre puissance.

Je crois donc, Messieurs, avoir prouvé que c'est à la nation à établir des corps, que c'est à elle à les déclarer propriétaires, et qu'elle ne peut jamais être privée du droit de les détruire.

Or, de là je conclus que, si les corps peuvent être détruits, les propriétés des corps peuvent l'être. Je demande encore, Messieurs, que l'on admette ou que l'on nie cette conséquence.

Je dirai à ceux qui voudraient la nier, que l'effet doit cesser avec la cause, que le principal emporte l'accessoire, qu'il est impossible de supposer des propriétés sans maîtres, et des droits à ceux qui n'existent plus.

Appliquons maintenant ces principes au clergé.

Certainement, ou tous les principes que j'ai établis sont faux, ou la nation a le droit de décider que le clergé ne doit plus exister comme agrégation politique; elle a ce droit, à moins qu'on ne prétende qu'une nation est liée ou par la volonté de quelques-uns de ses membres, ou par ses propres lois, ou par son ancienne constitution; or, comme rien de tout cela ne peut enchaîner une nation, elle peut donc exercer le droit que je viens d'admettre.

Supposons maintenant qu'elle l'exerce, je demande ce que deviendront alors les biens du clergé? retourneront-ils aux fondateurs? seront-ils possédés par chaque église particulière? seront-ils partagés entre tous les ecclésiastiques, ou la nation en sera-t-elle propriétaire?

Je dis d'abord qu'il est impossible que les biens retournent aux fondateurs, soit parce qu'il est très-peu de fondations qui portent la clause de reversibilité, soit parce que ces biens ont une destination qu'il ne faut pas cesser de remplir, et qu'ils sont irrévocablement donnés, non point au clergé, mais à l'Église, mais au service des autels, mais à l'entretien des temples, mais à la portion indigente de la société.

Je dis ensuite qu'ils ne peuvent pas appartenir à chaque église en particulier, parce qu'une église, une paroisse, un chapitre, un évêché, sont encore des corps moraux qui ne peuvent avoir la faculté de posséder que par l'effet de la loi; et de là je conclus que M. l'abbé Maury tombe dans une véritable pétition de principes, lorsqu'il prétend que si les fondateurs n'ont pas pu donner irrévocablement à l'Église en général, ils ont pu donner irrévocablement à chaque église.

Il n'est pas moins évident, Messieurs, que le clergé n'existant plus comme corps politique, les ecclésiastiques n'auraient pas le droit de se partager ses immenses dépouilles. L'absurdité d'une telle prétention se fait sentir d'elle-même.

Tous les biens de l'Église n'ont pas de titulaires; les titulaires même ne sont que détenteurs, et il faut nécessairement que des biens qui ont une destination générale aient une administration commune.

Il ne reste donc, Messieurs, que la nation à qui la propriété des biens du clergé puisse appartenir; c'est là le résultat auquel conduisent tous les principes.

Mais ce n'est point assez d'avoir prouvé que les biens de l'Église appartiendraient à la nation, si le clergé venait à être détruit comme corps politique; il suit également des détails dans lesquels je viens d'entrer, que la nation est propriétaire, par cela seul qu'en laissant subsister le clergé comme corps, nous le déclarerions incapable de posséder. Ici reviennent tous les principes que j'ai établis. La capacité de posséder à titre de propriétaire est un droit que la loi peut accorder ou refuser à un corps politique, et qu'elle peut faire cesser après l'avoir accordé; car il n'est aucun acte de la législation que la société ne puisse pas révoquer. Vous ne ferez donc autre chose, Messieurs, que décider que le clergé ne doit pas être propriétaire, lorsque vous déclarerez que c'est la nation qui doit l'être.

Mais ce n'est pas assez, il reste encore une difficulté à résoudre. Ne sera-ce que de l'époque de votre loi que la nation sera propriétaire, ou l'aura-t-elle toujours été? Est-ce une loi que nous allons faire, ou un principe que nous allons déclarer? Faut-il, comme dit M. l'abbé Maury, tuer le corps du clergé pour s'emparer de ses domaines? ou bien est-il vrai que l'Église n'a jamais eu que l'administration, que le dépôt de ces mêmes biens? Cette question, Messieurs, qu'on n'a peut-être pas suffisamment traitée dans les précédentes séances, est encore facile à résoudre par la seule application des principes que j'ai établis.

En effet, Messieurs, si tout corps peut être détruit, s'il peut être déclaré incapable de posséder, il s'ensuit que ses propriétés ne sont qu'incertaines, momentanées et conditionnelles; il s'ensuit que les possesseurs des biens dont l'existence est aussi précaire, ne peuvent pas être regardés comme des propriétaires incommutables, et qu'il faut par-conséquent supposer pour ces biens un maître plus réel, plus durable et plus absolu.

Ainsi, Messieurs, s'agit-il d'un corps dont les biens, s'il vient à être détruit, puisse retourner à chacun de ses maîtres? Dans ce cas, on peut dire à chaque instant, même lorsqu'un tel corps existe, que les individus qui le composent sont réellement propriétaires de ces biens.

S'agit-il, au contraire, d'un corps dont les biens ont une destination publique, qui doit survivre à sa destruction, et dont les propriétés ne peuvent retourner dans aucun cas aux membres qui le composent? On peut dire alors, à chaque instant, d'un pareil corps, que les véritables propriétaires de ces biens sont ceux à qui ils sont principalement destinés.

Dans le premier cas, la loi qui a permis à ce corps d'être propriétaire, ne lui a donné ce pouvoir que pour l'exercer au nom de ses membres. Dans le second cas, la loi n'a accordé cette faculté que pour l'exercer au nom de la nation.

En effet, Messieurs, ne vous y trompez pas : c'est pour la nation entière que le clergé a recueilli ses richesses; c'est pour elle que la loi lui a permis de recevoir des donations ; puisque, sans les libéralités des fidèles, la société aurait été forcée elle-même de donner au clergé des revenus, dont ces propriétés, acquises de son consentement, n'ont été que le remplacement momentané. Et c'est pour cela que les propriétés de l'Église n'ont jamais eu le caractère de propriété particulière.

M. l'abbé Maury fait encore une objection sur ce point. « Une société, dit-il, ne peut avoir que l'empire de la souveraineté sur les biens de ses membres, et non point le domaine sur ces mêmes biens. On opposa, continue-t-il, cette distinction à des empereurs romains, à qui de lâches jurisconsultes voulaient attribuer une propriété immédiate. Le même système, dit-il encore, a été renouvelé par le chancelier Duprat, par M. de Paulmy, et plus récemment par M. de Puységur; mais il a constamment été rejeté comme tyrannique. »

Il est facile de répondre à M. l'abbé Maury, qu'il ne s'agit point ici du droit du prince, mais du droit de la nation; qu'il est très-vrai que le prince n'a sur le bien de ses sujets, ni domaine, ni empire; mais qu'il n'est pas moins certain que la nation française jouit d'un droit de propriété sur une foule de biens qui, sans qu'elle les possède ostensiblement, sont destinés à ses besoins et administrés en son nom : et pour le prouver sans réplique, je n'ai besoin que de demander à M. l'abbé Maury si la nation n'a pas la propriété du domaine de l'État, qu'on appelle si improprement le domaine de la Couronne? Si elle ne le possède pas à l'instar des propriétés particulières? Si ce n'est pas en son nom que le prince en a joui jusqu'à présent? Enfin s'il ne serait pas en son pouvoir de l'aliéner, d'en retirer le prix et de l'appliquer au paiement de la dette?

Il est donc vrai qu'outre la souveraineté, la nation en corps peut avoir des propriétés particulières : il ne s'agit donc plus que de savoir si c'est au nom de la nation que l'Église jouit de ses biens, comme c'est pour la nation que le roi possède ses domaines.

Or, pour décider cette question, il suffit de comparer les propriétés de l'Église avec toutes les autres propriétés qui nous sont connues.

Je distingue cinq sortes de propriétés : les propriétés particulières, qui sont de deux espèces, selon qu'elles appartiennent à de simples individus ou à des corps autres que l'Église.

Les fiefs de la noblesse, qui sont également des propriétés particulières, mais qu'il est à propos de considérer séparément pour répondre à quelques objections de M. l'abbé Maury; les domaines de l'État et les biens de l'Église.

Si je considère les propriétés des individus dans leur nature, dans leurs effets, et relativement à la sanction de la loi, je découvre :

1° Que chaque individu possède en vertu du droit de posséder qu'il a donné aux autres, et que tous ont donné à un seul; or, ce premier caractère ne convient point aux propriétés de l'Église, ni aux propriétés d'aucun corps;

2° Que le droit sur lequel les propriétés particulières sont fondées est, pour ainsi dire, co-existant avec l'établissement des sociétés, puisqu'il prend sa source dans la faculté qu'a tout individu de participer aux avantages qu'auront tous les autres membres avec lesquels il va former une agrégation politique : or, ce second caractère ne convient pas non plus aux biens du clergé ni d'aucun corps; n'ayant été établis qu'après que la société a été formée, ils ne peuvent avoir aucun droit co-existant avec elle, et qui, en quelque sorte, fait partie du pacte social;

3° Qu'il ne faut point de lois distinctes pour assurer le domaine des propriétés particulières; car, à moins d'ordonner dès le principe une communauté de possessions, l'établissement et la garantie des biens propres aux individus sont une suite nécessaire de la fondation même de la société : or, ce troisième caractère est encore étranger aux biens du clergé et d'un corps quelconque.

Ii est évident, qu'à leur égard, la capacité d'acquérir ne pouvait être que l'ouvrage de la législature et de la loi.

Enfin, je découvre que chaque individu jouit de son bien, non à titre d'engagement, puisqu'il peut l'aliéner; non, comme dépositaire, puisqu'il peut le dissiper; non comme usufruitier, puisqu'il peut le détruire: mais en maître absolu, mais comme il peut disposer de sa volonté, de son bras, de sa pensée. Or, aucun de ces caractères ne convient encore au clergé : il ne peut aliéner ses biens, il n'a pas le droit de les transmettre; il n'en est même que le dispensateur, plutôt que le véritable usufruitier.

Lorsque les propriétés particulières appartiennent, non point à des individus, mais à des corps non politiques, une partie des caractères dont je viens de parler cesse alors de leur convenir, mais elles en conservent encore assez pour les distinguer des biens de l'Église.

Les propriétés des corps ne peuvent pas être fondées sur ce droit qu'apporte tout homme qui entre dans une société, d'avoir des possessions exclusives, s'il permet, et si tous permettent d'en posséder; car les corps ne sont pas comme des individus les premiers éléments de la société; ils n'en précèdent pas l'existence, ils ne peuvent pas avoir des droits dans l'instant même où elle est formée.

Il est encore vrai que les propriétés particulières des corps non politiques ne dépendent pas de la primitive organisation donnée à l'état social; qu'elles ne dépendent pas de l'établissement des autres propriétés; qu'elles n'en sont pas la suite nécessaire, et qu'elles ne peuvent être l'ouvrage que d'une loi particulière.

Mais, à cela près, de pareils corps possèdent avec la même puissance, avec le même domaine, que de simples individus. Ils peuvent aliéner; ils disposent des fruits; ils transmettent les fonds; ils agissent en maîtres : or, le clergé n'a ni les fonds, ni les fruits de ses domaines. Il ne peut prendre que sa dépense personnelle sur les biens de l'Église; il arrive même très-rarement que le titulaire qui possède ait le droit de choisir le dispensateur qui devra le remplacer.

Si, des propriétés particulières dont je viens de parler, je passe à celles de la noblesse, qui sont connues sous le nom de fiefs, il est facile de montrer qu'elles ont tous les caractères des propriétés des simples individus. Si on considère les fiefs comme ayant été acquis par ceux qui les possèdent, ce sont là de véritables propriétés individuelles qui méritent toute la protection de la loi. Si on regarde les fiefs comme ayant été formés dans l'instant même de la première conquête du sol du royaume, ils ont dès lors la même origine que tous les alleux et que toutes les propriétés. Si l'on suppose, au contraire, qu'ils ont été donnés ou établis par le roi, une foule de caractères les distinguent encore sous le rapport des biens de l'Église; les fiefs n'ont pas été donnés à la noblesse pour remplir une destination publique; à titre d'engagement, ni à titre de dépôt. Ceux qui les ont reçus n'ont pas été regardés comme les simples dispensateurs de leur produit ; ils les ont obtenus comme une récompense ou comme un salaire ; ils en sont devenus les véritables maîtres ; ils ont pu les transmettre à leurs descendants. Or, je demande si l'on peut dire la même chose des biens de l'Eglise ; ils n'ont pas été donnés à des individus, mais à un corps ; non pour les transmettre, mais pour les administrer ; non à titre de salaire, mais comme un dépôt ; non pour l'utilité particulière de ceux qui devaient les posséder, mais pour remplir une destination publique et pour fournir à des dépenses qui auraient été à la charge même de la nation. Les biens de l'Eglise n'ont donc rien de commun avec ceux de la noblesse ; l'intérêt personnel, l'intérêt qui cherche à accroître ses forces et à se donner des auxiliaires, cherche en vain à prouver que des propriétés si différentes ont la même origine et doivent craindre le même sort. La noblesse ne sera point effrayée par ces vaines menaces, et tout intérêt personnel disparaîtra devant la suprême loi de l'Etat.

Il ne reste donc plus, Messieurs, qu'à examiner ce que c'est que le domaine de la Couronne, et à le comparer avec les biens de l'Eglise. Ce domaine est une grande propriété nationale. Les rois n'en sont ni les maîtres, ni les possesseurs, ni même les détenteurs ; c'est le gouvernement qui l'administre au nom de la nation ; ses produits sont destinés au service public ; ils remplacent une partie des impôts ; et l'Etat, sous ce rapport, en a tout à la fois la propriété et la jouissance.

Or, ne retrouve-t-on pas évidemment la même origine, la même destination, les mêmes effets dans les possessions de l'Eglise? Ses biens, comme le domaine de la Couronne, sont une grande ressource nationale. Les ecclésiastiques n'en sont ni les maîtres, ni même les usufruitiers ; leur produit est destiné à un service public ; il tient lieu des impôts qu'il aurait fallu établir pour le service des autels, pour l'entretien de leurs ministres ; il existe donc pour la décharge de la nation.

Voilà, Messieurs, deux sortes de biens entièrement semblables, et dont l'un appartient certainement à l'Etat ; voilà deux sortes de biens qui n'ont rien de commun, ni avec les propriétés des individus, ni avec les propriétés individuelles des corps non politiques, ni avec les fiefs de la noblesse : or, de là, je tire plusieurs conséquences.

La première, qu'il n'est pas plus incompatible que la nation soit propriétaire des biens de l'Église, qu'il ne l'est qu'elle soit propriétaire des domaines de la Couronne.

La seconde, que c'est pour son intérêt personnel, et pour ainsi dire, en son nom, que la nation a permis au clergé d'accepter les dons des fidèles.

La troisième, que si le clergé cesse de posséder ces biens, la nation peut seule avoir le droit de les administrer, puisque leur destination est uniquement consacrée à l'utilité publique ; or, comme je l'ai déjà démontré, celui-là seul qui doit jouir des biens d'un corps lorsque ce corps est détruit, est censé en être le maître absolu et incommutable, même dans le temps que le corps existe; le possesseur ne peut avoir qu'un titre précaire et absolument subordonné à la loi.

Enfin, Messieurs, dans les observations que j'ai eu l'honneur de vous présenter dans les précédentes séances, j'ai établi la propriété de la nation sur les biens de l'Eglise, en considérant ces biens sous un autre point de vue.

Je vous ai dit : le clergé ne peut avoir acquis ses biens que de quatre manières différentes; il les tient de nos rois, des agrégations politiques, c'est-à-dire des corps et communautés, ou des simples particuliers, ou de lui-même.

S'il les tient de nos rois, tout ce que le prince a donné pour remplir une destination publique est censé donné par la nation qui, sans la munificence de nos rois, aurait été forcée de doter elle-même l'Eglise et leurs ministres. La nation est donc propriétaire sous le premier rapport; elle peut reprendre des biens qui lui appartenaient, qui n'ont été donnés que par son chef, en son nom et pour elle.

Si l'Eglise tient ses biens des agrégations politiques, ces agrégations n'ont fait en cela que payer leur contingent d'une dette publique et solidaire entre toutes les communautés et tous les individus du royaume; elles n'ont fait que devancer et rendre inutile un impôt général qu'il aurait été indispensable d'établir. Sous ce nouveau rapport, la nation est donc encore propriétaire des biens de l'Eglise.

Si elles les tient de la libéralité des individus, ceux-ci n'ont pas dû ignorer qu'aucun corps politique ne pouvait être incommutablement propriétaire; ils ont dû savoir que la nation pouvait déclarer un tel corps incapable de posséder; et puisqu'ils ont donné des biens pour une destination publique, ils ont dû s'attendre que ce serait la nation qui les administrerait elle-même, lorsqu'elle jugerait à propos de faire une telle loi; il suit de là, que leur véritable intention, celle du moins qu'il faut leur supposer dans l'ordre des lois, ne peut pas être trompée, quoique la nation se déclare propriétaire.

Enfin, si l'Eglise tient ses biens d'elle-même et des acquisitions que ses revenus lui ont permis de former, il est évident que si de telles acquisitions sont contraires à la volonté des donateurs, elles n'ont procuré aucun nouveau droit à l'Eglise, et que si les donateurs sont censés les avoir approuvés, il faut dès-lors appliquer à ces biens tout ce que j'ai dit de ceux que l'Eglise a reçus directement des fondateurs.

Vous avez dû être étonnés, Messieurs, de la manière dont M. l'abbé Maury a dû répondre à ces principes. D'un côté, a-t-il dit, je n'ai parlé que des fondations, et l'Eglise possède des biens à d'autres titres; d'un autre côté, tous les biens donnés à l'Eglise n'ont pas été destinés au culte, ni par conséquent à l'utilité publique; en troisième lieu, aucun fondateur n'a traité avec l'Eglise en général, mais seulement avec chaque église en particulier.

Il est facile, Messieurs, de répondre à ces trois objections. J'ai nécessairement parlé de tous les biens de l'Eglise, lorsque j'ai parlé de ceux qu'elle avait reçus de nos rois, des agrégations politiques et des simples particuliers; car ses donations, ses fondations, ses legs, ses héritages, ne peuvent avoir d'autre source.

D'un autre côté, les biens donnés à l'Eglise, à quelque titre que ce soit, n'ont pu avoir que ces cinq objets : le service du culte, l'entretien des temples, le soulagement des pauvres, la subsistance des prêtres et les prières particulières pour les familles des fondateurs. Certainement les quatre premiers objets ne tiennent qu'à une destination publique. Je pourrais dire du cinquième, qu'il est facile de croire que dans les siècles d'ignorance, la plupart des fondateurs ont confondu le véritable culte avec les objets religieux qui ont été le motif de leurs fondations, et qui ont déterminé leurs libéralités; mais il suffira de répondre que les fondations particulières ne seront pas moins remplies, que le clergé soit propriétaire ou qu'il ne le soit pas; et d'ailleurs les membres du clergé n'ignorent point que toutes les prières de l'Eglise, lors même qu'elles ont une destination particulière, tournent encore à l'utilité commune de tous les fidèles.

Il me suffira de faire observer, sur la troisième objection, que les principes que j'ai établis restent les mêmes; que les fondateurs aient traité avec le clergé en général, ou avec chaque église en particulier. Ce n'est jamais en faveur d'un ecclésiastique que les fondations ont été faites. Si c'est en faveur d'une église, chaque église est un corps moral, et dès-lors les fondations ne sont pas individuelles, comme on voudrait le prétendre; l'on sait, d'ailleurs, que le christianisme ne s'est pas établi tout à la fois dans tout le royaume, et ce n'est qu'en dotant chaque église en particulier qu'on a pu fonder le corps entier de l'Eglise.

A présent, Messieurs, que me reste-t-il à discuter, quelles objections me reste-t-il à résoudre?

M. l'abbé Maury prétend que le clergé de France existait avant la conquête du royaume; si cela est ainsi, nous permettons au clergé de conserver les domaines qu'il possédait avant cette conquête; ou plutôt, Messieurs, puisqu'une nation a même le droit de changer son premier pacte social, quelle puissance pourrait l'empêcher de changer l'organisation du clergé, quand même elle l'aurait trouvé formé, tel qu'il est aujourd'hui, au milieu des Gaules idolâtres?

M. l'abbé Maury dit encore qu'il existe des lois dans les Capitulaires de Charlemagne, qui décident que les propriétés du clergé doivent être conservées. Je n'examinerai point si le mot *proprietas*, qui se trouve dans les lois, est synonime de *dominium*, et signifie jouissance ou domaine. Je ne m'attacherai pas non plus à vérifier si les lois ont été faites simplement par le monarque avec le conseil de ses leudes, ou si elles ont été proclamées dans les champs de Mars. Je négligerai toutes ces preuves, les plus faibles de toutes, précisément parce que l'on prouverait tout avec elles, et qu'à un monument de prétendu droit public, il est presque toujours un monument contradictoire à opposer[1]. Mais je répondrai à M. l'abbé Maury que ces lois particulières n'assuraient la propriété du clergé que vis-à-vis les individus, tout comme il existe des lois qui avaient établi ses dîmes; mais que, fût-il vrai qu'il eût été déclaré propriétaire par une loi nationale, la nation française n'en aurait pas moins conservé le droit de révoquer une telle loi.

M. l'abbé Maury nous dit encore que le clergé possède comme tous les autres individus; qu'il n'est aucune propriété sociale qui ne soit plus ou moins modifiée; que si l'édit de 1749 a défendu au clergé d'acquérir, il est plusieurs lois qui renferment la même prohibition pour d'autres classes de citoyens; enfin, que si le clergé n'a pas le droit d'aliéner, ce n'est là qu'un nouveau moyen qu'il a de conserver.

Je me dispenserai de répondre à ces sophismes, parce que M. l'abbé Maury lui-même ne peut pas les regarder comme de sérieuses objections. Certainement, si l'obligation de ne pouvoir pas aliéner est un moyen de plus de conserver, ce n'est pas du moins un moyen de montrer que l'on peut disposer d'une chose en maître. M. l'abbé Maury croirait-il prouver bien évidemment que le roi est propriétaire des domaines de la couronne, parce que le roi n'a pas le pouvoir de les aliéner?

Je ne m'arrêterai point, Messieurs, à répondre à ceux qui ont attaqué la motion que j'ai faite d'après les suites qu'elle peut avoir; je ferai seulement sur cela deux observations qui me paraissent importantes.

La première, c'est qu'il ne s'agit pas précisément de prendre les biens du clergé pour payer la dette de l'Etat, ainsi qu'on n'a cessé de le faire entendre. On peut déclarer le principe de la propriété de la nation, sans que le clergé cesse d'être l'administrateur de ses biens; ce ne sont point des trésors qu'il faut à l'Etat, c'est un gage et une hypothèque, c'est du crédit et de la confiance.

---

[1] Cherchez dans les *Capitulaires*, Bal. tome II, page 82.5, vous y lirez que la nation disait en 742 :

« Statuimus quoque, cum consilio servorum Dei et populi christiani, propter imminentia bella et persecutiones cæterarum quæ in circuitu nostro sunt, ut sub præcario et censu aliquam partem ecclesialis pecuniæ in adjutorium exercitus nostri cum indulgentia Dei aliquanto tempore retineamus, eâ conditione ut annis singulis de unaquaque casata solidis, id est, duodecim denarii ad ecclesiam vel monasterium reddantur, eo modo ut si moriatur ille cui pecunia commodata fuit, ecclesia cum propriâ pecuniâ revestita sit; et iterum, si necessitas cogat, aut princeps jubeat, precarium renovetur et rescribatur novum, et omnino observetur ut ecclesia et monasteria penuriam et paupertatem non patiantur quorum pecunia in precario præstita sit; sed si paupertas cogat, ecclesiæ et domi Dei reddatur integra possessio. »

D'où je conclus, 1° qu'à cette époque on savait très-bien faire la différence d'un bénéfice ecclésiastique et d'un bénéfice militaire;

2° Que si cette commutation ne se faisait qu'à vie, c'est qu'alors les fiefs n'étaient qu'à vie;

3° Qu'on se réservait de renouveler l'opération, et qu'on se réservait le principe qu'il faut pourvoir au culte.

(*Note de Mirabeau.*)

La seconde, c'est qu'il n'est aucun membre du clergé dont la fortune ne soit de beaucoup augmentée par l'effet d'une répartition plus égale, à l'exception de ceux qui ont dix fois plus qu'il ne leur faut, et qui ne doivent redouter aucun sacrifice puisque, même après les réductions les plus fortes, ils auront dix fois plus encore qu'il ne leur faudra.

C'est assez, Messieurs; je ne me suis proposé, en prenant la parole, que de ramener la question à son véritable objet, et je crois avoir rempli ce but.

M. l'abbé Maury se plaindra sans doute encore de ce que j'ai employé de la métaphysique; pour moi, je lui demanderai comment l'on peut, sans métaphysique, définir la propriété, le domaine; fixer les rapports de l'état naturel et de l'état de société; déterminer ce que c'est qu'un corps moral; distinguer les propriétés des individus de celles des corps, et les droits civils des droits politiques. Lorsqu'on n'a que des termes abstraits à mettre en œuvre, lorsque l'objet d'une discussion est métaphysique, il faut bien l'être soi-même, ou se trouver hors de son sujet. Mais j'ai tort de faire ces observations à M. l'abbé Maury; il nous a déjà montré deux fois dans cette cause comment l'on peut répondre à des objections métaphysiques sans métaphysique.

La proposition de Mirabeau fut transformée en un décret rendu en ces termes le 2 Novembre :

« Tous les biens ecclésiastiques sont à la disposition de la nation, à la charge par elle de pourvoir, d'une manière convenable, aux frais du culte, à l'entretien de ses ministres et au soulagement des pauvres, sous la surveillance et d'après les instructions des provinces »

Séance du 2 Novembre. — Présidence de Camus.

Premier discours sur la division du royaume.

Messieurs, j'admets une partie des principes du comité de constitution sur l'établissement de la représentation personnelle, et sur la nouvelle organisation du royaume. Certainement, il faut changer la division actuelle par provinces, parce qu'après avoir aboli les prétentions et les privilèges, il serait imprudent de laisser subsister une administration qui pourrait offrir des moyens de les réclamer et de les reprendre.

Il le faut encore, parceque, après avoir détruit l'aristocratie, il ne convient pas de conserver de trop grands départements. L'administration y serait, par cela même, nécessairement concentrée en très-peu de mains, et toute administration concentrée devient bientôt aristocratique.

Il le faut encore, parce que nos mandats nous font une loi d'établir des municipalités, de créer des administrations provinciales, de remplacer l'ordre judiciaire actuel par un autre, et que l'ancienne division par provinces présente des obstacles sans nombre à cette foule de changements.

Mais, en suivant le principe du comité de constitution, en vous offrant même de nouveaux motifs de l'adopter, je suis bien éloigné d'en approuver toutes les conséquences.

Je voudrais une division matérielle et de fait, propre aux localités, aux circonstances, et non point une division mathématique, presque idéale, et dont l'exécution me paraît impraticable.

Je voudrais une division dont l'objet ne fût pas seulement d'établir une représentation proportionnelle, mais de rapprocher l'administration des hommes et des choses, et d'y admettre un plus grand concours de citoyens ; ce qui augmenterait sur le champ les lumières et les soins, c'est-à-dire la véritable force et la véritable puissance.

Enfin je demande une division qui ne paraisse pas, en quelque sorte, une trop grande nouveauté ; qui, si j'ose le dire, permette de composer avec les préjugés, et même avec les erreurs ; qui soit également désirée par toutes les provinces, et fondée sur des rapports déjà connus ; qui surtout laisse au peuple le droit d'appeler aux affaires publiques tous les citoyens éclairés qu'il jugera dignes de sa confiance.

D'après ces principes, j'ai à vous proposer un plan très-simple dans la théorie, et plus simple encore dans l'exécution. Mais je dois d'abord vous faire quelques observations sur le plan qui vous a été présenté.

On vous propose quatre-vingts départements, sept cent vingt communes, et mille quatre cent quatre-vingts cantons. Pour moi, je ne voudrais ni cantons ni communes. Au lieu de quatre-vingts départements, je voudrais en former cent vingt. En augmentant ainsi le nombre des grandes divisions, il ne serait plus nécessaire d'avoir des communes, que je regarde comme un intermédiaire inutile. On communiquerait directement des villes et des villages au chef-lieu de département, et de chaque département au pouvoir exécutif et à l'Assemblée nationale. Il me semble qu'il y aurait alors plus d'unité, plus d'ensemble ; que la machine serait moins compliquée ; que ses mouvements seraient tout à la fois plus réguliers et plus rapides. Mais il se peut que je me trompe, et j'entre dans quelques détails :

On vous propose d'abord d'établir quatre-vingts départements, de prendre Paris pour centre, de s'étendre de là jusqu'aux frontières du royaume, et de donner à peu près à chaque département trois cent vingt-quatre lieues de superficie.

Quatre-vingts départements pourraient suffire, si on établissait sept cent vingt communes ; mais si l'on rejette cette seconde et immense sous-division comme embarrassante et comme inutile, le nombre des départements doit être, par cela seul, augmenté, soit pour rapprocher de plus en plus les représentants des représentés, ce qui doit être le but principal de toute administration, soit pour que les gouvernements, tels qu'ils sont maintenant divisés, ne soient pas seulement coupés en deux, ce qui laisserait subsister des masses encore trop considérables et ne remplirait plus l'objet d'une nouvelle division ; soit parce qu'en multipliant les départements, l'on pourra accorder à un plus grand nombre de villes l'avantage d'être chef-lieu, et ouvrir à un plus grand nombre de citoyens la carrière des affaires publiques. Il est inutile de prouver que ces avantages infiniment précieux doivent l'emporter sur le léger inconvénient d'avoir quelques bureaux et quelques agents de plus pour correspondre avec un plus grand nombre de départements. Le but de la société n'est pas que l'administration soit facile, mais qu'elle soit juste et éclairée.

La forme de division que l'on voudrait suivre n'est pas moins vicieuse. En l'étendant de Paris jusqu'aux frontières, et en formant des divisions à peu près égales en étendue, il arriverait souvent qu'un département serait formé des démembrements de plusieurs provinces, et je pense que cet inconvénient est des plus graves. Je sais bien qu'on ne couperait ni des maisons ni des clochers ; mais on diviserait ce qui est encore plus inséparable, on trancherait tous les liens que resserrent, depuis si longtemps, les mœurs, les habitudes, les coutumes, les productions et le langage.

Dans ce démembrement universel, chacun croirait perdre une partie de son existence ; et, s'il faut en juger par les rapports qui nous viennent des provinces, l'opinion publique n'a point encore assez préparé ce grand changement pour oser le tenter avec succès.

L'égalité d'étendue territoriale, que l'on voudrait donner aux quatre-vingts départements, en composant chacun à peu près de trois cent vingt-quatre lieues de superficie, me paraît encore une fausse base.

Si par ce moyen l'on a voulu rendre les départements égaux, on a choisi précisément la mesure la plus propre à former une inégalité monstrueuse. La même étendue peut être couverte de forêts et de cités ; la même superficie présente tantôt des landes stériles, tantôt des champs fertiles ; ici des montagnes inhabitées, là une population malheureusement trop entassée ; et il n'est point vrai que, dans plusieurs étendues égales de trois cent vingt-quatre lieues, les villes, les hameaux et les déserts se compensent.

Si c'est pour les hommes, et non pour le sol, si c'est pour administrer et non pour défricher qu'il convient de former des départements, c'est une mesure absolument différente qu'il faut prendre. L'égalité d'importance, l'égalité de poids dans la balance commune, si je puis m'exprimer ainsi, voilà ce qui doit servir de base à la distinction des départements ; or, à cet égard, l'étendue n'est rien, et la population est tout. Elle est tout, parce qu'elle est le signe le plus évident ou des subsistances qui représentent le sol, ou des richesses mobilières, et de l'industrie qui les remplacent, ou des impôts dont le produit, entre des populations égales, ne peut pas être bien différent.

Si de cette partie du plan du comité je passe à l'établissement des sept cent vingt communes, je découvre encore des désagréments sans nombre.

Je ne saurais approuver cette division sous aucun de ses rapports.

On veut former les communes de six lieues carrées, ou de trente-six lieues de superficie ; fixer un chef-lieu à chaque commune ; donner neuf communes à chaque département, neuf cantons à chaque commune, une assemblée primaire à chaque canton, et composer chaque commune d'environ vingt-sept députés, en supposant que tous les cantons aient six cents citoyens actifs, et nomment un député sur deux cents.

J'observe d'abord que tous les inconvénients que j'ai déjà remarqués sur la mesure de l'étendue territoriale, prise pour base de la division des départements, se font encore mieux sentir dans la division des communes, parce qu'il est évident que, sur une moindre surface, toutes les causes d'inégalités qui peuvent se trouver entre deux masses égales de territoire doivent moins facilement se compenser. On trouverait certainement dans le royaume plusieurs divisions de six lieues carrées, qui ne présenteraient aucune habitation, aucune trace d'hommes ; on en trouverait qui n'auraient qu'un seul village, d'autres que deux ou trois, d'autres qu'une seule ville beaucoup trop grande pour une commune : comment donc pourrait-on parvenir, je ne dis pas à rendre égaux de pareils districts, mais à les établir, mais à les créer ?

Mais, en supposant que le sol du royaume fût à peu près également peuplé, quelle difficulté ne trouverait-on pas, soit pour choisir des chefs-lieux entre des villages égaux et rivaux l'un de l'autre, soit pour forcer des villages à se réunir à telle commune plutôt qu'à telle autre, soit pour obliger les communautés à renoncer à leur administration, soit pour former cette division géométrique de six cents citoyens par canton, de neuf cantons par commune, et de neuf communes par département ? N'est-on pas déjà assez embarrassé pour former quatre-vingts divisions à peu près égales, sans chercher à rendre ce travail insurmontable, comme il le serait certainement, s'il fallait trouver encore sept cent vingt autres divisions pour les communes, et six mille quatre cent quatre-vingts pour les assemblées primaires ?

L'on n'a trouvé d'autre moyen de vaincre ces difficultés que de renvoyer la division à des assemblées locales ; mais la prudence permet-elle d'adopter ce moyen ? Toute votre sagesse n'échouerait-elle pas inévitablement contre les contradictions, contre les oppositions sans nombre que vous verriez naître ? Le bouleversement que produiraient sept cent vingt assemblées préalables formerait bientôt de tout le royaume un véritable chaos.

D'ailleurs, Messieurs, quelle peut être l'utilité de cette immense complication d'assemblées que l'on exige pour la représentation proportionnelle ? Les véritables mandants ne sont-ils pas dans les villes et les villages ? Les premières agrégations politiques ne peuvent-elles pas députer d'une manière directe à l'assemblée des départements, comme les départements à l'Assemblée nationale ? Dès-lors, qu'est-il besoin d'intermédiaire ? qu'est-il besoin de communes et de cantons ? On dirait que nous rejetons volontairement la simplicité des moyens que nous offre l'état réel de la société, pour nous environner de difficultés qui ne sont que notre ouvrage.

Les mêmes obstacles se reproduisent s'il s'agit de former six mille quatre cent quatre-vingts cantons de deux lieues carrées. Sur vingt, sur cent divisions pareilles, prises au hasard dans le royaume, on n'en trouverait pas la moitié qui pût former un canton, dans le sens qu'on attache à ce mot, c'est-à-dire qui pût donner lieu à une assemblée primaire de six cents citoyens actifs. Presque partout il faudrait doubler et tripler l'étendue de quatre lieues carrées ; presque partout il faudrait réunir plusieurs villages, souvent éloignés les uns des autres, et composer ainsi la même assemblée d'éléments entièrement inégaux. Je loue, j'admire même le courage de ceux que tant de difficultés n'arrêtent point ; pour moi, j'avoue sincèrement qu'elles me paraissent invincibles.

Je sens, Messieurs, soit qu'on approuve, soit qu'on rejette l'établissement des communes, qu'il est impossible d'accorder à chaque village, à chaque communauté d'habitants, une députation particulière à l'assemblée de département. Le nombre des membres qui formeront ces assemblées borne celui des députations. Le nombre des députations une fois fixé, celui des électeurs qui pourront nommer un député doit être également fixé par la loi ; et comme il est impossible que chaque agrégation politique ait ce nombre d'électeurs, c'est sans doute ce motif qui a porté le comité à diviser le royaume en cantons et en assemblées primaires ; mais vous verrez bientôt, Messieurs, qu'il se présentait un moyen beaucoup plus facile.

En augmentant le nombre des départements, on augmente, par cela même, celui des députations; les députations étant plus nombreuses, la masse des électeurs pour chaque député devient beaucoup moindre. Une plus grande quantité, ou plutôt la presque universalité des communautés peut alors y concourir directement, et un moyen très-naturel se présente pour que celles qui n'auraient pas le nombre suffisant d'électeurs puissent participer à la même élection, sans se réunir et sans se déplacer ; c'est d'accorder un député commun, nommé par des électeurs séparés, aux communautés qui ont besoin de réunir leur suffrage pour avoir le droit à une députation.

Jusqu'ici, Messieurs, je ne vous ai présenté que des difficultés contre le plan du comité de constitution, et j'aurais bien voulu pouvoir m'en dispenser par le respect que m'inspirent les intentions et les lumières des honorables membres qui le composent. Je ne puis cependant vous dissimuler une objection encore plus grave : j'avais pensé, j'avais espéré du moins, que la division que l'on formerait du royaume pour opérer une représentation proportionnelle, serait propre tout à la fois à l'établissement d'un système uniforme, soit pour la perception des impôts, soit pour le remplacement de l'ordre judiciaire, soit pour l'administration publique. C'est principalement à réunir ces différents rapports que je me suis attaché dans le plan que je vais soumettre à votre examen. Je ne parlerai dans ce moment ni des impôts ni de l'ordre judiciaire, mais je considérerai les assemblées de département sous le double rapport d'assemblées d'administration et d'assemblées d'élection. Il me semble que ces deux points de vue doivent être regardés comme inséparables.

La théorie du plan que je propose consiste à faire une division qui remplisse les trois conditions suivantes :

1° Que les provinces actuelles soient distribuées en départements, de manière que la totalité du royaume en renferme cent vingt;

2° Que chaque département soit placé dans une ville principale, et que son arrondissement soit tel qu'il puisse se prêter facilement à un système uniforme d'administration pour tout le royaume;

3° Que l'étendue du département et sa position géographique permettent aux députés des villes et des villages qui en feront partie de se rendre facilement au chef-lieu, et qu'ainsi l'on n'ait besoin que de deux assemblées, soit pour l'administration, soit pour la représentation proportionnelle, savoir : des assemblées de chaque ville et de chaque village, et des assemblées de département.

L'exécution de ce plan n'est pas moins simple que sa théorie.

Ce n'est pas le royaume que je veux faire diviser, mais les provinces; et cela seul fait déjà disparaître une grande partie des difficultés.

D'un autre côté, ce n'est point par des surfaces égales qu'il s'agira de procéder à cette division; car ce n'est point d'une manière égale que la nature a produit la population, laquelle, à son tour, accumule les richesses.

Je demande seulement que ceux qui savent que leur province est dans ce moment un quarantième du royaume, la divisent en trois départements, pour qu'elle n'en soit plus à l'avenir que le cent vingtième; et j'ajoute que cette division doit avoir principalement pour base des distinctions déjà connues, des rapports déjà existants, et par dessus tout l'intérêt des petites agrégations que l'on voudra fondre dans une seule.

Cette division exige deux opérations distinctes l'une de l'autre.

La première consiste à déterminer en combien de sections telle ou telle province doit être divisée; la seconde, à fixer l'étendue et les limites de chaque section.

La première opération ne peut être faite que par un comité que l'on composera d'un député de chaque province. Elle aura pour base des données assez connues : l'étendue géographique, la quantité de population, la quotité d'imposition, la fertilité du sol, la qualité des productions, les ressources de l'industrie. Ainsi, le travail du comité se bornera à établir la règle de proportion suivante : si telle province doit être divisée en tant de sections, en combien de sections faudra-t-il diviser telle autre province, d'après cette donnée générale, qu'il s'agit d'avoir environ cent vingt départements?

La seconde opération ne peut être faite par le même comité; elle exige au contraire que l'Assemblée se divise en autant de comités qu'il y a de provinces, et qu'elle ne place dans chaque comité que les députés de la même province. On sent qu'il sera facile à des personnes qui connaissent la population, les impositions, les ressources et la position géographique de leur pays, de le diviser en tant de sections que le premier comité aura déterminées, de se prêter à toutes les convenances, à toutes les localités, et d'offrir des divisions partout utiles et partout désirées.

Le travail de chacun de ces comités consistera donc à fixer les chefs-lieux des départements de leur province, à déterminer les villes et les villages qui en feront partie, à faire cette distribution de manière que les départements soient égaux, autant que l'on pourra, non point en étendue territoriale, ce qui serait impossible, ce qui serait même contradictoire, mais en valeur foncière, en population, en importance; enfin à établir une division qui facilite l'établissement d'un système uniforme, tant pour l'ordre judiciaire que pour la perception des impôts.

Le résultat d'une pareille division est facile à prévoir; les départements ne seront formés que par les citoyens de la même province, qui déjà la connaissent, qui déjà sont liés par mille rapports. Le même langage, les mêmes mœurs, les mêmes intérêts ne cesseront pas de les attacher les uns aux autres; des sections connues dans chaque province, et nécessitées par leur administration secondaire, seront converties en départements, soit que le nombre des citoyens y soit assez considérable, soit qu'il faille en réunir plusieurs pour n'en former qu'une seule. Par là, l'innovation sera, j'ose le dire, moins tranchante, et le rapprochement plus facile; l'attente des ennemis du bien public sera trompée, et la dislocation des provinces, impérieusement exigée par un nouvel ordre de choses, n'excitera plus aucune commotion.

Je crois devoir ajouter, Messieurs, pour justifier en quelque sorte mes idées, quelques considérations que j'ai puisées dans l'administration de la province qui m'a fait l'honneur de me députer, et dont le régime intérieur, vanté par plusieurs publicistes, est certainement un des mieux organisées que je connaisse.

La Provence a une administration provinciale, ou des prétendus États qui n'ont en quelque sorte que trois fonctions à remplir : voter les impôts, les répartir entre les villes et les villages, et régler quelques détails d'administration.

La répartition des impôts est d'autant plus facile dans cette province, qu'elle a été divisée en différents feux, mesure conventionnelle qui exprime une valeur quelconque; et cette valeur appliquée à chaque ville, à chaque village, a été déterminée tout à la fois, d'après l'étendue et la fertilité de son territoire, d'après le nombre de ses habitants, leur position locale, leur industrie, leurs ressources, et les charges auxquelles ils sont soumis. Cette opération des États se borne donc à dire : si l'on divise la province en tant de feux, combien telle ville doit-elle avoir de feux par rapport à telle autre? Et ensuite, si la province doit payer telle somme, combien doit-on payer par feu? Le travail de l'administration pourrait n'être là qu'une simple règle d'arithmétique; mais calculer est précisément ce que les hommes, même les plus éclairés, savent le moins.

Outre ses Etats, la Provence a tout à la fois des municipalités dans chaque ville et dans chaque village, et des assemblées par district, qu'on appelle vigueries, et qui comprennent une certaine étendue de pays.

Les fonctions des municipalités consistent principalement à choisir et à établir des impositions suffisantes pour produire la somme qu'exige la quotité de leur affouagement; opération très-simple, qui rend en quelque sorte l'impôt volontaire, par le choix de ceux qui doivent le supporter. Et qui doute que le seul moyen de parvenir à une égale répartition ne soit de l'opérer de cette manière; non de loin, non par de grandes masses, non sur de vagues aperçus, mais de proche en proche, mais par ceux qui, connaissant tous la fortune de leurs voisins et de leurs égaux, ne peuvent pas se tromper, et n'ont plus à craindre ni l'arithmétique ministérielle, ni la balance inégale des commis et des valets des intendants?

Les fonctions des assemblées des districts et des vigueries consistent à régler quelques dépenses locales dont les États ne s'occupent point, et à établir, d'après l'affouagement respectif de chaque communauté, l'imposition que les dépenses exigent. Le corps entier aide ainsi chacun de ses membres, et chaque partie du tout exerce des fonctions qu'aucun autre ne pourrait aussi bien remplir; si l'administration entière n'en est pas plus éclairée pour cela, ce n'est pas à la constitution de la Provence, mais aux abus qui la déparent, qu'il faut l'imputer.

Ces abus sont universellement connus.

D'un côté, presqu'aucune municipalité n'est élective, et ce vice est commun à tout le royaume.

D'un autre côté, les vigueries ou districts sont tellement inégaux, qu'un seul forme le quart de la province, et que plusieurs n'en font pas la quarantième partie.

Enfin, chaque village et chaque ville envoient un nombre égal de députés à l'assemblée du district; et chacun de ces districts n'envoyant qu'un seul député aux États, il est difficile, sans parler d'une foule d'autres vices, que ces assemblées soient plus mal organisées.

Mais je suppose maintenant, pour mieux faire juger de mes principes, en prenant une seule province pour exemple, que toutes les communautés de la Provence eussent une municipalité légale, fondée sur ces deux bases invariables: éligibilité de tous les officiers publics et concours de tous les citoyens à l'élection; que la Provence entière ne fût divisée qu'en trois districts ou départements; que l'administration fût concentrée dans ces trois assemblées, que les États fussent supprimés, et que les assemblées de chaque département fussent formées d'un nombre proportionnel de députés envoyés par chaque ville ou par chaque village : n'est-il pas évident qu'une pareille division pourrait servir de base tout à la fois à la représentation personnelle, à l'administration des impôts et à l'ordre judiciaire ; et qu'en appliquant le même principe à chaque province, nous trouverions partout facilement cette division qui nous a été présentée, pour ainsi dire, comme un problème, et que nous cherchons à résoudre avec tant d'efforts ?

Il ne me reste, Messieurs, qu'à vous présenter un projet d'arrêtés relatifs aux principes que je viens d'établir, et à la forme des divisions que je vous propose d'adopter ; mais je vous prie de ne pas perdre de vue une observation que je crois importante : c'est qu'il ne faut pas se borner à des arrêtés pour fixer la représentation nationale. Des arrêtés feront connaître les principes et les bases d'une division ; mais il est indispensable de s'occuper ensuite d'un règlement général qui exprime toutes les divisions et tous les cas, auquel soit annexé le tableau du royaume, et d'après lequel les assemblées d'administration et la seconde législature puissent se former sans confusion et sans obstacle, dans l'instant même que vous croiriez convenable de déterminer. Si des principes suffisent à quelques hommes, il faut toute la précision et tous les détails d'un règlement pour l'universalité des citoyens.

Art. Ier. La France sera divisée en cent vingt départements, égaux autant qu'il sera possible, en population et en importance. L'égalité de population suppose environ trente-six mille citoyens actifs, et deux cent mille individus. La ville de Paris, sortant à cet égard des règles ordinaires, ne fera qu'un département.

II. Quoique l'ancienne division par provinces ne doive plus subsister à l'avenir, l'arrondissement de chaque département sera déterminé de manière qu'il ne comprenne pas des habitants de différentes provinces, à moins qu'il ne s'agisse de quelque fraction peu considérable.

III. On distinguera dans chaque département deux sortes d'assemblées ; l'assemblée d'administration et l'assemblée d'élection pour la représentation nationale. Ces deux sortes d'assemblées seront inégales en nombre, d'après les dispositions des articles suivants.

IV. L'assemblée d'administration de chaque département sera formée des députés de chaque ville et de chaque village compris dans ce département, savoir : d'un député sur cinq cents citoyens actifs, de deux sur mille, et ainsi de suite dans la même proportion. Si tous les départements pouvaient être égaux en population, chaque assemblée d'administration serait d'environ soixante-douze députés.

V. On doit entendre par citoyen actif celui, etc. (Ici, je me réfère aux articles proposés par le comité).

VI. Les nombres rompus seront réglés de cette manière : deux cent cinquante et sept cent cinquante équivaudront à cinq cents ; sept cent cinquante-un et douze cent cinquante équivaudront à mille, et ainsi de suite.

VII. Les villes et les villages qui n'auront pas le nombre de cinq cents citoyens actifs réuniront leurs suffrages à ceux d'une autre ville ou d'un autre village les plus voisins, pour former le nombre de cinq cents citoyens, et nommeront un député commun sans se déplacer, ce qui se fera de cette manière : on procédera simultanément dans chaque ville ou village à l'élection du député; après quoi les officiers municipaux se rendront respectivement dans le lieu le plus nombreux avec les procès-verbaux d'élection et déclareront, d'après le calcul des suffrages, quel aura été le député commun.

VIII. Les villes et les villages auront autant d'assemblées primaires qu'elles auront de fois cinq cents citoyens actifs, en suivant la règle qui a été prescrite sur les nombres rompus dans l'art. VI.

IX. Les assemblées d'élection pour chaque département seront formées d'un député sur cent citoyens actifs de chaque ville et de chaque village compris dans le département, de deux députés sur deux cents, de trois sur trois cents, et ainsi de suite. Si tous les départements étaient égaux en population, chaque assemblée serait d'environ cent soixante députés.

X. Les villages qui n'auront pas cent citoyens actifs, se réuniront à d'autres villages les plus voisins qui n'auront pas non plus ce nombre de citoyens; et l'élection d'un député commun sera faite dans la forme prescrite par l'art. VII.

XI. Les nombres rompus seront réglés de cette manière : cinquante et cent quarante-neuf équivaudront à cent cinquante; et deux cent quarante-neuf équivaudront à deux cents, et ainsi de suite.

XII. Les assemblées des villes et des villages ne pourront être de plus de cinq cents citoyens : s'il s'en trouve un plus grand nombre, on suivra la règle prescrite par l'art. VIII.

XIII. L'Assemblée nationale sera formée de sept cent vingt députés, et par conséquent de six députés par département, en supposant que tous les départements fussent parfaitement égaux.

XIV. L'assemblée d'élection de chaque département nommera trois députés, à raison de sa qualité de département; ce qui forme trois cent soixante députés. La même assemblée aura ensuite autant de députés qu'elle réunira de trois cent soixantièmes de la population totale du royaume; ce qui suppose un député sur environ douze mille citoyens actifs.

XV. Les nombres rompus seront réglés de la manière suivante : six mille un et dix-sept mille neuf cent quatre-vingt-dix-neuf équivaudront à douze mille.

XVI. Attendu que la population des villes et des villages n'est pas encore parfaitement connue, il se tiendra d'abord une première assemblée d'administration dans chaque département, laquelle sera composée, non seulement d'un député de chaque ville et de chaque village sur cinq cents citoyens actifs, mais d'un député de tous les villages qui n'auront pas ce nombre de citoyens. Les députés porteront un relevé très-exact des citoyens actifs de

leur communauté, et sur ce tableau l'assemblée fixera le nombre de députés
que chaque communauté aura le droit d'envoyer à la prochaine assemblée.
Elle déterminera en même temps quels seront les villages et les villes qui
n'auront qu'un député commun, et qui seront dans le cas de réunir leurs
suffrages.

Il est inutile, Messieurs, que je fasse aucune observation sur ces différents
arrêtés; ils sont fondés sur des principes aussi simples que leurs résultats.

Les cent vingt départements seraient chacun de trente-six mille citoyens
actifs, c'est-à-dire d'environ deux cent mille âmes. Cette population est sans
doute assez nombreuse pour exiger une administration séparée.

Les assemblées de département, qui ne seraient composées que de soixante-douze citoyens lorsqu'il ne s'agirait que de simple objets d'administrations, seraient formées d'environ trois cent soixante députés lorsqu'il faudrait s'occuper d'un objet aussi important que la nomination de la législature. C'est alors qu'il convient, si l'on ne veut pas se tromper, de multiplier les organes de la voix publique. Un droit plus sacré, un droit en quelque sorte plus incessible, exige un concours plus individuel : or, d'après
mon système, la totalité du royaume aurait environ quarante-trois mille
électeurs définitifs et sans intermédiaires.

D'un autre côté, vous ne sauriez sans doute regarder comme une chose
indifférente d'établir une députation aussi directe qu'il est possible. Le
droit de choisir son représentant par soi-même diffère si essentiellement du
droit de déléguer ce choix à un autre, qu'il importe de supprimer toutes les
filières qui permettent de détourner le choix des premiers mandants, fournissent par cela même mille moyens de corruption, et détruisent enfin
toute confiance.

Enfin, Messieurs, si j'accorde la moitié de la députation à la seule qualité
de département, c'est qu'il est presque impossible que les départements,
s'ils sont faits avec quelque soin, n'aient pas entre eux une certaine égalité
d'importance; y eût-il quelque inégalité, elle serait suffisamment corrigée
en réglant l'autre moitié de la députation sur la population proportionnelle
de chaque département. Et si je n'ai aucun égard à la différence des impositions, c'est que, dût-on espérer d'en connaître parfaitement les rapports
(ce que je crois impossible pendant quelques années), l'égalité rigoureuse
de population, jointe à l'égalité présumée d'importance, ne permet pas de
supposer entre deux départements une différence sensible dans le produit des
impôts.

La discussion continue : Alexandre de Lameth, Bengy de Puy-Vallée,
Pellerin et Thouret y prennent part. La question fut de nouveau débattue
aux séances suivantes, et à celle du 10 novembre, Mirabeau prononça un
second discours sur la division du royaume.

Proposition d'établir une caisse nationale.

Messieurs, si les orages qu'élève l'établissement de notre liberté sont inévitables, s'ils servent peut-être à donner aux lois constitutionnelles, dont nous nous occupons, un degré de sagesse que le calme et le défaut d'expérience ne nous suggéreraient pas, les désordres qui se multiplient dans nos finances sont loin de nous offrir aucune compensation : il en est même dont l'aggravation peut rendre nos travaux inutiles ; et, de ce nombre, le désordre le plus fâcheux est, sans contredit, la disparition de notre numéraire.

Une nation habituée à l'usage du numéraire, une nation que de grands malheurs ont rendue défiante sur les moyens de le suppléer, ne peut pas en être privée longtemps sans que le trouble s'introduise dans toutes ses transactions, sans que les efforts des individus pour les soutenir ne deviennent de plus en plus ruineux, et ne préparent de très-grandes calamités.

Elles s'approchent à grands pas, ces calamités. Nous touchons à une crise redoutable ; il ne nous reste qu'à nous occuper, sans relâche et sans délai, des moyens de la diriger vers le salut de l'État.

Observez, Messieurs, que non-seulement le numéraire ne circule plus dans les affaires du commerce, mais encore que chacun est fortement sollicité, pour sa propre sûreté, à thésauriser, autant que ses facultés le lui permettent.

Observez que les causes qui tendent à faire sortir le numéraire du royaume, loin de s'atténuer, deviennent chaque jour plus actives, et que cependant le service des subsistances ne peut pas se faire, ne peut pas même se concevoir sans espèces.

Observez que toutes les transactions sont maintenant forcées ; que dans la capitale, dans les villes de commerce et dans les manufactures, on est réduit aux derniers expédients.

Observez qu'on ne fait absolument rien pour combattre les calamités de nos changes avec l'étranger ; que les causes naturelles qui les ont si violemment tournées à notre désavantage, s'accroissent encore par les spéculations de la cupidité ; que c'est maintenant un commerce avantageux que d'envoyer nos louis et nos écus dans les places étrangères ; que nous ne devons pas nous flatter d'être assez régénérés ou instruits pour que la cupidité fasse des sacrifices au bien public ; qu'il y a trop de gens qui ne veulent jamais perdre, pour que la seule théorie des dédommagements ne soit pas dans ce moment très-meurtrière à la chose publique.

Observez que les causes qui pourraient tendre au rétablissement de l'équilibre restent sans effet; que l'état de discrédit où les lettres de change sur Paris sont tombées est tel, que dans aucune place de commerce on ne peut plus les négocier.

Observez qu'elles ne nous arrivent plus par forme de compensation, mais à la charge d'en faire passer la valeur dans le pays d'où elles sont envoyées; en sorte que, depuis le trop fameux système, il ne s'est jamais réuni contre nous un aussi grand nombre de causes, toutes tendant à nous enlever notre numéraire.

Il est sans doute des circonstances que les hommes ne maîtrisent plus, lorsque le mouvement est une fois donné. Mais on a méprisé des règles d'autant plus indispensables, que l'administration des finances devenait plus épineuse; on a oublié que le respect pour la foi publique conduit toujours à des remèdes plus sûrs, à des tempéraments plus sages que l'infidélité.

On semble s'être dissimulé qu'au milieu des plus grandes causes de discrédit, une religieuse observation des principes offre du moins les ressources de la confiance.

Rappelez-vous, Messieurs, qu'à l'instant où vous eûtes flétri toute idée de banqueroute, j'ai désiré que la caisse d'escompte devînt un travail assidu. Il était tout au moins d'une sage politique de montrer que nous sentions la nécessité de son retour à l'ordre, et cependant je fus éloigné à plusieurs reprises de la tribune; on me força en quelque sorte à garder au milieu de vous le silence sur des engagements qu'il ne pouvait convenir sous aucun rapport de mépriser.

Qu'en est-il arrivé? L'imprévoyance des arrêts de surséance accordés à la caisse d'escompte, en même temps qu'on lui laissait continuer l'émission de ses billets; cette imprévoyance augmente tous les jours le désordre de nos finances.

La caisse nous inonde d'un papier-monnaie de l'espèce la plus alarmante, puisque la fabrication de ce papier reste dans les mains d'une compagnie nullement comptable envers l'État, d'une association que rien n'empêche de chercher, dans cet incroyable abandon, les profits si souvent prédits à ses actionnaires.

Arrêtons-nous, Messieurs, un instant, sur ces funestes arrêts de surséance. On a oublié, en les accordant, que la défiance consulte toujours; que sans cesse elle rapproche les événements pour les comparer; que l'expérience nous montre partout la nécessité du numéraire réel pour soutenir le numéraire fictif; qu'il n'est aucune circonstance où l'on puisse, en les séparant, faire le bien de la chose publique.

Dans quelles contrées ces vérités devraient-elles être mieux présentes à l'esprit? qui mieux que les Français ont connu les désordres auxquels on s'expose dès que l'on détruit toute proportion entre les deux numéraires?

Il ne faut donc pas s'étonner si les étrangers se sont alarmés dès qu'ils ont vu que nous nous exposions de nouveau aux suites de cette imprudence. Ils ne pouvaient pas méconnaître une conformité évidente entre la banqueroute de Law et la caisse d'escompte : la première avait lié son sort à celui de la dette publique; la seconde en a fait autant.

Il ne faut pas s'étonner si, dans cet état de choses, M. Necker n'a rassuré les étrangers un instant que pour les effrayer sans mesure. Sa réputation même s'est tournée contre le crédit public : en voyant un administrateur aussi célèbre se servir de la ressource des arrêts de surséances, on a craint que toute ressource ne fût perdue.

A la veille de ces arrêts, les créanciers étrangers balançaient du moins l'effet de leurs craintes par celui de leurs espérances. Les uns étaient vendeurs, tandis que les autres étaient acheteurs. Depuis ces arrêts, tous sont devenus vendeurs; et comme les billets de la caisse d'escompte sont sans valeur pour les étrangers, il faut bien qu'ils se remboursent avec nos espèces; aussi est-ce par eux que la sortie de notre numéraire a commencé. Dira-t-on que nos agitations politiques eussent produit le même effet? Mais les orages d'une liberté naissante sont-ils donc si extraordinaires que, seuls, ils aient dû détruire tout notre crédit? Serait-il impossible que quelque confiance fût restée si l'on ne s'était pas permis des opérations qui, dans la plus profonde paix, seraient également destructives de toute confiance?

Observez, Messieurs, que le papier-monnaie ne sert point à la thésaurisation; c'est même un de ses avantages, s'il est possible qu'il en ait quelques-uns. Mais, par cela seul qu'il ne sert point à la thésaurisation, chacun se presse de s'en débarrasser dans les temps de discrédit. Il occasionne alors une plus grande recherche des métaux précieux, comme l'unique échange propre à calmer les inquiétudes, et des traites sur l'étranger, comme un moyen ou d'arriver à ces métaux, ou de changer de débiteur.

Cependant, loin que les billets de la caisse d'escompte disparaissent, leur nombre s'accroît chaque jour. Chaque jour il devient plus impossible de les éviter dans toutes les transactions importantes; chaque jour, par conséquent, un plus grand nombre de citoyens redoute cette fragile propriété. Ainsi, la recherche et la rareté du numéraire augmentent avec le progrès de l'inquiétude inséparable du papier-monnaie. Et jusqu'où ne vont pas les fatalités qui nous poursuivent? Quiconque veut réaliser des effets, se voit contraint à réaliser son paiement en billets de caisse. S'il pouvait facilement les convertir en argent, il mettrait cet argent en sûreté sans l'envoyer hors du royaume. La rareté du numéraire oblige donc le spéculateur à prendre des lettres de change sur l'étranger, qu'on solde avec nos espèces, et à laisser le produit de ces lettres dans le lieu où elles sont payées. C'est une suite naturelle de son opération; le plus souvent elle n'aurait pas lieu, sans ce fâcheux intermédiaire entre les propriétés qu'on veut vendre et l'argent dans lequel on met sa sûreté.

Voilà, Messieurs, comment la caisse d'escompte, en ajoutant au discrédit des effets publics celui de ses propres billets, aggrave les causes qui chassent notre numéraire hors du royaume; et c'est dans cet état de choses que nous sommes obligés de convertir en écus la vaisselle, dont l'urgence du moment nous a fait implorer le secours.

Et qu'on ne dise pas que je répands ici de fausses terreurs, que les billets de la caisse d'escompte ne s'avilissent point, qu'ils sont toujours reçus pour la valeur qu'ils représentent.

Il est des pays où le pain se vend sous une certaine forme ; le poids de cette forme varie ; le prix seul reste toujours le même : que diriez-vous de celui qui prétendrait que, sous ce régime, le prix du pain ne varie jamais? Qu'importe que le billet de la caisse soit toujours reçu pour la même somme, si le rapport entre la valeur des choses et celle du billet a changé? Ce rapport n'est plus le même ; dès qu'il s'agit d'un objet un peu considérable, on l'obtient à meilleur marché si, au lieu de payer en billets, on s'acquitte en argent. La différence est surtout sensible hors de la capitale : en province, on ne peut négocier qu'avec beaucoup de peine les lettres de change sur Paris ; elles perdent considérablement par l'agio ; et pourquoi, si ce n'est parce qu'on sait qu'elles seront payées en billets dont la conversion en espèces sera ou impossible ou coûteuse?

J'ignore jusqu'à quel jour les personnes intéressées au crédit des billets de la caisse d'escompte peuvent en maintenir l'usage. Une fois altérés dans leur essence, une fois incapables d'être échangés à l'instant contre de l'argent effectif, qu'ils représentent, il est impossible que leur discrédit ne s'accroisse sans cesse ; et dès-lors quel avantage nous dédommagerait de ce malheur? qui nous rassurerait contre les pertes obscures et journalières qu'un tel accident occasionne?

Dans les places frontières du royaume on donne 100 livres sur Paris contre 95 en écus. Cette circonstance porte nos espèces sur la frontière, d'où elles ont bientôt franchi la limite qui nous sépare de l'étranger.

La rareté des grains cause une autre extraction d'espèces à laquelle on ne songeait pas. Les colonies, ci-devant approvisionnées par les ports de Bordeaux, du Havre, ne peuvent plus l'être de la même manière. Le commerce est contraint d'y suppléer par des écus. Quatre expéditions du Havre portent 800,000 livres pour payer des farines à Philadelphie, destinées pour nos îles ; d'autres expéditions semblables se préparent à Marseille, et ne tarderont pas à épuiser le peu d'espèces qui circulent dans cette ville. Les espèces une fois épuisées, le commerce fera prendre des piastres à Cadix.

Si ces piastres devaient venir en France, elles en seront détournées ; si elles n'y doivent pas venir, il faudra que les écus de France sortent par un canal quelconque pour payer ces piastres aux Espagnols.

Marseille, fatiguée depuis longtemps par la rareté du numéraire, compte à peine dix maisons qui ne soient pas dans une très grande pénurie. Déjà plusieurs négociants sont convenus entre eux d'ajouter des nouveaux jours de grâce à ceux qui sont déjà en usage, et l'on y craint à tout instant de voir éclater plusieurs dérangements [1].

---

[1] L'usage des négociants de la ville de Marseille, était de ne payer les billets ou les traites

Bordeaux manque de numéraire au point que les plus riches commerçants craignent de se voir dans l'impossibilité physique de payer leurs engagements, quoique leur fortune les mette infiniment au-dessus de leurs affaires.

A Nantes, les commerçants ont établi des billets de crédit réciproque, et acquittent ainsi leurs engagements. Un tel moyen ne peut pas durer.

Le Havre ne s'est soutenu jusqu'ici que parce qu'il est dans l'usage de faire tous ses paiements à Paris, ce qui épargne à ce port les embarras de la balance.

Les villes intérieures et manufacturières offriraient un tableau plus effrayant. Amiens n'est pas en état de remplir ses engagements pour les achats de grains faits par une société patriotique.

Lyon, qui donnait toujours des secours au commerce, a eu besoin d'être aidé par les banquiers de Paris.

Genève, partageant le discrédit de nos fonds, ne peut faire ses circulations qu'avec Lyon et la capitale. Cette ville éprouve la même pénurie que nous. Elle s'avance vers la nécessité d'une suspension totale de paiement. Cette suspension une fois déclarée, les suites en sont incalculables.

Des situations aussi critiques pressent les pas d'une grande catastrophe, et l'état de la capitale est loin d'être rassurant.

A l'époque du premier compte rendu par M. Necker dans l'Assemblée nationale, les quatre-vingts millions d'assignations suspendues, et cent cinquante millions d'autres assignations ou rescriptions à longue échéance circulaient encore. L'opinion ne les soutient plus, elles sont sans cours. Celles qui avaient été renouvelées pour un an, et celles échues en septembre, ne sont pas toutes acquitées. Le refus du Trésor royal de recevoir comme du comptant dans l'emprunt de quatre-vingts millions celles qui échoient en octobre et novembre, a complété le discrédit de tous ces effets. Ceux qui s'en aidaient, ne le pouvant plus, seront enfin forcés de suspendre leurs paiements.

On ne peut pas sortir tout d'un coup deux cents millions de la circulation dans des circonstances aussi critiques, sans causer une gêne inexprimable ; et s'il doit en résulter des dérangements, ils sont d'autant plus affligeants que les propriétaires de ces effets seront contraints de suspendre leurs paiements au sein d'une richesse qu'il n'est pas permis de croire douteuse.

Ceux-là peuvent seuls échapper à cette douloureuse nécessité, qui auront pu ramasser en espèces une somme égale à leurs engagements.

Paris une fois bouleversé par de nombreuses suspensions, la circulation avec les provinces sera complètement arrêtée. Les suspensions de paiement s'étendront par tout le royaume. Chacun ne verra, dans les débris qu'il pourra recueillir, que les moyens de subsister, en attendant un nouvel ordre de choses. Quand et comment se formera-t-il? Les papiers échafaudés sur

___

fournies sur eux que dix jours après l'échéance stipulée. Cet usage, connu et toléré par toutes les autres places, s'est maintenu jusqu'à la promulgation du Code de commerce.

(*Note des Éditeurs.*)

une base ruinée seront inutilement offerts en échange; ils ne présenteront rien qui puisse tirer de leur inaction les agents de l'industrie productive.

Le numéraire, actuellement caché, et celui qui circule encore, ne seront mis en usage que comme des provisions dans des temps de famine; chacun se voyant obligé à la plus sévère parcimonie, craindra de se dessaisir d'une valeur qui, partout et en toute conjoncture, représente du pain, aussi long-temps que tout le pain n'est pas consommé. Et, dans une calamité aussi générale, si le bien social ne se rompt pas; si, au défaut de la force physique, la force morale le maintient, ne sera-ce pas un miracle auquel personne ne doit oser se fier?

Est-on certain que dès à présent les anxiétés de Paris sur les subsistances ne soient pas autant l'effet de la rareté de l'espèce, et des alarmes qu'elle répand, que de ces complots si ténébreux, si difficiles à comprendre, si impossibles à démontrer, auxquels on s'obstine à les attribuer?

Les grands approvisionnements, à moins qu'ils n'aient été contractés au loin, et sur les ressources du crédit, ne peuvent plus se faire facilement, dès que l'espèce est rare. Les fermiers ne sauraient comment employer les billets de la caisse d'escompte. Ces billets ne servent pas à payer des journées de travail; et s'il faut que l'habitant de la campagne accumule pour payer ses baux, accumulera-t-il des billets? Ce n'est que l'argent à la main qu'on peut aller ramasser le blé dans les campagnes, et dès-lors les avances deviennent impossibles, si les espèces effectives sont toujours plus difficiles à ramasser. Il faut près de cent cinquante mille livres par jour pour l'approvisionnement du pain. Cette somme va parcourir les campagnes; elle ne revient jamais que lentement, et aujourd'hui quelle ne doit pas être cette lenteur, tandis que ceux qui cherchent l'argent pour le vendre fouillent partout et donnent en échange des billets de la caisse d'escompte?

Rapprochons maintenant de la masse de notre numéraire l'effet de toutes ces causes qui le chassent, l'enfouissent ou le dissipent.

Il en faut peu, sans doute, à chaque individu pour payer ses besoins, lorsqu'il est assuré que la circulation le ramènera dans ses mains toutes les fois que sa provision sera épuisée; mais dès qu'il craint les obstacles, il fait une provision d'espèces aussi considérable que ses facultés le lui permettent.

Or, même en admettant notre numéraire à deux milliards, si vous le partagez entre les chefs de famille, ou ceux qui ont à pourvoir à d'autres besoins que les leurs, cette masse ne présente que quatre cents livres pour chacun d'eux. Sur ces quatre cents livres, il faut prélever le numéraire qui passe dans l'étranger, celui que la crainte et les spéculations tiennent en réserve. Tenez compte de ces défalcations appauvrissantes, et représentez-vous les espèces qui restent pour les transactions indispensables dès que, la circulation étant suspendue, elles ne peuvent plus se multiplier par la rapidité de leur mouvement.

Vous vous demanderez sans doute, Messieurs, à quoi ses observations doivent nous conduire? A nous éloigner plus que jamais de la ressource des palliatifs, à redouter les espérances vagues, à ne nous fier au retour d'un temps plus heureux qu'en multipliant nos efforts et nos mesures pour le faire naître, et non à tenter encore, par des ressources usées, à rejeter nos embarras sur ceux qui viendront après nous. Nos tentatives seraient inutiles; le règne des illusions est passé; l'expérience nous a trop appris la perfidie de tout moyen où l'imagination se charge seule de créer les motifs de la confiance.

Si les revenus s'altèrent, que peut-on attendre d'une contribution sur le revenu? quelle contribution ne devient pas onéreuse pour le grand nombre, lorsqu'il faut, pour la payer, se dessaisir de quelques espèces auxquelles on attache sa sécurité? La rareté de l'argent a-t-elle jamais facilité le paiement des impôts.

La ressource de la vaisselle pouvait aller loin peut-être; mais si le numéraire continue à se cacher ou à sortir du royaume, à quoi servira la vaisselle?

Qu'attendre d'une caisse d'escompte qui s'exagère ses forces et son utilité, qui nous inonde de billets qui s'avilissent, qui croit relever l'opinion qu'elle même a détruite? Sa véritable situation est un secret; les talents de son administration ont été jusqu'ici fort au-dessous de son entreprise; on n'aperçoit que des motifs de défiance dans les volontés qui la dirigent.

On parle d'augmenter son fonds, sans rendre à ses billets leur qualité essentielle, celle d'être exigibles à présentation; et, nonobstant la persévérance dans un tel régime, on se flatte de quintupler cette augmentation des billets. Ce projet est une continuation de méprises; il reposerait déjà sur une erreur, lors même que l'arrêt de surséance serait toléré.

La faculté qu'ont les banques de répandre leurs billets en quantité triple et quadruple de leur numéraire est constamment subordonnée aux circonstances. Si l'on peut se livrer à une proportion qui multiplie le numéraire, ce n'est qu'en se tenant prêt à la diminuer dès que les espèces se resserrent. Hors de cette règle générale, il est impossible de se fier à une banque de secours; ses billets ne sont plus qu'une charge sur le public, un impôt odieux, un feu pestilentiel qui dévore la substance de l'État; et si quelques gens d'affaires paraissent vouloir s'en contenter, c'est que l'art des reprises leur est familier.

Voyez ce qui résulte maintenant de cette distribution banqueroutière de quelques sacs d'argent que fait la caisse d'escompte pour tempérer le fâcheux effet des arrêtés de surséance. On ne peut participer à cette distribution qu'avec de pénibles efforts. Elle s'est convertie en un agiotage onéreux; on vend à la porte de la caisse d'escompte l'argent qu'il est si difficile d'obtenir; il faut perdre sur le billet pour le changer contre des écus, à moins qu'on ne veuille lutter longtemps avec une foule avide et inquiète, qui nécessairement se composera et se grossira de plus en plus des agioteurs sur nos écus et sur nos louis.

Il faudra donc établir dans la capitale une différence entre l'argent de banque, c'est-à-dire les billets, et l'argent effectif. Passe encore si cet impôt pouvait retenir ou rappeler notre numéraire ; mais, comme dans cet échange l'avilissement porte sur les billets, il ne peut que s'accroître sans cesse et préparer un déficit qu'on voudra remplir en proposant de nouveau de multiplier ces billets. Sont-ce là, Messieurs, je vous le demande, sont-ce là des conceptions dont il soit possible d'attendre la restauration de nos finances ?

L'attendons-nous, cette restauration, des procédés qui rebutent ou offensent les créanciers de l'État ? Que sous les caprices du despotisme, l'on devienne dur, injuste, tyrannique envers eux, après avoir tout employé pour les séduire, il serait ridicule de s'en étonner ; mais lorsqu'une nation a déclaré qu'elle mettait ses créanciers sous la sauvegarde de son honneur et de sa loyauté, doivent-ils, outre les injustices, essuyer des brusqueries ?

Si des circonstances impérieuses, suite de l'imprudence des engagements, obligent à franchir les échéances, est-ce la faute des créanciers ? Faut-il abuser de leur impuissance, jusqu'à se dispenser de tous égards ? Quel avantage le crédit public peut-il retirer des ruses des mauvais payeurs ? Sont-ce des emprunts profitables à la nation, que ces retards, où l'on n'offre pas même aux créanciers de quoi soulager leur attente ? Est-ce ménager le crédit, que d'épuiser toutes les difficultés, lorsqu'elles doivent se terminer par un paiement ? que d'annoncer dans des papiers publics des paiements de rente qu'on ne fait point ? que de laisser en souffrance un grand nombre de rentiers sans les prévenir, sans s'arranger avec eux ? Certes, ces misérables expédients éteignent le patriotisme, découragent l'esprit public, aggravent tous les autres maux.

Ce tableau, Messieurs, est loin d'être exagéré ; il me conduit à vous faire observer :

1° Que, s'il est pressant de se garantir de la disette, il serait heureux de pouvoir assurer des subsistances à la capitale, sans trop l'épuiser de numéraire ;

2° Qu'il est urgent de s'occuper de la dette publique dans toute son étendue, en sorte qu'elle n'effraie plus par son obscurité, et de prendre, avec les créanciers de l'État, des arrangements qui les éclairent sur leur sort ;

3° Qu'on ne saurait trop se hâter d'établir sur une base réelle de sages dispositions, des dispositions qui, sans détériorer la chose publique, sans contraindre personne, sans exalter les imaginations, conduisent l'État à des temps plus propres aux remboursements, et qui donnent, en attendant, aux propriétaires de la dette, la faculté de faire usage de leurs titres, chacun selon sa position ;

4° Qu'il faut s'assurer d'un fonds propre à soutenir la force publique, jusqu'à ce que l'ordre, l'harmonie et la confiance soient solidement rétablis ;

5° Qu'en un mot, il faut cesser toutes les causes destructives de la confiance, et mettre à leur place des moyens dont l'efficacité se découvre aux yeux les moins exercés, et se soutienne par la solidité et la sagesse de leur propre construction.

J'observe, à l'égard des subsistances, que nous avons dans les États-Unis une ressource qui semble nous avoir été préparée par les conjonctures actuelles. Ces États nous doivent en capital trente-quatre millions, dont dix ont été empruntés en Hollande, et cinq millions sept cent dix mille livres d'intérêts seront échus au premier janvier prochain.

Les seuls intérêts suffiraient à payer chez eux un approvisionnement de plus de deux mois pour la ville de Paris, et le tiers du capital paierait la somme nécessaire pour rendre cet approvisionnement égal à la consommation d'une demi-année. Ce secours soulagerait le capital dans deux objets importants et inséparables, le numéraire et le pain.

L'union et la concorde sont rétablis dans ces États auxquels nous allons bientôt tenir par les efforts intéressants et féconds de la liberté. Nous avons versé notre sang sur leur sol pour les aider à la conquérir ; ils viennent de la perfectionner par l'établissement d'un congrès qui mérite leur confiance.

Ils ne refuseront pas de s'acquitter envers nous, en nous envoyant un aliment qui nous est absolument nécessaire, qui ne nous est rendu rare que par une difficulté qu'ils ont eux-mêmes connue, et que nous leur avons aidé à surmonter, savoir, la rareté du numéraire.

Oui, il n'y aurait qu'une impossibilité absolue qui pût rendre les États-Unis sourds à nos demandes, et cette impossibilité n'est nullement présumable ; elle leur serait trop douloureuse ; il leur serait même trop impolitique de ne pas faire de grands efforts en notre faveur, pour que nous devions hésiter de recourir à eux incessamment, dans la juste espérance d'en obtenir des grains et des farines qui ne nous coûteront que des quittances.

D'ailleurs, en tournant nos regards de ce côté, nous y achèterons, s'il le faut, ces denrées, mais avec moins d'argent qu'en les payant à de secondes mains, et par conséquent notre extraction de numéraire pour cet objet sera moins considérable.

Quant à la dette publique et aux dérangements dont elle nous menace, vous observerez, Messieurs, qu'il est des préparatifs qui, en tout état de cause, sont nécessaires, et qui, faits dès à présent, disposeront les esprits à la confiance et à tout ce qui peut éloigner ces dérangements. Telles sont toutes les mesures favorables à l'ordre.

Votre comité des finances vous a proposé de séparer la partie qui concerne la dette publique de celle qui a pour objet les dépenses nécessaires à tout gouvernement. Cette séparation n'a aucun inconvénient. La dette nationale actuellement contractée est une obligation étrangère à tous les rapports politiques, relatifs à la conservation de nos droits.

Cette mesure était infiniment sage. Les gens éclairés ont été étonnés de la voir, pour ainsi dire, oubliée, tandis qu'elle méritait à tant de titres, d'être immédiatement exécutée; car c'est la seule qui puisse prouver à la nation qu'on veut enfin adopter envers elle de vrais principes de comptabilité.

Votre comité a senti que les fonds destinés à payer les créanciers de l'État doivent être mis à l'abri de toute incertitude, et surtout de cette manutention où les agents de la finance, sans cesse aux expédients, pervertissent sans cesse l'emploi des fonds, laissent un côté en souffrance pour les besoins d'un autre, et se jettent malgré eux dans le dédale ruineux des injustices et des partialités. Ces désordres sont autant de justes motifs de discrédit.

Les peuples, peu certains de voir employer à la dette, ce qu'on leur demande au nom de la dette, prennent et le fisc et la dette en horreur, et les créanciers de l'État ne se tranquillisent jamais sur aucune des mesures destinées cependant à leur sécurité. Les changements dans le ministère des finances, la variabilité des systèmes, les relâchements dans la comptabilité, tous ces inconvénients d'un pouvoir exécutif chargé d'immenses détails, seront toujours des fléaux redoutables pour la confiance, si un établissement particulier n'en affranchit pas les créanciers de l'État.

Si la meilleure manière d'assurer le paiement de la dette et de ne pas en troubler le décroissement importe à la nation, la puissance exécutive ne saurait non plus former un vœu différent; elle doit se redouter elle-même dans la disposition des deniers.

Ainsi une caisse nationale uniquement destinée à la dette, et dirigée sous l'inspection immédiate de la nation, est un établissement indiqué par la nature des choses. Une fois dotée de revenus destinés au paiement de la dette, c'est au pouvoir exécutif à la protéger dans la perception de ses deniers. Sa comptabilité annuelle à l'Assemblée nationale, et les surveillants qu'elle lui donnera, en assurent un emploi toujours conforme à leur destination. Nulle crainte à cet égard ne serait raisonnable.

Que d'avantages cet établissement ne présente-t-il pas? L'ordre et l'économie dans les dépenses du gouvernement étrangères à la dette en sont une suite immédiate; car, ne pouvant plus changer la destination des revenus, il est impossible qu'on les dilapide.

Cette caisse devient en quelque sorte la propriété des créanciers de l'État. Ils acquièrent le droit de la défendre; ils peuvent suivre, pour ainsi dire, jour à jour son administration, et voir prospérer les mesures qui assurent leurs remboursements.

Avec cette caisse disparaîtront toutes les objections que l'expérience a consacrées, et qui jusqu'ici n'ont imprimé, sur tous les plans d'amortissement, que le sceau de la légèreté ou du charlatanisme.

Il y a plus : les créanciers de l'État pourront actionner en quelque sorte la caisse nationale toutes les fois qu'ils auront à s'en plaindre. Nul ministre, nul préposé, nul commis ne sera redoutable pour eux. On ne pourra plus mettre l'État au rang de ces débiteurs qu'on ne peut pas contraindre, contre lesquels on n'ose pas même murmurer. Ce changement donnera désormais au crédit des motifs qu'il n'a encore nulle part.

Par cette caisse, on découvrira chaque année avec certitude les excédents qui doivent servir à l'extinction des capitaux. Là, pouvant toujours calculer l'action de la dette sur les ressources destinées à la payer, les représentants de la nation pourront toujours arbitrer ce qui lui convient le mieux, et par conséquent à ses créanciers, ou d'éteindre une portion de la dette égale à ses excédants, ou de les faire servir à quelque entreprise en faveur de l'industrie productive, plus avantageuse que l'intérêt de la dette ne serait onéreux; car n'oublions pas qu'on ne vit que de ses revenus, que le créancier de l'État est content quand ses rentes lui sont payées avec exactitude; et que si la dette est un mal, il se peut très-bien que le mal étant fait, le remède ne consiste pas à le détruire le plus tôt possible.

Enfin, la caisse nationale nous donnera l'avantage d'une utile consultation avec ceux d'entre les créanciers de l'État que leur part dans la dette rend importants, ou qui peuvent en représenter un grand nombre.

C'est de leur propre affaire dont la caisse nationale s'occupera. Ils ne peuvent pas demander l'impossible, et il est telle disposition dans laquelle leur concours sera évidemment une spéculation à leur avantage. On ne peut raisonnablement attendre d'eux ce concours qu'en leur donnant une sorte de caution que les opérations de la caisse seront consacrées entièrement à leur service et à leur sûreté.

Je suppose, pour mieux me faire entendre, qu'une caisse de numéraire effectif fût nécessaire pour soutenir une circulation de billets solidement hypothéqués et destinés à rembourser toutes ces parties arriérées de la dette publique, et à mettre fin à des expédients désastreux; je suppose que la vaisselle fût le meilleur moyen de produire ce numéraire, peut-on douter que les créanciers de l'État, propriétaires de quelque vaisselle, n'eussent intérêt, et ne le sentissent, à la faire concourir à l'établissement de cette caisse.

Il ne faut donc pas différer, Messieurs, l'exécution de cette utile mesure. Il faut s'occuper sans relâche de l'organisation de la caisse nationale. Vous sentirez avec quel soin on doit y procéder, puisqu'il s'agit d'un établissement durable, d'un établissement dont les principes et les règles doivent devenir permanents et résister à toute influence ministérielle.

La caisse nationale une fois organisée deviendra votre comité des finances. Elle s'occupera, jour à jour, de tous les plans qui la mettront en état d'accomplir le vœu national, ce vœu qui, à la face de l'univers, a mis les créanciers de l'État sous la sauvegarde de la loyauté française.

Que manquera-t-il, dès-lors, je ne dis pas pour rendre à la nation le crédit qu'elle mérite, elle ne l'a jamais eu, mais pour le lui donner? Le retour de la paix et du bon ordre, le rétablissement des forces de l'empire. Vous y marchez à grands pas, Messieurs, et ne doutez point que cet établissement

ne les hâte, en faisant rayonner l'espérance et chez le peuple qu'elle garantira des coups que lui porte l'embarras des finances, et chez les créanciers
de l'État, sur la propriété desquels sont appuyés un si grand nombre de
rapports importants pour la tranquillité publique.

J'ai dit, Messieurs, que nous marchions à grands pas vers le retour de la
paix et du bon ordre, vers le rétablissement des forces de l'empire. J'en ai
pour garants tous les témoignages qui nous viennent des provinces. Leur
confiance dans l'Assemblée nationale n'est point affaiblie; elles nous rendent
plus de justice qu'on ne voudrait nous le persuader; elles placent sans cesse
à côté de la lenteur de nos travaux, et des fréquentes interruptions qu'ils
éprouvent, les difficultés que nous avons à surmonter. Les provinces voient
notre zèle, notre dévouement pour les vrais intérêts de la nation, notre ferme
résolution de ne pas abandonner, sans le conduire à sa fin, le grand ouvrage
qu'elle nous a confié, jusqu'à ce qu'aucun effort, qu'aucune conjuration ne
puisse le renverser.

Pourquoi faut-il que de tristes malentendus entre l'Assemblée nationale
et les ministres aient donné lieu à un mémoire public dans lequel, en repoussant une responsabilité qu'ils ont mal interprétée, ils ont répandu des alarmes
capables de produire les maux même qu'ils exagéraient!

Étendons un voile sur ces déplorables méprises, et cherchons les moyens
de mettre fin à toutes ces contradictions qui ne cessent de s'élever
aussi longtemps que les ministres du roi seront absents de l'Assemblée
nationale.

Tous les bons citoyens soupirent après le rétablissement de la force publique; et quelle force parviendrons-nous à établir, si le pouvoir exécutif et
la puissance législative, se regardant comme ennemis, craignent de discuter
en commun sur la chose publique?

Permettez, Messieurs, que je dirige un instant vos regards sur ce
peuple, dépositaire d'un long cours d'expériences sur la liberté. Si nous
faisons une constitution préférable à la leur, nous n'en ferons pas une plus
généralement aimée de toutes les classes d'individus dont la nation anglaise
est composée; et cette rare circonstance vaut bien de notre part quelque
attention aux usages et aux opinions de la Grande-Bretagne.

Jamais, depuis que le Parlement anglais existe, il ne s'est élevé une motion qui tendît à en exclure les ministres du roi. Au contraire, la nation
considère leur présence non-seulement comme absolument nécessaire, mais
encore comme un de ses grands priviléges. Elle exerce ainsi sur tous les
actes du pouvoir exécutif un contrôle plus important que toute autre responsabilité.

Il n'y a pas un membre de l'Assemblée qui ne puisse les interroger. Le
ministre ne peut pas éviter de répondre. On lui parle tour-à-tour; toute
question est officielle, elle a toute l'Assemblée pour témoin; les évasions,
les équivoques, sont jugés à l'instant par un grand nombre d'hommes qui

ont le droit de provoquer des réponses plus exactes ; et si le ministre trahit la vérité, il ne peut éviter de se voir poursuivi sur les mots même dont il s'est servi dans ses réponses.

Que pourrait-on opposer à ces avantages ? Dira-t-on que l'Assemblée nationale n'a nul besoin d'être formée par les ministres ? Mais où se réunissent d'abord les faits qui constituent l'expérience du gouvernement ? N'est-ce pas dans les mains des agents du pouvoir exécutif ? Peut-on dire que ceux qui exécutent les lois n'aient rien à observer à ceux qui les projettent et qui les déterminent ? Les exécuteurs de toutes les transactions relatives à la chose publique, tant intérieures qu'extérieures, ne sont-ils pas comme un répertoire qu'un représentant actif de la nation doit sans cesse consulter ? Et où se fera cette consultation avec plus d'avantage pour la nation, si ce n'est en présence de l'Assemblée ? Hors de l'Assemblée, le consultant n'est plus qu'un individu auquel le ministre peut répondre ce qu'il veut, et même ne faire aucune réponse. L'interrogera-t-on par décret de l'Assemblée ? Mais alors on s'expose à des lenteurs, à des délais, à des tergiversations, à des réponses obscures, à la nécessité enfin de multiplier les décrets, les chocs, les mécontentements, pour arriver à des éclaircissements qui, n'étant pas donnés de bon gré, resteront toujours incertains. Tous ces inconvénients se dissipent par la présence des ministres dans l'Assemblée. Quand il s'agira de rendre compte et de la perception et de l'emploi des revenus, peut-on mettre en comparaison un examen qui sera fait sous ses yeux ? S'il est absent, chaque question qu'il paraîtra nécessaire de lui adresser deviendra l'objet d'un débat ; tandis que, dans l'Assemblée, la question s'adresse à l'instant même au ministre par le membre qui la conçoit. Si le ministre s'embarrasse dans ses réponses, s'il est coupable, il ne peut échapper à tant de regards fixés sur lui ; et la crainte de cette redoutable inquisition prévient bien mieux les malversations que toutes les précautions dont on peut entourer un ministre qui n'a jamais à répondre dans l'Assemblée. Dira-t-on qu'on peut le mander dans l'Assemblée ? Mais le débat précède, et le ministre peut n'être pas mandé par la pluralité, tandis que dans l'Assemblée il ne peut échapper à l'interrogation d'un seul membre.

Où les ministres pourront-ils combattre avec moins de succès la liberté du peuple ? où proposeront-ils avec moins d'inconvénient leurs observations sur les actes de législation ? où leurs préjugés, leurs erreurs, leur ambition seront-ils dévoilés avec plus d'énergie ? où contribueront-ils mieux à la stabilité des décrets ? où s'engageront-ils avec plus de solennité à leur exécution ? N'est-ce pas dans l'Assemblée nationale ?

Dira-t-on que le ministère aura plus d'influence sur l'Assemblée que s'il n'avait pas le droit d'y siéger ? On serait bien en peine de le prouver. L'influence des ministres, lorsqu'elle ne résulte pas de leurs talents et de leurs vertus, tient à des manœuvres, à des séductions, à des corruptions secrètes; et si quelque chose peut en tempérer l'effet, c'est lorsqu'étant membres de cette assemblée, ils se trouvent sans cesse sous les yeux d'une opposition qui n'a nul intérêt à les ménager.

Qu'on me dise pourquoi nous redouterions la présence des ministres? Craindrait-on leur vengeance? craindrait-on qu'ils marquassent eux-mêmes leurs victimes? Mais on oublierait que nous faisons une Constitution libre, et que si le despotisme pouvait supporter des assemblées nationales permanentes, il les remplirait d'espions auxquels les hommes courageux n'échapperaient pas mieux qu'à la présence des ministres. Ce sont les lois sur la liberté individuelle qui nous affranchiront du despotisme ministériel. Voilà le vrai, l'unique palladium de la liberté des suffrages.

Non, Messieurs, nous ne céderons jamais à des craintes frivoles, à de vains fantômes; nous n'aurons point cette timidité soupçonneuse qui se précipite dans les piéges par la crainte même de les braver.

Les premiers agents du pouvoir exécutif sont nécessaires dans toute assemblée législative; ils composent une partie des organes de son intelligence. Les lois, discutées avec eux, deviendront plus faciles; leur sanction sera plus assurée, et leur exécution plus entière. Leur présence préviendra les incidents, assurera notre marche, mettra plus de concert entre les deux pouvoirs auxquels le sort de l'empire est confié. Enfin, on ne nous demandera pas de ces inutiles comités, où se compromet presque toujours la dignité des représentants de la nation.

Je propose donc, en me résumant, que l'Assemblée décrète :

1° Que Sa Majesté sera suppliée de dépêcher incessamment auprès des Etats-Unis, comme envoyés extraordinaires, des personnes de confiance et d'une suffisante capacité, pour réclamer, au nom de la nation, tous les secours en blé ou en farines qu'elles pourraient obtenir, tant en remboursement des intérêts arriérés dont les Etats-Unis lui sont redevables, qu'en acquittement d'une partie des capitaux :

2° Que le comité des finances proposera le plus tôt possible, à l'Assemblée, le plan d'une caisse nationale qui sera chargée dorénavant du travail des finances relatif à la dette publique, d'en faire ou d'en diriger les paiements, de percevoir les revenus qui seront affectés à ces paiements, et en général de tout ce qui peut assurer le sort des créanciers de l'Etat, affermir le crédit, diminuer graduellement la dette, et correspondre avec les assemblées provinciales, sur toutes les entreprises favorables à l'industrie productive :

3° Que les ministres de Sa Majesté seront invités à venir prendre dans l'Assemblée voix consultative, jusqu'à ce que la Constitution ait fixé les règles qui seront suivies à leur égard.

On demande successivement l'ajournement sur les trois articles. Après quelques discussions sur cette demande, les deux premiers sont ajournés; la délibération sur l'ajournement du troisième se trouvant deux fois douteuse, est remise au lendemain.

*Suite de la discussion sur l'article 3 du projet de décret proposé
par Mirabeau dans la séance du 6 Novembre.*

Cet article est combattu par plusieurs orateurs, entre autres par Lanjuinais, qui propose le décret suivant :

« Les représentants de la nation ne pourront, pendant la législature
« dont ils seront membres, ni pendant les trois années suivantes, obtenir
« du pouvoir exécutif aucune place, pension, grâce, etc. »

Et par Blin, qui proposa, au décret de Lanjuinais, l'amendement
suivant : ·

« Aucun membre de l'Assemblée ne pourra dorénavant passer au mi-
« nistère pendant toute la durée de la session actuelle. »

Mirabeau réplique :

Messieurs, la question que l'on vous propose est un problème à résoudre.
Il ne s'agit que de faire disparaître l'inconnu et le problème est résolu.

Je ne puis croire que l'auteur de la motion veuille sérieusement faire
décider que l'élite de la nation ne peut pas renfermer un bon ministre.

Que la confiance accordée par la nation à un citoyen doit être un titre
d'exclusion à la confiance du monarque.

Que le roi qui, dans des moments difficiles, est venu demander des con·
seils aux représentants de la grande famille, ne puisse prendre conseil de
tel de ces représentants qu'il voudra choisir ;

Qu'en déclarant que tous les citoyens ont une égale aptitude à tous les
emplois, sans autre distinction que celle des vertus et des talents, il faille
excepter de cette aptitude et de cette égalité de droits les douze cents députés honorés des suffrages d'un grand peuple ;

Que l'Assemblée nationale et le ministère doivent être tellement divisés,
tellement opposés l'un à l'autre, qu'il faille écarter tous les moyens qui pourraient établir plus d'intimité, plus de confiance, plus d'unité dans les desseins et dans les démarches.

Non, Messieurs, je ne crois·pas que tel soit l'objet de la motion, parce
qu'il ne sera jamais en mon pouvoir de croire une chose absurde.

Je ne puis non plus imaginer qu'un des moyens de salut public parmi nos
voisins puisse être une source de maux parmi nous ;

Que nous ne puissions profiter des mêmes avantages que les communes
anglaises retirent de la présence de leurs ministres ;

Que cette présence ne fût parmi nous qu'un instrument de corruption, ou
une source de défiance, tandis qu'elle permet au parlement d'Angleterre de

connaître à chaque instant les desseins de la cour, de faire rendre compte aux agents de l'autorité, de les surveiller, de les instruire, de comparer les moyens avec les projets, et d'établir cette marche uniforme qui surmonte tous les obstacles.

Je ne puis croire, non plus, que l'on veuille faire cette injure au ministère, de penser que quiconque en fait partie doit être suspect par cela seul à l'Assemblée législative;

A trois ministres déjà pris dans le sein de cette assemblée, et presque d'après ses suffrages, que cet exemple a fait sentir qu'une pareille promotion serait dangereuse à l'avenir;

A chacun des membres de cette assemblée, que s'il était appelé au ministère pour avoir fait son devoir de citoyen, il cesserait de le remplir par cela seul qu'il serait ministre;

Enfin à cette assemblée elle-même, qu'elle ferait redouter un mauvais ministre, dans quelque rang qu'il fût placé, et quels que fussent ses pouvoirs, après la responsabilité que vous avez établie.

Je me demande d'ailleurs à moi-même : est-ce un point de constitution que l'on veut fixer? Le moment n'est point encore venu d'examiner si les fonctions du ministère sont incompatibles avec la qualité de représentant de la nation; et ce n'est pas sans la discuter avec lenteur qu'une pareille question pourrait être décidée.

Est-ce une simple règle de police que l'on veut établir? C'est alors une première loi à laquelle il faut obéir, celle de nos mandats, sans lesquels nul de nous ne saurait ce qu'il est; et, sous ce rapport, il faudrait peut-être examiner s'il dépend de cette assemblée d'établir pour cette session une incompatibilité que les mandats n'ont pas prévue, et à laquelle aucun député ne s'est soumis.

Voudrait-on défendre à chacun des représentants de donner sa démission? Notre liberté serait violée.

Voudrait-on empêcher celui qui aurait donné sa démission d'accepter une place dans le ministère?

C'est la liberté du pouvoir exécutif que l'on voudrait limiter.

Voudrait-on priver les mandants du droit de réélire le député que le roi appellerait dans son conseil? Ce n'est point alors une simple loi de police qu'il s'agit de faire, c'est un point de Constitution qu'il faut établir.

Je me dis encore à moi-même : il fut un moment où l'Assemblée nationale ne voyait d'autre espoir de salut que dans une promotion de ministres qui, pris dans son sein, qui, désignés en quelque sorte par elle, adopteraient ses mesures et partageraient ses principes.

Je me dis : le ministère sera-t-il toujours assez bien choisi pour que la nation n'ait aucun changement à désirer? Fût-il choisi de cette manière, un tel ministère serait-il éternel?

Je me dis encore : le choix des bons ministres est-il si facile qu'on ne doive pas craindre de borner le nombre de ceux parmi lesquels un tel choix peut être fait ?

Quelque soit le nombre des hommes d'État que renferme une nation aussi éclairée que la nôtre, n'est-ce rien que de rendre inéligibles douze cents citoyens qui sont déjà l'élite de cette nation ?

Je me demande : sont-ce des courtisans ou ceux à qui la nation n'a point donné sa confiance, quoique peut-être ils se soient mis sur les rangs pour la solliciter, que le roi devra préférer aux députés de son peuple ?

Oserait-on dire que ce ministre [1] en qui la nation avait mis toute son espérance, et qu'elle a rappelé par le suffrage le plus universel et le plus honorable, après l'orage qui l'avait écarté, n'aurait pu devenir ministre, si nous avions eu le bonheur de le voir assis parmi nous ?

Non, Messieurs, je ne puis croire à aucune de ces conséquences, ni par cela même à l'objet apparent de la motion que l'on vient de vous proposer. Je suis donc forcé de penser, pour rendre hommage aux intentions de celui qui l'a fait, que quelque motif secret la justifie, et je vais tâcher de le deviner.

Je crois, Messieurs, qu'il peut être utile d'empêcher que tel membre de l'Assemblée n'entre dans le ministère.

Mais, comme pour obtenir cet avantage particulier, il ne convient pas de sacrifier un grand principe, je propose pour amendement l'exclusion du ministère des membres de l'Assemblée, que l'auteur de la motion paraît redouter, et je me charge de vous les faire connaître.

Il n'y a, Messieurs, que deux personnes dans l'Assemblée qui puissent être l'objet secret de la motion. Les autres ont donné assez de preuves de liberté, de courage et d'esprit public pour rassurer l'honorable député ; mais il y a deux membres sur lesquels, lui et moi, pouvons parler avec plus de liberté, qu'il dépend de lui et de moi d'exclure, et certainement sa motion ne peut porter que sur l'un des deux.

Quels sont ces membres ? Vous l'avez déjà deviné, Messieurs, c'est ou l'auteur de la motion, ou moi.

Je dis d'abord l'auteur de la motion, parce qu'il est possible que sa modestie embarrassée ou son courage mal affermi aient redouté quelque grade marqué de confiance, et qu'il ait voulu se ménager un moyen de la refuser, en faisant admettre une exclusion générale.

Je dis ensuite moi-même, parce que des bruits populaires répandus sur mon compte ont donné des craintes à certaines personnes, et peut-être des espérances à quelques autres ; qu'il est très-possible que l'auteur de la motion ait cru à ces bruits ; qu'il est très-possible qu'il ait de moi l'idée que j'en ai moi-même ; et dès-lors je ne suis pas étonné qu'il me croie incapable de

_____
[1] Necker.

remplir une mission que je regarde comme fort au-dessus, non de mon zèle ni de mon courage, mais de mes lumières et de mes talents, surtout si elle devait me priver des leçons et des conseils que je n'ai cessé de recevoir dans cette assemblée.

Voici donc, Messieurs, l'amendement que je vous propose : c'est de borner l'exclusion demandée à M. de Mirabeau, député des communes de la sénéchaussée d'Aix.

Je me croirai fort heureux si, au prix de mon exclusion, je puis conserver à cette assemblée l'espérance de voir plusieurs de ses membres, dignes de toute ma confiance et de tout mon respect, devenir des conseillers intimes de la nation et du roi, que je ne cesserai de regarder comme indivisibles.

La proposition de Mirabeau est rejetée.

La division de la motion de Lanjuinais ayant été admise, la première partie, conforme à celle de Blin, est décrétée ; la seconde est ajournée.

Séance du 10 Novembre. — Présidence de Camus.

(Dans la salle du Manége, près les Tuileries).

Second discours sur la division du royaume.

Messieurs, je n'ai pas besoin de vous faire sentir l'importance de l'examen qui vous occupe ; si le plan que vous aurez adopté s'exécute dans les provinces, la plus heureuse des révolutions sera consommée, le crédit rétabli, et la force publique affermie. Tous nos succès tiennent à ce succès ; il renferme à la fois toutes nos espérances et toutes nos craintes, et jamais plus grande cause ne fut plus digne de votre attention.

De grandes objections se sont élevées contre le plan du comité et contre le mien, je me propose de les discuter et de les comparer ; mais, avant tout, je dois vous tracer la marche des idées qui m'ont conduit à vous proposer un plan particulier sur une matière que vous avez confiée aux mains les plus habiles.

Mon objet n'a point été de chercher des objections ; je me suis, au contraire, défié de la facilité d'attaquer un plan quelconque ; mais j'ai voulu appliquer la théorie du comité à des divisions réelles qui me fussent connues ; et, sans m'en apercevoir, j'ai fait en cela l'objection la plus invincible contre ce même plan que je me proposais de soutenir.

J'ai pris des cartes géographiques, j'ai tracé des surfaces égales de trois cent vingt-quatre lieues carrées ; et qu'ai-je aperçu ? Là, une surface entière n'était composée que de landes, de déserts ou de hameaux ; ici, dans la même surface, plusieurs grandes villes se trouvaient rapprochées ; partout j'avais le même territoire; mais je n'avais nulle part ni la même valeur, ni la même importance, et je me disais : si on a voulu faire des départements inégaux, il ne valait pas la peine de leur donner la même surface; si on a voulu les rendre égaux, comment se fait-il qu'on ait choisi précisément la mesure la plus inégale?

J'ai tenté vainement de refaire les divisions de mille manières; j'ai mis les mêmes surfaces, tantôt en triangles, tantôt en carrés; mais c'est en vain que j'ai épuisé toutes les figures géométriques; la distribution inégale de la population et des richesses se jouait de mes efforts. J'étais sans cesse arrêté par cette donnée principale, que ce n'est pas précisément le royaume, mais chaque province qu'il faut diviser; et, réduite par cela même à un moindre nombre de combinaisons, l'inégalité des mêmes surfaces n'en devenait que plus évidente.

Je me suis dit ensuite : le principal objet de la nouvelle division du royaume est de détruire l'esprit des provinces, comme on a cherché à détruire l'esprit de tous les corps; or, est-il bien vrai que quatre-vingts divisions remplissent ce but important?

Les gouvernements actuels sont inégaux : vingt d'entre eux, en ne supposant que quatre-vingts divisions dans le royaume, subiraient trois ou quatre divisions; par cela même, vingt autres gouvernements, restant tels qu'ils sont, conserveraient, avec les anciennes limites, le germe des anciennes prétentions. Voilà la première idée qui m'a fait porter le nombre des départements jusqu'à cent vingt.

D'un autre côté, j'ai découvert une foule d'objections contre l'établissement de sept cent vingt communes, que l'on suppose devoir être de trente-six lieues carrées; il est facile de voir que ces sous-divisions seraient encore plus inégales que celles des départements.

Sur une moindre surface, les lacunes de la population doivent être plus sensibles. Entre des espaces plus resserrés, les compensations en tous genres sont moins faciles. Cette prétendue unité d'administration, que l'on veut mettre dans le royaume, serait ainsi formée d'éléments qui n'auraient aucune proportion.

Il est évident, pour quiconque connaît le royaume, qu'il y aurait des divisions de six lieues sur six, qui ne renfermeraient pas même assez d'habitants pour former une assemblée primaire; et je demande sous quel rapport et pour quel objet un tel district serait alors érigé en commune?

Il est évident que plusieurs autres surfaces de la même étendue renfermeraient à peine neuf mille âmes, c'est-à-dire quinze cents citoyens actifs, c'est-à-dire trois assemblées primaires; je demande donc encore à quoi servirait une administration communale pour un aussi léger intérêt, pour une aussi modique population?

Il est évident que l'on trouverait plusieurs surfaces de trente-six lieues carrées, où il n'y aurait qu'une seule ville : je demande si, dans un tel dis-

trict, l'assemblée communale serait autre chose que l'assemblée de la
ville ?

Il est évident que plusieurs divisions de trente-six lieues carrées seraient
composées d'une seule ville et d'un petit nombre de villages : je demande
encore si les députés qui seraient envoyés dans les assemblées primaires de
la ville ne seraient pas en trop grand nombre relativement aux députés des
assemblées primaires des villages, s'ils n'auraient pas sur ces derniers une
prépondérance trop sensible, s'ils ne décideraient pas du sort du scrutin
dans toutes les élections, s'ils ne dirigeraient pas l'administration d'une
manière absolue?

Ce dernier motif est celui qui m'a décidé le plus fortement contre l'établissement des communes : nous avons attaqué tous les genres d'aristocratie ; celle que pourraient exercer les villes sur les villages serait-elle
moins dangereuse? Les petites agrégations politiques ne cessent de la redouter; plus elles sont faibles, plus elles craignent d'être opprimées. Le but
de toute bonne société ne doit-il pas être de favoriser les habitants de la campagne, je dis plus, de les honorer, de leur faire sentir à eux-mêmes leur
propre importance?

D'ailleurs, en considérant cette multitude d'assemblées intermédiaires
que le comité vous propose d'établir, je me suis demandé : ne peut-on pas
créer une bonne administration sans en trop multiplier les ressorts? La représentation accordée au peuple serait-elle moins bonne si elle n'était pas
indirecte?

Les objections que je me suis faites contre l'établissement de six mille
quatre cent quatre-vingts cantons, chacun de quatre lieues carrées, m'ont
paru encore plus insurmontables.

Et d'abord, comment peut-on supposer que chaque surface de quatre
lieues carrées aura six cents citoyens actifs, ce qui suppose trois mille six
cents âmes? Qui de nous ne sait qu'en divisant le royaume en six mille
quatre cent quatre-vingts surfaces égales de quatre lieues carrées, il y en
aurait au moins la moitié sur lesquelles on ne trouverait pas un seul village,
pas un seul hameau ?

Le comité répond que, dans un système quelconque, les déserts ne
comptent pour rien ; mais ce n'est pas une exception, c'est un cas presque
général qu'on lui oppose. Tout son système est fondé sur la répartition de
vingt-cinq millions d'âmes sur la totalité de la surface du royaume ; mais ne
se serait-il pas aperçu que l'excédant de population de toutes les surfaces de
quatre lieues carrées où se rencontrent de grandes villes emporte à une très-
grande distance la population qu'il a supposée dans les autres surfaces?

En ne parlant même que des lieux d'une population commune, combien
de villages, avec quatre lieues de surface, n'auront pas cependant plus de
douze cents âmes, c'est-à-dire, plus de deux cents citoyens actifs? Et dès-
lors comment serait-il possible de former des assemblées primaires dans ces

cantons, quoique, d'après le plan du comité, tout canton doive renfermer une assemblée primaire ?

On observe dans le plan du comité que ce qui manquera en population dans quelques cantons se trouvera en excédant dans les autres ; mais cela ne répond à rien : car là où il y aura excédant, les assemblées primaires seront multipliées ; mais là où la population sera nulle ou insuffisante, le plan du comité ne dit point comment on y suppléera.

Je me suis dit encore : le comité suppose qu'il y aura toujours une assemblée primaire dans chaque canton, quelque faible que soit la population. Il ajoute « que chaque assemblée primaire nommera un député par deux cents votants, » ce qui suppose douze cents âmes dans chaque canton : or, ces deux dispositions ne sont-elles pas contradictoires ? Il y aura certainement des cantons qui n'auront pas deux cents votants ; je demande dans ce cas si de pareils cantons n'auront point d'assemblée, ou s'ils auront un député sans avoir deux cents votants ?

Dira-t-on que l'assemblée primaire exigera souvent la réunion de plusieurs villages ? L'objection reste la même ; car par cela seul que les cantons doivent être bornés à une surface de quatre lieues carrées, il sera dès-lors tout aussi difficile de trouver deux villages dans un espace aussi resserré, que d'y en trouver un seul qui, par ses propres habitants, puisse former une assemblée primaire.

Le même embarras subsiste, si l'on considère les cantons dans leurs rapports avec les assemblées communales : comment trouvera-t-on toujours neuf cantons dans chaque commune, c'est-à-dire au moins cinq mille quatre cents âmes dans une étendue de six lieues sur six lieues ? N'y aura-t-il pas une foule de ces divisions où chaque canton n'ayant que deux cents votants ne pourra envoyer qu'un seul député, où l'assemblée communale ne sera formée par conséquent que de neuf personnes ? Et quelle proportion y aurait-il entre ces communes et celles qui seront composées de neuf assemblées primaires complètes, c'est-à-dire de 17,400 personnes ? DE .

Il y a plus encore, Messieurs : c'est que, d'après le plan du comité, chaque canton peut avoir plusieurs assemblées primaires ; que le nombre de ces assemblées n'est pas même limité ; qu'il est dit cependant par le neuvième article : « Que chaque assemblée primaire députera directement à l'assemblée de la commune ; » et par l'article onzième : « Que chacune de ces assemblées députera un membre sur deux cents votants. » Il pourra donc arriver qu'un canton ait cinq ou six assemblées primaires ; que la totalité des cantons d'une commune ait trente ou quarante assemblées de la même nature : or voyez ce qui résulterait d'une pareille supposition. Trente assemblées primaires complètes formeraient des communes de quatre vingt-dix membres, tandis que d'autres communes n'auraient que neuf députés ; il y aurait des assemblées communales qui seraient plus nombreuses que celles des départements ; elles seraient d'ailleurs toutes inégales entre elles, quoique pour une étendue égale de territoire. Ne serait-il pas à craindre que cette extrême différence ne donnât à certaines communes une prépondérance funeste sur toutes les autres, soit pour l'administration du département, soit pour la députation à l'Assemblée nationale?

Quel est donc le principe qui a dirigé le comité? Il a voulu distinguer le pouvoir municipal du pouvoir national. Selon lui, le premier n'a trait qu'à l'intérêt privé, le second est relatif à l'intérêt de tous; mais cette distinction est inutile.

Les assemblées municipales doivent être peu nombreuses et permanentes; les assemblées électives doivent être générales et momentanées : ce premier caractère suffirait donc pour les distinguer, et les pouvoirs municipaux et nationaux ne seraient pas confondus, quand même on n'adopterait pas le plan du comité.

Mais cette distinction n'est-elle pas une vaine subtilité? Ne faut-il pas les mêmes éléments à tout l'empire, et le royaume est-il autre chose qu'une grande municipalité? Toute municipalité ne doit être désormais que l'assemblée représentative, plus ou moins nombreuse, des habitants d'une communauté, comme une assemblée de département sera l'assemblée représentative d'un district, et le corps législatif l'assemblée représentative du royaume. Accoutumons les citoyens à choisir librement les organes de leur volonté, et à n'obéir, dans tout ce qui tient à l'administration publique, qu'aux représentants de la volonté générale; lions, par ce principe, toutes les parties de cet empire, et affermissons ainsi les fondements de la félicité nationale.

Après avoir considéré toutes les difficultés d'exécution dans le plan du comité, je me suis senti entraîné à former un autre plan général, et voici la progression de mes idées :

Premièrement, j'ai pensé qu'il était possible d'augmenter le nombre des départements, de manière que les assemblées communales devinssent inutiles sans que l'administration perdît de sa force ou de sa surveillance; le nombre de cent vingt assemblées m'a paru remplir ce but : il ne permettrait pas de laisser à aucune province son étendue actuelle, se prêterait à des divisions plus exactes, et produirait des fractions moins considérables dans la division des provinces.

Une pareille division ne supposant que des surfaces de quatorze lieues sur quinze lieues, et trente-six mille citoyens actifs pour chaque département, l'administration serait aussi rapprochée qu'elle devrait l'être; il n'y aurait presque pas de chef-lieu plus éloigné de sept ou huit lieues de l'extrémité du district. Beaucoup de départements n'auraient pas plus de cent villes ou villages; d'autres n'en auraient pas cinquante; plusieurs n'en auraient pas dix : comment pourrait-on supposer qu'une pareille administration fût trop étendue?

2° M. Thouret a fait l'aveu que la division du comité ne peut être exécutées que par les assemblées de département, et qu'il faut se borner à la formation provisoire de ces assemblées : j'ai pensé que dans l'état malheureux d'anarchie où se trouve le royaume, rien ne serait peut-être plus dangereux qu'une telle conduite. Ne laissons pas aux provinces le soin d'exécuter un plan à peine ébauché : mille obstacles naîtraient de l'amour même du bien, et combien de difficultés ne susciteraient pas ceux qui ont rendu jusqu'à présent nos fonctions si difficiles ?

Dans le plan que je propose, l'Assemblée se suffit à elle-même. Chaque province a parmi nous trente, quarante et même cinquante députés : chacun connaît parfaitement son district, son bailliage, sa sénéchaussée; et la réunion de toutes nos connaissances locales suffira pour compléter la division.

3° J'ai admis pour principe, dans le plan que j'ai formé, de ne donner d'autre égalité aux départements, que celle de population et d'importance. J'ai déjà montré que l'égalité de territoire ne peut pas être prise pour base des départements, à moins de vouloir les rendre nécessairement inégaux. J'ai adopté l'égalité qui est dans la nature des choses, celle qui est relative à l'administration, celle qui donne des droits égaux; elle sera facile à déterminer par les députés de chaque province. Il n'est aucun député qui ne connaisse la propriété de la sienne, sa population, sa contribution, sa force et son poids relatifs, le rapport de telle ville à telle autre ville, de tel village à tel autre village; il n'en est aucun qui ne connaisse quelles sont les villes, quels sont les villages qu'il est plus à propos de réunir, pour établir les communications les plus faciles, et choisir les chefs-lieux les plus convenables.

4° Je n'ai pas non plus supposé qu'il fallût une population rigoureusement égale; je pense, au contraire, Messieurs, que la véritable égalité politique résulte d'une foule de données qui doivent être compensées les unes par les autres. La valeur réelle du sol tient lieu de son étendue; l'industrie supplée au territoire; l'inégalité de population est compensée par les richesses; c'est en combinant tous ces moyens qu'il sera facile de donner à chaque département une égalité susceptible de la même administration, et de la même députation dans l'Assemblée nationale.

5° J'ai pensé qu'en permettant à chaque ville et à chaque village de nommer un nombre de députés relatif à telle quotité de population, il serait facile, par cela seul, de corriger l'inégalité des agrégations politiques, et de ne leur donner qu'un concours véritablement proportionnel, soit à l'administration, soit à l'élection. D'un autre côté, il m'a paru évident, qu'après avoir accordé la moitié de la députation pour l'Assemblée nationale à la seule qualité de département, il n'y aurait point d'inconvénient d'en accorder l'autre moitié à des quotités de population égales entre elles. Il est plus vrai qu'on ne pense, que des quotités égales de population, prises en masse, supposent à peu près la même somme de contribution.

Ce n'est point par l'effet du hasard que les hommes sont distribués sur la terre : la population suppose les subsistances ; les subsistances désignent les valeurs ; les valeurs règlent les impôts ; la seule donnée de population tient donc lieu de beaucoup d'autres, et je ne l'applique d'ailleurs qu'à corriger l'inégalité très-légère qu'on n'aurait pas pu éviter en fixant les départements.

Je vais maintenant répondre, Messieurs, d'une manière plus directe, aux objections qu'a proposées M. Thouret, dans la dernière séance.

Il a voulu prouver que la division en départements ne devait pas avoir pour base la population, mais l'étendue territoriale ;

Qu'il est plus convenable d'établir quatre-vingts départements que cent vingt ;

Que la division du royaume en sept cent vingt communes peut offrir les plus grands avantages ;

Qu'il faut également admettre la division en six mille quatre cent quatre-vingts cantons ;

Que le plan que j'ai eu l'honneur de présenter ressemble, dans ses grandes bases, à celui du comité.

M. Thouret veut prouver que l'étendue territoriale doit être prise pour base de la division des départements, *parce qu'il y aurait des inconvénients à prendre la population pour base.*

Je réponds : Il pourrait être démontré que la base de population est insuffisante, sans qu'on fût autorisé à conclure que l'étendue territoriale est une meilleure base ; mais, dans mon plan, je n'ai pas adopté la population pour base unique.

Selon M. Thouret, *cent vingt départements exigeront aussi des fractions de provinces qu'il faudra joindre à d'autres provinces.* Cette objection est commune aux deux systèmes ; mais je réponds qu'elle est plus forte dans le sien, parce qu'en simple règle d'arithmétique, des divisions plus fortes donneront des fractions plus considérables.

Je dis encore que, dans mon système, l'égalité de département devant être fondée sur la combinaison de plusieurs données, les fractions seront beaucoup plus faciles à éviter que dans son système, qui n'admet qu'une seule donnée d'égalité.

Autre objection de M. Thouret : *En admettant la population pour base, il sera nécessaire de resserrer ou d'étendre les limites de chaque département, toutes les fois que leur population changera ; ce qui serait intolérable.*

Ne vaudrait-il pas mieux s'exposer à changer la division du département, lorsque la différence dans leur population serait remarquable, que d'établir des départements sans population ?

M. Thouret se fait dans son plan tout le mal qu'il craint dans celui des autres ; il s'embarrasse fort peu que ses départements soient peuplés, et il s'inquiète beaucoup de ce que dans mon système la population pourra cesser d'être égale.

Il craint que mes départements ne deviennent inégaux par l'accroissement ou le décroissement de la population; comme si les départements qu'il préfère ne deviendraient pas moins inégaux par la même cause! Qu'importe d'ailleurs cette objection dans mon système? La population n'est pas ma seule base; elle est compensée par le territoire, par les arts, par l'industrie; dans mon plan, un désert ne vaudra qu'un désert; une ville pourra valoir cinquante lieues de surface. Les départements proposés par le comité seront égaux aux yeux des géographes et des géomètres : j'aimerais mieux qu'ils parussent égaux aux yeux des hommes d'État.

Troisième objection : *Dans le plan du comité, on a soin de rectifier l'inégalité de valeur politique qui peut se trouver entre des surfaces égales, en les balançant sans cesse par la force de population et de contribution.*

Cette inégalité est précisément moins corrigée dans le plan du comité que dans le mien. J'accorde une égalité de députation à des masses à peu près égales en valeur et en importance. M. Thouret accorde cette égalité à des masses seulement égales en surface.

Voici la seconde partie des arguments de M. Thouret :

Pourquoi établir cent vingt départements au lieu de quatre-vingts? Il faut une division commune qui se prête tout à la fois à la représentation proportionnelle et à l'administration; et sous ce rapport le nombre de quatre-vingts départements est plus convenable.

Cette première difficulté suppose précisément ce qui est en question. Je crois que la division que j'ai proposée suffit sans intermédiaire pour l'administration du royaume et pour la formation de l'Assemblée nationale. Il s'agit donc de prouver que je me trompe, et non de le supposer.

Mais cent vingt départements qui n'auraient chacun que trente-six mille citoyens actifs ou deux cent mille âmes, ne formeraient-ils pas de trop petits ressorts pour chaque administration provinciale?

La division par cent vingt départements a trois avantages qui lui sont propres. Elle rapproche l'administration des personnes administrées, et fait concourir un plus grand nombre de citoyens à la surveillance publique.

Elle n'exige plus aucune sous-division, ni l'établissement des assemblées communales, et, par cela seul, la marche de l'administration est considérablement simplifiée.

Enfin, elle est plus propre que toute autre à détruire l'esprit des grands corps.

Mais en Bretagne, mais en Normandie, continue M. Thouret, *il y aurait dix départements; il y en aurait plus qu'on n'y compte, en ce moment, de bailliages.*

Il faut précisément que la Normandie et la Bretagne aient dix divisions, pour que telle autre province en ait deux et telle autre trois : je demande lequel vaut mieux, de s'exposer à laisser plusieurs provinces telles qu'elles sont, ou de donner quelques divisions de plus aux grandes provinces?

J'observe d'ailleurs que la division que j'ai proposée n'est que d'un tiers moins forte que celle que l'on m'oppose; chaque département devrait être de trois cent mille âmes d'après le plan du comité : or, qu'importe que deux provinces aient dix divisions, ou qu'elles n'en aient que sept?

Les dépenses seront plus fortes avec cent vingt départements, qu'avec quatre-vingts.

Elles seront moins fortes sans assemblées communales, qu'avec sept cent vingt communes.

On a multiplié les découpures des provinces, et on les morcelle davantage dans le plan du comité.

Il est très-vrai que je multiplie davantage les divisions de chaque province, et en cela je crois détruire plus efficacement l'esprit de ces grands corps; mais je m'exposerai moins à réunir les citoyens d'une province avec ceux d'une autre; j'aurai moins de grandes fractions, je blesserai moins d'intérêts, et j'arriverai au même but.

M. Thouret finit cette partie de sa discussion par *demander quels sont les avantages de la division en cent vingt départements; est-ce, dit-il, pour éviter la translation d'une province à l'autre? Mais cet inconvénient reste le même.*

J'ai déjà montré que cet inconvénient était beaucoup moindre.

Est-ce pour éviter de prendre la terre pour base plutôt que les hommes? Mais dans ce plan l'on a égard à la valeur foncière tout comme à la population.

Cette objection se résout d'elle-même. Si je prends deux bases je n'en prends pas une seule; et d'ailleurs je n'ai jamais entendu que l'égalité des valeurs foncières fût une égalité de surface.

Dans le plan qui est opposé à celui du comité, l'on accorde trois députés sur six au territoire.

Ce n'est pas au territoire, mais à la qualité de département que j'accorde trois députés. Or, d'après mon plan, l'égalité des districts ne sera pas une égalité de territoire.

On reconnaît, dans le même plan, que les trois autres députés seront accordés d'après la population, pour corriger l'inégalité qui pourrait se trouver entre des valeurs de surfaces égales.

Je réponds, mais c'est pour répondre à tout, et même à des citations inexactes. J'ai dit seulement que l'égalité rigoureuse de population servant de seule base pour former la moitié de la députation à l'Assemblée nationale, on corrigera par ce moyen l'inégalité, soit de population, soit d'importance, qu'on n'aura pu éviter dans la formation des départements.

M. Thouret a voulu prouver la nécessité d'établir des communes. *L'administration, a-t-il dit, ne sera jamais active, vigilante, si l'on ne place pas des corps subordonnés et intermédiaires entre l'assemblée supérieure et les communautés des villes et villages.*

Je réponds à M. Thouret : Voulez-vous parler des assemblées d'élection ou de celles d'administration ? S'il s'agit des premières, vous ne prouverez pas facilement qu'il faille des intermédiaires entre la volonté des premiers mandants et le corps législatif. Ne voulez-vous parler que des assemblées d'administration ? Je conviendrai que si l'on admet quatre-vingts assemblées principales, les sous-divisions seront nécessaires ; mais si on établit cent vingt départements, je regarde les sous-divisions comme inutiles, et je l'ai démontré.

M. Thouret ajoute *que ses commettants l'ont chargé de demander la conservation des assemblées secondaires; que la Normandie en a retiré des avantages; et que si l'on n'admettait que cent vingt départements, sans sous-divisions, le ressort moyen aurait environ neuf cents communautés, ce qui formerait certainement une trop grande étendue.*

Je réponds que nous ne pouvons pas écouter le mandat d'une province plutôt que celui de toute autre; que la Normandie retirera plus d'avantage de dix grandes assemblées que d'une foule de petits districts sans activité et sans pouvoir; et d'ailleurs, il est impossible que le ressort moyen d'un département soit, je ne dis pas de neuf cents communautés, mais de trois cents et de deux cents. Chaque département, en les supposant égaux en population, ne sera que d'environ deux cent mille âmes : or, c'est déjà beaucoup d'admettre que deux cent mille âmes forment plus de deux cents communautés, un village étant compensé par l'autre, et les petites agrégations étant compensées par les villes.

Je dis plus : il y aura au moins vingt-cinq départements sur cent-vingt qui n'auront qu'une grande ville et quelques villages; d'autres ne seront formés que de vingt, que de trente communautés. Comment de pareilles assemblées auraient-elles besoin de neuf sous-divisions, dont chacune serait divisée elle-même en neuf autres divisions ?

Que l'on place dans un département quelconque Marseille, Lyon, Bordeaux, Rouen, Rennes, Nantes ou Toulouse, comment parviendrait-on à former neuf communes parmi les petites agrégations qu'il faudrait joindre à chacune de ces villes ?

J'ajoute encore que, si deux cent mille hommes supposaient neuf cents communautés ou collectes, comme le dit M. Thouret, chaque communauté n'aurait donc que deux cent vingt-deux personnes, c'est-à-dire trente-sept citoyens actifs; encore faudrait-il supposer que les communautés fussent égales.

Mais est-il nécessaire de prouver que les sous-divisions en sept cent vingt communes ne sont pas nécessaires, lorsque je puis démontrer qu'elles sont impossibles ?

Si les quatre-vingts départements étaient égaux, ils auraient chacun trois cent mille âmes ; mais comme dans le plan du comité l'on n'a égard qu'au territoire pour fixer l'égalité respective des départements, il est permis de supposer qu'il y aura telle de ces divisions où la population sera quatre fois moindre que dans une autre. Un tel département n'aurait donc alors que soixante-quinze mille âmes. Si l'on divise maintenant cette population en neuf communes, et chaque commune en neuf cantons, on n'aura que cent cinquante citoyens actifs par canton, et treize cent quatre-vingt-huit par commune.

Ce n'est point assez. Il est encore possible de supposer qu'il y ait des communes égales en surface, et quatre fois moins peuplées que d'autres ; elles n'auraient donc alors que trois cent quarante-sept citoyens actifs, et chaque canton n'en aurait que trente-six.

M. Thouret ne s'est pas moins trompé, lorsqu'il a cru que la division actuelle de la Provence en vigueries pouvait autoriser la division par communes.

En effet, si les assemblées des vigueries sont utiles en Provence, c'est qu'il n'y a en ce moment qu'une grande assemblée administrative pour huit cent mille âmes.

J'ai dit, en second lieu, qu'une foule de vigueries de la Provence avaient en étendue environ le quart de sa valeur foncière ; et, de là je conclus que ces districts ne seraient plus nécessaires si on établissait quatre départements principaux dans la Provence.

Il me reste à répondre à la dernière partie du système de M. Thouret. Il a prétendu que le plan que j'ai proposé était conforme à celui du comité, et qu'ainsi ces deux plans ne pouvaient pas être opposés l'un à l'autre.

Veut-on parler d'une conformité dans les principes ? J'avoue que j'admets plusieurs principes du comité de Constitution ; mais je ne reconnais point que les moyens proposés par le comité soient les meilleures déductions de ces mêmes principes.

Veut-on parler d'une conformité dans les moyens d'exécution ? Nos deux plans sont sous les yeux de l'Assemblée ; elle pourra décider que le plan du comité doit être préféré ; mais elle ne décidera certainement point que deux plans aussi opposés soient les mêmes.

Je finis cette trop longue discussion ; votre décision est attendue des provinces, elle l'est même avec inquiétude. Jamais la situation des affaires publiques n'exigea plus de sagesse, plus de facilité dans les moyens d'exécution, et, j'ose le dire, plus de ces ménagements heureux que la prudence sait concilier avec les principes.

L'Assemblée, après avoir entendu Thouret, Target, et plusieurs autres orateurs, décide, dans la séance du 11 novembre, qu'on fera une nouvelle division du royaume, et que le nombre des départements sera de 75 à 85.

Discours sur l'établissement d'une banque nationale.

Messieurs, lorsque sur un établissement aussi important que la caisse d'escompte, on s'est expliqué, comme je l'ai fait, dans deux motions; lorsque l'une et l'autre de ces motions offrent des résultats infiniment graves et entièrement décisifs, surtout pour un peuple dont les représentants ont, en son nom, juré foi et loyauté aux créanciers publics; lorsqu'on n'a été contredit que par de misérables libelles, ou des éloges absurdes, si ce n'est perfides, des opérations de la caisse d'escompte; lorsqu'enfin une fatale expérience manifeste mieux tous les jours combien sont coupables les moyens extérieurs par lesquels mes représentations ont été jusqu'ici rendues inutiles, il ne reste peut-être qu'à garder le silence, et je l'avais résolu.

Mais le plan qu'on apporte s'adapte si peu à nos besoins; les dispositions qu'il renferme sont si contraires à son but; l'effroi qu'il inspire à ceux-là même qu'il veut sauver, est un phénomène si nouveau; les deux classes d'hommes que l'on s'attend si peu à rencontrer dans les mêmes principes, les agioteurs et les propriétaires, les financiers et les citoyens, le repoussent tellement à l'envi, qu'il importe avant tout de fixer les principes, et de chercher, au milieu des passions et des alarmes, l'immuable vérité.

Je me propose de démontrer, non seulement les dangers d'une opération qui n'a aucun vrai partisan, mais la futilité de cette objection banale dont on harcelle depuis quelques jours les esprits timides ou les hommes peu instruits : *Si on ne relève pas la caisse d'escompte, on n'a rien à mettre à la place.*

M. Necker est venu nous déclarer que les finances de l'Etat ont un besoin pressant de 170 millions. Il nous annonce que les objets sur lesquels le Trésor royal peut les assigner, d'après nos décrets, sont assujettis à une rentrée lente et incertaine; qu'il faut, par conséquent, user de quelque moyen extraordinaire qui mette incessamment dans les mains la représentation de ces 170 millions.

Voilà, si nous en croyons le ministre, ce qui nous commande impérieusement de transformer la caisse d'escompte en une banque nationale, et d'accorder la garantie de la nation aux transactions que cette banque sera destinée à consommer.

Cependant, si nous trouvions convenable de créer une banque nationale, pourrions-nous faire un choix plus imprudent, plus contradictoire avec nos plus beaux décrets, moins propre à déterminer la confiance publique, qu'en fondant cette banque sur la caisse d'escompte?

Et quel don la caisse d'escompte offre-t-elle en échange des sacrifices

immenses qu'on nous demande pour elle ? Aucun... Nous avons besoin de
numéraire et de crédit ; pour que la caisse puisse nous aider dans l'un ou
l'autre de ces besoins, il faut que le crédit de la nation fasse pour la banque
ce qu'il a paru au ministre que la nation ne pourrait pas faire pour elle-
même.

Oui, Messieurs, par le contrat que M. Necker nous propose de passer
avec la caisse d'escompte, la ressource que la banque nous offrirait porte
tout entière sur une supposition qui détruit nécessairement celle dont le
ministre a fait la base de son mémoire. Si la nation ne méritait pas encore
aujourd'hui très-grand crédit, nulle espèce de succès ne pourrait accompagner les mesures que le mémoire développe.

En effet, M. Necker nous propose, pour suppléer à la lenteur des recettes
sur lesquelles le Trésor royal a compté, de lui faire prêter par la banque nationale 170 millions en billets de banque. Mais quelle sera la contre-valeur
de ces billets ? Où se trouveront les fonds représentatifs de cette somme ?

1° Vous créerez *un receveur extraordinaire* ;

2° Vous ferez verser dans la caisse les fonds qui proviendront, *soit de la
contribution patriotique, soit des biens-fonds du domaine royal et du clergé,
dont la revente serait déterminée, soit enfin de la partie des droits attachés
à ces deux propriétés, dont l'aliénation et le rachat seraient pareillement
prescrits* ;

3° Le Trésor royal fournirait sur ces objets des rescriptions en échange de
170 millions de billets ;

4° Elles seraient livrées *à raison de 10 millions par mois, à commencer
de janvier 1791 jusqu'en mai 1792.*

Et que serait, dans la circulation, le passeport de ces billets de banque,
le motif de la confiance que la capitale et les provinces pourraient placer
dans l'usage de ce papier ? — Le crédit de la nation. — *Un décret spécial
de votre part, sanctionné par le roi, la rendrait caution de ces billets. Ils
seraient revêtus d'un timbre aux armes de France, ayant pour légende* :
GARANTIE NATIONALE.

Respirons, Messieurs, tout n'est pas perdu ; M. Necker n'a pas désespéré
du crédit de la France. Vous le voyez : dans treize mois le nouveau receveur extraordinaire sera en état, par les divers objets que vous assignerez à
sa caisse, d'acquitter de mois en mois les rescriptions que le Trésor royal
aura fournies sur lui à la banque nationale, en échange des 170 millions
qu'elle lui aura livrés en billets.

C'est donc nous qui nous confierons à nous-mêmes les soi-disant billets.
Uniquement fondée sur notre crédit, la banque daignera nous rendre le
service essentiel de nous prêter, sur le nantissement de nos rescriptions, les
mêmes billets auxquels notre timbre aura donné la vie et le mouvement.

Nous érigerons donc en banque nationale privilégiée une caisse d'escompte que quatre arrêts de surséance ont irrévocablement flétrie ; nous

garantirons ses engagements (et je montrerai bientôt jusqu'où va cette garantie) ; nous laisserons étendre sur le royaume entier ses racines parasites et voraces.

Nous avons aboli les priviléges, et nous en créerons un en sa faveur, du genre le moins nécessaire. Nous lui livrerons nos recettes, notre commerce, notre industrie, notre argent, nos dépôts judiciaires, notre crédit public et particulier ; nous ferons plus encore, tant nous craindrons de ne pas être assez généreux : nous avons partagé le royaume en quatre-vingts départements, nous les vivifions par le régime le plus sage et le plus fécond que l'esprit humain ait pu concevoir (les assemblées provinciales) ; mais, comme si l'argent et le crédit n'étaient pas nécessaires partout à l'industrie, nous rendons impossibles à chaque province les secours d'une banque locale qui soit, avec son commerce ou ses manufactures, dans un rapport aussi immédiat que son administration ; car enfin, Messieurs, le privilége de la nouvelle banque fût-il limité à la capitale (ce qu'on ne nous dit pas), quelle banque particulière subsisterait ou tenterait de s'établir à côté de celle qui verserait dans la circulation des billets garantis par la société entière?

Tels sont les points de vue généraux sous lesquels se présente le contrat que M. Necker nous propose de passer avec la caisse d'escompte.

Et quelle urgente nécessité nous entraîne donc à de telles résolutions? Je le répète : la nécessité d'attendre une année pour commencer à percevoir 170,000,000 dont la recette sera complétée dix-sept mois après.

Représentons-nous, Messieurs, un prince ennemi nous dictant ces mêmes lois, et se croyant sûr de nous y soumettre, parce que, faute de 170,000,000, nous ne pouvons pas mettre en mouvement nos armées. Avec quel méprisant sourire nous repousserions ce lâche traité, et néanmoins nous épargnerions du sang en l'acceptant.

Grâces au ciel, la caisse d'escompte ne nous obligera pas à en répandre : nous pouvons lui résister à moins de frais ; nous n'avons à combattre que de vains fantômes, que de frêles sophismes, car n'oubliez pas, Messieurs, que la banque proposée porte sur notre crédit, et notre crédit sur des recettes désignées ; en sorte que si l'opinion publique n'embrassait pas ces espérances comme des réalités, la caisse d'escompte n'y suppléerait point, et cet échafaudage s'écroulerait de lui-même.

Osons, Messieurs, osons sentir enfin que notre nation peut s'élever jusqu'à se passer, dans l'usage de son crédit, d'inutiles intermédiaires. Osons croire que toute économie qui provient de la vente qu'on nous fait de ce que nous donnons, n'est qu'un secret d'empirique. Osons nous persuader que, quelque bon marché qu'on nous fasse des ressources que nous créons pour ceux qui nous les vendent, nous pouvons prétendre à des expédients préférables, et conserver à nos provinces, à tous les sujets de l'empire, des facultés inappréciables dans le système d'une libre concurrence.

Quel sera le fruit de ce facile courage? De vaines inquiétudes, sur la nécessité d'exalter la caisse d'escompte, se dissiperont. La question que vous avez à décider se présentera sous son vrai point de vue; vous reconnaîtrez dès ce moment que notre pénurie, notre discrédit actuel, ne justifieraient pas ces arrangements, que le ministre ne nous propose qu'avec une extrême défiance.

Il se plaignait naguère de nos amendements à ses projets d'emprunt, et maintenant il nous conjure d'examiner, d'approfondir par nous-mêmes l'importante question qui fait l'objet de son mémoire.

Rapprochons ce langage de cette longue conspiration des administrateurs de la caisse d'escompte, pour en étendre le domaine, et de la position critique où, jusqu'à ce jour, ils ont réussi trop souvent à mettre le ministère des finances. Peut-être verrons-nous qu'il s'agit bien moins d'ériger une banque nationale, que de tentatives exigées et promises pour obtenir de nous, s'il était possible, des concessions que le ministre craindrait d'avoir à se reprocher.

Et quelle réflexion fait-il lui-même sur le contrat qu'il nous propose? *Ce moyen*, nous dit-il, *s'écarte des principes généraux d'administration? principes*, ajoute-t-il, *dont l'observation sévère m'a seule attaché, jusqu'à présent, au maniement des affaires publiques.*

Sommes-nous donc réduits à cette honteuse nécessité? au moment même où nous nous occupons à restaurer l'empire, *faut-il s'écarter des principes généraux d'administration?*

M. Necker nous déclare qu'il *n'accepterait point que nous nous en rapportassions à lui par un sentiment de confiance...* Eh bien! si nous n'acceptons pas de confiance, il faut donc voir si nous pouvons accepter de principe et d'honneur; il faut donc examiner scrupuleusement si la demande qu'on nous fait du manteau national, pour couvrir la nudité de la caisse d'escompte, n'est pas une surprise faite à la bonne foi du ministre, un calcul impolitique autant qu'immoral, dont on lui a déguisé la marche et les conséquences; une aggravation terrible de la décadence générale pour des intérêts obscurs, faussement présentés jusqu'ici comme des mouvements de patriotisme.

Entrons dans de plus grands détails :

Qu'est-ce qui fait le crédit des billets de banque? La certitude qu'ils seront payés en argent, à présentation; toute autre doctrine est trompeuse. Le public laisse aux banques le soin de leurs combinaisons; et en cela il est très-sage. S'il ralentissait ses besoins par égard pour les fautes ou les convenances des banques; si l'on voulait qu'il modifiât ses demandes d'après les calculs sur lesquels le bénéfice des banques est fondé, on le mènerait où il ne veut pas aller, où il ne faut pas qu'il aille; il lui importe de ne pas confondre son intérêt avec celui de quelques particuliers.

Si la banque d'Angleterre a eu des moments de crise, elle a su les cacher; jamais elle n'appela l'autorité à son secours pour en obtenir des délais; jamais elle ne s'est tachée par des arrêts de surséance.

Pour que nous puissions retirer quelque avantage réel des billets que la banque nationale nous prêterait sous notre timbre, il faudrait évidemment qu'elle pût attacher à ces billets l'*opinion qu'ils seront payés à présentation*. Est-ce là ce que le ministre nous promet?

Non, son mémoire ne fixe aucune époque où les paiements en argent et à bureau ouvert pourraient être rétablis.

Il faudrait donc que l'Assemblée nationale fît l'une de ces deux choses :

Ou qu'elle prolongeât indéfiniment l'arrêt de surséance. Je vous le demande, Messieurs, oseriez-vous prononcer un semblable décret?

Ou qu'elle déclarât que les billets de banque seraient payables *à sa volonté*, et non à celle du porteur. Ici vient cette question : *Pour mettre dans la circulation de semblables billets, est-il besoin d'une banque nationale?*

Je vois bien que le ministre espère qu'un moment viendra où les billets de banque pourraient être payés à bureau ouvert; mais ce n'est qu'un espoir vague. Que d'efforts ne fait-il pas pour s'inspirer une confiance que sa raison combat encore! Examinons toutefois ce que nous pouvons espérer.

M. Necker fixe à 70,000,000 le numéraire effectif dont la présence dans les caisses de la Banque suffirait pour établir les paiements, à bureau ouvert, de 210,000,000 de billets. Mais cette proportion qui représente peut-être, dans des temps calmes, la situation moyenne d'une banque parfaitement accréditée, peut-elle garantir une banque sans principe, une banque qui a d'excellents statuts, et qui les a tous violés; une banque qui se réfugie encore dans le plus dangereux et le plus destructeur des moyens, celui de nous vanter comme une preuve de patriotisme l'abandon de la foi publique; une banque, enfin, dont l'unique loi a été jusqu'ici de tout assujettir à ses convenances?

Non, Messieurs, nous ne sommes plus au temps des miracles politiques, et celui-ci s'accomplirait d'autant moins, que le véritable état de la caisse est dans la plus profonde obscurité.

Ainsi, sans aucune mauvaise intention, sans encourir le reproche d'aucune manœuvre à dessein d'embarrasser la Banque, le public pourrait, par de justes motifs, sonder les forces effectives de la caisse. Au moment où, muni de nouveaux fonds fastueusement annoncés, elle ouvrirait ses bureaux, chacun s'empresserait à réaliser ses billets.

On répond à cette objection embarrassante, que le public sera retenu par la garantie nationale. Mais songez-donc, Messieurs, qu'il ne s'agit pas ici d'une confiance relative à la solidité générale de la banque; mais d'une certitude sur ce point d'administration : *Lorsqu'on aura besoin d'argent effectif, en aura-t-on à l'heure même?* Or, que fait à cet égard la garantie nationale?

Tel est donc le discrédit où l'ambition de la caisse l'a jetée, que ce fonds de 70,000,000 ne suffit pas aujourd'hui pour fournir aux demandes, lorsqu'elle voudra payer les billets à présentation.

Mais ce n'est pas tout. Ces 70,000,000 en espèces effectives, la caisse d'escompte ne les a point ; il faut, pour lui en assurer seulement 50, créer douze mille cinq cents actions nouvelles à 4,000 francs. Qui les achètera ? Les anciennes actions sont à 3,700 francs. Beaucoup d'autres effets, déjà garantis par notre honneur et notre loyauté, offrent la perspective de bénéfices plus considérables.

Examinons les expédients du ministre pour associer de nouveaux actionnaires à un état de choses qu'ils ne connaissent pas.

Il propose : 1° de morceler les actions, c'est-à-dire de multiplier les éléments de l'agiotage. Or, de tous les passe-temps d'une nation, c'est là le plus dispendieux. Nous devons donc, en économes sages, mettre en ligne de compte cette dépense, quand nous évaluerons le bas intérêt auquel la Banque nationale nous prêtera les secours que nous lui donnerons ;

2° Il demande que, non contents de garantir les opérations de la Banque nationale, nous assurions encore six pour cent d'intérêt à ses actionnaires. Six pour cent ! c'est peu pour les agioteurs ; c'est beaucoup pour la nation. Mais voulez-vous connaître la conséquence nécessaire de cet encouragement ? Il enhardira les opérations de la banque (lesquelles jamais ne doivent être hardies). En effet, quel sera son pis-aller ? de nous demander annuellement 9,000,000, ou le supplément de 9,000,000, pour l'intérêt, à six pour cent, de trente-sept mille cinq cents actions ; car enfin le fonds de la banque pourrait être altéré ou perdu, que la nation ne serait pas quitte envers les actionnaires. Autre dépense à mettre en ligne de compte, pour évaluer le bas intérêt auquel la Banque nationale nous prêtera les secours que nous lui donnerons ;

3° Le ministre propose que dès le 1er janvier prochain, les douze mille cinq cents actions nouvelles, quoique non encore levées, participent au profit de la banque, (c'est-à-dire qu'elles moissonnent là où elles n'auront pas encore semé). Or, cela revient précisément à prendre dans la poche des anciens actionnaires ; conséquemment à dépriser les anciennes actions ; conséquemment à rendre le débit des nouvelles encore plus difficile ; conséquemment à multiplier les marches de l'armée des agioteurs ; conséquemment à conserver le foyer de l'usure ; conséquemment à multiplier les pertes nationales, bien faiblement compensées par 170,000,000 de *nos* billets que la Banque nous prêtera à trois pour cent.

Le ministre nous dit, il est vrai, que le produit des nouvelles actions, formant le fonds mort de la Banque nationale, *cette disposition ne causera aucun préjudice aux anciennes actions.*

Mais le ministre se trompe en appelant *un fonds mort* le principe sans lequel les billets de banque seraient sans vie ; et mon observation reste dans toute sa force ;

4° Le ministre propose, pour soulever ces 12,500 actions, d'ouvrir une souscription qui n'aurait d'effet qu'autant qu'elle serait remplie. Il ne faut pour cela, dit-il, *que bien choisir le moment*. M. Necker ignore-t-il donc que l'arène de la Bourse a bien changé? elle n'est plus comme au temps où il croyait qu'un administrateur de finances pouvait y descendre, pour diriger les mouvements du crédit. S'il est des agioteurs de bonne foi, que le ministre les interroge; ils lui diront combien le seul projet d'une souscription en rend *le moment difficile à choisir.*

Le mémoire propose encore de faire crédit du capital des actions nouvelles, pourvu que les acquéreurs s'engagent à les payer en espèces dès la première réquisition. On a souvent essayé de fonder de cette manière le numéraire effectif nécessaire aux banques; on n'a jamais réussi. Il faut, pour former ce paiement, pouvoir faire vendre les actions, et cette opération est contraire au crédit de la Banque. Ce moyen exposerait encore à des manœuvres d'agioteurs, dirigées contre son numéraire, pour faire baisser le prix des actions.

Enfin, une dernière ressource pour déterminer les spéculateurs à tenter fortune sur les nouvelles actions, serait de leur abandonner des primes; c'est encore là un moyen de maintenir bas le prix des anciennes actions, et il faudrait, au contraire, l'élever. Cette création d'actions nouvelles est donc tout à la fois incertaine dans son succès, et ruineuse dans ses conséquences.

Que de pénibles efforts, que de moyens incertains et contradictoires, pour donner à la caisse d'escompte une nouvelle existence, pour rajeunir une vierge flétrie et décriée, pour l'unir indissolublement avec nos provinces, avec nos villes, qui ne la connaissent que par une réputation peu faite pour préparer une telle union !

Je n'examine pas, Messieurs, si cet acte important est en notre pouvoir, ou si nous devons nous le permettre, sans consulter du moins toutes les villes du royaume, mais j'ose répondre pour elles, et répudier en leur nom cette alliance.

Elles nous demanderaient ce que nous avons voulu favoriser, ou la dette publique, ou le commerce.

Si c'est la dette publique, elles nous diraient *qu'une administration exclusive de tout autre objet, et indépendante des ministres, est enfin devenue absolument nécessaire pour que cet incommode fardeau tende invariablement à diminuer.*

Elles nous diraient, que cette administration est la seule qui puisse mériter leur confiance, parce que d'elle seule peut sortir cette suite indéfinie de mesures utiles, de procédés salutaires que les circonstances feront naître successivement ; parce que rien ne la distrayant de son objet, elle y appliquerait toutes ses forces physiques et morales ; parce que la surveillance nationale ne permettrait pas que l'on y troublât un seul instant l'ordre et la régularité, sauvegardes sans lesquelles les débiteurs embarrassés succombent enfin, quelles que soient leurs richesses ; à ce prix seulement, les villes et les provinces peuvent espérer le retour de leurs sacrifices, et les supporter sans inquiétude et sans murmure.

Elles nous diraient que des billets de crédit sortis du sein d'une caisse nationale uniquement appropriée au service de la dette, sont l'institution la plus propre à ramener la confiance. Elles nous diraient que ces billets faits avec discernement et hypothéqués sur des propriétés disponibles, auraient dans les provinces un crédit d'autant plus grand, que leur remboursement pourrait se lier à des dispositions locales, dont un établissement particulier et circonscrit dans son objet, est seul susceptible.

S'agit-il de favoriser le commerce? Les villes et les provinces nous demanderaient pourquoi nous voulons les enchaîner éternellement à la capitale, par une banque privilégiée, par une banque placée au milieu de toutes les corruptions? Que leur répondrions-nous pour justifier l'empire de cette banque, pour en garantir l'heureuse influence sur tout le royaume? Leur montrerions-nous, comme dans la métropole anglaise, une république d'utiles négociants instruits à peser les vrais intérêts du commerce, à les garantir de toute concurrence dangereuse? La Seine réunit-elle à Paris, comme la Tamise à Londres, ses négociants, par un vaste entrepôt, d'où les productions du globe puissent se distribuer dans toutes ses parties? Vanterions-nous aux provinces les cris de la Bourse, ces agitations perpétuelles que tant de honteuses passions entretiennent, et que nous avons encore la folie de considérer comme le thermomètre du crédit national!

Quoi! nous diraient nos commettants, vous voulez que la nation se rende solidaire des engagements d'une banque assise au centre de l'agiotage? Avez-vous donc mesuré l'étendue de cette garantie que le ministre vous propose de décréter?

Il réduit à 240,000,000, les billets qui seraient timbrés; et pour vous montrer que l'État ne courrait aucun risque par cette garantie, il réunit aux 170,000,000 que la caisse lui a prêtés en 1787, *l'avance de 170,000,000 que la Banque nationale lui ferait encore contre des assignations ou rescriptions sur tous les deniers publics.*

Mais ces avances seront éternelles, ou elles ne le seront pas.

Le ministre prétend-il qu'elles soient éternelles? Nous demandons alors, non seulement s'il convient à la nation de contracter de tels engagements, mais encore s'ils n'entraînent pas les conséquences les plus effrayantes. Car enfin la banque nationale aurait la liberté *de négocier les rescriptions qui lui seraient délivrées par le gouvernement; et le préjudice qui pourrait résulter pour elle de ces opérations momentanées, devrait lui être bonifié par le trésor public.*

C'est là une lourde méprise; une telle disposition place au sein de la banque nationale un levain continuel d'agiotage, et même un principe de dilapidation; et il faut encore ajouter à cette grave erreur l'engagement qu'on ferait prendre à la nation d'assurer à jamais aux actionnaires 9 millions de revenus annuels pour l'intérêt de leurs actions.

Dira-t-on que la banque nationale ne vendra ces rescriptions que dans le cas où elle voudra diminuer la masse de ses billets en circulation? Mais quoi! lorsque la banque nationale aura rompu, ou pour le gouvernement, ou pour le commerce, ou pour l'agiotage, l'équilibre qu'elle doit maintenir, il faudra que ce soit aux frais de la nation qu'il se rétablisse!

Les anticipations ont fait de tout temps le malheur et la ruine de notre royaume. Consentirons-nous à les perpétuer pour assurer à la banque nationale des profits, ou pour que la nation ne garantisse pas sans caution 240 millions de billets?

On nous dit que ces anticipations *seront à l'avenir peu coûteuses en comparaison du passé.* Soit; mais ce n'est pas uniquement parce que les anticipations sont coûteuses que l'homme d'État doit les proscrire, c'est parce qu'elles fournissent d'incalculables moyens de dissiper et d'abuser.

Si notre dette envers la banque nationale n'est pas éternelle, nous deviendrons alors caution, sans aucune sûreté, et toujours obligés à garantir 9 millions de rente aux actionnaires.

D'ailleurs, connaît-on quelque banque dont le nombre de billets soit limité, ou n'ait pas franchi ses limites? Et si l'on veut que la banque nationale répande les siens dans tout le royaume; si l'on veut que partout elle se présente pour animer nos ressources productives, la tiendra-t-on limitée à 240 millions de billets? Cette disposition est-elle compatible avec les fonctions qu'on lui assigne? ou bien faudra-t-il qu'elle ait des billets politiques et commerciaux, qu'elle fabrique du papier forcé et du papier de confiance, qu'elle soit banque nationale pour les uns et banque privée pour les autres?

Que répondrons-nous, Messieurs, à cette pressante logique? Dirons-nous que les statuts de la caisse d'escompte seront perfectionnés? Eh! je vous le répète, on n'en fera pas de plus sages; vous serez étonnés des leçons de prudence qu'ils renferment; tout y est prévu, et les embarras du gouvernement, et les crises politiques du royaume; c'est en les violant, article par article, ligne par ligne, mot à mot, que la caisse d'escompte prétend nous avoir rendu des services essentiels, comme si ce qui faisait sa sûreté ne contribuait pas à la nôtre! comme si ces services exigeaient la violation d'un régime destiné spécialement à fonder la confiance! comme s'il y avait de la générosité à répandre des billets, à les prêter même, lorsqu'on se dispense de les payer!

Croirions-nous rassurer nos provinces en donnant à la banque nationale vingt-quatre administrateurs? Mais, dans toute entreprise qui repose sur des actions, plus les administrateurs sont nombreux, moins les vues sont uniformes. Voilà donc encore une fausse précaution. Le public n'a pas besoin d'administrateurs actionnaires, mais de surveillants pour son propre intérêt.

Ce système d'administration est loin de celui de la banque de Londres.

Deux gouverneurs à vie sont dépositaires de son inviolable secret. Voyez, Messieurs, ce qu'exigent les banques que l'on veut lier tout à la fois aux affaires de la politique et à celles du commerce. Ce secret si critiqué et cependant si nécessaire à toute banque nationale et commerciale, l'admettriez-vous?

Eh bien! nous dira-t-on, laisserez-vous donc périr la caisse d'escompte, *malgré son intime connexité avec les finances et les affaires publiques, malgré le souvenir des services qu'on en a tirés?*

Certes, cette ironie est trop longue et trop déplacée. Ah! cessez de parler de ces services! C'est par eux que notre foi publique a été violée, c'est par eux que notre crédit, perdu au dehors, nous laisse en proie à toutes les attaques, ou de la concurrence étrangère, ou de cette industrie plus fatale qui méconnaît tout esprit public; c'est par ces prétendus services que toutes nos affaires d'argent sont bouleversées; c'est par eux que nos changes, depuis que je vous en ai prédit la continuelle dégradation, s'altèrent chaque jour à un degré que personne n'eût osé prévoir! Et cependant l'on ne doute pas maintenant que nous ne voulions acquitter notre dette. Non, ne parlez pas de ces services; ils sont autant de piéges tendus au ministre des finances, qui, de son aveu, se voit entraîné hors de ses propres principes.

C'est par eux encore que l'on cherche à séduire les hommes inattentifs. Ecoutez les partisans de la caisse d'escompte : on lui doit l'Assemblée nationale; on lui doit ses travaux; on lui doit la réunion des ordres, la déroute de l'aristocratie, les biens du clergé, en un mot, tout ce dont l'esprit de liberté se glorifie. Les insensés! nous sommes libres parce qu'on n'a pas su sacrifier quelques millions, quand ils étaient nécessaires, pour éviter la honte des arrêts de surséance! (Et combien ne coûte pas cette imprudente parcimonie!) Nous sommes libres, parce qu'on a prêté au gouvernement des billets qu'on ne payait pas! Nous sommes libres, parce que les actionnaires de la caisse d'escompte ont craint d'altérer leur dividende! Nous sommes libres, parce qu'un établissement, dont le premier devoir serait d'influer sur les changes, n'en a pas eu ou l'intelligence ou le courage! Eh! si le despotisme eût été vainqueur, la caisse d'escompte ne se prosternerait-elle pas à ses pieds avec les mêmes titres qu'on ose nous étaler aujourd'hui? M. l'archevêque de Sens, les ministres qui ont avant lui puisé dans la caisse d'escompte, étaient-ils les amis de la liberté? Où trouvaient-ils donc des secours d'argent, sans lesquels on ne fait point de conspiration, ceux qui, disposant des troupes, se sont si longtemps efforcés d'intimider la volonté nationale? Le peuple de Paris, qui a déployé tant de courage, était-il soudoyé par la caisse d'escompte? En supposant que cette banque était l'unique source où pouvait puiser le trésor royal, n'était-ce pas le plus souvent pour soutenir la cause du despotisme aristocratique et ministériel? A quoi a-t-il tenu que le portefeuille de la caisse d'escompte ne fût enseveli sous les ruines de la Bastille? Contre qui cette banque voulait-elle se mettre en sûreté, quand elle a demandé au baron de Breteuil un ordre pour que ses fonds pussent y être déposés? Elle comptait bien plus alors sur la forteresse du despotisme que sur la valeur des citoyens. Les caisses d'escompte sont au service de ceux qui les paient : voilà la vérité ; et c'est manquer à cette assemblée que de lui parler de reconnaissance pour des services qui sont aux ordres de tout le monde.

Songeons, Messieurs, aux provinces ; la capitale, les créanciers de l'Etat ont besoin, comme à leur tour les provinces ont besoin et de la capitale et des créanciers de l'État. Une caisse nationale, telle qu'elle a été proposée, réunira tous les intérêts. Une fois résolue, vingt-quatre heures ne s'écouleront pas, sans qu'elle nous donne un plan sage, adapté à la nature des choses, exempt de fâcheuses conséquences, et tout au moins propre à ramener promptement le crédit.

La caisse d'escompte est créancière de l'Etat ; nous paierons sa créance comme toutes les autres ; si elle ne se mêle pas de nos arrangements, ils n'en seront que plus solides ; ils amélioreront son sort bien mieux que ne le ferait son inutile métamorphose ; tandis que si la caisse d'escompte intervient encore dans nos finances, ne pouvant nous aider que par des propriétés semblables à celles des autres créanciers, on se défiera de ses vues, on la considérera comme maîtresse de se payer par ses mains, à l'aide du maniement des propriétés de tous.

Loin de détruire la caisse d'escompte, la caisse nationale lui rendra la vie ; elle créera des valeurs de la banque nationale, fondée sur la caisse d'escompte, qui ne créera point des valeurs plus rapprochées du numéraire effectif, que ne peuvent l'être des billets qui ne nous laissent d'alternative que de prolonger les arrêts de surséance, d'en implorer bientôt le renouvellement ou de succomber.

Non, Messieurs, si la caisse d'escompte ne renferme pas dans son sein un mal que l'on ne guérirait pas en l'entrelaçant de plus en plus à nos finances, elle ne périra point.

Les secours pour le commerce, les affaires d'argent entre particuliers, lui resteront. M. Necker en porte le bénéfice à 3,200,000 livres, et les regarde comme susceptibles d'augmentation. N'est-ce donc rien pour une compagnie de finances que 3 millions de rente? Faut-il abandonner pour elle de plus grandes vues? Le bien de l'Etat exige-t-il qu'on lui donne des affaires à proportion d'un nombre quelconque d'actions, ou qu'on l'oblige à proportionner ses actions à ses affaires? Qu'elle renonce à cette volonté impérieuse de vouloir tout forcer ; qu'elle se soumette aux circonstances ; c'est à ceux dont elle a favorisé les entreprises à contribuer maintenant, par leurs secours, à la mettre au rang des banques accréditées.

Je m'arrête, Messieurs J'en ai assez dit sur cet intarissable sujet, puisque j'ai prouvé invinciblement que la caisse d'escompte, transformée en banque nationale, ne peut nous prêter que notre propre crédit.

Que par conséquent elle nous est inutile;

Que les motifs qui nous détermineraient à cette institution ne sauraient la justifier ;

Qu'aucune des dispositions qu'on nous propose ne rétablit, même à une époque éloignée, le paiement immédiat des billets à bureau ouvert;

Que la garantie nationale a des conséquences qui nous font un devoir de nous y refuser;

Qu'une telle garantie ne peut s'accorder que pour des opérations parfaitement déterminées, dont tous les futurs contingents soient entièrement connus et limités;

Que le privilége exclusif accordé à une banque violerait tous nos principes; qu'il détruirait dans une partie essentielle le bienfait des assemblées provinciales;

Que le commerce des provinces et leur industrie ne pourraient recevoir aucun avantage d'une banque établie dans la capitale;

Qu'en nous refusant aux demandes du ministère, nous ne détruisons pas la caisse d'escompte, dont la ruine ne peut venir que d'un vice intérieur et caché;

Que si ce vice n'existe point, les secours de la caisse d'escompte seront rendus au commerce et aux affaires entre les particuliers;

Que l'établissement de la caisse nationale est plus salutaire pour la caisse d'escompte elle-même, que les arrangements dont le succès paraît douteux au ministre qui les propose contre ses propres principes.

Avant qu'on me persuade que nous devons sacrifier des mesures plus sages et d'un succès plus certain, il faut qu'on me prouve que la caisse d'escompte n'est pas en prévarication, et que nous n'y serons pas nous-mêmes, si nous adhérons au pacte qui nous est proposé...

Qui de nous ne s'est pas attendu à voir porter une lumière pure et resplendissante dans cette administration mystérieuse, avant qu'on nous engageât à prendre une détermination? Si l'on ne veut pas nous tendre je ne sais quel piége, pourquoi ne nous a-t-on pas préparé des réponses même avant nos questions? Pourquoi a-t-on laissé pour la fin ce qui devait être au commencement? Je ne puis voir dans ces manéges qu'un voile épais, qu'on veut doubler d'un autre voile.

Il faut, comme elle-même l'a voulu, mettre la caisse d'escompte au rang des créanciers de l'État. On n'a pas besoin d'une banque pour la dette; la nation est l'origine de tout crédit, elle n'a pas besoin d'acheter le crédit qu'on n'aurait pas sans elle.

Je conclus à ce que le ministre des finances soit informé que l'Assemblée nationale attend le plan général qu'il a annoncé, pour prendre un parti.

Qu'il soit décrété, en attendant, que les fonds destinés à l'acquittement des dettes de l'État seront séparés des autres dépenses et soumis à une administration particulière.

A la séance du 4 décembre, le duc du Châtelet, membre du comité, nommé par l'Assemblée, pour s'assurer de l'état de la caisse d'escompte, fit son rapport. Après avoir entendu l'évêque d'Autun, Regnault de Saint-Jean-d'Angely et Laborde de Méreville, l'Assembée décréta : 1° une motion de Cazalès, portant que le plan développé, par Laborde de Méreville, dans son discours, serait imprimé, communiqué au premier ministre, et que l'Assemblée nommerait dix commissaires pour l'examiner et en rendre compte ; et 2° un amendement de Target, par lequel les commissaires conféreraient aussi avec les administrateurs de la caisse d'escompte, et compareraient le plan de Laborde avec celui de Necker.

Discours sur le refus de la Chambre des vacations du parlement de Rennes, d'enregistrer les décrets de l'Assemblée.

Messieurs, lorsque dans la séance d'hier, mes oreilles étaient frappées de ces mots que vous avez désappris aux Français : *Ordres privilégiés ;* lorsqu'une corporation particulière de l'une des provinces de cet empire, vous parlait de l'impossibilité de *consentir à l'exécution de vos décrets sanctionnés par le roi;* lorsque des magistrats vous déclaraient que *leur conscience et leur honneur* leur défendent d'obéir à vos lois; je me disais : sont-ce donc là des souverains détrônés, qui, dans un élan de fierté imprudente, mais généreuse, parlent à d'heureux usurpateurs ? Non, ce sont des hommes dont les prétentions ont insulté longtemps à toute idée d'ordre social; c'est une section de ces corps qui, après s'être placés par eux-mêmes entre le monarque et les sujets, pour asservir le peuple en dominant le prince, ont joué, menacé, trahi, tour à tour l'un et l'autre au gré de leurs vues ambitieuses, et retardé de plusieurs siècles le jour de la raison et de la liberté; c'est enfin une poignée de magistrats qui, sans caractère, sans titre, sans prétexte, vient dire aux représentants du souverain : nous avons désobéi et nous avons dû désobéir; nous avons désobéi, et notre rébellion nous sera *un titre de gloire;* nous avons désobéi, et cette désobéissance honorera nos noms; la postérité nous en tiendra compte; notre résistance sera l'objet de son *attendrissement* et de son *respect*.

Non, Messieurs, le souvenir d'une telle démence ne passera pas à la postérité. Eh ! que sont tous ces efforts de pygmées qui se raidissent pour faire avorter la plus belle, la plus grande des révolutions; celle qui changera infailliblement la face du globe, le sort de l'espèce humaine?

Etrange présomption qui veut arrêter dans sa course le développement de la liberté, et faire reculer les destinées d'une grande nation ! Je voudrais qu'ils se disent à eux-mêmes, ces dissidents altiers : qui représentons-nous? quel vœu, quel intérêt, quel pouvoir venons-nous opposer aux décrets de cette Assemblée nationale, qui a déjà terrassé tant de préjugés ennemis et de bras armés pour les défendre? quelles circonstances si favorables, quels auxiliaires si puissants nous inspirent tant de confiance? Leurs auxiliaires, Messieurs, je vais vous les nommer : ce sont toutes les espérances odieuses auxquelles s'attache un parti défait ; ce sont les préjugés qui restent à vaincre, les intérêts particuliers, ennemis de l'intérêt général ; ce sont les projets aussi criminels qu'insensés que forment pour leur propre perte les ennemis de la révolution. Voilà, Messieurs, ce qu'on a prétendu par une démarche si audacieuse qu'elle en paraît absurde. Eh ! sur quoi peut se fonder un tel espoir ? où sont les griefs qu'ils peuvent produire ? Viennent-ils, citoyens magnanimes d'une cité détruite ou désolée, ou généreux défenseurs de l'humanité souffrante, réclamer des droits violés ou méconnus ? Non, Messieurs, ceux qui se présentent à vous ne sont que les champions plus intéressés encore qu'audacieux d'un système qui valut à la France deux cents ans d'oppression publique et particulière, politique et fiscale, féodale et judiciaire... ; et leur espérance est de faire revivre ou regretter ce système. Espoir coupable, dont le ridicule est l'inévitable châtiment !...

Oui, Messieurs, tel est le véritable point de vue du spectacle qu'ont offert ici les membres de la Chambre des vacations de Rennes. En vain les soixante-six représentants que les peuples de la Bretagne ont envoyés parmi vous, ces honorables témoins, ces dignes compagnons de vos travaux, vous assurent que la constitution nouvelle comble les vœux d'un peuple si longtemps opprimé, qu'à peine avait-il conçu l'idée de briser ses fers ; en vain la Bretagne, autant qu'aucune autre partie de la France, couronne vos travaux ; en vain une multitude d'adresses que vous recevez chaque jour, imprime le sceau le plus honorable et la plus invincible puissance à vos lois salutaires ! Onze juges bretons ne peuvent pas consentir à ce que vous soyez les bienfaiteurs de leur patrie..... Ah ! je le crois ; c'est bien eux et leurs pareils que vous dépossédez quand vous affermissez l'autorité royale sur l'indestructible base de la liberté publique et de la volonté nationale.

Vous en êtes les dignes dépositaires, Messieurs ; et certes il m'est permis de le dire, ce n'est pas dans de vieilles transactions, ce n'est pas dans tous ces traités frauduleux, où la ruse s'est combinée avec la force pour enchaîner les hommes au char de quelques maîtres orgueilleux, que vous avez été rechercher leurs droits. Vos titres sont plus imposants ; anciens comme le temps, ils sont sacrés comme la nature. Les testaments, les contrats de mariage lèguent des possessions et des troupeaux : mais les hommes s'associent ; les hommes de la Bretagne se sont associés à l'empire français ; ils n'ont pas cessé d'être à lui, parce qu'il ne leur a retiré ni dénié sa protection. Chacune des parties qui composent ce superbe royaume est sujette du tout, quoique leur collection et l'agrégation de leurs représentants soient souveraines.

S'il était vrai qu'une des divisions du corps politique voulût s'en isoler, ce serait à nous de savoir s'il importe à la sûreté de nos commettants de la retenir, et, dans ce cas, nous y emploierions la force publique, sûrs de la

Imprimerie Blondeau, rue du Petit-Carreau, 82.

faire bientôt chérir, même aux vaincus, par l'influence des lois nouvelles.

Si cette séparation nous semblait indifférente, et qu'une sensibilité compatissante ne nous retînt pas, nous déclarerions déchus de la protection des lois, les fils ingrats qui méconnaîtraient la mère-patrie, et qui trouveraient ainsi, dans leur propre folie, leur trop juste punition.

Mais que nous permettions à des résistances partielles, à de prétendus intérêts de corps, de troubler l'harmonie d'une constitution dont l'égalité politique, c'est-à-dire le droit inaliénable de tous les hommes, est la base immuable, c'est ce que ne doivent pas espérer les ennemis du bien public. Et quand ils professent tout à la fois tant de mépris pour les lois et tant de respect pour l'autorité d'un seul; quand ils appellent des organes légaux de la volonté générale, à des pactes ou à la volonté arbitraire d'un seul, collusoirement aidée des prétentions aristocratiques qui enchaînaient ou paralysaient la nation, ils professent d'inintelligibles absurdités ou cachent et réchauffent des desseins coupables.

Descendrai-je à ces objections qu'on a tirées des définitions d'un parlement, d'une chambre des vacations, de l'ordre judiciaire, des fonctions des magistrats, de la nature de leur obéissance et de toutes ces vieilles distinctions, qui, peut-être, faisaient partie de notre droit public, lorque nous n'avions pas de droit public, qui tenaient lieu de science, lorsque nous n'avions que des erreurs, et dont l'étalage, dans nos états provinciaux, dans les assemblées des parlements, faisait la réputation de cent orateurs, lorsque nous n'avions ni raison, ni justice, ni éloquence; eh bien! voici ce que je répondrais:

Les pouvoirs de chaque parlement, a-t-on dit, cessent à l'ouverture de ses vacances; une Chambre des vacations ne peut être établie que par des lettres patentes enregistrées au Parlement, et ses pouvoirs finissent au moment qui est le terme de sa durée. Ce moment était arrivé le 17 octobre. La Chambre des vacations était donc sans pouvoirs pour enregistrer le décret du 3 novembre.

Si je ne cherchais qu'à embarrasser le faiseur d'objections, qu'à lui opposer la conduite de toutes les Chambres de vacations de tous les parlements du royaume, et même du parlement de Rennes, je lui dirais: le pouvoir de presque toutes les Chambres des vacations du royaume était expiré le 17 octobre; elles ont cependant obéi; elles ont donc enregistré sans pouvoir; et pour se justifier d'un délit, les magistrats de Rennes accusent tous ceux du royaume.

Je lui dirais: si le décret du 3 novembre ne liait pas les Chambres des vacations, il n'obligeait pas les parlements. D'où vient donc qu'aucun parlement du royaume n'est rentré le 11 novembre? D'où vient que celui de Rennes n'a pas repris ses fonctions? Nulle autre loi que celle du 3 novembre ne les a suspendues. Leur exercice périodique se succédait dans l'ancien ordre de choses, en vertu des seules lois auxquelles ils doivent l'existence, et cependant tous les parlements ont obéi; mais s'ils ont obéi, la seule Chambre des vacations de Rennes est coupable, ou tous les parlements, même celui de Rennes, sont coupables.

Je lui dirais : tous les membres des parlements conviennent qu'ils conservent, même pendant leurs vacations, le caractère de magistrats; que leur pouvoir n'est que suspendu, et qu'un simple ordre du roi peut les rassembler avant le temps ordinaire de leur rentrée. Or, je demande dans quel tribunal aurait été enregistrée la loi qui aurait rassemblé le Parlement? Je demande si, rassembler un parlement avant le 11 novembre, ou une Chambre des vacations après le 17 octobre, ne sont pas deux opérations qui tiennent essentiellement au même pouvoir, et s'il y a plus de difficulté à prolonger une époque qu'à devancer l'autre?

Je lui dirais : si le Parlement n'existait pas le 3 novembre, et si la Chambre des vacations ne peut être créée que par des lois enregistrées au Parlement, il fallait donc d'abord rassembler le parlement de Bretagne; et comme la loi qui lui aurait donné des pouvoirs qu'il n'a point, aurait eu aussi besoin d'être enregistrée dans un parlement quelconque, il aurait fallu commencer par créer un parlement, c'est-à-dire qu'il faut une loi pour créer un parlement, et un parlement pour créer la loi; cercle vicieux dans lequel et la Chambre des vacations et ses défenseurs s'enlacent eux-mêmes, et dont il leur sera difficile de sortir jamais sans tomber dans les plus étranges contradictions.

Je lui dirais : et ne voyez-vous pas, qu'en dernière analyse, ces objections que l'on présente comme si décisives, ne sont que cet ancien système des cours souveraines sur le droit d'enregistrement, droit également usurpé sur la nation et sur les rois, droit par lequel nous aurions été éternellement esclaves, droit que les parlements ont dix fois abdiqué dans leurs défaites, et qu'ils ont repris llorsqu'ils ont pu espérer d'être vainqueurs, droit qui même dans les maximes parlementaires ne peut exister lorsque la nation exerce le pouvoir législatif. L'enregistrement, tel que l'entendent les magistrats coupables, serait une véritable sanction; mais quelle serait cette étrange constitution où la souveraineté serait partagée ou arrêtée par les corps judiciaires, par des magistrats à finances, c'est-à-dire, par quelques individus, concurremment avec les députés de vingt-cinq millions d'hommes? N'a-t-on voulu que manifester une décision révoltante? On a sans doute réussi. A-t-on voulu parler sérieusement? On a joint l'absurdité à l'insolence.

On nous a dit encore : « Le magistrat n'est pas obligé de faire exécuter la loi qu'il n'a pas adoptée, et il n'est pas obligé d'adopter, comme magistrat, une loi nouvelle qui ne lui convient pas. Lorsqu'il a reçu ses pouvoirs, il a juré de rendre la justice selon les lois établies. Vous lui offrez maintenant de nouveaux pouvoirs; vous exigez qu'il applique de nouvelles lois; que répond-il? Je ne veux pas de ces pouvoirs; je ne m'engage point à faire exécuter ces lois. »

Moi, je réponds à mon tour : Ces magistrats qui ne veulent plus exercer leurs fonctions si elles sont relatives à de nouvelles lois, ont-ils, en désobéissant, abdiqué leurs fonctions, se sont-ils démis de leurs charges? S'ils ne l'ont pas fait, leur conduite est contradictoire avec leurs principes. Qu'ils cessent d'être magistrats, ceux qui regardent les droits éternels du peuple comme de nouvelles lois; ceux qui respectaient le despotisme, et dont la liberté publique blesse la conscience; qu'ils abdiquent et qu'ils redeviennent simples citoyens; et qui les regrettera? Mais du moins, qu'en refusant les nouveaux pouvoirs qu'on leur donne, ils ne prétendent pas exercer les anciens pouvoirs.

Je leur réponds : chaque magistrat, chaque individu eût-il le droit de se démettre, tous les parlements n'ont-ils pas reconnu que l'interruption de la justice est un délit, que les démissions combinées sont une forfaiture? Le magistrat, le soldat, tout homme qui remplit des fonctions publiques peut abdiquer sa place; mais peut-il déserter son poste? Mais peut-il le quitter au moment même de ses fonctions, à l'approche d'un combat? Dans un tel moment ce refus du soldat ne serait qu'une lâcheté, les prétendus scrupules du magistrat sont un crime.

Je leur réponds encore : quelles sont donc ces nouvelles lois que l'on forçait les magistrats bretons d'adopter? Nos anciennes ordonnances sont-elles abrogées? Le droit romain, nos coutumes et la coutume de Bretagne sont-elles anéanties? N'est-ce point d'après les lois qui ont toujours été observées, que ces magistrats rebelles devaient continuer à juger? Ils parlent de leur liberté, de leur conscience; avaient-ils la liberté de n'être pas toujours ce qu'ils avaient toujours été? et ce qu'ils appellent une nouvelle loi, est-ce autre chose qu'une nouvelle obéissance?

Enfin je leur dis : que signifie le serment qu'a fait tout magistrat lorsqu'il a promis d'obéir aux lois? Si nous faisons des lois, nos décrets sont compris dans leur serment, leur désobéissance est un crime; s'ils nient que nos décrets soient des lois, cette dénégation n'est qu'un déni de plus. Le refus de reconnaître la loi ne sauva jamais un coupable. Voyez donc les criminelles conséquences où nous conduiraient les apologistes des magistrats que vous devez condamner. Ce n'est point à la loi, ce n'est point au législateur qu'ils ont fait serment d'obéir, mais aux lois établies et connues; et s'il faut les en croire, c'est à eux à sanctionner et à enregistrer les lois; ils n'obéiront donc qu'à leurs propres lois; ils n'obéiront qu'à eux-mêmes; ils sont donc législateurs et souverains; ils partageront du moins la souveraineté; ils en seront les modérateurs suprêmes : à ce prix, les magistrats bretons consentent d'obéir. Mais si ce ne sont point là des crimes, que faisons-nous ici? Quel est notre pouvoir, quel est l'objet de nos travaux? hâtons-nous de replonger dans le néant cette constitution qui a donné de si fausses espérances; que l'aurore de la liberté publique s'éclipse, et que l'éternelle nuit du despotisme couvre encore la terre.

Enfin, on nous a dit : « que les magistrats bretons ne viennent pas ici comme représentants, mais comme défenseurs des droits de la province. »

Je leur demande à mon tour, s'ils ne sont pas représentants, comment ils peuvent être défenseurs? Et si la Bretagne a soixante-six représentants dans cette Assemblée, comment cette province peut-elle avoir d'autres défenseurs que les députés qu'elle a choisis pour se faire entendre et exprimer son suffrage? Oui, sans doute, il fut un temps où le prétexte de défendre des peuples qu'on opprimait, fournissait périodiquement des tours oratoires aux faiseurs de remontrances parlementaires, lorsqu'ils voulaient opposer les peuples aux rois, en attendant qu'ils pussent opposer les volontés arbitraires des rois aux peuples ; mais ce temps n'est plus. La langue des remontrances parlementaires est à jamais abolie. Défendre les peuples, c'est-à-dire, dans leur idiôme, les tromper; c'est-à-dire, servir uniquement son intérêt personnel, ménager ou menacer la cour, accroître sa puissance sous les règnes faibles, reculer ou composer avec les gouvernements absolus; voilà quel était le cercle de ces évolutions, de ces parades politiques, de ces intrigues souterraines; un tel prétexte de défendre les peuples excite encore aujourd'hui notre indignation ; il n'aurait dû peut-être exciter que le ridicule.

Mais pourquoi chercherions-nous les intentions des magistrats de Rennes dans les discours de leurs apologistes, quand nous avons entendu leur propre défense? Pourquoi nous occuperions-nous d'un délit dont nous avons déjà fixé la nature et désigné les juges, quand il en est de nouveau commis sous vos yeux? Ecoutons messieurs des vacations.

« Ils sont les défenseurs des droits de la Bretagne; aucun changement dans l'ordre public ne peut s'y faire sans que les Etats l'aient approuvé, sans que le Parlement l'ait enregistré; telles sont les conditions du pacte qui les unit à la France; ce pacte a été juré et confirmé par tous les rois. Ils n'ont donc pas dû enregistrer, et c'est par soumission pour le roi qu'ils viennent le déclarer. »

Ils n'ont pas dû enregistrer! Eh! qui leur parle d'enregistrer? Qu'ils inscrivent, qu'ils transcrivent, qu'ils copient, qu'ils choisissent parmi ces mots ceux qui plaisent le plus à leurs habitudes, à leur orgueil féodal, à leur vanité nobiliaire ; mais qu'ils obéissent à la nation quand elle leur intime ses ordres sanctionnés par son roi. Êtes-vous Bretons? Les Français commandent; n'êtes-vous que des nobles de Bretagne? Les Bretons ordonnent; oui, les Bretons, les hommes, les communes, ce que vous nommez tiers-état; car, sur ce point, Messieurs, comme sur tous les autres, vos décrets sont annulés par les deux premiers ordres de Bretagne; on nous les rappelle comme existants, on veut nous faire entendre ce mot de tiers-état, mot absurde dans tous les temps aux yeux de la raison, maintenant rejeté par la loi, et déjà même proscrit par l'usage; on vient, dans le triomphe de l'humanité sur ses antiques oppresseurs, dans la victoire de la raison publique sur les préjugés de l'ignorance et de la barbarie, on vient vous présenter en oppo-

sition au bonheur des peuples, et comme un garant sacré de leur éternelle
servitude, les contrats de mariage de Charles VIII et de Louis XII; ainsi
donc, parce que Anne de Bretagne a épousé un de vos rois, nommé le père
du peuple, un autre de vos rois plus véritablement père du peuple, puisqu'il
le délivre de ses tyrans, votre monarque ne pourra jamais étendre jusqu'en
Bretagne les conquêtes de la liberté; on vous parle sérieusement des deux
nations, la nation française et la nation bretonne. On sait le parti qu'a
pris la nation française; elle est restée, elle restera fidèle à son roi... Et la
nation bretonne, c'est-à-dire, la Chambre des vacations de Rennes, quel
parti prendra-t-elle? On ose vous parler du grand nombre des opposants dans
plusieurs villes de la province... Ah! tremblez que le peuple ne vérifie vos
calculs, et ne fasse un redoutable dénombrement. (Vifs applaudissements.)
Êtes-vous justes? comptez les voix ; n'êtes-vous que prudents? comptez les
hommes, comptez les bras ; et ne venez plus parler des deux tiers de la province devant une assemblée qui a décrété une représentation nationale, la
plus équitable qui existe encore sur la terre. Ne parlez plus de ces cahiers
qui fixent immuablement nos pouvoirs ; *immuablement!* Oh! comme ce mot
dévoile le fond de leurs pensées! Comme ils voudraient que les abus fussent
immuables sur la terre, que le mal y fût éternel! Que manque-t-il en effet
à leur félicité, si ce n'est la perpétuité d'un fléau féodal qui, par malheur,
n'a duré que six siècles? Mais c'est en vain qu'ils frémissent, tout est changé,
il n'y a plus rien d'immuable que la raison qui changera tout, qui, en étendant les conquêtes, détruira les institutions vicieuses auxquelles les hommes
obéissent depuis si longtemps; il n'y a plus rien d'immuable que la souveraineté du peuple, l'inviolabilité de ses décrets sanctionnés par son roi, par
son roi qui, malgré des suggestions perfides, ne fait qu'un avec le peuple,
par lequel il règne, par lequel il triomphera de ceux qui veulent faire du
monarque un instrument d'oppression publique. C'est lui, c'est le dépositaire
de la force nationale qui protégera la liberté bretonne contre une poignée
d'hommes qui osent s'appeler les deux tiers de la province. Il n'offensera pas
les mânes de Louis XII, en croyant que dans la liberté générale de la France,
la nation bretonne, qui n'est point encore séparée de la nation française, ne
doit pas, pour obéir à la teneur du contrat de mariage d'Anne de Bretagne,
rester jusqu'à la consommation des siècles esclave des priviléges de Bretagne,
puisqu'il y a encore, comme nous l'apprenons, des priviléges en Bretagne.
Privilégiés! cessez de vous porter pour représentants de la province dont
vous êtes les oppresseurs. Ne parlez plus de ses franchises pour l'enchaîner,
de ses libertés pour l'asservir. Vous êtes justifiés, dites-vous, par votre conscience ; mais votre conscience, comme celle de tous les hommes, est le
résultat de vos idées, de vos sentiments, de vos habitudes. Vos habitudes, vos
sentiments, vos idées, tout vous dit, tout vous persuade que les communes
bretonnes doivent être à jamais esclaves des nobles en vertu du contrat de
mariage d'Anne de Bretagne. Quelle est cette conscience qui veut aveugler

par un pareil titre, la déclaration des droits de l'homme et la constitution française? Voilà, Messieurs, les idées augustes et imposantes qu'apporte parmi vous le chef d'une députation qui compte sur l'hommage, c'est trop peu, sur l'attendrissement de la postérité. *Elle apprendra*, dit-il, *que des magistrats ont eu le courage...* Singulière prétention de passer à la postérité par un excès de fanatisme et d'orgueil! Mais loin de désirer que la postérité se souvienne de leur révolte, que ne font-ils des vœux pour que la génération présente l'oublie!

Mais, Messieurs, si notre devoir est de ne point dissimuler la nature et l'étendue de ce délit, il l'est aussi de réprimer les mouvements de notre indignation, et de porter dans nos décrets le caractère d'une inflexible équité. La Chambre des vacations de Rennes doit être punie sans doute; si elle ne l'était pas, par cela même, elle serait au-dessus de l'Assemblée nationale et du roi; sa conduite et son impunité encourageraient ses adhérents, et pourraient devenir les principes des plus grands malheurs. Elle doit être punie, et vous n'avez pas le droit de faire grâce. Mais par quels juges et dans quelles formes faut-il qu'elle soit punie? C'est ce qu'il s'agit de déterminer. Les magistrats bretons ont-ils commis deux délits ou un seul? Ces deux délits sont-ils d'une nature absolument différente? L'un de ces délits est-il tel qu'il soit impossible de le dénoncer au tribunal qui doit juger le premier? Il faut dès-lors deux peines et deux jugements.

Si, pour justifier leur désobéissance, les magistrats bretons s'étaient bornés à des moyens qui ne fussent pas une nouvelle injure; s'ils n'avaient pas à leur frivole défense, à leurs coupables prétextes, joint des propos séditieux; s'ils n'avaient pas méconnu l'autorité de l'Assemblée devant laquelle ils ont comparu, vous n'auriez qu'à punir leur résistance à la loi.

Mais des excès commis sous vos yeux pourraient-ils être jugés par le Châtelet? Un tel délit serait-il susceptible d'information, lorsque c'est vous qui en avez été les témoins, lorsque c'est vous qui les dénoncez! Si l'accusation n'emportait conviction, serions-nous en même temps accusateurs et témoins? S'il fallait un tribunal, quel tribunal jugerait que l'accusation n'est pas fondée? Les parlements n'ont-ils pas mille fois distingué le premier délit d'un accusé, de celui qu'il commet lorsqu'il insulte son juge? Ce dernier délit n'est-il pas jugé sur le champ? Le moindre officier public n'a-t-il pas le droit de venger son propre tribunal? Toutes les assemblées n'ont-elles pas le droit de police sur tout ce qui se passe dans leur sein? Quoi! Messieurs, vous pouvez censurer vos propres membres, et vous n'auriez pas le droit de punir des accusés qui viennent vous insulter? Quoi! un outrage fait à l'Assemblée de la nation pourrait devenir la matière d'un procès! Une objection aussi absurde ne mérite pas d'être réfutée.

Je sais que l'Assemblée n'est point un tribunal; je soutiens qu'elle ne doit user du pouvoir judiciaire que pour le déléguer; mais il ne s'agit pas non plus d'exercer le pouvoir judiciaire; informer, voilà ce qui nous serait interdit pour un délit dont nous sommes les témoins ! Venger la nation d'un outrage, appliquer à des séditieux la peine que leur impose leur propre témérité, qui pourrait nous contester ce droit, si ce n'est celui qui, prévoyant le germe d'une insurrection générale dans le délit qu'il voudrait épargner, ne craindrait pas d'en être le scandaleux apologiste, et de s'en montrer le complice ?

Voici donc le décret que j'ai l'honneur de vous présenter, et qui sera tout à la fois une grande leçon d'obéissance, et un grand exemple de modération :

« Arrête que des citoyens chargés des fonctions publiques, qui déclarent que leur conscience et leur honneur défendent d'obéir à la loi, se reconnaissent par là même incapables d'exercer aucune fonction publique.

« En conséquence, l'Assemblée nationale déclare les magistrats de la Chambre des vacations de Rennes, par le fait de la déclaration qu'ils ont proférée en sa présence, inhabiles à exercer aucune fonction publique, jusqu'à ce qu'ils aient reconnu leur faute et juré obéissance à la constitution.

« Quant au crime de lèse-nation dont les magistrats sont prévenus relativement à leur désobéissance aux décrets de l'Assemblée nationale, sanctionnés par le roi, l'Assemblée en renvoie la connaissance au tribunal déjà chargé provisoirement d'informer des délits de cette nature.

« Ordonne que lesdits magistrats soient incessamment traduits par devant ledit tribunal, pour le procès leur être fait jusqu'à jugement définitif.

« Arrête de plus de commettre quatre membres de l'Assemblée pour assister le procureur du roi du siège du Châtelet, dans l'instruction et la poursuite de cette affaire. »

Ce discours a été fréquemment interrompu par de nombreux applaudissements.

L'Assemblée en ordonne l'impression, et, dans la séance du 13, elle rend un décret qui improuve la conduite des magistrats de Rennes et les suspend de leurs fonctions.

Séances des 26 et 30 janvier. — Présidence de Target.

Discours sur la procédure prévôtale de Marseille.

> Magno tuo periculo peccabitur, in hoc
> judicio majore quam putas.
> *Cic. contr. Verr.*

Messieurs,

Deux de vos décrets ont accueilli les plaintes des citoyens que poursuit le prévôt-général de Provence, et deux de vos décrets n'ont pu encore sauver des innocents; leur péril s'accroît en raison de leurs succès. Le magistrat irrité, qui peut d'un mot les dévouer au supplice, veut juger ceux-là même, qui, par leurs dénonciations, l'ont mis au rang des anciens. Il les dénonce à son tour comme des calomniateurs, et prétend que c'est à lui à punir! Il est pris à partie, il se défend, il attaque, il ne dissimule ni son ressentiment ni sa vengeance, et ne descend pas de son tribunal!

Si cet étrange combat ne présentait que cette seule singularité, l'affaire de Marseille vous paraîtrait sans doute inconcevable; mais ce juge, qui met un si grand prix à conserver le droit redoutable de juger les autres, cherche à prouver, dans les mémoires qu'il vous adresse, que les accusés sont coupables, et caractérise déjà leur délit. Soit prévention, soit vengeance, il les traite de séditieux, de criminels de lèse-nation; la conviction est dans son cœur, le jugement est sur ses lèvres; et ce magistrat, qui ne saurait désormais avoir l'impartialité de la loi, s'obstine à juger! Et ce magistrat, parmi les motifs qu'il allègue de rester à sa place, annonce lui-même qu'il doit venger son tribunal!

Que deviendra dès-lors cette funeste procédure? Le ressentiment qui en dirigera le fil tortueux, ne conduira-t-il pas invinciblement à l'échafaud ceux qu'il regarde comme si coupables? Laisser aujourd'hui dans ses mains le glaive des lois, n'est-ce pas lui livrer des victimes, les frapper nous-mêmes, les abandonner après que vos propres décrets, dont le prévôt voudra vous montrer l'injustice, auront servi à les faire immoler?

Mais ce ne sont là que les circonstances les moins frappantes que je me propose de vous développer. Les malheureux dont la voix impuissante, perçant les voûtes des bastilles de Provence, vient retentir jusqu'à nous, qui sont-ils? Quelle est cette procédure prévôtale, où sept cents témoins sont entendus, où cent citoyens sont décrétés, où soixante-dix accusés sont prisonniers? Quel crime impute-t-on à ces infortunés, qu'un peuple immense justifie, pour lesquels presque toutes les corporations de Marseille vous ont envoyé les plus touchantes supplications, et qui n'ont contre eux que quelques gens en place, une partie des anciens échevins, du conseil municipal, et cette portion de négociants dont se compose l'aristocratie de l'opulence, qui ne seront désormais, par vos nouvelles lois, que les égaux de leurs concitoyens? Quel but se propose-t-on de remplir par cette étonnante procédure, prise dans une ville frontière, dans une ville où l'on a rassemblé une armée de huit mille hommes, et où la milice nationale n'a que des chefs et point de soldats? Quel a été l'objet du pouvoir exécutif, lorsqu'il a confié, au seul prévôt-général, à un seul homme, la connaissance de tous les troubles d'une grande province? Que veulent les ministres, lorsqu'ils mettent tant de chaleur à soutenir cet homme, que sa résistance à vos lois vous a forcé de renvoyer au Châtelet, lorsqu'ils portent un roi juste à refuser sa sanction pour celui de vos décrets qui devait rétablir la paix dans une des plus importantes villes du royaume?

Je tâcherai, Messieurs, de résoudre une partie de ces grandes questions, ou plutôt je ne ferai que cette seule réponse : Les prisonniers que l'on veut punir sont les défenseurs du parti populaire. Aucun de ceux qui, dans les assemblées primaires, ont dénoncé les maux de leur patrie, n'a échappé. Aucun de ceux que le Parlement menaçait, il y a six mois, n'a pu se soustraire aux poursuites du tribunal qui a pris sa place. Aucun de ceux qui ont fait dans le conseil de ville, des motions utiles et courageuses, qui ont pris notre langue, qui ont voulu établir une milice nationale, ou réformer celle qui existe, ou porter au conseil, à l'époque du 23 juillet, les vœux modérés d'un peuple que les nouvelles de Paris, que d'affreux présages et nos propres craintes alarmaient, n'a pu se garantir contre les décrets d'un juge pour qui nos principes sont aussi étrangers que si la révolution qui vient de s'opérer n'existait pas. Tout est maintenant connu; les motifs du prévôt, les principales charges de la procédure, les interrogatoires des accusés; tout est dévoilé. Le prévôt a lui-même envoyé toutes les pièces qui le condamnent. D'après ces pièces, au lieu de punir, il faudra récompenser; au lieu d'environner les accusés des terreurs qui précèdent les supplices, il faudra les sortir en triomphe de leurs cachots, les mettre au nombre des coopérateurs de l'Assemblée nationale, reconnaître nos principes dans leurs principes, et les déclarer bons citoyens, ou nous avouer nous-mêmes coupables.

Pour vous faire connaître, Messieurs, la situation de la ville de Marseille, je noterai plusieurs époques. Pour vous dévoiler la conduite du prévôt, je distinguerai tous les chefs d'accusation que j'ai à former contre lui. Vous verrez, par la réunion de ces deux tableaux, comment la ville du royaume qui la première a manifesté le désir d'une heureuse révolution, qui la première a montré des citoyens dignes de vos nouvelles lois, qui la première s'est armée pour résister tout à la fois, et à ses oppresseurs, et aux brigands qui pouvaient menacer sa tranquillité, est devenue tout à coup si différente d'elle-même, et de ce qu'elle a toujours été, même sous le despotisme.

Les citoyens de Marseille se portèrent en foule à ces assemblées primaires qui ont été les premiers éléments de la régénération de l'État. Là, trois chefs de plaintes furent dénoncés avec courage. L'intendant était abhorré; il trouva des accusateurs. Le parlement était exécré; le peuple sollicita, invoqua d'autres juges. Les impôts presque uniquement établis sur le prix du pain et de la viande, épargnaient les riches et dévoraient chaque jour une grande partie de la subsistance du peuple; la suppression de ces impôts fut demandée. Mais le peuple (n'en accusons que ses maux et nos mœurs!) crut pouvoir détruire sur le champ les abus qu'il dénonçait. Les fermes municipales, mises imprudemment aux enchères; des concurrents écartés par un fermier protégé par l'intendant, qu'une fortune de plusieurs millions aurait dû rassasier, portèrent le peuple à des vengeances. La maison de ce fermier fut dévastée; elle le fut, non par des brigands, non par des voleurs, mais par le mouvement soudain et irrésistible de l'indignation publique. Cette scène eut lieu le 23 mars.

Voilà, Messieurs, la première époque des troubles de Marseille. Voici la seconde :

Marseille, comme ville frontière et comme port de mer, a toujours dans son sein une foule d'étrangers, d'inconnus, de matelots de diverses nations, de gens sans fortune et prêts à tout entreprendre. Ces hommes se rassemblèrent dès le lendemain de l'émotion populaire dont je viens de parler : on les entendit menacer les magasins des négociants. Aussitôt une foule de citoyens se réunit pour les repousser. Leurs offres sont accueillies, les brigands sont environnés, dispersés, la ville préservée. La formation de ces jeunes citoyens en milice bourgeoise fut leur récompense. Il ne suffisait pas d'avoir sauvé la ville d'une dévastation ; il fallait encore prévenir le retour du même danger ; et Marseille, faite pour donner de grands exemples, eut aussi l'honneur de devancer l'établissement des milices nationales.

Une seule faute fut commise alors par l'administration. Le prix de la viande, qui était à dix sous, fut porté à six. Il n'y avait aucune perte à la laisser à ce prix. Mais la livre de pain, qui coûtait trois sous et demi, fut portée à deux sous, c'est-à-dire, au-dessous de sa valeur réelle ; on crut satisfaire le peuple par cette périlleuse complaisance. Peu de jours après, il reconnut lui-même son erreur, il acheta ce pain, auquel il borne presque tous ses vœux, à trente-quatre deniers ; et il ne restait plus aucune trace des deux émotions populaires.

Voici maintenant une troisième époque. La milice citoyenne se conduisit avec un zèle infatigable ; les patrouilles purgèrent la ville de malfaiteurs ; trois cents scélérats, dont plusieurs avaient déjà subi des peines, furent déposés dans des prisons publiques, et ceux qui échappaient à ces poursuites sortaient d'une ville où les espérances du crime n'en compensaient plus les dangers. Un zèle aussi marqué obtint la récompense qu'il méritait ; tous les corps de la ville votèrent des éloges aux jeunes citoyens ; le peuple bénissait ses défenseurs ; le commandant de la province leur fit offrir des drapeaux. Cette époque est remarquable par le contraste qu'offrait Marseille tranquille, Marseille heureuse, à côté des troubles que l'on cherchait à exciter dans le royaume.

Ce bonheur ne dura qu'un instant, et vous allez en connaître la cause. Le parlement de Provence parut craindre de laisser informer les juges ordinaires sur les troubles qui avaient agité la province, et demanda que cette redoutable instruction lui fût exclusivement confiée ; il forma cette prétention lorsque la province était divisée en deux partis, lorsque chacun de ces partis accusait l'autre d'exciter et de fomenter des troubles, lorsqu'il était plus nécessaire que jamais, d'avoir des juges qui ne fussent pas pris dans la triple aristocratie des nobles, des privilégiés, des possédant-fiefs. Il obtint cependant cette attribution, qui pouvait devenir si funeste à la liberté publique; la déclaration du roi portait surtout de rechercher les auteurs, de remonter aux causes, d'informer sur les propos; on n'avait oublié aucun instrument de la tyrannie.

La Provence se soumit à cette loi de sang, et bientôt des citoyens furent proscrits, des villages dévastés; mais Marseille, qui était plus particulièrement menacée; Marseille, qui, dans les assemblées primaires, s'était élevée contre le parlement de Provence, contre l'intendant qui présidait cette cour, contre un fermier protégé par cet intendant; Marseille, où le parlement désignait déjà ses victimes parmi les chefs de cette milice qui défendait le peuple, et que le peuple défendait à son tour; Marseille, dont la seule émotion populaire avait eu pour cause une juste vengeance contre ses oppresseurs; Marseille contesta l'attribution du Parlement; des délibérations unanimes, prises dans le conseil des trois ordres qui avait députe aux états-généraux (il faut que vous me permettiez pour cette époque le langage du temps), portèrent aux pieds du trône les réclamations d'un grand peuple. Ces réclamations furent d'abord dédaignées, et c'est ici que commence une cinquième époque.

Jusque-là, les habitants de Marseille avaient été parfaitement unis : les traîtres à la patrie n'osaient du moins se montrer; mais la résistance qu'éprouvait le Parlement lui fit employer les ressorts d'une puissance qui n'est aujourd'hui qu'un fantôme, et qui, dans ce moment, portait encore l'effroi de deux résurrections et de deux victoires. La crainte et l'intérêt lui procuraient des agents; les créatures de l'intendant, les suppôts du fermier se joignirent à ce parti; des calomnies furent répandues contre la garde citoyenne; des fautes de discipline furent changées en délits; quelques actes d'autorité dans les affaires de police furent présentés comme des actes de révolte; en vain les jeunes gens obtinrent de n'avoir pour chefs que les échevins; le gouvernement trompé s'obstinait à regarder cette milice fidèle comme une troupe de conjurés, et le Parlement demandait une armée pour entrer dans Marseille par une brèche, comme un roi méconnu, mais vainqueur, punit des sujets rebelles.

Quelques motifs particuliers acéraient encore les calomnies et les haines qui devaient préparer les dissensions de Marseille. Un chat avait été pendu; la milice citoyenne l'avait souffert, et les amis de l'intendant prétendaient que le chat n'était qu'un emblème. La flatterie avait donné le nom de cet intendant à une fontaine publique; le peuple avait substitué à ce nom proscrit, celui de M. Necker, et la milice citoyenne n'avait pas versé des flots de sang pour empêcher cet attentat. Enfin, le conseil des trois ordres, le conseil électeur des députés des états-généraux, avait nommé vingt-quatre commissaires pour vérifier le compte des anciens échevins; et ces commissaires avaient découvert, ou de grandes fautes en arithmétique, ou de grandes erreurs en administration. C'en était assez pour grossir le parti de l'intendant, de tous ceux à qui ses faveurs, ses entreprises, ses spéculations n'avaient pas été étrangères.

Je ne saurais trop m'arrêter sur cette cinquième époque. Le Parlement mettait une si grande importance à se venger de Marseille, que les Chambres furent assemblées pour punir le commandant de la province, qui refusait de donner des troupes. Il y eut des voix pour le décret, d'autres pour le demander; on se borna à lui envoyer une députation : « Les troupes ne risqueront rien, disait-on; on tirera sur toutes les fenêtres ouvertes. » Eh! qu'importe en effet que Marseille fût détruite, si le Parlement était vainqueur? Il le fut, Messieurs, et voici une sixième époque. Le commandant de Provence reçut l'ordre de se transporter à Marseille avec huit mille hommes de troupes et un train considérable d'artillerie; il arrive, et ces portes, qu'il devait renverser, étaient couronnées par des arcs-de-triomphe; et cette milice, qu'il devait combattre, préparait des fêtes; et ce peuple, qu'il fallait punir, content d'avoir repoussé le Parlement, manifestait son allégresse par des cris de *Vive le Roi!*

Je touche à la cause immédiate des troubles de Marseille; des ordres donnés par des ministres qui croyaient cette ville coupable, furent exécutés lorsqu'on la trouva fidèle.

Il fallait rendre inutile le travail des vint-quatre commissaires examinateurs des comptes; ce but fut rempli en cassant le conseil des trois ordres, qui seul avait la confiance publique; et l'ancien conseil municipal reprit ses fonctions.

Il fallait punir cette milice citoyenne qui avait osé résister au Parlement; elle fut accusée,

Il fallait punir plus spécialement quelques-uns de ses chefs, dont les dénonciations contre l'intendant étaient connues; et plusieurs particuliers reçurent l'ordre de sortir de la ville; le commandant promit pour tous autres une amnistie que personne ne réclamait; et dont personne n'avait besoin.

Il fallait surtout établir une garde bourgeoise, qui ne fut plus dangereuse pour ceux à qui la première avait été redoutable. Aussitôt on la créa, mais quelle en fut la formation? quel fut le choix des capitaines et des lieutenants? quel en a été l'esprit et le but? c'est ce qu'il est indispensable de vous faire connaître.

La milice devait être composée de soixante compagnies dont chacune aurait un capitaine et quatorze lieutenants; chaque lieutenant devait avoir un brigadier et quatorze volontaires.

Les soixante capitaines furent pris exclusivement dans deux classes de citoyens; on en choisit vingt-huit dans la noblesse, et trente-deux parmi les négociants du premier ordre; les échevins les proposèrent; le conseil municipal les agréa; huit lieutenants par compagnies furent nommés de la même manière, sur des listes données par les capitaines; les autres lieutenants furent seulement choisis par ces derniers et adoptés par les échevins.

Quant aux volontaires, il n'y en eut presque jamais, il n'y en a point en ce moment ; l'amour-propre avait recruté les officiers ; le défaut de confiance écarte le soldat. A cette époque, aucune ville du royaume n'avait encore de milice nationale, et l'irrégularité de celle de Marseille était moins sensible.

Nous verrons bientôt le moment où l'exemple de plusieurs milices régulièrement formées, donna lieu dans Marseille à des vœux, à des motions légales, faites dans le conseil municipal, qu'on a voulu punir comme des crimes.

Cet état de choses dura jusqu'au 23 juillet ; mais à cette époque, qui répond pour Paris, à celles des 12, 13 et 14 du même mois, il survint des événements à Marseille, que la procédure prévôtale ne rendra pas moins célèbres que les annales parisiennes.

Vous connaissez les délibérations que prirent presque toutes les grandes villes du royaume, dans cet instant où des nouvelles désastreuses apprirent aux provinces et les craintes et les efforts de la capitale. Marseille suivit cet exemple ; la première commotion et le besoin de rassurer le peuple portèrent d'abord M. de Caraman à rappeler le conseil des trois ordres ; mais impatients d'exprimer leurs suffrages, six mille citoyens s'assemblèrent dans une salle du sieur Arquier. Là, des vœux furent rédigés, non pour les envoyer directement à l'Assemblée nationale, mais pour les porter au conseil des trois ordres ; là, les ennemis de l'État, les ministres prévaricateurs, les oppresseurs de Marseille furent dénoncés ; là, des canons braqués sur la ville, huit mille hommes de troupes réglées postés dans les faubourgs, et la nullité presque absolue de la milice, portèrent les citoyens à demander que les canons fussent déplacés, que les troupes fussent éloignées. Vingt-quatre commissaires furent nommés pour transmettre ces vœux au conseil, qui les consacra par ses délibérations. Vous auriez sans doute, Messieurs, donné des éloges à ces premiers élans du patriotisme ; vous en auriez excusé même les écarts. Apprenez que cette assemblée est le principal objet de la procédure prévôtale ; que huit des commissaires ont été décrétés ; que trois sont déjà dans les fers.

Voici maintenant, Messieurs, une dernière époque qui exige toute votre attention. Elle comprend tout ce qui s'est passé depuis le 23 juillet jusqu'au 19 août, époque de la procédure prévôtale.

La députation des communes de Provence avait fait d'inutiles efforts auprès des anciens ministres, pour obtenir la révocation de la déclaration du roi, qui attribue exclusivement au parlement d'Aix, la connaissance des troubles de la Provence. Elle renouvela ses instances lorsqu'un nouveau ministre lui fit espérer plus de succès.

Pendant que ces démarches étaient publiquement connues, le bruit se répandit à Marseille, que le Parlement prenait secrètement, dans Aix, une procédure contre cette ville. Le curé d'un village voisin venait d'être décrété de prise de corps dans une procédure du même genre, enlevé par cent soldats, traduit en plein jour, et renvoyé sur ses réponses, tellement son innocence fut reconnue, en l'état d'un décret d'assigné pour être ouï. Ce curé était citoyen de Marseille. Un de ses paroissiens, impliqué dans une autre procédure de la même nature, venait d'être arrêté dans Marseille, et le peuple l'avait délivré; on craignit que le Parlement, sur le point d'être dépouillé, ne se hâtât de condamner les accusés. Une inspiration soudaine s'empare du peuple, il s'assemble, demande des armes à la municipalité, et se rend à Aix pour délivrer les prisonniers, comme autrefois, l'on partait pour les croisades.

M. de Caraman, qui avait connu le danger d'arrêter ce mouvement populaire, se borna sagement à le diriger. M. l'abbé de Beausset se mit à la tête du peuple afin de le contenir. et choisit deux citoyens honnêtes pour le seconder. Les habitants d'Aix reçurent la croisade avec des transports de joie. Soixante-trois prisonniers furent délivrés: la petite armée les ramena le même jour à Marseille, sur des chariots ornés de guirlandes. La milice les reçut hors des portes de la ville, en formant la haie. Un peuple immense était placé en amphithéâtre sur toutes les avenues; les soldats portaient au bout de leurs fusils des tronçons de chaînes brisées ou des carcans enlevés sur la route; les prisonniers levaient les mains au ciel et bénissaient leurs libérateurs; les larmes coulaient de tous les yeux; jamais Marseille n'avait eu de fête plus intéressante. L'armée reçut l'ordre de défiler devant le portrait du roi que l'on mit sous un dais dans la salle du conseil. Là, toutes les armes furent déposées en un monceau; des aumônes abondantes furent reeueillies pour les prisonniers; et les citoyens d'Aix, qui les avaient acaccompagnés, reçurent en présent un drapeau d'union de la ville de Marseille.

Croiriez-vous, Messieurs, que cette fête triomphale est encore l'un des objets de la procédure du prévôt? Les deux citoyens qui accompagnèrent l'abbé de Beausset, sur sa demande, et dont l'un donna le conseil de faire déposer les armes devant le portrait du roi, ont été décrétés de prise de corps. Ils sont tous deux dans les fers. M. l'abbé de Beausset aurait été lui-même décrété, s'il n'était, à ce qu'on dit, parent du prévôt. Non, je ne pardonnerai jamais à celui, qui, flétrissant par des décrets cette époque intéressante des annales de Marseille, n'a pas trouvé les motifs d'excuser les fautes du patriotisme, ou si l'on veut, le délire de la sensibilité!

Je vous ai parlé, Messieurs, des tentatives de la députation de Provence auprès des nouveaux ministres; son espérance ne fut pas trompée. Pendant que les Marseillais délivraient les prisonniers, nous fîmes révoquer les juges; nous obtînmes plus encore; la bienfaisance du roi le porta à accorder une amnistie générale, pour tous les troubles qui avaient eu lieu jusqu'alors en Provence. Tout fut remis, tout fut oublié. Ce fut au prévôt-général que la connaissance des émotions populaires de la Provence fut exclusivement accordée.

Ici, Messieurs, je ne fais qu'une seule réflexion ; mais elle est sans réplique. La plus grande partie de la procédure du prévôt, porte sur des faits antérieurs à l'amnistie. Il a envoyé une partie de ses procédures au comité des rapports ; et toutes les dépositions qu'il a choisies de préférence pour nous donner une idée des crimes des accusés, ne sont relatives qu'à l'assemblée du 23 juillet. Sa procédure entière est donc une iniquité et un abus de pouvoir.

Mais avant de coarcter les chefs d'accusation que je formerai contre lui, j'ai encore à vous faire connaître des faits importants.

Marseille, qui n'avait qu'une milice irrégulièrement formée, surchargée d'officiers et presque sans soldats, sentit le 23 juillet, plus vivement que jamais, la nécessité de la mieux organiser, comme on reconnaît au moment du danger le besoin des armes. D'un autre côté, l'établissement des milices nationales qui se formèrent alors par tout le royaume, présentait plusieurs modèles à suivre, et augmentait chaque jour les regrets des bons citoyens. Une autre circonstance dirigea encore l'attention publique sur cet objet.

Le conseil des trois ordres avait été remis en exercice ; (c'était la véritable commune dé Marseille) ; il pensait que l'ancien conseil municipal n'avait plus aucun pouvoir, et il voulut s'occuper de la milice que ce conseil avait établie. Différentes motions furent faites ; (les unes tendaient à casser la milice, et à la former par districts ; les autres, à augmenter simplement le nombre des compagnies, et à choisir des capitaines, qui, jouissant de la confiance publique, pussent trouver des volontaires. Quelques-unes tendaient à réformer simplement une grande partie des officiers, qui, n'ayant pas plus de quinze à vingt ans, ne devaient pas commander à des hommes.

Cette milice présentait encore d'autres dangers. Elle avait été formée dans le moment où le parti populaire s'était vu forcé de fléchir sous le poids d'une armée. Plusieurs des capitaines étaient connus par des relations intimes avec des hommes que l'opinion publique plaçait dans le parti contraire à la révolution, et presque tous les lieutenants étaient les amis, les créatures des capitaines. Un tel corps, quoique composé de beaucoup d'honnêtes citoyens, n'était rien moins qu'une milice nationale ; et lui livrer exclusivement la force publique, paraissait une de ces fautes que la confiance peut absoudre, mais que la prudence condamne.

Dans le même temps, on publia des écrits sur cette importante question. Une matière soumise aux délibérations du conseil, n'était pas sans doute interdite aux discussions des gens de lettres. On verra bientôt que les deux auteurs de ces écrits innocents ont été décrétés de prise de corps.

Enfin, M. de Caraman cherchait lui-même des moyens de réformer la milice de Marseille ; mais écoutant tous les partis, il renonçait, le soir, au plan qu'il avait adopté le matin, et deux avocats qu'il avait consultés, deux avocats qu'il avait appelés auprès de lui, et dont il loue la modération et le patriotisme, ont été décrétés comme tous les autres.

Je n'ai pas besoin de vous faire observer, Messieurs, qu'une question qui intéressait aussi essentiellement la sûreté de la ville de Marseille, devait être l'objet des conversations publiques et particulières. Qui aurait pu penser, dans ce moment, que ces conversations deviendraient un crime ? Qui aurait pu croire que l'on emploierait bientôt l'inquisition la plus révoltante pour découvrir les auteurs de ces propos, et de ces décrets de prise de corps pour les punir ?

Nous touchons à cet instant. On ne put parvenir, dans le conseil des trois ordres, à délibérer sur aucune des motions dont la milice était l'objet. Les officiers de cette milice environnaient le conseil ; les échevins éludaient les délibérations ; des capitaines étaient conseillers de ville ; une épée fut même tirée dans le conseil contre l'auteur d'une motion. Les esprits s'aigrirent. La milice avait mis de l'amour-propre à rester telle qu'elle était formée ; la journée funeste du 19 août lui prépara bientôt d'éternels regrets.

Ce jour-là, une affiche fut trouvée au coin d'une rue, portant invitation aux citoyens de se rendre, à quatre heures du soir, à une place appelée La Tourette, qui touche au fort de Saint-Jean. La milice regarda cette affiche comme un défi ; elle prit aussitôt les armes, prépara des cartouches ; et ses menaces annoncèrent tous les malheurs que l'on devait craindre, ou d'un dessein prémédité, ou de l'amour-propre et de l'impatience.

A midi, M. de Caraman fit imprimer une affiche pour annoncer au public qu'il allait s'occuper sans relâche de la formation de la garde bourgeoise. Cette pièce est au comité des rapports ; mais dans l'instant même qu'on l'affichait, des lieutenants de la milice s'opposèrent à sa publication.

A trois heures, le fils de M. de Caraman alla s'assurer par lui-même, qu'il n'y avait pas d'attroupements à La Tourette ; mais la milice se croyait bravée, elle s'obstina à s'y rendre : sans doute, elle ne prévoyait pas par elle-même les suites de cette imprudence.

Qui trouva-t-elle sur le champ de bataille ? des ouvriers qui travaillaient et qu'elle voulut chasser ; des enfants qui la huèrent, en voyant maltraiter ces ouvriers, des gens qui buvaient sous des cabanes, quelques curieux au coin d'une rue ; en tout, moins de cent personnes.

La milice prétend qu'on lui jeta quelques pierres ; mais les échevins, dans un récit qu'ils ont fait publier, regardent ce fait comme douteux. Eût-on jeté des pierres, la milice fit feu sans en avoir reçu l'ordre. Un citoyen fut percé de trois balles et resta sur le carreau. Mais bientôt la milice se débanda d'elle-même, et l'indignation publique ne lui laissa plus d'asile. Des huées suivirent les fuyards jusqu'à ce qu'ils fussent cachés ; plusieurs d'entre eux furent même obligés de céder leurs habits et leurs armes au peuple qui les arrachait.

Ne croyez pas, Messieurs, que les torts dont je viens de parler soient communs à toute la milice. Dès le lendemain, vingt-huit capitaines, sur soixante, donnèrent leur démission, et refusèrent de servir dans un corps qui avait perdu le droit de défendre les citoyens. Plus de deux cents lieutenants suivirent leur exemple.

Mais un événement imprévu répandit, le même jour, la consternation dans la ville entière. Le peuple, toujours exalté dans ses vengeances, le peuple, sur lequel les scènes dramatiques ont un si dangereux pouvoir, portait dans les rues le cadavre du citoyen qui avait été tué à La Tourette. On le déposa tour à tour dans le corps-de-garde de la milice, devant l'hôtel du commandant, et dans la maison du sieur Laflèche, l'un des échevins. Là, des brigands s'introduisirent; aucun vol, dit-on, ne fut commis, mais les meubles d'un salon furent incendiés; les troupes du roi entrèrent sur le champ dans la ville, et saisirent dans la maison du consul, vingt-trois coupables.

C'est alors, Messieurs, c'est pour ce funeste événement que le prévôt-général a été appelé à Marseille ; vous allez voir quelle a été sa conduite.

Le premier chef d'accusation que je forme contre lui, c'est d'avoir choisi pour procureur du roi et pour assesseur, les sieurs Laget et Miollis, avocats de Marseille, qui, l'un et l'autre étaient lieutenants de la milice; qui, l'un et l'autre s'étaient trouvés à l'affaire de La Tourette, et dont peut-être la main imprudente avait tué ce malheureux dont le prévôt devait venger l'assassinat.

Il me serait facile de prouver, Messieurs, que la procédure du prévôt, sous quelque rapport qu'on la considère, ne pouvait pas être indépendante de l'intérêt de la milice. S'agissait-il d'informer sur la mort du nommé Garcin? La milice était partie, accusée, et peut-être coupable; comment deux chefs de cette milice pouvaient-ils informer de ce délit? Fallait-il laisser ce crime impuni, comme l'a fait le prévôt, se borner à poursuivre contre les insultes faites à cette milice, lorsqu'elle revint de La Tourette? rechercher tous les propos tenus contre elle, depuis un mois, et décréter cent citoyens pour leurs opinions et pour leurs pensées ? La milice était, sous ce rapport, accusatrice et partie; on ne pouvait d'ailleurs séparer la conduite de la milice, des insultes qui n'en avaient été que la suite. Le prévôt eût-il borné ses poursuites aux incendiaires, un crime commis à la suite d'un autre, n'était-il pas nécessairement modifié par la cause qui l'avait fait naître ?

Mais sur ce chef d'accusation, comme sur tous les autres, je n'ai besoin que des mémoires du prévôt pour le condamner. Voici ses propres expressions dans sa lettre à l'Assemblée nationale du 9 novembre :

« Appelé à Marseille... je ne pouvais espérer de rétablir la tranquillité,
« sans rétablir toutes les autorités outragées... soit par des menaces, soit
« par des voies de fait, soit par des écrits séditieux.... *Je regardais comme*
« *une autorité légitime, la troupe citoyenne... J'ai regardé comme un délit*

« *les attentats commis contre cette autorité... Il n'est aucun décret qui*
« n'ait été provoqué contre la violation de ces principes. »

Que pourrais-je ajouter maintenant, qui diminuât l'impression que de
tels principes feront sur vous, Messieurs! Le prévôt informe sur la milice,
contre les détracteurs de la milice, contre les insultes faites à la milice : et
il s'associe deux juges de cette milice, et il place les parties mêmes sur le
tribunal! Qu'on me cite un peuple encore barbare, où de tels principes ne
fussent pas en horreur !

Le second chef d'accusation contre le prévôt, c'est d'avoir informé sur des
faits antérieurs à la déclaration du roi, portant amnistie pour la Provence.

Ici, les mémoires du prévôt et l'extrait des procédures qu'il a envoyées,
suffisent encore pour le juger.

Il dit dans ces mémoires, qu'il a voulu rétablir les autorités depuis longtemps usurpées, méconnues, nulles, et outragées soit par des écrits, soit par
des assemblées illicites et prohibées.

On voit par l'extrait de sa procédure, qu'il a principalement informé sur
l'Assemblée du 23 juillet, qu'il a décrété le sieur Chompré, qui, *depuis*
quatre mois, était absent de Marseille; qu'il a pris pour base de sa procédure, les lettres que ce dernier écrivait à sa femme dans les mois de juin
et de juillet, et qu'il a prétendu le convaincre qu'il était l'auteur des premiers troubles de Marseille, parce qu'il écrivait à son épouse la phrase qui
suit : « Les lettres de Marseille, d'ici à mon départ, m'apprendront si mes
« concitoyens ont perdu le courage que je leur avais inspiré dans des temps
« où je risquais réellement, et si maintenant ils ont secoué la chaîne pe-
« sante du Parlement et des ministres. »

Voilà, Messieurs, quelle est la logique du prévôt. Les députés de Marseille
attesteront qu'il n'y a point eu d'émotion populaire dans cette ville, qui ait
été relative au Parlement et aux ministres. Le sieur Chompré veut parler
de son courage à dénoncer, et le Parlement, et l'intendant dans les assemblées primaires... et ce courage, selon le prévôt, est une preuve de sédition!
Et ce courage rend le sieur Chompré complice des émeutes dont il ne parle
point, dont sa phrase même ne permet pas de supposer qu'il veuille parler,
et dont le prévôt, après la déclaration du roi, du mois d'août, ne pouvait
informer sous aucun prétexte !

Voilà certes, Messieurs, un abus de pouvoir bien caractérisé; et les ministres qui connaissent une telle procédure, ne s'empressent pas de la casser!
Et les commissaires du roi ne peuvent pas empêcher de pareils abus ! Et
un tel juge renvoyé par vos décrets au Châtelet, résiste encore, dispute,
conserve sa place, trouve des apologistes même dans votre sein, même parmi
ceux qui n'ignorent pas qu'il abuse de sa place et de ses pouvoirs !

Le troisième chef d'accusation contre lui, c'est d'avoir regardé comme
des délits, des actions indifférentes, ou évidemment permises, ou dignes
d'éloges; d'avoir fait un crime aux citoyens de Marseille, des principes que

l'Assemblée a souvent consacrés, des témoignages de zèle et de patriotisme auxquels elle n'a pas été insensible ; enfin, d'avoir donné l'exemple d'une conduite qui rendrait la révolution actuelle impossible dans toutes les provinces où de pareils juges exerceraient une semblable inquisition.

Les pièces remises au comité des rapports présentent une foule de preuves de cette accusation importante. Mais, que n'ai-je sous les yeux cette procédure que l'on s'obstine à cacher, et, je ne crains pas de vous le prédire, que vous n'aurez jamais ! Là, vous verriez des séances entières d'un interrogatoire, consacrées à demander à un accusé ce qu'il entend par ARISTOCRATIE..... ce que c'est qu'un ARISTOCRATE ; ou à le convaincre qu'il a donné six liards à des enfants pour leur faire crier : VIVE LE ROI, VIVE LA NATION ; ou bien, à lui faire rendre compte des actions journalières les plus indifférentes. Le prévôt interroge les vivants, comme en Egypte on interrogeait les morts : QU'AS-TU FAIT DU TEMPS ET DE LA VIE ? Là, vous verriez l'explication d'une conversation singulière que je vais vous rapporter, d'après la lettre de M. Lejourdan, conseiller de l'amirauté, décrété d'ajournement dans cette procédure, mais qui n'en est pas moins l'un des citoyens les plus considérés de Marseille, l'un des avocats les plus estimés de la province, j'en atteste, sans exception, toute la députation provençale.

« M. le prévôt, dit-il, envoya chez moi dès que je fus ici, pour traiter de
« conciliation, et Miollis, son assesseur, a été son négociateur ; tout ce qu'il
« a pu gagner jusqu'ici, a été de me faire consentir à une entrevue avec
« M. de Bournissac ; je n'ai pas eu à me plaindre de ses politesses, mais j'ai
« été indigné de ses principes et de son peu de respect pour l'Assemblée
« nationale. Il a, dit-il, un arrêt du conseil, qui l'autorise à tenir ses séances
« dans le fort, et de là conclut qu'il n'est pas lié par les décrets de l'Assem-
« blée. *Je ne connais*, me disait-il, *d'autorités légitimes que celles qui
« subsistaient avant qu'on eût bouleversé le royaume*. Je ne suis subordonné
« ni au Parlement, ni à l'Assemblée nationale : je ne connais que le roi et
« ses ministres. — Voilà ce qu'il s'est permis de me dire. Aux observations
« que je lui fis sur l'Assemblée nationale, il me dit que *cette autorité était
« sans principe* ; je l'interrompis en lui disant : *ajoutez et sans bornes*. »

Oui, Messieurs, je ne cesserai de le répéter, que n'avons-nous sous les yeux cette procédure invisible, incommunicable ! Vous y trouveriez bientôt le vrai sens de plusieurs anecdotes très-singulières, si elles ne sont pas entièrement inexplicables. Il n'y a sans doute rien d'étonnant que le commandant de la province continue à loger dans le fort Saint-Nicolas ; que depuis quinze jours on y ait transporté une grande quantité de meubles ; qu'on y joue la comédie, pour amuser les personnes qui l'habitent, et que des ouvriers prétendent avoir reconnu les domestiques d'un certain personnage, que je m'interdis de nommer. Mais ce que je ne puis concevoir, c'est que dans le même temps, un des jurisconsultes les plus distingués du Parlement d'Aix, ait pu écrire le fait suivant :

« J'apprends que le prévôt-général a décrété, à Carces, le commandant de
« la milice, qui par ordre des officiers municipaux, voulut s'assurer que
« quatre particuliers escortant une belle voiture, faisant écarter tout le
« monde et éteindre les lumières sur leur passage, étaient effectivement
« des cavaliers de maréchaussée venant de Marseille, et passant par cette
« route très-détournée, pour se rendre à Nice. Il n'y a eu ni émeute, ni
« voies de fait, et l'officier commandant la milice est décrété; il attend
« d'avoir copie de la procédure pour faire sa dénonciation à l'Assemblée
« nationale. Vous pouvez compter sur l'exactitude du fait, duquel je vous
« réponds. »

Quelle était cette belle voiture? Quel était l'objet de cette escorte donnée
par le prévôt? Pourquoi les voyageurs choisissaient-ils une route aussi
détournée? Quel intérêt avait-on d'éloigner les passants, d'éteindre les
lumières? Tout cela n'est peut-être rien, mais c'est peut-être aussi quelque
chose, et le décret rendu contre le commandant d'une milice, est
sans doute un incident grave. Mais ne cherchons point à pénétrer ce
mystère, ni à lier cet événement systématique de la procédure; ne jugeons
des motifs et de la conduite du prévôt, que par les pièces que nous avons
de lui.

Observons toutefois, en passant, (et puissions-nous n'être pas forcés d'y
revenir!) que le 12 du mois courant, le conseil municipal de Marseille a
invité dans sa délibération, *tous les Français qui ont quitté leur patrie, à
rentrer dans les murs de Marseille; qu'il les met sous la sauvegarde de la
nation, de la loi et du roi, et leur promet entière sûreté.* Cette pièce a été
envoyée à tous les ministres. Je reviens à la discussion des faits.

Je vous ai annoncé, Messieurs, que le prévôt avait informé contre les
assemblées tenues chez le sieur Arquier, le 23 juillet. Le cahier des dépositions est au comité des rapports. Voici comment le prévôt s'exprime sur
cette assemblée et sur la délibération qui y fut prise, dans sa lettre du 22
décembre aux représentants de la nation:

« Il est notoire, — dit-il, — que les sieurs Robecqui, Paschal et Gras-
« set, n'ont jamais eu d'autre qualité que celle de commissaires du peuple,
« qui leur fut donnée *dans des assemblées illicites et séditieuses,* et
« qu'une cabale menaçante leur fit confirmer dans un conseil illégal. Il
« n'est que trop vrai qu'ils ont eu cette qualité, et qu'ils ont agi en consé-
« quence aux dépens de la tranquillité publique et de la qualité de
« citoyen. »

Eh bien, Messieurs, voici cette délibération *séditieuse, illégale,* pour
laquelle huit citoyens ont été décrétés, et que le prévôt présente lui-même
comme un échantillon de sa procédure! La première motion que l'on fit
dans l'assemblée, a été de demander à l'honorable conseil des trois ordres,
que Marseille, l'une des premières villes du royaume, adhérât aux délibérations prises par les villes de Lyon, Grenoble, Nantes et Nîmes; qu'en

conséquence, on réclamât de la nation, la condamnation solennelle des ministres prévaricateurs, et des agents civils et militaires du despotisme, afin que leur punition servît à jamais d'exemple, à ceux qui pourraient être tentés d'écraser la nation sous les chaînes de l'esclavage; et de plus, de dénoncer les coupables auteurs des maux arrivés récemment dans la capitale, tels que Barentin, Villedeuil, Lambesc, la famille Polignac, et autres que l'opinion publique a flétris.

« Le quatrième vœu a été que M. le comte de Caraman, soit supplié de « faire déplacer les canons des forts, qui semblent accuser une ville dont la « fidélité ne doit jamais être suspectée, et qui ne craint que d'affliger son roi. « Et quant aux troupes, quoiqu'elles n'inspirent aux citoyens que des sen- « timents de confiance, les priviléges de Marseille, s'opposant à ce qu'elles « soient logées dans les maisons des particuliers, le vœu de l'assemblée « est, que M. le comte de Caraman soit supplié de les écarter de Marseille « et de son territoire. »

Si l'on se transporte à l'époque où cette délibération a été prise, on verra que les citoyens de Marseille exprimaient modestement des vœux; qu'un danger, il est vrai, bien plus certain, bien plus imminent nous ferait énoncer avec plus d'énergie.

La délibération est terminée par ce trait remarquable :

« Et, à l'instant, tous les membres de l'assemblée ont unanimement « juré, en présence du Dieu vengeur des crimes, au nom de la patrie et sur « l'autel de la liberté, de s'unir inébranlablement à la cause publique, et « de verser jusqu'à la dernière goutte de leur sang, plutôt que de souffrir « qu'il soit porté la moindre atteinte aux droits de la nation ; déclarant « inviolables et sacrées les personnes des citoyens, et notamment celles des « commissaires qui sont nommés pour la rédaction des présents articles; « regardant comme infâmes, traîtres à la patrie, et livrant à la vindicte « publique les agents d'une justice corrompue, qui porteraient sur eux une « main sacrilége... il a été de plus arrêté, qu'il serait envoyé une adresse « de remerciements à l'Assemblée nationale et à la ville de Paris, en la per- « sonne de M. Bailly... A l'instant où la séance allait se terminer, un aide- « de-camp de M. de Caraman est venu porter, de sa part, des nouvelles de « la capitale, dont lecture a été faite à l'assemblée, qui a témoigné sa satis- « faction par des applaudissements redoublés et les cris de VIVE LA NATION, « VIVE LE ROI, VIVENT NECKER ET CARAMAN. »

Vous la connaissez à présent, Messieurs, cette pièce séditieuse pour laquelle le prévôt a lancé ses décrets. Huit des commissaires qui l'ont rédigée, sont au nombre des coupables; trois d'entre eux sont dans les cachots. Vous la connaissez, cette pièce, et sans doute, vous n'êtes plus étonnés que le rapporteur de cette affaire ait commencé par vous déclarer que vous ne deviez prendre aucun intérêt aux accusés! Ces hommes ont osé voter des remerciements pour les représentants de la nation ! ils ont juré de lui être fidèles : à deux cents lieues de nous, ils ont porté nos craintes, notre courage, nos périls! Qu'ils périssent! Eh! qu'importent leur salut ou leur ruine? Sont-ce là des citoyens qu'il faille soutenir? ne doit-on pas plutôt leur apprendre à obéir, à souffrir et se taire?... Que ceux qui pensent ainsi soient satisfaits! cet élan, ce délire du patriotisme n'est plus à craindre : l'intervalle de quelques mois, une procédure, un seul juge, ont fait d'une ville généreuse et libre, une ville tremblante et désolée. L'abattement, le désespoir concentrés, ont remplacé, à Marseille le courage; la tyrannie y a étouffé jusqu'au désir de la liberté.

Faut-il, Messieurs, une foule d'autres traits pour montrer que le prévôt-général ne cherche qu'à poursuivre les bons citoyens; qu'il ignore, ou feint d'ignorer nos principes, et que notre langue est pour lui une langue étrangère, un idiôme inconnu? Je n'ai besoin que de renvoyer aux pièces du comité des rapports. Le prévôt avoue lui-même qu'il a décrété le sieur Brémond, avocat, de prise de corps, pour deux faits séditieux; il a envoyé les pièces qui constatent le corps du délit. Qu'on les lise et qu'on y trouve une seule idée, un seul principe, une allégation que l'on puisse, je ne dis pas punir, mais condamner, mais censurer, refuser de louer? Je me trompe, Messieurs, voici le passage coupable de la seconde lettre qui a fait remettre sur le champ en prison l'accusé, d'abord élargi, sur le décret rendu pour la première :

« Ah! si je parlais à mes concitoyens, dit le sieur Brémond, je leur tiendrais ce langage au nom de l'honneur et de la patrie : Les chefs de la garde bourgeoise sont illégalement constitués, je le sais, je l'ai dit. Mais qu'importe? marchons sous leurs drapeaux; ces chefs ne sont-ils pas nos frères? n'ont-ils pas les mêmes intérêts à défendre? doutez-vous qu'ils ne soient les premiers à montrer l'exemple de la soumission, quand l'Assemblée daignera nous transmettre le décret qui constitue les gardes citoyennes? La nôtre est insuffisante; eh bien! que notre réunion la rende nombreuse, active et puissante.

« Si les citoyens, continue-t-il, sentaient tous comme moi, la nécessité de cette heureuse coalition, ils ne balanceraient pas à sacrifier leur amour-propre, à l'amour de la patrie. Quelle différence entre la position où nous sommes, et celle où nous pouvons nous trouver! Le calme règne dans nos murs; mais hélas! c'est celui de la défiance. Cette cérémonie auguste, qui fut dans toutes les villes un sujet de joie et de fête, ne fut, à nos yeux, qu'un appareil lugubre. Ce majestueux moment où les troupes et la garde bourgeoise prêtèrent le serment fédératif d'obéir à la nation, au roi et à la loi, ne parut aux citoyens qu'une promesse fatale de faire divorce avec eux. Et comme tout devait assortir ce spectacle superbe en des jours heureux, mais affligeant en ces instants de deuil, on eut l'indécence d'insérer dans le procès-verbal de cette journée, l'historique du DINER, pris par nos échevins et quelques capitaines, chez monsieur le commandant. Le secrétaire rédacteur de ce procès-verbal, *eut la barbare bêtise de dire que ce dîner avait été très-gai.* »

Voilà, Messieurs, cette lettre si coupable, en voici le post-scriptum :

« Eh bien, avais-je tort, et l'*événement survenu à Toulon, ne justifie-t-il pas mes craintes? Peut-on révoquer en doute l'existence du projet d'une contre-révolution?* Citoyens, si ceci ne vous décide pas à marcher sous les « drapeaux de la patrie, vous ne méritez pas les bienfaits de l'Assemblée « nationale : vous êtes indignes de la liberté. La garde bourgeoise a fait, « avant-hier, le don de ses boucles à la nation ; ce trait est digne d'éloges ; « mais ce qui lui fait autant d'honneur, c'est d'avoir rejeté, avec mépris, « une espèce de mémoire, dans la même séance, et dans lequel il était, « m'a-t-on dit, question de combattre la défense des trois citoyens, retenus « en charte-privée au Château d'If, d'autorité du prévôt, contre la dénon- « ciation faite par M. de Mirabeau à l'Assemblée nationale. *Les vexations* « *de ce magistrat trouvent donc des partisans, lors même qu'elles font frémir* « *tous les bons citoyens!* »

Je demande maintenant, quel a été le prétexte du décret de prise de corps décerné par le prévôt? Est-ce parce que l'auteur a appelé *barbare- ment bête,* celui qui vantait la *gaîté* d'un dîner, où les cris d'une foule de citoyens, chargés de fers, dans la citadelle, pouvaient retentir aux oreilles des convives? serait-ce parce qu'il a révélé les vaines tentatives que l'on a faites pour soutenir le prévôt contre les adresses de dix-huit corporations qui l'ac- cusent d'oppression et de tyrannie? serait-ce parce qu'il a présenté l'affaire de Toulon comme une preuve de la possibilité du projet d'une contre-révo- lution, et comme un nouveau motif d'union, de ralliement, de concorde? ou plutôt, ne serait-ce pas parce que, faisant un hymne à la paix, il a in- vité et conjuré ses concitoyens d'oublier tous les motifs de dissension et de se joindre à la milice actuelle, quoique illégalement composée, pour former un corps redoutable aux ennemis du bien public.

Oui, Messieurs, ne vous y trompez pas, ce motif est le seul qui ait pu déterminer le décret du prévôt : tout autre prétexte serait trop frivole. Si le prévôt poursuit ceux qui ont fait des motions dans le conseil, pour réformer la milice, parce qu'il la regarde comme une autorité légale, il ne poursuit pas avec moins d'activité, ceux qui, non-seulement veulent la laisser subsister, mais l'augmenter, la régénérer, faire d'un corps débile, un corps vigoureux.

Quels sont donc les motifs d'une telle conduite? je l'ignore; la triste expé- rience de l'avenir nous l'apprendra, mais peut-être trop tard. Je sais que mille obstacles secrets empêchent, depuis longtemps, à Marseille, l'établis- sement d'un véritable corps de milice. Je sais que M. Dandré, commissaire du roi, avait formé le dessein de commencer ses opérations par cet objet important, et qu'il s'est vu contraint d'y renoncer; je sais enfin, que le 31 décembre, un conseiller de ville, que plusieurs des membres de cette assem- blée ont honoré de leur bienveillance pendant son séjour à Paris, ayant fait adopter au conseil une augmentation de soixante compagnies, a obtenu un décret de prise de corps pour prix de son zèle, et qu'aussitôt, c'est-à-dire le 5 novembre, M. de Caraman écrivit une lettre au conseil, pour suspendre tout changement à cet égard.

Voici, dans quelles expressions, le sieur Lieutaud s'exprima au milieu du conseil assemblé.

Dans ce discours, dont l'orateur donne lecture, le citoyen Lieutaud terminait par ces mots :

« Nos dangers ne sont pas à leur terme : sans exagérer les craintes, ne « négligeons pas les précautions. Eh ! quelle serait notre déplorable situation, « s'il fallait résister aux ennemis de la patrie ? quelles forces opposerions-« nous à leurs entreprises ? sont-ce des capitaines sans soldats, ou des « soldats sans capitaines, les uns trop peu nombreux pour attaquer, les « autres trop indisciplinés pour se défendre ? Que ne formons-nous de « ces membres épars un corps formidable, resserré par les liens du patrio-« tisme et de la fraternité ? »

Cette pièce, reprend Mirabeau, est au comité des rapports ; elle contient le délit qui a mérité un décret de prise de corps à son auteur, et est aussi un irréprochable témoin des vexations inouïes qu'éprouve le parti populaire dans une ville que votre sagesse seule peut sauver.

La lettre de M. de Caraman, du 5 novembre, est véritablement faite pour servir de pendant à cette pièce : « Il serait inutile, dit le commandant de « la province, de penser à changer un établissement approuvé par le roi... « La milice actuelle a *mille sept cents officiers* ; si chaque lieutenant et « sous-lieutenant étaient avertis, huit jours d'avance, de celui où ils de-« vraient monter la garde, ils pourraient s'engager à trouver, dans ce délai, « *chacun un volontaire, qui serait leur parent, leur ami, leur ouvrier, ou une* « *personne qui leur serait attachée...* C'EST LA TOUT CE QU'IL FAUT « POUR LA VILLE. »

Je m'abstiens de toute réflexion. Je veux croire aux bonnes intentions de M. de Caraman ; mais ne serait-il pas lui-même trompé par les intrigues qui retiennent des troupes nombreuses dans une ville sans milice, dans une ville frontière, dans une ville, frappée depuis trois mois, du triple fléau de l'inquisition armée, judiciaire et prévôtale ?

Je passe au quatrième chef d'accusation que j'ai à former contre le sieur Bournissac. C'est d'avoir adopté des principes évidemment faux, qui de-vaient nécessairement l'égarer, qui devaient changer sa procédure en un cours d'oppression et de tyrannie.

Et pour démontrer mon assertion, je n'ai besoin que de vous rappeler sa lettre du 9 novembre à l'Assemblée nationale. Le rapporteur a présenté cette pièce comme une justification : je la regarde, moi, comme un monu-ment de délire et d'absurdité.

« Dans le désordre inconcevable, dit-il, où je trouvais Marseille, mon
« premier soin fut de chercher les autorités légitimes, pour les faire res-
« pecter. Je ne pus méconnaître celle de M. de Caraman, de MM. les maires,
« échevins et assesseurs, celle du conseil municipal, établi par des arrêts
« du Conseil et du Parlement. Je regardais comme une autorité légitime les
« troupes citoyennes, les tribunaux de justice et tous leurs subordonnés
inclusivement. *Après avoir établi cette base de mes opérations, j'ai qualifié
de délit tous les attentats commis contre ces autorités. Voilà mes principes.*
Il n'est aucun décret qui n'ait été provoqué par leur violation. »

Ainsi, Messieurs, raisonnent les tyrans! ainsi parlent ces hommes barbares, ces inquisiteurs féroces, qui regardant un Dieu de paix comme une
AUTORITÉ susceptible de haine, et toutes les opinions contraires à cette
AUTORITÉ, comme des attentats, punissent les pensées, épient les sentiments, et allument les bûchers du fanatisme avec les torches de la vengeance !

Le maire de Marseille et son assesseur, étaient des AUTORITÉS : mais
depuis quelques mois, ils avaient pris la fuite ; mais ils redoutaient l'o-
pinion publique; la ville entière était donc coupable: la ville entière
devait être décrétée.

Les échevins étaient une AUTORITÉ: il fallait donc punir les commissaires
nommés par le conseil des trois ordres, qui voulaient publier, malgré les
échevins, le rapport des comptes de l'administration dont la commune les
avait chargés. Aussi, des décrets ont-ils été rendus contre ces commissaires.

Le conseil municipal était une AUTORITÉ: il fallait donc punir tous ceux
qui se plaignaient des abus des anciennes municipalités, qui en désiraient
la réformation, qui répétaient dans les provinces les principes de l'Assemblée nationale. Il fallait donc poursuivre les membres du conseil des
trois ordres, qui, à l'époque du 19 août, remplissaient les fonctions de l'ancien conseil. Aussi, plusieurs membres de l'assemblée des trois ordres ont
été décrétés.

La milice bourgeoise était une AUTORITÉ: il fallait donc mettre au nombre
des coupables, tous ceux que l'assassinat du 19 août avait révoltés contre
cette milice ; le peuple entier, dont l'indignation et les cris l'avait mise en
fuite ; tous ceux qui, désirant la réformer, avaient écrit sur ce sujet important, l'avaient discuté dans les cercles, dans le conseil, dans les assemblées
publiques. Aussi, plus de cent décrets ont-ils été rendus en faveur de
cette milice.

Enfin, les tribunaux de justice étaient des *autorités légitimes!* Ce n'est
point de la sénéchaussée de Marseille, tribunal respectable, également chéri
de tous les citoyens, que le prévôt voulait parler; l'intendant de Provence
et le parlement étaient les seuls tribunaux que l'on eût énoncés. Il fallait
donc employer toute la vengeance des lois contre les citoyens utiles et courageux, qui, dans les assemblées primaires, avaient eu le courage de ne

dissimuler aucune expression, de ne taire aucun abus. Aussi, que l'on me cite un seul de ces vertueux patriotes que le prévôt ait épargnés : je n'en excepte que deux, et j'ai le bonheur de les trouver dans l'Assemblée. Ils donnèrent l'exemple du courage : une députation en fut le prix ; mais ils conviennent que s'ils étaient à Marseille, ils seraient décrétés comme les autres bons citoyens ; ils s'estiment du moins assez pour croire qu'ils ont mérité de l'être[1].

Voilà, Messieurs, où les principes du prévôt l'ont conduit. Et sa partialité n'est-elle pas évidente ? Il allait à Marseille pour punir un assassinat, pour informer sur un incendie. A peine est-il arrivé, qu'il oublie sa mission : il prend huit procédures, il entend sept cents témoins, rend deux cents décrets, et il n'est point encore content ! Et il ne juge pas depuis six mois des incendiaires, la plupart pris en flagrant délit, quoiqu'il s'agisse d'une procédure prévôtale ! Au lieu de ces brigands, quels sont les citoyens qu'il poursuit ? Tous les habitants d'une ville immense. S'il était impartial, aucun ne serait excepté, d'après ses principes ; car, quels est le citoyen qui n'ait pas manifesté ses opinions contre quelqu'une des *huit autorités* que le sieur de Bournissac veut que l'on respecte, et que nous avons cependant toutes détruites ? Nous n'avons plus ni échevins, ni assesseurs, ni anciennes municipalités, ni intendants, ni parlements, et cent citoyens sont opprimés, et cent mille sont menacés, pour avoir attaqué ces vieilles idoles !

Mais, continuons la lettre du prévôt, et voyez, Messieurs, comment il se trahit lui-même, comment il dévoile la ferveur d'un parti très-puissant qui provoque et soutient sa procédure :

« L'activité, dit-il, avec laquelle j'ai attaqué les coupables, a réduit au « silence leurs complices, en même temps qu'elle a relevé le courage de tous « les citoyens honnêtes. Ils me donnaient chaque jour des *témoignages de* « *leur satisfaction* (peu s'en faut qu'il ne dise des encouragements) ; ils se « félicitaient de voir bientôt le rétablissement de l'ordre, et *j'eusse pu leur* « *en donner l'assurance* (quelle intimité entre un juge et des parties !) si « toutes mes *mesures*, n'avaient été déconcertées (des *mesures*, dans une « procédure criminelle !) par l'introduction, dans le conseil municipal, de plu- « sieurs personnes, connues pour avoir été les auteurs des troubles qui ont « désolé cette ville. »

Oui, Messieurs, les prétendus auteurs des prétendus troubles, ont été nommés par les districts lorsqu'on a renforcé l'ancien conseil. Les accusés eux-mêmes, les accusés détenus au château d'If, ont été nommés par leurs concitoyens ; on savait bien que ce suffrage unanime ne briserait pas leurs chaînes, mais on a voulu porter à ces âmes contristées la seule consolation qui reste aux malheureux, celle de n'être pas oubliés. A leur place, on a désigné des suppléants ; et les parents, les amis des accusés ont été nommés.

[1] Castellanet et Peloux.

Le prévôt nous apprend ensuite, qu'il a *informé contre ses nominations* faites dans les districts, et qu'il en aurait *poursuivi les auteurs*, si l'opinion de M. Dandré n'avait été contraire à la sienne !

Quel est donc le pouvoir du prévôt, puisqu'il prétend même avoir le droit d'infirmer des élections publiques? Que devons-nous espérer de la nouvelle municipalité de Marseille, qui se formera sous de tels auspices?

« Il est aisé de prévoir, continue le prévôt, que les députés admis au « conseil par l'effet de leurs critiques, feront tous leurs efforts pour..... « faire prévaloir leurs opinions..... Les citoyens, amis de l'ordre, en sont « alarmés avec raison : ils voient comme un nouvel orage qui les menace, « l'influence que ceux-là ont déja acquise dans le conseil municipal. »

Que le prévôt se rassure! grâce aux décrets qu'il a rendus contre les conseillers de ville, et dont le sieur Chompré a été saisi au milieu même de ses collègues, à côté du commissaire du roi, et dans le vestibule de la salle de l'Hôtel-de-Ville, le parti populaire, écrasé, n'a plus cette influence qu'il redoutait.

Je passe à un cinquième chef d'accusation, et j'y comprendrai tout à la fois la prévention évidente que le prévôt montre dans ses mémoires contre les accusés, et les abus qu'il s'est permis, ou qu'il a soufferts, soit dans la recherche des délits, soit dans l'emploi et l'exécution de ses décrets.

Il fait saisir le sieur Chompré, le quatorze décembre, à l'issue même du conseil. M. Dandré, commissaire du roi en rend compte de la manière suivante dans le procès-verbal du conseil du 16 décembre : « Je fus, dit-il, sur le champ « entouré des représentants de la commune; les uns, se plaignaient de « ce qu'on arrêtait un membre du conseil dans l'Hôtel-de-Ville; les autres, « craignant que M. Chompré n'eût été arrêté pour ses discours dans le « conseil, me rappelaient que j'avais promis de protéger la liberté des suffra- « ges. Plusieurs dirent qu'ils ne viendraient plus au conseil, puisqu'ils n'étaient « pas libres; plusieurs parlèrent de protestations, de déclarations, et d'autres « démarches qui auraient pu produire de fâcheux effets ; ces supplications « étaient encore appuyées par les larmes et les cris de plusieurs repré- « sentants. »

M. Dandré parle ensuite des démarches qu'il a faites, pour obtenir du prévôt l'élargissement du sieur Chompré, et la réponse qu'il en a reçue. « Il y a, lui dit le sieur Bournissac, des charges graves contre Chompré, et « si l'on connaissait la moitié de ce que je connais moi-même, on ne s'inté- « resserait pas à lui. »

Apprenez, Messieurs, quelles sont ces charges, et voyez le double exemple d'un juge qui décrète sans preuves, et qui pour se justifier, recherche des preuves dans des lettres d'un mari à la mère de ses enfants, dans des lettres qu'il fait enlever chez l'accusé, qui sont sous la garde, sous le sceau de la loi.

« Ces lettres, dit-il, forment un corps de délit; elles prouvent le système

« séditieux qui a dirigé la conduite de l'accusé : c'est un témoignage sans
« réplique ; ledit Chompré l'a si bien senti, qu'il s'est borné à dire que cette
« correspondance était confidentielle entre lui et sa femme, et qu'on ne
« pouvait en tirer aucune preuve. Il a cité votre décret du 5 novembre
« sur le secret des lettres : *je n'ai point entendu parler de ce décret* ; en atten-
« dant, je n'ai pas dû m'écarter des principes du droit public ; *ce n'est pas*
« *ici une violation du sceau, mais une perquisition légale.* Ledit Chompré
« était accusé par la *notoriété* et par le ministère public, d'être un principal
« auteur des séditions populaires, et ses lettres renferment des indices non
« suspects de ses démarches. »

C'est-à-dire, que le prévôt décrète parce que son procureur du roi
accuse ; qu'il décrète sur la prétendue notoriété d'un parti, démentie par
la véritable notoriété publique ; et que pour justifier une telle conduite,
il analyse l'âme et la pensée d'un accusé, dans des lettres que je regarde
comme la preuve la plus complète, je ne dis pas seulement de l'innocence
de cet accusé, mais de son patriotisme et de ses vertus. Ces lettres sont au
comité des rapports : qu'on les commente ! Père de huit enfants qu'il nourrit par la profession des belles-lettres, le sieur Chompré s'y montre tout à
la fois bon époux, bon français, et surtout, bon citoyen de la ville de Paris,
sa patrie. Il raconte, dans ses lettres, les troubles de la capitale, la prise
de la Bastille ; il fait connaître à sa femme les agents de l'ancien pouvoir ;
il en parle, il est vrai, sans respect ; il déclame contre les anciens ministres ;
il rappelle les maux qu'il a soufferts, pour avoir osé dénoncer le Parlement
de Provence et l'intendant, dans sa patrie adoptive.

Je plains l'homme insensible, que ces lettres n'ont pas touché ; j'abhorre
le tribunal qui ose y trouver des crimes.

« Plusieurs jurisconsultes, continue le prévôt, décident que le sceau
« même de la confession *cesse d'être inviolable*, lorsqu'il s'agit d'un crime
« de lèse-majesté. *Comment n'aurait-on pas pu lire les lettres d'un accusé*
« *de lèse-nation ?* »

Oui, les juges de Jeanne-d'Arc décidèrent ainsi ! Voilà les jurisconsultes
du prévôt de Marseille !

Quant au crime de lèse-nation, il est prouvé par ce principe d'une des
lettres du sieur Chompré, que LA SOUVERAINETÉ RÉSIDE DANS LE PEUPLE ;
maxime atroce, sans doute, et digne du dernier supplice, au tribunal des
Jefferies, mais que nous avons tous professé, et pour la conservation de
laquelle nous sommes prêts à verser tout notre sang.

Vous venez de voir, Messieurs, les motifs apparents du prévôt pour
décréter le sieur Chompré ; voici maintenant les vrais motifs, indépendamment de ses anciennes motions dans les assemblées primaires.

Dénoncé dans l'Assemblée nationale, le prévôt s'est empressé de demander un certificat au conseil municipal.

Le sieur Lieutand, conseiller de ville, se proposait de s'opposer à cette demande ; la mort de son père l'ayant empêché de paraître au conseil , le sieur Chompré, lut en son nom, le discours que le sieur Lieutaud se proposait de prononcer dans le conseil ; et deux décrets de prise de corps leur ont appris à l'un et à l'autre, ce que l'on gagne à s'opposer à un prévôt.

Voici , Messieurs, un extrait du discours du sieur Lieutaud :

« Le prévôt-général demande une attestation que le conseil ne peut pas
« lui donner. Comment, en effet, pourrions-nous approuver une conduite
« qui ne s'est manifestée que par des actes de violence, dont la justice ou
« l'injustice ne nous est pas connue , puisque la procédure est secrète?

« La députation dont le conseil l'a honoré , pour suspendre le cours de
« ses procédures occultes, prouve qu'étant instruits qu'il n'avait pas encore
« suivi la nouvelle loi criminelle, nous avons voulu prévenir le malheur de
« voir des citoyens-livrés à l'arbitraire de l'ancien Code.

« Le magistrat, il est vrai, a paru se rendre à nos vœux ; le procès-ver-
« bal de la séance le constate ainsi; mais c'est là l'unique certificat que
« nous ayons à lui expédier. Et ne voyez-vous pas que cette demande insi-
« dieuse, n'est faite par le prévôt que pour le mettre à l'abri des repro-
« ches qu'il a peut-être mérités? Au moment même où il promit de se
« rendre à notre invitation, il suppliait l'Assemblée nationale de priver
« Marseille des faveurs de la nouvelle loi; son tribunal a osé informer contre
« les nominations faites dans quelques districts! Il a décrété des membres
« du conseil pour leurs opinions, il n'a pas craint, par de pareils attentats,
« de manquer à l'autorité de l'envoyé respectable du monarque. Sa conduite
« n'échappera point aux yeux pénétrants qui cherchent à l'approfondir;
« nous verrons alors de quelle nature doit être le certificat que nous expé-
« dierons au prévôt-général. Je conclus à ce que le conseil prononce qu'il
« n'y a point lieu à délibérer, et je requiers l'annexe de mon opinion au
« registre. »

Cette motion, Messieurs, fut adoptée. Le prévôt aurait bien voulu qu'il ne pût rester aucune trace de sa demande; il demanda sa lettre, le conseil délibéra de la refuser.

Je m'étonne que le prévôt de Marseille n'ait décrété que deux conseillers de ville, parmi ceux qui lui refusèrent l'adhésion qu'il demandait. N'est-il pas, aussi, une AUTORITÉ qu'il faut respecter? J'aimerais autant, j'aimerais mieux le voir se venger lui-même, que de venger les autres.

C'est évidemment ce qu'il a fait relativement au sieur Brémond.

Il l'avait d'abord décrété pour une lettre très-patriotique, puis élargi, à la prière de M. Dandré; ce qui prouve, du moins, qu'il n'est pas inaccessible aux prières.

Mais une nouvelle lettre du même auteur, vous la connaissez, Messieurs, fut regardée par le prévôt comme un libelle : son zèle s'échauffe aussitôt; son procureur du roi lui présente, le 9 décembre, une requête qui n'est signée d'aucun adjoint, et demande que le sieur Brémond soit réintégré dans

le fort. Le prévôt l'ordonne, et prend pour assesseur ce même sieur
Mascel, qui comme procureur du roi à la police, informe pour le prévôt,
contre les adresses que vous envoient quatre-vingt mille citoyens, et qui lui
donne des certificats étendus, parce que son information, qui n'est composée que de cinq témoins, ne prouve rien.

Tels sont, Messieurs, les signes de l'oppression combinée que l'on exerce à
Marseille. Le même esprit qui fait lancer les décrets, en dirige l'exécution.
Le sieur Chompré fut saisi dans l'Hôtel-de-Ville; le sieur Brémond dans un
corps-de-garde. Plus récemment encore, un malheureux citoyen, qui recevait
les derniers soupirs de sa femme expirante, vient d'être arraché du lit de
mort de son épouse, des bras de ses enfants, de l'asile inviolable du
malheur !

« Voici, écrit-on de Marseille, le moment qu'on a choisi, pour exécuter
« un décret rendu depuis trois mois, contre le sieur Rainaud, fabricant
« de chandelles, citoyen domicilié, et qui ne cherchait point à prendre la
« fuite. Sa femme, accouchée depuis peu de jours, était atteinte d'une
« fièvre mortelle : avant-hier, elle fut administrée; on fit sortir ses enfants
« de leur pension, pour qu'elle pût les voir encore une fois avant de mourir.
« C'est dans la nuit qui a suivi ce jour de douleur, qu'on a forcé le domi-
« cile du sieur Rainaud. Ce n'est pas tout; les barbares, après s'y être in-
« troduits avec la ruse des renards, s'y sont conduits comme des tigres.....
« Quelques soldats étaient logés chez le sieur Rainaud; à deux heures du
« matin, deux autres soldats ont été frapper à sa porte, à coups redoublés :
« ils feignaient d'appeler leurs camarades au service. Un domestique est
« descendu pour leur ouvrir la porte : aussitôt plusieurs cavaliers de maré-
« chaussée, des soldats de tous les régiments, et plusieurs officiers
« de la garde bourgeoise, sont entrés précipitamment; les appartements
« ont été assaillis, et comme on les a priés de respecter celui qui ne ren-
« fermait qu'une femme mourante : *c'est par celui-là même*, ont-ils ré-
« pondu, *que nous voulons commencer*. Sur le champ, ils en ont forcé
« les portes, et s'élançant vers un lit de douleur, tirant les rideaux qui le
« couvraient, ils n'y ont trouvé que l'agonie, ou la mort. *Le B.....*, ont-ils
« dit, *n'est pas ici : nous le trouverons ailleurs*. Ils n'ont pas eu de peine à
« le découvrir : il ne cherchait ni à fuir ni à faire résistance. On l'a impi-
« toyablement arraché des bras de sa femme et de ses enfants désespérés. »

Je m'arrête, pour vous épargner le tableau de ces horreurs. Vous savez
déjà que la procédure de Marseille est un tissu d'injustices; que sert-il de
vous apprendre qu'elle est un code de férocité?

Heureusement, Messieurs, pour votre sensibilité et pour la mienne, les
détails qui me restent à vous faire connaître, seront différents des faits que
je viens de présenter.

Ceux qui prétendent que le sort de deux cents accusés et les terreurs
d'une ville entière ne sont rien, et ne doivent pas nous intéresser, ceux qui

prétendent qu'un juge oppresseur est invulnérable lorsque, religieux observateur de toutes les formes, il se borne à violer toutes les lois, ceux-là pourraient dire que je n'ai pas encore commencé la discussion de la cause ; mais je crois qu'elle est achevée pour ceux dont la révolution actuelle renferme toutes les espérances, qui en aperçoivent de loin les obstacles, qui voient un intérêt universel caché dans l'intérêt de quelques citoyens, et un procès national dans une simple procédure.

Si l'infraction d'un seul de vos décrets ne peut rester impunie, n'est-ce donc rien que d'opprimer le parti populaire dans une ville entière ; que d'y semer des germes de dissension qui en divisent les forces ; que d'y violer, non un décret isolé, mais vos principes, mais vos maximes, mais l'esprit de toutes vos lois?

Il me sera, cependant, Messieurs, aussi facile de prouver que le prévôt n'a point exécuté vos décrets, que de montrer la tyrannie et les suites funestes de sa procédure.

La première violation que je vous dénonce, c'est l'inexécution de votre décret du 5 novembre, qui fut expressément rendu sur une motion contre le prévôt de Marseille, et j'en forme mon sixième chef d'accusation.

Les sieurs Paschal, Granet et Robecqui, décrétés de prise de corps, avaient présenté dans le mois d'octobre, une requête en récusation contre le sieur Laget, procureur du roi du prévôt, et contre le sieur Miollis son assesseur. Trois membres de la sénéchaussée d'Aix, arrivèrent à Marseille le 27 octobre; ils se joignirent à deux avocats de cette ville, qui étaient sans mission et sans pouvoir; le même jour, la requête en récusation fut jugée, sans observer aucune des formalités prescrites pour les jugements en matière criminelle, par votre décret du 8 octobre. Dix-neuf jours s'étaient écoulés entre votre loi et cette violation. Je vous la dénonçai le 5 novembre. Plusieurs membres de l'Assemblée se plaignirent en même temps de ce que les lenteurs du pouvoir exécutif privaient les peuples du bienfait de vos lois. Vous voulûtes prévenir l'effet de ces lenteurs, et vous rendîtes, le même jour, un décret général pour tout le royaume, qui fut conçu en ces termes :

« Qu'il sera demandé à M. le garde-des-sceaux et aux secrétaires d'État, « de *présenter les certificats, ou accusés de réception, des décrets de l'As-* « *semblée nationale*, spécialement du décret concernant *la réformation de* « *la procédure criminelle*, qu'*ils ont dû recevoir* des dépositaires du pouvoir « judiciaire, et des commissaires départis : et qu'*il sera provisoirement sursis* « *d l'exécution de tout jugement* en dernier ressort, et arrêt, rendus dans la « forme ancienne, par *quelque tribunal ou cour de justice que ce soit*, posté- « rieurement à l'époque où le décret a pu parvenir à chaque tribunal. »

Ce décret fut sanctionné par Sa Majesté. Il forme donc une loi. Elle fut enregistrée le 20 novembre par le prévôt de Marseille.

Or, Messieurs, votre décret n'a cessé, *depuis lors*, d'être violé par ce tribunal. Les juges récusés ont continué de remplir leurs fonctions, en vertu du jugement rendu le 27 octobre, qui déboutait les accusés; ils n'ont pas fait rejuger la récusation; ils ont regardé comme définitif, comme irrévocable, le jugement dont vous aviez ordonné la surséance; ils ont continué de requérir, d'informer, de décréter, et ces juges étaient sous le joug d'une récusation qui les forçait de descendre de leur tribunal.

Je ne connais pas d'infraction plus éclatante de vos décrets, puisqu'elle embrasse une procédure entière; je n'en connais pas de plus obstinée, puisque ce tribunal violateur y persévère depuis près de trois mois; je n'en connais pas de plus funeste dans ses conséquences, puisque soixante citoyens ont été décrétés, depuis lors, par des juges sans fonctions; puisque le prévôt aurait appris que des officiers de la milice bourgeoise étaient évidemment suspects, accusés, accusateurs et parties; qu'il aurait, par cela même, ajouté moins de foi aux dépositions des témoins, membres de cette milice; qu'on n'aurait pas choisi, parmi les capitaines du même corps, les adjoints qui ont assisté, depuis lors, le prévôt, ce qui vicie toute cette procédure, ce qui en fait un monstre judiciaire; enfin, je ne connais pas d'infraction plus horrible, parce que si les malheureux prisonniers avaient été définitivement jugés, condamnés et punis par de tels juges, leur mort, il faut bien raisonner dans le sens du prévôt, leur mort ordonnée par des juges récusés, interdits et sans pouvoirs, n'aurait été qu'un assassinat.

Je ne connais, Messieurs, aucun prétexte qui puisse excuser cette infraction. Que pourrait-on alléguer, qui ne fut évidemment réfuté par le texte même du décret du 5 novembre, et par les motifs qu'adopta votre prévoyante sagesse?

Dirait-on que le décret ne serait applicable qu'aux jugements à rendre? Mais le décret ordonne littéralement le contraire par ces mots: *il sera sursis à tout jugement rendu*; que le décret ne doit s'entendre que des jugements de condamnations? le texte dit: *tout jugement en dernier ressort*, et le jugement du 27 octobre, était, comme prévôtal, en dernier ressort; qu'on ne doit appliquer le décret qu'aux jugements définitifs, et non pas seulement instructoires? Mais cette expression du décret: *tout jugement*, exclut évidemment toute exception. D'ailleurs, quel aurait été l'objet de votre décret, si vous n'aviez voulu surseoir qu'à des jugements auxquels on sait bien que les juges ne sursoient point? Dans la plupart des tribunaux, et d'après leur ancien usage, le supplice ne suit-il pas, dans l'instant, le jugement qui l'ordonne? Si tel avait été l'objet de votre décret, il aurait trouvé partout des jugements à surseoir, et nulle part des victimes à sauver.

Tel ne fut point, tel ne pouvait être l'objet de votre loi. Les agents de l'autorité, disions-nous, ne font pas exécuter assez promptement nos décrets; prenons des mesures pour l'avenir, mais que les citoyens n'en soient pas les victimes; que le bienfait de la loi se fasse sentir, à l'instant même où les simples délais indispensables auraient dû en faire jouir les peuples.

Quels sont ces délais? votre décret du 5 novembre les détermina, mais 'observe qu'il serait assez singulier qu'un décret, expressément rendu sur la dénonciation que je fis du jugement prévôtal du 27 octobre, ne fut point applicable à ce jugement. Les délais accordés par le décret du 5 novembre, sont de trois jours pour la publication, *sous peine de forfaiture.* Que l'on combine ces détails comme on voudra, le décret fut sanctionné le 10; le parlement d'Aix aurait dû le recevoir le 16, l'enregistrer le 19, l'envoyer le même jour; le prévôt l'aurait donc enregistré le 22, même en supposant qu'il n'ait pas dû le recevoir directement de la connétablie des maréchaux de France.

Voilà donc, Messieurs, un premier décret que le prévôt viole depuis trois mois. En vain, dirait-il que le décret du 8 octobre n'a été enregistré, par le parlement d'Aix, que le 4 novembre, et par lui, que le 18; c'est précisément la crainte d'une telle négligence qui fit prendre des moyens à l'Assemblée nationale pour que l'effet du décret du 8 octobre, ne fût point retardé par les lenteurs de ceux qui étaient chargés de l'envoyer.

Voici une seconde violation de vos décrets : c'est mon septième chef d'accusation.

Le sieur François Cayol Richaud, décrété d'ajournement, présente une requête au prévôt, pour lui demander la copie de la procédure.

Il expose, dans sa requête, qu'il a prêté ses réponses; il rappelle, il copie le texte de l'article 14 du décret du 8 octobre, et le répète littéralement dans ses conclusions.

Que fait sur cela, le sieur Laget, procureur du roi? Quel est le décret du prévôt? Le premier donne les conclusions suivantes, le 24 novembre : *il soit en l'état poursuivi ainsi qu'il appartient.*

Le second répète les mêmes expressions, dans son décret du 28.

Trois jours auparavant, il avait refusé d'exécuter le même article de la loi. Trois décrétés de prise de corps lui avaient demandé, par requête, « qu'injonction fût faite au greffier, d'expédier la copie de toutes les pièces « de la procédure, signée de lui et sur papier libre, le tout sans frais; qu'en « outre, il fut permis à leur conseil de voir les ministres. »

Le procureur du roi conclut, le 20 novembre, qu'il sera poursuivi, en l'état, ainsi qu'il appartient. Les accusés reprennent aussitôt leur requête, et y ajoutent ces observations, que je vous prie de remarquer : « Les con-« clusions de votre procureur du roi, disent-ils au prévôt, pourraient vous « induire en erreur. Votre refus contrarierait les décrets de l'Assemblée « nationale; les décrets sanctionnés sont une loi publique. » Vaines réclamations. Le prévôt était décidé à soustraire la procédure à tous les regards : son ordonnance du 25 novembre est conçue en ces termes : il sera poursuivi, en l'état, ainsi qu'il appartient.

Ce sont, Messieurs, ces deux violations de vos décrets, que votre comité des rapports vous dénonça, le 8 décembre. Le rapporteur donna lecture des deux requêtes dont je viens de parler. Il dévoila les vues secrètes, la main invisible qui dirigent la procédure prévôtale ; un coin du voile qui la couvre fut soulevé, et votre décret du même jour, en déclarant le prévôt et le procureur du roi prévenus du crime de lèse-nation, renvoya la procédure au juge naturel, à la sénéchaussée de Marseille, pour la juger en dernier ressort.

Vous croyiez, sans doute, avoir ramené le calme dans une ville agitée ; cet espoir fut bientôt trompé. Des observations présentées à l'Assemblée, au nom du roi, le 22 décembre, c'est-à-dire quatorze jours après votre décret, eurent pour objet de le faire rétracter. Vous ordonnâtes un second rapport de cette affaire ; mais dans le même temps, au lieu des nouvelles consolantes que la députation de Marseille attendait de ses commettants, nous apprîmes avec douleur, qu'un avocat estimable, qui portait aux accusés et à sa patrie, un extrait original de votre décret, venait d'être décrété de prise de corps, et n'avait échappé que par la fuite. Auteur d'un mémoire sur la procédure prévôtale, signé et présenté par lui à l'Assemblée nationale, porteur d'un décret qui déjouait toutes les mesures du prévôt, à ce double titre, deux décrets de prise de corps au lieu d'un seul, auraient dû, sans doute, le frapper.

Puisqu'il le faut, Messieurs, examinons une seconde fois si le prévôt est innocent ou coupable ; si notre décret annoncé par tous les papiers publics, n'a dû relever dans Marseille, les espérances des bons citoyens que pour les détruire au même instant, si le désespoir doit remplacer la joie si courte de ces malheureux accusés, qui ont tressailli dans leurs cachots en apprenant vos bienfaits.

Le comité des rapports a cru, Messieurs, pouvoir justifier le prévôt, non sur les bases de sa procédure, sur son objet, son but, ses conséquences, mais sur l'infraction littéralement prouvée par ses décrets des 25 et 28 novembre.

« Le refus de donner une copie de la procédure, a dit le rapporteur, n'est « point définitif. L'ordonnance du prévôt, n'est qu'un simple *tardé* que « nécessitait la contumace, non encore instruite, de plusieurs accusés. « Donner la copie à un seul qui a prêté ses réponses, ce serait fournir un « moyen à tous les autres, de la connaître, de se concerter, de calquer « leurs réponses sur le même plan ; l'esprit de la loi serait dès-lors violé : « et cette explication a été consacrée, dans un des articles que M. Tronchet « a proposés pour expliquer la loi provisoire sur la procédure criminelle. »

Voilà tout ce qu'on a dit de plus sérieux pour le prévôt. Il n'est cependant aucune de ces assertions qui ne soit une erreur évidente.

D'abord, il est profondément faux que l'ordonnance du prévôt conçue en ces termes : *Il sera poursuivi en l'état ainsi qu'il appartient*, ne soit qu'un *tardé*. Une distinction bien simple suffira pour le démontrer.

Lorsque ces mots sont relatifs à une demande qu'on adjuge, ou dont on déboute, il est évident que l'adjudication ou le déboutement ne sont que provisoires, c'est-à-dire, qu'ils ne peuvent subsister qu'autant que l'état des choses reste le même ; mais alors, le juge qui met une pareille limitation à la durée de son jugement, se sert de ces termes : *adjugé en l'état, débouté en l'état.*

Dans le cas contraire, où l'objet de la demande consiste à changer l'état actuel d'une procédure, à lui donner une nouvelle forme, à forcer l'impénétrable secret dans lequel on veut la tenir, ces mots : *il sera poursuivi en l'état*, peuvent-ils signifier autre chose, sinon que le juge ne veut pas changer l'*état* des poursuites, qu'il veut continuer d'instruire, de juger, dans l'*état* où se trouve la procédure, et la tenir secrète, puisqu'elle l'a été jusqu'alors ? Si les mots dont on se sert au palais, ne sont pas des mots magiques, s'il faut les expliquer dans leurs rapports avec les premiers éléments de la langue française, je ne connais aucune expression qui pût annoncer d'une manière positive un déboutement définitif.

En second lieu, il est également faux que la contumace, non instruite, de plusieurs accusés, ait pu autoriser le sieur Bournissac à retarder la communication de la procédure, quand même on supposerait que le déboutement n'est que provisoire. L'article 14 du décret du 8 octobre porte littéralement que la copie de la procédure sera délivrée à l'accusé qui aura prêté ses réponses, s'il la requiert. La loi ne parle que d'un accusé ; la loi ne suppose pas que tous les accusés forment la même demande, ni qu'ils aient tous prêté leurs réponses. Retrancher de la loi ce qu'elle ordonne, ou y supposer ce qu'elle ne renferme pas, n'est-ce pas également la violer ?

Enfin, il n'est pas moins faux, qu'aucun article de M. Tronchet, soit relatif à l'interprétation du prévôt, qu'aucun tribunal du royaume ait formé cette difficulté, que monsieur le garde-des-sceaux l'ait proposée.

Et quel serait, Messieurs, l'effet de votre loi, si un seul accusé refusant de prêter les réponses, la procédure devait rester secrète pour tous les autres ? Continuerait-on alors les poursuites ? la loi serait violée. Les suspendrait-on jusqu'à ce que la contumace fût instruite ?... L'accusé qui n'aurait pas voulu répondre, n'attendrait-il pas cet instant, pour connaître la procédure, par la copie donnée à ses complices ?

Mais pourquoi raisonner sur des suppositions dont toute la conduite du prévôt démontre la fausseté ? Si son objet n'avait pas été de cacher la procédure, aurait-il écrit, dès le 9 novembre, à l'Assemblée nationale, pour proposer des doutes sur la sagesse même de la loi ? Aurait-il cherché à prouver qu'elle ne devait pas avoir d'effet rétroactif sur les procédures déjà commencées ? aurait-il pris tant de soin de montrer que sa procédure, surtout, méritait une exception ? « Lorsque la loi sera entièrement promulguée, dit « le prévôt, le témoin, prévenu de la publicité de sa déposition, aura eu la « faculté de délibérer le degré de vérité ou de force, qu'il doit mettre dans « sa déposition, et le degré d'intérêt et de faveur qu'il doit à sa conserva-

« t on. Mais il n'en est pas de même dans les circonstances où les témoins
« n'ont déposé que sous la foi du secret. Leur attente peut-elle être trom-
« pée, et, n'y aura-t-il aucun inconvénient à donner à la loi un effet rétro-
« actif ? »

Ces observations proposées par le prévôt, ne sont-elles pas un trait de
lumière dans cette cause ? Celui qui trouvait une certaine injustice, un certain danger dans l'application de votre loi aux procédures existantes, ne
devait-il pas mettre peu d'empressement à obéir ? celui qui espérait une
exception pour sa procédure, ne devait-il pas chercher un prétexte, quel
qu'il fût, de ne pas exécuter, provisoirement, une loi dont il croyait pouvoir être dispensé ?

Mais si le prévôt était de bonne foi, si son unique objet n'était pas de
dérober aux accusés des connaissances qu'il est de son intérêt de leur cacher,
d'où vient que des hommes en place, partisans du prévôt, firent tous leurs
efforts pour engager les accusés à consentir à une amnistie, qu'on leur
promit d'obtenir, moyen qui réunissait le double avantage de flétrir des
innocents, et d'empêcher que la procédure ne vît le jour ?

Si le prévôt était de bonne foi, d'où vient que depuis le décret du 8 décembre, la procédure n'a pas été communiquée ? D'où vient que ce procureur du roi n'en a point fait ordonner la rémission ? Quoi! le prévôt cherche
à se justifier, il veut faire regarder son refus comme une erreur; il demande que le décret du 8 décembre soit rétracté, et il n'exécute pas la loi !
Ce décret qui le renvoie au Châtelet et le dépouille de la procédure, ne
suffit-il pas pour lui faire connaître que vous avez condamné sa résistance
ou ses principes ? Ce décret, eût-il besoin d'être sanctionné, n'est-il pas
du moins un garant de l'interprétation que vous donnez à la loi ?

Non, Messieurs, cela ne suffit point. Le prévôt refuse même de montrer
la procédure au conseil des accusés; il persiste à alléguer, malgré votre dernier décret, que cette demande est prématurée ; et, opposant son opinion
à la vôtre, c'est la sienne qu'il veut faire triompher.

Non, le prévôt ne veut point obéir. Il connaît votre décret qui le dépouille ; il ignore si ce décret sera rétracté... et il ne suspend pas de lui-
même, ses procédures... et il en commence de nouvelles... et il fait *exécuter* une foule de ses décrets !

On a dit que le prévôt ne peut pas être soupçonné d'avoir voulu résister
à la loi, parce que, dès le 31 octobre, il suspendit ses poursuites, à la réquisition du conseil municipal, avant que la loi eût été enregistrée ; que des
adjoints ont ensuite assisté à ces informations, et qu'il a donné la communication de deux procédures. Mais que prouve cette obéissance partielle, et
que veut-on en conclure ? De ce que le prévôt a communiqué deux procédures isolées, auxquelles il met peu d'importance, et qui n'ont aucun rapport avec sa grande procédure qu'il veut cacher, s'ensuit-il qu'il n'ait pas
violé la loi par ses décrets du 25 et du 28 novembre ? De ce qu'il a pour

adjoints des capitaines de la milice, qui certifient très complaisamment qu'il se conforme à vos décrets, s'ensuit-il qu'il ait donné une communication que ses ordonnances ont littéralement refusée? De ce que le Conseil municipal a été forcé de le prier de suspendre ces procédures, qu'il aurait dû interrompre de lui-même puisque la loi, quoique non enregistrée, lui était parfaitement connue, s'ensuit-il qu'il ait été plus disposé à obéir à une loi dont il cherchait alors à s'exempter, et qu'il a ensuite violée? Si, pour être coupable d'une infraction à vos décrets, il faut les rejeter, refuser de les enregistrer, et donner sans ménagements le signal de la désobéissance, je conviens que le prévôt doit paraître innocent; mais qui de nous professerait de tels principes?

Je passe à une troisième violation de vos décrets:

C'est dans le fort Saint-Jean que le prévôt a placé son tribunal; il prétend y être autorisé par un arrêt du conseil du 25 septembre; et je demande si cet arrêt, antérieur à votre décret du 8 octobre, peut être cité, lorsque la publicité de la procédure est une loi nationale. Je demande si l'instruction peut être publique dans un fort? si cette publicité, si ce libre concours des citoyens, qui doit surveiller désormais les juges, qui doit être la première sauve-garde des accusés, peut s'allier avec la contrainte, avec le passage d'un pont-levis, avec l'appareil des troupes, avec la maison d'un juge, avec le pouvoir d'un commandant militaire?

Voyons pourtant si, même dans cette forteresse, où l'opinion publique peut si difficilement pénétrer, où le prévôt resserre les accusés à côté de son logement, il rend la procédure aussi publique qu'elle pourrait l'être. Le prévôt croit prouver ce fait par le certificat du commandant du fort; voici des déclarations plus légales:

Le sieur Seyres, avocat de Marseille, et conseil du sieur Chompré, fait connaître de la manière suivante quelle est la publicité de la procédure prévôtale:

« Le 16 décembre, j'assistai au paraphement des papiers du sieur « Chompré. La porte de la chambre resta ouverte; il y avait cent cinquante « personnes, en y comprenant celles qui restaient dans le corridor, au-« devant de la chambre.

« Le 25, il n'y eut que vingt-cinq à trente assistants dans la séance du « matin; il y en eut, le soir, trente-cinq à quarante.

« Dans les séances des 21, 25 et 24, il n'y eut que trente personnes, « plus ou moins, en y comprenant douze à quinze soldats, avec leurs fusils « armés de baïonnettes; un, et plus souvent deux cavaliers de maré-« chaussée.

« La chambre où le prévôt procède, continue-t-il, peut avoir vingt pas « de longueur sur dix-huit de largeur; elle est divisée, au milieu, par une « barrière en bois; d'un côté, sont le prévôt, l'assesseur, le greffier, l'ac-« cusé, son conseil, quelques fusiliers, un ou deux cavaliers, *et quelques*

« *personnes que le prévôt veut bien y admettre*; de l'autre côté, sont les
« spectateurs et quelques fusiliers. »

Le sieur Seyres atteste encore qu'il a toujours éprouvé les plus grandes
difficultés pour être admis dans le fort, quoiqu'il s'annonçât comme le conseil du sieur Chompré, la sentinelle lui disant que sa consigne était de ne
laisser entrer qu'environ trente personnes.

Une déclaration, faite par devant notaire par deux particuliers, prouve
des faits plus singuliers :

« En bons citoyens, disent les déclarants, nous voulûmes nous assurer
« par nous-mêmes, le 16 décembre, si les décrets de l'Assemblée nationale
« étaient exécutés. Nous trouvâmes cent cinquante personnes à la barrière.
« M. de Bournissac entra; tout le monde le suivit et assista à cette au-
« dience; c'est la première dont parle le sieur Seyres. Il ne s'agissait que
« de parapher des papiers; il n'y avait point là de secret à dévoiler. Le 18,
« nous revînmes; cent personnes attendaient à la porte; mais la sentinelle
« répondit, aux uns, que *l'auditoire était plein*; aux autres, *que l'audience*
« *ne commençait qu'à midi*. Un soldat vint dire *qu'on pouvait laisser encore*
« *entrer sept à huit personnes*. Je fus de ce nombre, continue l'un des expo-
« sants, et je trouvai l'auditoire à demi vide ; si, pendant la séance, la salle
« se remplit aux trois-quarts, ce fut par des officiers et des soldats, en
« pantalon et en bonnet de nuit.

« Enfin, un autre exposant déclare avoir entendu M. de Bournissac, dire
« à l'auditoire, *que s'il n'entrait pas un plus grand nombre de personnes à*
« *ses audiences, c'est que M. le commandant du fort ne permettait l'entrée*
« *qu'à trente personnes au plus, et qu'il était subordonné à ses ordres.* »

Voilà, Messieurs, quelle est la publicité de la procédure prévôtale dans
le fort Saint-Jean ; si c'est là cette notoriété que vous avez voulu donner à
l'instruction criminelle, si c'est dans le donjon d'un fort, dans la chambre à
coucher d'un juge que doivent être rendus ces redoutables arrêts qui intéressent la société entière, et qui ne doivent être prononcés que dans un
temple ou dans des places publiques, le prévôt de Marseille peut alors se
féliciter d'avoir exécuté vos décrets, d'avoir rendu publique une procédure
que personne, cependant, n'aura connue. Mais si tel ne peut pas être l'objet
de la loi, la conduite du prévôt n'est plus, dès-lors, qu'une dérision, et une
telle publicité, qu'une indécente parodie.

Enfin, Messieurs, une quatrième infraction qu'a commise le prévôt, non
contre vos décrets, mais ce que j'estime encore plus coupable, contre vos
principes, c'est d'avoir transféré trois des accusés dans l'île du château d'If,
de les avoir punis par la relégation avant de les juger, et de leur avoir interdit, par le fait, les secours de leurs conseils, que votre décret du 8 octobre
a voulu leur assurer.

Dans sa lettre du 15 novembre, à l'Assemblée nationale, le prévôt allègue
que les prisonniers ont requis cette translation, mais il l'attribue, lui-

même, à d'autres motifs. La garnison, dit-il, n'était pas assez nombreuse pour fournir un excédant de sentinelles; elle se trouvait vexée par la multiplicité des partis. Les visites que recevaient ces trois prisonniers donnaient de justes sollicitudes sur l'assurance du fort, menacé par des placards journaliers, et ce transport fut fait sur la demande du commandant. Ce n'est, Messieurs, qu'après avoir donné ces frivoles et inexplicables prétextes, que le sieur de Bournissac parle, non d'une *requête* des accusés, mais de leurs *réquisitions*; il s'est trompé dans sa lettre, comme on s'est trompé lorsqu'on l'a vue; vous jugerez vous-même du degré de crédibilité qu'il doit inspirer à cet égard.

Et comment supposer que les accusés aient requis cette translation, qui les séparait par un bras de mer, de leur conseil, de leurs familles? Ils n'ont cessé de la dénoncer comme un délit; ils se sont adressés à M. Dandré, pour que leur traitement fût moins rigoureux. Il y a plus encore : ces malheureux prisonniers ayant présenté requête le 12 décembre, aux fins qu'ils fussent transférés dans les prisons royales du palais de Marseille, leur requête n'a été répondue que le 21; et, comme si vos nouvelles lois ne leur laissaient que l'alternative, également funeste, d'être enfermés dans une bastille, ou détenus en charte privée, le prévôt a ordonné qu'ils seraient transférés dans le fort Saint-Jean ou dans la citadelle Saint-Nicolas. Le sieur Bournissac connaissait alors votre décret du 8 décembre; vous aviez ordonné le transport des accusés dans les prisons ordinaires; mais telle n'est pas la volonté du prévôt, c'est dans des citadelles qu'il veut les placer.

Ce n'est point encore assez. Vous croyez, sans doute, que le prévôt a exécuté son ordonnance du 21 décembre : que vous connaissez mal ses projets !

Le conseil des accusés atteste, le 17 janvier, que les accusés sont encore au château d'If. C'est le sieur Martin, procureur à la sénéchaussée, qui l'affirme, tant pour lui que pour M. Lavabre, avocat de Marseille; et vous allez voir, Messieurs, combien le prévôt est heureux dans le choix de ses prétextes.

Tandis qu'il dit aux conseils des accusés que le temps ne permet pas d'aller au château d'If, les bateliers de service à ce château déclarent que le temps est très-favorable pour aller et pour revenir : ce qui est si certain, disent-ils, *que nous y sommes allés ce matin, et que nous en revenons dans ce moment.*

Si c'est à la réquisition des accusés que le sieur de Bournissac a transféré ces accusés dans une prison d'Etat, on ne niera pas, du moins, que c'est malgré eux, malgré leurs réclamations, leurs requêtes, vos décrets et ses propres ordonnances, qu'il les y retient.

Il était temps qu'un système compliqué d'oppression eût un terme, et nous devons nous féliciter nous-mêmes que l'opinion publique, qui aurait

pu gronder comme un orage, ne se soit fait entendre que par les supplications, les prières et les actions de grâces d'une ville entière, sur votre décret
du 8 décembre.

L'impatience de recevoir les lettres-patentes attributives de la procédure
prévôtale, en renvoi à la sénéchaussée de Marseille, donna le signal d'un
dernier élan de courage. Une adresse fut rédigée; dans quelques heures,
douze cents citoyens l'eurent signée. Voici, Messieurs, cette adresse :

Après avoir donné lecture de cette pétition, qui demandait le renvoi de
la procédure prévôtale à la sénéchaussée, Mirabeau reprend :

Enfin, on a cité la déclaration du 31 décembre. Voici, Messieurs, quel en
a été l'objet : M. de Cipière, membre de cette assemblée, ayant fait part au
conseil de ce qu'il appelle mes DÉNONCIATIONS, il a été arrêté de la manière
suivante :

« Votre lettre du 28 novembre ayant été communiquée au conseil, il
« a été délibéré que les dénonciations de M. de Mirabeau n'ayant eu lieu
« que sur des plaintes dont le conseil n'a pas été informé, il ne peut y
« prendre part. » (*Délibération du 31 décembre.*)

Ne croyez pas, Messieurs, que par cette délibération le conseil eût voulu
préjudicier aux droits des prisonniers; il vient, au contraire, de reconnaître,
par délibération expresse du 13 janvier, que son intention ne peut pas être
de leur nuire. Un membre du conseil ayant observé que des gens mal inten-
tionnés pourraient feindre de trouver dans la délibération du 31 décembre
une détermination qui pût préjudicier aux droits des prisonniers détenus
par décret du prévôt-général, le conseil a unanimement déclaré que, d'a-
près ses intentions, exprimées dans la dernière délibération, on ne peut
pas en inférer qu'il ait voulu parler de la procédure de M. le prévôt.

En effet, le conseil avait pris, le jour précédent, cet arrêté que je n'ose
ni louer ni blâmer, jusqu'à ce que des événements, peut-être très-prochains,
nous en aient fait connaître le but : « Que l'Assemblée nationale serait sup-
« pliée d'inviter tous les Français qui ont quitté leur patrie à y rentrer;
« déclarant, dès à présent, qu'il met sous la sauve-garde de la nation, de la
« loi et du roi, ceux qui n'étant ni prévenus, ni accusés légalement d'aucun
« crime, reviendront à Marseille; défendant à qui que ce soit de les insulter
« ou provoquer, leur promettant protection et sûreté, à la charge par eux
« de se conformer en tout aux lois. »

Or, Messieurs, comment ceux qui se montraient si cléments envers une
partie des Français, auraient-ils osé n'être intolérants que pour les membres de la même cité? Comment ceux qui ne craignent pas d'ouvrir leurs
portes à leurs ennemis, oseraient-ils proscrire leurs propres citoyens?

Nous serions-nous donc trompés sur le prévôt? Vous allez en juger par
une lettre de M. Dandré, commissaire du roi, sous la date du 27 novembre.
Comme c'est à moi-même qu'elle a été écrite, j'aurais hésité à la rendre pu-

blique ; mais on a voulu faire entendre que M. Dandré démentait les plaintes des accusés. Puis-je laisser contre eux un témoignage d'un si grand poids, lorsqu'il ne tient qu'à moi de montrer qu'un tel suffrage leur est favorable ?

« Je ne vous parle pas de la procédure, j'en ai écrit plusieurs fois AUX « MINISTRES ; j'ai dit au grand prévôt et à M. de Caraman que j'aurais « voulu qu'on poursuivît uniquement l'affaire de l'incendie : je n'ai rien pu « gagner.

« Vous me parlez de la précipitation du prévôt, craignez plutôt que sa « procédure soit interminable ; je l'ai envisagée ainsi, et j'attends avec im- « patience le décret de l'Assemblée sur la publicité de l'instruction pour le « faire mettre en usage dans cette singulière procédure, sur laquelle vous « devez sentir que j'ai dit ici, très-publiquement, mon avis.

« J'ai fait, encore hier, une démarche infructueuse auprès du grand pré- « vôt, pour faire élargir provisoirement, des garçons du devoir qui furent « arrêtés après le 19 août, et contre lesquels M. de Caraman m'a dit qu'il « n'y avait point de charges. Je prendrai le parti, après-demain, de faire « un mémoire que j'enverrai au conseil du roi ; j'ai demandé, sans l'avoir « obtenu, que l'on me donnnât inspection sur ces procédures ; que puis-je « faire ? »

Cette lettre, Messieurs, n'a pas besoin de commentaire pour être en- tendue ; elle indique une partie des obstacles, qui, soit que le hasard les ait combinés, soit que des causes secrètes les aient préparés, augmentent et fortifient mes terreurs, sur le sort d'une ville que je regarde comme une des clefs du royaume, et l'un des plus forts remparts du trône.

Ce sont ces craintes, Messieurs, qui me font prendre des conclusions aux- quelles, sans doute, les chefs d'accusation que j'ai coarctés contre le prévôt, ne vous auront point préparés.

J'opine pour que votre décret du 8 octobre soit révoqué, au chef qui re- garde le prévôt de Marseille. Innocent ou coupable, agent direct des vexa- tions qu'il exerce, ou passif instrument de ceux qui le font agir, que m'im- porte, qu'importe au salut de l'Etat, de découvrir lequel de ces deux rôles le sieur Bournissac joue à Marseille ? Je sépare, ici, sa cause d'une plus grande cause.

Ce n'est pas un individu de plus qu'il s'agit de poursuivre : ce sont les amis de la liberté qu'il faut sauver à Marseille ; c'est le succès de la Révolu- tion qu'il s'agit d'assurer.

Mais en opinant pour que cette partie du décret soit révoquée, je crain- drais de vous offenser, si je doutais que le renvoi de la procédure à d'autres juges ne fût confirmée. Que le prévôt cesse de dire que cette attribution deviendra pour lui une injure ; il a été pris à partie, il a été dénoncé ; or, quel qu'en soit le succès, toute prise à partie fait descendre irrévocablement un juge de son tribunal.

Eh! quel magistrat voudrait juger ceux qui l'ont accusé? Est-il un homme assez pur, sur la terre, qui, dans de telles circonstances, pût exercer un aussi dangereux pouvoir? Est-il un accusé qui ne préférât la mort à la douleur d'avoir un tel juge? Déjà, Messieurs, d'après l'extrait de votre décret du 8 décembre, les accusés ont cru pouvoir résister au prévôt, qu'ils ont dû croire plus coupable qu'eux. « Quoi! c'est vous qui m'interrogez, lui a dit le « sieur Brémond, préparez-vous à répondre vous-même. Vous m'accusez « d'un patriotisme qui m'honore, et l'Assemblée nationale vous a déclaré « prévenu du crime de lèse-nation. » Si, malgré les suites d'un tel combat entre le juge et les parties; si, malgré la chaîne menaçante des événements que je vous ai dévoilés, quelques personnes pouvaient penser que le prévôt de Marseille doit conserver sa procédure, je leur dirais:

Eh quoi! faut-il encore, pour que les plaintes des malheureux soient écoutées, former une coalition monstrueuse entre l'intrigue et la probité, le crédit et l'éloquence? Faut-il n'obtenir les succès les plus mérités qu'en caressant la toute-puissance dédaigneuse des protecteurs, en ameutant cette foule d'intermédiaires qui s'était effrontément placée entre les opinions et la loi, entre les oppresseurs et le redressement de l'oppression? Faut-il encore que la vertu ne soit absoute que comme le crime arrachait jadis une grâce?... Qu'alors on cesse de m'entendre! Que le prévôt consomme et ses vengeances personnelles et celles qui lui sont inspirées! Ses victimes n'ont point de protecteurs; des millionnaires, des courtisans, des ministres les commandent; elles n'ont pour appui que leur innocence et vos décrets.

Faut-il encore que les gens en place, que les favoris de la fortune soient regardés comme les plus vertueux, comme les plus éclairés des hommes? Qu'alors on cesse d'écouter mes plaintes!... Les prisonniers du sieur Bournissac ont pour eux les corporations de Marseille : ce n'est là, dans l'ancien langage, que cent mille *inconnus*. Ils ont été nommés conseillers de ville par les assemblées de districts : ces suffrages ne prouvent que la confiance *du peuple*; ce n'est pas ainsi que les GENS COMME IL FAUT l'auraient placée. Les anciens échevins, et quelques négociants du premier ordre, accusent, dit-on, les prisonniers du sieur Bournissac; comment ces derniers ne seraient-ils pas condamnés?

Faut-il maintenir dans leur entier, jusqu'au parfait rétablissement de l'ordre nouveau, les anciens usages du despotisme? Faut-il que les principes qu'il était si périlleux de professer, il y a dix mois, soient jugés d'après l'ancienne police, qui n'était que le Code du crime? Qu'alors, on cesse de m'écouter, et que le prévôt de Marseille fasse dresser ses échafauds!... Tous les accusés sont coupables: ils ont parlé sans respect des Lamoignon, des Barentin, des Villedeuil et des Lambesc; ils ont manifesté des craintes pour l'Assemblée nationale, lorsque des troupes l'environnaient, lorsque Paris éprouvait les premières convulsions de la liberté naissante; ils ont osé parler de liberté, ils ont bravé l'autorité arbitraire et ses barbares suppôts : ils sont coupables!

Enfin, Messieurs, faut-il que les mémoires que nous avons reçus des prisonniers du sieur Bournissac soient leurs dernières paroles, leur testament de mort? Faut-il que la révolution, quoique préparée au foyer des lumières et des besoins, ne puisse être consommée, sans que des milliers de martyrs périssent pour elle, sans que l'effusion de leur sang généreux, tourne en délire le ressentiment actuel des villes et des campagnes, contre les anciennes oppressions? Laissez alors le prévôt suivre sans obstacles comme sans remords son système d'assassinats.

Bientôt, dans une ville qui n'aura plus de citoyens, qui n'aura que des esclaves, le père dira d'une voix tremblante à son fils : vois-tu cet échafaud? c'est celui des citoyens qui osèrent parler en faveur de la liberté; apprends à souffrir, mais échappe au supplice. Le vieillard timide dira à celui qui oserait compter sur la générosité d'un peuple qu'il voudrait défendre : Malheureux! vois ces poteaux; celui qui y fut flétri, quatre-vingt-mille de ses concitoyens le regardèrent comme un innocent, et il succomba; laissez, laissez périr à son tour une patrie qui laisse ainsi périr la vertu!

Je me trompe; bientôt aussi, les victimes du prévôt trouveront des vengeurs; bientôt la nation entière, humiliée et encore plus indignée de tant d'horreurs, détruira tout à la fois ces scandaleux monuments d'une jurisprudence discordante, qui avilissaient notre ancienne Constitution; et si pour avoir abandonné l'innocence, l'humanité vous condamne, si vous devenez des objets d'effroi pour la génération présente, si vous n'offrez aux étrangers, cette postérité vivante, que la plus escarpée, la plus sombre des routes de la liberté, au milieu de tant de désastres, une consolation vous reste : la politique, et j'en frémis, l'impitoyable politique saura du moins vous absoudre.

Je conclus à ce qu'il soit arrêté que le décret du 8 décembre soit confirmé; qu'au moyen de ce, toutes les procédures instruites depuis le 19 du mois d'août dernier dans la ville de Marseille, soient renvoyées à la sénéchaussée de cette ville, pour y être jugées en dernier ressort, ou bien au prévôt-général le plus voisin, lequel prendra les assesseurs dans ladite sénéchaussée; et cependant que le décret du 8 décembre soit révoqué, au chef portant le renvoi du sieur Bournissac, prévôt-général de Provence, et du sieur Laget, son procureur du roi au Châtelet; qu'en outre, les citoyens décrétés, soit qu'ils aient été saisis, soit qu'ils ne l'aient pas été, puissent être admis, nonobstant lesdits décrets, aux nouvelles charges municipales, à l'exception des accusés pris en flagrant délit le 19 août; et qu'à cet effet, les prisonniers, autres que ces derniers, soient élargis, qu'enfin, assemblée tenante, il soit fait une députation au roi pour supplier Sa Majesté d'accorder incessamment les lettres patentes exécutoires de présent décret.

L'Assemblée décide que l'affaire sera renvoyée au comité des rapports avec toutes les pièces nécessaires pour nommer un nouveau rapporteur.

(*Voir la séance du 9 mars.*)

Discours sur la proposition d'investir le pouvoir exécutif d'une dictature de trois mois, à propos des troubles des provinces.

On nous entraîne rapidement loin de l'objet dont nous devons nous occuper. De quoi s'agit-il? De faits mal expliqués, mal éclaircis, mais desquels il résulte tout au plus qu'une ancienne municipalité, par imprévoyance ou par crainte, a laissé commettre des attentats qu'elle eût dû réprimer. En prononçant la loi martiale, vous avez donné lieu à un grand délit, si cette loi, dans un moment où elle est nécessaire, n'est pas fidèlement exécutée. La question était de savoir la nature et l'étendue du délit d'une municipalité qui n'use pas des moyens que la Constitution lui donne pour réprimer le désordre. Il fallait qualifier ce crime, indiquer la peine et le tribunal; il ne fallait que cela.

Mais on nous a fait un tableau effrayant, chargé des couleurs les plus sombres; on a généralisé des faits particuliers; on a représenté quelques tumultes comme des insurrections, quelques brigandages comme une guerre civile, et l'on a dit : *La république est en danger.* — Quand je parle de *république,* j'entends la chose publique qui embrasse tous les intérêts. — Pour sauver donc la république, on nous propose, comme dans l'ancienne Rome, la DICTATURE! La dictature, c'est-à-dire le pouvoir illimité d'un seul homme sur vingt-quatre millions d'hommes! la dictature, dans un pays où tous les pouvoirs viennent d'être renversés, où il s'agit de les remettre tous à leur place au nom de la loi; dans un pays dont les représentants assemblés ont besoin de la sécurité la plus parfaite! Voulez-vous connaître la dictature militaire? lisez ces lignes de sang dans les lettres de Joseph II au général d'Alton : *J'aime mieux des villes incendiées que des villes révoltées.* Voilà le code des dictateurs. On enlumine ces propositions de mots pompeux, des vertus de notre monarque, vertus que j'honore et qui me rassurent, précisément parce qu'elles repoussent ce pouvoir dictatorial, et qu'il a déclaré lui-même ne vouloir agir que par les lois.

Mais cependant il existe des maux, des désordres. On les attribue à ce que nous avons, dit-on, trop tardé d'organiser le pouvoir exécutif. Je doute que ceux qui nous font ce reproche s'entendent eux-mêmes. Il semble, à les croire, que nous puissions créer le pouvoir exécutif par un décret, tandis qu'il ne peut être que le résultat de la Constitution elle-même; tout ce que nous faisons pour la Constitution, ce sont des ressorts que nous ajoutons au pouvoir exécutif. Si vous dites qu'il est privé de la force militaire, je vous répondrai : laissez-nous donc achever l'organisation du pouvoir militaire. Si vous dites qu'il n'est pas respecté à cause de la faiblesse des tribunaux, je vous répondrai : laissez-nous donc organiser les tribunaux. Ne nous demandez pas ce que nous devons faire, si jusqu'ici nous avons fait ce que nous avons pu. Ne nous proposez pas surtout de renverser les principes de la liberté pour parer à des inconvénients passagers. Vous avez fait une loi relative aux désordres publics ; vous en avez confié l'exécution aux officiers municipaux ; mais il faut la mettre en vigueur, et le moyen de le faire, ce n'est pas de donner aux officiers municipaux des surveillants ; car bientôt il en faudrait à ceux-ci, et il faut bien que la chaîne des pouvoirs s'arrête quelque part. Imposez une forte responsabilité aux dépositaires de la puissance publique, et bornez-vous à cette précaution.

Je n'ajouterai rien à ce qui a été dit ; mais peut-être résumerai-je, dans le projet suivant d'une loi additionnelle à la loi martiale, les diverses opinions qui ont été émises :

Art. 1er. En cas d'attroupements de gens armés, trouvés en rase campagne, les maréchaussées, les gardes nationales et les troupes soldées pourront, sans autre réquisition, après leur avoir enjoint de se retirer, employer la force pour les dissiper. Cependant les troupes s'arrêteront au premier ordre qui leur en sera donné par la municipalité sur le territoire de laquelle existe l'attroupement, et cette municipalité sera responsable de cet ordre.

Art. 2. Lorsque les officiers municipaux auront négligé de publier la loi martiale, dans les cas où cette publication est ordonnée, et de remplir tous les devoirs qu'elle prescrit, ils seront poursuivis extraordinairement.

Art. 3. La poursuite d'un tel délit ne pourra être faite qu'à la requête du procureur-syndic du district, ou du procureur-syndic du département, en vertu d'une délibération du directoire du district ou du département, pardevant les juges ordinaires, sauf l'appel au tribunal supérieur.

Art. 4. La peine de ce délit sera d'être privé de ses fonctions, déclaré prévaricateur, incapable d'exercer jamais aucun droit des citoyens actifs, et personnellement responsable de tous les dommages qui auraient été commis.

Art. 5. Si les biens des officiers municipaux sont insuffisants pour payer lesdits dommages, la communauté des habitants sera responsable pour le surplus, sauf le recours de la communauté sur les biens de ceux qui seraient convaincus d'avoir excité la sédition ou d'y avoir participé.

Art. 6. Dans le cas où les officiers municipaux seraient investis dans la maison commune par les séditieux, lesdits officiers seront tenus de faire déployer le drapeau rouge à l'une des fenêtres de la maison commune, et à ce signal, la garde nationale, les troupes soldées et la maréchaussée seront obligées de se rendre à la maison commune, mais seulement pour attendre les ordres des officiers municipaux.

Art. 7. S'il arrive que dans une émotion populaire, les officiers municipaux prennent la fuite, ou qu'ils soient empêchés par les séditieux rassemblés dans la maison commune, d'user de leur autorité en faisant déployer le drapeau rouge à l'une des fenêtres; dans lesdits cas les notables seront tenus, sous les mêmes peines que les officiers municipaux, de requérir l'assistance des troupes pour rétablir l'exercice de l'autorité municipale, et de remplir, dans cette vue, toutes les formalités prescrites par la loi martiale.

Art. 8. Si, malgré cette publication, les officiers municipaux pensent qu'il n'est pas nécessaire de recourir à la loi martiale, ils seront tenus de signifier aux notables et aux commandants des troupes l'ordre de se retirer; et dans ce cas, la loi martiale cessera son effet. Si lesdits officiers municipaux sont investis, ils exprimeront cet ordre en chargeant l'un d'eux de déployer le drapeau blanc à la vue des troupes, et hors de la maison commune.

Art. 9. Les officiers municipaux seront responsables pour la non manifestation de cet ordre, comme dans les cas énoncés aux articles 1, 2 et 3.

Art. 10. Dans le cas où lesdits officiers municipaux auront rempli tous les devoirs prescrits par la loi martiale et n'auront pu dissiper les attroupements, la communauté des habitants demeurera seule responsable de tous les dommages qui pourront se commettre, sauf le recours de la communauté sur les biens de ceux qui seraient convaincus d'avoir excité à la sédition, ou d'y avoir participé.

Art. 11. En cas de résistance à l'exécution des jugements rendus par les officiers civils, ils doivent requérir l'assistance des gardes nationales, des maréchaussées et des troupes soldées, pour que force reste à la justice.

Séance du 23 Février. — Présidence de Talleyrand.

Discours sur la même proposition.

Tous les amendements proposés, excepté un seul, me paraissent venir d'une confusion d'idées que j'ai combattue hier. Et d'abord, je demande si le pouvoir exécutif a besoin des moyens qui ne sont pas en ce moment en sa puissance; je demande comment il en a usé jusqu'à présent; je demande si l'Assemblée aurait désavoué des proclamations utiles à la tranquillité publique; je demande davantage, je demande si les municipalités sont inutiles dans l'organisation sociale. Ceux qui ont avancé toutes les assertions qui tendraient à le faire penser, croient-ils donc que nous sommes au temps des Thésée et des Hercule, où un seul homme domptait les nations et les monstres? Avons-nous pu croire que le roi tout seul ferait mouvoir le pouvoir exécutif? Nous aurions fait le sublime du despotisme. Eh! que sont les municipalités? des agents du pouvoir exécutif. Lorsque nous déterminons leurs fonctions, ne travaillons-nous pas pour le pouvoir exécutif? A-t-on dit qu'il n'était pas temps d'organiser le pouvoir exécutif? Non! nul de nous n'a dit cette absurdité. J'ai dit que le pouvoir exécutif est le dernier résultat de l'organisation sociale; j'ai dit que nous ne faisons rien pour la Constitution, qui ne soit pour le pouvoir exécutif. Voici le dilemme que je propose : ou l'on dira que nous travaillons contre le pouvoir exécutif, et, dans ce cas, qu'on indique un décret qui le prouve ; l'Assemblée sera reconnaissante et réformera ce décret ; ou l'on nous demandera d'achever sur le champ le pouvoir exécutif, et dans ce second cas, qu'on nous indique un décret qui puisse être rendu isolément à cet égard. Vous avez tous entendu parler de ces sauvages qui, confondant dans leurs têtes les idées théologiques disent, quand une montre ne va pas, qu'elle est morte ; quand elle va, qu'elle a une âme ; et cependant elle n'est pas morte, et cependant elle n'a point d'âme. Le résultat de l'organisation sociale, le pouvoir exécutif, ne peut être complet que quand la Constitution sera achevée. Tous les rouages doivent être disposés, toutes les pièces doivent s'engrener, pour que la machine puisse être mise en mouvement. Le roi a professé lui-même cette théorie ; il a dit : « en achevant votre ouvrage, vous vous occuperez sans doute avec candeur » non pas de la création du pouvoir exécutif, il aurait dit une absurdité, mais de l'affermissement du pouvoir exécutif. Que ce mot *pouvoir exécutif*, qui doit être le symbole de la paix sociale, ne soit plus le cri de ralliement des mécontents ; que ce mot ne soit plus la base de toutes les défiances, de tous les reproches ; nous ne ferons rien de bon dans l'ordre social qui ne tourne au profit du pouvoir exécutif. Vouloir que la chose soit faite avant que de l'être, c'est vouloir que la montre aille avant que d'être montée. Cette idée ne fait pas beaucoup d'honneur à la justesse de l'esprit de ceux qui l'ont conçue, si elle en fait à leurs intentions.

Des observations sur la responsabilité des ministres, appartiennent à cette matière comme à toutes les matières environnantes. Les ministres, avec un peu de candeur, si la candeur pouvait exister dans le cœur des ministres, n'auraient pas fait un obstacle de cette loi salutaire. Nous hésitons, nous marchons à pas lents depuis quelques semaines, parce que ce dogme terrible de la responsabilité effraie les ministres. Je ne dirai pas les raisons de cet effroi, quoique, si j'étais malin, j'eusse quelque plaisir à les développer ; j'en dirai une, selon moi la principale, qui est fondée, qu'ils me pardonnent cette expression, sur leur ignorance.

Ils n'ont pas encore pu se figurer que nous n'avons pu ni voulu parler de la responsabilité du succès, mais de l'emploi des moyens. Tout homme qui se respecte ne peut pas dire qu'il voudrait se soustraire à cette responsabilité ; dans tous les tiraillements entre l'autorité nationale et l'administration, il est entré de cette crainte de la responsabilité du succès.

Je conclus à rejeter les amendements qui portent sur cette idée, que le pouvoir exécutif n'a pas, en ce moment, tous les moyens qu'on peut lui donner. Quand votre constitution sera faite, le pouvoir exécutif, par cela même sera fait ; tous les amendements qui tendraient à donner des moyens exentriques, des moyens hors de la Constitution, doivent être absolument écartés.

L'Assemblée rend le décret suivant :

« Art. 1er. Nul ne pourra, sous peine d'être puni comme perturbateur du repos public, se prévaloir d'aucuns actes prétendus émanés du roi ou de l'Assemblée nationale, s'ils ne sont revêtus des formes prescrites par la Constitution, et s'ils n'ont été publiés par les officiers chargés de cette fonction.

« Art. 2. Décrété ainsi qu'il suit sauf la rédaction :

« Le roi sera supplié de donner des ordres pour faire envoyer incessamment le discours de Sa Majesté à l'Assemblée nationale, l'adresse de l'Assemblée nationale aux Français, ainsi que tous les décrets, à mesure qu'ils seront sanctionnés, acceptés ou approuvés, à toutes les municipalités du royaume, avec ordre à MM. les curés et vicaires desservant les paroisses, de les lire aux prônes de leurs paroisses. Les décrets seront publiés et affichés sans frais, à la diligence des officiers municipaux.

« Art. 3. Les officiers municipaux emploieront tous les moyens que la confiance du peuple met à leur disposition, pour la protection efficace des personnes et des propriétés publiques et particulières, et pour prévenir et dissiper les obstacles qui seraient apportés à la perception des impôts; et si la sûreté des personnes ou des propriétés, ou la perception des impôts étaient mis en danger par des attroupements séditieux, ils publieraient la loi martiale.

« Art. 4. Toutes les municipalités se prêteront mutuellement main-forte à leur réquisition respective; si elles s'y refusent, elles seront responsables des suites de leur refus.

« Art. 5. Lorsque par un attroupement, il aura été commis quelque dommage, la communauté en répondra si elle a été requise et si elle a pu l'empêcher, sauf le recours contre les auteurs de l'attroupement; et la responsabilité sera jugée par les tribunaux des lieux, sur la réquisition du directoire du district. »

Séance du 9 mars. — Présidence de Chapelier.

Discours sur l'affaire de Marseille [1].

Je ne profiterai pas de la permission qu'a bien voulu me donner M. l'abbé Maury, de me prévaloir des avantages que m'a présentés sa générosité, en observant que j'en avais besoin. Je n'examinerai pas non plus une question

---

[1] Voir le discours de Mirabeau, dans les séances des 26 et 30 janvier 1790.

de morale publique, piquante peut-être pour M. l'abbé Maury, dont l'objet serait de savoir si un rapporteur qui a été dépouillé de la connaissance d'une affaire, parce que son rapport a paru incomplet ou inexact, partial ou infidèle, peut avoir le droit de parler contre l'une des parties intéressées. Vous conviendrez qu'il y aurait peut-être du pour et du contre dans le débat d'une telle question. Le préopinant nous a tant de fois répété qu'il était engagé par la candeur et par l'amour de la justice, qu'il faut lui pardonner de n'avoir pas examiné cette question. Je n'userai pas de la même sobriété dans la suite des interpellations que je me suis permises pendant que le préopinant parlait. J'avais le droit de l'interpeller sur un fait faux, parce que l'énonciation étant fugitive, si on n'interrompt pas l'orateur au moment même où il parle, il est impossible de se rappeler avec précision les termes qu'il a employés pour énoncer ce fait. Il a commencé par nous dire qu'il allait nous donner un exemple de la crédibilité due aux attestations que nous présentions ; il a prétendu que nous ne pouvions pas mieux connaître que les juges celui dont nous invoquions le témoignage. Eh bien ! ce n'est ni le même homme, ni les mêmes juges. M. l'abbé Maury aurait pu se douter que l'homme condamné par arrêt du Parlement, n'était pas le même que celui dont le nom est au procès ; car alors le procès aurait été infirmé. Je ne sais pas si tout l'art des rhéteurs répondra à cette observation. J'avoue que la correspondance de M. de Bournissac avec M. l'abbé Maury, devait paraître étrange, si l'orateur n'avait pas déployé le caractère simple et ouvert de l'avocat de M. de Bournissac, s'il n'avait pas avoué qu'il avait eu la précaution d'exiger l'envoi des pièces au comité des rapports. Voilà, Messieurs, je crois, une intrigue complète. Je demande que les lettres qui constatent l'envoi des pièces inconnues jusqu'alors, soient données en communication.

Il ne suffisait pas à M. l'abbé Maury de chercher à nous embarrasser dans un cercle de dates et dans la confusion des faits ; il avait à répondre au nouveau rapport que vous avez ordonné, et non pas aux différents rapprochements qu'il a voulu saisir dans mon opinion, pour en faire jaillir des contradictions. Il est étrange, Messieurs, qu'on ait fait un crime au nouveau rapporteur d'avoir produit des pièces jusqu'alors inconnues ; comme si, parce que le premier les avait oubliées, il aurait dû s'en suivre que le second devait les oublier aussi ! Quant à l'interprétation qu'a donnée M. l'abbé Maury, des termes usités au parlement de Provence, je ne suis pas assez expérimenté dans les termes de chicane pour oser le contredire ; mais vous avez ici le lieutenant-général de la sénéchaussée ; c'est un des magistrats les plus respectés du royaume, et c'est à lui que je m'en rapporte.

On accuse la nouvelle municipalité de vouloir usurper tous les pouvoirs. Non, Messieurs, les officiers municipaux n'ont fait que leur devoir en interpellant les juges de faire exécuter vos décrets. Quant aux citoyens actifs qui ont concouru à l'élection de ces officiers, je ne sais pas comment M. l'abbé

Maury a pu en déterminer le nombre ; j'ignore quelles sont, à Marseille, ses correspondances, quoique je lui en connaisse d'empoisonnées.

Je qualifie d'*empoisonnée* la correspondance de M. de Bournissac avec M. l'abbé Maury, et je ne dis que ce qu'il a très-longuement prouvé. Voulez-vous savoir, Messieurs, comment est composée cette municipalité, dont on cherche à trouver la conduite répréhensible ? Le maire est depuis trente ans appelé à Marseille *Martin-le-Juste* ; cet hommage de ses confrères et de ses concitoyens est une vraie couronne civique. Les deux autres officiers municipaux l'étaient déjà sous l'ancien régime ; leur conduite a été celle de pères du peuple ; ils ne sont pas, comme on vous l'a dit, décrétés de prise de corps, ce qui, d'ailleurs, me serait tout à fait égal. C'est ainsi, Messieurs, que M. l'abbé Maury vous présente les faits ; il a grand soin de lire les pièces lorsqu'il n'a pas intérêt à les travestir ; mais il dit de mémoire celles qu'il veut falsifier. Je me sers du mot *falsifier*, et je le confirme. M. l'abbé Maury fait dire, par exemple, à la municipalité, qu'elle somme les troupes réglées de se retirer ; je dis qu'il est faux que la municipalité ait rien dit de pareil. Elle a chargé les députés extraordinaires de supplier le roi de ne pas laisser six mille hommes à Marseille, qui n'avait pas de quoi les loger. Voilà donc cette municipalité que l'on calomnie aussi indécemment. Qu'il est dérisoire de dire que c'est le vœu d'une faction qu'elle présente ! Oui, sans doute, il y a à Marseille une faction, une faction obscure de quarante mille citoyens qui cabalent contre un grand homme, un excellent patriote, M. de Bournissac.

L'Assemblée nationale après avoir entendu l'abbé Maury, Charles Lameth et Faydel, décrète, dans la séance du 11 mars :

Que le président se retirera devers le roi, pour supplier Sa Majesté de faire renvoyer par devant les officiers de la sénéchaussée de Marseille, les procédures criminelles intentées depuis le 29 août dernier par le prévôt-général de Provence, contre MM. Robecqui, Granet, Paschal et autres, et d'ordonner que ceux des accusés qui sont détenus par suite des décrets de prise de corps lancés par le prévôt, seront transférés dans les prisons royales de Marseille, pour y être jugés en dernier ressort.

Séance du 16 mars. — Présidence de Rabaud Saint-Étienne.

Discours sur le projet de la municipalité de Paris, relativement à la vente des biens ecclésiastiques.

Lorsque j'ai demandé la parole, c'était pour combattre l'ajournement. Je crois, d'après la discussion du préopinant[1], pouvoir me dispenser d'éta-

Casalès.

blir mon avis à cet égard, puisque la question est jugée par le fait. M. Bailly, comme député, a donné son opinion sur le fond de la matière ; M. d'Éprémesnil, autre membre de l'Assemblée, a donné la sienne ; la discussion est donc ouverte. Je ne sais en quel sens on pourrait, maintenant, proposer l'ajournement. En effet, quelle est l'opération proposée? C'est un mode de réalisation pour plusieurs décrets qui renferment les propositions les plus urgentes, les plus pressantes ; ce mode est bon ou mauvais : il faut décider cette question, il faut la décider sans retard. Quel est donc le motif de l'ajournement? On croirait qu'il y a beaucoup de danger à lever enfin le doute sur la vente des biens du clergé ; on dirait qu'il est extrêmement déplaisant de voir le terme où les alarmes que donnent les besoins de l'année présente, doivent disparaître. En vérité, je ne sais si, avec quelque pudeur, on peut vouloir différer encore. Je ne m'étais pas proposé de traiter l'affaire au fond ; mais s'il faut dire un mot de mon opinion, il me semble qu'on exagère les avantages et les inconvénients de ce plan un peu partiel ; j'y vois cependant un avantage incommensurable, c'est de s'occuper réellement des ventes décrétées, c'est de commencer cette réalisation si redoutée. Les objections de détail ne sont pas difficiles à résoudre, si elles ressemblent toutes à la contradiction supposée entre le mémoire de la municipalité et le discours de M. Bailly. Le quart de deux cent millions étant de cinquante millions, le quart de ce quart n'est que le seizième de deux cent millions. L'autre contradiction est aussi véritable. Naguère M. Bailly, se présentant comme maire, est venu proposer une magnifique acquisition ; aujourd'hui, membre de cette Assemblée, il a parlé sur les très-véritables sacrifices que font incessamment les habitants de Paris : il avait annoncé, d'abord, que le bénéfice de la ville de Paris, sur les ventes, serait employé en constructions utiles ; il demande aujourd'hui qu'il soit employé à secourir le peuple. On secourt le peuple quand on lui donne du travail. Je ne vois encore ici nulle contradiction ; mais j'applaudis au très-louable et très-heureux accord des droits de M. Bailly, quand il réclame l'établissement d'ateliers publics comme un soulagement véritable du peuple ; le soulagement du peuple est le premier de ses devoirs et le plus sacré des nôtres. Je conclus à ce que le projet de décret, présenté par le comité, soit discuté sans désemparer.

L'Assemblée décrète, dans la séance du 17 .

« 1° Que les biens domaniaux et ecclésiastiques, dont elle a précédemment ordonné la vente par son décret du 13 décembre dernier, jusqu'à la concurrence de 400 millions, seront incessamment vendus et aliénés à la municipalité de Paris et aux municipalités du royaume, auxquelles il pourra convenir d'en faire l'acquisition ;

« 2° Qu'il sera nommé, à cet effet, par l'Assemblée nationale, douze commissaires, pris dans toute l'Assemblée, pour aviser, contradictoirement avec des commissaires élus par la municipalité de Paris, au choix et à l'estimation desdits biens, jusqu'à la concurrence de deux cent millions. L'aliénation définitive desdits biens sera faite aux clauses et conditions qui seront définitivement arrêtées; et en outre, à la charge, par la municipalité de Paris de transporter aux autres municipalités, au prix de l'estimation, les portions desdits biens qui pourront leur convenir, aux mêmes clauses et conditions accordées à celles de la capitale;

« 3° Qu'il sera rendu compte préalablement à l'Assemblée, par les commissaires, du résultat de leur travail et de l'estimation des experts dans le plus court délai possible;

« 4° Que nonobstant le terme de quinze années, porté dans le plan, les commissaires de l'Assemblée s'occuperont de rapprocher le plus possible les échéances de remboursement de la liquidation générale; et, pour y parvenir plus efficacement, l'Assemblée ordonne que, sous l'inspection des commissaires, les municipalités seront tenues de mettre sans retard lesdits biens en vente, dès le moment où il se présentera un acquéreur qui portera lesdits biens au prix fixé par l'estimation des experts. »

Séance du 13 avril. — Présidence du marquis de Bonnay.

Discours sur la proposition de déclarer la religion catholique religion nationale.

Un membre a fait la motion incidente de décréter que la religion catholique, apostolique et romaine, est la religion de l'État.

Un autre a réclamé l'ordre du jour. Un troisième a fait la motion expresse que la question mise à l'ordre du jour et la motion incidente fussent décrétées sans désemparer. Un quatrième a observé qu'il n'est aucun membre de l'Assemblée qui ne soit persuadé que la religion catholique, apostolique et romaine est la religion nationale; qu'on ne peut mettre en discussion que des questions susceptibles de difficulté, et que ce serait offenser l'Assemblée et affaiblir l'autorité de la religion que de soumettre cette question à un décret.

Dans ces circonstances, M. le président ayant mis aux voix si l'on passerait à l'ordre du jour, sans délai, l'Assemblée a décidé que l'on reprendrait sur le champ l'ordre du jour.

Voilà ce qui s'est passé, et ce rapprochement, qui, dans aucun sens, ne peut être suspect, prouve assez que nous sommes d'accord sur les principes que cette Assemblée constituante et non théologienne a toujours professés.

J'observerai qu'il n'y a aucun doute que, sous un règne signalé par la révocation de l'édit de Nantes, et que je ne qualifierai pas, on ait consacré toutes sortes d'intolérances; mais, puisqu'on se permet des citations historiques dans cette matière, je vous supplierai de ne pas oublier que d'ici, de cette tribune où je vous parle, on aperçoit la fenêtre d'où la main d'un monarque français, armé contre ses sujets par d'exécrables factieux, qui mêlaient des intérêts temporels aux intérêts sacrés de la religion, tira l'arquebuse qui fut le signal de la Saint-Barthélemy. Je n'en dis pas davantage; il n'y a pas lieu à délibérer.

L'Assemblée décide qu'on doit passer à l'ordre du jour sans discussion ultérieure.

Séance du 19 Avril. — Présidence du baron de Menou.

Discours sur la régularité des pouvoirs de l'Assemblée, et sur le droit qu'elle a d'achever la Constitution.

Je ne puis me défendre d'un sentiment d'indignation, lorsque j'entends, pour entraver, pour arrêter les efforts de l'Assemblée nationale, qu'on la met sans cesse en opposition avec la nation, comme si la nation, qu'on veut ameuter d'opinion contre l'Assemblée nationale, avait appris par d'autres qu'elle à connaître ses droits... Un des préopinants, qui a attaqué avec infiniment d'art le système du comité, a défini la Convention nationale une nation assemblée par ses représentants pour se donner un gouvernement. Lui-même a senti, sinon l'incertitude, du moins l'incomplétion de son raisonnement. La nation qui peut former une convention pour se donner un gouvernement, peut nécessairement en former une pour le changer; et, sans doute, le préopinant n'aurait pas nié que la nation, conventionnellement assemblée, pouvait augmenter la prérogative royale. Il a demandé comment, de simples députés de bailliages, nous nous étions tout à coup transformés en *Convention nationale*. Je répondrai nettement : les députés du peuple sont devenus *Convention nationale*, le jour où, trouvant le lieu de l'Assemblée des représentants du peuple hérissé de baïonnettes, ils se sont rassemblés, ils ont juré de périr plutôt que d'abandonner les intérêts du peuple; ce jour où l'on a voulu, par un acte de démence, les empêcher de remplir leur mission sacrée. Ils sont devenus *Convention nationale*, pour renverser l'ordre de choses où la violence attaquait les droits de la nation. Je ne demande pas si les pouvoirs qui nous appelaient à régénérer la France, n'étaient pas altérés, si le roi n'avait pas prononcé le mot régénération, si, dans des circonstances révolutionnaires, nous pouvions consulter nos commettants; je dis que quels que fussent alors nos pouvoirs, ils ont été changés ce jour-là; nos efforts, nos travaux les ont assurés; nos succès les ont consa-

crés ; les adhésions, tant de fois répétées de la nation, les ont sanctifiés.
Pourquoi chercher la généalogie de ce mot *Convention?* Quel étrange
reproche ! pouvait-on ne pas se servir d'un mot nouveau pour exprimer des
sentiments nouveaux, pour des opérations et des institutions nouvelles ?....

Vous vous rappelez le trait de ce grand homme qui, pour sauver sa patrie
d'une conspiration, avait été obligé de se décider contre les lois de son pays,
avec cette rapidité que l'invincible tocsin de la nécessité justifie. On lui
demandait s'il n'avait pas contrevenu à son serment, et le tribun captieux
qui l'interrogeait, croyait le mettre dans l'alternative dangereuse, ou d'un
parjure, ou d'un aveu embarrassant. Il répondit : « Je jure que j'ai sauvé la
république! » Messieurs, je jure que vous avez sauvé la république! (Le
geste de l'orateur est dirigé vers la partie gauche de l'Assemblée. On applaudit avec transport. La discussion est fermée.)

L'Assemblée nationale déclare que les assemblées qui vont avoir lieu
pour la formation des corps administratifs dans les départements et les
districts ne doivent pas, en ce moment, s'occuper de l'élection de nouveaux députés à l'Assemblée nationale ; cette élection ne peut avoir lieu
que lorsque la Constitution sera prête à être achevée ; et qu'à cette époque,
impossible à déterminer précisément, mais très-rapprochée, l'Assemblée
nationale s'empressera de faire connaître le jour où les assemblées électorales se réuniront pour élire les députés à la première législature. Déclare aussi, qu'attendu que les commettants de quelques députés n'ont pu
donner pouvoir de ne pas travailler à toute la Constitution, et qu'attendu
le serment fait le 20 juin par les représentants de la nation, et approuvé
par elle, de ne point se séparer que la Constitution ne fût faite, elle regarde comme subsistants jusqu'à la fin de la Constitution les pouvoirs
limitatifs dont quelques membres seraient porteurs. Ordonne que son président se retirera dans le jour par-devers le roi, pour présenter le présent
décret à sa sanction, et le supplier de donner des ordres pour qu'il soit
le plus promptement possible envoyé à toutes les assemblées électorales,
et aux commissaires nommés pour la formation des départements.

Séance du 5 mai. — Présidence de Beaümetz.

Discours sur la division du pouvoir exécutif.

Je monte à la tribune pour répondre à la théorie de M. l'abbé Maury,
très rassuré sur la plus grande difficulté qu'il ait voulu nous susciter, c'est-
à-dire celle de nous justifier de la tentative d'élever un gouvernement ré-

publicain; car lui-même a pris la peine de nous en justifier d'une manière palpable. Selon M. l'abbé Maury, dès que le pouvoir exécutif est divisé, il y a république; et selon M. l'abbé Maury, nous réunissons tous les pouvoirs dans notre Constitution : nous ne faisons donc pas une république... (Il s'élève des murmures dans la partie droite). J'ai peur que ceux qui m'entendent et qui se sont hâtés de rire, n'aient pas compris que je livrais au propre jugement de M. l'abbé Maury l'incohérence de ces deux difficultés. (Une voix s'élève de la partie droite, et dit : « Vous êtes un bavard, et voilà tout. ») M. le président, je vous prie de réprimer l'insolence des interrupteurs qui m'appellent bavard. (Plusieurs membres de la partie droite adressent des propos menaçants à l'opinant.) M. le président, la jactance d'un défi porté dans le tumulte n'est pas assez noble pour qu'on daigne y répondre; je vous prie de m'obtenir du silence; je ne suis pas à la tribune pour répondre à d'insolentes clameurs, mais pour payer le faible contingent de ma raison et de mes lumières, et je prie le préopinant auquel je réponds maintenant, de regarder ma réponse comme sérieuse. Il a dit, il a répété plusieurs fois, que le gouvernement est républicain, quand le pouvoir exécutif est divisé. Il me semble qu'il est tombé dans l'étrange erreur de substituer le pouvoir exécutif au pouvoir législatif : le caractère d'un gouvernement républicain est que le pouvoir législatif soit divisé; dans un gouvernement même despotique, le pouvoir exécutif peut être divisé.

A Constantinople, le muphti et l'aga des janissaires sont deux officiers très-distincts. Il est si peu vrai que la division du pouvoir exécutif soit un caractère du gouvernement républicain, qu'il est impossible de nier que dans une Constitution républicaine, on ne puisse trouver le pouvoir exécutif en une seule main, et dans les gouvernements monarchiques, le pouvoir exécutif divisé. Le préopinant s'est donc trompé. Il nous a montré que nous n'allions pas au même but, quand il a dit que l'influence sur le pouvoir judiciaire appartient au roi. Je dis que cette influence est l'attribut, non pas du gouvernement arbitraire monarchique, mais du despotisme le plus certain. Il y a une manière vraiment simple de distinguer dans l'ordre judiciaire les fonctions qui appartiennent au prince, de celles auxquelles il ne peut participer en aucun sens. Les citoyens ont des différends; ils nomment leurs juges : le pouvoir exécutif n'a rien à dire quand la décision n'est pas proférée. Mais là où finissent les fonctions judiciaires, le pouvoir exécutif commence. Il n'est donc pas vrai que ce pouvoir ait le droit de nommer ceux qui profèrent la décision. Je crois qu'il n'appartient qu'à un ordre d'idées vague et confus de vouloir chercher les différents caractères des gouvernements : tous les bons gouvernements ont des principes communs, ils ne diffèrent que pour la distribution des pouvoirs. Les républiques, en un certain sens, sont monarchiques; les monarchies, en un certain sens, sont républiques. Il n'y a de mauvais gouvernements que deux gouvernements : c'est le despotisme et l'anarchie; mais je vous demande pardon, ce ne sont pas là des gouvernements, c'est l'absence des gouvernements.

J'étais monté à cette tribune pour y donner mon avis sur ce point particulier : je n'ai pas participé aux délibérations des précédentes séances, soit par défiance en mes lumières, soit parce que je m'étais formé d'autres idées sur cette matière, convenables à d'autres temps, à d'autres circonstances. Je n'ai voulu relever que cette grande erreur, que la division du pouvoir exécutif est le caractère du gouvernement républicain. La non-division du pouvoir exécutif est une chimère, un être de raison que M. l'abbé Maury ne trouvera dans aucun gouvernement connu.

L'Assemblée ajourne la discussion sur l'ordre judiciaire.

Séance du 12 mai. — Présidence de Thouret.

Discours sur l'affaire relative aux troubles de Marseille.

Je commence par faire observer la différence prodigieuse que je trouve entre l'ordre que le roi a fait passer à la municipalité de Marseille, et le plaidoyer insidieux, j'ai pensé dire davantage, que son ministre vous a envoyé. Je prouverai, quand il en sera temps, qu'il est juste de qualifier ainsi ce plaidoyer ; je dirai, quand il en sera temps, parce que sans doute vous ne voudrez pas condamner à la hâte une cité importante, la métropole d'une de nos riches provinces, la mère-patrie du commerce et de l'industrie ; vous ne voudrez pas que cette affaire soit si légèrement, si systématiquement jugée en trente minutes ; lorsque le roi exige de la municipalité que les gardes nationales, qui ont surpris ou occupé d'une manière quelconque, mais illégale, les forts de Marseille, évacuent ces forts, il fait non-seulement son devoir ; non-seulement il use avec sagesse de la force publique qui lui est confiée, mais il rappelle une vérité constitutionnelle. Car, tant que le corps constituant n'aura pas fixé l'organisation des gardes nationales, on ne peut souffrir que des corps soient gardés en concurrence avec les soldats du pouvoir exécutif. Le roi a rappelé ce principe ; il a fait un acte de père en chargeant les commissaires du département des Bouches-du-Rhône d'aller faire connaître ses ordres ; il a pensé que ces commissaires ne traiteraient pas une illégalité de rébellion, et n'apprendraient pas à une province, qui se croit fidèle, qu'elle est rebelle. Le roi a senti qu'il ne devait pas juger ; qu'il ne le pouvait qu'après avoir pris des éclaircissements et de informations ; il les a demandés ; il n'a exigé qu'une restitution simple et légale ; on vous propose, au contraire, de tout juger, de tout préjuger. C'est en effet préjuger qu'une municipalité est coupable que de la mander à la barre ; c'est le dire de la manière la plus prudente. Il est trop clair qu'il y a une grande fermentation à Marseille ; vous l'augmenterez, vous tirerez de cette ville les seuls modérateurs pacifiques. Est-ce le moment de donner au peuple des craintes sur le sort des officiers municipaux? Ne dirait-on pas qu'on veut provoquer à la rébellion ce peuple fidèle?... Mais quelle est donc cette balance dans laquelle on pèse d'une manière si différente les faits d'une même nature, arrivés dans les mêmes circonstances? Que pouvait faire la municipalité, quand elle voyait le peuple attaquer les forts, les forts prêts à se défendre, les malheurs les plus affreux menacer la ville; que pouvait-elle? Dire au peuple : « Je vais obtenir ce que vous demandez. » Dire aux forts : « Cédez au maître des maîtres, à la nécessité. » Voilà ce qu'elle a fait. Mais s'il était vrai que la garde nationale et la municipalité, liées par le même serment à la Constitution, eussent des preuves de projets funestes, de conspirations contre la Constitution et la liberté.....

Pourquoi le 5 octobre ne serait-il pas coupable ici, et le 30 avril serait-il coupable à Marseille? Pourquoi la municipalité de Marseille ne dirait-elle pas à ceux qui appellent sur elle les foudres du pouvoir exécutif : « Appelez donc aussi la hache sur vos têtes! Êtes-vous assez étrangers aux mouvements illégaux pour oser récriminer contre nous, pour oser récriminer sans connaître les faits..... Je demande que cette affaire soit renvoyée au comité des rapports.

Après quelques paroles de Lafayette, Charles de Lameth et du comte de Virieu, Mirabeau reprend :

Je ne demande la parole que pour vous solliciter de mettre aux voix, et les actions de grâces que vous devez au roi, et le renvoi au comité des rapports. Je n'ignore pas que je suis l'objet des plus noires imputations; je n'ignore pas que ces imputations, qui n'ont fait que flotter d'incertitudes en incertitudes, ont été répandues et recueillies avec zèle; je n'ignore pas que les gens qui les disséminent, font circuler, en ce moment même, au sein de cette assemblée, que je suis l'instigateur des troubles de Marseille. Je sais que ces lâches suborneurs ne cessent de dire que la procédure du Châtelet n'existe que pour m'illuminer de crimes; ces gens, dont les langues empoisonnées n'ont jamais su me combattre qu'avec de la calomnie; ces gens qui, malgré leurs odieuses provocations, n'ont pu me faire dévier un seul instant, même avec ou contre eux, des véritables principes; ces gens qui m'auraient condamné au silence du mépris, s'il n'existait que des hommes comme eux. J'ai mis la paix à Marseille; je mets la paix à Marseille; je mettrai la paix à Marseille. Qu'ils viennent au comité des rapports; qu'ils me dénoncent au tribunal du comité des recherches, je le demande. Je demande que tous mes crimes soient mis à découvert.

L'Assemblée nationale, profondément affectée des désordres qui ont eu lieu dans plusieurs endroits du royaume, et notamment à Marseille, charge son président de se retirer vers le roi, pour remercier S. M. des mesures qu'elle a prises, tant pour la recherche des coupables que pour la réparation des excès commis. Ordonne le renvoi de l'affaire de Marseille au comité des rapports.

Séance du 15 mai. — Présidence de Thouret.

Discours sur le message du roi demandant des subsides pour faire des armements.

Je demande la permission d'examiner d'abord la situation du débat. Je ne parlerai pas encore sur le message dont il est question, quoique mon opinion soit fixe à cet égard. J'examinerai si l'on doit préalablement traiter la question constitutionnelle ; je demande que vous ne préjugiez pas mon opinion ; cette manière d'éluder la question, élevée par la lettre du ministre, est déraisonnable, inconséquente, imprudente et sans objet.

Je dis qu'elle est déraisonnable et inconséquente, parce que le message du roi n'a nul rapport avec une déclaration de guerre ; parce que le message du roi pourrait exister même quand nous aurions décidé qu'à la nation appartient le droit de faire la paix ou la guerre. Le droit d'armer, de se mettre subitement en mesure, sera toujours le droit de l'exécuteur suprême des volontés nationales. Permettez-moi une expression triviale : la maréchaussée extérieure et intérieure de terre et de mer doit toujours, pour l'urgence d'un danger subit, être dans les mains du roi.

Je dis enfin que cette manière d'éluder la décision n'est pas conséquente, parce que ce serait supposer que l'ordre donné par le roi de faire des armements est illégal. Il est certain que, dans toute société, le provisoire subsiste tant que le définitif n'est pas déterminé ; or, le roi avait le provisoire, donc il a pu légalement ordonner des armements.

Je dis ensuite que cette manière d'éluder la question n'est pas prudente ; je suppose, en effet, que le préalable proposé soit nécessaire, notre délibération va occasionner des retards qui donneront le prétexte de dire que nous avons arrêté les mesures prises pour assurer la tranquillité publique et la sûreté du commerce. Je conviens qu'il faut traiter très-incessamment du droit de faire la paix ou la guerre, et j'en demande l'ajournement dans le plus court délai ; mais sans doute cette grande question a besoin d'être préparée à l'avance par le comité de Constitution ; elle entraîne beaucoup d'autres questions..... Pouvez-vous vouloir suspendre la délibération sur le message du roi? Ne savez-vous pas que les fonds manquent? Ne savez-vous pas que quatorze vaisseaux armés, seulement parce que l'Angleterre armait, ne peuvent être pour vous un objet d'épouvante?

Le secours extraordinaire qu'on vous demande n'est que trop nécessaire ;

il n'est pas dangereux. Un refus n'attirerait-il pas contre vous les mécontentements du commerce? On ne cherche que trop à exciter ces mécontentements. Remercier le roi des mesures qu'il a prises pour le maintien de la paix, c'est présenter à la nation l'armement ordonné comme une grande précaution, c'est un moyen de rassurer tous les esprits. Mais si vous allez dire au peuple qu'il faut suspendre tous vos travaux pour savoir à qui appartiendra le droit de faire la paix ou la guerre, il dira : Il ne s'agit donc pas seulement de précautions, la guerre est donc prête à fondre sur nous. C'est ainsi qu'on gâte les affaires publiques en répandant de vaines terreurs. Si des manœuvres ministérielles recélaient des projets nationicides, ce serait tout au plus une conspiration de pygmées; personne ne peut croire que quatorze vaisseaux mis en commande soient effrayants pour la Constitution. Quand la question constitutionnelle serait jugée, le roi pourrait faire ce qu'il a fait; il pourrait prendre les mesures qu'il a dû prendre, sauf l'éternelle responsabilité des ministres. Vous ne pouvez donc vous empêcher d'examiner le message du roi. La question se réduit donc à savoir, non si le roi a pu armer, car cela n'est pas douteux, mais si les fonds qu'il demande sont nécessaires, ce qui ne l'est pas davantage.

Je conclus à ce qu'on s'occupe immédiatement du message du roi.

Après quelques observations de Rewbel, du baron de Menou et du du duc d'Aiguillon, Mirabeau reprend :

Je demande à faire une simple proposition, qui ne vient pas de moi, mais à laquelle je donne mon assentiment, et qui peut réunir les opinions : elle consiste à approuver les mesures du roi, et à ordonner, par le même décret, que, dès demain, sur le rapport de qui il appartiendra, vous commencerez la discussion de la question constitutionnelle.

La proposition de Mirabeau est décrétée presque unanimement en ces termes :

« L'Assemblée nationale décrète que son président se retirera dans le jour, par devers le roi, pour remercier S. M. des mesures qu'elle a prises pour maintenir la paix. Décrète, en outre, que demain, 16 mai, il sera mis à l'ordre du jour cette question constitutionnelle : *La nation doit-elle déléguer au roi l'exercice du droit de la paix et de la guerre?* »

Séance du 20 mai. — Présidence de Thouret.

La nation doit-elle déléguer au roi l'exercice du droit de la paix et de la guerre?

Si je prends la parole sur une matière soumise, depuis cinq jours, à de longs débats, c'est seulement pour établir l'état de la question, qui, si je

ne me trompe, n'a pas été posée telle qu'elle devait l'être. Un grand
péril dans le moment actuel, de grands dangers dans l'avenir, ont dû exciter
toute l'attention du patriotisme ; mais l'importance de la question a aussi
son propre danger. Ces mots de guerre et de paix sonnent fortement à l'o-
reille, réveillent et trompent l'imagination, excitent les passions les plus impérieuses ; la fierté, le courage se tiennent aux plus grands objets, aux victoires, aux conquêtes, au sort des empires, surtout à la liberté, surtout à
la durée de cette Constitution naissante que tous les Français ont juré de
maintenir ; et lorsqu'une question de droit public se présente dans un si
grand appareil, quelle attention ne faut-il pas avoir sur soi-même pour
concilier dans une discussion aussi grave, la raison froide, la profonde méditation de l'homme d'état, avec l'émotion bien excusable que doivent nous
inspirer les craintes qui nous environnent ?

Faut-il déléguer au roi l'exercice du droit de faire la paix ou la guerre,
ou doit-on l'attribuer au corps législatif ? C'est ainsi, Messieurs, c'est avec
cette alternative qu'on a, jusqu'à présent, énoncé la question ; et j'avoue
que cette manière de la poser la rendrait insoluble pour moi-même. Je ne
crois pas que l'on puisse, sans anéantir la Constitution, déléguer au roi
l'exercice du droit de faire la paix ou la guerre ; je ne crois pas non plus que
l'on puisse attribuer exclusivement ce droit au corps législatif, sans nous
préparer des dangers d'une autre nature et non moins redoutables. Mais
sommes-nous forcés de faire un choix exclusif ? Ne peut-on pas, pour une
des fonctions des gouvernements, qui tient tout à la fois de l'action et de
la volonté, de l'exécution et de la délibération, faire concourir au même but,
sans les exclure l'un par l'autre, les deux pouvoirs qui constituent la force
nationale et qui représentent sa sagesse ? Ne peut-on pas restreindre les
droits ou plutôt les abus de l'ancienne royauté, sans paralyser la force publique ? Ne peut-on pas, d'un autre côté, connaître le vœu national sur la
guerre et la paix par l'organe suprême d'une assemblée représentative, sans
transporter parmi nous les inconvénients que nous découvrons dans cette partie
du droit public des Républiques anciennes et de quelques États de l'Europe ?

Ainsi, Messieurs, je me suis proposé à moi-même la question générale que
j'avais à résoudre, dans ces termes : Ne faut-il pas attribuer concurremment
le droit de faire la paix ou la guerre aux deux pouvoirs que notre constitution a consacrés ?

Avant de nous décider sur ce nouveau point de vue, je vais d'abord examiner avec vous si, dans la pratique de la guerre et de la paix, la nature des
choses, leur marche invincible ne nous indiquent pas les époques où
chacun des deux pouvoirs peut agir séparément, les points où leur
concours se rencontre, les fonctions qui leur sont communes, et celles qui
leur sont propres, le moment où il faut délibérer et celui où il faut agir.
Croyez, Messieurs, qu'un tel examen nous conduira bien plus facilement à
la vérité que si nous nous bornions à une simple théorie.

Et d'abord, est-ce au roi ou au corps législatif à entretenir des relations extérieures, à veiller à la sûreté de l'empire, à faire, à ordonner les préparatifs nécessaires pour le défendre?

Si vous décidez cette première question en faveur du roi (et je ne sais comment vous pourriez la décider autrement, sans créer dans le même royaume deux pouvoirs exécutifs), vous êtes contraints de reconnaître, par cela seul, que la force publique peut être dans le cas de repousser une première hostilité, avant que le corps législatif ait eu le temps de manifester aucun vœu, ni d'approbation ni d'improbation. Qu'est-ce que repousser une hostilité, si ce n'est commencer la guerre?

Je m'arrête à cette première hypothèse pour vous en faire sentir la vérité et les conséquences. Des vaisseaux sont envoyés pour garantir nos colonies; des soldats sont placés sur nos frontières. Vous convenez que ces préparatifs, que ces moyens de défense appartiennent au roi! Or, si ces vaisseaux sont attaqués, si ces soldats sont menacés, attendront-ils, pour se défendre, que le corps législatif ait approuvé ou improuvé la guerre? Non, sans doute; eh bien! à cela seul la guerre existe, et la nécessité en a donné le signal. De là je conclus que presque dans tous les cas il ne peut y avoir de délibération à prendre que pour savoir si la guerre doit être continuée: je dis, presque dans tous les cas; en effet, Messieurs, il ne sera jamais question, pour des Français dont la constitution vient d'épurer les idées de justice, de faire de concert une guerre offensive, c'est-à-dire, d'attaquer les peuples voisins, lorsqu'il ne nous attaquent point. Dans ce cas, sans doute, une délibération serait nécessaire; mais une telle guerre doit être regardée comme un crime, et j'en ferai l'objet d'un article de décret.

Ne s'agit-il donc que d'une guerre défensive, où l'ennemi a commis des hostilités? Voilà la guerre, où sans qu'il y ait encore des hostilités, les préparatifs de l'ennemi en annoncent le dessein; déjà par cela seul, la paix n'existe plus, la guerre est commencée.

Il est un troisième cas: c'est lorsqu'il faut décider si un droit contesté ou usurpé sera repris ou maintenu par la force des armes, et je n'oublierai pas d'en parler; mais jusque-là, je ne vois pas qu'il puisse être question, pour le corps législatif, de délibérer. Le moment viendra où les préparatifs de défense excédant les fonds ordinaires lui seront dénoncés, et je ferai connaître quels sont alors ses droits.

Mais quoi! direz-vous, le corps législatif n'aura-t-il pas toujours le moyen d'empêcher le commencement de la guerre? Non, car c'est comme si vous demandiez s'il est un moyen d'empêcher qu'une nation voisine ne nous attaque; et quel moyen prendriez-vous?

Ne ferez-vous aucuns préparatifs? Vous ne repousserez point les hostilités mais vous les souffrirez, l'état de guerre sera le même.

Chargerez-vous le corps législatif des préparatifs de défense? Vous n'empêcherez pas pour cela l'agression; et comment concilieriez-vous cette action du pouvoir législatif avec celle du pouvoir exécutif?

Forcerez-vous le pouvoir exécutif de vous notifier ses moindres préparatifs et ses moindres démarches? Vous violerez par cela seul toutes les règles de la prudence: l'ennemi, connaissant toutes vos précautions, toutes vos menées, les déjouera; vous rendrez les préparatifs inutiles; autant vaudrait-il n'en point ordonner.

Bornerez-vous l'étendue des préparatifs? Mais le pouvez-vous avec tous les points de contact qui vous lient à l'Europe, à l'Inde, à l'Amérique, à tout le globe? Mais ne faut-il pas que vos préparatifs soient dans la proportion de ceux des états voisins? Mais les hostilités commencent-elles moins entre deux vaisseaux qu'entre deux escadres? L'état permanent de la marine et de l'armée ne suffirait-il pas au besoin pour commencer la guerre? Mais ne serez-vous pas forcés d'accorder chaque année une certaine somme pour des armements imprévus? Ne faut-il pas que cette somme soit relative à l'étendue de vos côtes, à l'importance de votre commerce, à la distance de vos possessions lointaines, à la force de vos ennemis? Cependant, Messieurs, je le sens aussi vivement que tout autre, ne laissons pas surprendre notre vigilance par ces difficultés; car il faut bien qu'il existe un moyen d'empêcher que le pouvoir exécutif n'abuse même du droit de veiller à la défense de l'État, qu'il ne consume en armements inutiles des sommes immenses, qu'il ne prépare des forces pour lui-même, en feignant de les destiner contre un ennemi; qu'il n'excite, par un trop grand appareil de défense, la jalousie ou la crainte de nos voisins; sans doute il le faut croire; mais la marche naturelle des événements nous indique comment le corps législatif réprimera de tels abus; car, d'un côté, s'il faut des armements plus considérables que ne le comporte l'ordinaire des guerres, le pouvoir exécutif sera obligé de les demander, et vous aurez le droit d'improuver les préparatifs, de forcer à la négociation de la paix, de refuser les fonds demandés. D'un autre côté, la prompte notification que le pouvoir exécutif sera tenu de faire de l'état de la guerre, soit imminente, soit commencée, ne vous laissera-t-elle pas les moyens de veiller à la liberté publique?

Ici je comprends, Messieurs, le troisième cas dont j'ai parlé, celui d'une guerre à entreprendre pour recouvrer ou conserver une possession ou un droit, ce qui rentre dans la guerre défensive. Il semble d'abord que dans une telle hypothèse, le corps législatif aurait à délibérer même sur les préparatifs. Mais tâchez d'appliquer, mais réalisez ce cas hypothétique: un droit est-il usurpé ou contesté? Le pouvoir exécutif, chargé des relations extérieures tente d'abord de les recouvrer par la négociation. Si ce premier moyen est sans succès, et que le droit soit important, laissez encore au pouvoir exécutif le droit des préparatifs de défense; mais forcez-le à notifier aux représentants de la nation l'usurpation dont il se plaint, le droit qu'il réclame, tout comme il sera forcé de notifier une guerre imminente ou commencée. Vous établirez par ce moyen une marche uniforme dans tous les cas, et je vais démontrer qu'il suffit que le concours du pouvoir législatif commence à l'époque de la notification dont je viens de parler, pour concilier parfaitement l'intérêt national avec le maintien de la force publique.

Les hostilités sont donc ou commencées ou imminentes ; quels sont alors les devoirs du pouvoir exécutif ? quels sont les droits du pouvoir législatif ?

Je viens de l'annoncer ; le pouvoir exécutif doit notifier sans aucun délai l'état de guerre ou existant ou prochain, en faire connaître les causes, demander les fonds nécessaires, requérir la réunion du corps législatif, s'il n'est point assemblé.

Le corps législatif, à son tour, a quatre sortes de mesures à prendre : la première est d'examiner si les hostilités étant commencées, l'agression oupable n'est pas venue de nos ministres ou de quelque agent du pouvoir exécutif. Dans un tel cas, l'auteur de l'agression doit être poursuivi comme criminel de lése-nation. Faites une telle loi, et par cela seul vous bornerez vos guerres au seul exercice du droit d'une juste défense ; par cela seul vous ferez plus pour la liberté publique que si, pour attribuer exclusivement le droit de la guerre au corps représentatif, vous perdiez les avantages que l'on peut tirer de la royauté.

La seconde mesure est d'improuver la guerre si elle est inutile ou injuste, de requérir le roi de négocier la paix, et de l'y forcer en refusant les fonds ; voilà, Messieurs, le véritable droit du corps législatif. Les pouvoirs alors ne sont pas confondus, les formes des divers gouvernements ne sont pas violées, et sans tomber dans l'inconvénient de faire délibérer sept cents personnes sur la paix ou sur la guerre, ce qui, certainement, n'est pas sans de grands dangers, ainsi que je le démontrerai bientôt, l'intérêt national est également conservé. Au reste, Messieurs, lorsque je propose de faire improuver la guerre par le corps législatif, tandis que je lui refuse le droit exclusif de faire la paix ou la guerre, ne croyez pas que j'élude en cela la question, ni que je propose la même délibération sous une forme différente. Il est une nuance très-sensible entre improuver la guerre et délibérer la guerre, et vous allez l'apercevoir. L'exercice du droit de faire la paix et la guerre n'est pas simplement une action ni un acte de pure volonté ; il tient au contraire à ces deux principes ; il exige le concours des deux pouvoirs ; et toute la théorie de cette question ne consiste qu'à assigner, soit au pouvoir législatif, soit au pouvoir exécutif, le genre de concours qui, par sa nature, lui est plus propre qu'aucun autre. Faire délibérer directemsat le corps législatif sur la paix et sur la guerre, comme autrefois en délibérait le sénat de Rome, comme en délibèrent les états de Suède, la diète de Pologne, la confédération de Hollande, ce serait faire d'un roi de France un stathouder ou un consul ; ce serait choisir entre deux délégués de la nation, celui qui, quoique épuré sans cesse par le choix du peuple, par le renouvellement continuel des élections, est cependant le moins propre, sur une telle matière, à prendre des délibérations utiles. Donner, au contraire, au pouvoir législatif le droit d'examen, d'improbation, de réquisition de la paix, de poursuivre un ministre coupable de refus de fonds, c'est le faire concourir à l'exercice d'un droit national par les moyens qui sont propres à la nature d'un tel corps, c'est-à-dire par le poids de son influence, par ses soins, par sa surveillance, par son droit exclusif de disposer des forces et des revenus de l'Etat.

Cette différence est donc très-marquée, et conduit au but, en conservant les deux pouvoirs dans toute leur intégrité, tandis qu'autrement vous vous trouverez forcés de faire un choix exclusif entre deux pouvoirs qui doivent marcher ensemble.

La troisième mesure du corps législatif consiste dans une suite de moyens que j'indique pour prévenir les dangers de la guerre, en la surveillant, et je lui en attribue le droit.

Le premier de ces moyens est de ne point prendre de vacances tant que dure la guerre.

Le second, de prolonger la session dans le cas d'une guerre imminente.

Le troisième, de réunir en telle quantité qu'il le trouvera nécessaire, la garde nationale du royaume, dans le cas où le roi ferait la guerre en personne.

Le quatrième, de requérir, toutes les fois qu'il le jugera convenable, le pouvoir exécutif de négocier la paix.

Je m'arrête un instant sur ces deux derniers moyens, parce qu'ils font connaître parfaitement le système que je propose.

De ce qu'il peut y avoir des dangers à faire délibérer la guerre par le corps législatif, quelques personnes soutiennent que le droit de la guerre et de la paix n'appartient qu'au monarque; ils affectent même le doute que la nation ait ce droit, tandis qu'elle a celui de déléguer la royauté. Eh! qu'importe, en effet, à ces hommes de placer à côté de notre constitution une autorité sans bornes, toujours capable de la renverser? La chérissent-ils, cette constitution? Est-elle leur ouvrage comme le nôtre? Veulent-ils la rendre immortelle comme la justice et la raison?

D'un autre côté, de ce que le concours du monarque, dans l'exercice du droit de faire la paix ou la guerre, peut présenter des dangers, et il en présente en effet, vous concluez qu'il faut les priver du droit d'y concourir; or, en cela, ne voulez-vous pas une chose impossible, à moins d'ôter au roi les préparatifs de la paix et de la guerre? Pour moi, j'établis le contrepoids des dangers qui peuvent naître du pouvoir royal dans la constitution même, dans les balancements du pouvoir, dans les forces intérieures que vous donnera cette garde nationale, seul équilibre propre au gouvernement représentatif, contre une armée placée aux frontières; et félicitez-vous, Messieurs, de cette découverte. Si votre constitution est immuable, c'est de là que naîtra sa stabilité.

D'un autre côté, Messieurs, si j'attribue au corps législatif le droit de requérir le pouvoir exécutif de négocier la paix, remarquez que je ne donne pas pour cela au corps législatif l'exercice du droit exclusif de faire la paix;

1re SÉRIE. 33

ce serait retomber dans tous les inconvénients dont j'ai déjà parlé. Qui connaîtra le moment de faire la paix, si ce n'est celui qui tient le fil de toutes les relations politiques? Déciderez-vous aussi que les agents employés pour cela ne correspondront qu'avec vous? leur donnerez-vous des instructions? répondrez-vous à leurs dépêches? les remplacerez-vous, s'ils ne remplissent pas toute votre attente? découvrirez-vous, par des discussions solennelles, les motifs secrets qui vous porteront à faire la paix? donnerez-vous ainsi la mesure de votre force ou de votre faiblesse? et votre loyauté vous fît-elle une loi de ne rien dissimuler, forcerez-vous aussi les envoyés des puissances ennemies à l'éclat d'une discussion?

Je distingue donc le droit de requérir le pouvoir exécutif de faire la paix, d'un ordre donné pour la conclure, et de l'exercice même du droit de faire la paix; car est-il une autre manière de remplir l'intérêt national que celle que je propose? Lorsque la guerre est commencée, il n'est plus au pouvoir d'une nation de faire la paix; l'ordre même de faire retirer les troupes arrêtera-t-il l'ennemi? Fût-on disposé à des sacrifices, sait-on si des conditions altérées ou exagérées par notre propre ministère ne seront pas tellement onéreuses, que l'honneur ne permette pas de les accepter? La paix même étant entamée, la guerre cesse-t-elle pour cela? C'est donc au pouvoir exécutif à choisir le moment convenable pour une négociation, à la préparer en silence, à la conduire avec habileté : c'est au pouvoir législatif à le requérir de s'occuper sans relâche de cet objet important; c'est à lui à faire punir le ministre ou l'agent coupable, qui, dans une telle fonction, ne remplirait pas ses devoirs. Voilà les limites invincibles que l'intérêt public ne permet pas d'outrepasser, et que la nature même des choses a posées.

Enfin, la quatrième mesure du corps législatif est de redoubler d'attention pour remettre sur-le-champ la force publique dans son état permanent, lorsque la guerre vient à cesser. Ordonnez alors de congédier sur-le-champ les troupes extraordinaires, fixez un court délai pour leur séparation, bornez la continuation de leur solde jusqu'à cette époque, et rendez le ministre responsable, poursuivez-le comme coupable, si des ordres aussi importants ne sont pas exécutés; voilà ce que prescrit encore l'intérêt public.

J'ai suivi, Messieurs, le même ordre de questions, pour savoir à qui doit appartenir le droit de faire des traités de paix, d'alliance, de commerce, et toutes les autres conventions qui peuvent être nécessaires au bien de l'État. Je me suis d'abord demandé à moi-même si nous devions renoncer à faire des traités, et cette question se réduit à savoir si, dans l'état actuel de notre commerce et de celui de l'Europe, nous devons abandonner au hasard l'influence des autres puissances sur nous et notre réaction sur l'Europe; si, parce que nous changeons tout à coup notre système politique (et en effet, que d'erreurs, que de préjugés n'aurons-nous pas à détruire!), nous forcerons les autres nations de changer le leur; si, pendant longtemps,

notre paix et la paix des autres peut être autrement conservée que par un
équilibre qui empêche une réunion soudaine de plusieurs peuples contre
un seul? Le temps viendra, sans doute, où nous n'aurons que des amis et
point d'alliés, où la liberté du commerce sera universelle, où l'Europe ne
sera qu'une grande famille; mais l'espérance a aussi son fanatisme; serons-
nous assez heureux pour que dans un instant le miracle auquel nous devons
notre liberté se répète avec éclat dans les deux mondes?

S'il nous faut encore des traités, celui-là seul pourra les préparer, les
arrêter, qui aura le droit de les négocier; car je ne vois pas qu'il pût être
utile ni conforme aux bases des gouvernements que nous avons déjà consacrées, d'établir que le corps législatif communiquera sans intermédiaire
avec les autres puissances. Les traités vous sont notifiés sur-le-champ; ces
traités n'auront de force qu'autant que le corps législatif les approuve. Voilà
encore les justes bornes du concours entre les deux pouvoirs; et ce ne sera
pas même assez de refuser l'approbation d'un traité dangereux : la responsabilité des ministres vous offre encore ici le moyen de punir son coupable
auteur.

Je n'examine pas s'il serait plus avantageux qu'un traité ne fût conclu
qu'après l'approbation du corps législatif (car, qui ne sent pas que le résultat est le même, et qu'il est bien plus avantageux pour nous-mêmes
qu'un traité devienne irrévocable, par cela seul que le corps législatif l'aura
accepté), que si, même après son approbation, les autres puissances avaient
encore le droit de la refuser.

N'y a-t-il pas d'autres précautions à prendre sur les traités, et ne serait-
il pas de la dignité, de la loyauté d'une Convention nationale, de déterminer d'avance, pour elle-même et pour toutes les autres nations, non ce
que les traités pourront renfermer, mais ce qu'ils ne renfermeront jamais?
Je pense sur cette question comme plusieurs des préopinants; je voudrais
qu'il fût déclaré que la nation française renonce à toute espèce de conquête, qu'elle n'emploiera jamais ses forces contre la liberté d'aucun peuple.

Voilà, Messieurs, le système que je me suis fait sur l'exercice du droit
de la paix et de la guerre. Mais je dois présenter d'autres motifs de mon
opinion; je dois surtout faire connaître pourquoi je me suis fortement
attaché à ne donner au corps législatif que le concours nécessaire à l'exercice de ce droit, où la paix, sans lui attribuer exclusivement le concours dont
je viens de parler, peut bien prévenir tous ces dangers.

Et d'abord, pour vous montrer que je ne me suis dissimulé aucune objection, voici ma profession de foi sur la théorie de la question, considérée indépendamment de ses rapports politiques : Sans doute la paix et la guerre
sont des actes de souveraineté qui n'appartiennent qu'à la nation; et peut-
on nier le principe, à moins de supposer que les nations sont esclaves? Mais
il ne s'agit pas du droit en lui-même : il s'agit de la délégation.

D'un autre côté, quoique tous les préparatifs et toute la direction de la guerre et de la paix tiennent à l'action du pouvoir exécutif, on ne peut pas se dissimuler que la déclaration de la guerre et de la paix est un acte de pure volonté ; que toute hostilité, que tout traité de paix est, en quelque sorte, traductible par ces mots : *Moi, nation, je fais la guerre, je fais la paix* ; et, dès lors, comment un seul homme, comment un roi, un ministre pourra-t-il être l'organe de la volonté de tous ? Comment l'exécuteur de la volonté générale pourra-t-il être en même temps l'organe de cette volonté ? Voilà sans doute des objections bien fortes ; eh bien ! ces objections, ces principes m'ont paru devoir céder à des considérations beaucoup plus fortes.

Je ne me suis pas dissimulé non plus, Messieurs, tous les dangers qu'il peut y avoir de confier à un seul homme le droit ou plutôt les moyens de ruiner l'Etat, de disposer de la vie des citoyens, de compromettre la sûreté de l'empire, d'attirer sur nos têtes, comme un génie malfaisant, tous les fléaux de la guerre. Ici, comme tant d'autres, je me suis rappelé les noms de ces ministres impies, ordonnant des guerres exécrables, pour se rendre nécessaires ou pour écarter un rival. Ici j'ai vu l'Europe incendiée pour le gant d'une duchesse trop tard ramassé. Je me suis peint ce roi guerrier et conquérant, s'attachant ses soldats par la corruption et par la victoire, tenté de redevenir despote en rentrant dans ses Etats, fomentant un parti au-dedans de l'empire, et renversant les lois avec ces mêmes bras que les lois seules avaient armés.

Examinons si les moyens que l'on propose pour écarter ces dangers n'en feront pas naître d'autres non moins funestes, non moins redoutables à la liberté publique.

Et d'abord, je vous prie d'observer qu'en examinant si l'on doit attribuer le droit de la souveraineté à tel délégué de la nation plutôt qu'à tel autre, au délégué qu'on appelle *roi*, ou au délégué graduellement épuré et renouvelé, qui s'appellera *Corps législatif*, il faut écarter toutes les idées vulgaires d'incompatibilité ; qu'il dépend de la nation de préférer pour tel acte individuel de sa volonté le délégué qu'il lui plaira ; qu'il ne peut donc être question, puisque nous déterminons ce choix, que de concilier, non l'orgueil national, mais l'intérêt public, seule et digne ambition d'un grand peuple. Toutes les subtilités disparaissent ainsi pour faire place à cette question : « Par qui est-il plus utile que le droit de faire la paix ou la guerre soit exercé ? »

Je vous le demande à vous-mêmes : sera-t-on mieux assuré de n'avoir que des guerres justes, équitables, si on délègue à une assemblée de sept cents personnes l'exercice du droit de faire la guerre ? Avez-vous prévu jusqu'où les mouvements passionnés, jusqu'où l'exaltation du courage et d'une fausse dignité pourraient porter et justifier l'imprudence ? Nous avons entendu un de nos orateurs vous proposer, si l'Angleterre faisait à l'Espagne une guerre injuste, de franchir sur-le-champ les mers, de renverser une nation sur l'autre, de jouer, dans Londres même, avec ces fiers Anglais, au dernier écu, au dernier homme, et nous avons tous applaudi, et je me suis surpris moi-même applaudissant, et un mouvement oratoire a suffi pour tromper un instant votre sagesse. Croyez-vous que de pareils mouvements, si jamais vous délibérez ici de la guerre, ne vous porteront pas à des guerres désastreuses et que vous ne confondrez pas le conseil du courage avec celui de l'expérience? Pendant que vous délibérerez, on demandera la guerre à grands cris. Vous verrez autour de vous une armée de citoyens. Vous ne serez pas trompés par des ministres; ne le serez-vous jamais par vous-mêmes?

Il est un autre genre de danger qui n'est propre qu'au corps législatif, dans l'exercice du droit de la paix et de la guerre; c'est qu'un tel corps ne peut être soumis à aucune espèce de responsabilité. Je sais bien qu'une victime est un faible dédommagement d'une guerre injuste; mais quand je parle de responsabilité, je ne parle pas de vengeance; ce ministre que vous supposez ne devoir se conduire que selon son caprice, un jugement l'attend; sa tête sera le prix de son imprudence; vous avez eu des Louvois sous le despotisme, en aurez-vous encore sous le régime de la liberté?

On parle du frein de l'opinion publique pour les représentants de la nation; mais l'opinion publique souvent égarée, même par des sentiments dignes d'éloges, ne servira qu'à la séduire; mais l'opinion publique ne va pas atteindre séparément chaque membre d'une grande assemblée.

Ce Romain qui portant la guerre dans les plis de sa toge, menaçait de secouer, en la déroulant, tous les fléaux de la guerre, celui-là devait sentir toute l'importance de sa mission. Il était seul; il tenait en ses mains une grande destinée; il portait la terreur; mais le sénat nombreux qui l'envoyait au milieu d'une discussion orageuse et passionnée, avait-il éprouvé cet effroi, que le redoutable et douteux avenir de la guerre doit inspirer? On vous l'a déjà dit, Messieurs, voyez les peuples libres: c'est par des guerres plus ambitieuses, plus barbares qu'ils se sont toujours distingués.

Voyez les assemblées politiques: c'est toujours sous le charme de la passion qu'elles ont décrété la guerre. Vous le connaissez tous, le trait de ce matelot qui fit, en 1740, résoudre la guerre de l'Angleterre contre l'Espagne. *Quand les Espagnols, m'ayant mutilé, me présentèrent la mort, je recommandai mon âme à Dieu et ma vengeance à ma patrie.* C'était un homme bien éloquent que ce matelot; mais la guerre qu'il alluma n'était ni juste, ni politique; ni le roi d'Angleterre ni les ministres ne la voulaient. L'émotion d'une assemblée moins nombreuse et plus assouplie que la nôtre aux combinaisons de l'insidieuse politique en décida.

Voici des considérations bien plus importantes. Comment ne redoutez-vous pas, Messieurs, les dissensions intérieures qu'une délibération sur la guerre, prise par le corps législatif, pourra faire naître, et dans son sein, et dans tout le royaume? Souvent entre deux partis qui embrasseront violemment des opinions contraires, la délibération sera le fruit d'une lutte opiniâtre,

décidée seulement par quelques suffrages; et dans ce cas, si la même division
s'établit dans l'opinion publique, quel succès espérez-vous d'une guerre
qu'une grande partie de la nation désapprouvera? Observez la diète de
Cologne : plusieurs fois une délibération sur la guerre ne l'a excitée que dans
son sein. Jetez les yeux sur ce qui vient de se passer en Suède. En vain le roi
a forcé, en quelque sorte, le suffrage des États; les dissidents ont presque
obtenu le coupable succès de faire échouer la guerre. La Hollande avait déjà
présenté cet exemple; la guerre était déclarée contre le vœu d'un simple
statoudher; quel fait avons-nous recueilli d'une alliance qui nous avait coûté
tant de soins, tant de trésors? Nous allons donc mettre un germe de dissensions civiles dans notre constitution, si nous faisons exercer exclusivement le
droit de la guerre par le corps législatif; et comme le veto suspensif que
vous avez accordé au roi ne pourrait pas s'appliquer à de telles délibérations,
les dissensions dont je parle n'en seront que plus redoutables.

Je m'arrête un instant, Messieurs, sur cette considération, pour vous
faire sentir que dans la pratique des gouvernements, on est souvent forcé
de s'écarter, même pour l'intérêt public, de la rigoureuse pureté d'une
abstraction philosophique : Vous avez vous-mêmes décrété que l'exécuteur
de la volonté nationale aurait, dans certains cas, le droit de suspendre
l'effet de la première manifestation de cette volonté, qu'il pourrait appeler
de la volonté connue des représentants de la nation. Or, si nous avons
donné un tel concours au monarque, même dans les actes législatifs qui
sont si étrangers à l'action du pouvoir exécutif, comment poursuivre la
chaîne des mêmes principes? Ne ferions-nous pas concourir le roi, je ne
dis pas seulement à la direction de la guerre, mais à la délibération sur
la guerre?

Ecartons, s'il le faut, le danger des dissensions civiles : éviterez-vous
aussi facilement celui des lenteurs des délibérations? Ne craignez-vous pas
que votre force publique ne soit paralysée comme elle l'est en Pologne, en
Hollande et dans toutes les républiques? Ne craignez-vous pas que cette
lenteur n'augmente encore, soit parce que votre constitution prend insensiblement les formes d'une grande confédération, soit parce qu'il est inévitable que les départements n'acquièrent une grande influence sur le corps
législatif? ne craignez-vous pas que le peuple, étant instruit que ses représentants déclarent la guerre en son nom, ne reçoive, par cela même, une
impulsion dangereuse vers la démocratie, ou plutôt l'oligarchie; que le vœu
de la guerre et de la paix ne parte du sein des provinces, ne soit compris
bientôt dans les pétitions, et ne donne à une grande masse d'hommes toute
l'agitation qu'un objet aussi important est capable d'exciter? Ne craignez-
vous pas que le corps législatif, malgré sa sagesse, ne soit porté à franchir
lui-même les limites de ses pouvoirs par les suites presque inévitables qu'entraîne l'exercice du droit de la guerre? ne craignez-vous pas que, pour seconder les succès d'une guerre qu'il aura votée, il ne veuille influer sur la

direction, sur le choix des généraux, surtout s'il peut leur imputer des revers, et qu'il ne porte sur toutes les démarches du monarque cette surveillance inquiète qui serait, par le fait, un second pouvoir exécutif?

Ne comptez-vous encore pour rien l'inconvénient d'une assemblée non permanente, obligée de se rassembler dans le temps qu'il faudrait employer à délibérer; l'incertitude, l'hésitation qui accompagneront toutes les démarches du pouvoir exécutif, qui ne saura jamais jusqu'où les ordres provisoires pourront s'étendre; les inconvéniens mêmes d'une délibération publique sur les motifs de faire la guerre ou la paix; délibération dont tous les secrets d'un état (et longtemps encore nous aurons de pareils secrets) sont souvent les élémens?

Enfin, ne comptez-vous pour rien le danger de transporter les formes républicaines à un gouvernement qui est tout à la fois représentatif et monarchique? je vous prie de considérer ce danger par rapport à notre constitution, à nous-mêmes et au roi.

Par rapport à notre constitution, pouvons-nous donc espérer de la maintenir, si nous ne composons notre gouvernement de différentes formes opposées entre elles? J'ai soutenu moi-même qu'il n'existe qu'un seul principe de gouvernement pour toutes les nations, je veux dire leur propre souveraineté; mais il n'est pas moins certain que les diverses manières de déléguer les pouvoirs donnent au gouvernement de chaque nation des formes différentes, dont l'unité, dont l'ensemble constituent toute la force; dont l'opposition, au contraire, et la sévérité, font naître dans un état les sources éternelles de division, jusqu'à ce que la forme dominante ait renversé toutes les autres: et de là naissent, indépendamment du despotisme, tous les bouleversemens des empires.

Rome ne fut détruite que par ce mélange de formes royales, aristocratiques et démocratiques. Les orages qui ont si souvent agité plusieurs états de l'Europe n'ont point d'autre cause. Les hommes tiennent à la distribution des pouvoirs; les pouvoirs sont exercés par des hommes; les hommes abusent d'une autorité qui n'est pas suffisamment arrêtée en franchissant les limites. C'est ainsi que le gouvernement monarchique se change en despotisme: et voilà pourquoi nous avons besoin de prendre tant de précautions; mais c'est encore ainsi que le gouvernement représentatif devient oligarchique, selon que deux pouvoirs faits pour se balancer l'emportent l'un sur l'autre, et s'envahissent au lieu de se contenir.

Or, Messieurs, excepté le seul cas d'une république proprement dite, ou d'une grande confédération ou d'une monarchie dont le chef est réduit à une vaine représentation, qu'on me cite un seul peuple qui ait exclusivement attribué l'exercice de la guerre et de la paix à un sénat. Il prouvera très-bien, dans la théorie, que le pouvoir exécutif conservera toute sa force, si tous les préparatifs, toute la direction, toute l'action appartiennent au roi, et si le corps législatif se borne à dire: *je veux la guerre ou la paix;* mais montrez-moi comment le corps représentatif, tenant de si près à l'action du pouvoir exécutif, ne franchira pas les limites presque insensibles qui les séparent? Je le sais; la séparation existe encore. L'action n'est pas la volonté; mais cette ligne de démarcation est bien plus facile à démontrer qu'à conserver; et n'est-ce pas s'exposer à confondre les pouvoirs, ou plutôt n'est-ce pas déjà les confondre en véritable pratique sociale, que de les rapprocher de si près?

Si j'examine les inconvénients de l'attribution exclusive au corps législatif, par rapport à nous-mêmes, c'est-à-dire par rapport aux obstacles que les ennemis du bien public n'ont cessé de vous opposer dans votre carrière, que de nouveaux contradicteurs n'allez-vous pas exciter parmi ces citoyens qui ont espéré de pouvoir concilier toute l'énergie de la liberté avec la prérogative royale? Je ne parle que de ceux-là, non des flatteurs, non des courtisans, de ces hommes avilis qui préfèrent le despotisme à la liberté; non de ceux qui ont osé soutenir à cette tribune que nous n'avions pas eu le droit de changer la constitution de l'Etat, ou que l'exercice du droit de la paix et de la guerre est indivisible de la royauté, ou que le conseil si souvent corrompu dont s'entourent les rois, est un plus fidèle organe de l'intérêt public que les représentants choisis par le peuple; ce n'est point de ces contradicteurs, ni de leurs impiétés, ni de leurs impuissants efforts que je veux parler, mais de ces hommes qui, faits pour être libres, redoutent cependant les commotions du gouvernement populaire, de ces hommes qui, après avoir regardé la permanence d'une assemblée nationale comme la seule bannière du despotisme, regardent aussi la royauté comme une utile barrière contre l'aristocratie.

Enfin, par rapport au roi, par rapport à ses successeurs, quel sera l'effet inévitable d'une loi qui concentrerait dans le corps législatif le droit de faire la paix ou la guerre? Pour les rois faibles, la privation de l'autorité ne sera qu'une cause de découragement et d'inertie; mais la dignité royale n'est-elle donc plus au nombre des propriétés nationales? Un roi environné de perfides conseils, ne se voyant plus l'égal des autres rois, se croira détrôné; il n'aura rien perdu, car le droit de faire les préparatifs de la guerre est le véritable exercice du droit de la guerre; mais on lui persuadera le contraire, et les choses n'ont de prix et jusqu'à certain point de réalité, que dans l'opinion. Un roi juste croira du moins que le trône est environné d'écueils, et tous les ressorts de la force publique se relâcheront; un roi ambitieux, mécontent du lot que la Constitution lui aura donné, sera l'ennemi de cette constitution, dont il doit être le garant et le gardien.

Faut-il donc pour cela devenir esclaves? Faut-il, pour diminuer le nombre des mécontents, souiller notre immortelle Constitution par de fausses mesures, par de faux principes? Ce n'est pas ce que je propose, puisqu'il s'agit au contraire de savoir si le double concours que je propose d'accorder au pouvoir exécutif et au pouvoir législatif, dans l'exercice du droit de la guerre et de la paix, ne serait pas plus favorable à la liberté nationale.

Ne croyez pas que j'aie été séduit par l'exemple de l'Angleterre, qui laisse au roi l'entier exercice du droit de la paix et de la guerre. Je le condamne moi-même, cet exemple.

Là, le roi ne se borne pas à repousser les hostilités; il les commence, il les ordonne; et je vous propose, au contraire, de poursuivre comme coupables les ministres ou leurs agents qui auront fait une guerre offensive.

Là, le roi ne se borne pas à faire la guerre; il la déclare par une simple proclamation en son nom, et une telle proclamation étant un acte véritablement national, je suis bien éloigné de croire qu'elle doive être faite au nom du roi chez une nation libre.

Là, le roi n'est pas forcé de convoquer le Parlement lorsqu'il commence la guerre; et souvent, durant un long intervalle, le corps législatif non rassemblé est privé de tout moyen d'influence pendant que le monarque, déployant toutes les forces de l'empire, entraîne la nation dans des mesures qu'elle ne pourra prévenir lorsqu'elle sera consultée; et je vous propose, au contraire, de forcer le roi à notifier sur-le-champ les hostilités ou imminentes ou commencées, et de décréter que le corps législatif sera tenu de se rassembler à l'instant.

Là, le chef de l'Etat peut suivre la guerre pour s'agrandir, pour conquérir, c'est-à-dire pour s'exercer au métier de la tyrannie; et je vous propose, au contraire, de déclarer à toute l'Europe que vous n'emploierez jamais la force publique contre la liberté d'aucun peuple.

Là, le roi n'éprouve d'autre obstacle que celui des fonds publics; et l'énorme dette nationale prouve assez que cette barrière est insuffisante et que l'art d'appauvrir les nations est un moyen de despotisme non moins redoutable que tout autre; je vous propose, au contraire, d'attribuer au corps législatif le droit d'improuver la guerre et de requérir le roi de négocier la paix.

Là, le roi n'est pas obligé de faire connaître au Parlement les pactes secrets des traités d'alliance; et la nation anglaise se trouve ainsi engagée dans des guerres, dans des livraisons d'hommes, d'argent, de vaisseaux, sans qu'elle y ait consenti; et je vous propose, au contraire, d'abolir tous pactes secrets des rois, parce que les rois ne peuvent avoir de secrets pour les peuples.

Enfin, les milices de l'Angleterre ne sont pas organisées de manière à servir de contrepoids à la force publique, qui est tout entière dans les mains du roi; je propose, au contraire, d'attribuer au corps législatif, si le roi fait la guerre en personne, le droit de réunir telle portion de la garde nationale du royaume, en tel lieu qu'il jugera convenable; et sans doute vous organiserez cette force intérieure de manière à faire une armée pour la liberté publique, comme vous en avez une pour garantir vos frontières

Voyons maintenant s'il reste encore des objections que je n'aie pas détruites dans le système que je combats.

Le roi, dit-on, pourra donc faire des guerres injustes, des guerres anti-nationales? Et comment le pourrait-il, je vous le demande, à vous-mêmes? est-ce de bonne foi qu'on dissimule l'influence d'un corps législatif toujours présent, toujours surveillant, qui pourra, non-seulement refuser des fonds, mais improuver la guerre, mais requérir la négociation de la paix? ne comptez-vous encore pour rien l'influence d'une nation organisée dans toutes ses parties, qui exercera constamment le droit de pétition dans des formes légales? Un roi despote serait arrêté dans ses projets; un roi citoyen, un roi placé au milieu d'un peuple armé, ne le sera-t-il pas?

On demande qui veillera pour le royaume lorsque le pouvoir exécutif déploiera toutes les forces? Je réponds : la loi, la Constitution, l'équilibre toujours maintenu de la force intérieure avec la force extérieure.

On dit *que nous ne sommes pas encadrés pour la liberté comme l'Angleterre*; mais aussi nous avons de plus grands moyens de conserver la liberté; je propose de plus grandes précautions.

Notre constitution n'est point encore affermie; on peut nous susciter une guerre pour avoir le prétexte de déployer une grande force et de la tourner bientôt contre nous. Eh bien! ne négligeons pas ces craintes; mais distinguons le moment présent des effets durables d'une constitution, et ne rendez pas éternelles les dispositions provisoires que la circonstance extraordinaire d'une grande convention nationale pourra vous suggérer. Mais si vous portez les défiances du moment dans l'avenir, prenez garde qu'à force d'exagérer les craintes, nous ne rendions les préservatifs pires que les maux, et qu'au lieu d'unir les citoyens par la liberté, nous ne les divisions en deux partis toujours prêts à conspirer l'un contre l'autre. Si à chaque pas on nous menace de la résurrection du despotisme écrasé; si l'on nous oppose sans cesse les dangers d'une très petite partie de la force publique, malgré plusieurs millions d'hommes armés pour la Constitution, quel autre moyen nous reste-il? Périssons dans ce moment! qu'on ébranle les voûtes de ce temple, et mourons aujourd'hui libres, si nous devons être esclaves demain!

Il faut, continue-t-on, restreindre l'usage de la force publique dans les mains du roi; je le pense comme vous, et nous ne différons que dans les moyens. Mais prenez garde encore qu'en voulant le restreindre, vous ne l'empêchiez d'agir et qu'elle ne devienne nulle dans ses mains.

Mais dans la rigueur des principes, la guerre peut-elle jamais commencer sans que la nation ait décidé si la guerre doit-être faite?

Je réponds : l'intérêt de la nation est que toute hostilité soit repoussée par celui qui a la direction de la force publique; voilà la guerre commencée. L'intérêt de la nation est que les préparatifs de guerre des nations voisines soient balancés par les nôtres; voilà la guerre. Nulle délibération ne peut précéder ces événements, ces préparatifs. C'est lorsque l'hostilité ou la nécessité de la défense, de la voie des armes, ce qui comprend tous les cas, seront notifiées au corps législatif, qu'il prendra les mesures que j'indique ; il improuvera, il requerra de négocier la paix, il accordera ou refusera les fonds de la guerre, il poursuivra les ministres, il disposera de la force intérieure, il confirmera la paix ou refusera de la sanctionner. Je ne connais que ce moyen de faire concourir utilement le corps législatif à l'exercice du droit de la paix et de la guerre, c'est-à-dire à un pouvoir mixte, qui tient tout à la fois de l'action et de la volonté.

Les préparatifs même, dites-vous encore, qui seront laissés dans la main du roi, ne seront-ils pas dangereux ? Sans doute, ils le seraient ; mais ces dangers sont inévitables dans tous les systèmes. Il est bien évident que, pour concentrer cet élément dans le corps législatif, l'exercice du droit de la guerre, il faudrait lui laisser aussi le soin d'en ordonner les préparatifs ; mais le pouvez-vous sans changer la forme du gouvernement ? Et si le roi doit être chargé des préparatifs, s'il est forcé par la nature, par l'étendue de nos possessions, de les disposer à une grande distance, ne faut-il pas lui laisser aussi la plus grande latitude dans les moyens ? Borner les préparatifs, ne serait-ce pas les détruire ? Or, je demande si, lorsque les préparatifs existent, le commencement de la guerre dépend de nous, du hasard, ou de l'ennemi : je demande si, souvent, plusieurs combats n'auront pas été formés avant que le roi en soit instruit, avant que la notification puisse en être faite à la nation ?

Mais ne pourrait-on pas faire concourir le pouvoir législatif à tous les préparatifs de guerre, pour en diminuer le danger ? Ne pourrait-on pas les faire surveiller par un comité, pris dans l'Assemblée nationale ? Prenez garde : par cela seul, nous confondrions tous ces pouvoirs ; en confondant l'action avec la volonté, la direction avec la loi, bientôt le pouvoir exécutif ne sera plus que l'agent d'un comité ; nous ne ferions pas seulement les lois : nous gouvernerions ; car quelles seront les bornes de ce concours, de cette surveillance ? C'est en vain que vous voudrez en assigner ; malgré votre prévoyance, elles seront toutes violées.

Prenez garde encore : Ne craignez-vous pas de paralyser le pouvoir exécutif par ce concours de moyens ? Lorsqu'il s'agit de l'exécution, ce qui doit être fait par plusieurs personnes, n'est jamais bien fait par aucun. Où serait, d'ailleurs, dans un tel ordre de choses, cette responsabilité qui doit être l'égide de notre nouvelle constitution ?

Enfin, dit-on encore, n'a-t-on rien à craindre d'un roi, qui, couvrant les complots du despotisme sous l'apparence d'une guerre nécessaire, rentrerait dans le royaume avec une armée victorieuse, non pour reprendre son poste de roi citoyen, mais pour reconquérir celui de tyran ?

Eh bien ! qu'arrivera-t-il ? Je suppose qu'un roi conquérant et guerrier, réunissant aux talents militaires les vices qui corrompent les hommes et les qualités aimables qui les captivent, ne soit pas un prodige, et qu'il faille faire des lois pour des prodiges.

Je suppose qu'aucun corps d'une armée nationale n'eût assez de patriotisme et de vertu pour résister à un tyran, et qu'un tel roi conduisît des Français contre des Français, aussi facilement que César, qui n'était pas né sur le trône, fît passer le Rubicon à des Gaulois.

Mais je vous demande si cette objection n'est pas commune à tous les systèmes, si nous n'aurons jamais à armer une grande force publique, parce que ce sera au corps législatif à exercer le droit de faire la guerre?

Je vous demande si, par une telle objection, vous ne transportez pas précisément aux monarchies l'inconvénient des républiques? Car c'est surtout dans les états populaires que de tels succès sont à craindre. C'est parmi les nations, qui n'avaient point de rois, que ces succès ont fait des rois; c'est pour Carthage, c'est pour Rome, que des citoyens, tels qu'Annibal et César étaient dangereux. Tarissez l'ambition; faites qu'un roi n'ait à regretter que ce que la loi ne peut accorder; faites de la magistrature ce qu'elle devrait être; et ne craignez plus qu'un roi rebelle, abdiquant lui-même sa couronne, s'expose à courir de la victoire à l'échafaud!

Ici des murmures interrompent l'orateur.

D'ESPRÉMÉNIL.—Je demande que M. de Mirabeau soit rappelé à l'ordre; il oublie que la personne du roi a été déclarée inviolable.

MIRABEAU. —— Je me garderai bien de répondre à l'inculpation de mauvaise foi qui m'est faite; vous avez entendu ma supposition d'un roi despote et révolté, qui vient, avec une armée de Français, conquérir la place des tyrans. Or, un roi, dans ce cas, n'est plus un roi.

Il serait difficile et inutile de continuer une discussion déjà bien longue, au milieu d'applaudissements et d'improbations également exagérés, également injustes. J'ai parlé, parce que je n'ai pas cru pouvoir m'en dispenser dans une occasion aussi importante; j'ai parlé d'après ma conscience et ma pensée; je ne dois à cette assemblée que ce qui me paraît la vérité, et je l'ai dite. Je l'ai dite assez fortement, peut-être, quand je luttais contre les puissances; je serais indigne des fonctions qui me sont imposées, je serais indigne d'être compté parmi les amis de la liberté, si je dissimulais ma pensée, quand je penche, pour un parti mitoyen, entre l'opinion de ceux que j'aime et que j'honore, et l'avis des hommes qui ont montré le plus de dissentiment avec moi, depuis le commencement de cette assemblée.

Vous avez saisi mon système : il consiste à attribuer concurremment le droit de faire la paix et la guerre aux deux pouvoirs que la Constitution a consacrés. Je crois avoir combattu avec avantage les arguments qu'on alléguera sur cette question en faveur des systèmes exclusifs. Il est une seule objection insoluble qui se trouve dans tous, comme dans le mien, et qui embarrassera toujours les diverses questions qui avoisineront la confusion des pouvoirs : c'est de déterminer les moyens d'obvier au dernier degré de l'abus. Je n'en connais qu'un, on n'en trouvera qu'un, et je l'indiquerai par cette locution triviale, et peut-être de mauvais goût, que je me suis permise dans cette tribune, mais qui peint nettement ma pensée : c'est *le tocsin de la nécessité*, qui, seul, peut donner le signal, quand le moment est venu de remplir l'imprescriptible devoir de la résistance : devoir toujours impérieux, lorsque la Constitution est violée; toujours triomphant, lorsque la résistance est juste et vraiment nationale.

Je vais vous lire mon projet de décret; il n'est pas bon, il est incomplet. Un décret sur le droit de la paix et de la guerre ne sera jamais véritablement le code moral du droit des gens, qu'alors que vous aurez constitutionnellement organisé l'armée, la flotte, les finances, vos gardes nationales et vos colonies; je désire donc vivement qu'on perfectionne mon projet de décret, je désire que l'on en propose un meilleur. Je ne chercherai pas à dissimuler le sentiment de défiance avec lequel je vous l'apporte; je ne cacherai pas même mon profond regret que l'homme, qui a posé les bases de la Constitution et qui a le plus contribué à votre grand ouvrage, que l'homme qui a révélé au monde les véritables principes du gouvernement représentatif, se condamne lui-même à un silence que je déplore, que je trouve coupable, à quelque point que ses immenses services aient été méconnus; que l'abbé Siéyès..... (je lui demande pardon, je le nomme) ne vienne pas poser lui-même dans sa Constitution un des plus grands ressorts de l'ordre social. J'en ai d'autant plus de douleur, qu'écrasé d'un travail trop au-dessus de mes forces intellectuelles, sans cesse ravi au recueillement et à la méditation, qui sont les premières puissances de l'homme, je n'avais pas porté mon esprit sur cette question, accoutumé que j'étais à me reposer sur ce grand penseur, de l'achèvement de son ouvrage. Je l'ai pressé, conjuré, supplié au nom de l'amitié dont il m'honore, au nom de l'amour de la patrie, ce sentiment bien autrement énergique et sacré, de nous doter de ses idées, de ne pas laisser cette lacune dans la Constitution. Il m'a refusé : je vous le dénonce. Je vous conjure, à mon tour, d'obtenir son avis, qui ne doit pas être un secret; d'arracher enfin, au découragement, un homme dont je regarde le silence et l'inaction comme une calamité publique.

Après ces aveux, de la candeur desquels vous me saurez gré du moins, voulez-vous me dispenser de lire mon projet de décret? J'en serai reconnaissant. (De toutes parts : *Lisez! lisez!*) Vous voulez que je le lise? Souvenez-vous que je n'ai fait que vous obéir, et que j'ai eu le courage de vous déplaire, pour vous servir.

Je propose de décréter comme articles constitutionnels :

Art. 1er. Le droit de faire la guerre et la paix appartient à la nation.

L'exercice de ce droit sera délégué concurremment au corps législatif et au pouvoir exécutif, de la manière suivante :

Art. 2. Le soin de veiller à la sûreté extérieure du royaume, de maintenir ses droits et ses possessions appartient au roi; ainsi lui seul peut entretenir des relations politiques au dehors, conduire les négociations, en choisir les agents, faire des préparatifs de guerre proportionnés à ceux des Etats voisins, distribuer les forces de terre et de mer, ainsi qu'il le jugera convenable, et en régler la direction en cas de guerre.

Art. 3. Dans le cas d'hostilités imminentes ou commencées, d'un allié à soutenir, d'un droit à conserver par la force des armes, le roi sera tenu d'en donner, sans aucun délai, la notification au corps législatif, d'en faire connaître les causes et les motifs, et de demander les fonds nécessaires; et si le corps législatif est en vacance, il se rassemblera sur-le-champ.

Art. 4. Sur cette notification, si le corps législatif juge que les hostilités commencées sont une agression coupable de la part des ministres, ou de quelque autre agent du pouvoir exécutif, l'auteur de cette agression sera poursuivi comme criminel de lèse-nation, l'Assemblée nationale déclarant à cet effet que la nation française renonce à toute espèce de conquête, et qu'elle n'emploiera jamais ses forces contre la liberté d'aucun peuple.

Art. 5. Sur la même notification, si le corps législatif refuse les fonds nécessaires et témoigne son improbation de la guerre, le pouvoir exécutif sera tenu de prendre, sur-le-champ, des mesures pour faire cesser ou prévenir toute hostilité, les ministres demeurant responsables des délais.

Art. 6. La formule de déclaration de guerre et des traités de paix sera DE LA PART DU ROI DES FRANÇAIS ET AU NOM DE LA NATION.

Art. 7. Dans le cas d'une guerre imminente, le corps législatif prolongera sa session dans les vacances accoutumées, et pourra être sans vacances durant la guerre.

Art. 8. Pendant tout le cours de la guerre, le corps législatif pourra requérir le pouvoir exécutif de négocier la paix, et dans le cas où le roi fera la guerre en personne, le corps législatif aura le droit de réunir le nombre de gardes nationales, et dans tel endroit qu'il le trouvera convenable.

Art. 9. A l'instant où la guerre cessera, le corps législatif fixera le délai dans lequel les troupes extraordinaires seront congédiées, et l'armée réduite à son état permanent; la solde des dites troupes ne sera continuée que jusqu'à la même époque; après laquelle, si les troupes extraordinaires restent rassemblées, le ministre sera responsable et poursuivi comme criminel de lèse-nation; à cet effet, le comité de constitution sera tenu de donner incessamment son travail sur le mode de la responsabilité des ministres.

Art. 10. Il appartient au roi d'arrêter et de signer avec les puissances étrangères tous les traités de paix, d'alliance et de commerce, et autres conventions qu'il jugera convenables au bien de l'Etat; mais lesdits traités et conventions n'auront d'effet qu'autant qu'ils auront été ratifiés par le corps législatif.

L'Assemblée renvoie la discussion au lendemain.

La nation déléguera-t-elle au roi l'exercice du droit de paix ou de guerre. (Second discours.)

Barnave, dans son discours de la veille, 21 mai, avait ébranlé la popularité de Mirabeau ; et au début de la séance du 22, circulait dans l'Assemblée une brochure intitulée : *La grande trahison du comte de Mirabeau.* — « *J'en sais assez,* s'écrie Mirabeau, en la parcourant ; *on m'emportera de l'Assemblée triomphant ou en lambeaux ;* » et aussitôt il monte à la tribune :

C'est quelque chose, sans doute, pour rapprocher les oppositions, que d'avouer nettement sur quoi l'on est d'accord et sur quoi l'on diffère. Les discussions amiables valent mieux pour s'entendre que les insinuations calomnieuses, les inculpations forcenées, les haines de la rivalité, les machinations de l'intrigue et de la malveillance. On répand depuis huit jours que la section de l'Assemblée nationale, qui veut le concours de la volonté royale dans l'exercice du droit de la paix et de la guerre, est parricide de la liberté publique ; on répand les bruits de perfidie, de corruption ; on invoque les vengeances populaires pour soutenir la tyrannie des opinions. On dirait qu'on ne peut, sans crime, avoir deux avis dans une des questions les plus délicates et les plus difficiles de l'organisation sociale. C'est une étrange manie, c'est un déplorable aveuglement, que celui qui anime ainsi les uns contre les autres, des hommes qu'un même but, un sentiment indestructible devraient, au milieu des débats les plus acharnés, toujours rapprocher, toujours réunir ; des hommes qui substituent ainsi l'irascibilité de l'amour propre au culte de la patrie, et se livrent les uns les autres aux préventions populaires.

Et moi aussi, on voulait, il y a peu de jours, me porter en triomphe ; et maintenant, on crie dans les rues : LA GRANDE TRAHISON DU COMTE DE MIRABEAU..... Je n'avais pas besoin de cette leçon pour savoir qu'il est peu de distance du Capitole à la roche Tarpéienne ; mais l'homme qui combat pour la raison, pour la patrie, ne se tient pas si aisément pour vaincu ; celui qui a la conscience d'avoir bien mérité de son pays, et surtout de lui être encore utile ; celui que ne rassasie pas une vaine célébrité, et qui dédaigne les succès d'un jour, pour la véritable gloire ; celui qui veut dire la vérité, qui veut faire le bien public, indépendamment des mobiles mouvements de l'opinion populaire ; cet homme porte avec lui la récompense de ses services, le charme de ses peines et le prix de ses dangers ; il ne doit attendre sa moisson, sa destinée, la seule qui l'intéresse, la destinée de son nom, que du temps, ce juge incorruptible qui fait justice à tous. Que ceux qui prophétisaient depuis huit jours mon opinion, sans la connaître, qui calomnient en ce moment mon discours sans l'avoir compris, m'accusent d'encenser des idoles impuissantes, au moment où elles sont renversées, où d'être. le vil stipendié des hommes que je n'ai pas cessé de combattre ; qu'ils dénoncent comme un ennemi de la révolution, celui qui peut-être ne lui a pas été inutile, et qui, cette révolution fût-elle étrangère à sa gloire, pourrait, là seulement, trouver sa sûreté ; qu'ils livrent aux fureurs du peuple trompé, celui qui, depuis vingt ans, combat toutes les oppressions, qui parlait aux Français de liberté, de constitution, de résistance, lorsque ses vils calomniateurs suçaient le lait des cours, et vivaient de tous les préjugés dominants. Que m'importe ? Ces coups de bas en haut ne m'arrêteront pas dans ma carrière. Je leur dirai : répondez si vous pouvez ; calomniez ensuite tant que vous voudrez.

Je rentre dans la lice, armé de mes seuls principes et de la fermeté de ma conscience. Je vais poser à mon tour le véritable point de la difficulté avec toute la netteté dont je suis capable, et je prie tous ceux de mes adversaires qui ne m'entendront pas, de m'arrêter, afin que je m'exprime plus clairement, car je suis décidé à déjouer les reproches tant répétés d'évasion, de subtilité, d'entortillage ; et s'il ne tient qu'à moi, cette journée dévoilera le secret de nos loyautés respectives. M. Barnave m'a fait l'honneur de ne répondre qu'à moi, j'aurai pour son talent le même égard, et je vais à mon tour essayer de le réfuter.

Vous avez dit : Nous avons institué deux pouvoirs distincts, le pouvoir législatif et le pouvoir exécutif ; l'un est chargé d'exprimer la volonté nationale, et l'autre de l'exécuter ; ces deux pouvoirs ne doivent jamais se confondre.

Vous avez appliqué ces principes à la question sur laquelle nous délibérons, c'est-à-dire à l'exercice du droit de la paix et de la guerre.

Vous avez dit : Il faut distinguer l'action et la volonté ; l'action appartiendra au roi, la volonté au corps législatif. Ainsi, lorsqu'il s'agira de déclarer la guerre, cette déclaration étant un acte de volonté, ce sera au corps législatif à la faire.

Après avoir exposé ce principe, vous l'avez appliqué à chaque article de mon décret. Je suivrai la même marche ; je discuterai d'abord le principe général ; j'examinerai ensuite l'application que vous en avez faite à l'exercice du droit de la paix et de la guerre ; enfin, je vous suivrai pas à pas dans la critique de mon décret.

Vous dites que nous avons deux délégués distincts, l'un pour l'action, l'autre pour la volonté ; je le nie.

Le pouvoir exécutif, dans tout ce qui tient à l'action, est certainement très-distinct du pouvoir législatif ; mais il n'est pas vrai que le corps législatif soit entièrement indépendant du pouvoir exécutif, même dans l'expression de la volonté générale.

En effet, quel est l'organe de cette volonté, d'après notre constitution ?

C'est tout à la fois l'assemblée des représentants de la nation ou le corps législatif, et le représentant du pouvoir exécutif; ce qui a lieu de cette manière : le corps législatif délibère et déclare la volonté générale, le représentant du pouvoir exécutif a le double droit, ou de sanctionner la résolution du corps législatif, et cette sanction consomme la loi; ou d'exercer le *veto* qui lui est accordé pour un certain espace de temps; et la Constitution a voulu que, durant cette période, la résolution du corps législatif ne fît pas loi. Il n'est donc pas exact de dire que notre constitution a établi deux délégués entièrement distincts, même lorsqu'il s'agit d'exprimer la volonté générale. Nous avons, au contraire, deux représentants qui concourent ensemble dans la formation de la loi, dont l'un fournit une espèce de vœu secondaire, exerce sur l'autre une sorte de contrôle, met dans la loi sa portion d'influence et d'autorité. Ainsi, la volonté générale ne résulte pas de la simple volonté du corps législatif.

Suivons maintenant l'application de votre principe à l'exercice du droit de la paix et de la guerre.

Vous avez dit : tout ce qui n'est que volonté, en ceci, comme dans tout le reste, retourne à son principe naturel et ne peut être énoncé que par le pouvoir législatif. Ici je vous arrête, et je découvre votre sophisme en un seul mot que vous-même avez proféré; ainsi vous ne m'échapperez pas.

Dans votre discours, vous attribuez exclusivement l'énonciation de la volonté générale..... à qui? *Au pouvoir législatif.* Dans votre décret, à qui l'attribuez-vous? *Au corps législatif.* Sur cela, je vous rappelle à l'ordre. Vous avez *forfait* la Constitution. Si vous entendez que le corps législatif est le pouvoir législatif, vous renversez, par cela seul, toutes les lois que nous avons faites; si, lorsqu'il s'agit d'exprimer la volonté générale en fait de guerre, le corps législatif suffit....., par cela seul, le roi n'ayant ni participation, ni influence, ni contrôle, ni rien de tout ce que nous avons accordé au pouvoir exécutif par notre système social, vous auriez en législation deux principes différents : l'un pour la législation ordinaire, l'autre pour la législation en fait de guerre, c'est-à-dire pour la crise la plus terrible qui puisse agiter le corps politique ; tantôt vous auriez besoin, et tantôt vous n'auriez pas besoin, pour l'expression de la volonté générale, de l'adhésion du monarque... Et c'est vous qui parlez d'homogénéité, d'unité, d'ensemble dans la Constitution ! Ne dites pas que cette distinction est vaine ; elle l'est si peu, elle est tellement importante à mes yeux et à ceux de tous les bons citoyens qui soutiennent ma doctrine, que si vous voulez substituer, dans votre décret, à ces mots : *le corps législatif,* ceux-ci : *le pouvoir législatif,* et définir cette expression en l'appelant un acte de l'Assemblée nationale, sanctionné par le roi, nous serons, par cela seul, d'accord sur les principes; mais vous reviendrez alors à mon décret, parce qu'il accorde moins au roi... Vous ne me répondez pas... Je continue.

Cette contradiction devient encore plus frappante dans l'application que vous avez faite vous-même de votre principe, au cas d'une déclaration de guerre.

Vous avez dit : une déclaration de guerre n'est qu'un acte de volonté ; donc c'est au corps législatif à l'exprimer.

J'ai sur cela deux questions à vous faire, dont chacune embrasse deux cas différents.

Première question : Entendez-vous que la déclaration de guerre soit tellement propre au corps législatif que le roi n'ait pas l'initiative, ou entendez-vous qu'il ait l'initiative ?

Dans le premier cas, s'il n'a pas l'initiative, entendez-vous qu'il n'ait pas non plus le *veto* ? Dès lors, voilà le roi sans concours dans l'acte le plus important de la volonté nationale. Comment conciliez-vous cela avec les droits que la Constitution a donnés au monarque ? Comment les conciliez-vous avec l'intérêt public ? Vous aurez autant de provocateurs de la guerre que d'hommes passionnés.

Y a-t-il, ou non, de grands inconvénients à cette disposition ? Vous ne niez pas qu'il y en ait.

Y en a-t-il, au contraire, à accorder l'initiative au roi ? J'entends par l'initiative une notification, un message quelconque. Vous ne sauriez y trouver aucun inconvénient.

Voyez d'ailleurs l'ordre naturel des choses. Pour délibérer, il faut être instruit ; par qui le serez-vous, si ce n'est par le surveillant des relations extérieures ?

Ce serait une étrange constitution que celle qui, ayant conféré au roi le pouvoir exécutif suprême, donnerait un moyen de déclarer la guerre, sans que le roi en provoquât la délibération par les rapports dont il est chargé ; votre assemblée ne serait plus délibérante, mais agissante ; elle gouvernerait.

Vous accorderez donc l'initiative au roi.

Passons au second cas.

Si vous accordez au roi l'initiative, ou vous supposez qu'elle consistera dans une simple notification, ou vous supposez que le roi déclarera le parti qu'il veut prendre.

Si l'initiative du roi doit se borner à une simple notification, le roi, par le fait, n'aura aucun concours à une déclaration de guerre.

Si l'initiative du roi consiste, au contraire, dans la déclaration du parti qu'il croit devoir être pris, voici la double hypothèse sur laquelle je vous prie de raisonner avec moi :

Entendez-vous que le roi, se décidant pour la guerre, le corps législatif puisse délibérer la paix ? Je ne trouve à cela aucun inconvénient. Entendez-vous, au contraire, que le roi voulant la paix, le corps législatif puisse ordonner la guerre et la lui faire soutenir malgré lui ? Je ne puis adopter votre système, parce qu'ici naissent des inconvénients auxquels il est impossible de remédier.

De cette guerre délibérée malgré le roi, résulterait bientôt une guerre d'opinion contre le monarque, contre tous ses agents. La surveillance la plus inquiète présiderait à toutes les opérations; le désir de les seconder, la défiance contre les ministres, porteraient le corps législatif à sortir de ses propres limites. On proposerait des comités d'exécution militaire, comme on vous a proposé naguère des comité d'exécution politique ; le roi ne serait plus que l'agent de ces comités; nous aurions deux pouvoirs exécutifs, ou plutôt le corps législatif régnerait.

Ainsi, par la tendance d'un pouvoir sur l'autre, notre propre constitution se dénaturerait entièrement; de monarchique qu'elle doit être, elle deviendrait purement aristocratique. Vous n'avez pas répondu à cette objection, et vous n'y répondrez jamais. Vous ne parlez que de réprimer les abus ministériels, et moi je vous parle des moyens de réprimer les abus d'une assemblée représentative; je vous parle d'arrêter la pente insensible de tout gouvernement vers la forme dominante qu'on lui imprime.

Si, au contraire, le roi voulant la guerre, vous bornez les délibérations du corps législatif à consentir la guerre ou à décider qu'elle ne doit pas être faite, et à forcer le pouvoir exécutif de négocier la paix, vous évitez tous les inconvénients; et remarquez bien, car c'est ici que se distingue éminemment mon système, que vous restez parfaitement dans les principes de la Constitution.

Le *veto* du roi se trouve, par la nature des choses, presque entièrement émoussé en fait d'exécution; il peut rarement avoir lieu en matière de guerre. Vous parez à cet inconvénient; vous rétablissez la surveillance, le contrôle respectif qu'a voulu la Constitution, en imposant aux deux délégués de la nation, à ses représentants amovibles, et à son représentant inamovible, le devoir mutuel d'être d'accord lorsqu'il s'agit de guerre. Vous attribuez ainsi au corps législatif la seule faculté qui puisse le faire concourir sans inconvénient à l'exercice de ce terrible droit. Vous remplissez en même temps l'intérêt national autant qu'il est en vous, puisque vous n'aurez besoin, pour arrêter le pouvoir exécutif, que d'exiger qu'il mette le corps législatif continuellement à portée de délibérer sur tous les cas qui peuvent se présenter.

Il me semble, Messieurs, que le point de la difficulté est enfin complétement connu ; et, pour un homme à qui tant d'applaudissements étaient préparés au dedans et au dehors de cette salle, M. Barnave n'a point du tout abordé la question. Ce serait un triomphe trop facile, maintenant, que de le poursuivre dans les détails, où, s'il a fait voir du talent de parleur, il n'a jamais montré la moindre connaissance d'un homme d'État, ni des affaires humaines. Il a déclamé contre ces maux que peuvent faire et qu'ont fait les rois ; il s'est bien gardé de remarquer que, dans notre constitution, le monarque ne peut plus désormais être despote, ni rien faire arbitrairement ; il s'est bien gardé surtout de parler des mouvements populaires, quoiqu'il eût lui-même donné l'exemple de la facilité avec laquelle les amis d'une puissance étrangère pourraient influer sur l'opinion d'une assemblée nationale en ameutant le peuple autour d'elle, et en procurant dans les promenades publiques des battements de mains à leurs agents. Il a cité Périclès faisant la guerre pour ne pas rendre ses comptes; ne semblerait-il pas, à l'entendre, que Périclès ait été un roi ou un ministre despotique? Périclès était un homme qui, sachant flatter les passions populaires et se faire applaudir à propos, en sortant de la tribune, par ses largesses ou celles de ses amis, a entraîné à la guerre du Péloponèse..... qui? L'assemblée nationale d'Athènes.

J'en viens à la critique de mon projet de décret, et je passerai rapidement en revue les diverses objections.

Article premier. — *Que le droit de faire la paix et la guerre appartient à la nation.*

M. Barnave soutient que cet article est inutile ; pourquoi donc inutile ? Nous n'avons pas délégué la royauté, nous l'avons reconnue comme préexistante à notre constitution. Or, puisqu'on a soutenu dans cette assemblée que le droit de faire la paix et la guerre est inhérent à la royauté, puisqu'on a prétendu que nous n'avions pas même la faculté de le déléguer, j'ai donc pu, j'ai dû énoncer dans mon décret que le droit de faire la paix et la guerre appartient à la nation. Où est le piége?

Second article. *Que l'exercice du droit de la paix et de la guerre doit être délégué concurremment au corps législatif et au pouvoir exécutif, de la manière suivante.* —Selon M. Barnave, cet article est contraire aux principes et dévoile le piége de mon décret. Quelle est, en effet, la question, la véritable question qui nous agite? Parlez nettement. Les deux délégués de la nation doivent-ils concourir ou non à l'expression de la volonté générale? S'ils doivent y concourir, peut-on donner à l'un d'eux une délégation exclusive dans l'exercice du droit de la paix et de la guerre? Comparez mon article avec le vôtre : Vous ne parlez ni d'initiative proprement dite, ni de proposition, ni de sanction de la part du roi. Si je ne parle pas non plus de proposition ni de sanction, je remplace ce concours par un autre. La ligne qui nous sépare est donc bien connue ; c'est moi qui suis dans la Constitution, c'est vous qui vous en écartez. Il faudra bien que vous y reveniez. De quel côté est le piége?

Il est, dites-vous, en ce que je n'exprime pas de quelle manière le concours de ces deux délégués doit s'exercer. Quoi ! je ne l'exprime pas! Que signifient donc ces mots, *de la manière suivante*, et quel est l'objet des articles qui suivent? N'ai-je pas dit nettement dans plusieurs de ces articles, que la notification est au roi, et la résolution, l'approbation, l'improbation à l'Assemblée nationale? Ne résulte-t-il pas évidemment de chacun de mes articles, que le roi ne pourra jamais entreprendre la guerre, ni même la continuer, sans la décision du corps législatif ? Où est le piége ? Je ne connais qu'un seul piége dans cette discussion : c'est d'avoir affecté de ne donner au corps législatif que la décision de la guerre et de la paix, et cependant d'avoir, par le fait, au moyen d'une réticence, d'une déception de mots, exclu entièrement le roi de toute participation, de toute influence à l'exercice du droit de la paix et de la guerre.

Je ne connais qu'un seul piége dans cette affaire; mais ici un peu de maladresse vous a dévoilé. C'est en distinguant la déclaration de la guerre dans l'exercice du droit, comme un acte de pure volonté, de l'avoir en conséquence attribué au corps législatif seul, comme si le corps législatif, qui n'est pas le pouvoir législatif, avait, sans nul concours du monarque, l'attribution exclusive de la volonté !

Troisième article. — Nous sommes d'accord.

Quatrième article. — Vous avez prétendu que je n'avais exigé la notification, que dans le cas d'hostilités, que j'avais supposé que toute hostilité était une guerre, et qu'ainsi, je laissais faire la guerre sans le concours du corps législatif. Quelle insigne mauvaise foi ! J'ai exigé la notification, dans le cas d'*hostilités imminentes ou commencées, d'un allié à soutenir, d'un droit à conserver par la force des armes*; ai-je ou non compris tous les cas? Où est le piége?

J'ai dit dans mon discours, que souvent des hostilités précéderaient toute délibération; j'ai dit que ces hostilités pourraient être telles, que l'état de guerre fût commencé; qu'avez-vous répondu? qu'il n'y avait guerre que par la déclaration de guerre. Mais disputons-nous sur les choses ou sur les mots? Vous avez dit, sérieusement, ce que M. de Bougainville disait au combat de la *Grenade*, dans un moment de gaieté héroïque; les boulets roulaient sur son bord, il cria à ses officiers : *Ce qu'il y a d'aimable, Messieurs, c'est que nous ne sommes point en guerre.*

Vous vous êtes longuement étendu sur le cas actuel de l'Espagne. Une hostilité existe : l'Assemblée nationale d'Espagne n'aurait-elle pas à délibérer? Oui, sans doute, et je l'ai dit, et mon décret a formellement prévu ce cas; ce sont des hostilités commencées, un droit à conserver, une guerre imminente. Donc, avez-vous conclu, l'hostilité ne constitue pas l'état de guerre. Mais si, au lieu de deux navires pris et relâchés dans le Nord-Custle, il y avait eu un combat entre deux vaisseaux de guerre; si pour les soutenir, deux escadres s'étaient mêlées de la querelle, si un général entreprenant eût poursuivi le vaincu jusque dans ses ports, si une île importante avait été enlevée, n'y aurait-il pas alors état de guerre? Ce sera tout ce que vous voudrez; mais puisque ni votre décret, ni le mien ne présentent le moyen de faire devancer de pareilles agressions par la délibération du corps législatif, vous conviendrez que ce n'est pas là la question; mais où est le piége?

Cinquième article. — J'ai voulu parler d'un cas que vous ne prévoyez pas dans votre décret; l'hostilité commencée peut être une agression coupable;

là nation doit avoir le droit d'en poursuivre l'auteur et le devoir de le punir ; il ne suffit pas de ne pas faire la guerre, il faut réprimer celui qui, par une démarche imprudente ou perfide, aurait couru le risque ou tenté de nous y envoyer. J'en indique le moyen : est-ce là un piége? Mais, dites-vous, je donne ou je suppose donner, par là, au pouvoir exécutif, le droit de commencer une hostilité, de commettre une agression coupable. Non, je ne lui donne pas ce droit ; mais je raisonne sur un fait qui peut arriver, et que ni vous ni moi ne pouvons prévenir. Je ne puis pas faire que le dépositaire suprême de toutes les forces nationales n'ait pas de grands moyens et les occasions d'en abuser ; mais cet inconvénient se trouve dans tous les systèmes ; ce sera, si vous le voulez, le mal de la royauté ; mais prétendez-vous que des institutions humaines, qu'un gouvernement fait par des hommes pour des hommes soit exempt d'inconvénients? Prétendez-vous, parce que la royauté a des dangers, nous faire renoncer aux avantages de la royauté? Alors, dites-le nettement ; ce sera alors à nous à déterminer si, parce que le feu peut brûler, nous devons nous priver de sa chaleur, de la lumière que nous empruntons de lui. Tout peut se soutenir, excepté l'inconséquence ; dites-nous qu'il ne faut pas de roi, ne dites pas qu'il ne faut qu'un roi inutile.

Art. 6, 7 et 8. — Vous ne les avez pas attaqués ; ainsi nous sommes d'accord ; mais je suis convaincu que celui qui impose au pouvoir exécutif de telles limitations qu'aucun autre décret n'a présentées, n'a pas doté d'u-surpation le pouvoir royal, comme on n'a pas rougi de le dire, et qu'il sait aussi munir de précautions constitutionnelles les droits de ce peuple, qu'aussi bien qu'un autre, peut-être, il a défendu.

Art. 9. — *Que dans le cas où le roi fera la guerre en personne, le corps législatif aura le droit de réunir tel nombre de gardes nationales, et dans tel endroit qu'il le jugera convenable.* Vous me faites un grand reproche d'avoir proposé cette mesure. Elle a des inconvénients, sans doute ; quelle insti-tution n'en a pas? Si vous l'aviez saisie, vous auriez vu que si cette mesure avait été, comme vous l'avez dit, un accessoire nécessaire à mon système, je ne me serais pas borné à l'appliquer au cas, très-rare sans doute, où le roi ferait la guerre en personne, mais que je l'aurais indiquée pour tous les cas de guerre indéfiniment. Si dans cela il y a un piége, donc il est tout entier dans votre argumentation. Il n'est pas dans le système de celui qui veut écarter le roi du commandement des armées hors des frontières, parce qu'il ne pense pas que le surveillant universel de la société doive être concentré dans des fonctions aussi hasardeuses ; il n'est pas dans le système de celui qui met dans votre organisation sociale le seul moyen d'insurrection régulière qui soit dans le principe de votre constitution. Il y a évidemment de la mau-vaise foi à chercher la faiblesse de mon système, ou quelque intention artifi-cieuse, dans la prévoyance d'un inconvénient présenté par tous ceux qui ont parlé avant moi, et qui existe également dans tous les systèmes ; car il est évident qu'un roi guerrier peut être égaré par ses passions, et servi par les légions élevées à la victoire, soit que le pouvoir législatif, soit que le pouvoir exécutif ait commencé la guerre. Si dans toutes les hypothèses constitutionnelles, ce malheur terrible peut également se prévoir, il n'y a d'autre remède à lui opposer qu'un remède terrible ; vous et moi nous reconnaissons également le devoir de l'insurrection, dans des cas infiniment rares. Est-ce un moyen si coupable que celui qui rend l'insurrection méthodique et plus terrible ? Est-ce un piége que d'avoir assigné aux gardes nationales leur véritable destination ? Et que sont ces troupes, sinon les troupes de la liberté ? Pourquoi les avons-nous instituées, si elles ne sont pas éternellement destinées à conserver ce qu'elles ont conquis ? Au reste, c'est vous qui le premier nous avez exagéré ce danger : il existe ou il n'existe pas ; s'il n'existe pas, pourquoi l'avez-vous fait tant valoir ? S'il existe, il menace mon système comme le vôtre. Alors acceptez mon moyen ou donnez-m'en un autre, ou n'en prenez point du tout, cela m'est égal, à moi qui ne crois pas à ce danger ; aussi donné-je mon consentement à l'amendement de M. Chapelier, qui retranche cet article.

Il est plus que temps de terminer ces longs débats. J'espère que l'on ne dissimulera pas plus longtemps le vrai point de la difficulté. Je veux ce concours du pouvoir exécutif à l'expression de la volonté générale en fait de paix et de guerre, comme la Constitution le lui a attribué dans toutes les parties déjà fixées de notre système social….. Mes adversaires ne le veulent pas. Je veux que la surveillance de l'un des délégués du peuple ne l'abandonne pas dans les opérations les plus importantes de la politique, et mes adversaires veulent que l'un des délégués possède exclusivement la faculté du droit terrible de la guerre ; comme si, lors même que le pouvoir exécutif serait étranger à la confection de la volonté générale, nous avions à délibérer sur le seul fait de la déclaration de la guerre, et que l'exercice de ce droit n'entraînât pas une série d'opérations mixtes, où l'action et la volonté se pressent et se confondent.

Voilà la ligne qui nous sépare. Si je me trompe, encore une fois, que mon adversaire m'arrête ; qu'il substitue, dans son décret, à ces mots : *le corps législatif*, ceux-ci, *le pouvoir législatif*, c'est-à-dire, un acte émané des représentants de la nation et sanctionné par le roi, et nous sommes parfaitement d'accord.

On vous a proposé de juger la question par le parallèle de ceux qui soutiennent l'affirmative et la négative ; on vous a dit que vous verriez, d'un côté, des hommes qui espèrent s'avancer dans les armées, parvenus à gérer les affaires étrangères ; des hommes qui sont liés avec les ministres et leurs agents ; de l'autre, le citoyen paisible, vertueux, ignoré, sans ambition, qui trouve son bonheur, son existence, dans l'existence, dans le bonheur commun.

Je ne suivrai pas cet exemple. Je ne crois pas qu'il soit plus conforme aux convenances de la politique qu'aux principes de morale, d'affiler le poignard dont on ne saurait blesser ses rivaux sans en ressentir bientôt, sur son propre sein, les atteintes. Je ne crois pas que des hommes, qui doivent servir la cause publique en véritables frères d'armes, aient bonne grâce à se combattre en vils gladiateurs, à lutter d'imputations et d'intrigues et non de lumières et de talents ; à chercher dans la ruine et la dépression les uns des autres, de coupables succès, des trophées d'un jour, nuisibles à tous et même à la gloire ; mais je vous dirai : parmi ceux qui soutiennent ma doctrine, vous comprîtes, avec tous ces hommes modérés qui ne croient pas que la sagesse soit dans les extrêmes, ni que le courage de démolir ne doive jamais faire place à celui de reconstruire ; la plupart de ces énergiques citoyens, qui au commencement des États Généraux (c'est ainsi que s'appelait alors cette Convention nationale, encore garrottée dans le danger de la liberté), foulèrent aux pieds tant de préjugés, bravèrent tant de périls, déjouèrent tant de résistances, pour passer au sein des communes, à qui le dévouement donne les encouragements et la force qui ont vraiment opéré votre révolution glorieuse ; vous y verrez les tribuns du peuple que la nation comptera longtemps encore, malgré les glapissements de l'envieuse médiocrité, au nombre des libérateurs de la patrie ; vous y verrez des hommes dont le nom désarme la calomnie, et dont les libellistes les plus effrénés n'ont pas essayé de ternir la réputation ni d'hommes, ni de citoyens ; de ces hommes enfin, qui, sans tache, sans intérêt et sans crainte, s'honoreront jusqu'au tombeau de leurs amis et de leurs ennemis.

Je conclus à ce que l'on mette en délibération mon projet de décret, amendé par M. Chapelier.

L'Assemblée, après avoir donné la priorité au projet de décret de Mirabeau, et avoir entendu Lafayette, Barnave, Lameth et Fréteau, sur la discussion des articles, décrète comme articles constitutionnels :

« 1° Le droit de la paix et de la guerre appartient à la nation. La guerre ne pourra être décidée que par un décret de l'Assemblée nationale, qui sera rendu sur la proposition formelle et nécessaire du roi, et qui sera sanctionné par lui ;

« 2° Le soin de veiller à la sûreté extérieure du royaume, de maintenir ses droits et ses possessions, est délégué, par la Constitution, au roi ; lui seul peut entretenir des relations politiques au dehors, conduire les négociations, en choisir les agents, faire des préparatifs de guerre proportionnés à ceux des états voisins, distribuer les forces de terre et de mer, ainsi qu'il le jugera convenable, et en régler la direction en cas de guerre ;

« 3° Dans le cas d'hostilités imminentes ou commencées, d'un allié à

souíenir, d'un droit à conserver par la force des armes, le roi sera tenu
d'en donner, sans aucun délai, la notification au corps législatif, et d'en
faire connaître les causes et les motifs; et si le corps législatif est en
vacances, il se rassemblera sur-le-champ;

« 4° Sur cette notification, si le corps législatif juge que les hostilités
commencées sont une agression coupable de la part des ministres ou de
quelques autres agents du pouvoir exécutif, l'auteur de cette agression
sera poursuivi comme coupable de lèse-nation; l'Assemblée nationale déclarant, à cet effet, que la nation française renonce à entreprendre aucune
guerre dans la vue de faire des conquêtes, et qu'elle n'emploiera jamais
ses forces contre la liberté d'aucun peuple;

« 5° Sur la même notification, si le corps législatif décide que la guerre
ne doit pas être faite, le pouvoir exécutif sera tenu de prendre sur-le-
champ des mesures pour faire cesser ou prévenir toute hostilité, les ministres demeurant responsables des délais;

« 6° Toute déclaration de guerre sera faite en ces termes : DE LA PART
DU ROI ET AU NOM DE LA NATION;

« 7° Pendant tout le cours de la guerre, le corps législatif pourra requérir le pouvoir exécutif de négocier la paix, et le pouvoir exécutif sera
tenu de déférer à cette réquisition;

« 8° A l'instant où la guerre cessera, le corps législatif fixera le délai
dans lequel les troupes mises sur pied, au-dessus du pied de paix, seront
congédiées, et l'armée réduite à son état permanent; la solde des dites
troupes ne sera continuée que jusqu'à la même époque, après laquelle, si
les troupes extraordinaires restent rassemblées, le ministre sera responsable et poursuivi comme criminel de lèse-nation;

« 9° Il appartiendra au roi d'arrêter et de signer, avec les puissances
étrangères, toutes les conventions nécessaires au bien de l'Etat; et les
traités de paix, d'alliance et de commerce ne seront exécutés qu'autant
qu'ils auront été ratifiés par le corps législatif. »

Séance du 11 juin. — Présidence de de Beaumetz.

Éloge funèbre de Franklin.

Franklin est mort..... Il est retourné au sein de la Divinité, le génie
qui affranchit l'Amérique et versa sur l'Europe des torrents de lumières.

Le sage que les deux mondes réclament, l'homme que se disputent l'histoire des sciences et l'histoire des empires, tenait sans doute un rang bien élevé dans l'espèce humaine.

Assez longtemps les cabinets politiques ont notifié la mort de ceux qui ne furent grands que dans leurs éloges funèbres; assez longtemps l'étiquette des cours a proclamé des deuils hypocrites : les nations ne doivent porter le deuil que de leurs bienfaiteurs. Les représentants des nations ne doivent recommander à leurs hommages que les héros de l'humanité.

Le congrès a ordonné, dans les quatorze états de la confédération, un deuil de deux mois pour la mort de Franklin, et l'Amérique acquitte en ce moment ce tribut de vénération pour l'un des pères de sa constitution.

Ne serait-il pas digne de nous, Messieurs, de nous unir à cet acte religieux, de participer à cet hommage rendu à la face de l'univers et aux droits de l'homme, et au philosophe qui a le plus contribué à en propager la conquête sur toute la terre? L'antiquité eût élevé des autels à ce vaste et puissant génie qui, au profit des mortels, embrassant dans sa pensée le ciel et la terre, sut dompter la foudre et les tyrans. La France, éclairée et libre, doit du moins un témoignage de souvenir et de regret à l'un des plus grands hommes qui aient jamais servi la philosophie et la liberté.

Je propose qu'il soit décrété que l'Assemblée nationale portera pendant trois jours le deuil de Benjamin Franklin.

La proposition de Mirabeau est décrétée par acclamation, et le premier jour de deuil fixé au lundi 14. On ordonne l'impression de son discours et d'une lettre du président au congrès d'Amérique, pour lui témoigner les regrets de l'Assemblée sur la mort de Benjamin Franklin.

Séance du 28 juin — Présidence de de Beaumetz.

Discours sur les retours de l'Inde.

Dans une séance précédente, de Fontenay avait fait, au nom du comité de commerce, un rapport sur les retours de l'Inde.

Il proposait que ces retours fussent faits provisoirement et uniquement dans le port de Lorient, se fondant : 1° sur ce qu'il serait avantageux pour le commerce d'avoir la certitude de trouver dans un seul port toutes les marchandises de l'Inde; 2° sur ce que la perception des droits serait plus facile; 3° sur ce qu'enfin tous les ports absorberaient le numéraire, si tous pouvaient être ouverts aux navires marchands venant de l'Inde.

MIRABEAU. La question qui s'élève au sujet des retours de l'Inde est sans doute de la plus grande importance; mais la discussion a de quoi étonner ceux qui trouvent cette question déjà décidée par l'un de vos décrets.

L'Assemblée nationale a prononcé que *le commerce de l'Inde serait libre pour tous les Français*, et ce décret a été sanctionné.

Quel est le sens de cette loi? Ou elle est inintelligible, sans objet, sans application, ou elle assure la liberté du commerce de l'Inde *à tous les ports* du royaume, comme elle l'a rendue *à tous les Français*.

L'Assemblée nationale n'a point fixé le siége du commerce de l'Inde dans un lieu plutôt que dans un autre, elle l'a abandonné à la liberté, c'est-à-dire aux seules lois qui prescrivent la nature de ce commerce et la police générale du royaume : chaque commerçant peut en calculer les effets; il les observe ou s'en écarte, suivant qu'il est plus ou moins habile, plus ou moins instruit ; car, en quoi peut consister la véritable science du commerce, si ce n'est pas à suivre les indications que lui montre la nature des choses?

Je ne conçois donc pas comment on a proposé d'assujettir les commerçants de l'Inde à faire leurs retours dans un port plutôt que dans un autre. Les mots *gêne* et *liberté* ne sont synonimes dans aucune langue. Ce n'est point après avoir aboli les priviléges, que la loi pourrait créer des privilégiés. Tous les avantages locaux résultant d'un entrepôt exclusif ne seraient-ils pas le domaine particulier des seuls habitants du lieu où il serait renfermé? Ces habitants ne seraient-ils pas de véritables privilégiés? Si la nature a créé de semblables exclusions, celles-là sont respectables, celles-là naissent de la variété qu'elle a mise dans les ouvrages ; mais quand les législateurs en établissent d'eux-mêmes, ils ne peuvent plus dire qu'ils ont rendu *libre* l'usage de la chose soumise à une exclusion légale ; ils ne peuvent plus dire qu'ils conservent l'usage de la liberté, puisque la liberté n'est autre chose que le droit et le pouvoir de se livrer aux invitations de la nature, aux spéculations de l'industrie, dans tous les lieux, de toutes les manières, pourvu que le droit d'autrui soit conservé.

Comment la question a-t-elle été posée? Comment doit-elle l'être? On ne saurait demander à l'Assemblée nationale d'assujettir les retours de l'Inde à être déposés dans un seul port, sans lui proposer de se contredire elle-même, sans supposer qu'elle ne s'est pas entendue, lorsqu'elle a prononcé que *le commerce de l'Inde serait libre pour tous les Français*.

Il serait moins déraisonnable de lui demander la révocation de son décret, pour le remplacer par celui-ci : *Le commerce de l'Inde sera libre pour tous les Français qui voudront faire débarquer les retours de l'Inde dans le port qui sera prescrit pour ce débarquement*.

Alors l'Assemblée raisonnera comme ceux qui ont recréé la Compagnie des Indes ; ils ont dit : *Le commerce de l'Inde sera libre pour tous ceux qui voudront le faire en s'associant à la Compagnie des Indes*. Alors ceux qui auront rétabli cette compagnie auront peut-être été les plus sages, si la nécessité d'un seul port leur était démontrée.

Tout change, en effet, dès qu'il s'agit d'une restriction aussi importante.

Pourquoi veut-on fixer un entrepôt aussi exclusif ? Afin que les marchandises s'y vendent d'une manière plus régulière. Développez ce motif : Êtes-vous certains que la fixation du lieu à laquelle on se déterminerait pour un plus grand bien, n'entraînerait pas la nécessité de réunir les ventes dans les mains d'un seul vendeur ? A-t-on examiné la question sous ce point de vue ? A-t-on dit : *Il n'y aura qu'un lieu de débarquement ; voyons si cette restriction n'en entraîne pas une autre.* Pour peu que dans cet examen on trouve qu'un seul vendeur en Europe serait plus convenable à la chose publique, n'arriverait-il point qu'on rentrerait, par cela même, dans la convenance d'un seul acheteur aux Indes ; et qu'ainsi, la prétendue nécessité d'un seul port, uniquement fondé sur l'uniformité, obligerait à revenir au privilége exclusif d'une compagnie. M. de Calonne n'aurait pas tenté de la rétablir, si, avant lui, en rendant la liberté au commerce de l'Inde, on n'avait pas assujetti les commerçants à déposer les retours dans le port de Lorient.

Ce ne sont point là de vains raisonnements. Tout est à recommencer, si l'Assemblée met en doute la question du lieu où débarqueront, désormais, les vaisseaux revenant de l'Inde.

Les lois d'égalité et de liberté proscrivent toute espèce de régime exclusif, à moins qu'un grand intérêt public n'exige impérieusement le contraire ; voilà le principe. Qu'allègue-t-on pour le combattre ?

On propose, comme des considérations sérieuses, ces trois motifs : les convenances des vendeurs et des acheteurs, l'intérêt des manufactures du royaume, la facilité de la perception des droits.

Je voudrais d'abord que l'on me dît, quel est celui de ces motifs qui ne serait pas plus fort pour faire renaître le privilége exclusif de la Compagnie des Indes.

On assure que l'intérêt des vendeurs et des acheteurs exige la réunion des marchandises de l'Inde, pour présenter aux vendeurs plus d'avantages, aux acheteurs plus de convenances. Je répondrai que, lorsque l'intérêt de tous exige évidemment que tous s'astreignent à la même combinaison, à la même mesure, il n'est pas nécessaire de les déterminer par une loi. S'il est des individus à qui cette mesure ne convient pas ; si de nouvelles circonstances changent l'état des choses et indiquent un nouveau cours aux spéculations, comment, et en vertu de quel principe, le droit qui appartient à l'homme, de disposer à son gré de sa propriété, pourrait-il être enchaîné ?

Si ce droit a dû être dans tous les temps respecté, serait-il violé par une assemblée qui a lutté contre les exceptions de tous les genres, qui a détruit tous les priviléges, qui a restitué toutes les propriétés que le despotisme ou une fausse politique avait usurpées. Il serait aussi contraire aux droits de l'homme ou plutôt du citoyen, de gêner les spéculations d'un commerce permis, que de mettre des entraves aux transactions sociales. Il serait aussi absurde de forcer le vendeur d'exposer sa marchandise dans tel marché plutôt que dans tel autre, sous le prétexte de convenances publiques ou particulières, qu'il le serait de soumettre la culture de nos champs au même procédé, ou de nous forcer de vendre nos denrées territoriales dans tel marché déterminé... Ne dirait-on pas, pour justifier ces lois de police, que des approvisionnements mieux combinés, prescrivent cette gêne en faveur de l'utilité publique! Heureusement, le temps de ces calculs empiriques a disparu. On sait aujourd'hui que toutes ces modifications ne sont que la violation des principes LAISSEZ FAIRE, LAISSEZ PASSER; voilà, en un mot, le seul code raisonnable du commerce.

Mais est-il vrai que l'intérêt des vendeurs et des acheteurs soit de réunir les marchandises dans un seul lieu? Je ne connais qu'un seul intérêt pour les vendeurs, c'est de bien vendre; et pour les acheteurs, d'acheter à bas prix : d'où il suit que si la détermination d'un port exclusif exige des dépenses plus fortes, des frais plus considérables, par cela seul, l'intérêt des uns et des autres est violé.

Or, supposons que le port de Lorient fût le seul où les retours de l'Inde devraient aboutir : comment les armateurs de la Méditerranée ne seraient-ils pas forcés de renouer le commerce de l'Asie? Leur éloignement du port de Lorient ne les soumettrait-il pas à des dépenses, à des dangers qui les empêcheraient de soutenir la concurrence des ports de l'Océan? Comment un armateur de Cette, de Toulon, de Marseille, pourrait-il jouir de la liberté du commerce, si après avoir fait décharger son navire à Lorient, il était obligé de le faire revenir, sans fret, dans son port d'armement; d'essuyer une navigation de deux mois, inutile, dangereuse et dispendieuse, et de le réexpédier, après cette surcharge de dépenses et de périls? Comment ce même armateur pourrait-il se décider, chaque année, à quitter ses foyers, à traverser tout le royaume pour aller disposer de sa propriété et surveiller ses ventes? Le régime exclusif ne convient donc pas aux vendeurs; et comment conviendrait-il mieux aux acheteurs, puisque l'excès des dépenses des uns, doit toujours être, en partie, supporté par les autres?

Personne n'ignore, d'ailleurs, que la réunion des marchandises de l'Inde, dans le seul port de Lorient, en concentre la vente dans quelques maisons opulentes, qui peuvent couvrir leurs dépenses par l'étendue de leurs spéculations, tandis que ces mêmes dépenses, écartent presque tous les marchands du royaume.

Ce n'est pas tout : le commerce de l'Inde est tel, que les pertes excèdent les bénéfices, si les navires qui apportent des marchandises pour notre consommation, n'en apportent pas aussi pour les besoins de l'étranger. Je n'ai pas besoin de le prouver à ceux qui ont la moindre connaissance de ce commerce; mais la réunion des retours dans un seul port est évidemment un obstacle à la réexpédition des mêmes marchandises pour les ports de l'Europe. Ce n'est pas en indiquant un seul point d'arrivée qu'on rendra plus faciles, qu'on multipliera les diverses routes par lesquelles l'excédant de nos marchandises de l'Inde doit être distribué à nos voisins. Ce n'est pas du

port de Lorient, que le négociant de la Méditerranée, réexpédiera pour le
Levant et pour l'Italie. Vous nécessitez donc, par un port exclusif, ce commerce interlope que le privilége de la Compagnie des Indes avait introduit;
vous forcez les armateurs de la Méditerranée à armer leurs vaisseaux dans
les ports étrangers, et à faire partager ainsi, sans périls, à nos voisins, tous
nos avantages.

On a dit qu'un des inconvénients du commerce de l'Inde est d'importer,
pour notre consommation, des marchandises manufacturées, au préjudice
de nos fabriques, d'exporter le numéraire nécessaire à ces mêmes fabriques;
et l'on prétend que cet inconvénient sera beaucoup moindre, si les retours
de l'Inde sont concentrés à Lorient.

C'est précisément la conséquence opposée qu'il est facile de démontrer.
De tous les ports du royaume, ceux de la Méditerranée ont le plus de moyens
d'économiser le numéraire dans les exportations, et d'employer plus de marchandises d'importation, dans nos échanges avec l'étranger. Les denrées de
nos provinces méridionales, les étoffes du Languedoc, sont des objets
d'échange qui réussissent parfaitement dans l'Inde, et suppléent le numéraire. D'un autre côté, les besoins de l'Italie, de l'Espagne et du Levant,
offrent, dans la Méditerranée, une consommation de retours de l'Inde que,
ni le port de Lorient, ni aucun de ceux du Ponent, ne pourraient s'attribuer; et cette consommation est d'autant plus avantageuse, qu'elle se con-
vertit, soit en argent, ce qui remplace le numéraire porté dans l'Inde, soit
en matières premières, ce qui devient une nouvelle source de commerce.

Ces faits sont indubitables, les conséquences en sont évidentes. Si vous
craignez la concurrence des marchandises de l'Inde pour vos manufactures;
si vous voulez en diminuer l'effet, ne prenez-vous pas un moyen contraire à
votre propre but, lorsque vous concentrez les retours de l'Inde dans un seul
port, puisqu'un seul port est moins favorable aux exportations de l'excédant des marchandises de l'Inde?

La ressemblance entre les effets du privilége exclusif de la Compagnie des
Indes et ceux du privilége exclusif d'un seul port, se fait encore remarquer
par rapport au commerce interlope. Les négociants français de la Méditerranée, qui ont des relations en Asie, ont fait jusqu'à présent leurs expéditions par les ports d'Italie; et les peuples de la Méditerranée sont habitués
à consommer, à recevoir directement des marchandises de l'Inde. Il arrivera
donc, nécessairement, si nous ne plaçons pas un entrepôt des mêmes marchandises à leur voisinage, ou qu'ils pourvoiront eux-mêmes à leurs besoins,
en suivant la route que nous leur avons indiquée, ou que leur consommation sera beaucoup moindre, s'ils ne reçoivent ces marchandises que par la
voie de Lorient, puisque ce transport sera plus coûteux et plus difficile; ou
plutôt qu'ils les recevront des compagnies étrangères introduites ainsi, par
nos fautes, dans les seuls approvisionnements que la nature des choses les
forçait de nous abandonner.

Enfin, on veut retenir les marchandises dans un seul port, relativement aux droits du fisc, pour rendre la surveillance plus facile, et diminuer les moyens de contrebande.

D'abord, si par surveillance on entend l'activité inquiète du régime des prohibitions, je ne vois plus ni commerce, ni liberté de commerce. Je ne veux pas que l'on renonce à faire, des droits fiscaux sur les retours de l'Inde, une branche du revenu public ; mais je ne conçois pas qu'il faille, pour y parvenir, violer la liberté, la sacrifier à des inquiétudes ; je ne conçois pas qu'il faille blesser la justice qui est due à chaque armateur et à chaque port, tandis que les droits du fisc peuvent être partout assurés par les plus simples précautions, par les plus modiques dépenses.

Jugeons-en par l'exemple même des ports francs ; car si le revenu public peut être assuré dans ces ports, à plus forte raison pourra-t-il l'être dans tous les autres ? Marseille, par exemple, quoique port franc, fait le commerce des colonies. Là, cesse la franchise : l'exercice fiscal s'y fait comme partout ailleurs ; il s'y fait avec succès. Et pourquoi craindrait-on, pour les retours de l'Inde, des inconvénients qu'on n'éprouve pas pour les retours des colonies, qui certainement sont une branche de revenus plus féconde pour le Trésor public ?

Si les droits sont payés dans un cas, pourquoi ne le seraient-ils pas dans l'autre ? Si l'on peut prévenir la contrebande, même dans un port franc, comment la crainte de la contrebande serait-elle une objection contre la liberté du commerce ? Comment, d'ailleurs, ces inconvénients ne seraient-ils pas plus à redouter en bornant les retours de l'Inde à un seul port qui n'a d'autres ressources que des consommations intérieures ? Sera-t-on plus porté à faire la contrebande dans les ports qui peuvent se débarrasser de l'excédant des marchandises, par de grandes fournitures au-dehors ?

Au reste, Messieurs, l'objection que je combats porte sur un principe évidemment faux, dont le redressement va nous conduire à un résultat entièrement opposé.

On a reconnu depuis longtemps, en Angleterre, comme chez nous, que les désavantages du commerce de l'Inde ne peuvent être compensés, pour une nation, qu'autant qu'elle rapporte, en Europe, un grand excédant de marchandises, pour en faire un objet d'exportation. On a également reconnu que cette exportation ne peut se faire avec succès, qu'en exceptant de tout droit la portion de ces marchandises qui, n'étant placées dans les ports qu'en entrepôt, doit bientôt prendre une autre direction : et comme en Angleterre, les droits sur les retours de l'Inde forment une partie du revenu public, on avait soumis au paiement provisoire des droits, pour éviter la contrebande, les marchandises même que le négociant se proposait de réexpédier. Eh bien ! Messieurs, l'expérience a appris aux Anglais que ces précautions n'étaient qu'une gêne ruineuse. Ce paiement provisoire des droits, écrasait le commerce, consommait inutilement une partie du numéraire de l'armateur. L'Angleterre a renoncé à l'exiger, et, à cet égard, le port de Londres est regardé aujourd'hui comme un port franc.

Or, Messieurs, appliquez cette théorie à la France, et voyez-en les conséquences.

S'il est indispensable qu'une partie des marchandises de l'Inde, destinées à être réexpédiées pour l'étranger, ne paient aucun droit dans quelques ports, cette distinction peut-elle être mieux faite que dans les ports francs? Et dès-lors, s'il était vrai que les retours de l'Inde dussent être bornés à quelques ports, d'après le prétendu système de prohibition dont on nous parle, ne sont-ce pas les trois ports francs du royaume qu'il faudrait préférer à tous les autres?

Je vais traiter, en peu de mots, ce second point de vue; mais je vous prie d'observer qu'il se concilie parfaitement, dans mon système, avec la liberté des retours de l'Inde dans tous les ports. Il suffit qu'il y ait des ports francs sur nos côtes, pour que l'armateur qui voudra réexpédier une partie de ses marchandises à l'étranger, et qui préférera le régime des ports francs à celui des entrepôts, fasse conduire dans ceux-là son navire.

La liberté absolue du commerce de l'Inde dans tous les ports, fournira sans doute un plus grand excédant de marchandises; aussi cette liberté forme-t-elle la première partie de mon système : mais en supposant que l'on doive borner les retours de l'Inde à un seul port, ou à un nombre limité de ports, vous rendrez ce commerce dangereux pour les armateurs, si vous les astreignez à débarquer leurs retours dans un port *non franc*. Il faut alors que ce commerce supporte des droits, moyen sûr d'éloigner les étrangers; il faut alors que l'armateur calcule ses retours pour une consommation limitée; cette obligation s'arrange assez mal avec des achats en concurrence dans un pays, séparé de la France par des milliers de lieues; et c'est ce que n'ont pas manqué de faire valoir les partisans du commerce exclusif de la Compagnie des Indes.

Dans le système des ports exclusifs, il faut donc que le lieu qui jouira seul du droit de recevoir les retours de l'Inde soit un port franc; et c'est ce que l'on peut démontrer par les motifs qui ont fait établir une telle franchise. Quels seraient ces motifs, si ce n'est les obstacles que les impositions intérieures et les formalités fiscales mettent au commerce extérieur? Et pour quel commerce ces obstacles seraient-ils plus à craindre que pour celui de l'Inde, qui, plus que tout autre, ne peut se soutenir que par la réexportation, et dont il importe d'enlever sans cesse la surabondance, en offrant un débouché facile au concours des étrangers? Alors ce commerce sera libre. Adopter d'autres mesures serait inviter les armateurs à l'entreprendre avec la certitude de se ruiner.

Quels seraient, dans un tel système, les ports francs privilégiés? La réponse est dictée par la même raison qui a nécessité l'affranchissement. Ce seraient les ports où se réunissent et la plus grande commodité pour les consommations intérieures, et les avantages les plus propres à attirer les acheteurs étrangers, ou à faciliter les envois hors du royaume. Si la loi fait des ports francs, c'est la nature qui les indique ; c'est elle qui détermine votre choix.

Les convenances qui nécessitent ces franchises locales, par lesquelles il a fallu remédier à notre ignorance, ou à nos préjugés en matière d'impôts ; ces convenances ont conduit à les multiplier, et les mêmes motifs nous forceraient d'admettre plusieurs ports francs pour le commerce de l'Inde ! ce serait à chaque commerçant à préférer celui dans lequel ses marchandises devraient arriver. Un de ces ports obtiendrait-il la préférence sur tous les autres ? c'est sans doute parce qu'il serait plus favorable ; et, sous ce rapport, comment le législateur pourrait-il s'en enquérir ? Les éléments de cette faveur peuvent-ils être l'objet d'une loi ?

Ne l'oubliez jamais, Messieurs, vous avez reconnu que *la liberté consiste à faire tout ce qui ne nuit pas aux autres ; que l'exercice des droits naturels de l'homme n'a de bornes que celles qui assurent aux autres membres de la société la jouissance des mêmes droits.* Cette théorie n'est pas seulement applicable à l'état social, elle doit former aussi le code de votre industrie, le code de votre commerce.

En suivant ainsi les conséquences naturelles du système d'un port exclusif, vous voyez qu'il est impossible de tenir un milieu raisonnable entre la liberté indéfinie et une gêne absolue ; chacun de ces systèmes a ses lois ; les milieux n'en ont aucun. Ce sont des faiblesses et voilà tout : si vous voulez gêner, il faut embarrasser dans vos gênes, tout ce qui en est susceptible ; les gênes peuvent être des erreurs, mais c'est incontestablement une absurdité, que de ne pas les établir de manière à sauver les contradictions.

Dira-t-on qu'un nombre limité de ports francs est déjà une gêne ? Mais ceci tient à la police générale du royaume. Dans les arrangements politiques, on a mis les impositions avant tout, et l'on traite encore de chimères, les idées simples qui concilieront les avances sociales avec la liberté et la franchise de toutes les productions. Il faut donc se conformer à cet ordre, bon ou mauvais, qui, au lieu d'assortir les impositions aux maximes générales du commerce et de l'industrie, a voulu plier celles-ci aux impositions. Il en est résulté des ports francs, des lieux privilégiés que la fiscalité respecte : c'est le dépôt naturel, le domicile des marchandises étrangères. Cela n'empêche pas que les commerçants ne fassent aborder et décharger leurs vaisseaux dans des ports non privilégiés, si quelque spéculation les y invite.

Ainsi, tout s'arrange le moins mal possible. En laissant au décret de l'Assemblée nationale toute sa latitude, le commerce de l'Inde sera libre pour tous les Français, c'est-à-dire que cette liberté ne sera modifiée que par les résultats nécessaires du système des impositions. La puissance législative dit aux commerçants de l'Inde : « Nous avons besoin d'impôts ; nous « croyons que les marchandises de l'Inde doivent en fournir une partie.

« Pour les percevoir, il faut des barrières : Cependant, ne voulant pas pro-
« hiber, ni l'entrée ni la sortie des marchandises étrangères, nous avons
« senti qu'il fallait des points où elles pussent arriver, et prendre, de là,
« une nouvelle direction, sans être gênées par les impôts et les formalités de
« la perception. Nous avons établi ces points, et nous les avons placés par-
« tout où les égards que nous devons au commerce étranger peuvent le
« permettre. Faites maintenant comme vous jugerez à propos : c'est aux
« localités à diriger vos spéculations. »

L'objection que plusieurs ports nuisent au commerce de l'Inde plutôt
qu'ils ne le favorisent, n'en est pas une. Outre qu'elle est mal placée dans
la bouche de ceux qui prétendent, avec raison, que le commerce des
Grandes Indes est très-désavantageux au commerce, les commerçants sont
les seuls juges de ce qui est favorable ou défavorable à leurs spéculations ;
c'est affaire de circonstance, et la meilleure loi, à cet égard, est celle de
gêner le moins possible.

D'ailleurs, nous pouvons regarder comme certain que notre commerce
des Grandes-Indes est dans l'enfance. On n'est point commerçant sous le
régime des priviléges exclusifs. Les chaînes tombent ; qui peut dire où la
France portera le commerce des Grandes Indes, si tous les ports lui sont
ouverts, si nous savons, dès à présent, entrer dans une grande carrière
avec tous nos avantages naturels et acquis ? Que ceux qui parlent pour un
entrepôt exclusif oublient qu'il y a une révolution, que la France est maintenant un état libre : ce n'est pas, du moins, à l'Assemblée nationale à
l'oublier.

Mais il faut favoriser les manufactures indigènes. Veut-on tout faire ?
Cela même est une prétention contraire au commerce. Elle suppose qu'on
arrivera au point de n'avoir plus que l'or à recevoir des étrangers, ce qui
réaliserait rapidement l'instructif apologue de l'infortuné Tantale, ou plutôt,
ce qui rappelle la fable du stupide Midas, cet ingénieux emblème de nos
prétendus grands hommes en finance.

On ne doit pas tout faire, lors même qu'on en aurait le moyen. Il faut
donc laisser à la liberté le soin d'appliquer elle-même l'industrie aux localités ; il faut leur laisser le combat entre elles, car c'est à elles qu'appartiennent les victoires les plus sûres, ou plutôt ce partage heureux des
productions de l'art, qui, s'assortissant à celui des productions du sol, est
un moyen paisible d'alliance entre tous les peuples. Ce n'est pas tant de
richesses que nous avons besoin, que de mouvements qui développent nos
facultés. La liberté nous rend cet utile service ; elle attache à ces développements des jouissances et des avantages que nous perdons par les con-
traintes qu'on s'impose toujours à soi-même, lorsqu'on veut les imposer
aux autres.

Que si cette politique est trop simple pour nos grands administrateurs,
qu'ils observent, du moins, que rien ne favorise autant l'industrie que la

concurrence. Quand on ne peut pas lutter d'une manière, on lutte d'une autre. Lorsque les Anglais ont tenté le désavantage au prix de leur main-d'œuvre, ils ont eu recours à des machines, à des perfectionnements, à des procédés ingénieux. On eût fait comme eux, si l'on ne se fût pas lié aux prohibitions, et l'avantage du prix de la main-d'œuvre serait resté à la France, parce qu'il tient au sol.

Depuis le traité de commerce, on peut déjà reconnaître, dans plusieurs objets, que la libre concurrence ne tarde pas à devenir un régime plus fécond que les prohibitions.

Ainsi, lors même qu'en amoncelant les retours de l'Inde dans un seul port, on prétendrait favoriser les manufactures indigènes, on se tromperait encore. L'imitation n'est excitée que par la présence continuelle et multi-pliée de l'objet qu'il est avantageux d'imiter, et cette présence, qui féconde l'imagination, est plus rare, agit sur moins d'individus, à proportion que le commerce est plus entravé.

Vous voyez, Messieurs, quelles sont les conséquences du système que je vous propose. Je vous ai montré, d'abord, que les véritables principes nous forçaient d'accorder, ou plutôt de laisser à tous les ports la liberté de rece-voir les retours de l'Inde. J'ai prouvé que si l'on voulait suivre le système des ports exclusifs, le véritable résultat d'un tel système nous forcerait à préférer des ports francs aux autres ports ; mais j'ai fait remarquer, en même temps, que la conservation de plusieurs ports francs, nécessaire au commerce de l'Inde, se conciliait parfaitement avec la liberté indéfinie accordée à tous les ports. Il me reste encore à prouver, pour ceux qui persistent à soutenir qu'il ne faut qu'un seul port dans le royaume pour y concentrer les retours de l'Inde ; il me reste à prouver, contre l'étrange disposition de votre comité d'agriculture et de commerce, que, pour l'in-térêt du royaume, le port de Marseille devrait l'emporter sur tous les autres par sa position unique qu'il est permis d'envier, mais que la loi, moins forte que la nature, ne peut lui ôter.

J'ai déjà montré que de tous les ports du royaume, ceux de la Médi-terranée ont le plus de moyens d'économiser le numéraire dans les exporta-tions, d'écarter les compagnies étrangères, qui fréquentent d'autres parages et approvisionnent d'autres nations, et d'employer plus de marchandises d'importation dans nos échanges avec l'étranger.

Il est encore d'autres avantages. De tous les pays du monde, la Turquie est celui qui consomme le plus de marchandises de l'Inde ; c'est par la mer Rouge, par le golfe Persique, et par les caravanes, que l'empire ottoman s'approvisionne de tout ce dont il a besoin. La nécessité ouvrit ces routes avant la découverte de la navigation par le cap de Bonne-Espérance ; l'ha-bitude stupide les fait conserver à un peuple routinier.

Cependant, plusieurs négociants très-habiles ont considéré qu'il serait tout à fait plus sûr et plus économique d'approvisionner la Turquie par la route du cap de Bonne-Espérance. On a fait le parallèle des deux spéculations ; on a calculé les dangers et les dépenses des deux méthodes ; on a démontré que, sans apprécier les périls de la navigation sur la mer Rouge, les pillages des hordes d'Arabes, les violences qu'éprouvent souvent les caravanes, et les révolutions fréquentes qui agitent le pays qu'elles sont obligées de traverser, il y aurait une différence de plus de cinquante pour cent dans les frais, à l'avantage de la route du Cap.

On a encore prouvé que le transport, par les caravanes, est nuisible aux marchandises, parce qu'elles sont exposées à l'air pendant trop longtemps. Ces observations ont été mises plusieurs fois sous les yeux du ministère ; et si le crédit de la compagnie exclusive des Indes n'y avait apporté des obstacles invincibles, la ville de Marseille aurait obtenu, depuis bien des années, la liberté de recevoir directement les retours de l'Inde dans son port, et de les faire passer, de là, à Constantinople.

Voilà, Messieurs, une nouvelle et grande carrière que Marseille, seule, peut ouvrir au commerce. Si cette spéculation a été dédaignée par le despotisme, c'est à la liberté à l'adopter. Il suffirait de placer l'entrepôt des marchandises de l'Inde dans le voisinage de la Turquie, pour procurer à Marseille, et par cela même au royaume, la fourniture exclusive de ces marchandises dans tout l'empire ottoman. Une source immense de nouvelles spéculations serait le résultat de cette nouvelle conquête.

Mais l'Assemblée nationale a-t-elle besoin de ce motif pour savoir que Marseille est la capitale du commerce de l'Italie, du Levant et de toute la Méditerranée, c'est-à-dire d'une partie du globe où ce seul port peut faire le commerce de l'Inde ? Qui ignore que ce port du midi et de l'orient de la France, a des avantages à reconquérir sur les ports d'Italie ; que ces avantages lui ont été ravis par les meurtres de la fiscalité, et que la liberté doit les lui rendre avec usure ? Qui ignore que ce port est plus propre qu'aucun autre à lutter utilement sur une plus grande partie de points, contre la concurrence de l'Angleterre ? Ce port est le seul où le commerce n'a pu être déplacé par les vicissitudes des siècles ; il est irrévocablement marqué au doigt de la nature ; et si la France ne devait avoir qu'un port de mer, les temps indiquent Marseille.

Marseille est le seul port du royaume qui puisse empêcher l'Italie, soit de faire le commerce de l'Inde, soit d'en profiter. Trois vaisseaux expédiés de Marseille pour l'Inde, sous pavillon toscan, sont revenus à Livourne sur la fin de l'année dernière ; une cargaison y a déjà été vendue, les deux autres s'y vendent dans ce moment : dans huit séances, les Italiens ont acheté pour seize cent mille livres ; tous ces achats sont destinés pour le Levant, pour l'Italie, peut-être même pour la France.

Un autre navire, parti de Marseille sous pavillon savoyard, a apporté de Surate une cargaison de coton, qu'il a vendue à Villefranche, pour Gênes, et nous aurons été privés de ces matières premières.

C'est ainsi que les prohibitions les plus absurdes forcent les Marseillais à porter aux Italiens ce que les Italiens viendraient acheter à Marseille ; c'est ainsi qu'on enseigne à Livourne et à Villefranche à faire le commerce des Grandes-Indes, et que pour quelques misérables calculs de fiscalité on se laisse enlever des trésors. Quand finiront ces honteuses erreurs ? Quand aura-t-on, en finances, des calculateurs politiques, des esprits libéraux qui sachent comparer ce qu'un peu de contrebande enlèverait à un bureau des fermes ou de la régie, avec les pertes que la richesse nationale, vraie source du fisc, fera toujours, lorsque les commerçants seront dans l'alternative de renoncer à leurs conceptions ou d'en partager le bénéfice avec des villes étrangères, qui n'en jouiraient pas sans ces fautes du gouvernement.

Je pourrais donc dire à ceux qui veulent un entrepôt exclusif : indiquez un port du royaume qui soit plus propre que celui de Marseille à devenir l'entrepôt des retours des Indes, à les distribuer dans une plus grande partie du globe, à se procurer des échanges qu'il faut porter dans l'Inde, à profiter de ceux qu'il faut recevoir des étrangers, à lutter contre les Anglais là où notre position nous permet d'avoir sur eux de véritables avantages, à lutter contre toutes les compagnies étrangères, succès que le port de Lorient ne peut obtenir, parce qu'il est trop rapproché de ces compagnies et des marchés où s'établirait la concurrence. Mais comme je ne veux pas de système exclusif, je me borne à dire : Marseille est un port franc, Marseille est un grand dépôt de commerce ; par quelle bizarrerie, pouvant armer des vaisseaux pour les Indes Orientales, lui interdirait-on d'en recevoir les retours dans son port ? Serait-ce parce que ces retours y trouveraient des débouchés faciles et avantageux ? Il faut donc que les villes de France se déclarent la guerre entre elles ; qu'associées pour la liberté, elles s'en disputent les bienfaits.

Hâtez-vous, Messieurs, de solliciter la fin de ces méprises, en décrétant :

Ou que les retours de l'Inde pourront être portés dans tous les ports,

Ou qu'il n'y a lieu à délibérer, attendu votre précédent décret sur la liberté du commerce de l'Inde.

L'Assemblée décide que la discussion sera continuée.

Dans la séance du 19 juillet, il fut décrété que les retours de l'Inde ne pourraient avoir lieu, *provisoirement*, que dans les ports de Lorient et de Toulon.

Séance du 25 août. — Présidence de Dupont.

Mirabeau propose au nom du corps diplomatique, de confirmer les traités de la France avec l'Espagne.

Vous avez chargé, Messieurs, votre comité diplomatique, de vous présenter son avis sur la réponse que demande l'Espagne. Le désir, le besoin de la paix, l'espérance presque certaine qu'elle ne sera pas troublée, les principes de notre constitution nouvelle, nous ont seuls guidés dans l'examen de cette importante question. Pour la résoudre avec succès, nous avons dû considérer l'état de la politique actuelle, et nos rapports avec les différentes puissances de l'Europe; nous avons dû distinguer le système qu'avait embrassé jusqu'ici le gouvernement français, de la théorie qui convient à un nouvel ordre de choses. Il ne suffisait pas de connaître nos devoirs et nos intérêts; il fallait les concilier avec la prudence; il fallait découvrir les moyens les plus convenables d'éviter sans faiblesse le fléau de la guerre; il fallait surtout l'écarter du berceau de cette constitution, autour duquel, avant que de déterminer les secours que nous devons à des alliés, toute la force publique de l'État, ou plutôt tous les citoyens de l'empire doivent former une barrière impénétrable.

Si nous n'avions à considérer que l'objet de la contestation qui s'est élevée entre les cours de Londres et de Madrid, nous ne devrions pas même supposer que la paix pût être troublée. Le territoire que se disputent ces deux puissances n'appartient ni à l'une ni à l'autre; il est incontestablement aux peuples indépendants que la nature y a fait naître. Cette ligne de démarcation vaut bien celle que le pape s'est permis de tracer, et ces peuples, s'ils sont opprimés, sont aussi nos alliés. Nous ne ferons donc pas cette injure à deux nations éclairées, de penser qu'elles veulent prodiguer leurs trésors et leur sang pour une acquisition aussi éloignée, pour des richesses aussi incertaines; ces vérités simples, notre impartialité ne cessera de les rappeler, s'il en est besoin; mais ce premier point de vue ne décide pas la question.

Si, d'un autre côté, nous devons uniquement nous déterminer par la nécessité que les circonstances nous imposent, non seulement d'éloigner la guerre, mais d'en éviter les formidables apprêts, pourrions-nous vous dissimuler l'état de nos finances non encore régénérées, et celui de notre armée et de notre marine non encore organisées? Pourrions-nous vous cacher que dans les innombrables malheurs d'une guerre, même injuste, le plus grand pour nous, serait de détourner de la Constitution les regards des citoyens, de les distraire du seul objet qui doive concentrer leurs vœux et leurs espérances; de diviser le cours de cette opinion publique, dont toutes les forces suffisent à peine pour détruire les obstacles qui nous restent à surmonter? Mais les malheurs de la guerre, mais les inconvénients tirés de notre position actuelle ne suffisent pas encore pour décider la question des alliances. Enfin, si nous devions nous conduire aujourd'hui d'après ce que nous serons un jour; si, franchissant l'intervalle qui sépare l'Europe de la destinée qui l'attend, nous pouvions donner dès ce moment le signal de cette bienveillance universelle que prépare la reconnaissance des droits des nations, nous n'aurions pas même à délibérer sur les alliances ni sur la guerre. L'Europe aura-t-elle besoin de politique, lorsqu'il n'y aura plus ni despotes, ni escla-

ves? La France aura-t-elle besoin d'alliés, lorsqu'elle n'aura plus d'ennemis? Il n'est pas loin de nous, peut-être, ce moment où la liberté, régnant
sans rivale sur les deux mondes, réalisera le vœu de la philosophie, absou-
dra l'espèce humaine du crime de la guerre, et proclamera la paix universelle. Alors le bonheur des peuples sera le seul but des législateurs, la seule
force des lois, la seule gloire des nations; alors les passions particulières,
transformées en vertus publiques, ne déchireront plus, par des querelles san-
glantes, les nœuds de la fraternité qui doivent unir tous les gouvernements
et tous les hommes; alors se consommera le pacte de la fédération du genre
humain. Mais, avouons-le à regret, ces considérations, toutes puissantes
qu'elles sont, ne peuvent pas seules, dans ce moment, déterminer notre
conduite.

La nation française, en changeant ses lois et ses mœurs, doit sans doute
changer sa politique; mais elle est encore condamnée par les erreurs qui
règnent en Europe, à suivre partiellement un ancien système qu'elle ne
pourrait détruire soudainement sans péril. La sagesse exige de ne renverser
aucune base de sa sûreté publique avant de l'avoir remplacée. Eh! qui ne
sait qu'en politique extérieure, comme en politique intérieure, tout intervalle est un danger; que l'interrègne des princes est l'époque des troubles;
que l'interrègne des lois est le règne de l'anarchie; et, si j'ose m'exprimer
ainsi, que l'interrègne des traités pourrait devenir une crise périlleuse pour
la prospérité nationale? L'influence tôt ou tard irrésistible d'une nation
forte de vingt-quatre millions d'hommes parlant la même langue, rame-
nant l'art social aux notions simples de liberté et d'équité, qui, douées d'un
charme irrésistible pour le cœur humain, trouveront, dans toutes les contrées
du monde, des missionnaires et des prosélytes; l'influence d'une telle nation
saura conquérir, sans doute, l'Europe entière à la vérité, à la modération,
à la justice, mais non pas tout à la fois, non pas en un seul jour, non pas en
un même instant. Trop de préjugés garottent encore les mortels, trop de passions les égarent, trop de tyrans les asservissent. Et cependant notre position géographique nous permet-elle de nous isoler? Nos possessions lointaines, parsemées dans les deux mondes, ne nous exposent-elles pas à des
attaques que nous ne pouvons pas repousser seuls sur tous les points du
globe, puisque, faute d'instruction, les peuples ne croient pas avoir le
même intérêt politique, celui de la paix et des services mutuels, des bienfaits réciproques? Ne faut-il pas opposer l'affection des uns à l'inquiétude
des autres, et du moins retenir par une contenance imposante ceux qui
seraient tentés d'abuser de nos agitations et de leurs prospérités?

Tant que nous aurons des rivaux, la prudence nous commandera de mettre hors de toute atteinte les propriétés particulières de la fortune nationale,
de surveiller l'ambition étrangère, puisqu'il faut encore parler d'ambition,
et de régler notre force publique d'après celle qui pourrait menacer nos
domaines. Tant que nos voisins n'adopteront pas entièrement nos principes,

nous serons contraints, même en suivant une politique plus franche, de ne pas renoncer aux précautions que réclame la prudence. Si nos ambassadeurs n'ont plus à plaider la cause de nos passions, ils auront à défendre celle de la raison, et ils n'en deviendront que plus habiles. Il n'est que trop vrai que la nation qui veut partout conserver la paix, entreprend un travail plus difficile que celle qui enflamme l'ambition en offrant des brigandages à la cupidité, des conquêtes à la gloire.

Telles sont, Messieurs, les réflexions les plus importantes qui ont frappé votre comité; elles l'ont d'abord conduit à deux principes qu'il a adoptés, et que je dois vous soumettre avant d'entrer dans de plus grands détails sur l'affaire particulière d'Espagne.

Ces deux principes sont : 1° Que tous les traités précédemment conclus par le roi des Français doivent être observés par la nation française, jusqu'à ce qu'elle les ait annulés, changés ou modifiés, d'après le travail qui sera fait à cet égard au sein de cette assemblée et de ses comités, et d'après les instructions que le roi sera prié de donner à ses agents auprès de différentes cours de l'Europe.

2° Que dès ce moment, le roi doit être prié de faire connaître à toutes les puissances avec lesquelles nous avons des relations, que le désir inaltérable de la paix, et la renonciation à toute conquête étant la base de notre conduite, la nation française ne regarde comme existantes et comme obligatoires, dans tous les traités, que les stipulations purement défensives. Ces deux principes nous ont paru parfaitement conformes à l'esprit de notre constitution; et ils nous semblent d'autant plus importants à décréter, que, d'une part, ils suffiraient au besoin pour rassurer nos alliés, que de l'autre ils ne laisseraient aucun doute sur notre amour pour la paix, notre désir de voir s'éteindre à jamais les torches de la guerre, notre intention de ne prendre les armes que pour réprimer les injustes oppresseurs. Ce n'est point assez que l'ambition, qui cherche sans cesse à s'agrandir, que la politique qui veut tout bouleverser, nous soient toujours étrangères; il faut encore apprendre à toutes les nations que si, pour étouffer à jamais le germe des combats, il fallait renoncer à toute force extérieure, détruire nos forteresses, dissoudre notre armée et brûler nos flottes, nous en donnerions les premiers l'exemple. Les deux principes que je viens de rappeler indiquent déjà la réponse qu'il semble que le roi doive faire à la cour d'Espagne : mais votre comité entrera dans quelques détails; nous avons examiné notre alliance avec l'Espagne sous ces rapports; l'époque de cet arrangement, son utilité, sa forme, nos moyens, la position actuelle des Espagnols et les vues apparentes des Anglais.

Voici les résultats de nos recherches : — Les Espagnols ont été longtemps nos ennemis; après plus d'un siècle de combats, la paix des Pyrénées vint enfin désarmer les mains redoutables de deux peuples également fiers et belliqueux, qui se ruinaient et se déchiraient pour l'orgueil de quelques hommes et pour le malheur des deux nations. Le repos de l'Europe fut court : les passions des princes ne connaissent qu'un léger sommeil. Louis XIV réunit dans sa famille les sceptres de la France et de l'Espagne; cette réunion et les vues ambitieuses qu'elle recélait peut-être, soulevèrent contre nous toutes les puissances ; et si le sort ne remplit qu'à moitié leurs projets de vengeance, si nous ne succombâmes pas sous tant de coups portés à la fois, nous ne pûmes échapper à cet épuisement, à cette destruction intérieure qui est la suite d'une longue guerre. On s'aperçut bientôt que cette succession, qui avait coûté tant de sang, n'assurait pas encore le repos des deux nations. Les rois étaient parents, les peuples n'étaient pas unis, les ministres étaient rivaux ; et l'Angleterre, profitant de leurs divisions pour les affaiblir, s'emparait impunément du sceptre des mers et du commerce du monde.

Enfin, après cette guerre funeste qui avait coûté à la nation française ses vaisseaux, ses richesses et ses plus belles colonies, nos malheurs fournirent au caractère espagnol une occasion glorieuse de se déployer, tel que depuis lors il n'a cessé d'être. Ce peuple généreux, dont la bonne foi a passé en proverbe, nous reconnut pour ses amis, quand il nous vit près de succomber. Il vint partager nos infortunes, relever nos espérances, affaiblir nos rivaux ; et ses ministres signèrent, en 1761, un traité d'alliance avec nous sur les tronçons brisés de nos armes, sur la ruine de notre crédit, sur les débris de notre marine. Quel fut le fruit de cette union ? Seize années de paix et de tranquillité qui n'auraient pas encore éprouvé d'interruption, si l'Angleterre eût respecté dans ses colonies les principes sacrés qu'elle adore chez elle, et si les Français, protecteurs de la liberté des autres avant d'avoir su la conquérir pour eux-mêmes, n'avaient pressé leur roi de combattre pour défendre les Américains.

Cette querelle, absolument étrangère à la cour d'Espagne, pouvait même l'inquiéter sur ses colonies et compromettre en apparence ses intérêts les plus chers. Mais les Anglais ayant les premiers violé la paix, l'Espagnol, fidèle à ses traités, courut aux armes, nous livra ses flottes, ses trésors, ses soldats, et c'est avec lui que nous acquîmes l'immortel honneur d'avoir restitué à la liberté une grande portion du genre humain.

Depuis la paix mémorable qui couronna nos efforts, la guerre a paru près de se rallumer entre la France et l'Angleterre. Dès que le roi des Français eut averti son allié qu'il armait, les ports d'Espagne se remplirent de flottes redoutables. Elles n'attendaient qu'un avis pour voler à notre secours, et l'Angleterre convint avec nous de désarmer..... Mais jetons un voile sur cette époque honteuse, où l'impéritie de nos ministres nous ravit un allié que nous avions conquis par nos bienfaits, que nous eussions suffisamment protégé en nous montrant seulement prêts à le défendre, et nous priva ainsi d'un moyen presque assuré d'être à jamais en Europe les arbitres de la paix. C'est en nous rappelant cette conduite de l'Espagne, et les services qu'elle nous a rendus, que nous nous sommes demandé si la France devait rompre un traité généreusement conclu, fréquemment utile, religieusement observé. Nous nous sommes surtout demandé s'il conviendrait d'annuler un engagement aussi solennel, dans l'instant où l'Espagne serait pressée par les mêmes dangers qu'elle a trois fois repoussés loin de nous.

Nous n'aurions rien à ajouter pour ceux qui craindraient qu'une des deux nations l'emportât sur l'autre en générosité; mais l'intérêt nous dicte-t-il d'autres lois que la reconnaissance? Quelques hommes, forts de leur caractère et orgueilleux de leur patrie, croient que la France armée peut rester invincible, quoique isolée. Il est de ces hommes parmi nous, et ce sentiment est d'autant plus honorable qu'il confond la force publique avec l'énergie de la liberté. Mais la liberté publique n'est la plus grande force des empires qu'aussi longtemps qu'étrangères à toute injustice, à toute conquête, les nations s'appliquent uniquement au développement de leurs richesses intérieures et de leur véritable prospérité. Mais la France compte dans ses annales des triomphes qui invitent à la vengeance : elle a des colonies qui excitent l'ambition, un commerce qui irrite la cupidité; et si elle peut un jour se défendre sans alliés, ce que je crois aussi fortement que tout autre, il ne faut pas néanmoins qu'elle s'expose à combattre seule des puissances dont les forces actuelles sont supérieures aux siennes; car il ne s'agit pas de ce que peut inspirer la nécessité, mais de ce qu'exige la prudence; il ne s'agit pas de faire une périlleuse montre de nos dernières ressources, mais de prendre les moyens les plus propres pour assurer la paix.

Nous ne regardons aucun peuple comme notre ennemi; il ne l'est plus, celui qu'une insidieuse politique nous avait représenté jusqu'ici comme notre rival, celui dont nous avons suivi les traces, dont les grands exemples nous ont aidés à conquérir la liberté, et dont tant de nouveaux motifs nous rapprochent. Un autre genre de rivalité, l'émulation des bonnes lois, va prendre la place de celle qui se nourrissait de politique et d'ambition. Non, ne croyez pas qu'un peuple libre et éclairé veuille profiter de nos troubles passagers pour renouveler injustement les malheurs de la guerre, pour attaquer votre liberté naissante, pour étouffer l'heureux développement des principes qu'il nous a transmis; ce serait pour lui un sacrilége de le tenter; ce serait pour nous un sacrilége de le croire. La même religion politique n'unit-elle pas aujourd'hui la France et la Grande-Bretagne? Le despotisme et ses agents ne sont-ils pas nos ennemis communs? Les Anglais ne seront-ils pas plus certains de rester libres, lorsqu'ils auront les Français libres pour auxiliaires? Mais en rendant hommage à la philosophie de ce peuple, notre frère aîné en liberté, écoutons encore le conseil de la prudence.

La politique doit raisonner même sur des suppositions auxquelles elle ne croit pas; et le bonheur des peuples vaut bien que pour l'assurer on se tienne en garde contre les plus favorables, aussi bien que contre les plus incertaines. Supposons donc que l'Angleterre prévoie avec inquiétude l'accroissement qu'une constitution libre doit un jour donner à nos forces, à notre commerce, à notre crédit ; qu'elle lise dans sa propre histoire l'avenir de nos destinées, et que par une fausse politique, elle veuille profiter des circonstances pour rompre une alliance formidable dont elle a souvent senti tout le poids. Quelles sont les mesures qu'une telle supposition doit nous inspirer ? Nous ne pouvons balancer le nombre des vaisseaux anglais qu'avec ceux de notre allié ; notre intérêt nous oblige donc de confirmer notre alliance avec l'Espagne ; et le seul moyen de la conserver, c'est de remplir fidèlement nos traités ; on dira peut-être que cette fidélité même peut amener plus rapidement la guerre, arrêter notre régénération, épuiser nos finances, anéantir nos armées ; mais, que répondra-t-on à ce dilemme ? Ou l'Angleterre veut la guerre, ou elle ne la veut pas ; si elle n'arme que pour négocier avec plus de succès, la conduite que nous vous proposons ne saurait être regardée par elle comme une provocation, et vous remplissez vos engagements sans compromettre votre tranquillité. Si, au contraire, l'Angleterre veut la guerre, alors vous ne devez plus compter sur sa justice, sur sa générosité ; notre inaction augmenterait nos périls au lieu de les éloigner. Si l'Espagne venait à succomber, ne serions-nous pas bientôt l'objet de la même ambition et d'une vengeance plus animée ? les mêmes malheurs que l'on redoute dans le maintien d'une alliance ne nous menaceraient-ils pas alors, et nos finances et nos armées ; et combien d'autres maux n'est-il pas facile de prévoir !

La nation qui nous a choisis pour être les instituteurs de ses lois, nous demande aussi la sûreté de ses possessions et de son commerce. L'inquiétude affaiblirait l'esprit public peut-être, et certainement le respect dû à vos décisions ; le hasard semblerait accuser notre prévoyance ; une confiance excessive, même en justifiant votre loyauté, compromettrait votre sagesse. Il serait à craindre que les bons citoyens, dont la fortune serait frappée par le premier coup d'une guerre imprévue, ne fussent aigris par le malheur ; que le regret d'avoir perdu un ancien allié, ne vînt se mêler au sentiment d'autres pertes accumulées ; enfin, qu'on ne nous reprochât, puisqu'il faut nous décider entre des chances également incertaines, de n'avoir pas préféré celle qui, même en offrant des périls égaux, nous fournit plus de moyens pour les surmonter. On pensera peut-être que l'Espagne, sûre de notre appui, se rendra difficile dans la négociation de la paix ; au lieu, dira-t-on, qu'en ne se mêlant pas de cette querelle, l'accommodement que nous désirons n'éprouverait ni lenteurs, ni difficultés.

Nous avons déjà réprouvé cette objection ; les principes que nous vous proposons de décréter ne laisseront aucun doute à la Grande-Bretagne sur nos intentions et feront évidemment connaître à l'Espagne, que notre constitution regarde seulement comme obligatoires les engagements défensifs ; notre conduite ne la portera donc à aucune démarche hostile que ne nécessiterait pas une juste défense ; elle ne pourra non plus contrarier les Anglais que dans le cas où ils voudraient être agresseurs. D'ailleurs, s'il est certain que l'abandon de nos engagements forcerait l'Espagne à négocier plus promptement la paix avec l'Angleterre, il n'est que trop facile de prévoir quelle pourrait être, dans ce cas, la nature de cet accommodement, et le tort irréparable qu'une semblable négociation pourrait faire à notre crédit, à notre commerce. Ce n'est point le pacte de famille en entier que nous vous proposons de ratifier, conclu dans un temps où les rois parlaient seuls au nom des peuples, comme si les pays qu'ils gouvernaient n'étaient que leur patrimoine, ou que la volonté du monarque pût décider de leurs destinées.

Ce traité porte le nom singulier de *Pacte de Famille*, et il n'existe aucun de nos décrets qui n'ait annoncé à l'Europe entière, que nous ne reconnaîtrions désormais que des *pactes de nation*. Ce même traité, préparé par un ministre français dont l'ambition brûlait de réparer les humiliations d'une guerre malheureuse, renferme plusieurs articles propres à lier l'Espagne à ses vues, et à l'obliger à nous secourir dans le cas même où nous aurions été les agresseurs. Or, puisque nous renonçons à observer de pareilles clauses envers les autres, nous ne les réclamons plus pour nous-mêmes.

Il est des articles qui doivent être ratifiés ; ceux qui sont relatifs à la garantie réciproque des possessions, aux secours mutuels que les deux nations doivent se donner, aux avantages de commerce qu'elles s'assurent ; d'autres doivent être éclaircis : car vous ne pouvez souffrir pas même l'apparence des clauses offensives auxquelles les premiers, dans l'Europe, vous avez donné l'exemple de renoncer.

La seule mesure que vous propose à cet égard votre comité, dans le cas où vous adopteriez en ce moment le projet de décret qu'il va vous soumettre, c'est que vous le chargiez d'examiner en détail les articles du *pacte de famille*, pour vous mettre à portée de resserrer nos liens avec l'Espagne, en faisant de ce traité un pacte national, en retranchant toutes les stipulations inutiles et offensives, et en priant le roi d'ordonner à son ministre de négocier en Espagne le renouvellement du traité, d'après les bases qui auront reçu votre approbation. Ici, l'intérêt de l'Espagne sera d'accord avec le vôtre. Qu'est-ce qu'un pacte de cabinet à cabinet ? un ministre l'a fait, un ministre peut le détruire ; l'ambition l'a conçu, la rivalité peut l'anéantir ; souvent l'intérêt personnel d'un monarque l'a seul dicté, et sa nation, qui en est l'unique garant, n'y prend aucune part. Il n'en serait pas ainsi d'un pacte vraiment national qui assermenterait en quelque sorte deux pays l'un à l'autre, et qui réunirait tout à la fois de grands intérêts et de puissants efforts. Ce pacte seul lie chaque individu par la volonté générale, produit une alliance indissoluble, et a pour base inébranlable la foi publique.

Tel est le résultat du travail de votre comité. Il renferme trois points distincts l'un de l'autre, quoique indivisibles, comme vous le voyez :

Le développement des deux principes qui doivent être la base de votre système politique ;

Une décision qui conserve une alliance utile, en assurant le roi d'Espagne que nous remplirons nos engagements;

La demande d'un décret qui charge votre comité des modifications qu'exige cette alliance, lorsqu'il faudra la renouveler.

Mais cette détermination, si vous l'adoptez, indique nécessairement d'autres mesures. Le maintien de notre alliance avec l'Espagne serait illusoire, si, même au sein de la paix, et en nous bornant à ajouter tout le poids de notre influence aux négociations qui doivent assurer le repos d'une partie de l'Europe, nous n'augmentions pas nos armements dans la même proportion que ceux de nos voisins. Ce n'est pas lorsqu'on a des possessions éloignées, ce n'est pas lorsqu'on croit avoir de grandes richesses à une grande distance, qu'on peut se résoudre à ne prendre les armes qu'au moment même de l'agression. Le commerce a besoin d'être garanti non-seulement des dangers réels, mais de la crainte des dangers; et il n'a jamais été plus important d'apprendre à nos colonies qu'elles seront protégées. Voilà les maux où conduit cette exécrable défiance qui porte les peuples voisins à se surveiller, à se redouter, à se regarder comme ennemis. Pourquoi faut-il que la nécessité même d'assurer la paix, force les nations à se ruiner en préparatifs de défense? Puisse cette affreuse politique, être bientôt en horreur sur toute la terre.

C'est pour réunir les différents objets annoncés dans son rapport, que votre comité vous propose son décret suivant, comme le plus propre à remplir vos engagements sans imprudence, à changer l'ancien système sans secousse, à éviter la guerre sans faiblesse:

« L'Assemblée nationale décrète:

« 1° Que tous les traités précédemment conclus, continueront à être respectés par la nation française, jusqu'au moment où elle aura revu ou modifié ces divers actes, d'après le travail qui sera fait à cet égard, et les instructions que le roi sera prié de donner à ses agents, auprès des différentes puissances de l'Europe.

« 2° Que le roi sera prié de faire connaître à toutes les puissances avec lesquelles la France a des engagements, que la justice et l'amour de la paix étant la base de la Constitution française, la nation ne peut, en aucun cas, reconnaître dans les traités que les stipulations purement défensives et commerciales.

« Décrète, en conséquence, que le roi sera prié de faire connaître à Sa Majesté catholique, que la nation française, en prenant toutes les mesures propres à maintenir la paix, observera tous les engagements contractés avec l'Espagne.

« Décrète, en outre, que le roi est prié de charger son ambassadeur en Espagne, de négocier avec les ministres de Sa Majesté catholique, à l'effet de resserrer par un lien national des liens utiles aux deux peuples, et de fixer avec précision et clarté toute stipulation qui ne serait pas entièrement uniforme aux vues de paix générale et aux principes de justice qui seront à jamais la politique des Français.

« Au surplus, l'Assemblée nationale, prenant en considération les armements de différentes nations de l'Europe, leur accroissement progressif, et la sûreté de nos colonies et du commerce national, décrète, que le roi sera prié de donner des ordres pour que nos flottes en commission, soient portées à trente vaisseaux de ligne, dont huit au moins seront armés dans les ports de la Méditerranée. »

L'Assemblée, après avoir entendu Ricard et Pétion, adopte le projet de décret présenté par Mirabeau, sauf le nombre des vaisseaux de ligne, qui est porté à quarante-cinq au lieu de trente.

Séance du 27 août. — Présidence de Dupont.

Premier discours sur une nouvelle création d'assignats.

MESSIEURS,

Étonné d'abord, effrayé même je l'avoue, de la mesure des assignats-monnaie, et néanmoins ne voyant guère comment nous en passer au milieu de tant d'embarras et avec si peu de choix dans les ressources, je m'étais réduit au silence sur cette matière, abandonnant cette décision hasardeuse à des esprits plus exercés ou plus confiants que moi, mais n'en suivant pas moins, avec l'inquiétude du doute et l'intérêt du patriotisme, tous les mouvements que la nouvelle création des assignats devait imprimer aux affaires. Aujourd'hui, muni de l'expérience et de réflexions nouvelles, voyant la crise où nous nous trouvons et les menaces de l'avenir, pressé d'ailleurs par les projets qui vous ont été soumis, je me suis décidé sur toutes ces circonstances réunies; et je ne balance pas à vous exposer mon opinion actuelle, sur le seul parti sage et conséquent que ces circonstances sollicitent.

Cette Assemblée, obligée de mener de front beaucoup d'objets, a déployé sur tous de grandes vues; mais il n'en est aucun, ou très-peu du moins, qu'elle ait pu amener à leur perfection; et parmi ces objets qu'un puissant intérêt recommande, mais que de nombreuses difficultés environnent, nous pouvons mettre les finances au premier rang.

Rappelez-vous, Messieurs, ces moments d'où nous sortons à peine, où tous les besoins nous pressaient si cruellement, où la dette publique se présentait à la fois comme un engagement sacré pour la nation, et comme un abîme dont on n'osait pas même mesurer la profondeur. Des biens immenses étaient en réserve; mais ces biens avaient une infinité de possesseurs qui les regardaient comme leur partage. Armés de la rigueur des principes, de la force de l'opinion et du courage de la nécessité, nous déclarons la vérité ; ce qui n'existait qu'en système devient une loi ; les biens ecclésiastiques, réunis aux biens du domaine, sont reconnus nationaux ; et la France, qui ne voyait que le gouffre, voit alors de quoi le combler, et respire pleine d'espérance.

Cependant il y avait loin encore de la déclaration d'un droit à son exercice ; et cet exercice ne pouvait plus être retardé. A l'excédant des dépenses sur les recettes ordinaires, se joignait un déchet énorme des revenus, qui s'augmentait de jour en jour par l'état déplorable du royaume, et la stagnation de toutes les affaires. Mille besoins, mille dangers sollicitaient à l'envie des secours, et dans le petit nombre d'expédients qui se présentaient, celui qui parut le plus efficace réunit par là même vos suffrages. Vous décrétâtes successivement, que l'on procéderait à la vente de 400 millions de biens nationaux, et qu'en attendant que la vente en fût effectuée, le gage de cette vente et son produit anticipé tiendraient lieu de numéraire. Vous créâtes à cet effet, sous le nom d'assignats, des billets, espèce de lettres de change, qui sont, en fait de valeur, tout ce que peut être un effet qui n'est pas de l'argent réel.

Cette mesure eut tout le succès annoncé par ceux qui l'avaient conçue. Les mauvais effets présagés par ses adversaires, ont été relégués parmi les fictions malheureuses ; et la chose publique sortit alors de cet état de détresse qui nous menaçait d'une ruine prochaine.

Mais ce n'était là qu'un remède passager, et non une cure complète. L'effet ne peut avoir plus de lattitude que la cause ne comporte. La restauration du crédit tient à des combinaisons aussi délicates qu'étendues ; et le rétablissement général auquel nous travaillons doit nécessairement produire des embarras momentanés, qui empêchent le crédit de suivre de près l'espérance. Ainsi, le temps qui s'écoule ramène assez promptement les mêmes besoins ; ces besoins ramènent la même détresse, et tant que nous n'établirons pas sur la base dont nous avons reconnu la solidité, une opération vaste, une grande mesure générale, qui nous mette au-dessus des événements, nous en serons les éternels jouets, et nous périrons de langueur, dans la crainte d'une décision hardie, qui nous sorte de l'état où nous nous trouvons.

Messieurs, qu'avez-vous pensé quand vous avez créé des assignats-monnaie ? qu'avez vous dit à ceux dans les mains desquels vous faisiez passer ce gage de fidélité ? Vous avez pensé que la vente des biens sur lesquels ce gage est assis s'effectuerait incontestablement, quel qu'en fût le terme. Vous avez dit aux porteurs d'assignats : voilà des fonds territoriaux ; la nation engage son honneur et sa bonne foi, à les échanger en nature, ou à échanger le produit de leur vente contre les assignats qui les représentent ; et si l'argent n'est lui-même qu'une représentation des besoins de la vie, vous avez pu donner, et l'on a dû recevoir comme de l'argent, cette représentation de propriétés territoriales, qui sont la première des richesses.

Il faut le dire, Messieurs, à l'honneur de la nation, et de la confiance qu'inspirent ses promesses; il faut dire à l'honneur des lumières qui se répandent en France, et de l'esprit public qui naît de l'esprit de liberté : la doctrine des assignats-monnaie est généralement entendue et admise parmi nos compatriotes, telle qu'elle est professée dans l'Assemblée nationale. Ils savent fort bien distinguer ce que l'on appelle ailleurs, et ce que nous appelions jadis du papier-monnaie d'avec notre papier territorial; et les hommes de sens qui sont patriotes ne se laissent point égarer par des équivoques, ou par de trompeuses subtilités.

Je pense donc, Messieurs, après l'heureux essai que nous avons fait, et en partant des lumières répandues sur cette matière; je pense que nous ne devons point changer de marche et de système; que nous pouvons, que nous devons accomplir ce que nous avons commencé; que nous devons faire pour la libération de la dette nationale, une opération qui n'admette d'autre intermédiaire entre la nation débitrice et ses créanciers, que la même espèce de papier actuellement en circulation, que ces mêmes assignats-monnaie, dont les fonds nationaux et la nation entière garantissent le paiement.

Je veux m'écarter également ici d'un projet téméraire par son étendue, et d'un projet insuffisant par sa timidité. Je me défie d'une conception trop extraordinaire, qui peut éblouir par sa hardiesse, et n'offrir au fond que des hasards. Je propose, en satisfaisant à de vastes besoins, de se borner au nécessaire, et d'observer des mesures, tout en s'élançant dans une courageuse détermination.

Je fais de la dette deux parts très-connues; l'une qui est instante, dont l'honneur et la justice pressent la nation de s'acquitter incessamment. C'est la partie exigible, la partie arriérée, les effets suspendus, de même que le remboursement des charges et offices. L'autre est celle des contrats, des rentes quelconques; en un mot, tout ce qui n'est pas compris sous la première dénomination. Quand la totalité de la dette n'est pas encore bien connue, quand la valeur des biens nationaux destinés à son paiement, est moins connue encore, on ne peut savoir laquelle des deux surpasse l'autre; et vraiment il serait étrange qu'on se proposât, d'entrée, de rembourser ce qu'on ne doit pas, ou au risque de ne pouvoir pas alors rembourser ce qu'on doit.

Je propose donc d'acquitter dès à présent la dette exigible, la dette arriérée et la finance des charges supprimées. C'est à cette partie de la dette publique que je borne le remboursement actuel que nous devons faire; et je propose pour cela une émission suffisante d'assignats-monnaie : car les émissions partielles pourraient bien apporter quelques facilités momentanées au trésor public; mais tout en affaiblissant le gage national, elles ne changeraient point l'état de la nation.

Sans doute, Messieurs, vous êtes assez familiarisés avec les grandes affaires et les grandes vues, pour ne pas vous étonner du fonds immense qu'un pareil remboursement exige, et ne pas redouter les effets d'une pareille diffusion de richesses au milieu de nous. La masse d'eau que roulent les torrents et les rivières est prodigieuse ; mais c'est dans l'Océan qu'elles se versent. Dès longtemps notre sol est altéré, desséché, et pendant longtemps aussi, il absorbera ces eaux fécondantes avant qu'il les refuse, et qu'elles croupissent à la surface. Il ne s'agit donc que de garder une proportion entre le besoin et le moyen d'y pourvoir, de manière que l'un n'excède pas l'autre.

Or, Messieurs, deux considérations décisives se présentent ici : c'est que, d'un côté, nous avons un besoin pressant de rappeler l'activité, la circulation dans nos affaires ; de nous y rattacher, en quelque sorte, un besoin pressant de moyens qui les favorisent : c'est que, de l'autre, les assignats-monnaie, en même temps qu'ils paient la dette, nous fournissent ces moyens d'émulation, d'activité, de restauration ; et quand les besoins à cet égard seront satisfaits, le surplus des assignats, s'il en est, *le trop plein*, qu'on me passe cette expression, se reversera naturellement dans le paiement de la dette contractée pour l'acquisition des biens nationaux. De cette manière, tous les effets qu'on peut attendre d'une mesure bien calculée seront obtenus, autant du moins que les circonstances peuvent nous permettre de l'espérer.

Car, Messieurs, on dirait, à entendre certaines personnes, qui ne veulent jamais voir que le côté défavorable ou incertain du parti que l'on propose, on dirait qu'il existe dans les embarras où nous nous trouvons et dont il faut sortir, quoi qu'il en coûte, une foule d'expédients tout prêts, qui n'ont ni inconvénients, ni incertitudes, et qui méritent hautement la préférence ; et quand on examine ces prétendus expédients, on voit qu'ils nous jettent de Charybde en Scylla ; qu'ils ne remédient en aucune manière au mal qui nous presse ; et qu'on y sacrifie, je ne dis pas le présent à l'avenir, ou l'avenir au présent, mais l'un et l'autre, tandis qu'il importe si fort de tout concilier, de tout sauver à la fois.

Quand la pénurie des espèces nous tourmente, quand les métiers, les arts, les manufactures, le commerce, demandent à grands cris d'être sustentés, est-ce une mesure de restauration, je vous en fais juges, que celle qui ne met pas un écu réel ni fictif dans les affaires ? Que dis-je ! une mesure qui exige elle-même des remboursements futurs et successifs, sans créer aucun moyen d'y satisfaire ? Que se propose-t-on par là ? Ne voit-on pas le gouffre ; ou bien veut-on nous y précipiter ?

Osons, Messieurs, fixer le mal dans son étendue ; ou plutôt, pénétrons-nous de cette espérance ; tout se ranimera ; les affaires marcheront vers un rétablissement général ; les esprits agités par le besoin ou par la crainte, reprendront leur calme, quand l'industrie sera réveillée, quand les bras trouveront de l'occupation, quand un ressort énergique sera employé à un mouvement nécessaire, quand enfin la circulation des espèces, par des moyens sages et faciles, atteindra les classes moins aisées de la société.

Tout s'avance par la constance et l'ardeur infatigable de vos travaux, dans l'ouvrage de notre constitution. Mais s'il faut que la Constitution soit achevée pour rétablir tout à fait l'ordre et la prospérité, croyez aussi qu'un commencement d'ordre et de prospérité n'est pas moins nécessaire pour la faire marcher à sa fin. Croyez qu'attendre tout d'elle, c'est la faire précéder de trop de hasards, c'est peut-être l'exposer à être renversée, avant qu'elle ait atteint sa perfection.

Eh! Messieurs, si vous aviez dans les mains un moyen simple et déjà éprouvé, de multiplier les défenseurs de la révolution, de les unir par l'intérêt aux progrès de vos travaux ; si vous pouviez réchauffer par quelque moyen, en faveur de la Constitution, ces âmes froides qui, n'apercevant dans les révolutions des gouvernements que des révolutions de fortune, se demandent : Que perdrai-je ? que gagnerai-je ? Si vous pouviez même changer en amis et en soutiens de la Constitution ses détracteurs et ses ennemis, cette multitude de personnes souffrantes, qui voient leur fortune comme ensevelie sous les ruines de l'ancien gouvernement et qui accusent le nouveau de leur détresse ; si, dis-je, il existait un moyen de réparer tant de brèches, de concilier tant d'intérêts, de réunir tant de vœux, ne trouveriez-vous pas que ce moyen joindrait de grands avantages à celui de faire face à nos besoins, et que la saine politique devrait s'empresser de l'accueillir.

Or, considérez, je vous supplie, les assignats-monnaie sous ce point de vue : ne remplissent-ils pas éminemment cette condition ? Vous hésiteriez à les adopter comme une mesure de finance, que vous les embrasseriez comme un instrument sûr et actif de la révolution. Partout où se placera un assignat-monnaie, là sûrement reposera avec lui un vœu secret pour le crédit des assignats, un désir de leur solidité ; partout où quelque partie de ce gage public sera répandue, là se trouveront des hommes qui voudront que la conversion de ce gage soit effectuée, que les assignats soient échangés contre des biens nationaux ; et comme enfin le sort de la Constitution tient à la sûreté de cette ressource, partout où se trouvera un porteur d'assignats, vous compterez un défenseur nécessaire de vos mesures, un créancier intéressé à vos succès.

Il faut donc ouvrir une mine plus riche, plus abondante, dont les parties se répandent, partout du moins où des parcelles d'or peuvent pénétrer. C'est alors qu'on sera surpris de l'étonnante diffusion d'assignats qui peut avoir lieu, sans que la surabondance se manifeste ; car la richesse n'est pas dans la classe où se trouve la plus nombreuse population ; et nos assignats-monnaie, qui sont les nouveaux signes de cette richesse, sont d'une trop forte somme pour être parvenus encore jusqu'à cette classe.

Quand j'ai proposé de comprendre les titulaires des offices supprimés parmi ceux qui doivent toucher incessamment l'acquit de leurs créances, je n'ai peut-être paru que juste, équitable dans cette proposition ; mais elle entre aussi dans les mêmes vues politiques qui me dirigent, en donnant la préférence au parti des assignats-monnaie. Sans doute, Messieurs, il n'est aucun de nous qui ne sente que la finance des offices est non-seulement une dette sacrée pour la nation, mais une dette instante, dont on ne peut différer le paiement sans s'exposer aux plus justes reproches. La nation a pu exiger des titulaires le sacrifice de leur état ; mais la nation doit leur laisser du moins la disposition de leur fortune. Ces créanciers publics sont eux-mêmes, pour un très-grand nombre, débiteurs du prix de leurs charges. En acquittant ces charges, non-seulement vous paierez une dette, mais vous fournirez à une série de débiteurs le moyen de remplir leurs engagements.

Quel poids, Messieurs, ne vient pas se joindre à cette considération, si vous pensez à l'importance qu'il y a, pour la chose publique, à ce que le corps immense de la judicature supprimée soit payé sur le champ par des assignats, qu'il sera alors forcé de soutenir par intérêt, s'il ne le fait pas par patriotisme ! Les officiers étant ainsi acquittés par une monnaie légale, c'est alors qu'ils seront vraiment expropriés. La vénalité des charges a du moins cela de commode : elles ont été achetées, on les rembourse, et tout est fini. Les titulaires seront donc dépouillés par là du dernier rayon d'espérance ; et cette partie de la révolution, qui tient à la grande réforme des corps judiciaires, sera consommée sans retour.

Et suivez, je vous prie, Messieurs, le cours des assignats et leurs effets, relativement à la vente des biens nationaux. Les mesures qu'on vous propose sont-elles comparables à la dissémination des assignats, pour étendre, pour faciliter cette vente, pour mettre l'acquisition de ces biens à la portée de toutes les classes de la société et des millions d'individus qui la composent ? On vous propose d'entasser des masses de contrats dans les mains des capitalistes. Ces capitalistes eux-mêmes sont entassés dans les grandes villes. C'est à Paris surtout que les portefeuilles sont gonflés d'effets royaux ; voilà où l'on veut établir l'échange des contrats contre les propriétés nationales. Or, comment croire que cet échange soit fort animé, si l'on compare le produit de ces contrats à celui des terres ; si l'on pense que, sur cent porteurs de contrats, il n'y en a pas un peut-être à qui ce placement d'argent puisse convenir ? Les fonds nationaux se vendront donc peu, et se vendront mal de cette manière, ou, du moins, ceux qui se vendront, ce sera en suite de quelque spéculation considérable. Les capitalistes réuniront ces fonds en grande masse, et les acquisitions, comme on le pense bien, seront assorties, en général, à l'espèce d'acquéreurs que l'on y appelle.

Est-ce là, Messieurs, ce que nous devons à nos frères, à nos concitoyens de toutes les classes répandus dans tous les départements de ce royaume ? Travaillons-nous pour créer un nouvel ordre de grands propriétaires fonciers qui donnent plus au luxe et à la ruine des campagnes qu'à l'art de fertiliser la terre et d'étendre les bienfaits de l'agriculture ? Ne travaillons-nous pas, au contraire, pour rétablir l'égalité par la liberté ; pour faire reverser sur les terres le produit des arts, du commerce, de l'industrie laborieuse ; pour répartir, avec le plus d'égalité possible, les avantages de la société et les dons de la nature ; pour mettre de petites possessions territoriales à la portée des citoyens peu moyennés ; comme nous voudrions pouvoir en faire passer les fruits dans les mains des plus indigents ?

Soyons donc conséquents avec nos principes ; cessons de regarder les capitales comme si elles formaient tout le royaume et les capitalistes qui les habitent comme s'ils formaient le gros de la nation ; et dans la liquidation de la dette nationale, préférons les moyens les plus appropriés à l'avantage du plus grand nombre, puisqu'enfin c'est le plus grand nombre qui supporte la dette, et que c'est des fonds communs qu'elle s'acquitte.

J'insiste donc sur ce que l'intérêt des ci-devant provinces, aujourd'hui les départements, soit particulièrement consulté dans le parti que nous allons prendre. J'insiste pour qu'on écarte tout projet dont la conséquence serait d'appeler les capitalistes à l'invasion des biens nationaux, et pour que les créanciers de l'État soient remboursés, en suivant la juste distinction que j'ai présentée. J'insiste pour que le remboursement se fasse sans aucune métamorphose arbitraire des créances, mais au moyen du papier précieux que nous pouvons délivrer, papier qui arrivera aux biens nationaux, par sa destination naturelle, après avoir fécondé dans son cours les différentes branches d'industrie ; papier qui ne commencera pas par tomber au hasard dans des mains plus ou moins avides, mais qui sera livré d'abord à la classe des créanciers les premiers en titre ; papier qui commencera son cours sous les auspices de la justice, et qui le continuera comme un instrument de bienfaisance publique.

Car est-il douteux, Messieurs, que l'émission d'assignats faite avec l'abondance et dans le but que je vous propose, en même temps qu'elle est un étai moral et infaillible de notre révolution, ne soit le seul moyen certain de nous soutenir dans la disette d'espèces que nous éprouvons ? Notre numéraire territorial, ou, pour transporter, puisqu'il le faut, des mots connus dans une langue nouvelle, notre numéraire fictif étant fait pour représenter le numéraire réel et le reproduire, pouvons-nous douter que son abondance ne fasse tôt ou tard ce que ferait l'abondance d'espèces effectives ; je veux dire élever le prix des effets publics, libérer le propriétaire de ces effets des mains de son créancier qui les retient en nantissement et qui dicte à son malheureux débiteur une loi ruineuse, faire baisser sensiblement l'intérêt de l'argent, faciliter les escomptes, multiplier les affaires, remonter le crédit, et surtout donner une plus grande valeur aux biens nationaux ?

Quoi ! serait-il nécessaire de le dire ? On parle de vendre, et l'on ne fournirait au public aucun moyen d'acheter ! On veut faire sortir les affaires de leur stagnation, et l'on semblerait ignorer qu'avec rien on ne fait rien ; on semblerait ignorer qu'il faut un principe de vie pour se remuer, pour agir et pour reproduire ! Certes, ce serait là vraiment le chef-d'œuvre de l'invention, la pierre philosophale des finances, si sans argent et sans rien qui le remplace, sans crédit quelconque, au sein d'une inertie qui nous tue, nous trouvions le moyen de revivifier tout à coup les affaires, et de ressusciter, comme par enchantement, travail, industrie, commerce, abondance !

Ce que nous pourrions attendre à peine d'un miracle, nous pouvons l'espérer de moyens adaptés à notre but. C'est le numéraire qui crée le numéraire ; c'est ce mobile de l'industrie qui amène l'abondance ; c'est le mouvement qui anime tout, qui répare tout, au lieu que la misère est toujours misère, et qu'avec elle, sans courage, sans expédients pour en sortir, il n'y a qu'une ruine entière à envisager. Jetez donc dans la société ce germe de vie qui lui manque ; et vous verrez à quel degré de prospérité et de splendeur vous pourrez dans peu vous élever...

Combien, Messieurs, avec tout le zèle qui nous anime dans nos travaux, nous sommes tardifs néanmoins en certaines choses ! Combien nous laissons péricliter quelquefois la chose publique, faute de prendre une résolution prévoyante et de savoir devancer les événements ! C'est par les finances que l'ancienne machine a péri ; c'était assez dire que la nouvelle ne pouvait se construire et se soutenir sans les réparer incessamment. C'est par ce même défaut de moyens que nous avons éprouvé, durant nos travaux, tant d'inquiétudes, de perplexités ; et nous n'avons adopté encore, à cet égard, aucun plan, aucune marche sûre ! Nous nous sommes sauvés, il y a quelques mois, d'une crise terrible ; quatre cent millions d'assignats ont comblé le précipice qu'il fallait franchir, et nous ont fait respirer jusqu'à ce jour. Voyons donc, considérons comment cet éclair de bien-être s'est évanoui, et s'il faut conclure de l'état des choses, que nous ne devons plus user de cette ressource, que l'expérience nous en a fait sentir les dangers, ou plutôt s'il ne faut pas conclure que c'est encore là le port du salut !

Votre décret, Messieurs, au sujet de la création des assignats-monnaie, pour la somme de quatre cent millions, fut l'ouvrage de la nécessité, parce que nous attendons toujours, pour nous exécuter, l'instant où nous sommes forcés par les circonstances ; ce décret eût pu être l'ouvrage de la prudence, et, porté plus tôt, il eût prévenu de grandes angoisses. Mais enfin, dès qu'il fut mis en exécution, on vit un amendement sensible dans les affaires ; l'intérêt de l'argent diminuer, les effets reprendre faveur, le change avec l'étranger se rapprocher du cours ordinaire, les contributions patriotiques devenir plus nombreuses ; heureux effets qui, incontestablement, se seraient soutenus, développés, si les assignats eussent eu une destination plus étendue, si leur émission eût été plus considérable, si les mesures prises d'avance eussent permis plus de promptitude dans cette émission ; et si, enfin, ils eussent été divisés en sommes assez faibles pour entrer dans les affaires de la partie la plus laborieuse du peuple.

Mais qu'arrive-t-il? C'est que ce papier-numéraire se précipite bientôt dans les provinces dont la capitale est débitrice. Près de la moitié était déjà censée en circulation par les billets de caisse que les assignats ont remplacés. A mesure que l'émission s'en fait du Trésor public, un écoulement rapide les porte loin de nous, et nous laisse à peu près, pour la quantité du numéraire, dans le même état qu'auparavant. Il n'est donc pas surprenant, qu'après quelque temps, les mêmes besoins se fassent sentir, et que Paris n'éprouve pas aujourd'hui, dans les affaires, l'aisance qui aurait eu lieu si tous les assignats eussent été resserrés dans la circulation municipale.

Est-ce donc sérieusement qu'on semble craindre une espèce de submersion de ces assignats, si on les accroît en quantité suffisante pour le paiement de cette partie de la dette que j'ai indiquée? Je dis que la société est dissoute ou que nos assignats valent des écus, et doivent être regardés comme des écus.

Or, est-il quelqu'un qui puisse nous dire quelles bornes on doit mettre au numéraire pour qu'il n'excède pas, dans un royaume comme la France, les besoins de l'industrie manouvrière, de l'industrie agricole, de l'industrie commerciale? Est-il quelqu'un qui ait pu faire ce calcul, même dans l'ancien régime où tout était gêné, étranglé par les priviléges, les prohibitions, les vexations de toute espèce, à plus forte raison, dans ce nouveau système de liberté où le commerce, les arts, l'agriculture doivent prendre un nouvel essor, et demanderont sans doute, pour s'alimenter, de nouveaux moyens dont l'imagination ne peut fixer l'étendue! Est-ce donc dans la disette effrayante où nous nous trouvons, est-ce à l'entrée de la carrière où nous allons nous élancer, que nous pouvons redouter d'être embarrassés de numéraire? Ne sait-on pas d'ailleurs, quelle que soit l'émission des assignats, que l'extinction s'en fera successivement par l'acquisition des biens nationaux?

Nous sommes citoyens de la France; ne gardons donc pas toutes choses sur l'échelle infidèle de Paris. Jusqu'à présent, les affaires n'y ont été menées que par saccades. Quand le mouvement irrégulier des espèces les accumulait fortuitement sur cette place, on disait que le numéraire était abondant; mais bientôt après, le reflux ayant emporté et le superflu et le nécessaire, on disait que le numéraire était rare; et peut-être, dans ces deux cas, n'était-il pas entré ni sorti un écu de plus du royaume.

Nous avons donc beau être à Paris, ce n'est pas sur les mouvements d'argent qui se font sentir à Paris, ce n'est pas sur les opinions conçues à Paris, quant au numéraire, que nous devons régler les nôtres; ce n'est pas sur les errements de la bourse de Paris que nous devons combiner nos opérations. Et je récuse, dans le sujet qui nous occupe, le jugement de ces banquiers, agents de change, agioteurs de profession qui, accoutumés jusqu'ici à influer sur les finances, et à s'enrichir des folies du gouvernement, voudraient nous engager aujourd'hui à jouer son rôle, afin de continuer à jouer le leur.

Je pense donc, du moins quant à moi, et j'ai mille raisons de penser que nous aurons à l'avenir plus besoin de numéraire que jamais; et que la plus haute quantité que nous en ayons jamais eue, pourrait être plus que doublée sans que nous éprouvassions ce surplus que l'on semble craindre.

Dans ces moments surtout, ne faut-il pas réparer mille échecs portés à la fortune publique et aux fortunes particulières? Ne faut-il pas adoucir, par un remède général, les maux particuliers, qui sont une suite inévitable du bien public que vous avez fait?

On doit louer, sans doute, le zèle et le courage de cette Assemblée qui travaille sans relâche à porter partout l'économie, à supprimer toutes les dépenses du fisc, qui ne sont pas justes et nécessaires. Mais il n'en est pas moins vrai que ces prodigalités journalières du gouvernement étant retranchées, il en résultera momentanément dans les villes où se rassemblaient ses favoris, moins de consommation, moins de travail, moins d'aisance. Une nation qui paie à elle-même ne souffre pas de la multitude de ses paiements, et même de la légèreté de ses dépenses. comme souffrirait une nation tributaire envers les nations étrangères. Il résulte, du moins chez celle-là, de la force de ses recettes et de ses dépenses, un grand mouvement d'argent et d'affaires, dont le bien-être du peuple, il est vrai, n'est pas l'objet, mais dont le peuple tire toujours quelque parti pour sa subsistance.

Maintenant que les choses sont ramenées à la vraie source de la prospérité publique, si nous voulons parvenir à cette prospérité sans une intermittence cruelle et des secousses dangereuses, il nous faut absolument, et c'est un devoir que nous impose l'ouvrage neuf et de longue haleine que nous élevons, il nous faut promptement pourvoir à ce nouveau déficit d'argent, de circulation, que nous avons peut-être, en partie occasioné par des retranchements et des réformes nécessaires.

Dans les grandes villes surtout, où le peuple malaisé abonde, il faut un moyen actif qui mette en mouvement tant d'autres moyens, et qui nous fasse passer au nouvel ordre de choses, à ses lents et heureux effets, en soutenant du moins notre existence, en prolongeant en faveur de la nouvelle constitution, la bienveillance publique qui ne tient pas longtemps contre la misère. Et pesez, Messieurs, je vous prie, cette considération; car si nous faisons pousser au peuple, dans son désespoir, un seul regret sur l'ancien état des choses, que nous ayons pu lui épargner, tout est perdu; nous n'avons qu'à quitter le gouvernail, et livrer le vaisseau à la merci des vents et de la tempête.

Mais j'atteste ici la conviction profonde que j'ai de cette vérité; c'est qu'avec l'ardeur, la persévérance, le courage inébranlable que nous avons montrés jusqu'ici, et qui ne nous abandonneront pas; avec le patriotisme général qui n'est pas douteux, si nous savons donner une secousse aux affaires, les arracher à cette mortelle léthargie dont elles ne demandent qu'à sortir, au moyen d'une émission prompte et abondante du numéraire fictif en notre pouvoir, nous ferons, pour la chose publique, ce qui se présente de mieux à faire ; nous agirons comme ces médecins habiles qui, en ayant égard à toutes les indications de la maladie, pourvoient néanmoins au mal le plus instant ; qui, s'ils ne guérissent pas encore, prolongent la vie, et donnent enfin à la nature le temps de guérir.

Ainsi, nous écarterons ces plans subtils qui ne respectent point assez les principes sévères de la justice ; qui reposent sur des opinions bizarres et particulières ; enfin qui ont tout en vue, excepté ce qu'il y a de plus naturel, de plus pressé et de plus facile.

Si je parlais à des hommes moins éclairés que vous sur les affaires, je releverais ici une imputation, dirai-je une chicane, faite aux assignats, pour les attaquer dans leurs effets. Je vous montrerais comment il n'est pas vrai qu'ils aient contribué à la rareté du numéraire. Tant que la caisse d'escompte a fait honneur à ses engagements, en payant ses billets à vue, ces billets ont été plus recherchés même que l'argent. Mais dès que nous l'avons vu obtenir du gouvernement des titres d'infidélité, sous le nom d'arrêt de surséance, la confiance s'est ébranlée, l'argent s'est resserré, et les billets ont perdu leur crédit. L'argent était déjà tellement rare avant que les assignats fussent décrétés, que les billets de caisse perdaient jusqu'à cinq et six pour cent. Ce n'étaient donc pas alors les assignats qui chassaient l'argent ; au contraire, ils l'ont rappelé, à leur apparition, par un mouvement de confiance.

La rareté de l'argent tient donc à des circonstances étrangères qui frapperaient tout autre expédient que les assignats, et auxquelles les assignats sont, de toutes les mesures, celle qui est le plus capable de résister. Les sourdes manœuvres, les troubles publics, les terreurs paniques, les délais du trésor dans les paiements, et l'anéantissement des affaires qui en est la suite, voilà la première cause de la disparition de l'or, de la rareté du numéraire. Détruira-t-on cette cause en s'arrêtant dans le versement des assignats ? N'est-il pas clair, au contraire, qu'en attendant l'entier retour de la confiance, les assignats sont le seul moyen qui puisse y suppléer, la rappeler même, et nous donner à tous égards une sorte de sécurité ?

Si le difficile échange des assignats contre de l'argent tenait à leur discrédit, je le demande, pourquoi donc les assignats eux-mêmes participent-ils à la rareté du numéraire ? Ils devraient abonder sur la place, être offerts partout et pour tous, si l'on était si pressé de s'en défaire. Mais en tout lieu, au contraire, et en tout point, les marchandises abondent, et ce sont les acheteurs qui sont rares. Plaçons donc cette calomnie contre les assignats au rang de celles qu'on se permet tous les jours contre la plus glorieuse des révolutions, contre les réformes les plus nécessaires, contre les plus sûrs amis de l'ordre public. Sachons voir que bientôt cette unique et salutaire ressource de nos finances comptera à peu près les mêmes partisans et les mêmes adversaires que notre Constitution ; et faute de principes fermes, ou d'un courage éclairé sur cette matière, ne faisons pas le jeu de nos ennemis, qui ne demanderaient pas mieux que de nous voir engouffrés dans les embarras, pour rire ensuite de notre prudence meurtrière.

Et certes, c'est le besoin universel d'un instrument d'échange et de travail qui se fait sentir, c'est le besoin d'assignats pour l'homme d'affaires, c'est le besoin d'argent monnayé pour celui qui vit de monnaie et ne connaît qu'elle. Tous se plaignent; mais la classe malaisée, et si intéressante, pousse des cris plus vifs, parce que ses besoins sont plus poignants, et ses passions plus impétueuses. C'est donc cette classe qu'il s'agit incessamment de secourir. Le premier versement des assignats ne lui a pas encore fait sentir ses bienfaits.

Que conclure de là? C'est que nos assignats, établis pour la partie spéculante de la société, ne suffisent pas, et qu'il en faut aussi pour la partie travaillante. Il faut que notre ressource pécuniaire entre dans les limites de ses besoins. Il faut qu'une série d'assignats puisse conduire de la somme de deux cents livres à la somme d'un louis, comme on descend d'un louis, par une série d'espèces, à la dernière pièce de monnaie. Alors la difficulté ne consistera plus qu'à échanger un assignat d'un louis contre des espèces, c'est-à-dire qu'elle sera presque nulle.

Nous avons suivi, dans les sommes fixées pour nos assignats, les errements de la caisse d'escompte dans la division de ses billets. Peu importait que le moindre des billets de cette caisse ne fût pas au-dessous de deux cents livres, puisqu'à chaque instant ce billet pouvait être converti en écus; mais nos assignats étant faits eux-mêmes pour tenir lieu d'espèces, ils doivent s'en rapprocher par leur valeur. C'est la seule manière d'en faire sentir le bienfait au peuple. Des caisses patriotiques s'établiraient aisément dans les grandes villes pour opérer l'échange de ces assignats de petite somme. Je ne puis esquisser que rapidement tous ces détails; mais la théorie en est claire et la pratique sûre et facile.

Je supplie donc cette assemblée de faire les plus sérieuses réflexions sur ce que je viens de lui exposer. Elle a engagé l'honneur de la nation à respecter la dette publique, non-seulement dans sa totalité, mais dans chacune de ses parties, et de respecter par conséquent tous les titres individuels. Chaque créancier, par sa position, peut avoir ses raisons pour préférer la forme de sa créance à toute autre forme; c'est là-dessus qu'il peut avoir réglé ses affaires, assis sa tranquillité. Une reconstitution de la dette, qui, à mon avis, est très-embarrassante pour être faite avec justice, peut convenir très-mal à la nation débitrice, et ne disconvenir pas moins à une multitude de ses créanciers. Une reconstitution n'est pas un paiement; et pourquoi ne pas payer quand on peut le faire?

Je ne puis voir dans cette masse énorme de contrats qu'on nous propose qu'une chute d'autant plus rapide de leur valeur et du crédit qui doit en dépendre. Au prix où est l'argent, et sans nouveaux moyens de se libérer,

une infinité de ventes forcées de ces contrats serait une nouvelle jugulation
d'un grand nombre de créanciers publics. N'ont-ils donc pas déjà assez souffert, et ne goûterons-nous plus la consolation de n'avoir du moins excité,
jusqu'à présent, que des plaintes inévitables?

Rien ne nous oblige donc, Messieurs, de nous aventurer dans une carrière épineuse, dont l'issue est au moins couverte de ténèbres. Je ne sais;
mais il me semble qu'au lieu de les aller chercher, nous devrions travailler à
éclaircir cet horizon qui se rembrunit autour de nous. Nous devrions au
moins saisir quelques rayons de lumière qui nous luisent encore, pour assurer notre marche, pour tâcher d'entrevoir là où nous allons, quelles difficultés nous atendent, comment nous nous y prendrons pour les surmonter. Si
nous n'y pensons pas, nous sommes comme des aveugles qui voudraient
jouer le rôle d'oculistes; et nous nous acheminons inconsidérément, nous
conduisons, nous et la nation, vers un abîme; car, Messieurs, il n'en
faut pas douter, il est ouvert cet abîme, il s'agrandit devant nous.

De quelle ressource nous aviserons-nous, je vous prie, pour triompher
des temps critiques qui se préparent, pour faire agréer paisiblement au
peuple un nouveau système d'impôts qui le soulagera sans doute par le
fait, mais qui commencerait par effrayer son imagination, si l'on n'ouvrait
pas d'avance une source de moyens qui lui aidassent à supporter cette charge,
et s'il n'était pas rassuré, encouragé à cette vue? De quelle ressource nous
aviserons-nous pour franchir l'hiver qui s'avance, pour passer sans terreur
ces jours nébuleux et ces longues nuits où nous allons nous enfoncer? Alors
les besoins se réveilleront plus nombreux et plus pressants que jamais; et le
plus impérieux de tous, celui de s'agiter quand on craint, de se plaindre
quand on souffre, éclatera partout avec violence. Que ferons-nous alors, si
nous n'y pourvoyons dès à présent? Nous verrons renaître et se multiplier
toutes nos misères; elles nous investiront à la fois, et seront peut-être irré-
médiables. Que ferons-nous alors, vous dis-je? N'aurons-nous pas épuisé
tous les expédients dont nous avons pu nous aviser dans notre détresse pour
pousser le temps? Nous avons exigé une contribution patriotique; de libres
et nombreuses offrandes nous ont été présentées; vaisselle, bijoux, tout est
venu à notre secours; tout s'est englouti; la nation s'est appauvrie, et le
trésor n'en est pas plus riche.

Je frémis quand je pense qu'avant deux mois nous touchons à la fin de
nos assignats. Une fois consommés, qu'avons-nous ensuite pour nous soutenir? Rien. Je vois déjà le ministre des finances venir dolemment nous présenter un nouveau certificat de notre ruine, et nous proposer ce qui ne
pourra pas même nous sauver au prix de la honte, des éternelles suspensions, des attermoiements indéfinis, des retards de rentes, c'est-à-dire, ce
que nous avons repoussé jusqu'ici avec tant d'horreur, mais ce qui nous
atteindra enfin et nous enveloppera malgré nous, ce que je n'ose même
nommer, tant ce nom seul doit révolter cette assemblée.

Mais, Messieurs, ne pas prévenir cette horrible catastrophe, c'est la vouloir; et qui de nous pourrait souffrir d'être entaché d'un si noir soupçon? Alors, Messieurs, je le vois, nous reviendrons sur nos pas; nous y reviendrons avec des regrets mêlés d'effroi. Trop tard éclairés, nous resaisirons alors le parti que nous aurons abandonné; et nous préférerons la honte qui suit toujours l'aveu d'un grand tort à celle d'en faire subir à la nation les terribles conséquences. Nous demanderons instamment ces assignats que nous aurons repoussés comme dangereux. Mais en attendant, que de besoins, que de désordres, que de plaintes, que de maux! Et si les biens ecclésiastiques sont alors affectés à des contrats, comment les engager encore pour de nouveaux assignats-monnaie? D'ailleurs il est un temps où tous les remèdes sont sans efficacité.

Ah! prévenons ce moment fatal. Quant à moi, j'atteste la patrie, que je ne vous ai rien dissimulé des dangers qu'elle court, si vous négligez le seul parti qui vous reste à prendre, le seul, oui le seul qui soit prompt, facile, énergique, qui remplace tout, et que rien ne remplace.

Je conclus donc :

1° A rembourser la totalité de la dette exigible en assignats-monnaie, sans intérêts;

2° A mettre en vente sur le champ la totalité des domaines nationaux, et à ouvrir à cet effet des enchères dans tous les districts ;

3° A recevoir en paiement des acquisitions, les assignats, à l'exclusion de l'argent et de tout autre papier ;

4° A brûler les assignats à mesure de leur rentrée ;

5° A charger le comité des finances de présenter un projet de décret, et une instruction, pour mettre ses opérations en activité le plus tôt possible.

L'Assemblée, à l'unanimité, ordonne l'impression de ce discours. La discussion est ajournée. — (*Voir la séance du 27 septembre.*)

Séance du 3 Septembre. — Présidence de Jessé.

Discours sur l'affaire de Nancy.

On vient de rendre compte de la malheureuse affaire de Nancy; Bouillé et son armée semblent n'avoir été que les exécuteurs fidèles de la loi; les victimes sont regardées comme coupables.

Les projets de décrets sont nombreux.

MIRABEAU. J'aurais exposé mon avis, si l'Assemblée n'avait pas fermé la discussion; je l'indiquerai d'un seul mot. Le décret du 31 août, ayant ordonné qu'il serait envoyé des commissaires à Nancy, il me paraissait sage d'attendre, avant tout, les renseignements qu'ils auraient donnés. (Les murmures et les applaudissements se confondent). Telle n'est pas la tendance de l'Assemblée, puisque la discussion est fermée; mais j'ai une observation à faire et je la motiverai brièvement.

Il m'a semblé, dans les différents projets de décrets qui vous ont été présentés, qu'il échappait une nuance très digne de remarque. Les troupes de ligne et le général ont rempli glorieusement leurs devoirs; les gardes nationales sont allées plus loin que le devoir; elles ont fait un acte de vertu. (On applaudit). Ce témoignage honorable d'approbation m'a déjà dispensé de motiver mon avis.

Je propose le décret suivant :

L'Assemblée nationale décrète que le directoire du département de la Meurthe, et la municipalité de Nancy et de Lunéville, seront remerciées de leur zèle;

Que les gardes nationales qui ont marché sous les ordres de M. Bouillé seront remerciées du patriotisme et de la bravoure civique qu'elles ont montrés pour le rétablissement de l'ordre à Nancy ;

Que M. *Désilles* sera remercié pour son dévouement héroïque;

Que la nation se charge de pourvoir au sort des femmes et des enfants des gardes nationaux qui ont péri;

Que le général et les troupes de ligne sont approuvés, pour avoir glorieusement rempli leurs devoirs;

Que les commissaires, dont l'envoi a été décrété, se rendront à Nancy, pour prendre les mesures nécessaires à la conservation de la tranquillité, et à l'instruction exacte des faits qui doivent amener la punition des coupables, de quelque grade qu'ils puissent être.

Ce projet de décret est adopté.

Séance du 7 Septembre. — Présidence de Jessé.

Discours sur l'incompatibilité des fonctions d'électeur avec d'autres fonctions publiques.

L'Assemblée a décidé qu'il y aurait des corps électoraux, c'est-à-dire que les électeurs, une fois nommés dans les assemblées des cantons, exerceront pendant deux années le pouvoir qui leur aura été confié. Le désir de simplifier l'administration, de rendre les assemblées populaires moins fréquentes, et d'épargner au peuple le seul impôt qu'aucun avantage ne compense, celui de la perte du travail, vous a inspiré cette mesure; elle m'a fourni aussi l'idée d'un article additionnel que j'en crois inséparable, et sur lequel je demande l'attention de l'Assemblée.

Comme le despotisme est la mort du gouvernement purement monarchique, les factions, les brigues, les cabales sont le poison du gouvernement représentatif. On intrigue d'abord, parce que l'on croit servir la chose publique; on finit par intriguer par corruption. Tel qui ne recueille des suffrages que pour son ami, les donnerait bientôt à l'homme puissant qui les échangerait pour des services, au despote qui les achéterait avec de l'or. Lorsqu'une influence quelconque s'exerce sur des suffrages, les choix populaires paraissent être libres; mais ils ne sont ni purs, ni libres; ils ne sont plus le fruit de ce premier mouvement de l'âme, qui ne se porte que sur le mérite et la vertu. Cette influence étrangère, qui ravirait ainsi au peuple sa propre souveraineté, serait bien plus dangereuse pour celui dont les intentions n'ont point encore pu changer le caractère, et dont le caractère, même sous le despotisme, c'est-à-dire dans un temps où la moitié de nos défauts était cachée, a toujours paru très-susceptible de cet esprit de parti qui se nourrit de petites intrigues, de cet esprit de rivalité qui inspire les cabales, de cet esprit de présomption ambitieuse qui porte à rechercher toutes les places sans les mériter. Partout où ce germe destructeur infecte et vicie les élections publiques, le peuple, dégoûté de ses propres choix, parce qu'ils ne sont plus son ouvrage, ou se décourage, ou méprise les lois; alors naissent les factions, et les officiers publics ne sont plus que les hommes d'un parti; alors s'introduit la plus dangereuse des aristocraties, celle des hommes ardents contre les citoyens paisibles, et la carrière de l'administration n'est plus qu'une arène périlleuse; alors le droit d'être flatté, de se laisser acheter et corrompre une fois chaque année, est le seul fruit, le fruit perfide que le peuple retire de sa liberté.

Ne vous y trompez pas; déjà la plupart de ces maux menacent d'attaquer notre régénération politique; si presque partout les choix populaires nous ont donné de bons administrateurs, ne l'attribuons qu'à la première et bouillante verve de patriotisme; car presque partout, et chacun de vous peut en juger par sa correspondance, l'esprit de cabale s'est manifesté dans les élections.

D'abord, les électeurs s'accorderont pour ne placer que des hommes tirés de leur sein; et par cela seul, le tableau, sinon des éligibles de droit, du moins des éligibles de fait, se trouvera réduit à quarante mille citoyens pour tout le royaume; si cet inconvénient était à craindre, même avec des électeurs non permanents, que sera-ce, lorsque, formant un corps, ils en prendront l'esprit, lorsque ce corps aura des places à distribuer à presque tous ses membres, et que chacun trouvera ainsi, pour son suffrage, plus de compensation à recevoir et à offrir?

S'agira-t-il de participer à une élection importante? La tactique de ce genre de succès est déjà connue; il se formera des coalitions de voix; on échangera une masse insuffisante de suffrages pour d'autres suffrages; des hommes intrigants, sans être véritablement portés par l'opinion publique, obtiendront ainsi frauduleusement une trompeuse majorité, déjoueront leurs rivaux et prendront la place du véritable citoyen, qui ne connaît pas ce genre d'agiotage, ou qui s'y refuse.

Un seul moyen est propre à prévenir le danger des élections populaires : il est sévère, mais conforme aux règles ; il est surtout indispensable depuis que vous avez changé les rassemblements d'électeurs en corps permanents ; le citoyen chargé d'une fonction publique ne peut déserter son poste pour en prendre un autre. Appliquez ce principe aux électeurs : si leurs fonctions doivent durer deux années, ils ne peuvent remplir aucune place, ni surtout se la donner à eux-mêmes. Par là, vous allez tarir la source de la plupart des intrigues qui agiteraient les corps électoraux ; par là, le nombre des citoyens éligibles ne sera plus borné aux seuls nominateurs ; par là, l'estimable citoyen qui, par les préventions populaires de son canton, n'aura pu devenir électeur, ne sera point exclu par le fait de toutes les places ; par là, surtout et par ce seul moyen, vous préviendrez l'inconvénient des fréquentes assemblées de canton ; car si les électeurs élisent eux-mêmes bientôt, à la seconde, à la troisième élection, le corps électoral ne sera pas complet, à moins que vous ne décidiez que l'administrateur et le magistrat sortis du corps électoral y rentreront par les nouvelles élections, en y portant, en pouvant du moins y porter la plus redoutable influence.

Je n'ignore pas que le moyen que j'indique ne fera pas cesser toutes les brigues ; je sais que l'on cabalera pour autrui, lorsqu'on ne pourra plus intriguer pour soi-même ; et la permanence du corps électoral fournira un moyen de plus aux cabaleurs, en leur permettant de connaître parfaitement le clavier sur lequel ils pourront s'exercer pendant deux années. Parce qu'il n'est pas au pouvoir du législateur de prévenir entièrement de coupables manœuvres, s'ensuit-il qu'il ne doive pas en diminuer le nombre? La cabale aura bien moins d'activité, elle sera bien moins scandaleuse, lorsqu'elle n'aura plus pour objet un des membres de l'Assemblée électorale, c'est-à-dire, un citoyen prêt à combattre ou à composer avec son parti, prêt à se venger s'il échoue, ou à se donner, lui et les siens, si l'on veut le seconder à ce prix.

Je trouverais un inconvénient à appliquer l'exclusion que je propose aux électeurs qui sont déjà nommés : il est possible que le peuple, qui croyait les électeurs susceptibles de toutes les places, ait délégué le droit de choisir en son nom à tout ce qu'il connaissait de plus pur parmi les citoyens ; et il serait injuste autant que dangereux de nous priver de pareils auxiliaires. Mais pour l'avenir, l'incompatibilité qui résulterait des fonctions permanentes des électeurs, n'aura aucun inconvénient ; c'est à la vertu modeste que les fonctions électorales seront confiées. Ce premier choix n'exigeant qu'une probité incorruptible, rendra par cela même le corps électoral plus inaccessible aux cabales ; les factieux, les ambitieux ne chercheront point à s'élancer dans cette première carrière, parce qu'ils n'auraient rien de plus à obtenir.

D'après ces motifs, je propose le projet de décret suivant :

L'Assemblée nationale décrète, qu'à compter de la prochaine nomination d'électeurs dans chaque canton, leurs fonctions seront incompatibles, pendant deux années, avec toute autre fonction publique.

Ce projet est renvoyé au comité de Constitution.

Séance du 27 septembre. — Présidence d'Emary.

Deuxième discours sur les assignats.

MESSIEURS,

J'eus l'honneur de vous exposer, le 27 août dernier, la mesure que je croyais la plus convenable pour liquider cette partie de la dette nationale, appelée la dette exigible ; et je me félicite du temps écoulé depuis lors jusqu'au moment actuel, qui nous approche d'une résolution définitive sur cette matière. Le projet que je soumis à votre examen, et les raisons dont je l'appuyai, ont engagé une discussion très-étendue ; la question a été agitée dans tous les sens, soit dans cette assemblée, soit dans des sociétés particulières ; de nombreux écrits ont été publiés contradictoirement ; rien ne manque, ce semble, de tout ce qui peut mûrir une décision.

Mais il arrive, dans des matières de cette étendue, susceptibles d'être envisagées sous tant de faces, qu'on s'embarrasse enfin par la multitude des objections et des réponses ; et la discussion, où tout semble exposé et balancé, reporte les esprits au même point d'incertitude d'où ils sont partis ; car le doute est bien plus le résultat des lumières vagues que de l'ignorance.

Je pense donc, Messieurs, qu'après le grand jour jeté de toutes parts sur cette question, le meilleur moyen de trouver une issue dans ce labyrinthe, c'est de nous rallier aux principes, de saisir le fil qu'ils nous offrent et de marcher alors avec courage, à travers les difficultés et les fausses routes.

Ce serait également offenser vos lumières et abuser d'un temps précieux, que de tenir compte de toutes les difficultés élevées contre notre moyen de liquidation, et de m'occuper à y répondre. Quelques tableaux où je retracerai des vérités qu'on oublie, des principes que l'on veut ébranler ; où je repousserai, entre des attaques quelconques, celles qui m'ont semblé le plus spécieuses, et d'autres même qui peuvent emprunter quelqu'éclat de leurs auteurs ; où je ferai marcher en opposition la mesure des assignats-monnaie, avec d'autres mesures que l'on vous présente ; Voilà ce que je vais mettre sous vos yeux.

Pourquoi suis-je obligé, Messieurs, d'insister de nouveau sur un fait que nous regardons tous comme la pierre angulaire de l'édifice que nous élevons ; de raffermir une base sur laquelle reposent toutes nos espérances ; de rappeler que les domaines que nous appelons nationaux sont entre les mains de la nation, que certainement elle en disposera par votre organe ; de déclarer que la Constitution est renversée, le désastre inévitable, la France en dissolution, si la vente des biens nationaux ne s'effectue pas immanquablement, si elle n'est pas partout protégée, encouragée ; si les derniers obstacles qui peuvent s'y opposer ne sont pas renversés, détruits ; si le moindre acheteur peut éprouver de la part des premiers usufruitiers, des premiers fermiers, quelque empêchement à rechercher, à examiner les possessions à sa convenance ; si tout, dans ces acquisitions, en un mot, ne présente pas une face accessible qui les favorise ?

Quel est le but de ces observations ? Vous ne l'ignorez pas, Messieurs, c'est qu'on semble encore douter, ou du moins on voudrait faire douter, que la vente des biens nationaux puisse s'accomplir, et triomphe des difficultés qu'on lui oppose.

Ecoutez les discours qui se répandent ; lisez les écrits que l'on publie ; voyez surtout le mémoire du ministre des finances, qui vient attrister cette assemblée, au sein des espérances dont je venais de l'entretenir. Vous verrez qu'on ne veut pas croire à cette opération nationale ; qu'on part, dans tous ces raisonnements, d'un principe de doute et de défiance. Car il serait trop absurde de prétendre renverser un projet solide, fondé sur la valeur réelle de nos assignats, si l'on ne contestait pas au fond cette valeur, si l'on ne se plaisait pas à regarder comme conjectural tout le système de la restauration de nos finances, qui repose sur ce fondement.

C'est donc la persuasion de la vente certaine et instante des biens nationaux, qui peut seule assurer le succès de notre projet de liquidation par les assignats, comme il n'y a que cette vente effective qui puisse sauver la chose publique. Ainsi, je mets au nombre des ennemis de l'État, je regarde comme criminel envers la nation, quiconque cherche à ébranler cette base sacrée de tous nos projets régénérateurs à faire chanceler ceux qui s'y confient. Nous avons juré d'achever, de maintenir notre constitution ; c'est jurer d'employer les moyens propres à ce but ; c'est jurer de défendre les décrets sur les biens nationaux, d'en poursuivre jusqu'à la fin, d'en hâter l'exécution ; c'est un serment civique, compris dans le serment que nous avons fait ; il n'y a pas un vrai citoyen, pas un bon Français, qui ne doive s'y réunir. Que la vente des biens nationaux s'effectue ; qu'elle devienne active dans tout le royaume ; la France est sauvée.

Je pars donc de ce point fondamental ; et j'ai d'autant plus de raison, que, quelque système qu'on embrasse, reconstitution, contrats, quittances de finance, assignats, peu importe, il faut toujours en revenir là. Que vous échangiez les créances sur l'État contre des titres nouveaux et uniformes, qui aient pour gage des biens nationaux ; ou que les créanciers soient admis à l'acquisition de ces biens, par l'échange immédiat de leurs créances ;

la libre disposition des biens nationaux, la sûreté de l'acquisition pour les créanciers, n'est pas moins nécessaire dans tous les cas, pour que la liquidation de la dette puisse s'opérer.

Qu'on ne s'imagine donc pas, en énervant la confiance due aux assignats, en présageant d'après cela une dégradation sensible de leur prix, pouvoir faire prédominer quelqu'autre plan de liquidation ; il serait frappé du même vice ; et il faut convenir, ou qu'un assignat et une portion équivalente des biens nationaux, c'est la même chose ; ou que la dette nationale est impossible à acquitter d'aucune manière, par ces mêmes biens.

Ainsi, Messieurs, ne nous départons point de cette vérité, et que les adversaires de notre mode de liquidation le sachent enfin : c'est que nos assignats ne sont point ce qu'on appelle vulgairement du papier-monnaie. Il est absurde, en changeant la chose, de s'obstiner à garder le mot, et de lui attacher toujours la même idée. Nos assignats sont une création nouvelle, qui ne répond à aucun terme ancien ; et nous ne serions pas moins inconséquents d'appliquer à nos assignats l'idée commune de papier-monnaie, que nos pères ont été peu sages d'avoir estimé le papier de Law à l'égal de l'or et de l'argent.

Et ici, Messieurs, l'on prétend m'opposer à moi-même. L'on veut que je me sois élevé ci-devant contre ce même papier-monnaie que je défends aujourd'hui. Mais dans quel lieu, dans quel temps ? Dans cette même assemblée ! dans la séance du premier octobre dernier, où il s'agissait aussi de papier-monnaie ? Ouvrons donc le journal de cette séance. Voici, mot pour mot, ma réponse à M. Anson, comme elle est rapportée dans le numéro 48 du *Courrier de Provence* : *Je sais que dans des occasions critiques, une nation peut être forcée de recourir à des billets d'État ; (il faut bannir de la langue cet infâme mot de papier-monnaie)* ET QU'ELLE LE FERA SANS DE GRANDS INCONVÉNIENTS, SI CES BILLETS ONT UNE HYPOTHÈQUE, UNE REPRÉSENTATION LIBRE ET DISPONIBLE. *Mais qui osera nier que, sous ce rapport, la nation seule ait le droit de créer des billets d'État, un papier quelconque* QU'ON NE SOIT PAS LIBRE DE REFUSER ? *Sous tout autre rapport, un papier-monnaie attente à la bonne foi et à la liberté nationale. C'est la peste circulante.* Voilà, Messieurs, ce qu'on appelle mon *apostasie*. Vous voyez cependant que je distinguais alors ce que je distingue aujourd'hui. Vous voyez que je suis constant dans mes principes ; et vous voyez aussi que mes adversaires sont parfaitement constants dans les leurs.

Je poursuis. Qu'est-ce qui constitue le prix des métaux monnayés ? C'est leur valeur intrinsèque, et leur faculté représentative, qui résulte de cette valeur. L'or et l'argent, considérés dans les objets auxquels ils sont propres, ne sont que des métaux de luxe, dont l'homme ne peut tirer aucun parti pour ses vrais besoins. Ils ne sont pas moins étrangers aux premiers des arts nécessaires, qu'ils ne le sont à notre nourriture, à nos vêtements. Mais nonobstant cet usage restreint et non essentiel des métaux précieux, leur

Imprimerie BLONDEAU, rue du Petit-Carreau. 32.

qualité représentative s'est étendue conventionnellement à tous les objets de la vie.

Comparons maintenant nos assignats aux métaux-monnaie. A la différence de ceux-ci, ils n'ont aucune valeur intrinsèque ; mais ils ont à sa place une valeur figurative qui fait leur essence. Les métaux dont se forme la monnaie ne s'emploient qu'aux arts secondaires ; et la chose figurée par les assignats, c'est le premier, le plus réel des biens, la source de toutes les productions.

Or, je demande à tous les philosophes, à tous les économistes, à toutes les nations de la terre, s'il n'y a pas plus de réalité, plus de richesse véritable dans la chose dont nos assignats sont le type, que dans la chose adoptée sous le nom de monnaie, je demande dès-lors, si, à ce type territorial, à ce papier figuratif du premier des biens, une nation comme la nôtre ne peut pas attacher aussi cette faculté de représentation générale, qui fait l'attribut conventionnel du numéraire ? On donne crédit à des billets de banque, à des lettres de change qui suppléent les métaux et les représentent ; comment refuserait-on le même crédit à des assignats qui sont des lettres de change payables à vue en propriétés territoriales ? Comment n'auraient-ils pas le même cours, le même privilége que les métaux, celui d'être un instrument général d'échange, un vrai *numéraire national !*

Mais nos assignats, dit-on, éprouvent ce désavantage, comparativement à la monnaie : c'est de ne représenter, en dernier résultat, qu'une seule chose, savoir les biens nationaux. Eh! qu'importe, si les biens nationaux eux-mêmes représentent tout ? Quel est le créancier qui ne trouve pas ses écus sûrement placés, et représentés très-valablement, quand ils ont pour hypothèque un équivalent en propriété foncière ?

C'est donc en envisageant, de fait et de droit, nos assignats sous ce point de vue, c'est en leur attribuant la valeur jurée par la nation, que je défends le projet de finance dont ils sont la base, et qui ne pourrait sans cela se soutenir. Et je regarde tout homme poussé par l'intérêt à prêcher une défiance qui les déprise, comme plus coupable envers la société que celui dont la main criminelle dégrade les métaux précieux, et altère leur titre à la foi publique.

Garantir cette base contre les attaques de la mauvaise foi, de la légèreté, des sophismes ou de l'ignorance, c'est, Messieurs, répondre à la plupart des objection élevées contre la proposition que nous avons faite. Et je ne m'attendais pas, je l'avoue, à trouver toutes ces objections ramassées, accumulées, dans le mémoire du ci-devant ministre des finances. Dans une matière aussi grave, je ne lui dois que la vérité. Les égards qu'il mérite d'ailleurs, ne peuvent affaiblir dans mes mains une défense toute consacrée au plus grand intérêt de la patrie.

Quel n'a pas été mon étonnement, et vous l'aurez partagé sans doute, Messieurs, d'entendre ce mémoire, qui semble, d'un bout à l'autre vouloir ôter tout crédit aux moyens d'alléger la dette publique, d'arracher les affaires, par une nouvelle résolution, à cette langueur qui nous tue. Tout ce mémoire repose sur l'avilissement présagé de nos assignats, et ne renferme pas un mot qui rende une justice ferme et encourageante à cette valeur. Tous les pronostics de décadence, applicables au plus vil des papiers-monnaie, y poursuivent notre numéraire territorial.

Certainement, Messieurs, si nous eussions eu besoin d'un écrit, pour faire entrevoir à la nation le prochain rétablissement de la fortune publique, pour développer à tous les yeux l'étendue et la certitude de nos ressources, pour faire marcher, par une impulsion d'espérance et de courage, toutes nos affaires vers un amendement si désiré ; nous aurions attendu un tel écrit de celui qui était à la tête de nos finances. C'est lui, aujourd'hui, qui assemble les premiers nuages sur la carrière que nous devons parcourir.

N'est-il pas clair, Messieurs, que tout se ranimera chez nous par le retour de la confiance, et que c'est à la faire naître qu'il faut s'appliquer ? N'est-il pas clair, que désespérer, d'emblée, de tout rétablissement fondé sur notre seule ressource actuelle, c'est empêcher cette confiance précieuse de se rétablir ? Qu'est-ce donc qu'on prétend par ces cris d'alarme ? Celui qui les pousse, quelles que lumières qu'on lui accorde, est-il un raisonneur si sûr, qu'on ne puisse sans malheur s'écarter de ses opinions ? Si cela n'est pas ; si, nonobstant ces craintes, nous osons penser qu'on peut néanmoins marcher en avant, ne nuit-il pas dès-lors aux succès de nos résolutions ? Car les ennemis du bien public profitent de tout pour nuire aux affaires ; et parmi les moyens qu'ils cherchent, celui que leur fournit le mémoire ministériel ne leur échappera certainement pas.

Non que l'adoption d'une mesure quelconque, à plus forte raison d'une mesure si importante, doive jamais être irréfléchie et précipitée ; non que la confiance publique ne doive être le fruit d'un mûr examen, d'un jugement éclairé par les discussions contradictoires. Mais c'est précisément contre cette ardente précipitation à trancher une question si grave et si compliquée, c'est contre cette violence de censure que je m'élève ; c'est parce qu'un mouvement si impétueux, comme s'il s'agissait d'arracher la nation aux flammes, part d'un point assez élevé pour répandre une frayeur aveugle, pour remplir les esprits de préventions ; c'est pour cela que nous sommes fondés à le reprendre. Convient-il, dans la situation actuelle, de sonner la trompette de la défiance, au risque d'exciter cette défiance par ses prédictions, quitte à dire, si ces maux arrivent : *On pouvait les éviter ; je l'avais bien dit...?* Eh ! de grâce, dites-nous donc aussi ce qu'il faut faire ; car il ne suffit pas, quand le vaisseau s'enfonce sous nos yeux, de crier à ceux qui veulent tenter d'en sortir : *Ne vous fiez pas à cette nacelle* ; il faut leur fournir un moyen plus sûr de salut.

Mais voyons si notre ressource est tellement frêle qu'il soit périlleux de s'y confier ; voyons, du moins, si les objections qu'on forme contre elle, sont assez solides pour que nous devions en être ébranlés.

Le tableau que dresse, dès les premières lignes, le mémoire que nous examinons, c'est celui de la disette du numéraire ; marchands, manufacturiers, artisans, consommateurs, tous la ressentent, tous s'en plaignent. L'administrateur se dit tourmenté par la nécessité de pourvoir à cette partie des besoins publics. Il semble presque attribuer cette disette d'espèces à la trop grande abondance d'assignats qui sont déjà en circulation. *Je l'avais craint*, dit-il, *et le temps l'a prouvé.* Oserai-je remarquer qu'il y a peut-être ici quelque ingratitude envers les assignats-monnaie, et que ce serait plutôt le cas de reconnaître tous leurs bons services. Qu'aurions-nous fait, Messieurs, et qu'aurait fait lui-même le ministre, si ces fâcheux assignats ne fussent venus à notre secours ? qui peut savoir où nous en serions, sans cette ressource si déplorable ? Le numéraire alors était déjà rare ; rien n'alimentait le trésor public ; c'étaient les mêmes plaintes qui se renouvellent aujourd'hui. Les assignats libres croupissaient dans la caisse d'escompte ; il a fallu en faire de la monnaie pour leur donner cours, et quelque temps après, voici ce que le ministre dit dans cette Assemblée : *Vous apprendrez sans doute avec intérêt que le crédit des assignats s'annonce aussi bien qu'on pouvait l'attendre* [1].... *Le trésorier de l'extraordinaire ne peut suffire à toutes les demandes qui lui sont faites..... de nouvelle parties de billets destinées à la circulation.* Cet hommage rendu aux assignats-monnaie par le ministre, est d'autant plus probant et d'autant plus noble, qu'il n'avait aucune part à cette mesure.

Que prouve donc aujourd'hui contre les assignats, cette disette de numéraire dont le public souffre, et l'inquiétude de l'administrateur à ce sujet ? Elle ne prouve autre chose sinon que leur service n'est pas assez divisé, assez général. Les assignats actuels ont mis une valeur numéraire entre les mains de ceux qui n'avaient point d'espèces ; il faut maintenant qu'ils puissent les convertir en de moindres valeurs ; et c'est encore ce que de petits assignats permettront de faire.

Mais cette solution même forme une objection nouvelle dans le mémoire ministériel. Il n'envisage qu'un redoublement de difficultés, d'embarras, dans cette infinité d'échanges, puisque enfin les derniers assignats doivent se résoudre en numéraire.

Je réponds à cela, que, premièrement, dans l'état actuel des choses, la difficulté est bien plus grande, puisqu'il faut changer un assignat de deux cents livres, non-seulement quand on a besoin de quelque monnaie, mais de toutes les sommes qui sont au-dessous de cette valeur ; ce qui n'arrivera pas, quand trois ou quatre assignats inférieurs les uns aux autres joindront les assignats de deux cents livres à notre numéraire effectif. Alors le plus grand nombre de ces petits assignats seront destinés à échanger ceux de forte somme ; et il en résultera un bien moindre besoin de numéraire, pour

---

[1] Mémoire du 24 mai 1790.

effectuer ces sortes d'échanges. Est-il douteux que l'administrateur qui a éprouvé tant de difficultés à rassembler les espèces nécessaires pour ses divers paiements, n'eût été très-soulagé par les petits assignats dont nous parlons, et dont ces paiements pouvaient être formés en grande partie.

Je réponds, en second lieu, que si l'or et l'argent ont pris des ailes pour s'envoler dans d'autres climats, il nous faut inévitablement quelque moyen qui les remplace; et que, s'ils sont resserrés par l'effet de la défiance ou de quelque mauvaise intention, il n'y a rien de tel que de les rendre moins nécessaires, pour qu'ils se montrent et redescendent à leur premier prix.

C'est ici le lieu d'expliquer cette maxime financière si battue et si mal appliquée : *le papier chasse l'argent*. Fort bien; donnez-nous donc de l'argent, nous ne vous demanderons point de papier. Mais quand les espèces sont *chassées* sans que le papier s'en mêle, admettez pour un temps le papier à leur place, et ne dites pas que c'est lui qui les chasse.

Le papier chasse l'argent! De quel papier parlez-vous? Le mauvais papier, un papier-monnaie sans consistance, sans garantie, sans hypothèque disponible, qui est introduit par le despotisme d'un gouvernement obéré, qui est répandu sans bornes connues et n'a point d'extinction prochaine; celui enfin dont je parlais le premier octobre dernier; je vous l'accorde; quand un tel papier prétend rivaliser avec le numéraire, celui-ci se cache, et ne veut pas se compromettre dans la parité.

Le papier de commerce *chasse encore l'argent*, ou plutôt il le fait servir à d'autres dispositions, quand il abonde sur une place débitrice envers l'étranger, et que les espèces y sont envoyées. Il le *chasse*, de plus, ou plutôt il le resserre, quand le papier afflue au point de faire suspecter sa qualité et d'éveiller la défiance.

Mais ce n'est pas là notre papier. Les terres, productives de tout, valent bien les métaux qu'elles produisent; elles peuvent marcher de pair avec eux. Notre signe territorial ne *chassera* donc pas les espèces; il en tiendra lieu jusqu'à ce que l'activité les rappelle. Ils conspireront alors amiablement; ils circuleront ensemble dans la masse des échanges et des affaires.

Mais j'entends ici l'auteur du mémoire se récrier, de concert avec les détracteurs des assignats. « Quoi, disent-ils, l'expérience ne renverse-t-elle pas déjà vos conjectures? Ne connaît-on pas le prix actuel des assignats contre de l'argent? Que serait-ce, si leur masse était quintuplée? » Messieurs, vous allez vous convaincre, d'un côté, que si les assignats perdent dans l'échange contre de l'argent, de l'autre, la cause qu'on en donne est fausse, et que ce fait ne prouve rien contre l'assignat.

Je fais deux classes de tous les objets qu'on peut se procurer par les assignats : ceux qui excèdent ou égalent par leur valeur celle des assignats dont on les acquitte, et ceux qui étant au-dessous de la moindre valeur de ces assignats, ne peuvent être payés qu'en espèces. Si les assignats étaient déchus de leur prix par trop d'abondance, les marchandises d'une certaine valeur qu'on paierait par des assignats, seraient renchéries; c'est ce qui n'est pas. Il est de fait qu'on achète aujourd'hui avec un assignat de deux cents livres, toutes les choses dont la valeur en espèces était de deux cents livres avant la création des assignats; et le vendeur, au surplus, tient compte de l'intérêt des assignats sans difficulté. Il n'est donc pas vrai que l'assignat perde sous ce point de vue, qui offre le seul moyen de connaître sa juste valeur dans l'opinion publique. Je sais bien que les assignats ont tort de se soutenir, puisque nos infaillibles raisonneurs assurent qu'ils doivent perdre; mais ce n'est pas ma faute, et je raconte les choses comme elles sont.

Pourquoi donc les assignats perdent-ils contre du numéraire? C'est qu'il faut du numéraire à tout prix; c'est qu'il en faut beaucoup pour l'échange de nos assignats actuels; c'est que nos assignats ont beau être rares, les espèces le sont davantage.

Eh! n'avons-nous pas un fait bien capable de nous éclairer sur cette matière? On sait que les écus perdent quand on veut les échanger contre des louis. Dira-t-on pour cela que les écus sont en discrédit? Non; mais c'est que l'or est encore plus rare que l'argent. Il y a plus: si le billon venait à manquer pour le peuple, c'est le billon qui ferait la loi, et nous verrions l'or et l'argent le rechercher avec perte. Le papier même de commerce gagne sur les espèces, quand on a un grand besoin de ce papier, et qu'il est fort rare.

On raisonne donc mal, on n'analyse rien, on prend une cause pour une autre quand on attribue à la dépréciation des assignats le renchérissement des espèces. Faites en sorte d'avoir moins besoin de les échanger; créez de plus petits assignats; vous ne *chasserez* pas l'argent, vous le rapprocherez du pair, et vous sentirez moins sa rareté. Cette seule observation répond aux trois quarts du mémoire ministériel.

On insiste; on dit que des difficultés de toute espèce naîtront, si l'on répand cette multitude de petits assignats dans une classe peu aisée, où leur échange serait un besoin de tous les instants. Mais qu'on me dise comment la même quantité d'espèces employées aujourd'hui à échanger de forts assignats, ne suffirait plus à échanger les fractions de ces assignats? Qu'on me dise comment, quand les assignats de 200 livres n'auront plus besoin d'être convertis en argent, puisqu'ils seront divisibles en assignats de moindre valeur, comment il sera si difficile de pourvoir alors, avec cet argent, aux derniers échanges nécessaires? Ce louis, que des laboureurs aisés ou des artisans économes ont actuellement dans les mains, s'anéantira-t-il, si un assignat de 24 livres est mis à sa place? La société, pour recevoir un nouveau numéraire représentatif, cessera-t-elle d'être le dépôt commun de notre numéraire métallique? La petite monnaie, qui est l'or du peuple, quittera-t-elle sa bourse pour fuir en Angleterre ou en Allemagne? Un nouveau mouvement, au contraire, étant imprimé à notre industrie, le crédit renaissant par l'extinction de la dette publique, le numéraire étranger ne viendrat-il pas bien plutôt chercher nos productions, et peut-on craindre qu'en de telles circonstances notre avoir actuel en numéraire tende à s'échapper?

Mais ce n'est pas uniquement, je le sais, jusque dans les derniers rameaux de la circulation, que les ennemis des assignats les poursuivent pour les décrier; ils les considèrent aussi dans leur masse. Cette quantité que nous proposons les épouvante. Au lieu d'une puissance productive, ils n'y voient qu'un torrent de destruction. Le moindre éclair de la raison dissipera ces vaines terreurs.

Je demande aux détracteurs de notre plan, de quel génie bienfaisant, de quel pouvoir surnaturel ils attendent donc la restauration de nos arts, de notre commerce, de tous nos moyens de prospérité? Je leur demande si c'est de la sécheresse de nos canaux qu'ils espèrent voir sortir des fleuves d'abondance? N'entendent-ils pas le besoin général qui pousse un cri jusqu'à nous?

Je le répète, Messieurs, riches en population, riches en sol, riches en industrie, nous ne l'avons jamais été en numéraire. Pourquoi? C'est qu'un gouvernement vampirique a, depuis plus d'un siècle, sucé le sang des peuples, pour s'environner de faste et de profusions. Ce prodigieux mouvement d'espèces qui en résultait dans la capitale, pour fournir à des emprunts, et aux jeux forcenés qui en sont la suite, n'a jamais été qu'une circulation stérile en bien, trompeuse dans ses apparences, désastreuse dans ses effets. La pléthore était au centre de l'empire; le marasme, la langueur aux extrémités.

L'énormité de notre luxe en vaisselle, qui fait passer tant d'écus du coin au creuset, est aussi une source de destruction pour le numéraire. Les vices de notre système monétaire en sont une autre chaque jour plus active. Ainsi, pour bien des raisons, nous n'avons jamais atteint le point de prospérité nationale auquel nous étions appelés par la nature; et les métaux précieux, qui sont à la fois le signe et le moyen de cette prospérité, ont toujours été chez nous fort au-dessous de nos besoins.

On craint une obstruction générale par cet accroissement subit et prodigieux du numéraire. Quant à moi, Messieurs, j'ai une crainte d'un autre genre : c'est que les opérations préliminaires et indispensables pour la liquidation de la dette, la vérification des titres, la fabrication et la délivrance successive des assignats, en prenant beaucoup de temps, ne prolongent notre langueur, et ne nous privent d'une partie des avantages qu'une plus prompte émission d'assignats nous procurerait.

Nous appréhendons d'être écrasés sous le poids de ce numéraire de liquidation! Ne le sommes-nous donc pas sous celui de la dette que nous devons liquider? Les avantages qui doivent résulter des remboursements et du crédit qui en est la suite, ne sont-ils pas une belle réponse à ceux qui craignent que ce précieux numéraire ne s'avilisse, que l'argent ne fuie devant lui? Vos assignats-monnaie ne sont-ils pas un papier actif qui remplace le papier dormant, le papier fâcheux dont une grande partie de la dette exigible se compose ?

Cette surabondance nous effraie ! Que nos voisins doivent rire de nos craintes ! Comparez leur sol, leur population, leurs moyens aux nôtres ; comparez ensuite à notre quantité de numéraire les valeurs qu'ils savent mettre en activité : vous verrez qu'ils en ont beaucoup plus que nous, sans comparaison ; et que, dans les valeurs qui forment leur circulation, il entre plus de billets encore que d'espèces. Vous verrez, par conséquent, que si nous portions notre papier-monnaie même à deux milliards, nous en aurions bien moins encore que ces riches insulaires ; et pour connaître à cet égard tous nos avantages, pensez, Messieurs, que notre papier ayant disparu, il reste à sa place des campagnes, des domaines, les propriétés les plus précieuses, et que le papier national des Anglais ne porte que sur le prestige du crédit. Quoi donc ! craindrions-nous la ruine, en nous acquittant avec notre signe territorial, tandis que l'Angleterre prospère, malgré l'immensité de sa dette, au moyen d'un signe d'opinion, d'un vain simulacre de richesses ?

Ce sont de grandes erreurs sur la circulation du numéraire qui font craindre si fort l'accroissement des assignats que nous proposons. On pense que tout le numéraire répandu dans la société doit se porter jusqu'aux derniers rameaux de la circulation, et se subdiviser comme ces eaux qui, sortant de l'Océan, n'y retournent qu'après s'être transformées successivement en vapeur, en pluie, en rivières. Mais si une portion du numéraire est destinée à la partie fécondante et productive de la circulation, une autre portion non moins considérable a pour objet le commerce, le transport des immeubles, les dépôts, une multitude de gros échanges. Or, si la subdivision des espèces est nécessaire dans la circulation productive, pour atteindre la main-d'œuvre, pour satisfaire aux menues dépenses, aux petits salaires, l'autre partie de la circulation commerciale n'éprouve pas les mêmes besoins. C'est à grands flots que le numéraire y roule ; les déplacements ne s'y font qu'en certaines masses ; et comme le billion ne passe guère de la première de ces circulations à la seconde, de même la somme des métaux précieux qui servent à celle-ci est en plus grande partie étrangère à l'autre.

Vous en pénétrez, Messieurs, la conséquence : c'est particulièrement cette dernière sphère de circulation que vous êtes appelés à enrichir par l'émission de vos assignats, parce que c'est aussi dans cette sphère que se trouvent placés les fonds territoriaux qui leur correspondent. Vous jetez dans cette région du commerce de nouvelles marchandises et de nouvelles richesses ; et par l'activité des ventes, le signe disparaît à mesure que la chose le remplace. Vous n'arrêterez donc point, de cette manière, vous n'embarrasserez point la circulation productive. Elle profitera de tout ce qu'elle pourra s'approprier dans la circulation supérieure pour s'étendre, se vivifier. Celle-ci, de même, puisera dans la source abondante que vous ouvrirez, de quoi alimenter ses diverses branches, et le superflu de tous ces besoins sera nécessairement refoulé par la force des choses vers la masse des biens nationaux.

Or, je vous le demande, comment voir dans cette marche naturelle des affaires, ce désordre, ce chaos dont on nous menace? N'est-il pas plutôt dans les idées de ceux qui le craignent?

Figurez-vous, Messieurs, qu'au lieu d'un ou deux milliards d'assignats de 1,000, de 300, de 200 livres et au-dessous, vous missiez en circulation des pièces d'or de même valeur et en même nombre. Ne voyez-vous pas, 1° qu'une grande quantité de ces pièces seraient employées pour les grands besoins, sans être jamais échangées contre d'autres pièces? 2° qu'il y aurait une autre partie de ces espèces dont la conversion en moindres valeurs se ferait sans sortir de ce nouveau numéraire dont nous vous parlons, et qu'enfin les moindres de ces pièces d'or qui se rapprocheraient de notre numéraire actuel, et dont l'échange serait nécessaire, y trouveraient de quoi se convertir en écus, comme ceux-ci se convertissent en petites pièces de monnaie? Ainsi s'accompliraient de proche en proche, et sans embarras, tous les échanges nécessaires à la circulation générale.

Maintenant, Messieurs, mettez des assignats de même valeur à la place des grosses espèces d'or que nous avons supposées : vous ne dérangez rien, les choses restent dans le même état, et vos assignats entrent dans la partie de la circulatation à laquelle ils sont propres; ils s'échangent entre eux et avec notre numéraire, comme feraient ces masses d'or dont nous venons de suivre les divers emplois.

Il est vrai que je place toujours vos assignats sur la même ligne que les métaux précieux; s'ils ne les valaient pas, il faudrait renoncer à notre mesure; mais comme des propriétés foncières sont une chose aussi précieuse que des métaux, et qu'on ne peut pas faire circuler en nature des arpents de terre, je pense qu'il est égal d'en faire circuler le signe, et qu'il doit être pris pour la chose même.

Relèverai-je ici un singulier rapprochement fait entre nos assignats et le papier-monnaie de certaines banques des États-Unis de l'Amérique et de plusieurs puissances du nord de l'Europe? « Plusieurs de ces banques, dit-on, malgré des hypothèques territoriales équivalentes à leurs billets, n'en ont pas moins fait banqueroute. Les papiers de ces puissances, malgré les biens particuliers et nationaux qui les garantissent, n'en sont pas moins tout à fait déchus. »

Pour mettre, par un seul argument irréplicable, nos assignats hors de pair avec de tels papiers, je demanderai seulement à ceux qui font ce parallèle, si nos assignats, qui ne s'éteignent qu'à une époque indéterminée, lors de leur emploi pour l'acquisition des biens nationaux, peuvent être comparés à des billets de banque payables à vue, et qui mettent la Banque en faillite au moment où elle cesse de payer? Je demanderai, relativement au papier-monnaie des autres puissances, s'il y a aucune comparaison à faire entre la prétendue garantie de ce papier, entre ces hypothèques vagues, qui ne sont point disponibles, dont personne ne peut provoquer la vente, et nos biens nationaux, dont la vente est actuellement ouverte, et qui sont moins une hypothèque qu'un remboursement? J'aimerais cent fois mieux avoir une hypothèque sur un jardin que sur un royaume.

Enfin, j'entends les Américains dire aux Français : « Nous avons créé, pendant notre révolution, de mauvais papier-monnaie; et cependant ce papier tel quel nous a sauvés; sans lui, notre révolution était impossible. » Et vous qui avez aussi une révolution à terminer; vous qui, à côté de grands besoins, possédez de grandes ressources; vous qui avez encore plus de domaines à vendre que d'assignats sur ces domaines à distribuer; vous qui, en créant ce papier solide, ne contractez point une dette, mais en éteignez une, vous n'oseriez vous confier à cette mesure! Allons, après avoir commencé votre carrière comme des hommes, ne la finissez pas comme des enfants.

Le principe de la parité de prix entre les métaux précieux et nos assignats étant admis (et il faut bien l'admettre, Messieurs; car c'est non-seulement un principe vrai, mais le seul qui nous sauve dans tous les systèmes); ce principe admis, toutes les objections formées en général contre le papier-monnaie ne regardent pas nos assignats; ce principe admis, les choses, en marchant avec le temps vers un rétablissement général, doivent conserver entre elles ces rapports dont on redoute mal à propos le renversement.

On nous parle de la hausse des denrées, du renchérissement de la main-d'œuvre, et de la ruine des manufactures qui doit s'ensuivre. Eh! qu'on nous parle donc aussi des centaines de manufactures qui n'ont point d'ouvrage, de cette foule d'ouvriers qui meurent de faim, de ces milliers de marchands dont les affaires s'anéantissent dans un repos dévorant. Qu'on nous parle des cruels effets, quelle qu'en soit la cause, de cette soustraction du numéraire, qui, s'il existe encore dans le royaume, est du moins sorti de la circulation, et qu'il faut remplacer, de manière ou d'autre, sous peine de ruine. Vous fermez les yeux sur tous ces maux actuels, qui s'appellent, se multiplient les uns les autres, et dont on ne peut calculer la durée et les conséquences; et quand on vous présente un remède à notre portée, un moyen de vaincre la cruelle nécessité, toute votre industrie est de rechercher, de grossir les *inconvénients* attachés à notre projet. Certes, ce n'est pas une chose juste de ne compter pour rien tous ces avantages, et de venir ensuite subtiliser, à perte de vue, sur les prétendues conséquences qu'ils entraînent, conséquences si éloignées et si obscures que l'esprit le plus profond a bien de la peine à les saisir.

Oui, Messieurs, il est un point d'abattement dans les forces du corps politique, où il faut de grands moyens pour le remonter, sans qu'il en résulte incessamment tout l'effet qu'on doit s'en promettre. Vous verrez des millions d'assignats se répandre, combler les vides, réparer les pertes, avant même qu'on s'aperçoive d'un vrai retour de force et de santé.

Ce n'est pas la nation seule qui a une dette à liquider : dans ces temps nécessiteux où des milliers de citoyens ont usé toutes leurs ressources pour se soutenir, ils ont entre eux une immensité de comptes à solder, une liquidation générale à faire. Ce sera là, sans doute, un des plus grands services, un des premiers emplois des assignats. Et quand leur effet se fera sentir près des premières sources de nos productions, de notre industrie, quelque renchérissement dans la main-d'œuvre serait peut-être un signe de prospérité ; cela prouverait qu'il y a plus d'ouvrage que d'ouvriers.

En supposant ce renchérissement, malgré la faveur maintenue aux assignats, par le crédit acquis à une grande nation qui se libère, et malgré la nécessité qui ne fait pas moins la loi à celui qui vend son travail, qu'à celui qui en a besoin, le système des assignats fournirait ici lui-même une compensation à cette perte ; car leur effet devant être d'abaisser l'intérêt de l'argent, le commerçant, le fermier, l'entrepreneur profiteront de cet avantage, puisque la plupart sont débiteurs des fonds qu'ils emploient.

Quand je pense, Messieurs, que les biens nationaux et notre caisse de l'extraordinaire sont le débouché où vos assignats doivent tendre, où tous enfin doivent s'engloutir, je ne comprends pas qu'on puisse les traiter d'avance comme des valeurs détériorées, des titres qui perdront leur prix. Comment ne pas sentir que ce numéraire ne pourrait décheoir sensiblement, sans être recueilli par des mains empressées à lui faire remplir sa destination ? Se soutient-il ? c'est une preuve qu'il est nécessaire. Tend-il à descendre ? la vente des biens nationaux n'en est que plus prompte.

Ici, Messieurs, comment se défendre d'un ressentiment patriotique ? Vous avez entendu dans cette tribune ce mot du mémoire ministériel : *On dira aux créanciers de l'Etat : Achetez des biens nationaux ; mais à quelle époque et dans quel lieu ? A QUELLE ÉPOQUE ?* A l'époque de la dette approfondie, connue, arrêtée ; à l'époque où toute la nation met son salut dans la vente des biens nationaux, et saura conspirer à l'accomplir ; à l'époque où les propriétés territoriales reprendront leur prix, et ne seront plus grevées par une féodalité barbare, par des impositions arbitraires ! DANS QUEL LIEU ? Dans un lieu que le ciel a favorisé de ses plus heureuses influences ; dans un empire sur lequel passeront les orages de la liberté, pour ne laisser après eux que le mouvement qui vivifie, que les principes qui fertilisent ; dans un pays qui appellera ceux qui cherchent un gouvernement libre, ceux qui fuient et détestent la tyrannie ! Voilà *à quelle époque* et *dans quel lieu* les créanciers de l'Etat sont appelés à devenir propriétaires. Et si l'homme qui a prononcé ces étonnantes paroles était encore à la tête des finances, je lui dirais à mon tour : *à quelle époque* tenez-vous un tel langage, et *dans quel lieu* vous permettez-vous de le tenir ?

Ce même administrateur qui, plus vivement que personne, a peint le

dénûment que nous éprouvons, trouve néanmoins que nous avons encore
assez de numéraire pour effectuer la vente de deux milliards de biens nationaux. Il ne pense pas que ces terres, ajoutées à tant d'autres terres qui
déjà ne se vendent point, faute de moyens, se vendront bien moins encore,
si le numéraire n'est point augmenté. Il redoute les assignats qui paient
la dette publique, mais il craint moins ceux qui ne la paient pas. Il permet
que le capital de la nation se ronge, se détruise, pour acquitter tant bien
que mal les intérêts qu'elle doit, pour subvenir à un déficit journalier;
alors les assignats lui semblent nécessaires.

Mais l'opération qui nous libère par leur entremise, et prépare pour le
Trésor public les moyens de diminuer à l'avenir ces secours extraordinaires,
il la repousse, il la décrie comme désastreuse; et sans nous rien offrir qui
en tienne lieu, il nous livre de nouveau à la merci des événements.

Joindrai-je ici d'autres objections qui, pour être énoncées par des hommes
respectables, n'en sont pas moins faibles ou exagérées? On nous assure que
mettre dans les mains du public tous ces assignats dont on annonce à plaisir
le discrédit, c'est diminuer partout les moyens de consommation; c'est
porter coup aux reproductions qu'elle encourage; c'est énerver le corps social; et l'on vous tient ce langage quand les consommateurs n'ont plus le
moyen de consommer, quand les reproductions ne sont plus encouragées,
quand le corps social souffre de langueur, quand un nouveau numéraire
appelé fictif, quoique très-réel, semble créé par les circonstances comme le
seul moyen de rappeler le mouvement et la vie!

On vous dit que c'est une erreur en politique de vouloir qu'un État
acquitte sa dette; que les intérêts de cette dette sont un suc nourricier et
productif qui fait fleurir et prospérer la société. Et l'on ne considère pas
que ces intérêts si productifs ne produisent rien quand on ne peut plus
les payer; et que c'est alors que leur suppression est une ruine. On ne considère pas que c'est en suite de ce pernicieux système que les états n'ont
plus qu'une apparence de prospérité, qui peut s'évanouir au premier revers. On ne considère pas que ce sont des guerres insensées, de coupables
profusions, de mémorables extravagances, qui ont obéré à la longue les
gouvernements, accablé les peuples, corrompu les mœurs, avili les âmes.
On ne considère pas que, si c'est là l'ouvrage du vice et de la folie, il n'est
pas d'une politique bien sage, bien vertueuse, de nous exhorter à la maintenir.

On vous dit qu'avoir en vue, dans ces opérations financières, de faire
hausser ou baisser le prix de l'argent, c'est incapacité ou charlatanisme.
Eh! Messieurs, quand l'incapacité ou le charlatanisme ont formé, dans la
capitale de l'empire, un tourbillon d'affaires dévorantes, un gouffre d'espèces; quand ils ont fait excéder par ce moyen, toute borne au taux de
l'argent; qu'on vous permette de tenter à cet égard quelque réforme; elle
ne peut être que salutaire. Faire rétrograder l'intérêt par des principes con-

traires à ceux qui l'ont si monstrueusement élevé, c'est travailler à la
prospérité nationale ; c'est fonder le bien du commerce, de l'agriculture,
sur l'anéantissement d'une circulation improductive, d'un agiotage pernicieux.

On vous dit que doubler ainsi le numéraire, c'est doubler en peu de
temps le prix de tout ; que le même nombre d'objets à représenter ayant
le double de signes, chacun d'eux doit perdre la moitié de sa valeur. Fausse
conséquence, s'il en fut jamais ; car les signes étant doublés, les objets à
représenter se multiplient ; les consommations, les reproductions s'accroissent ; mille choses abandonnées reprennent leur valeur ; les travaux augmentent ; d'utiles entreprises se forment ; l'industrie fournit une nouvelle
matière à de nouvelles dépenses. Aujourd'hui que la moitié du numéraire
semble évanoui, voyons-nous que tous les objets nécessaires à la vie s'acquièrent à moitié prix ? Depuis l'émission des assignats, qui forment à peu
près la cinquième partie de notre numéraire effectif, voyons-nous que le
prix des choses se soit élevé d'une cinquième partie, qu'il ait même reçu
quelque accroissement ? Qu'on cesse donc de nous harceler en contant ces
rêves ; qu'on ne pense plus nous effrayer par ces vains fantômes.

Je lis encore un pamphlet, où l'on prétend *avertir* le peuple sur le renchérissement du pain par les assignats. Mais mal raisonner n'est pas instruire ; égarer n'est pas *avertir*.

On représente dans cet écrit l'argent comme une *marchandise*. A la
bonne heure, dans sa qualité de métal, comme serait le fer et le plomb ;
mais dans sa qualité de monnaie cela n'est pas. Alors l'argent représente
tout ; il sert à tout ; c'est ce qu'aucune marchandise ne peut faire. Les marchandises périclitent à les garder ; elles ruinent le marchand par le chô-
mage ; il faut les vendre. Mais je n'ai pas encore ouï dire qu'on eût grande
hâte de porter son argent au marché pour s'en défaire. Cette faculté que
possède l'argent, de représenter l'universalité des choses, le soustrait aux
conséquences établies par l'auteur. L'augmentation du numéraire n'augmente pas le besoin des premières subsistances, puisque ce besoin est borné
par sa nature ; mais facilitant et multipliant leur production, la plus grande
partie du numéraire qui s'accroît, se porte vers de nouveaux objets, et crée
de nouvelles jouissances. Oublie-t-on encore nos relations commerciales, et
ne voit-t-on pas qu'un renchérissement sensible dans les objets de première
nécessité les ferait affluer de toutes parts ? Les faits se joignent ici au raisonnement. L'auteur donne l'exemple de l'Angleterre, où le numéraire
surpasse de beaucoup le nôtre ; *aussi*, dit-il, *les souliers y coûtent* 12 *francs*.
J'aurais beaucoup à dire sur ces souliers de 12 francs : espèces de souliers,
qui, apparemment, ont la propriété particulière de coûter 12 francs à Londres, et ensuite, à raison du transport des droits d'assurance et d'entrée,
de venir s'offrir à 7 francs, rue Dauphine, à Paris. Mais sans remarquer que
les personnes qui sont appelées à consommer des choses recherchées et d'un

prix un peu élevé, font aussi des profits plus considérables, je demanderai
à l'auteur pourquoi il ne nous parle pas du prix du pain en Angleterre,
puisqu'il s'agissait de pain dans son écrit? pourquoi il ne nous parle pas en
général du prix des aliments de première nécessité dans ce pays là ; du salaire des journaliers et de la main-d'œuvre ordinaire? Il est vrai qu'il aurait été forcé de convenir que tout cela n'est pas plus cher, que tout cela
même est moins cher en Angleterre qu'en France. Il aurait vu, dès-lors,
que le numéraire doublé ne double pas le prix des choses nécessaires, et il
n'aurait pas publié sa feuille.

Mais puisque nous sommes en Angleterre, qu'on me permette encore un
mot sur cet échaffaudage de raisonnements, dont on veut épouvanter nos
manufactures en montrant leur ruine dans nos assignats. L'augmentation du
numéraire, dit-on, renchérira les vivres ; ceux-ci renchériront la main-
d'œuvre ; les ouvrages des manufactures hausseront le prix ; nous ne pourrons plus soutenir la concurrence ; et tandis que nous ne vendrons rien aux
étrangers, ils nous inonderont de leur marchandises et finiront par emporter
le reste de nos écus. Si cela pouvait être vrai pour nous à l'avenir, cela devrait l'être aujourd'hui pour les Anglais, puisqu'ils sont plus riches que
nous en moyens de circulation. Or, vous savez comment nous devons
craindre, par leur exemple, que cet horoscope ne s'accomplisse à notre
égard. Fasse le ciel que les assignats ruinent bientôt notre commerce,
comme la multitude des guinées et des papiers ruine aujourd'hui celui
d'Angleterre !

Ce ne sont là, sans doute, de la part de nos adversaires, que des caricatures économiques, qui ne permettent pas les regards sérieux de la raison.
Mais je dois à cette Assemblée une observation plus grave sur les observations d'un de ses honorables membres en fait d'économie politique, et
sur le cas qu'on doit faire de sa diatribe contre les assignats et leurs défenseurs. Comment, après avoir *blanchi*, comme il le dit, dans l'étude des
matières qui nous occupent, et j'ajouterai dans la carrière de la plus incorruptible probité, étonne-t-il si fort aujourd'hui et ceux qui le lisent et ceux
qui l'entendent? Quoi! le même homme qui, naguère, dans cette assemblée, justifiait les arrêts de surséance obtenus par la caisse d'escompte; qui
défendait un privilége de mensonge et d'infidélité accordé aux billets de
cette caisse, puisque ces billets portaient : *je paierai à vue*, et que l'arrêt
disait : *vous êtes dispensés de payer à vue*; qui trouvait très-convenable,
très-légale, l'immoralité de ce papier-monnaie créé par l'impéritie du gouvernement, et dans le juste discrédit à la confiance publique un ébranlement
que nous ressentons encore, le même homme vient décrier aujourd'hui
notre papier territorial, dont le prix repose sur l'or de nos plus riches propriétés; un papier qui, étant toujours payable en fonds nationaux, ne peut
jamais perdre un denier de sa valeur foncière, ni tromper un instant la confiance de son possesseur ! Ainsi donc, ce membre caresse une caisse en fail-

lite, un gouvernement suborneur, et il diffame un papier national, un titre sacré, dont la solidité est inaltérable. Est-ce là le résultat que nous devons attendre de ses travaux et de ses lumières? (On applaudit.)

On vous dit, et ce sont des hommes célèbres, des académiciens que je cite, on vous dit que les assignats actuels embarrassent déjà la circulation. Possesseurs d'assignats, dites-nous en quoi votre embarras consiste, et moi je vous montrerai des embarras autrement graves, faute d'assignats. (On applaudit.)

On ajoute qu'un plus grand intérêt, attaché à ces assignats, en eût fait au moins un placement. On oublie donc que leur création ayant été sollicitée de toutes parts par les besoins d'une circulation anéantie, c'eût été créer un étrange remède au manque d'argent que de faire encoffrer les assignats imaginés pour en tenir lieu. On prétend encore que ces assignats ne remédieront point à la stagnation du numéraire. Ils n'y remédieraient point sans doute, si, comme ces auteurs l'entendent, on favorisait, par de forts intérêts, la stagnation des assignats. Enfin, on est aussi fondé à soutenir que les assignats sont inutiles, parce qu'ils ne feront point reparaître les espèces, que nous aurions été fondés, durant la disette, à rejeter le riz, parce qu'il ne ferait pas revenir du blé.

Le même détracteur des assignats compte, parmi leurs dangers, celui de faire penser bientôt au public qu'une seconde Chambre, dans l'Assemblée nationale, composée de propriétaires plus riches, aurait réprouvé cette fatale mesure. Or, voici qu'un autre détracteur des assignats dit au peuple, dans son pamphlet sur le renchérissement du pain, que les assignats ne sont bons que pour les gens riches. Daignez donc vous accorder, pour que nous sachions auquel répondre.

En attendant, nous demandons à celui qui semble invoquer le jugement des riches propriétaires contre ces assignats, comment il pense que ces propriétaires s'accommodent de la situation actuelle des choses, où les terres perdent chaque jour de leur valeur, faute d'argent pour les acquérir, où un très-grand nombre d'entre eux sont forcés de les vendre à vil prix, soit qu'ils ne trouvent pas à emprunter pour les affranchir, soit qu'elles ne puissent pas supporter l'intérêt énorme qu'on leur demande. Qu'il nous dise si, le numéraire n'étant point augmenté, ces terres ne seront pas encore plus déprisées par la concurrence prochaine de deux ou trois milliards de biens nationaux. Qu'il nous dise encore si des contrats ou des quittances, dont les dix-neuf vingtièmes seront à vendre, loin de fournir de nouveaux moyens de circulation, ne l'appauvriront pas toujours davantage, si tout cela peut relever le prix des fonds territoriaux, et améliorer le sort des propriétaires.

Il ne manquait plus à ce philosophe que de se passionner contre le projet des assignats, au point d'y voir trois ou quatre banqueroutes les unes sur les autres. Que nous conseille-t-il à la place? Les chères quittances de finances, c'est-à-dire la perte inévitable du quart au moins de ces quittances pour la malheureuse foule des vendeurs. En vérité, c'est là un étrange remède. On reproche au système de liquidation par les assignats qu'ils seront répandus longtemps avant que les domaines nationaux s'achètent ; que l'acquit de ces domaines, par leur moyen, ne s'accomplira qu'au bout de plusieurs années, et qu'ainsi l'on ne peut regarder l'achat des biens nationaux comme débarrassant à mesure la circulation, puisqu'elle en sera d'abord surchargée. J'observe sur cela : 1° qu'il s'en faut bien que la somme d'assignats que nous proposons double, dans la circulation actuelle, la somme de numéraire que nous possédons ordinairement. La moitié peut-être de cet avoir en numéraire a disparu dans la circulation ; ce déficit, qui tend à s'accroître, peut parvenir au point le plus effrayant. Ainsi, l'émission proposée ne fait en plus grande partie que combler le vide et réparer la perte ; 2° il est impossible, quelque promptitude que l'on mette dans l'examen des créances, l'apurement des comptes et la fabrication des assignats, de consommer cette grande opération sans un travail de plusieurs mois, peut-être de plus d'une année. On n'a donc pas à craindre une émission prompte et brusque de la totalité des assignats ; 3° avant la liquidation de la dette exigible, et l'émission de tous les assignats décrétés, une partie de ceux qui auront déjà été délivrés rentrera dans la caisse de l'extraordinaire, soit pour le paiement des acquisitions effectuées, soit pour le paiement complet de celles dont les acquéreurs ne voudront pas jouir des délais ; de sorte qu'il n'existera jamais à la fois dans la circulation la totalité des assignats émis ; 4° cette mesure ayant pour objet de nous affranchir par des secours nécessaires, cette époque de compression et de besoin, le numéraire, à mesure que le calme et la confiance reprendront le dessus, et que les affaires se rétabliront, sera rappelé et remplacera à son tour les assignats qui s'écouleront par les paiements annuels vers la caisse de l'extraordinaire. Cette substitution du numéraire aux assignats aura douze ans pour s'accomplir. Pendant ce temps, la nation jouira du produit des biens qui ne seront pas encore vendus ou acquittés, et les particuliers tireront des assignats tous les secours que les besoins de la circulation et l'état des choses pourront exiger.

Mais est-on plus heureux dans les mesures qu'on propose, au lieu d'assignats, pour la liquidation de la dette, que dans le combat qu'on livre pour les écarter ? On vous parle des quittances de finances escortées d'un intérêt plus ou moins fort. A la réquisition du porteur, elles seront échangées directement contre les biens nationaux ; et voilà cette créance éteinte, cette partie de la dette liquidée. J'entends : on part donc de cette vente comme incontestable ; c'est de l'or que l'on met dans la main du créancier, qui n'a qu'à vouloir pour acquérir. On ne peut donc pas refuser aux assignats la même solidité, la même valeur ; c'est de l'or aussi : et la moindre défiance qui ébranlerait leur crédit, ferait tomber de même les quittances. Mais ces quittances, qu'en feront les propriétaires ? que de papiers morts ajoutés à d'autres papiers morts ! Quel cimetière de capitaux ! Ces quittances auront-elles la faculté de métamorphoser leurs maîtres en agriculteurs? Le plus grand nombre d'entre eux ne pourront pas faire cette disposition de leur fortune. Une foule de créanciers et d'arrière-créanciers se présentera ; le gage n'est pas transmissible à volonté, et il faudra le vendre. Cette masse énorme d'effets va créer, dans la bourse de Paris, un nouveau commerce improductif, qui achèvera de ruiner toutes les branches de commerce utiles, et toute autre espèce d'industrie. C'est là que les assignats, actuellement en circulation, et le peu d'écus qui restent encore dans le royaume, seront attirés par ce nouveau tourbillon vraiment dévorant. C'est là que seront pompés les derniers sucs qui laissent encore à nos affaires une ombre de vie. Mais qui s'engraissera de rechef aux dépens de la chose publique? Ceux-là seulement qui ont des écus libres, des millions à leurs ordres ; tandis que la pluralité des créanciers de l'État verront leur ruine, au moment où ils feront argent de leurs quittances.

En laissant dans l'abîme cette multitude de victimes, suivons la destinée de ces effets. Ou le capitaliste accapareur, après avoir spéculé sur les quittances, spéculera encore sur les domaines ; il dictera la loi aux campagnes, et vendra cher son crédit à leurs habitants ; ou il gardera dans son porte-feuille ces quittances acquises à vil prix, qui lui rapporteront un intérêt considérable ; et dès-lors les biens nationaux ne se vendront pas. Le remède à ce mal serait donc de soustraire ces porteurs de quittances à la servitude de leur position, à l'empire de leurs créanciers ; de donner à leurs créances sur l'État une valeur qu'elles ne puissent perdre, de manière que passant de main en main, elles rencontrent enfin un propriétaire qui puisse les réaliser. Or, c'est-là précisément la nature et la fonction des assignats-monnaie. Des revers multipliés, dit-on, les attendent dans la carrière qu'ils ont à fournir. Mais ces prophètes de malheur ne connaissent pas de quels spéculateurs ils sont les aveugles échos ; ils se perdent dans l'avenir, et ne savent pas voir ce qui se passe autour d'eux. Voici le mystère : on peut faire trois classes principales des détracteurs et des défenseurs des assignats. La première est composée de ceux qui jugeant la mesure des assignats indispensable, ne laissent pas d'en dire beaucoup de mal ; et pourquoi? C'est qu'ils veulent, par ce moyen, empêcher l'essor des effets publics ; et ils en achètent tant qu'ils peuvent, certains de la faveur que la nouvelle création d'assignats leur donnera. Le décri des assignats est pour ces gens-là une spéculation de fortune. La seconde classe est celle qui a vendu des effets à terme, elle tremble que ces effets ne haussent : son intérêt est aussi de décrier les assignats, de prêcher les quittances de finances, les moyens qui retardent le crédit ; mais voyant que la mesure des assignats prend faveur, ils s'efforcent de leur associer du moins quelque papier lourd, d'attacher le mort au vif, afin de retarder l'action de celui-ci, et de diminuer leur perte. La troisième classe est celle qui se déclare en faveur des assignats, rondement, consciencieusement, en les regardant comme moyen nécessaire et patriotique. Je crois fermement qu'on doit ranger dans cette classe les premiers promoteurs des assignats, et la grande majorité de ceux qui sont attachés à cette mesure. (On applaudit.)

Un orateur se lève avec un nouveau projet à la main; il rejette, dès l'entrée, les assignats, et ses premiers arguments sont les troubles répandus dans le royaume, les désordres suscités par les ennemis de la révolution, et la défiance publique qui en est la suite. Or, je vois bien là les raisons qui chassent l'argent, qui créent la misère générale; mais je n'y vois pas celles qui empêchent qu'on ne remplace cet argent, qu'on ne subvienne à cette misère, et je plains l'orateur qui marche ici au rebours de ses intentions, et qui plaide si bien, sans s'en apercevoir, en faveur du parti qu'il voulait combattre. Il continue, il se récrie de ce qu'on pense faire des amis à la Constitution, par la cupidité et non par la justice. Mais les assignats-monnaie font *justice* à tout le monde; mais ils soustraient une foule de citoyens à la *cupidité* de quelques hommes. Eh! vraiment, il est permis peut-être de combattre un intérêt par un autre; il est permis d'opposer à l'intérêt mal entendu, qui fait les anti-révolutionnaires, un intérêt bien entendu, qui arrache les égoïstes à leur système d'indépendance, et les lie, par leur fortune particulière, à la fortune publique, au succès de la révolution. Je supplie donc ces moralistes sublimes, qui s'indignent ici contre moi, de me permettre de ramper loin d'eux dans la bassesse du sens commun et d'une raison toute vulgaire. (On applaudit.) L'honorable membre descend enfin à la proposition d'un décret, où il admet pour huit cent millions de ces redoutables assignats. L'académicien qui les a comparés à de l'arsenic, pourra trouver que la dose ici est un peu forte; mais voici le grand antidote : ce sont les quittances de finances. L'orateur en demande pour le remboursement de la dette, et ces quittances ne pourront être refusées en paiement par les créanciers bailleurs de fonds. Mais rien, selon moi, de plus inadmissible que cette mesure. Comment l'État peut-il distinguer deux espèces de créanciers pour la même quittance? Celui qui la reçoit de la seconde main ne devient-il pas créancier de l'État, au même titre que celui qui la reçoit de la première? Pourquoi donc cette quittance commence-t-elle par exercer, en faveur de l'un, les droits de papier forcé, pour tomber tout à coup, au préjudice de l'autre, dans les inconvénients du papier libre. La justice a-t-elle ainsi deux poids et deux mesures, et la nation peut-elle les admettre dans sa balance. Un prélat a fixé l'attention sur cette matière; je ne me propose pas de suivre le fil délié de sa discussion contre les assignats. Il me suffira d'en saisir quelques traits essentiels, et de leur opposer un petit nombre de vérités simples et incontestables.

Cet orateur observe que les biens nationaux n'étant point une augmentation de richesses territoriales, les assignats qui en sont le type ne représentent point non plus une richesse nouvelle; et il rejette, en conséquence, la qualité de monnaie qu'on veut leur donner. J'observe à mon tour, que si les biens nationaux ne sont pas une nouvelle richesse, ils sont du moins une nouvelle marchandise ; que les assignats peuvent être institués par là même, et qu'ils disparaîtront quand la vente sera consommée. (On applaudit.) On a vu des nations forcées de créer au hasard du papier-monnaie, dans des circonstances pareilles aux nôtres. Plus heureux dans nos besoins, nous avons une richesse réelle à mettre en circulation. Ceux qui achèteraient des biens nationaux avec des quittances de finance, les achèteront également avec des assignats ; mais ceux qui n'en pourront pas acheter avec leurs assignats, par le besoin d'en disposer pour quelqu'autre usage, qu'auraient-ils fait de leurs quittances ? ils les auraient vendues à perte pour se procurer ces mêmes assignats. Ainsi l'assignat, par cela même qu'il est entraîné pour quelque temps dans la circulation, atteste sa double utilité, et la quittance de finance ne peut point le remplacer à cet égard. Supposons que la nation acquît tout à coup assez de numéraire pour payer sa dette ; qui pourrait se plaindre qu'elle l'appliquât à cet usage ? Qui pourrait se récrier contre une telle opération, et la repousser par ses conséquences ? Je soutiens que nous avons un numéraire moins dangereux pour nous libérer ; il n'est pas à demeure ; il ne nous surchargera pas. Nos fonds territoriaux, seuls, sont permanents, et c'est un papier à temps qui les représente. Ce papier, quoique fugitif, ne prendra pas moins le chemin de notre vaisselle, de nos bijoux et de nos écus. (On applaudit.) C'est donc une utile, une heureuse mesure pour la nation que de remplacer son numéraire par les assignats, tout en s'acquittant par-là de ce qu'elle doit. C'est à tort que le même censeur de notre projet distingue, quant aux assignats, deux ordres de personnes ; les débiteurs qui s'en déchargent, et les créanciers qu'ils embarrassent. Car les mêmes hommes, considérés individuellement, étant pour la plupart créanciers et débiteurs à la fois, peu leur importe de quelque moyen d'échange qu'ils se servent, pourvu que ce moyen soit reconnu valable, et qu'ils puissent le transmettre comme ils l'ont reçu.

On a peine à comprendre que l'honorable membre dont je parle, ait pu imputer aux assignats le mauvais usage ou l'emploi détourné qu'on pourrait en faire, comme de les resserrer par malice, d'en acheter de l'argent afin de l'enfouir, d'acquérir par leur moyen des biens particuliers et non nationaux. Car mettez, je vous prie, des quittances de finances à la place d'assignats, et voyez si la mauvaise intention n'en tirera pas le même parti. Mais, direz-vous, il faudrait vendre pour cela les quittances de finances, et il y aurait trop à perdre. J'avoue que je n'ai rien à répondre à une pareille apologie des quittances de finances. Créer des assignats-monnaie, poursuit l'orateur, qui perdront un dixième sur les espèces, c'est comme si on'augmentait le prix des espèces d'un dixième, c'est élever les écus de six livres à six livres douze sols. Je conviens, d'abord, que s'il n'y avait point d'assignats, on ne pourrait pas leur comparer les écus, et que ceux-ci ne gagneraient rien vis-à-vis des assignats ; mais, alors, les écus gagneraient une foule de choqu'on achète aujourd'hui au pair avec l'assignat, et l'on aurait pour six livres, non pas seulement ce qui se paie aujourd'hui six livres douze sols, mais des valeurs peut-être de sept ou huit livres.

Or, j'aime mieux, à tous égards, que la rareté des écus leur fasse gagner un peu sur les assignats, que si la plupart des choses perdaient beaucoup contre les écus. Je reviens donc à cette vérité, c'est que l'assignat gradue la valeur des espèces, et que la rareté seule de ces espèces en hausse le prix. Suivons l'orateur dans ses observations sur le change, relativement à notre commerce avec l'étranger, en supposant la perte future qu'il attribue à l'assignat-monnaie. Il en résulte, dit-il, qu'alors le Français qui commerce avec l'Angleterre, soit comme vendeur, soit comme acheteur, perdra sur le change. Mais pénétrons plus avant, et passons du principe à la conséquence. Que les marchandises anglaises renchérissent pour nous, dès-lors moins de consommation, moins de demande pour les objets de fantaisie, moins d'argent qui sort du royaume, et tout se compense. Que les marchandises françaises soient acquises à meilleur marché par les Anglais, dès-lors il y aura plus de débit, plus de commissions; le prix haussera, on gagnera d'un côté ce qu'on perd de l'autre. Enfin, alimenter, raviver notre industrie, mettre la balance de notre commerce en notre faveur, c'est l'essentiel. Il n'y a rien de plus ruineux pour un pays que d'y payer l'argent au poids de l'or, d'y languir, de ne rien manufacturer, de n'en rien exporter. Quelques inconvénients, qui même sont bientôt balancés par des avantages, ne sont rien auprès d'une telle calamité, et les plus fines, les plus ingénieuses argumentations contre les assignats-monnaie, n'ébranleront jamais la masse des raisons et des faits qui en établissent la nécessité.

L'habile orateur dont je parle, s'est contenté, dans son projet de décret, d'écarter les assignats comme les ennemis les plus dangereux de son dernier plan de liquidation. Il suffit donc, pour écarter son plan, d'avoir vengé contre lui les assignats.

Mais ici, entre notre signe territorial et ces divers moyens de remboursement, une grande différence se présente à son avantage. C'est la nation qui paie l'intérêt de ces reconnaissances, de ces quittances mortes. Mais l'assignat agit, fructifie, comme numéraire, entre les mains qui l'emploie, et tandis qu'il circule, la nation perçoit l'intérêt des biens dont il est le gage.

Et je ne puis m'empêcher de m'élever contre divers projets d'association qui ont été présentés entre l'assignat-monnaie et les quittances de finances, soit contrats ou reconnaissances pour le paiement de la dette. Je m'élève, dis-je, contre cette association, comme n'ajoutant rien à la confiance due aux assignats, comme compliquant la mesure, comme prodigant des intérêts inutiles, comme ouvrant la porte à des spéculations dont les suites peuvent être pernicieuses. Et quant à l'option laissée aux créanciers, dans quelques projets, entre les assignats et les obligations territoriales, pourquoi cette option a-t-elle été imaginée? C'est en comptant, dit-on, sur la préférence qui sera donnée aux assignats. Je demande si une aussi puérile combinaison est digne de cette assemblée.

Je sais qu'en dernière analyse la nation ne gagnerait rien à l'économie d'intérêt dont je viens de parler, si l'assignat venait à tomber en discrédit; mais, après tout ce que nous avons observé à cet égard, il nous est permis de regarder cette épargne d'intérêt comme quelque chose. Nous devons, surtout, en sentir la conséquence dans les circonstances où nous entrons.

L'impôt, dont le nom seul, jusqu'à présent, a fait trembler les peuples, mais qui doit présenter maintenant un tout autre aspect, l'impôt va recevoir chez nous une nouvelle forme. Nos charges seront allégées; mais nous avons encore de grands besoins. Le fardeau ci-devant plus divisé et supporté dans ses différentes parties, de jour à jour, pour ainsi dire, se faisait peut-être moins sentir, bien qu'en somme il pesât cruellement sur la nation. Aujourd'hui qu'il va se concentrer en quelque sorte et se rapprocher plus près des terres, il peut étonner le peuple et lui sembler pénible à porter. Cependant, il n'est aucun de nous qui ne sente combien le succès de cette grande opération importe à celui de tout notre ouvrage. Nous n'aurions rien fait pour la tranquillité et pour le honheur de la nation, si elle pouvait croire que le règne de la liberté est plus onéreux pour elle que celui de la servitude. (On applaudit.)

Nous pouvons affaiblir, maintenant, cette redoutable difficulté; nous pouvons diminuer les impositions de toute la différence qui existe entre l'intérêt qu'on attachera aux quittances de finances ou autres instruments de liquidation, et le revenu d'une masse de biens nationaux équivalents au capital de ces quittances. Nous pouvons les diminuer encore de la différence entre l'intérêt et la somme des quittances qu'on voudrait donner en remboursement des divers offices, et celui que perçoivent aujourd'hui leurs titulaires. En rassemblant ces deux objets, dont l'évaluation dépend du rapport entre ces différents intérêts, on peut assurer à la nation, pendant plusieurs années, une grande épargne, si l'on acquitte par des assignats la dette actuellement échue. Il est bien d'autres épargnes qui seraient le fruit de cette mesure, mais il en résultera évidemment un *moins imposé* pour les Français. Or, si le parti des assignats présente d'ailleurs tant d'avantages, et si nous pouvons les regarder comme un titre d'une solidité si parfaite, qu'on ne doive point en craindre l'altération, vous sentez quelle prépondérance y ajoute le soulagement qu'ils apportent au fardeau des subsides; vous sentez même quel accueil cette économie peut valoir à la mesure des assignats, et comment le public sera disposé à favoriser leur succès par la confiance; vous sentez combien votre système général d'impôts trouvera plus de facilité à être adopté, en le présentant comme un résultat diminué d'une somme si considérable; vous sentez, enfin, quel avantage ont encore ici les assignats, qui, en allégeant les impositions, en facilitent de plus le paiement par leur qualité circulante ; au lieu que les quittances de finances, avec tous les autres vices, aggravent les charges de l'État, et ne fournissent aucun moyen de les supporter.

Quand je réduis la création des assignats-monnaie à la somme strictement nécessaire pour le paiement de la dette actuellement exigible, c'est que nous devons leur laisser tout l'appui d'un gage étendu, et que la juste confiance qu'il importe de leur assurer nous prescrit, à cet égard, des bornes invio- bles ; et je ne conçois pas comment l'on a inféré, de mon précédent discours sur ce sujet, que je comprenais dans cette dette exigible celle qui, rigou- reusement, n'est pas exigible, celle qui ne l'est point encore, et qui ne le sera qu'avec le temps. Je ne comprends pas que quelques personnes se soient effrayées de ma proposition, comme si j'avais demandé la création de deux milliards d'assignats-monnaie, tandis que n'ai pas articulé une seule somme. Quand même la masse des fonds nationaux et disponibles pourrait s'élever à trois milliards, pouvons-nous compter sur cette somme ? Nous savons bien que tout est à vendre, mais la fleur des biens attirera les premiers empresse- ments, et quant au reste, une partie peut rester longtemps sans acheteurs. La prudence nous oblige donc à borner l'aperçu de cette richesse territo- riale à deux milliards. Joignons aux quatre cents millions d'assignats ré- pandus une réserve à peu près égale pour les besoins futurs et contingents : reste au-delà d'un milliard pour l'acquit de cette partie de la dette publique, à laquelle on peut donner le plus strictement le nom d'exigible. Si nous savions nous réunir sur les objets que je viens de mettre sous vos yeux ; si nous savions écarter les nuages d'une fausse défiance, d'où peuvent encore partir les tempêtes ; si, nous ralliant aux vérités qui sauvent, nous n'avions d'ardeur que pour les défendre et les propager, toute incertitude, toute crainte cesseraient, et la restauration de nos affaires serait très-prochaine. Rien n'est plus fragile que la confiance, puisqu'elle dépend toujours, en quelque point, de l'opinion ; l'ébranler est donc un grand tort, quand elle repose sur de bonnes bases, quand elle peut faire le salut de la nation. Tous Français, compatriotes et frères, nous ne pouvons ni périr, ni nous sauver les uns sans les autres ; en nous élevant au-dessus des circonstances passa- gères, sachons voir que les mêmes intérêts nous commandent les mêmes vœux, nous prescrivent le même langage. (On applaudit.)

Comment donc souffrir, dans la grande affaire qui nous occupe, qu'on emploie plus de mouvement pour diviser les opinions des citoyens qu'il n'en faudrait pour les éclairer et les réunir ? Ignore-t-on les menées, les instigations, les instances que l'on s'est permises ? Ignore-t-on qu'après avoir fait parler l'aveugle intérêt et soufflé son rôle à l'ignorance, on vient ensuite nous donner ce résultat comme le jugement libre et réfléchi de l'expérience et des lumières, comme le vœu respectable des manufactures et du commerce ? Est-ce là cet oracle pur de l'opinion publique qui devait nous servir de guide ? N'est-ce pas la voix déguisée d'un égoïsme astucieux qu'il nous suffit de reconnaître pour le repousser? Et voulez-vous pénétrer les motifs de ces clameurs mercantiles, de ces répulsions financières qu'il a été si aisé d'exciter contre les assignats? Sondez les intérêts d'un certain ordre de commerçants; apprenez quels sont les calculs des fournisseurs d'argent et de crédit. Les manufactures sont toutes tributaires des unes ou des autres. Ceux-là, soit que voués au commerce de commission, ils fassent des fonds aux fabricants sur leurs marchandises; soit qu'adonnés à la banque, ils se chargent d'acquitter leurs engagements, tous mettent un prix de six pour cent à leurs avances; ceux-là, riches commanditaires, portent jusqu'à dix pour cent et au-delà l'intérêt de leurs capitaux. Or, créons des capitaux en concurrence; élargissons, facilitons la voie des emprunts et du crédit; abaissons par-là même le taux de l'intérêt, n'entendez-vous pas crier aussitôt ces commissionnaires, ces banquiers, ces capitalistes? Mais ne vous y trompez pas: ce cri est un suffrage des manufactures, c'est le signal de leur prochaine restauration, c'est un préjugé favorable pour les assignats. (On applaudit.) Législateurs, rapprochez donc les volontés par le concert de vos sentiments et de vos pensées; votre opinion ferme et arrêtée sera bientôt l'opinion publique; elle aura pour elle tous les fondements que la sagesse et la nature des circonstances peuvent lui donner. Mais ne pensons pas nous dérober entièrement à leur empire. Nous marchons chargés d'une dette immense, d'une dette que des siècles de despotisme et de désordre ont accumulée sur nos têtes. Dépend-il de nous, même en l'allégeant, de faire qu'elle puisse être supportée sans aucun embarras, sans aucune gêne. Est-ce enfin des choses impossibles que la nation exige de nous? Non; elle n'entend pas que nous convertissions soudainement et par miracle la pénurie en abondance, la fortune adverse en prospérité; mais qu'en opposant à ces temps nécessiteux toute la grandeur des ressources nationales, nous servions ainsi la chose publique, selon la mesure de nos forces et de nos lumières. Si donc la nation se confie dans le zèle de cette assemblée, sans doute aussi cette assemblée peut se confier dans la justice de la nation. (On applaudit.)

Non, il n'est pas dans la nature des choses, dans ces conjonctures calamiteuses, d'user d'un moyen qui ne porte avec lui ses difficultés; celui des assignats-monnaie en serait-il donc le seul absolument exempt? Ce n'est pas ici l'objet d'un choix spéculatif et libre en tout point; c'est une mesure indiquée par la nécessité, une mesure qui nous semble répondre le mieux à tous les besoins, qui entre dans tous les projets qui vont être offerts, et qui nous redonne quelqu'empire sur les événements et sur les choses. Des inconvénients prévus ou imprévus viennent-ils ensuite à se déclarer? Eh bien! chaque jour n'apporte pas avec lui seulement ses ombres, il apporte aussi sa lumière; nous travaillerons à réparer ces inconvénients; les circonstances nous trouveront prêts à leur faire face, et tous les citoyens, si éminemment intéressés au succès de notre mesure, formeront une fédération patriotique pour la soutenir. (La salle retentit d'applaudissements.)

Ainsi, tout doit fortifier votre courage. Si vous aviez prêté l'oreille jusqu'à ce jour à toutes les instances des préjugés, des vues particulières et des folles craintes, votre Constitution serait à refaire. Aujourd'hui, si vous déferiez à tous ces intérêts privés, qui se croisent et se combattent les uns les autres, vous finiriez de composer avec le besoin ; vous concilieriez mal les opinions, et la chose publique resterait en souffrance. C'est d'une hauteur d'esprit qui embrasse les idées générales, résultat précieux de toutes les observations particulières, que doivent tomber les lois des empires. Un administrateur qui viendrait vous vanter l'art de ménager tous les détails, comme formant le véritable génie de l'administration, vous donnerait sa mesure ; il vous apprendrait bien le secret de tous les embarras qui ont fatigué sa marche ; mais il ne vous apprendrait pas celui d'assurer la vôtre. Il faut pour être grand, savoir être juste, on n'est législateur qu'à ce prix. (Les applaudissements redoublent à plusieurs reprises.)

Je propose donc et j'amende de cette manière le décret que j'eus l'honneur de vous soumettre le 27 août dernier :

1° Qu'il soit fait une création d'assignats-monnaie, sans intérêts, jusqu'à la concurrence d'un milliard, pour le paiement de la dette actuellement échue et rigoureusement exigible, lequel paiement devra s'effectuer à mesure que la liquidation des différentes créances sera arrêtée, à commencer par l'arriéré des départements, les rentes en retard, les effets suspendus, la partie actuellement liquide des charges et offices, et ainsi de suite, selon l'ordre et l'état qui seront dressés à cet effet ;

2° Qu'on s'occupe incessamment de la fabrication de petits assignats au-dessous de 200 livres pour la somme totale de 150 millions, dont 50 seront échangés, à commencer du 15 décembre prochain, contre la même valeur d'assignats actuellement en circulation ; et le reste des petits assignats sera distribué pour le paiement des créances, et réparti sur toute l'étendue de ce paiement ;

3° Qu'à la susdite époque du 15 décembre prochain, l'intérêt attaché aux quatre cents millions d'assignats actuels, cesse d'avoir lieu, et que l'intérêt échu jusqu'alors soit acquitté par la caisse de l'extraordinaire, aux porteurs de ces billets dont les coupons seront retranchés ;

4° Que la vente de la totalité des domaines nationaux soit ouverte le 15 octobre, et que les enchères en soient reçues dans tous les districts ;

5° Que les assignats et l'argent soient admis également en paiement pour l'acquisition desdits domaines, et que l'argent qui sera reçu serve à éteindre une somme égale d'assignats ;

6° Que le comité des finances soit chargé de dresser une instruction et un projet de décret pour fixer ces différentes opérations, et les mettre en activité le plus tôt possible, comme aussi de présenter à l'Assemblée nationale le plan de la formation d'un bureau particulier, chargé de la direction de tout ce qui concerne la dette publique.

L'Assemblée nationale, après avoir entendu Maury, Barnave et Le Brun, décrète dans la séance du 28 :

Que la dette non constituée de l'État et celle du ci-devant clergé seront remboursées suivant l'ordre qui sera indiqué, en assignats-monnaie sans intérêts; il n'y aura pas en circulation au-delà de douze cents millions d'assignats, y compris les quatre cents millions déjà décrétés; les assignats qui rentreront dans la caisse de l'extraordinaire seront brûlés, et il ne pourra en être fait d'une nouvelle fabrication sans un décret du Corps législatif, sous la condition qu'ils ne puissent excéder la valeur des biens nationaux, ni se trouver au-dessus de douze cent millions en circulation.

Séance du 2 octobre. — Présidence d'Emery.

Discours sur la procédure du Châtelet.

Ce n'est pas pour me défendre que je monte à cette tribune : objet d'inculpations ridicules, dont aucune n'est prouvée, et qui n'établiraient rien contre moi lorsque chacune d'elle le serait, je ne me regarde point comme accusé; car si je croyais qu'un seul homme de sens (j'excepte le petit nombre d'ennemis dont je tiens à honneur les outrages), pût me croire excusable, je ne me défendrais pas dans cette assemblée. Je voudrais être jugé, et votre juridiction se bornant à décider si je dois ou ne dois pas être soumis à un jugement, il ne me resterait qu'une demande à faire à votre justice, et qu'une grâce à solliciter de votre bienveillance, ce serait un tribunal.

Mais je ne puis pas douter de votre opinion; et si je me présente ici, c'est pour ne pas manquer une occasion solennelle d'éclaircir des faits que mon profond mépris pour les libelles, et mon insouciance trop grande peut-être pour les bruits calomnieux, ne m'ont jamais permis d'attaquer hors de cette assemblée; qui, cependant, accrédités par la malveillance, pourraient faire rejaillir, sur ceux qui croiront devoir m'absoudre, je ne sais quels soupçons de partialité; ce que j'ai dédaigné quand il ne s'agissait que de moi, je dois le scruter de près quand on m'attaque au sein de l'Assemblée nationale, et comme en faisant partie.

Les éclaircissements que je vais donner, tout simples qu'ils vous paraîtront sans doute, puisque mes témoins sont dans cette assemblée, et mes arguments dans la série des combinaisons les plus communes, offrent pourtant à mon esprit, je dois le dire, une assez grande difficulté.

Ce n'est pas de réprimer le juste ressentiment qui oppresse mon cœur, depuis une année, et que l'on force enfin à s'exhaler. Dans cette affaire le mépris est à côté de la haine; il l'émousse, il l'amortit; et quelle âme assez abjecte pour que l'occasion de pardonner ne lui semble pas une jouissance !

Ce n'est pas la même difficulté de parler des tempêtes d'une juste révolution, sans rappeler que si le trône a des torts à excuser, la clémence nationale a eu des complots à mettre en oubli ; car, puisqu'au sein de l'Assemblée, le roi est venu adopter notre orageuse révolution, cette volonté magnanime, en faisant disparaître à jamais les apparences déplorables que des conseillers pervers avaient données jusqu'alors au premier citoyen de l'empire, n'a-t-elle pas également effacé les apparences plus fausses que les ennemis du bien public voulaient trouver dans les mouvements populaires, et que la procédure du Châtelet semble avoir eu pour premier sujet de raviver ?

Non, la véritable difficulté du sujet est toute entière dans l'histoire même de la procédure ; elle est profondément odieuse, cette histoire ; les fastes du crime offrent peu d'exemples d'une scélératesse tout à la fois si éhontée et si malhabile. Le temps le saura ; mais ce secret hideux ne peut être révélé aujourd'hui sans produire de grands troubles. Ceux qui ont suscité la procédure du Châtelet ont fait cette horrible combinaison, que si le succès leur échappait, ils trouveraient dans le patriotisme même de celui qu'ils voulaient immoler, le garant de leur impunité ; ils ont senti que l'esprit public de l'offensé tournerait à sa ruine ou sauverait l'offenseur..... Il est bien dur de laisser ainsi aux machinateurs une partie du salaire sur lequel ils ont compté ! Mais la patrie commande ce sacrifice ; et certes, elle a droit encore à de plus grands.

Je ne vous parlerai donc que des faits qui me sont purement personnels ; je les isolerai de tout ce qui les environne, je renonce à les éclaircir autrement qu'en eux-mêmes et par eux-mêmes ; je renonce, aujourd'hui du moins, à examiner les contradictions de la procédure et ses variantes, ses épisodes et ses obscurités, ses superfluités et ses réticences ; les craintes qu'elle a données aux amis de la liberté, et les espérances qu'elle a prodiguées à ses ennemis ; son but secret et sa marche apparente, ses succès d'un moment et ses succès dans l'avenir ; les frayeurs qu'on a voulu inspirer au trône, peut-être la reconnaissance qu'on a voulu en obtenir. Je n'examinerai pas la conduite, les discours, le silence, les mouvements, le repos d'aucun acteur de cette grande et tragique scène ; je me contenterai de discuter les trois principales imputations qui me sont faites, et de donner le mot d'une énigme dont votre comité a cru devoir garder le secret, mais qu'il est de mon honneur de divulguer.

Si j'étais forcé de saisir l'ensemble de la procédure, lorsqu'il me suffit d'en déchirer quelques lambeaux ; s'il me fallait organiser un grand travail pour une facile défense, j'établirais d'abord que, s'agissant contre moi d'une accusation de complicité, et cette prétendue complicité n'étant point relative aux excès individuels qu'on a pu commettre, mais à la cause de ces excès, on doit prouver contre moi qu'il existe un premier moteur dans cette affaire ; que le moteur est celui contre lequel la procédure est princi-

palement dirigée, et que je suis son complice. Mais comme on n'a point
employé contre moi cette marche dans l'accusation, je ne suis pas non plus
obligé de la suivre pour me défendre. Il me suffira d'examiner les témoins
tels qu'ils sont, les charges telles qu'on me les oppose; et j'aurai tout dit,
lorsque j'aurai discuté trois faits principaux, puisque la triple malignité des
accusateurs, des témoins et des juges, n'a pu ni en fournir ni en recueillir
davantage.

On m'accuse d'avoir parcouru les rangs du régiment de Flandre le sabre
à la main, c'est-à-dire, qu'on m'accuse d'un grand ridicule. Les témoins
auraient pu le rendre d'autant plus piquant que, né parmi les patriciens,
et cependant député par ceux qu'on appelait alors le *tiers-état*, je m'étais
toujours fait un devoir religieux de porter le costume qui me rappelait
l'honneur d'un tel choix. Or, certainement l'allure d'un député en habit
noir, en chapeau rond, en cravate et en manteau, se promenant à cinq
heures du soir, un sabre nu à la main, dans un régiment, méritait de
trouver une place parmi les caricatures d'une telle procédure. J'observe
néanmoins qu'on peut bien être ridicule sans cesser d'être innocent. J'observe que l'action de porter un sabre à la main ne serait ni un crime de lèse-
majesté, ni un crime de lèse-nation. Ainsi, tout pesé, tout examiné, la
déposition de M. Valfond n'a rien de vraiment fâcheux que pour M. Gama-
ches, qui se trouve légalement et véhémentement soupçonné d'être fort
laid, puisqu'il me ressemble.

Mais voici une preuve plus positive que M. Valfond a au moins la vue
basse : J'ai dans cette assemblée un ami intime, et que, malgré cette amitié connue, personne n'osera taxer de déloyauté, ni de mensonge,
M. Lamarck. J'ai passé l'après-midi tout entière du 5 octobre chez lui, en
tête à tête avec lui, les yeux fixés sur des cartes géographiques, à reconnaître des positions alors très-intéressantes pour les provinces belgiques. Ce
travail, qui absorbait toute son attention et qui attirait toute la mienne,
nous occupa jusqu'au moment où M. Lamarck me conduisit à l'Assemblée
nationale, d'où il me ramena chez moi.

Mais dans cette soirée il est un fait remarquable sur lequel j'atteste
M. Lamarck; c'est qu'ayant à peine employé trois minutes à dire quelques
mots sur les circonstances du moment, sur le siége de Versailles, qui devait
être fait par les amazones si redoutables dont parle le Châtelet ; et considérant la funeste probabilité que des conseillers pervers contraindraient le
roi à se rendre à Metz, je lui dis : *La dynastie est perdue, si Monsieur ne
reste pas, et ne prend pas les rênes du gouvernement.* Nous convînmes des
moyens d'avoir sur-le-champ une audience du prince, si le départ du roi
s'exécutait. C'est ainsi que je commençais mon rôle de complice, et que
je me préparais à faire M. d'Orléans lieutenant-général du royaume.
Vous trouverez peut-être ces faits plus probants et plus certains que mon
costume de Charles XII.

On me reproche d'avoir tenu à M. Mounier ce propos :

« Eh ! qui vous dit que nous ne voulons pas un roi ? Mais qu'importe que ce soit Louis XVI ou Louis XVII ? »

Ici j'observerai que le rapporteur dont on vous a dénoncé la partialité pour les accusés est cependant loin, je ne dis pas de m'être favorable, mais d'être exact, mais d'être juste. C'est uniquement parce que M. Mounier ne confirme pas ce propos par sa déposition, que M. le rapporteur ne s'y arrête pas. « J'ai frémi, dit-il, j'ai frémi en lisant, et je me suis dit : Si ce propos a été tenu, il y a un complot, il y a un coupable; heureusement M. Mounier n'en parle pas. »

Eh bien ! Messieurs, avec toute la mesure que me commande mon système pour M. Chabroud et pour son rapport, je soutiens qu'il a mal raisonné. Ce propos, que je déclare ne pas me rappeler, est tel que tout citoyen pourrait s'en honorer; et non seulement il est justifiable à l'époque où on le place, mais il est bon en soi, mais il est louable; et si M. le rapporteur l'eût analysé avec sa sagacité ordinaire, il n'aurait pas eu besoin, pour faire disparaître le prétendu délit, de se convaincre qu'il était imaginaire. Supposez un royaliste tempéré, et repoussant toute idée que le monarque pût courir un danger chez une nation qui professe en quelque sorte le culte du gouvernement monarchique, trouveriez-vous étrange que l'ami du trône et de la liberté, voyant l'horizon se rembrunir, jugeant mieux que l'enthousiaste la tendance de l'opinion, l'accélération des circonstances, les dangers d'une insurrection, et voulant arracher son concitoyen trop conciliant à une périlleuse sécurité, lui dit : Eh ! qui vous nie que le Français soit monarchiste? qui vous conteste que la France ait besoin d'un roi, et veuille un roi? Mais Louis XVII sera roi comme Louis XVI; et si l'on parvient à persuader à la nation que Louis XVI est fauteur et complice des excès qui ont lassé sa patience, elle invoquera un Louis XVII. Le zélateur de la liberté aurait prononcé ces paroles avec d'autant plus d'énergie qu'il eût mieux connu son interlocuteur et les relations qui pourraient rendre son discours plus efficace; verriez-vous en lui un conspirateur, un mauvais citoyen ou même un mauvais raisonneur? Cette supposition serait bien simple; elle serait adaptée aux personnages et aux circonstances. Tirez-en du moins cette conséquence, qu'un discours ne prouve jamais rien par lui-même; qu'il tire tout son caractère, toute sa force de l'avant-propos, de l'avant-scène, de la nature du moment, de l'espèce des interlocuteurs, en un mot d'une foule de nuances fugitives qu'il faut déterminer avant que de l'apprécier, d'en conclure.

Puisque j'en suis à M. Mounier, j'expliquerai un autre fait que dans le compte qu'il en a rendu lui-même, il a compté à son désavantage.

Il présidait à l'Assemblée nationale le 5 octobre, où l'on discutait l'acceptation pure et simple, ou modifiée de la déclaration des droits. J'allai vers lui, dit-on, je l'engageai à supposer une indisposition et à lever la séance sous ce frivole prétexte... J'ignorais sans doute alors que l'indisposition d'un président appelle son successeur; j'ignorais qu'il n'est au pouvoir d'aucun homme d'arrêter à son gré le cours d'une de vos plus sérieuses délibérations... Voici le fait dans son exactitude et sa simplicité :

Dans la matinée du 5 octobre, je fus averti que la fermentation de Paris redoublait. Je n'avais pas besoin d'en connaître les détails pour y croire; un augure qui ne trompe jamais, la nature des choses me l'indiquait. Je m'approchai de M. Mounier, je lui dis : « Mounier, Paris marche sur nous. — Je n'en sais rien. — Croyez-moi, ou ne me croyez pas, peu m'importe; mais Paris, vous dis-je, marche sur nous. Trouvez-vous mal : montez au château, donnez-leur cet avis : dites, si vous voulez que vous le tenez de moi, j'y consens; mais faites cesser cette controverse scandaleuse; le temps presse, il n'y a pas un moment à perdre. »

« Paris marche sur nous? répondit Mounier, eh bien! tant mieux, nous serons plus tôt en République. » Si l'on se rappelle les préventions et la bile noire qui agitaient Mounier; si l'on se rappelle qu'il voyait en moi le boute-feu de Paris, on trouvera que ce mot, qui a plus de caractère que le pauvre fugitif n'en a montré depuis, lui fait honneur. Je ne l'ai revu que dans l'Assemblée nationale, qu'il a désertée ainsi que le royaume peu de jours après. Je ne lui ai jamais reparlé, et je ne sais où il a pris que je lui ai écrit un billet, le 6 à trois heures du matin, pour lever la séance; il ne m'en reste pas l'idée la plus légère : rien, au reste, n'est plus oiseux ni plus indifférent.

J'en viens à la troisième inculpation dont je suis l'objet, et c'est ici que j'ai promis le mot de l'enigme : J'ai conseillé, dit-on, à M. d'Orléans, de ne point partir pour l'Angleterre. Eh bien! qu'en veut-on conclure? Je tiens à l'honneur de lui avoir, non pas donné (car je ne lui pas parlé), mais fait donner ce conseil. J'apprends par la notoriété publique, qu'après une conversation entre M. d'Orléans et M. de Lafayette, très-impérieuse d'une part, et très-résignée de l'autre, le premier vient d'accepter la mission ou plutôt de recevoir la loi de partir pour l'Angleterre. Au même instant, les suites d'une telle démarche se présentent à mon esprit. Inquiéter les amis de la liberté, répandre des nuages sur les causes de la Révolution, fournir un nouveau prétexte aux mécontents, isoler de plus en plus le roi, semer au dedans et au dehors du royaume de nouveaux germes de défiance, voilà les effets que ce départ précipité, que cette condamnation sans accusation devait produire. Elle laissait surtout sans rival l'homme à qui le hasard des événements venait de donner une nouvelle dictature; l'homme qui, dans ce moment, disposait, au sein de la liberté, d'une police plus active que celle de l'ancien régime; l'homme qui, par cette police, venait de recueillir un corps d'accusation sans accuser; l'homme qui, en imposant à M. d'Orléans la loi de partir, au lieu de le faire juger et condamner s'il était coupable, éludait ouvertement par cela seul l'inviolabi-

lité des membres de l'Assemblée. Mon parti fut pris dans l'instant : je dis
avec M. Biron, avec qui je n'ai jamais eu des relations politiques, mais qui
a toujours eu toute mon estime, et d'ont j'ai reçu plusieurs fois des services
d'amitié : M. d'Orléans va quitter sans jugement le poste que ses commettants lui ont confié; s'il obéit, je dénonce son départ, et je m'y oppose;
s'il reste, s'il fait connaître la main invisible qui veut l'éloigner, je dénonce
l'autorité qui prend la place de celle des lois; qu'il choisisse entre cette
alternative. M. Biron me répondit par des sentiments chevaleresques, et je
m'y étais attendu. M. d'Orléans, instruit de ma résolution, promit de
suivre mes conseils; mais, dès le lendemain, je reçois dans l'Assemblée un
billet de M. Biron, et non de M. d'Orléans, comme le suppose la procédure; ce billet portait le crêpe de sa douleur, et m'annonçait le départ du
prince. Mais lorsque l'amitié se bornait à souffrir, il était permis à
l'homme public de s'indigner. Une secousse d'humeur, ou plutôt de colère
civique, me fit tenir sur-le-champ un propos que M. le rapporteur, pour
avoir le droit de taxer d'indiscret, aurait dû faire connaître. Qu'on le trouve,
si l'on veut, insolent; mais qu'on avoue du moins, puisqu'il ne suppose
même aucune relation, qu'il exclut toute idée de complicité. Je le tins sur
celui dont la conduite jusqu'alors m'avait paru exempte de reproches, mais
dont le départ était à mes yeux plus qu'une faute. Voilà ce fait éclairci ; et
M. de Lafayette peut en certifier tous les détails, qui lui sont tous parfaitement connus. Qu'à présent celui qui osera, je ne dirai pas m'en faire un
crime, mais me refuser son approbation, celui qui osera soutenir que le
conseil que je donnais n'était pas conforme à mes devoirs, utile à la chose
publique et fait pour m'honorer, que celui-là se lève et m'accuse. Mon
opinion, sans doute, lui est indifférente; mais je déclare que je ne puis me
défendre pour lui du plus profond mépris.

Ainsi disparaissent ces inculpations atroces, ces calomnies effrénées qui
plaçaient au nombre des conspirateurs les plus dangereux, au nombre des
criminels les plus exécrables, un homme qui a la conscience d'avoir toujours
voulu être utile à son pays, et de ne lui avoir pas été toujours inutile. (Une
grande partie de l'Assemblée et des spectateurs applaudissent.)

Ainsi s'évanouit ce secret si tard découvert, qu'un tribunal au moment
de terminer sa carrière, est venu vous dévoiler avec tant de certitude et de
complaisance. Qu'importe à présent que je discute ou je dédaigne cette
foule de ouï-dire contradictoires, de fables absurdes, de rapprochements
insidieux que renferme encore la procédure? Qu'importe, par exemple,
que j'explique cette série de confidences que M. Virieux suppose avoir
reçues de moi, et qu'il révèle avec tant de loyauté? Il est étrange, ce M. de
Virieux; mais fut-il donc jamais un zélateur si fervent de la révolution
actuelle; s'est-il, en aucun temps, montré l'ami si sincère de la Constitution, qu'un homme dont on a tout dit, excepté qu'il soit une bête, l'ait
pris ainsi pour son confident?

Je ne parle point ici pour amuser la malignité publique, pour attirer des haines, pour faire naître de nouvelles divisions. Personne ne sait mieux que moi que le salut de tout et de tous est dans l'harmonie sociale et dans l'anéantissement de tout esprit de parti ; mais je ne puis m'empêcher d'ajouter que c'est un triste moyen d'obtenir cette réunion des esprits, qui seule manque à l'achèvement de notre ouvrage, que de susciter d'infâmes procédures, de changer l'art judiciaire en arme offensive, et de justifier ce genre de combat par des principes qui feraient horreur à des esclaves. Je vous demande la permision de me résumer.

La procédure ne me désigne que comme complice ; il n'y a donc aucune accusation contre moi, s'il n'y a point de charge de complicité.

La procédure ne me désigne comme complice d'aucun excès individuel, mais seulement d'un prétendu moteur principal de cet excès. Il n'y a donc point d'accusation contre moi, si l'on ne prouve pas d'abord qu'il y a eu un premier moteur ; si l'on ne démontre pas que les prétendues charges de complicité qui me regardent étaient un rôle secondaire lié au rôle principal ; si l'on n'établit pas que ma conduite a été l'un des principes de l'action, du mouvement, de l'explosion dont on recherche les causes.

Enfin, la procédure ne me désigne pas seulement comme le complice d'un moteur général, mais comme le complice d'un tel. Il n'y a donc point d'accusation contre moi, si l'on ne prouve pas tout à la fois, et que ce moteur est le principal coupable, et que les charges dont je suis l'objet lui sont relatives, annoncent un plan commun dépendant des mêmes causes et capable de produire les mêmes effets.

Or, rien de tout ce qu'il serait indispensable de prouver n'est prouvé.

Je ne veux pas examiner si les événements sur lesquels on a informé sont des malheurs ou des crimes, si ces crimes sont l'effet d'un complot ou de l'imprudence ou du hasard, et si la supposition d'un principal moteur ne les rendrait pas cent fois plus inexplicables. Il me suffit de vous rappeler que parmi les faits qui sont à ma charge, les uns, antérieurs ou postérieurs de plusieurs mois aux événements. ne peuvent leur être liés que par la logique des tyrans ou de leurs suppôts, et que les autres, qui ont concours avec l'époque même de la procédure, ne sont évidemment ni cause, ni effet, n'ont eu, n'ont pu avoir aucune influence, sont exclusifs du rôle d'agent, de moteur ou de complice, et qu'à moins de supposer que j'étais du nombre des coupables par la seule volonté que je n'étais chargé d'aucune action au dehors, d'aucune impulsion, d'aucun mouvement, ma prétendue complicité est une chimère.

Il me suffit encore de vous faire observer que les charges que l'on m'oppose, bien loin de me donner des relations avec le principal moteur désigné, me donneraient des rapports entièrement opposés ; que, dans la dénonciation du *repas fraternel*, que je n'eus pas seul la prétendue impudence d'appeler une orgie, je ne fus que l'auxiliaire de deux de mes collègues qui avaient pris la parole avant moi ; que si j'avais parcouru les rangs du régiment de Flandre, je n'aurais fait, d'après la procédure elle-même, que suivre l'exemple d'une foule de membres de cette assemblée ; que si le propos *qu'importe que ce soit Louis XVII ?* était vrai, outre que je ne supposais pas un changement de dynastie, mes idées, constatées par un membre de cette assemblée, dans le cas possible d'un régent, ne se portaient que sur le frère du roi.

Quelle est donc cette grande part que l'on suppose que j'ai prise aux événements dont la procédure est l'objet ? Où sont les preuves de la complicité que l'on me reproche ? Quel est le crime dont on puisse dire de moi : il en est l'auteur ou la cause ?

Mais j'oublie que je viens d'emprunter le langage d'un accusé lorsque je ne devrais prendre que celui d'un accusateur.

Quelle est cette procédure dont l'information n'a pu être achevée, dont tous les ressorts n'ont pu être combinés que dans une année entière ; qui, prise en apparence sur un crime de lèse-majesté, se trouve entre les mains d'un tribunal incompétent, qui n'est souverain que pour les crimes de lèse-nation ? Quelle est cette procédure qui, menaçant vingt personnes différentes dans l'espace d'une année, tantôt abandonnée et tantôt reprise, selon l'intérêt et les vues, les craintes ou les espérances de ses machinateurs, n'a été pendant si longtemps qu'une arme de l'intrigue, qu'un glaive suspendu sur la tête de ceux que l'on voulait perdre ou effrayer, ou désunir ou rapprocher ; qui, enfin, n'a vu le jour, après avoir parcouru les mers, qu'au moment où l'un des accusés n'a pas cru à la dictature qui le retenait en exil, ou l'a dédaignée ?

Quelle est cette procédure prise sur des délits individuels dont on n'informe pas, et dont on veut cependant rechercher les causes éloignées sans répandre aucune lumière sur leurs causes prochaines ? Quelle est cette procédure dont tous les événements s'expliquent sans complot, et qui n'a cependant pour base qu'un complot ; dont le premier but a été de cacher des fautes réelles et de les remplacer par des crimes imaginaires ; que l'amour-propre seul a d'abord dirigée, que la haine a depuis acérée, dont l'esprit de parti s'est ensuite emparé, dont le pouvoir ministériel s'est ensuite saisi, et qui, recevant ainsi tour à tour plusieurs influences, a fini par prendre la forme d'une protestation insidieuse, et contre vos décrets, et contre la liberté de l'acceptation du roi, et contre son voyage à Paris, et contre la sagesse de vos délibérations, et contre l'amour de la nation pour le monarque ?

Quelle est cette procédure que les ennemis les plus acharnés de la Révolution n'auraient pas mieux dirigée s'ils en avaient été les seuls auteurs, comme ils en ont été presque les seuls instruments ; qui tendait à attiser le plus redoutable esprit de parti, et dans le sein de cette assemblée, en opposant les témoins aux juges ; et dans tout le royaume, en calomniant les intentions de la capitale auprès des provinces; et dans chaque ville, en faisant détester une liberté qui avait pu compromettre les jours du monarque; et dans toute l'Europe, en y peignant la situation d'un roi libre sous les fausses couleurs d'un roi captif, persécuté; en y peignant cette auguste assemblée comme une assemblée de factieux?

Oui, le secret de cette infernale procédure est enfin découvert; il est là tout entier; il est dans l'intérêt de ceux dont le témoignage et les calomnies en ont formé le tissu; il est dans les ressources qu'elle a fournies aux ennemis de la Révolution; il est..... il est dans le cœur des juges, tel qu'il sera bientôt buriné dans l'histoire par la plus juste et la plus implacable vengeance. (Applaudissements.)

L'Assemblée décrète qu'il n'y a pas lieu à accusation.

Séance du 21 octobre. — Présidence de Merlin.

Discours sur la proposition faite par Menou, vivement combattue par le côté droit, de substituer au pavillon blanc le pavillon aux couleurs nationales.

Aux premiers mots proférés dans cet étrange débat, j'ai ressenti les bouillons du patriotisme jusqu'au plus violent emportement. (Rires à droite.) Messieurs, donnez-moi quelques moments d'attention; je vous jure qu'avant que j'aie cessé de parler vous ne serez pas tentés de rire... Mais bientôt j'ai réprimé ces justes mouvements pour me livrer à une observation vraiment curieuse et qui mérite toute l'attention de l'Assemblée. Je veux parler du genre de présomption qui a pu permettre d'oser présenter ici la question qui nous agite, et sur l'admission de laquelle il n'était pas permis de délibérer. Tout le monde sait quelles crises terribles ont occasionné de coupables insultes aux couleurs nationales; tout le monde sait quelles ont été en diverses occasions les funestes suites du mépris que quelques individus ont osé leur montrer; tout le monde sait avec quelle félicitation mutuelle la nation entière s'est complimentée, quand le monarque a ordonné aux troupes de porter et a porté lui-même ces couleurs glorieuses, ce signe de ralliement de tous les amis, de tous les enfants de la liberté, de tous les défenseurs de la Constitution; tout le monde sait qu'il y a peu de mois, il y a peu de semaines, le téméraire qui eût osé montrer quelque dédain pour cette enseigne du patriotisme, eût payé ce crime de sa tête. (Les murmures et les applaudissements se confondent.)

Et lorsque vos comités réunis ne se dissimulant pas les nouveaux arrêtés que peut exiger la mesure qu'ils vous proposent; ne se dissimulant pas que le changement de pavillon, soit dans sa forme, soit dans les mesures secondaires qui seront indispensables pour assortir les couleurs nouvelles aux di-

vers signaux qu'exigent les évolutions navales; méprisant, il est vrai, la
futile objection de la dépense; on a objecté la dépense, comme si la nation,
si longtemps victime des profusions du despotisme, pouvait regretter le
prix des livrées de la liberté! comme s'il fallait penser à la dépense des nouveaux pavillons sans en rapprocher ce que cette consommation nouvelle
versera de richesses dans le commerce des toiles, et jusque dans les mains
des cultivateurs du chanvre et d'une multitude d'ouvriers! lorsque vos comités réunis, très-bien instruits que de tels détails sont de simples mesures
d'administration qui n'appartiennent pas à cette Assemblée, et ne doivent
pas consumer son temps; lorsque vos comités réunis, frappés de cette remarquable et touchante invocation des couleurs nationales, présentée par
des matelots dont on fait avec tant de plaisir retentir les désordres, en en
taisant les véritables causes, pour peu qu'elles puissent sembler excusables;
lorsque vos comités réunis ont eu cette belle et profonde idée de donner
aux matelots, comme un signe d'adoption de la patrie, comme un appel à
leur dévouement, comme une récompense de leur retour à la discipline, le
pavillon national, et vous proposent en conséquence une mesure qui, au
fond, n'avait pas besoin d'être demandée ni décrétée, puisque le directeur
du pouvoir exécutif, le chef suprême des forces de la nation, avait déjà ordonné que les trois couleurs fussent le signe national.

Eh bien, parce que je ne sais quel succès d'une tactique frauduleuse dans
la séance d'hier a gonflé les cœurs contre-révolutionnaires, en vingt-quatre
heures, en une nuit, toutes les idées sont tellement subverties, tous les
principes sont tellement dénaturés, on méconnaît tellement l'esprit public,
qu'on ose dire à vous-mêmes, à la face du Peuple qui nous entend, qu'il est
des préjugés antiques qu'il faut respecter, comme si votre gloire et la sienne
n'étaient pas de les avoir anéantis, ces préjugés que l'on réclame! Qu'il est
indigne de l'Assemblée nationale de tenir à de telles bagatelles, comme si
la langue des signes n'était pas partout le mobile le plus puissant pour les
hommes, le premier ressort des patriotes et des conspirateurs pour le succès
de leur fédération ou de leurs complots! On ose, en un mot, vous tenir froidement un langage qui, bien analysé, dit précisément : Nous nous croyons
assez forts pour arborer la couleur blanche, c'est à dire la couleur de la
contre-révolution (murmures du côté droit; applaudissements unanimes du
côté gauche), à la place des odieuses couleurs de la liberté. Cette observation est curieuse, sans doute, mais son résultat n'est pas effrayant. Certes,
ils ont trop présumé. Croyez-moi (à la partie droite), ne vous endormez pas
dans une si périlleuse sécurité, car le réveil serait prompt et terrible. (Au
milieu des applaudissements et des murmures, on entend ces mots : *C'est le
langage d'un factieux.*) (A la partie droite) : Calmez-vous, car cette imputation doit être l'objet d'une controverse régulière; nous sommes contraires
en fait, vous dites que je tiens le langage d'un factieux. (Plusieurs voix de la
droite : *Oui, oui.*)

Monsieur le président, je demande un jugement, et je pose le fait. (Nouveaux murmures.) Je prétends, moi, qu'il est, je ne dis pas irrespectueux, je ne dis pas inconstitutionnel, je dis profondément criminel, de mettre en question si une couleur destinée à nos flottes peut être différente de celle que l'Assemblée nationale a consacrée; que la nation, que le roi ont adopté, peut être une couleur suspecte et proscrite. Je prétends que les véritables factieux, les véritables conspirateurs sont ceux qui parlent des préjugés qu'il faut ménager, en rappelant nos antiques erreurs et les malheurs de notre honteux esclavage. (On applaudit.) Non, Messieurs, non; leur sotte présomption sera déçue; leurs sinistres présages, leurs hurlements blasphémateurs seront vains; elles vogueront sur les mers'les couleurs nationales; elles obtiendront le respect de toutes les contrées, non comme le signe des combats et de la victoire, mais comme celui de la sainte confraternité des amis de la liberté sur toute la terre, et comme la terreur des conspirateurs et des tyrans..... Je demande que la mesure générale comprise dans le décret soit adoptée; qu'il soit fait droit sur la proposition de M. Chapelier, concernant les mesures ultérieures, et que les matelots à bord des vaisseaux, le matin et le soir, et dans toutes les occasions importantes, au lieu du cri accoutumé et trois fois répété de : *Vive le roi!* disent : *Vivent la nation, la loi et le roi.*

Au milieu des applaudissements excités par ce discours, un membre du côté droit, Guillermy, s'écrie : *Mirabeau est un scélérat!* On fait la motion d'arrêter celui qui a proféré cette injure.

Je demande, dit Mirabeau, qu'on passe à l'ordre du jour.

Je serais bien fâché, continue l'orateur, de me présenter en cette occasion comme accusateur: mais je ne puis, je ne veux consentir à être accusé. Non-seulement mon discours n'était pas incendiaire, mais je soutiens qu'il était de devoir pour moi, dans une insurrection si coupable, de relever l'honneur des couleurs nationales et de m'opposer à l'infâme *il n'y a lieu à délibérer,* que l'on osait espérer de notre faiblesse. Je dis, et je tiens à honneur d'avoir dit que demander que l'on ménageât les préjugés sur le renversement desquels est fondée la Révolution ; que demander qu'on arborât la couleur blanche proscrite par la nation, à la place des couleurs adoptées par elle et par son chef, c'était proclamer la contre-révolution. Je le répète, et je tiens à honneur de le répéter, et malheur à qui parmi ceux qui, comme moi, ont juré de mourir pour la Constitution, se sent pressé du besoin de m'en faire un crime! Il a révélé l'exécrable secret de son cœur déloyal ! Quant à l'injure que m'a faite cet homme traduit devant cette assemblée et soumis à sa justice, cette injure est si vile qu'elle ne peut m'atteindre. J'ai proposé que l'on passât à l'ordre du jour au lieu de s'occuper de sa démence, et peut-être, s'il eût conservé quelque sangfroid, m'aurait-il demandé lui-même pour son avocat. Je ne puis donc être suspecté d'un désir de vengeance en prenant la parole pour requérir de votre justice un jugement. En réfléchissant à ce qui vient de se passer, j'ai compris qu'il ne convenait pas à un représentant de la nation de se laisser aller au premier mouvement d'une fausse générosité, et que sacrifier la portion de respect qui lui est due, comme membre de cette assemblée, ce serait déserter son poste et son devoir. Ainsi, non seulement je ne propose plus, comme je l'avais fait, de passer à l'ordre du jour, mais je demande qu'on juge M. Guillermy ou moi ; s'il est innocent, je suis coupable; prononcez. Je ne puis que répéter que j'ai tenu un langage dont je m'honore , et je livre au mépris de la nation et de l'histoire ceux qui oseront m'imputer à crime mon discours.

L'Assemblée condamne Guillermy aux arrêts pour trois jours.

Séance du 27 novembre. — Présidence d'Alexandre Lameth.

Proposition d'un décret contre les évêques députés qui avaient protesté contre divers actes de l'Assemblée,

Messieurs, tandis que de toutes parts les ennemis de la liberté publique nous accusent d'avoir juré la perte de la religion, je me lève en ce moment pour vous conjurer, au nom de la patrie, de soutenir de toute la force dont vous a revêtus cette religion menacée par ses propres ministres, et qui ne chancela jamais que sous les coups dont l'orgueil et le fanatisme des prêtres l'ont trop souvent outragée !

Quelle est, en effet, cette *exposition* qui vient, à la suite des protestations et des déclarations turbulentes, susciter de nouvelles interruptions à vos travaux et de nouvelles inquiétudes aux bons citoyens? Ne balançons pas à le dire, Messieurs, c'est encore ici la ruse d'une hypocrisie qui cache, sous le masque de la piété et de la bonne foi, le punissable dessein de tromper la religion publique et d'égarer le jugement du Peuple. C'est l'artifice d'une cabale formée dans votre propre sein qui continue à méditer des mesures pour le renversement de la Constitution, en affectant le ton de la paix, et qui met en mouvement tous les ressorts du trouble et de la sédition lorsqu'elle se donne pour ne vouloir plaider que la cause de Dieu et revendiquer les droits de la puissance spirituelle.

Non, Messieurs, ce qu'on veut n'est pas que vous apportiez des tempéraments et des modifications à ce que vous avez statué sur la constitution civile du clergé, mais que vous cessiez d'être sages, que vous renonciez à toute justice ; qu'après avoir réglé le dehors de la religion vous en attaquiez le fond ; que vous fouliez aux pieds la foi de vos pères ; que vous anéantissiez un culte dont vous avez lié la destinée à celle de l'empire, afin que votre chute dans l'impiété vous imprime un caractère odieux, et semble intéresser la piété des peuples à la dispersion des législateurs de qui la France attendait sa régénération.

Mais s'il était vrai que le sacerdoce français dût à la religion et à sa propre conscience d'opposer des réclamations à vos décrets, ces réclamations devraient-elles être conçues, rédigées, publiées par les évêques députés à l'Assemblée nationale? Si cette *exposition* est un devoir indispensable pour les corps des pasteurs, pourquoi nos collègues dans la représentation nationale se rendent-ils les organes d'une résistance qui, fut-elle nécessaire, aurait toujours ses inconvénients et ses dangers? Pourquoi faut-il que ce soit du fond de ce sanctuaire même de la loi qu'il s'élève des voix pour la ruine de la loi? N'était-ce pas là une commission délicate et terrible dont la prudence voulait qu'on choisît les instruments au dehors du corps législatif et dans une classe d'hommes libres des ménagements et des bienséances que la nation impose aux dépositaires de sa confiance et de son autorité? Ce ténébreux phénomène ne s'explique, Messieurs, que par la détermination prise depuis longtemps de faire haïr des persécuteurs du christianisme dans les fondateurs de la liberté, et de réveiller contre vous l'ancien et infernal génie des fureurs sacrées.

Un tel dessein demande des agents suscités du milieu de vous. Leur caractère public donne du poids à leurs calomnies. On a voulu, pour imprimer au ressort contre-révolutionnaire une teinte constitutionnelle et nationale, que les moteurs en fussent pris parmi les spectateurs et les compagnons de vos travaux. Il résulte de là un signal solennel de scission qui ranime toutes les espérances, et qui, sans les vertus personnelles du prince que vous avez appelé le restaurateur de la liberté française, promettrait au despotisme abattu des forces pour briser son tombeau et pour redresser son trône sur les cadavres des hommes échappés à ses fers.

Pour démêler, Messieurs, ce caractère faux et perfide qu'on s'est vainement efforcé de couvrir de tous les voiles d'une raison modérée et d'une religion sage et tranquille, il vous suffira de remarquer les paroles qui terminent cette étrange *exposition* : « Nous pensons que notre premier devoir est d'*attendre avec confiance* la réponse du successeur de saint Pierre, qui, placé dans le centre de l'unité catholique et de la communion, doit être l'interprète et l'organe du vœu de l'église universelle. »

Concevez-vous, Messieurs, comment des pasteurs, qui sont dans l'attente d'une décision suprême et très-prochaine de la part d'un tribunal dont ils veulent à tout prix reconnaître la souveraineté, tombent dans l'inconséquence de prévenir ce jugement et de s'établir les précurseurs des conseils de Rome, qui doit apparemment armer la France catholique contre la France libre? N'est-ce pas là publier que l'on croit à l'avance parce qu'on l'a dictée, une réponse à laquelle on veut attacher les destins de cet empire? N'est-ce pas laisser transpirer la connivence établie entre le clergé français et le clergé romain, pour combiner des manœuvres de contre-révolution, et déconcerter par la perspective sinistre d'un schisme, la force qui nous a soutenus jusqu'ici contre tant d'orages? Ou plutôt, Messieurs, on vous prévient sans détour que vous êtes destinés à subir ce dernier joug, si vous ne vous hâtez de recommencer la constitution du clergé *sur les principes exposés par les évêques députés à l'Assemblée nationale.* « Nous voulons, disent-ils, employer tous les moyens de sagesse et de charité pour prévenir les troubles dont une *déplorable scission* peut devenir l'ouvrage. Nous ne pouvons pas transporter le schisme dans nos principes, quand nous cherchons les moyens d'en préserver. » Et ce sont des représentants des Français qui tiennent à leurs commettants ce langage menaçant et séditieux ! et ce sont les ministres du Dieu de paix, les pasteurs des hommes qui soufflent l'esprit de discorde et de révolte parmi leurs troupeaux !

Jamais l'incrédulité systématique n'ourdit de manœuvres ni si dangereuses, ni si profondément destructives de tous les principes du christianisme. Aucun impie n'en a tenté la ruine en lui incorporant les intérêts et les passions les plus incomparables avec la durée de son règne, et en semant dans son sein tous les germes d'une inquiétude et d'une fermentation si incurable, que pour le voir s'évanouir et se perdre dans les gouffres du temps, il n'y ait plus qu'à l'abandonner à sa propre destinée. Voilà, Messieurs, ce que font les évêques députés à l'Assemblée nationale ; ils veulent charger la religion du soin de vous punir et de les venger. Ils savent à quels dangers ils l'exposent ; mais ils en ont fait le sacrifice. Ils sont résolus à lui faire courir tous les hasards de ce choc terrible, et à la voir s'écrouler sur ses antiques et augustes fondements, pourvu qu'en tombant elle enveloppe dans ses ruines vos lois et la liberté.

Certes, Messieurs, quand on vous reproche de rétrécir l'ancienne juridiction de l'église, et de méconnaître la nécessité de l'étendue d'un pouvoir *qu'elle exerçait sous les empereurs païens, et dans les temps des persécutions,* n'est-ce pas vous inviter à soumettre à une révision sévère le système d'organisation sacerdotale que vous avez adopté; à ramener la religion à l'existence qu'elle avait sous le gouvernement des anciens Césars, et à la dépouiller de toute correspondance et de toute relation avec le régime de l'empire? Quelle merveille que des empereurs païens pour qui la religion n'était rien, et dans un temps où l'institution chrétienne n'était ni reçue dans l'Etat, ni reconnue par l'Etat, ni entretenue sur les fonds de l'Etat, aient laissé cette institution se régir dans son indivisibilité, suivant des maximes qui ne pouvaient avoir d'effets publics, et qui ne touchaient par aucun point à l'administration civile ! Le sacerdoce, entièrement détaché du régime social, et dans son état de nullité politique, pouvait, du sein des cavernes où il avait construit ses sanctuaires, dilater et rétrécir, au gré de ses opinions religieuses, le cercle de ses droits spirituels et de ses dépendances hiérarchiques. Il pouvait régler, sans exciter nulle sensation, ces limites et ces démarcations diocésaines qui ne signifiaient alors que le partage des soins apostoliques, et qui n'obscurcissaient et n'embarrassaient en rien la distribution des provinces romaines.

Alors, Messieurs, la religion n'était que soufferte. Alors les prêtres ne demandaient rien pour elle aux maîtres du monde, que de la laisser épancher dans le sein de l'homme ses bienfaits inestimables. Alors ses pontifes bénissaient les puissances de laisser reposer le glaive qui avait immolé tant de pasteurs vénérables, et de regarder les modestes organes de l'évangile avec bienveillance, ou même sans colère. Alors ces ouvriers austères et infatigables ne connaissaient d'autre source de leur frugale subsistance que les aumônes de ceux qui recevaient l'évangile et qui employaient leur ministère.

Concevez-vous, Messieurs, quels eussent été les transports de ces hommes si dignes de la tendre et religieuse vénération qu'ils inspirent, si la puissance romaine eût ménagé de leur temps à la religion le triomphe que lui assurent aujourd'hui les législateurs de la France? Et c'est ce moment où vous rendez sa destinée inséparable de celle de la nation, où vous l'incorporez à l'existence de ce grand empire, où vous consacrez à la perpétuité de son règne et de son culte la plus solide portion de la substance de l'Etat; c'est ce moment où vous la faites si glorieusement intervenir dans cette sublime division du plus beau royaume de l'univers, et où, plantant le signe auguste du christianisme sur la cîme de tous les départements de la France, vous confessez à la face de toutes les nations et de tous les siècles, que Dieu est aussi nécessaire que la liberté au peuple français; c'est ce moment que nos évêques ont choisi pour vous dénoncer comme violateurs des droits de la religion pour vous prêter le caractère des anciens persécuteurs du christianisme, pour vous imputer, par conséquent le crime d'avoir voulu tarir la dernière ressource de l'ordre public, et éteindre le dernier espoir de la vertu malheureuse.

Et nous ne pouvons pas douter, Messieurs, que ce ne soit dans une intention aussi malveillante qu'on cherche à insinuer que la religion est perdue, si c'est le choix du peuple qui décerne les places ecclésiastiques. Car nos évêques savent, comme toute la France, à quel odieux brigandage la plupart d'entre eux sont redevables du caractère qu'ils déplorent maintenant avec tant de hardiesse contre la sagesse de vos lois. Certes, il en est plusieurs qui auraient trop à rougir de voir se dévoiler au grand jour les obscures et indécentes intrigues qui ont déterminé leur vocation à l'épiscopat; et le clergé, dans sa conscience, ne peut pas dissimuler ce que c'était que l'administration de la feuille des bénéfices. Je ne veux pas remuer ici cette source impure, qui a si longtemps infecté la France de sa corruption profonde, ni retracer cette iniquité publique et scandaleuse qui repoussait loin des dignités du sanctuaire la portion saine et laborieuse de l'ordre ecclésiastique, qui faisait ruisseler dans le sein de l'oisiveté et de l'ignorance tous les trésors de la religion et des pauvres, et qui couronnait de la tiare sacrée des

fronts couverts du mépris public et flétris de l'empreinte de tous les vices ;
mais je dirai que des prélats d'une création aussi anti-canonnique, des prélats
entrés dans le bercail du troupeau du Seigneur par une porte aussi profane,
sont les véritables *intrus* que la religion réprouve et qu'ils ne peuvent, sans
blesser toute pudeur, condamner la loi qui leur assigne pour successeurs
ceux qui obtiendront l'estime toujours impartiale et pure de leurs concitoyens.

« On sait, disent-ils, à quel point la forme qu'on propose pour les élections est contraire aux règles anciennes... Il n'y a pas d'exemple d'une
forme d'élection sur laquelle le clergé n'ait pas eu la principale influence ;
cette influence est anéantie ; il y a des départements dans lesquels on ne
compte pas un ecclésiastique parmi les électeurs. » Vous deviez bien frémir, ô vous qui brûlez de tant de zèle pour la restauration de l'ancienne
discipline, lorsque, sous l'ancien régime, le clergé se mêlait un peu du choix
des premiers pasteurs, et qu'un ministre vendu aux volontés et aux caprices de ce qu'il y eût jamais de plus pervers et de plus dissolu autour du
trône, distribuait en mercenaire les honneurs et les richesses de l'église
de France au commandement des mêmes oppresseurs qui se jouaient des
larmes du peuple, et qui trafiquaient impunément du bonheur et du malheur
des hommes ! Pourquoi donc ne vit-on jamais sortir des assemblées du
clergé, ni doléances, ni réclamations, ni remontrances contre un abus qui
tuait si visiblement la religion dans ses plus intimes éléments, et qui cor-
rompait si scandaleusement toutes les sources de morale ?

Non, Messieurs, on ne veut pas sincèrement l'ordre et la justice ; on ne
veut que brouiller et bouleverser. On n'est irrité que de la force de la digue
que vous avez opposée au torrent des passions sacerdotales, on cherche à
paralyser la Constitution de l'État pour faire revivre l'ancienne constitution du clergé ; on aspire à faire évanouir tous vos travaux dans les lon-
gueurs et la continuité des interruptions qu'on y apporte, et à voir toutes
nos scènes politiques se dénouer dans les horreurs d'une guerre religieuse.

Ceux qui revendiquent la part qu'avait autrefois le clergé à l'élection des
ministres de l'église sont-ils de bonne foi ? Il n'y a qu'un mot à leur répondre, le voici : Si le clergé actuel ne doit jamais devenir constitutionnel et
citoyen, son intervention dans le choix des pasteurs serait un mal public,
et le foyer du trouble résiderait à perpétuité dans le sein de l'église de
France. S'il prend enfin l'esprit de la révolution et de la liberté, le peuple
s'honorera d'invoquer sa sagesse et d'écouter ses conseils dans toutes les
grandes déterminations qu'il aura à statuer pour le maintien des lois et
pour la juste distribution des emplois religieux et politiques.

L'influence de l'ancien clergé sur les élections ecclésiastiques n'a point
d'autre origine que le respect et la confiance du peuple. Vous savez, prélats qui m'entendez, vous savez qu'il ne tient qu'à vous de vous faire adorer
des hommes, et de devenir les oracles de tous les conseils. Ressemblez à

vos anciens prédécesseurs, et vous verrez bientôt le peuple ressembler aux anciens fidèles, et ne vouloir rien faire sans ses pasteurs.

Quoique je n'aie pas eu dessein, Messieurs, de vous exposer l'analyse et la réfutation d'un écrit qui n'a pour base que les traditions surannées d'une théologie arbitraire et inconséquente, je ne puis néanmoins me dispenser d'attirer un moment l'attention de l'Assemblée sur le fond de la question considérée en elle-même, parce qu'enfin il entre peut-être de la vraie religion dans toutes ces réflexions et toutes ces inquiétudes théologiques, et qu'autant nous devons de sévérité à l'esprit de mécontentement et de murmure, autant nous devons de patience, de discussion et d'exhortation aux doutes des âmes timorées.

Le prétexte politique de cette espèce d'insurrection sacerdotale, c'est, Messieurs, que la même puissance qui a changé l'ancienne distribution du royaume ne pouvait rien changer de l'ancienne démarcation des diocèses sans le concert de la puissance spirituelle ; ils disent que, les corps législatifs n'ayant nul caractère pour restreindre ou pour étendre la juridiction des évêques, ceux-ci ont besoin d'une nouvelle institution pour se remettre au cours de leurs fonctions.

J'avouerai volontiers que la théologie n'entra jamais dans le plan de mes études ; mais, sur le point dont il s'agit ici, j'ai eu quelques entretiens avec des ecclésiastiques instruits et d'une raison exacte et saine, en sondant leurs réflexions dans les principes qui appartiennent aux seuls procédés d'un bon esprit et d'une logique inflexible, j'ai appris le résultat que je vais mettre sous vos yeux.

Le premier des quatre articles qui servent de base *aux libertés de l'église gallicane*, énonce *que les évêques tiennent immédiatement de Dieu la juridiction spirituelle qu'ils exercent dans l'église*. Paroles qui ne signifient rien du tout, si elles ne signifient que les évêques reçoivent dans leur inauguration la puissance de *régir* les fidèles dans l'ordre spirituel, et que cette puissance est essentiellement illimitée : car elle est le fond de l'essence de l'épiscopat, et ne saurait par conséquent connaître d'autres bornes que celles de l'univers entier. Un caractère divin qui perdrait son existence au-delà d'une circonférence donnée, serait un caractère chimérique et illusoire ; en sorte que chaque évêque est solidairement, et par l'institution, le pasteur de l'église universelle. Aussi le fondateur du christianisme n'a-t-il point partagé entre les apôtres la juridiction à exercer dans les différentes contrées du monde, et n'a-t-il assigné à aucun d'eux le cercle où il devait se renfermer. Mais chacun d'eux a reçu la puissance de tous ; tous ont été indivisiblement établis les recteurs et les chefs du tout le troupeau de Dieu. *Répandez-vous*, leur dit-il, *dans tout le monde, annoncez l'Evangile à toute créature, je vous envoie comme mon père m'a envoyé*. Voilà une décision évidente, ou il faut dire que notre épiscopat est d'une autre nature que celui que Jésus-Christ a institué.

La division de l'église universelle en diverses sections ou diocèses, est une économie d'ordre et de police ecclésiastique, établie à des époques fort postérieures à la détermination de la puissance épiscopale : un dénombrement commandé par la nécessité des circonstances, et par l'impossibilité que chaque évêque gouvernât toute l'église, n'a pu rien changer à l'institution primitive des choses, ni faire qu'un pouvoir illimité par sa nature devînt précaire et local.

Sans doute le bon ordre a voulu que la démarcation des diocèses une fois déterminée, chaque évêque se renfermât dans les limites de son église. Mais que les théologiens, à force de voir cette discipline observée, se soient avisés d'enseigner que la juridiction des évêques se mesure sur l'étendue de son territoire diocésain, et que hors de là il est dépouillé de toute puissance et de toute autorité spirituelle, c'est là une erreur absurde qui n'a pu naître que de l'entier oubli des principes élémentaires de la constitution de l'église.

Sans rechercher en quoi consiste la supériorité du souverain pontife, il est évident qu'il n'a pas une juridiction spécifiquement différente de celle d'un autre évêque : car la papauté n'est point un ordre hiérarchique; on n'est pas *ordonné* ni *sacré* pape. Or, une plus grande juridiction spirituelle, possédée de droit *divin*, ne se peut conférer que par une *ordination* spéciale, parce qu'une plus grande juridiction suppose l'impression d'un caractère plus éminent, et la collation d'un plus haut et plus parfait sacerdoce. La primauté du pape n'est donc qu'une supériorité extérieure, et dont l'institution n'a pour but que d'assigner au corps des pasteurs un point de ralliement et un centre d'unité. La primauté de saint Pierre ne lui attribuait pas une puissance d'une autre espèce que celle qui appartenait aux autres apôtres, et n'empêchait pas que chacun de ses collègues ne fût comme lui l'instituteur de l'univers et le pasteur né du genre humain. Voilà une règle sûre pour déterminer le rapport à maintenir entre nos évêques et le souverain pontife. Il n'y a là, Messieurs, ni subtilités, ni sophismes, et tout esprit droit et non prévenu est juge compétent de l'évidence de cette théorie.

Mais, je l'ai dit, l'intérêt de rappeler les droits de l'Eglise n'est ici que le prétexte de l'entreprise de nos évêques, et l'on ne peut méconnaître la véritable cause de leur résistance.

Les vrais amis de la Constitution et de la liberté ne peuvent se dissimuler que nos pasteurs et nos prêtres persévèrent à composer une classe à part, et à mettre au nombre des devoirs de leur état l'étude des mesures qui peuvent arrêter la Révolution. Ce sont des prêtres qui rédigent et qui font circuler les feuilles les plus fécondes en explosions frénétiques contre vos travaux; et ces prêtres sont soutenus de toute la prélature aristocratique : on exalte leur dévouement aux anciens abus, comme l'héroïsme du zèle apostolique; on les honore comme les réclamateurs imperturbables des droits de Dieu et des rois ; on les encense, on les canonnise comme les Ambroise et les Athanase de leur siècle ; il ne leur manque que de mourir victime de leur fanatisme et de leurs transports séditieux, pour recevoir les couronnes de l'apothéose et pour obtenir la gloire d'être inscrits sur le tableau des martyrs de la religion !

Pontifes qui partagez avec nous l'honneur de représenter ici la nation française, à Dieu ne plaise que j'attire sur vous ni sur vos collègues dispersés dans leurs églises, des reproches qui vous compromettraient aux yeux d'un peuple dont le respect et la confiance sont nécessaires au succès de vos augustes fonctions. Mais, après cette dernière éruption d'une inquiétude qui menace tout, pouvons-nous croire que vous ne prêtez ni votre appui ni votre suffrage aux écrivains anti-constitutionnels qui décrient la liberté au nom de l'Evangile, et qui ne visent à rien de moins qu'à présenter la Révolution sous les couleurs d'une manœuvre impie et sacrilége ? Et quand vous vous seriez borné au silence de la neutralité et de l'insouciance, ce silence n'eut-il pas déjà été lui-même un scandale public ? Des premiers pasteurs peuvent-ils se taire dans ces grandes crises où le peuple a un si pressant besoin d'entendre la voix de ses guides ? Oui, j'étais déjà profondément scandalisé de ne pas voir l'épiscopat français ordonner à ses ouailles de fréquentes et fortes instructions pastorales sur les devoirs actuels des citoyens, sur la nécessité de la subordination, sur les avantages à venir de la liberté, sur l'horreur du crime que commettent tous ces esprits perturbateurs et malveillants qui méditent des contre-révolutions à exécuter dans le sang de leurs concitoyens. J'étais scandalisé de ne pas voir des mandements civiques se répandre dans toutes les parties de ce royaume, porter jusqu'à ses extrémités les plus reculées, des maximes et des leçons conformes à l'esprit d'une révolution qui trouve sa sanction dans les principes et dans les plus familiers éléments du christianisme. J'étais enfin scandalisé et indigné de voir des pasteurs inférieurs affecter la même indifférence, écarter de leurs instructions publiques tout ce qui pourrait affermir le peuple dans l'amour de son nouveau régime, laisser plutôt transpirer des principes favorables à la résurection de l'ancien despotisme, et se permettre souvent des réticences perfides. Je m'arrête pour éviter des inductions trop fâcheuses.

Prélats et pasteurs, je ne possède pas plus qu'un autre mortel le don de prophétie, mais j'ai quelques connaissances du caractère des hommes et de la marche des choses. Or, savez-vous ce qui arrivera, si les âmes ecclésiastiques, persévérant à se fermer à l'esprit de la liberté, viennent enfin à faire désespérer de leur conversion à la Constitution, et, par conséquent de leur aptitude à être citoyen ? L'indignation publique, montée à son comble, ne pourra plus souffrir que la conduite des hommes demeure confiée aux ennemis de leur prospérité ; et ce qui serait peut-être encore aujourd'hui une motion violente ne tardera pas à acquérir le caractère d'une mesure raisonnable, sage et commandée par la nécessité d'achever le salut de l'État. On proposera à l'Assemblée nationale, comme l'unique moyen de nettoyer le sein de la nation de tout l'ancien levain qui voudrait se refiltrer dans ses organes, on proposera de décréter la vacance universelle des places ecclésiastiques conférées sous l'ancien régime pour les soumettre toutes à l'élection des départements, pour mettre le peuple à portée de se donner des pasteurs dignes de sa confiance, et de pouvoir chérir dans les apôtres de la religion les amis de sa délivrance et de sa liberté.

Et ce projet, Messieurs, tout brusque qu'il pourrait paraître au premier coup d'œil, attirera d'autant plus l'attention des députés qui sont animés d'un véritable zèle pour répandre partout l'esprit de la Constitution, que son exécution ne pourra jamais entraîner que le déplacement de ceux qui ont donné lieu à la défiance publique, qui sont bien décidément réputés fauteurs ou approbateurs des menées de l'aristocratie, et par conséquent incapables de faire aucun bien réel dans les places qu'ils occupent ; car le peuple est juste, et son choix maintiendrait ceux de ses pasteurs qui auraient fait preuve de patriotisme, ou qui auraient rejeté le scandale de la résistance à la loi.

Le ciel et mon âme me sont témoins que personne ne souhaite plus sincèrement que moi de voir nos évêques et nos curés prévenir le recours de l'Assemblée à ce moyen pénible ; et je les conjure de réfléchir à la nécessité que leur caractère leur impose de coordonner l'église à la Constitution, et d'aider la patrie, encore chancelante sur ses nouvelles bases, à s'étayer de la force de la religion. Mais je dois ajouter, pour ne rien laisser en arrière des vraies dispositions dont je suis affecté, que si jamais je perds l'espoir de voir les ministres du christianisme sortir du coupable silence dont ils s'enveloppent au milieu des écarts dont quelques-uns d'eux déshonorent le sacerdoce, je serai aussi le plus ardent à solliciter l'application du remède dont je viens de parler ; et je suis fondé à penser que des suffrages imposants par leur poids et par leur nombre soutiendront victorieusement ma voix.

En attendant, Messieurs, le moment où vous jugerez de votre sagesse d'examiner et de décider cette grande question, il me paraît nécessaire, qu'après avoir statué sur l'étonnante démarche des prélats députés à l'Assemblée nationale vous preniez en considération quelques articles relatifs à l'institution ecclésiastique, qui ont aussi une relation trop directe à nos principes constitutionnels pour être étrangers à la sollicitude du corps législatif.

1° Vous avez attribué, Messieurs, à tous les évêques et à tous les curés du royaume le choix de leurs coopérateurs dans le ministère ecclésiastique. Cette disposition, qui n'entraînerait aucun danger, si tous les évêques et les curés actuels étaient *nationaux*, c'est-à-dire de la création du peuple, ne me paraît bonne, en ce moment qu'à procurer aux prélats et pasteurs

aristocrates une facilité pour renforcer leur influence anti-civique. Le
moindre inconvénient qui puisse résulter de la liberté accordée aux ministres du culte de composer à leur gré leur presbytère, c'est la possibilité, ou
plutôt la certitude qu'incessamment le petit nombre d'ecclésiastiques, voués
à la Révolution, qui sont employés dans les diocèses et dans les paroisses, se
trouvent sans fonctions et sans existence, et que les opinions et les consciences n'aient plus pour guides que des prêtres fanatiques et contre-révolutionnaires, c'eût donc été une mesure plus digne de votre sagesse,
Messieurs, de régler la distribution des places de vicaires d'après la nécessité
d'établir auprès des évêques et des curés une sorte de réaction contre leur
tendance incurable à ramener les anciens abus; raison très-suffisante pour
modifier un de vos précédents décrets d'un bon et salutaire amendement.

2° Le ministre privé de la confession, qui peut être aussi utile au progrès
de l'esprit civique et constitutionnel, par la force et la continuité de son influence sur les habitudes humaines, et par son ascendant sur les opinions
et sur les mœurs publiques, peut aussi devenir un foyer d'anti-patriotisme
d'autant plus dangereux, que seul il peut se dérober à la surveillance de
l'autorité, et que la loi ne saurait imposer aucune comptabilité à ceux qui
l'exercent. Le nombre des confesseurs est prodigieux, et celui des prêtres
vraiment citoyens est si petit, que leur zèle pour la révolution les a fait remarquer dans toute la France, et les met encore en butte aujourd'hui à la
haine et aux injures de leurs implacables confrères. Dans cet état de notre
sacerdoce actuel, il m'est impossible, Messieurs, de me taire sur la nécessité
pressante de chercher des précautions contre les terribles et innombrables
abus dont cette partie de l'administration ecclésiastique couve maintenant
les germes. Tant que vous n'aurez pas trouvé dans votre sagesse un moyen
de faire agir ce ressort de la religion, selon une détermination concentrique
au mouvement du patriotisme et de la liberté, je ne saurais voir autre
chose dans les tribunaux sacrés, qu'une loi, sans doute irréfragable et divine,
a érigés dans l'enceinte de nos temples, que les trônes d'une puissance adverse et cachée, qui ne croira jamais remplir sa destinée qu'autant qu'elle
fera servir ses invincibles ressources à miner sourdement les fondements de
la Constitution. C'est encore là un de ces grands maux qui exigent l'application d'un prompt et puissant remède.

3° Ce fut aussi de tout temps un grand mal que cette multitude étonnante
de prêtres qui a été toujours croissante jusqu'à nos jours, et dont un tiers
aurait suffi aux besoins du ministère ecclésiastique. Cette disproportion, si
contraire à l'esprit et à la discipline des premiers siècles du christianisme,
et qui a été une source intarissable de scandales et d'injustices, ne peut, à la
vérité, se prolonger bien avant dans le nouveau régime que vous avez établi,
et où le sanctuaire n'offrira plus à ceux qui le serviront que de grands
travaux à soutenir et que de sobres jouissances à recueillir. Cependant,
Messieurs, cet équilibre ne s'effectuerait que par des gradations trop lentes;

et la génération sacerdotale actuelle, si prodigieusement grossie par la restitution que vous avez faite de leur liberté aux membres des instituts religieux, excéderait encore trop longtemps par son nombre celui des places à remplir dans l'Eglise, si vous n'attendiez le retranchement d'un inconvénient si fécond en conséquences si funestes que de l'influence tardive du gouvernement. Quelque rare que devienne désormais la vocation de l'état ecclésiastique, on doit pourtant s'attendre que si l'on n'apporte aucune interruption au cours des ordinations, il s'y présentera toujours assez de candidats pour entretenir durant des siècles cette surabondance de ministres des autels, et perpétuer par là tous les maux qu'elle a causés à l'Eglise et à l'État. Personne ne peut disconvenir que les plus beaux jours de la religion n'aient été ceux où les évêques n'ordonnaient ni prêtres ni diacres qu'autant précisément qu'il en fallait pour le service de leurs églises, c'est-à-dire, de leurs diocèses; et certes, la quantité n'en était pas nombreuse, puisque, du temps du pape saint Corneille, l'an 250 de l'ère chrétienne, l'Eglise romaine n'avait que quarante-six prêtres, quoiqu'elle fut composée d'un peuple innombrable.

Telles sont, Messieurs, les considérations que, depuis quelque temps, j'ai eu vivement à cœur d'exposer à l'Assemblée, et l'objet me paraît de nature à provoquer toute la vigilance et toute la sollicitude des représentants de la nation.

En conséquence, j'ai l'honneur de vous proposer le projet de décret suivant :

« L'Assemblée nationale, considérant que l'*exposition des principes de la constitution civile du clergé*, récemment publiés par les évêques députés à l'Assemblée nationale, est directement contraire aux libertés de l'Eglise gallicane, et manifestement attentatoire à la puissance du corps constituant, dont les lois sur cette matière ne peuvent être empêchées par quelque tribunal ou puissance ecclésiastique que ce soit.

« Déclare déchu de son élection tout évêque convaincu d'avoir recours au Saint-Siège pour se faire investir de l'autorité épiscopale, entendant que chaque évêque élu s'en tiendra purement et simplement à des lettres de communion et d'unité, conformément à l'article 19 du titre II du décret du 12 juillet dernier.

« Déclare vacant le siége de tout évêque qui recourrait à la demande de nouvelles institutions canonniques, sur ce que la nouvelle démarcation des diocèses lui attribuerait des ouailles qui n'étaient pas auparavant soumises à sa juridiction.

« Déclare également vacant le siége de tout métropolitain ou évêque qui, sur une réquisition dans les formes prescrites par les articles 16 et 35 du décret du 12 juillet, alléguerait d'autres motifs que ceux prévus par les articles 9 et 36 dudit décret, pour refuser la confirmation canonique aux évêques ou curés nouvellement élus.

« Décrète, au surplus, 1° qu'à compter de la publication du présent décret, tout ecclésiastique qui aura fait ou souscrit des déclarations contre les décrets de l'Assemblée nationale acceptés et sanctionnés par le roi, sera non-recevable à demander le traitement qui lui est attribué, jusqu'à ce qu'il ait rétracté lesdites déclarations ou protestations ;

« 2° Que tout ecclésiastique qui, soit dans des mandements ou lettres pastorales, soit dans des discours, instructions ou prônes, se permettra de décrier les lois ou la Révolution, sera réputé coupable d'un crime de lèse-nation, et poursuivi comme tel par-devant les tribunaux à qui il appartiendra d'en connaître ;

« 3° Qu'en amendement des articles 22 et 43 du titre II du décret du 12 juillet, qui attribuent aux évêques et aux curés le choix de leurs vicaires, les évêques et curés ne pourront choisir leurs vicaires que dans un nombre d'ecclésiastiques déterminé par l'élection antérieure des départements ou des districts ;

« 4° Que chaque archevêque ou évêque enverra aux greffes de toutes les municipalités de son diocèse un état signé par lui et par le secrétaire diocésain, de ceux des ecclésiastiques domiciliés dans chaque municipalité qui sont approuvés pour le ministère de la confession, et que nul ecclésiastique ne pourra exercer cette fonction, qu'il n'ait, au préalable, prêté le serment civique par-devant sa municipalité ;

« 5° Et attendu que le nombre des prêtres actuellement ordonnés, très-augmenté par les religieux sortis des cloîtres et rendus à l'activité des fonctions sacerdotales, surpasse de beaucoup et surpassera longtemps encore celui qui est nécessaire pour la desserte du culte, l'Assemblée nationale décrète que le cours des ordinations est dès maintenant et demeurera suspendu pour tous ceux qui ne sont pas engagés dans les ordres sacrés, jusqu'à ce qu'il en soit autrement ordonné d'après les instructions et représentations adressées au Corps législatif par les directoires des départements ;

« 6° Que le présent décret sera présenté dans le jour à l'acceptation et à la sanction du roi. »

L'abbé Maury essaie de réfuter Mirabeau, mais après une discussion assez longue, l'Assemblée adopte le décret du comité.

Projet d'adresse aux Français sur la constitution civile du clergé, adopté et présenté par le comité ecclésiastique.

Français, au moment où l'Assemblée nationale ordonne le sacerdoce à vos lois nouvelles, afin que toutes les institutions de l'empire se prètent un mutuel appui et que votre liberté soit inébranlable, on s'efforce d'égarer la conscience des peuples, on dénonce de toutes parts la constitution civile du clergé, décrétée par vos représentants, comme dénaturant l'organisation divine de l'Eglise chrétienne, et ne pouvant subsister avec les principes consacrés par l'antiquité ecclésiastique.

Ainsi nous n'aurions pu briser les chaînes de notre servitude sans secouer le joug de la foi?... Non, la liberté est loin de nous prescrire un si impraticable sacrifice. Regardez, ô citoyens! regardez cette Eglise de France dont les fondements s'enlacent et se perdent dans ceux de l'empire lui-même; voyez comme elle se régénère avec lui, et comme la liberté qui vient du ciel aussi bien que notre foi, semble montrer en elle la compagne de son éternité et de sa divinité! Voyez comme ces deux filles de la raison souveraine s'unissent pour développer et remplir toute la perfectibilité de votre sublime nature, et pour combler votre double besoin d'exister avec gloire et d'exister toujours!

On nous reproche d'avoir refusé de décréter explicitement que la religion catholique, apostolique et romaine est *la religion nationale.*

D'avoir changé, sans l'intervention de l'autorité ecclésiastique, l'ancienne démarcation des diocèses, et troublé par cette mesure, ainsi qu'en plusieurs autres points de l'organisation civile du clergé, la puissance épiscopale.

Enfin, d'avoir aboli l'ancienne forme de nomination des pasteurs, et de la faire déterminer par l'élection des peuples.

A ces trois points se rapportent toutes accusations d'irréligion et de persécution, dont on voudrait flétrir l'intégrité, la sagesse et l'orthodoxie de vos représentants. Ils vont répondre, moins pour se justifier que pour prémunir les vrais amis de la religion contre les clameurs hypocrites des ennemis de la Révolution.

Déclarer *nationale* la religion chrétienne, eût été flétrir le caractère le plus intime et le plus essentiel du christianisme. En général, la religion n'est pas, elle ne peut être un rapport social; elle est un rapport de l'homme privé avec l'Être infini. Comprendriez-vous ce que l'on voudrait vous dire, si l'on vous parlait d'une *conscience nationale?* Eh bien! la religion n'est pas plus *nationale* que la conscience : car un homme n'est pas véritablement religieux parce qu'il est de la religion d'une nation; et quand il n'y

aurait qu'une religion dans tout l'univers, et que tous les hommes se seraient accordés pour la professer, il serait encore vrai que chacun d'eux
n'aurait un sentiment sincère de la religion, qu'autant que chacun serait
de la sienne; c'est-à-dire qu'autant qu'il suivrait encore cette religion
universelle, quand le genre humain viendrait à l'abjurer.

Ainsi, de quelque manière qu'on envisage une religion, la dire *nationale*,
c'est lui attribuer une dénomination insignifiante ou ridicule.

Serait-ce comme juge de sa vérité ou comme juge de son aptitude à
former de bons citoyens que le législateur rendrait une religion *constitutionnelle?* Mais d'abord y a-t-il des vérités *nationales?* En second lieu, peut-
il jamais être utile au bonheur public que la conscience des hommes soit
enchaînée par la loi de l'Etat? La loi ne nous unit les uns aux autres que
dans les points où nous nous touchons. Or, les hommes ne se touchent que
par la superficie de leur être; par la pensée et la conscience, ils demeurent
isolés, et l'association leur laisse, à cet égard, l'existence absolue de la nature.

Enfin, il ne peut y avoir de *national* dans un empire que les institutions
établies pour produire des effets politiques, et la religion n'étant que la
correspondance de la pensée et de la spiritualité de l'homme avec la pensée
divine, avec l'esprit universel, il s'en suit qu'elle ne peut prendre aucune
forme civile ou légale. Le christianisme principalement s'exclut, par son
essence, de tout système de législation locale. Dieu n'a pas créé ce flambeau
pour prêter des formes et des couleurs à l'organisation sociale des Français;
mais il l'a posé au milieu de l'univers pour être le point de ralliement et le
centre d'unité du genre humain. Que ne nous blâme-t-on aussi de n'avoir
pas déclaré que le soleil est *l'astre de la nation*, et que nul autre ne sera
reconnu devant la loi pour régler la succession des nuits et des jours?

Ministres de l'Evangile! vous croyez que le christianisme est le profond
et éternel système de Dieu; qu'il est là raison de l'existence d'un univers
et d'un genre humain; qu'il embrasse toutes les générations et tous les
temps; qu'il est le lien d'une société éparse dans les empires du monde, *et
qui se rassemblera des quatre vents de la terre* pour s'élever dans les splendeurs de l'inébranlable empire de l'éternité. Avec ces idées si vastes, si
universelles, si supérieures à toutes les localités humaines, vous demandez
que, par une loi constitutionnelle de notre régime naissant, ce christianisme, si fort de sa majesté et de son antiquité, soit déclaré la religion des
Français! Ah! c'est vous qui outragez la religion de nos pères! vous voulez
que, semblable à ces religions mensongères, nées de l'ignorance des hommes,
accréditées par les dominateurs de la terre, et confondues dans les institutions politiques, comme un moyen d'oppression, elle soit déclarée la religion
de la loi des Césars!

Sans doute, là où une croyance absurde a enfanté un régime tyrannique,
là où une constitution perverse dérive d'un culte insensé, il faut bien que
a.religion fasse partie essentielle de la Constitution.

Mais le christianisme, faible et chancelant dans sa naissance, n'a point invoqué l'appui des lois, ni l'adoption des gouvernements. Ses ministres eussent refusé pour lui une existence légale, parce qu'il fallait que Dieu seul parût dans ce qui n'était que son ouvrage; et il nous manquerait aujourd'hui la preuve la plus éclatante de sa vérité, si tous ceux qui professèrent avant nous cette religion sainte l'eussent trouvée dans la législation des empires.

O étrange inconséquence! quels sont ces hommes qui nous demandaient avec chaleur et une amertume si peu chrétienne un décret qui rendît le christianisme *constitutionnel?* Ce sont les mêmes qui blâmaient la Constitution nouvelle, qui la présentaient comme la subversion de toutes les lois de la justice et de la sagesse, qui la dénonçaient de toutes parts comme l'arme de la perversité, de la force et de la vengeance; ce sont les mêmes qui nous disaient que cette constitution devait perdre l'État et déshonorer la nation française. O hommes de mauvaise foi! pourquoi voulez-vous donc introduire une religion que vous faites profession de chérir et d'adorer, dans une législation que vous vous faites gloire de décrier et de haïr? Pourquoi voulez-vous unir ce qu'il y a de plus auguste et de plus saint dans l'univers, à ce que vous regardez comme le plus scandaleux monument de la malice humaine? *Quel rapport,* vous dirait saint Paul, *peut-il s'établir entre la justice et l'iniquité? Et que pourrait-il y avoir de commun entre Christ et Bélial?*

Non, Français! ce n'est ni la bonne foi ni la piété sincère qui suscitent au milieu de vos représentants toutes ces contestations religieuses : ce sont les passions des hommes qui s'efforcent de se cacher sous des voiles imposants, pour couvrir plus impunément leurs ténébreux desseins.

Remontez au berceau de la religion : c'est là que vous pourrez vous former l'idée de sa vraie nature, et déterminer le mode d'existence sous lequel son divin fondateur a voulu qu'elle régnât dans l'univers. Jésus-Christ est le seul de tous les sages qui se sont appliqués à instruire les hommes et à les rendre bons et heureux, qui ne les ait envisagés sous aucun rapport politique, et qui n'ait, en aucune circonstance, mêlé à son enseignement des principes relatifs à la législation des empires. Quelle que soit l'influence de l'Evangile sur la moralité humaine, jamais ni Jésus-Christ ni ses disciples ne firent entendre que l'institution évangélique dût entrer dans les lois constitutionnelles des nations. Il n'ordonne nulle part à ceux qu'il a choisis pour publier sa doctrine, de la présenter aux législateurs du monde comme renfermant des vues nouvelles sur l'art de gouverner les peuples : « Allez « et instruisez les hommes, en disant : Voici que le royaume de Dieu ap- « proche; et lorsque vous entrerez dans une ville ou dans un hameau, « demandez qui sont ceux qui veulent vous écouter, et restez-y autant qu'il « le faudra pour leur apprendre ce que vous devez leur enseigner; mais si « l'on refuse de vous écouter, sortez, et soyez en tout prudents comme les « serpents, et simples comme les colombes. »

L'Evangile est donc, par son institution, uue économie toute spirituelle offerte aux mortels, en tant qu'ils ont une destination ultérieure aux fins de l'association civile, et considérés hors de toutes leurs relations politiques : il est proposé à l'homme comme sa seconde raison, comme le supplément de sa conscience, et non à la société comme un nouvel objet de mesures législatives. L'Evangile a demandé, en paraissant au monde, que les hommes le *reçussent* et que les gouvernements le *souffrissent*. C'est là le caractère extérieur qui le distingue, dès son origine, de toutes les religions qui avaient tyrannisé la terre, et c'est aussi ce qui doit le distinguer, jusqu'à la fin des temps, de tous les cultes qui ne subsistent que par leur incorporation dans les lois des empires.

C'est donc une vérité établie sur la nature des choses, sur les lumières du bon sens et sur l'essence même de l'institution évangélique, que vos représentants, ô Français! ne devaient ni ne pouvaient décréter *nationale* la religion catholique, apostolique et romaine.

Mais puisque le christianisme est une économie toute spirituelle, hors de la puissance et de l'inspection des hommes, pourquoi nous sommes-nous attribué le droit de changer, sans l'intervention spirituelle, l'ancienne démarcation des diocèses?

Certes, on devrait nous demander aussi pourquoi nous sommes chrétiens? pourquoi nous avons assigné sur le Trésor national, aux ministres de l'Evangile et aux dépenses du culte, la plus solide partie des revenus de l'Etat?

D'après les éléments de la constitution chrétienne, son culte est l'objet de l'*acceptation* libre des hommes, et de la *tolérance* des gouvernements. Il ne peut être réputé que *souffert*, tant qu'il n'est reçu et observé que par un petit nombre de citoyens de l'empire; mais dès qu'il est devenu le culte de la majorité de la nation, il perd sa dénomination de *culte toléré*; il est alors un *culte reçu*; il est de fait *la religion du public*, sans être de droit *la religion nationale* : car une religion n'est pas adoptée par la nation en tant qu'elle est une puissance, mais en tant qu'elle est une *collection d'hommes*.

Dans cet état de culte, son exercice n'ayant aucune correspondance avec l'ordre civil, il en résulte plusieurs conséquences.

Premièrement, l'autorité ecclésiastique peut partager entre les pasteurs la conduite spirituelle des fidèles, suivant telles divisions ou démarcations que lui prescrira sa sagesse; et le gouvernement, qui n'est lié par aucun point au régime religieux, n'a rien à voir ni à réformer dans des circonscriptions qui n'ont pas de visibilité politique.

Secondement, dans cette situation de culte, qui fut si longtemps la seule que l'ancien sacerdoce ait demandé aux puissances de la terre, la subsistance des ministres, la construction et l'entretien des temples, et toutes les dépenses du cérémonial religieux, sont une charge étrangère au fisc, car ce qui n'appartient pas à l'institution politique ne peut être du ressort de la dépense publique.

Troisièmement, mais du moment que l'institution chrétienne, adoptée par la majorité des citoyens de l'empire, a été alloué par la puissance nationale, du moment que cette même puissance, prenant sur elle toutes les charges de l'état temporel de la religion, et pourvoyant à tous les besoins du culte et de ses ministres, a garanti, sur la foi de la nation et sur les fonds de son trésor, la perpétuité et l'immutabilité de l'acceptation qu'elle a faite du christianisme, dès-lors cette religion a reçu dans l'Etat une existence civile et légale, qui est le plus grand honneur qu'une nation puisse rendre à la sainteté et à la majesté de l'Evangile ; et dès-lors c'est à cette puissance nationale, qui a donné à l'institution religieuse une existence civile qu'appartient la faculté d'en déterminer l'organisation civile, et de lui assigner sa constitution extérieure et légale. Elle peut et elle doit s'emparer de la religion, selon tout le caractère public qu'elle lui a imprimé, et par tous les points où elle l'a établie en correspondance avec l'institution sociale. Elle peut et doit s'attribuer l'ordonnance du culte dans tout ce qu'elle lui a fait acquérir d'extérieur, dans toute l'ampleur physique qu'elle lui a fait contracter, dans tous les rapports où elle l'a mis avec la grande machine de l'Etat ; enfin, de tout ce qui n'est pas de sa constitution spirituelle, intime et primitive. C'est donc au gouvernement à régler les démarcations diocésaines, puisqu'elles sont le plus grand caractère public de la religion, et la manifestation de son existence légale. Le ministère sacerdotal est subordonné, dans la répartition des fonctions du culte, à la même autorité qui prescrit les limites de toutes les autres fonctions publiques, et qui détermine toutes les circonscriptions de l'empire.

Eh ! que l'on nous dise ce que signifie l'intervention de l'autorité spirituelle dans une distribution toute politique. Une nation qui, recevant dans son sein et unissant à son régime la religion chrétienne, dispose tellement le système de toutes ses administrations, que partout où elle trouve des hommes à gouverner, là aussi elle propose un premier pasteur à leur enseignement religieux ; une telle nation s'attribue-t-elle quelque chose sur les consciences, sur les dogmes de la foi, sur ses sacrements, sur ces rapports et ses dépendances hiérarchiques ?

Mais, nous dit-on, la juridiction spirituelle des évêques a changé avec l'ancienne division des diocèses, et il faut bien que le pontife de Rome intervienne pour accorder aux évêques des pouvoirs accommodés à la nouvelle constitution.

Que ceux d'entre nos pasteurs qui ont le cœur droit et l'esprit capable d'observation s'élèvent au-dessus des idées et des traditions d'une théologie inventée pour défigurer la religion et la subordonner aux vues ambitieuses de quelques hommes, et ils reconnaîtront que le fondateur du christianisme semble avoir constitué son sacerdoce d'après la prévoyance de sa destinée future, c'est-à-dire, qu'il l'a fait tel qu'il pût se prêter à toutes les formes civiles des états où l'institution chrétienne serait adoptée, et s'exercer dans toutes les directions et selon toutes les circonscriptions qui lui seraient assignées par les lois de l'empire.

Est-ce en donnant à chacun d'eux une portion de puissance limitée par des bornes territoriales que Jésus-Christ a institué les apôtres? Non, c'est en conférant à chacun d'eux la plénitude de la puissance spirituelle, en sorte qu'un seul, possédant la juridiction de tous, est établi pasteur du genre humain. « Allez, leur dit-il, répandez-vous dans l'univers ; prêchez l'Évan-« gile à toute créature... *Je vous envoie comme mon père m'a envoyé.* »

Si donc, au moment de leur mission, les apôtres se fussent partagé l'enseignement de l'univers, et qu'ensuite les puissances fussent venues changer les circonscriptions qu'ils s'étaient volontairement assignées, aucun d'eux se serait-il inquiété que sa juridiction ne se trouvât point la même? Croit-on qu'ils eussent reproché à l'autorité publique de s'attribuer le droit de restreindre ou d'étendre l'autorité spirituelle? Pense-t-on surtout qu'ils eussent invoqué l'intervention de saint Pierre pour se faire réintégrer dans les fonctions de l'apostolat par une mission nouvelle?

Et pourquoi auraient-ils recouru à ce premier chef de l'église universelle? Sa primauté ne consistait pas dans la possession d'une plus grande puissance spirituelle, ni dans une juridiction plus éminente et plus étendue. Il n'avait pas reçu de mission particulière ; il n'avait pas été établi pasteur des hommes par une inauguration spéciale et séparée de celle des autres apôtres. Saint Pierre était pasteur en vertu des mêmes paroles qui donnèrent à tous ses collègues l'univers à instruire et le genre humain à sanctifier (La partie droite murmure). Aussi voyons-nous saint Paul et les autres apôtres établir des évêques et des prêtres dans les différentes contrées où ils ont porté le flambeau de l'Évangile, et les instituer pasteurs des troupeaux qu'ils ont conquis au christianisme dès son origine ; et nous ne voyons nulle part qu'ils aient invoqué pour remplir cet objet sacré l'autorité de saint Pierre, et que les nouveaux pasteurs aient attendu de lui l'institution canonnique.

Quoi ! les pontifes de notre culte ne reconnaissent plus dans leur mission le même caractère dont les apôtres furent revêtus ! S'il est vrai que le sacerdoce chrétien n'a été institué qu'une fois pour tous les siècles, la puissance apostolique ne subsiste-t-elle pas aujourd'hui dans ses évêques comme successeurs des apôtres dans l'universalité de sa primitive institution? Chacun d'eux, au moment de sa consécration, n'est-il pas devenu ce que fut chaque apôtre au moment où il reçut sa mission aux pieds du pasteur éternel de l'Eglise, et n'est-il pas envoyé comme Jésus-Christ l'a été par son père? Enfin, n'a-t-il pas été investi d'une aptitude applicable à tous les lieux, à tous les hommes, et toujours subsistante, sans nulle altération, au milieu de tous les changements, de tous les croisements et de toutes les variations que peuvent éprouver les démarcations des églises?

« Veillez votre conduite, dit saint Paul aux évêques qu'il avait établis en

Asie ; veillez votre conduite et celle du troupeau pour lequel le Saint-Esprit vous a consacrés évêques, en vous donnant le gouvernement de l'Eglise de Dieu que Jésus-Christ a fondée par son sang... » Pesez ces paroles, et demandez-vous si saint Paul croyait à la *localité* de la juridiction épiscopale. (Nombreux applaudissements.)

Les évêques sont donc essentiellement chargés du régime de l'Eglise universelle, comme l'étaient les apôtres ; leur mission est actuelle, immédiate, et absolument indépendante de toute circonscription locale. L'onction de l'épiscopat suffit aussi à leur institution, et ils n'ont plus besoin de celle de saint Pierre (Les applaudissements redoublent.) Le pontife de Rome n'est, comme saint Pierre le fut lui-même, que le pasteur indiqué pour être le point de réunion de tous les pasteurs, l'interpellateur des juges de la foi, le dépositaire de la croyance de toutes les Eglises, le surveillant de tout le régime intérieur et spirituel de la religion.

Or, tous ces rapports n'établissent aucune distinction ni aucune dépendance réellement hiérarchique entre lui et les évêques des autres églises, et ceux-ci ne lui doivent, en montant sur leur siége, que l'attestation de leur union au centre de la foi universelle et de leur volonté d'être pasteurs dans l'esprit et dans le sens de la croyance catholique, et de correspondre au Saint-Siége comme au principal trône de l'autorité que Jésus-Christ a donnée à son Eglise.

On ne connut jamais, dans l'antiquité ecclésiastique, d'autres formes pour l'installation des pontifes. « Je professe, écrivit autrefois un évêque au pape saint Damaze, que je suis uni de communion à Votre Sainteté, c'est-à-dire à la chaire de saint Pierre. Je sais que l'Eglise a été bâtie sur cette pierre. Celui qui mange la pâque hors de cette maison est un profane. Qui n'amasse pas avec vous est un dissipateur. » Voilà la détermination précise du rapport que Jésus-Christ a établi entre saint Pierre et les autres apôtres, et la seule règle de la correspondance à maintenir entre Rome et toutes les églises de la catholicité, et c'est aussi la seule dont l'Assemblée nationale ait recommandé l'observation aux premiers pasteurs de l'église de France.

C'est en recourant à cette source antique, incorruptible, de la vraie science ecclésiastique que les bons esprits se convaincront aussi que les évêques métropolitains reçoivent, par leur seule *occupation* du siége désigné pour métropole, tous les pouvoirs nécessaires pour exercer leurs fonctions. Les bornes purement territoriales que des considérations d'ordre et de police ont forcé de prescrire à la puissance épiscopale, sont les seules limites qu'on lui ait jamais reconnues dans l'empire français.

Les métropoles ne sont elles-mêmes que des établissements de police. L'épiscopat du métropolitain n'est pas différent de celui de ses évêques suffragants ; sa supériorité sur eux, il ne la tient pas d'une mission particulière, mais seulement de la suprématie de la ville où son siége est établi. Cette espèce de hiérarchie sacerdotale était toute calquée sur la hiérarchie civile, et les empereurs désignaient à leur gré le siége de ces établissements.

Loin d'avoir rétréci la puissance épiscopale et d'avoir élevé le simple sacerdoce au niveau de l'épiscopat dans les dispositions que nous avons statuées sur son régime, nous lui avons plutôt rendu cette immensité qu'il eut dans son origine ; nous avons détruit toutes ces limites où un ancien et épais nuage de préjugés et d'erreurs en avait concentré l'exercice : à moins que ce n'eût été rompre la gradation hiérarchique qui distingue les premiers pasteurs et les pasteurs inférieurs, que de donner à l'évêque de chaque église un conseil et de régler qu'il ne pourrait faire aucun acte d'autorité, *en ce qui concerne le gouvernement du diocèse*, qu'après en avoir délibéré avec le presbytère diocésain ; comme si cette supériorité que le pontife possède *de droit divin* sur son clergé, l'affranchissait du devoir imposé *de droit naturel* à tous les hommes chargés d'un soin vaste et difficile, d'invoquer le secours et de consulter les lumières de l'expérience, de la maturité et de la sagesse ! Comme si, dans ce point, de même que dans tous les autres, l'Assemblée nationale n'avait pas rétabli l'usage des premiers siècles de l'Eglise ! « Tout s'y faisait par le conseil, dit Fleury, parce qu'on ne cherchait qu'à y faire régner la raison, la règle, la volonté de Dieu..... En chaque église, l'évêque ne faisait rien d'important sans le conseil des prêtres, des diacres et des principaux de son clergé ; souvent même il consultait tout le peuple, quand il avait intérêt à le faire, comme aux ordinations. »

Mais la même puissance qui possède exclusivement la législation nationale a-t-elle pu et dû faire disparaître l'ancienne forme de la nomination des pasteurs, et la soumettre à l'élection des peuples ?

Oui, certes, elle a eu ce droit, si l'attribution d'une fonction appartient essentiellement à ceux qui en sont et l'objet et la fin ; et le sacerdoce français doit aussi, à cet égard, l'exemple du respect et de l'obéissance.

C'est pour les hommes qu'il existe une religion et un sacerdoce, et non pour la divinité qui n'en a pas besoin. « Tout pontife, dit saint Paul, choisi au milieu des hommes, est établi pour le service des hommes ; il doit être tel qu'il sache compâtir à l'ignorance, se plier à la faiblesse, et éclairer l'erreur. »

Non-seulement l'apôtre proclamait ici le droit du Peuple aux élections ecclésiastiques, comme dérivant de la nature des choses, mais il l'appuie par des considérations particulières d'ordre et de circonstances. Le service sacerdotal est un ministère d'humanité, de condescendance, de zèle et de charité. C'est pourquoi saint Paul recommande de ne le confier qu'à des hommes doués d'une âme vraiment paternelle et sensible, qu'à des hommes dès longtemps exercés aux bonnes actions et connus publiquement par leurs inclinations pacifiques et leurs habitudes bienfaisantes. C'est pourquoi aussi il indique pour juges de leur aptitude aux fonctions de pontifes et de pasteurs du peuple, ceux qui ont été les spectateurs de leur conduite et les objets de leurs soins.

Cependant, parce que l'Assemblée nationale de France, chargée de proclamer les droits sacrés du peuple, l'a rappelé aux électeurs ecclésiastiques; parce qu'elle a rétabli la forme antique de ces élections, et tiré de sa désuétude un procédé qui fut une source de gloire pour la religion aux beaux jours de sa nouveauté, voilà que des ministres de cette religion crient à l'usurpation, au scandale, à l'impiété; réprouvent, comme un attentat à la plus imprescriptible autorité du clergé, le droit d'élection restitué au peuple et osent réclamer le concours prétendu nécessaire du pontife de Rome!

Lorsque autrefois un pape immoral et un despote violent fabriquèrent, à l'insu de l'Eglise et de l'empire, ce contrat profane et scandaleux, ce concordat qui n'était que la coalition des deux usurpateurs pour se partager les droits et l'or des Français, on vit la nation, le clergé à sa tête, opposer à ce brigandage tout l'éclat d'une résistance unanime, redemander les élections et revendiquer avec une énergique persévérance la *pragmatique* qui seule avait fait jusqu'alors ce droit commun du royaume. (On applaudit.)

Et c'est ce concordat irréligieux, cette convention simoniaque, qui, au temps où elle se fit, attira sur elle tous les anathèmes du sacerdoce français; c'est cette stipulation criminelle de l'ambition et de l'avarice, ce pacte ignominieux qui imprimait depuis des siècles aux plus saintes fonctions la tache honteuse de la vénalité, qu'aujourd'hui nos prélats ont l'impudeur de réclamer, au nom de la religion, à la face de l'univers, à côté du berceau de la liberté, dans le sanctuaire même des lois régénératrices de l'empire et de l'autel!

Mais, dit-on, le choix des pasteurs, confié à la disposition du peuple, ne sera plus que le produit de la cabale.

Parmi les plus implacables détracteurs du rétablissement des élections, combien en est-il à qui nous pourrions faire cette terrible réponse! « Est-ce « à vous d'emprunter l'accent de la piété? Vous condamnez une loi qui « vous assigne des successeurs dignes de l'estime et de la vénération de ce « peuple, qui n'a cessé de conjurer le ciel d'accorder à ses enfants un pasteur « qui les console et les édifie? Est-ce à vous d'invoquer la religion contre la « stabilité d'une constitution qui doit en être le plus inébranlable appui, « vous qui ne pourriez soutenir un seul instant la vue de ce que vous êtes, « si tout à coup l'austère vérité venait à manifester au grand jour les té- « nébreuses et lâches intrigues qui ont déterminé votre élévation à l'épis- « copat (on applaudit); vous qui êtes les créatures de la plus perverse admi- « nistration; vous qui êtes le fruit de cette iniquité effrayante qui appelait « aux premiers emplois du sacerdoce ceux qui croupissaient dans l'oisiveté « et l'ignorance, qui fermait impitoyablement les portes du sanctuaire à la « portion sage et laborieuse de l'ordre ecclésiastique? » (La partie de droite murmure et s'agite.)

Comment ces hommes qui font ostentation d'un si grand zèle pour assurer aux églises un choix de pasteurs dignes d'un nom si saint, comment ont-ils pu se taire si longtemps, lorsqu'ils voyaient le sort de la religion et le partage des augustes fonctions de l'apostolat abandonnés à la gestion d'un ministre esclave des intrigues qui environnaient le trône? les occasions de s'élever contre un sacrilége trafic se présentaient au clergé à des époques régulièrement renaissantes. Mais que faisaient-ils dans ces assemblées? Au lieu de chercher un remède à la déplorable destinée de la religion, et d'éclairer la sagesse d'un prince religieux et juste sur l'impiété qui laissait le soin de pourvoir de pasteurs l'Eglise de France aux impitoyables oppresseurs du peuple, ils portaient puérilement aux pieds du monarque un vain et lâche tribut d'adulation, et des contributions dont ils imposaient la charge à la classe pauvre, assidue et résidente des ouvriers évangéliques. (Nouveaux applaudissements.) Eh! qui ne voit que demander une autre forme de nominations aux offices ecclésiastiques eût été, dans nos prélats, condamner trop ouvertement leur création anti-canonnique, et s'avouer à la face de la nation pour *intrus* qu'il fallait destituer et remplacer?

Que si n'osant réprouver d'une manière absolue le rétablissement de la forme élective pour les offices ecclésiastiques, les prélats répètent encore que le mode décrété par le corps constituant est contraire aux formes anciennes, qui toujours accordèrent au sacerdoce les honneurs de la prépondérance, nous leur demanderons s'ils ont trouvé cette influence fondée sur une loi précise de la constitution évangélique, et si elle était un effet des règles sur lesquelles Jésus-Christ a organisé le régime de la religion ; nous leur demanderons qu'elles furent les premières élections qui suivirent immédiatement la fondation du christianisme : La multitude des disciples choisit, sur l'invitation des apôtres, sept hommes pleins du Saint-Esprit et de sagesse, pour les aider dans les soins de l'apostolat ; ces hommes reçurent des apôtres l'imposition des mains, et ils furent les premiers diacres.

Et de nos jours, quand et comment le clergé intervenait-il donc dans le travail de la distribution des places diocésaines et paroissiales? Il y avait des siéges pontificaux à remplir, et le roi les donnait ; il y avait des titres de riches abbayes à conférer, et la cour les conférait ; une très-grande partie des bénéfices-cures était à la disposition des patrons ou collateurs laïcs, et ces laïcs en disposaient ; un non-catholique, un juif, par la simple acquisition de certaines seigneuries, devenaient les arbitres de la destinée de la religion et de l'état moral d'un grand nombre de paroisses ; ainsi, les grands titres et les grandes places de l'Eglise se distribuaient sans la participation et même à l'insu du clergé, et ce qui lui restait de droit sur les nominations obscures et subalternes, ne servait qu'à rendre plus publique et plus sensible sa nullité en administration bénéficiale.

Sans doute, il fut un âge de l'église où le sacerdoce présidait les assemblées convoquées pour créer des pasteurs, et où le peuple réglait, sur le suffrage du clergé, la détermination de son choix ; mais pourquoi nos prélats, au lieu de s'arrêter à des temps intermédiaires, où les formes primitives étaient déjà altérées, ne remontent-ils pas jusqu'à des élections si contiguës au berceau de l'église, où chaque ville et chaque hameau avait son pontife et où le peuple proclamait et intronisait son pasteur? Car il faut bien remarquer que l'association du clergé aux assemblées électives date de la diminution des siéges épiscopaux, c'est-à-dire, qu'elle a sa cause dans la difficulté de rassembler la multitude de ceux qui appartiennent à une seule église.

A ces mêmes époques où le sacerdoce était l'âme des assemblées convoquées pour l'élection des ministres du sanctuaire, les évêques, pauvres et austères portaient tout le fardeau du ministère religieux; les prêtres inférieurs n'étaient que leurs assistants, c'étaient les évêques seuls qui offraient le sacrifice public, qui prêchaient les fidèles, qui catéchisaient les enfants, qui portaient les aumônes de l'église dans les réduits de l'infortune, qui visitaient les asiles publics de la vieillesse, de l'infirmité et de l'indigence; qui parcouraient de leurs pieds meurtris et vénérables les vallées profondes et les montagnes escarpées pour répandre les lumières et les consolations de la foi dans le sein des innocents habitants des champs et des bourgades. Voilà des faits précisément parallèles à celui de l'influence des évêques sur le choix des pasteurs. Or, voudrait-on transformer *ces faits* en autant de points *du droit* ecclésiastique, et prononcer que la conduite des prélats qui n'évangélisent pas leur troupeau, et qui voyagent dans des chars somptueux, est contraire à la constitution essentielle de l'église? (On applaudit à plusieurs reprises.)

Le mode d'élection adopté par l'Assemblée nationale est donc le plus parfait, puisqu'il est le plus conforme au procédé des temps apostoliques, et que rien n'est si évangélique et si pur que ce qui dérive de la haute antiquité ecclésiastique.

La coupable résistance d'une multitude de prêtres aux lois de leurs pays, l'opiniâtreté de leurs efforts pour faire revivre le double despotisme du sacerdoce et du trône, ont aliéné d'eux la confiance de leurs concitoyens, et ils n'ont pas, de nos jours, été appelés en grand nombre dans les corps chargés désormais de proclamer le choix du peuple.

Mais le temps arrivera où une autre génération de pasteurs, s'attachant aux lois et à la liberté comme à la source de son existence et de sa vraie grandeur, regagnera cette haute considération qui donnait tant d'autorité au sacerdoce de la primitive église, et rendit sa présence si chère à ces assemblées majestueuses où les mains d'un peuple innombrable portaient solennellement la tiare sacrée sur la tête la plus humble et la plus sage.

Alors, les défiances inquiètes et les soupçons fâcheux disparaîtront; la confiance, le respect et l'amour du pauvre ouvriront aux prêtres les portes de ces assemblées, comme aux plus respectables conservateurs de l'esprit public et de l'incorruptible patriotisme. On s'honorera de déférer à leurs suffrages, car rien n'est plus honorable pour une nation que d'accorder une grande autorité à ceux que son choix n'a pu appeler aux grandes places de religion sans leur reconnaître l'avantage de grands talents et le mérite de grandes vertus. Alors le sacerdoce et l'empire, la religion et la patrie, le sanctuaire des mystères sacrés et le temple de la liberté et des lois, au lieu de se croiser et de se heurter au gré des intérêts qui divisent les hommes, ne composeront plus qu'un seul système de bonheur public ; et la France apprendra aux nations que l'Évangile et la liberté sont les bases inséparables de la vraie législation et le fondement éternel de l'état le plus parfait du genre humain.

Voilà l'époque glorieuse et salutaire qu'a voulu préparer l'Assemblée nationale, que hâteront, de concert avec les lois nouvelles, les lumières et les vertus du sacerdoce, mais que pourraient aussi reculer ses préjugés, ses passions, ses résistances.

Pasteurs et disciples de l'Évangile, qui calomniez les principes des législateurs de votre patrie, savez-vous ce que vous faites ? Vous consolez l'impiété des insurmontables obstacles que la loi avait opposés aux progrès de son désolant système, et c'est de vous-même que l'ennemi du dogme évangélique attend aujourd'hui l'abolition de tout culte et l'extinction de tout sentiment religieux. Figurez-vous que les partisans de l'irréligion, calculant les gradations par où le faux zèle de la foi conduit à sa perte, prononcent dans les cercles ce discours :

« Nos représentants avaient rapporté sur ses bases antiques l'édifice du christianisme, et nos mesures pour le renverser étaient à jamais déconcertées ; mais ce qui devait donner à la religion une si grande et si imperturbable existence devient maintenant le gage de notre triomphe et le signal de la chute du sacerdoce et de ses temples. Voyez ces prélats et ces prêtres qui soufflent dans toutes les contrées du royaume l'esprit de soulèvement et de fureurs ; voyez ces protestations perfides, où l'on menace de l'enfer ceux qui reçoivent la liberté ; voyez cette affectation des prêtres d'attribuer aux régénérateurs de l'empire, le caractère atroce des anciens persécuteurs des chrétiens ; voyez ce sacerdoce méditant sans cesse des moyens pour s'emparer de la force publique, pour la déployer contre ceux qui l'ont dépouillé de ses anciennes usurpations, pour remonter sur le trône de son orgueil, pour faire refluer dans ses palais un or qui en était le scandale et la honte (il s'élève à droite des murmures qu'étouffent les applaudissements de la gauche) ; voyez avec quelle ardeur il égare les consciences, alarme la piété des simples, effraie la timidité des faibles, et comme il s'attache à faire croire au peuple que la révolution et la religion ne peuvent subsister ensemble.

« Or, le peuple finira par le croire en effet, et balancé dans l'alternative d'être chrétien ou libre, il prendra le parti qui coûtera le moins ; entre son besoin de respirer et ses anciens malheurs, il abjurera son christianisme, il maudira ses pasteurs, il ne voudra plus connaître ni adorer que le Dieu créateur de la nature et de la liberté ; et alors tout ce qui lui retracera le

souvenir du dieu de l'Évangile lui sera odieux ; il ne voudra plus sacrifier
que sur l'autel de la patrie, il ne verra ses anciens temples que comme
des monuments qui ne sauraient plus servir qu'à attester combien il fut
ongtemps le jouet de l'imposture et la victime du mensonge (on murmure dans plusieurs parties de la salle); il ne pourra donc plus souffrir
que le prix de sa sueur et de son sang soit appliqué aux dépenses d'un
culte qu'il rejette, et qu'une portion immense de la ressource publique
soit attribuée à un sacerdoce conspirateur. Et voilà comment cette religion,
qui a résisté à toutes les controverses humaines, était destinée à s'anéantir
dans le tombeau que lui creuseraient ses propres ministres. »

Ah! tremblons que cette supputation de l'incrédulité ne soit fondée sur
les plus alarmantes vraisemblances? Ne croirait-on pas que tous ceux qui
se font une étude de décrier comme attentatoire aux droits de la religion,
le procédé que vos représentants ont suscité dans l'organisation du ministère ecclésiastique ; ne croirait-on pas qu'ils ont le même but que l'impie,
qu'ils prévoient le même dénoûment, et qu'ils sont résolus à la perte du
christianisme, pourvu qu'ils soient vengés et qu'ils aient épuisés tous les
moyens de recouvrer leur puissance et de vous replonger dans la servitude?
(La gauche applaudit. L'abbé Maury salue l'assemblée et se retire;
plusieurs ecclésiastiques sortent avec lui, d'autres le suivent séparément et
successivement.) C'est-à-dire que la seule différence qui distingue ici la
doctrine irréligieuse, de l'aristocratie ecclésiastique, c'est que la première
ne souhaite la ruine de la religion que pour rendre plus sûr le triomphe
de la Constitution et de la liberté, et que la seconde ne tend à la destruction de la foi que dans l'espoir de lui voir entraîner dans sa chûte la liberté
de la Constitution de l'empire. L'un n'aspire à voir la foi s'éteindre parmi
nous qu'en croyant qu'elle est un obstacle à la parfaite délivrance des
hommes, l'autre, expose la foi aux plus grands dangers dans le dessein de
vous ravir ce que vous avez reconquis de vos droits, et de jouir encore
une fois de votre abaissement et de votre misère. Enfin l'un ne hait de
la religion que ce qui paraît y consacrer des principes favorables aux tyrans;
et l'autre la livre volontairement à tous les hasards d'un choc dont elle
attend le retour de la tyrannie et la renaissance de tous les désordres.
Ainsi, l'esprit d'humanité qui se mêle aux entreprises de l'incrédulité contre l'Évangile, en adoucit, et en fait en quelque sorte pardonner la témérité et l'injustice. Mais comment pourrait être excusé notre sacerdoce du
mal qu'il fait à la religion pour renfermer les hommes dans leur malheur,
et recouvrer une puissance dont la privation soulève toute ses passions et
contrarie toutes ses habitudes?

O vous qui êtes de bonne foi avec le ciel et votre conscience, pasteurs
qui n'avez balancé jusqu'à ce jour à sceller de votre serment la nouvelle
constitution civile du clergé que par l'appréhension sincère de vous rendre
complices d'une usurpation, rappelez-vous ces temps anciens où les apôtres de

la foi chrétienne réduite à concentrer toute sa majesté et tous ses trésors dans le silence et les ténèbres des cavernes, tressaillaient d'une joie si pure lorsqu'on leur apprenait la fin d'un règne cruel, l'avénement d'un prince plus humain et plus sage, lorsqu'ils pouvaient sortir avec moins de frayeur des cavités profondes où ils avaient érigé leurs autels, pour aller consoler et affermir la piété de leurs humbles disciples, et laisser jaillir de dessous terre quelques étincelles du flambeau divin dont ils gardaient le précieux dépôt. Or, supposons que l'un de ces hommes vénérables, sortant tout à coup des catacombes antiques où sa cendre est confondue avec celle de tant de martyrs, vienne aujourd'hui contempler au milieu de nous la gloire dont la religion s'y voit environnée, et qu'il découvre d'un coup d'œil tous ces temples, ces tours qui portent si haut dans les airs les éclatants attributs du christianisme, cette croix de l'Evangile qui s'élance du sommet de tous les départements de ce grand empire... ; quel spectacle pour les regards de celui qui, en descendant au tombeau n'avait jamais vu la religion que dans les antres des forêts et des déserts! quel ravissement! quels transports! Je crois l'entendre s'écrier comme autrefois cet étranger à la vue du camp du peuple de Dieu : « O Israël! que vos tentes sont belles ! ô Jacob! quel ordre, quelle majesté dans vos pavillons! (On applaudit.)

Calmez donc, oh! calmez vos craintes, ministres du Dieu de paix et de vérité! rougissez de vos exagérations incendiaires, et ne voyez plus notre ouvrage au travers de vos passions. Nous ne vous demandons pas de jurer contre la loi de votre cœur, (plusieurs membres du côté droit se lèvent et s'écrient : *C'est sonner le tocsin !*) mais nous vous demandons, au nom du Dieu saint qui doit nous juger tous, de ne pas confondre des opinions humaines et des traditions scolastiques avec les règles inviolables et sacrées de l'Evangile. S'il est contraire à la morale d'agir contre sa conscience, il ne l'est pas moins de se faire une conscience d'après des principes faux et arbitraires. L'obligation de *faire* sa conscience est antérieure à l'obligation de *suivre* sa conscience. Les plus grands malheurs publics ont été causés par des hommes qui ont cru obéir à Dieu et sauver leur âme.

Et vous, adorateurs de la religion et de la patrie, Français, peuple fidèle et généreux, mais fiers et reconnaissants, voulez-vous juger les grands changements qui viennent de régénérer ce vaste empire? Contemplez le contraste de votre état passé et de votre situation à venir. Qu'était la France il y a peu de mois? Les sages y invoquaient la liberté, et la liberté était sourde à la voix des sages; les chrétiens éclairés y demandaient où s'était réfugiée l'auguste religion de leurs pères, et la vraie religion de l'Evangile ne s'y trouvait pas. (Murmures à droite; applaudissements à gauche.) Nous étions une nation sans patrie, un peuple sans gouvernement, et une église sans caractère et sans régime.

Camus s'écrie : « On ne peut pas entendre cela; je demande l'ajournement, le renvoi au comité ecclésiastique, et la levée de la séance. »

Grande agitation dans l'Assemblée. Regnault de Saint-Jean-d'Angély paraît être d'avis du renvoi au comité ecclésiastique pour une nouvelle révision.

MIRABEAU : Ce n'est pas seulement la révision qu'il faut ordonner, mais la *refacture* de l'adresse contre laquelle on s'élève. Je dois articuler un fait, c'est que depuis la seconde et dernière lecture que le comité ecclésiastique a entendue je n'ai pas changé à mon adresse un seul mot, une seule virgule. Pour ma justification personnelle, je demande que l'état actuel de cette adresse soit constaté. Il faut qu'on la connaisse, et qu'on ne puisse soupçonner un seul changement; elle ne contient pas une expression, pas une ligne dont je ne réponde sur ma tête et sur mon honneur.

Mirabeau dépose son adresse sur le bureau, et la fait signer et parapher par les secrétaires. Le renvoi au comité est décrété à une grande majorité.

Voici la fin de cette adresse, dont Mirabeau ne put achever la lecture à la tribune mais qu'il fit aussitôt imprimer :

Il n'y avait de régulier et de stable parmi nous, que la déflagration de tous les vices, que le scandale de toute les injustices, que le mépris public du ciel et des hommes, que l'extinction totale des derniers principes de la religion et de la morale. Quel pays que celui où tout se trouve à la disposition absolue de quelques hommes sans frein, sans honneur et sans lumières, et devant qui Dieu et le genre humain sont comptés pour rien! Et quelle révolution que celle qui fait succéder tout à coup à ce désordre un spectacle où tout se place et s'ordonne selon l'ancien vœu de la nature, et où l'on ne voit plus dissoner que la fureur impuissante de quelques âmes incapables de s'élever à la hauteur d'un sentiment public, et faite pour rester dans la bassesse de leurs passions personnelles !

Français! vous êtes les conquérants de votre liberté; vous l'avez reproduite au sein de ce vaste empire par les grands mouvements de votre courage; soyez-en maintenant les conservateurs par votre modération et votre sagesse. Répandez autour de vous l'esprit de patience et de raison; versez les consolations de la fraternité dans le sein de ceux de vos concitoyens à qui la révolution a imposé de douloureux sacrifices, et n'oubliez jamais que si la régénération des empires ne peut s'exécuter que par l'explosion de la force du peuple, elle ne peut non plus se maintenir que dans le recueillement des vertus de la paix. Songez que le repos et le silence d'une nation victorieuse de tant d'efforts et de complots dirigés contre son bonheur et sa liberté, sont encore la plus redoutable des résistances à la tyrannie qui voudrait tenter de relever ses remparts, et que rien ne déconcerte plus efficacement les desseins des pervers que la tranquilité des grands cœurs.

*Discours sur l'égalité des partages dans les successions en ligne di-
recte, lu par Talleyrand, à qui Mirabeau l'avait remis quelques
instants avant sa mort.*

Messieurs, ce n'est que par degrés qu'on peut opérer la réforme d'une législation vicieuse, soit que le législateur craigne de renverser d'un seul coup
le fondement de toutes les erreurs que son génie lui découvre, soit qu'il
n'aperçoive ces erreurs que successivement, et qu'il ait besoin d'avoir déjà
beaucoup fait pour connaître tout ce qu'il doit faire.

Vous avez commencé par détruire la féodalité, vous la poursuivez aujour-
d'hui dans ses effets. Vous allez comprendre dans vos réformes ces lois injustes que nos coutumes ont introduites dans les successions. Mais, Messieurs, ce ne sont pas seulement nos lois, ce sont nos esprits et nos habitudes qui sont tachés des principes et des vices de la féodalité. Vous devez
donc aussi porter vos regards sur les dispositions purement volontaires qui
en sont l'effet. Vous devez juger si ces institutions d'héritiers privilégiés,
de préciputs, majorats, substitutions, fidéicommis, doivent être permises par
les lois qui régleront désormais nos successions.

Les comités de constitution et d'aliénation viennent de vous présenter
un projet qui embrasse toute la matière des propriétés relatives aux successions et partages. Les détails de cette intéressante loi vont vous occuper
successivement ; mais ils dépendent d'une question qu'il importe d'approfondir, d'un principe qu'il faut reconnaître. Il nous faut examiner, relativement aux chefs de famille ce qui concerne le droit de tester, ses fondements et ses limites. Alors seulement nous toucherons à la source de tous
les abus ; alors peut-être nous sentirons la nécessité de les détruire tous ensemble par le bienfait de la loi que l'on vous propose.

Voici donc la question fondamentale qui se présente : La loi doit-elle
admettre chez nous la libre disposition des biens en ligne directe? c'est-à-
dire, un père ou une mère, un aïeul ou une aïeule, doivent-ils avoir le
droit de disposer à leur gré de leur fortune par contrat ou par testament,
et d'établir ainsi l'inégalité dans la possession des biens domestiques? C'est
ce que je me propose d'examiner.

Les formes et les règles testamentaires ont varié et varient encore à l'infini chez les divers peuples de la terre, et souvent chez le même peuple ;
mais, à quelques exceptions près, la faculté de tester a été accordée de tout
temps à tout citoyen qui possède quelque propriété transmissible, et qui
n'est pas dans le cas particulier d'incapacité.

Ceux qui ont traité cette matière ont pu se méprendre sur le fondement
et le caractère d'un système aussi général. Ce qui est universellement

adopté, peut être regardé aisément comme un principe pris dans la nature. Des erreurs bien plus grossières ont échappé à la philosophie des légistes.

Si le droit dont jouissent les citoyens, de disposer de leurs propriétés pour le temps où ils ne seront plus, pouvait être regardé comme un droit primitif de l'homme, comme une prérogative qui lui appartient par les lois immuables de la nature, il n'est aucune loi positive qui pût les en priver légitimement. La société n'est pas établie pour anéantir nos droits naturels, mais pour en régler l'usage, pour en assurer l'exercice. Cette question, sur la faculté de disposer arbitrairement de ses biens par testament, n'en serait donc pas une, surtout dans une Constitution comme la nôtre, dont le premier caractère est le respect pour les droits de l'homme.

Il faut donc voir ce que la raison prononce à cet égard. Il faut voir si la propriété existe par les lois de la nature, ou si c'est un bienfait de la société. Il faut voir ensuite si, dans ce dernier cas, le droit de disposer de cette propriété par voie de testament, en est une conséquence nécessaire.

Si nous considérons l'homme dans son état originaire, et sans société réglée avec ses semblables, il paraît qu'il ne peut avoir de droit exclusif sur aucun objet de la nature; car ce qui appartient également à tous, n'appartient réellement à personne.

Il n'est aucune partie du sol, aucune production spontanée de la terre qu'un homme ait pu s'approprier à l'exclusion d'un autre homme. Ce n'est que sur son propre individu, ce n'est que sur le travail de ses mains, sur la cabane qu'il a construite, sur l'animal qu'il a abattu, sur le terrain qu'il a cultivé, ou plutôt sur la culture même et sur son produit, que l'homme de la nature peut avoir un vrai privilége.

Dès le moment qu'il a recueilli le fruit de son travail, le fonds sur lequel il a déployé son industrie retourne au domaine général, et revient commun à tous les hommes. Voilà ce que nous enseignent les premiers principes des choses.

C'est ce partage des terres fait et consenti par les hommes rapprochés entre eux qui peut être regardé comme l'origine de la vraie propriété, et ce partage suppose, comme on voit, une société naissante, une convention première, une loi réelle. Aussi les anciens ont-ils adoré Cérès comme la première législatrice du genre humain.

Et c'est par-là, Messieurs, que la matière que nous traitons est liée aux lois politiques, puisqu'elle tient au partage des biens territoriaux, à la transmission de ces biens, et par-là même à la grande question des propriétés dont ils sont la source.

Nous pouvons donc regarder le droit de propriété, tel que nous l'exerçons, comme une création sociale. Les lois ne protégent pas, ne maintiennent pas seulement la propriété, elles la font naître en quelque sorte, elles la déterminent, elles lui donnent le rang et l'étendue qu'elle occupe dans les droits du citoyen.

Mais de ce que les lois reconnaissent les droits de propriété et les garantissent, de ce qu'elles assurent en général aux propriétaires la disposition de ce qu'ils possèdent, s'ensuit-il que ces propriétaires puissent, de plein droit, disposer arbitrairement de leurs biens pour le temps où ils ne seront plus?

Il me semble, Messieurs, qu'il n'y a pas moins de différence entre le droit qu'a tout homme de disposer de sa fortune pendant sa vie et celui d'en disposer après sa mort, qu'il n'y en a entre la vie et la mort même. Cet abîme, ouvert par la nature sous les pas de l'homme, engloutit également ses droits avec lui; de manière qu'à cet égard, être mort, ou n'avoir jamais vécu, c'est la même chose.

Quand la mort vient à nous frapper de destruction, comment les rapports attachés à notre existence pourraient-ils encore nous survivre? Le supposer, c'est une illusion véritable, c'est transmettre au néant les qualités de l'être réel.

Je sais que les hommes ont professé de tout temps un saint respect pour la volonté des morts. La politique, la morale et la religion ont concouru pour consacrer ces sentiments. Il est des cas, sans doute, où le vœu du mourant doit faire loi pour ceux qui survivent. Mais ce vœu lui-même a ses lois aussi; il a ses limites naturelles, et je pense que, dans la question dont il s'agit, les droits de l'homme, en fait de propriété, ne peuvent s'étendre au-delà du terme de son existence.

La propriété ayant pour fondement l'état social, elle est assujettie, comme les autres avantages dont la société est l'arbitre, à des lois, à des conditions. Aussi voyons-nous partout le droit de propriété soumis à certaines règles, et renfermé, selon les cas, dans des limites plus ou moins étroites. C'est ainsi que, chez les Hébreux, les acquisitions, les aliénations de terre n'étaient que pour un temps, et que le jubilé voyait rentrer, au bout de cinquante années, tous les héritages dans les familles de leurs premiers maîtres. C'est ainsi que, malgré la liberté laissée en général aux citoyens de disposer de leurs fortunes, la loi réprime la prodigalité par l'interdiction. On pourrait citer vingt autres exemples.

La société est donc en droit de refuser à ses membres, dans tel ou tel cas, la faculté de disposer arbitrairement de leur fortune. Le même pouvoir qui fixe les règles testamentaires, et annule les testaments quand ces règles ont été violées, peut interdire en certaines circonstances les testaments mêmes, ou en limiter étroitement les dispositions; il peut déterminer, par sa volonté souveraine, un ordre constant et régulier dans les successions et les partages.

Il ne s'agit donc plus que de savoir si ce que le législateur peut, il le doit faire; s'il doit refuser au citoyen qui a des enfants, la faculté de choisir entre eux des héritiers privilégiés.

Les lois romaines l'accordent, on le sait; et c'est un grand argument pour plusieurs juristes. J'ignore, Messieurs, s'il faut rendre grâce à ces lois romaines, ou s'il ne faut pas se plaindre de leur empire sur la juris-

prudence moderne. Dans les siècles de ténèbres, ces lois ont été notre
seule lumière; mais dans un siècle de lumières, les anciens flambeaux pâ-
lissent; ils ne servent qu'à embarrasser la vue ou même à retarder nos
pas dans la route de la vérité.

Peut-être est-il temps qu'après avoir été subjugués par l'autorité des
lois romaines, nous les soumettions elles-mêmes à l'autorité de notre
raison; et qu'après en avoir été esclaves, nous en soyons juges. Peut-être
est-il temps que nous sachions voir dans ces lois, le génie d'un peuple
qui n'a point connu les vrais principes de la législation civile, et qui a
été plus occupé de dominer au dehors que de faire régner l'égalité et le
bonheur dans ses foyers. Peut-être est-il temps que nous rejetions des
lois où la servitude filiale découlait de l'esclavage, autorisé par ces lois
mêmes; où un chef de famille pouvait non-seulement déshériter tous
ses enfants, mais les vendre; où la crainte, repoussant le fils du sein paternel, éteignait ces doux rapports, flétrissait ces tendres sentiments que
la nature fait naître, et qui sont les premiers rudiments de la vertu. Peut-
être est-il temps que les Français ne soient pas plus les écoliers de Rome
ancienne que de Rome moderne; qu'ils aient des lois civiles faites pour eux,
comme ils ont des lois politiques qui leur sont propres; que tout se ressente
dans leur législation, des principes de la sagesse, non des préjugés de l'habitude; enfin qu'ils donnent eux-mêmes l'exemple et ne reçoivent la loi
que de la raison et de la nature.

Or, Messieurs, que nous dit cette nature, dans la matière que nous
discutons? Si elle a établi l'égalité d'homme à homme, à plus forte raison
de frère à frère; et cette égalité entre les enfants d'une même famille ne
doit-elle pas être mieux reconnue encore, et plus respectée par ceux qui
leur ont donné la naissance.

C'est un axiome de droit devenu vulgaire que les enfants sont les héritiers
naturels de leurs parents; ce qui indique à la fois et la légitimité des titres
en vertu desquels une famille entre dans l'héritage laissé par ses chefs, et l'égalité du droit que la nature donne à chacun de ses membres sur cet héritage.

Il serait superflu de déduire ici les raisons qui établissent ce droit de succession des enfants dans la propriété des biens de leurs pères. Quoiqu'on pût
opposer à ces titres, il n'en résulterait rien qui pût ébranler l'opinion commune au sujet de ce droit d'hérédité, et affaiblir la juste protection que la
société lui accorde.

Puisque le droit de propriété sur la plupart des biens dont les hommes
jouissent est un avantage qui leur est conféré par les conventions sociales,
rien n'empêche, si l'on veut, qu'on ne regarde ces biens comme rentrant
de droit, par la mort de leurs possesseurs, dans le domaine commun, et retournant ensuite, de fait, par la volonté générale, aux héritiers que nous
appelons légitimes.

La société a compris que, si les biens abandonnés par la mort de leurs
possesseurs ne doivent pas servir à grossir les fonds publics; que, s'il faut à

ceux qui disparaissent d'entre les vivants, des successeurs particuliers qui les remplacent dans leurs possessions, ces successeurs ne pouvaient être pris que dans la famille même qui était en quelque sorte co-propriétaire de ces mêmes biens. La société a senti que les propriétés étant durables, tandis que les propriétaires périssent, la succession du père au fils était le seul moyen raisonnable de représenter le premier acquéreur des biens. La société a senti que c'est moins ici une nouvelle prise de possession par voie d'héritage, qu'une continuité des mêmes jouissances et des mêmes droits résultant de l'état précédent de communauté. Enfin, la société a senti que, pour transférer les biens d'un défunt hors de sa famille, il faudrait dépouiller cette famille pour des étrangers, et qu'il n'y aurait à cela ni raison, ni justice, ni convenance.

Cette loi sociale qui fait succéder les enfants aux pères dans la propriété des biens domestiques, doit se montrer dans toute sa pureté, quand le chef de famille meurt *ab intestat*. Alors les enfants qui succèdent partagent selon les lois de la nature, à moins que la société ne joue ici le rôle de marâtre, en rompant à leur égard la loi inviolable de l'égalité.

Mais il ne suffit pas d'avoir fait disparaître de notre Code ce reste impur des lois féodales qui, dans les enfants du même père, créaient quelquefois, en dépit de lui, un riche et des pauvres, un protecteur hautain et d'obscurs subordonnés; lois qui semaient des haines là où la nature avait créé la fraternité, et qui devenaient complices de mille désordres, si pourtant il n'est pas plus vrai de dire qu'elles les faisaient naître; il ne suffit pas d'avoir détruit jusqu'au dernier vestige de ces lois funestes; il faut prévenir par de sages statuts les passions aveugles qui n'auraient pas des effets moins pernicieux que ces lois mêmes; il faut empêcher l'altération qu'elles apportent insensiblement dans l'ordre civil.

Voyez, Messieurs, l'état actuel de la société; considérez-le comme un dernier effet de nos institutions, de nos lois; comme un résultat de ce qu'ont été et de ce qu'ont fait nos devanciers. Voyez, dans ce résultat, pour combien l'on peut y faire entrer tout le mal qu'ont produit pendant des siècles, le vice de nos lois testamentaires et la monstrueuse inégalité des partages qui en a été la suite. Certainement vous trouverez, par cette analyse, que ces mauvaises lois ont fortement contribué à écarter de plus en plus la société de la nature; vous trouverez qu'il ne sera pas indifférent, pour l'y ramener, de tarir cette source d'écarts et de désordres.

Ce serait donc une résolution juste en elle-même, conforme à la nature des choses, et salutaire dans ses effets; ce serait une résolution également sollicitée et par l'intérêt social et par l'intérêt domestique que celle qui supprimerait dans les familles toute disposition testamentaire dont l'objet serait d'y créer une trop grande inégalité dans les partages.

Cette institution ne serait pas nouvelle dans l'histoire des lois matrimoniales. On connaît la législation des premiers peuples de la Grèce. Je ne parle pas des anciennes lois, un peu sauvages, elles ne permettaient aucun testament; je parle des lois faites dans un siècle civilisé, de celles qui furent données par Solon. Eh bien! ce législateur célèbre, en réformant sur ce point la loi générale des Athéniens, en admettant le droit de tester, excepta néanmoins de ce droit les chefs de famille. Il voulut que tout fût réglé, dans la succession, en ligne directe, par les lois de la République, et rien par la volonté des citoyens.

Eh quoi! n'est-ce pas assez, pour la société, des caprices et des passions des vivants? Nous faut-il encore subir leurs caprices, leurs passions, quand ils ne sont plus? n'est-ce pas assez que la société soit actuellement chargée de toutes les conséquences résultant du despotisme testamentaire depuis un temps immémorial jusqu'à ce jour? Faut-il que nous lui préparions encore tout ce que les testateurs futurs peuvent y ajouter de maux par leurs dernières volontés, trop souvent bizarres, dénaturées même? N'avons-nous pas vu une foule de ces testaments où respiraient tantôt l'orgueil, tantôt la vengeance, ici un juste éloignement, là une prédilection aveugle? La loi casse ces testaments appelés *ab irato*, mais tous ces testaments qu'on peut appeler *à moros*, *ab imbecilli*, *à delirante*, *à superbo*, la loi ne les casse point, ne peut les casser. Combien de ces actes, signifiés aux vivants par les morts où la folie semble le disputer à la passion; où le testateur fait de telles dispositions de sa fortune, qu'il n'eût osé de son vivant en faire confidence à personne; des dispositions telles, en un mot, qu'il a eu besoin, pour se les permettre, de se détacher entièrement de sa mémoire, et de penser que le tombeau serait son abri contre le ridicule et les reproches! (On applaudit.)

Je ne sais, Messieurs, comment il serait possible de concilier la nouvelle constitution française, où tout est ramené au grand et admirable principe de l'égalité politique, avec une loi qui permettrait à un père, à une mère d'oublier à l'égard de leurs enfants ces principes sacrés d'égalité naturelle; avec une loi qui favoriserait des distinctions que tout réprouve, et accroîtrait ainsi, dans la société, ces disproportions résultant de la diversité des talents et de l'industrie, au lieu de les corriger par l'égale division des biens domestiques.

Le concours de la loi et de l'opinion a détruit chez nous cette prépondérance générale que les noms et les titres se sont arrogés trop longtemps. Il a fait depuis disparaître ce pouvoir magique qu'un certain arrangement de lettres alphabétiques exerçait jadis parmi nous. Ce respect, cette admiration pour des chimères a fui devant la dignité de l'homme et du citoyen. Or, je ne sais rien de mieux, pour faire repousser des rejetons à cette vanité ensevelie, que de laisser subsister des usages testamentaires qui la favorisent, de cultiver en quelque sorte par les lois ce fonds trop fertile d'inégalité dans les fortunes. Il n'y a plus d'aînés, plus de privilégiés dans la grande famille nationale; il n'en faut plus dans les petites familles qui la composent.

Ne voyez-vous pas quelle est la manie de ceux qui, nés sans fortune, sont parvenus de manière ou d'autre à s'enrichir? Enflés de cet avantage, ils pren-

nent aussitôt un certain respect pour leur propre nom ; ils ne veulent plus le
faire passer à leurs descendants qu'escorté d'une fortune qui le recommande
à la considération ; ils se choisissent un héritier parmi leurs enfants, ils le
décorent par testament de tout ce qui peut soutenir la nouvelle existence
qu'ils lui préparent ; et leur orgueilleuse imagination se peint, par-delà
même le tombeau, une suite de descendants qui feront honneur à leurs
cendres. Ah ! étouffons ce germe de distinctions futiles ; brisons ces instruments d'injustice et de vanité.

Messieurs, il en est d'un mauvais gouvernement comme d'une mauvaise
machine ; les défauts s'y corrigent quelquefois les uns par les autres, et le
mouvement se soutient encore au moyen de ces misérables compensations ;
mais une pièce vient-elle à se rompre, on ne peut la refaire sans remanier
en quelque sorte tout l'ouvrage.

Dans notre précédent gouvernement, une multitude de victimes étaient
sacrifiées par la barbarie des lois féodales, ou par l'orgueil paternel, à la déclaration du premier-né. Alors les ordres religieux, les bénéfices, les cou-
vents, les places de faveur appelaient les rebutés des familles ; voilà deux
maux dont l'un servait en quelque sorte de remède à l'autre. Aujourd'hui,
grâce à la sagesse courageuse de cette Assemblée, ces lieux de refuge sont
fermés ; mais aussi il ne faut plus d'opprimés qui les réclament. Si, d'un
côté, les spéculations de l'intérêt ne peuvent plus souiller nos autels ; que,
de l'autre, des enfants réprouvés par leurs propres pères n'aient plus à regretter ces ressources justement proscrites. (Le côté gauche et les tribunes
applaudissent vivement.)

Mais quoi ! les avantages domestiques qui naissent en foule d'un système
parfait d'égalité dans les familles ne forment-ils pas un des plus forts arguments pour l'y établir ? Les rapports naturels qui unissent les pères à leurs
enfants, les enfants à leurs pères, ne se resserrent-ils pas quand vous écartez
ces pratiques dénaturées placées entre eux par une société mal ordonnée.

Ah ! on ne le voit que trop, ce sont les pères qui ont fait ces lois testamentaires ; mais en les faisant, ils n'ont pensé qu'à leur empire, et ils ont
oublié leur paternité. Ils en ont été punis, en faisant naître dans le cœur de
leurs enfants, à la place des sentiments doux et sincères de ce penchant naturel d'amour, de respect et de gratitude, des motifs de crainte et des vues
secrètes d'intérêt ; ils en ont été punis, en préparant quelquefois les déré-
glements et le malheur de ces favoris de la vanité.

Et les enfants entre eux ! Je demande si l'inégalité du sort qui les attend
n'est pas d'avance une source de jalousie, de haine ou d'indifférence domestique, et si ces tristes et naturels effets ne se prolongent pas souvent dans la
société de manière à diviser pour toujours des branches d'une même famille.
Or, vous le savez, Messieurs, le bonheur de la société se compose en plus
grande partie d'affections privées ; c'est dans les foyers domestiques que se
forment les sentiments et les habitudes qui décident de la félicité publique.

Et quelle source féconde de querelles, de difficultés, de procès ne serait-ce pas tarir par ce moyen simple et naturel? Les tribunaux ne retentissent que trop de contestations causées par l'obscurité des lois, le choc des usages, l'incertitude du droit entre les diverses classes de citoyens; c'est bien pis encore quand la discorde traîne les familles devant les juges : alors l'acharnement est d'autant plus vif, les difficultés plus interminables, et le ressentiment plus profond, que les liens du sang sont plus étroits; la société en est déchirée et le scandale s'ajoute à la ruine.

Il y a plus, et je pense que toute l'éducation d'une famille tend naturellement à se régler sur le sort qui attend les enfants dans le partage des biens domestiques. L'inégalité de ce partage appelle l'inégalité des soins paternels, celle même des sentiments et de la tendresse. Mais, tandis que le fils privilégié, qui fait plus particulièrement l'espoir et l'orgueil de ses parents, reçoit une éducation plus recherchée. lui, de son côté, sentant que son sort est fait dans le monde, et qu'il s'agit bien moins pour lui d'être que de paraître, de se rendre utile que de jouir, profite, comme on peut le croire. des soins qu'on lui donne. Quant au reste de la famille, voué en quelque sorte à l'obscurité, son éducation se ressent de la destinée qu'on lui prépare. C'est ainsi que tout se corrompt sous l'influence des mauvaises lois.

La société, sans doute, a droit aussi de demander à ses législateurs qu'ils ne privent plus des membres utiles des droits que les lois testamentaires leur ont enlevés jusqu'à ce jour. Pourquoi peut-elle leur dire : consacreriez-vous à l'oisiveté, au dérèglement (ce qui est souvent la même chose), ces privilégiés des familles qui se croient, par leur fortune, faits uniquement pour les plaisirs? Pourquoi, pour favoriser un mariage qui ne flatte souvent qu'un vain orgueil, en empêcheriez-vous plusieurs qui pourraient être fortunés? Pourquoi condamneriez vous au célibat plusieurs enfants de la même famille, en faisant dévorer par un seul d'entre eux l'établissement de tous les autres? Pourquoi, surtout, ces filles tendres, sensibles, dont les égards et les services ont contribué plus particulièrement au bonheur de leurs proches, pourquoi seraient-elles les premières victimes de ces prédilections dictées par l'orgueil et les préjugés? Pourquoi ne pourraient-elles donner naissance à une postérité qui les récompensât de leur tendresse par le même attachement et les mêmes soins?

Oui, Messieurs, l'égalité de partage des biens domestiques est liée avec les moyens d'encourager les mariages , d'accroître la population , d'augmenter le nombre des propriétés foncières , comme elle tient au moyen d'entretenir cette égalité générale, qui est à la fois l'un des principes et l'un des points de vue de votre excellente Constitution.

Si l'on vous dit que la nature est une puissance protectrice qui combattra suffisamment dans l'âme d'un père l'injustice, la dureté, la partialité envers ses enfants, je répondrai par le fatal pervertissement dont cette faible nature est trop susceptible: je répondrai par des exemples qui ne sont que trop éclatants et trop nombreux, et j'ajouterai que ce n'est pas aux lois à favoriser les passions dont l'influence a tant d'étendue; que ce n'est pas aux lois à faire prévaloir les préjugés, les fantaisies, les injustices d'un homme, dans le temps même où il n'est plus, sur les intérêts de la génération présente et ceux de la postérité.

Mais quoi! un fils sage et respectueux ne pourra-t-il pas être distingué, par le testament de son père, d'un fils rebelle et sans conduite! Quoi! ce qu'un enfant aura dissipé en folles dépenses, son père ne pourra pas en indemniser ses autres enfants, et rétablir ainsi l'équilibre!

Messieurs, ne faisons pas le sophisme trop commun de supposer dans un renouvellement de choses tous les vices naissants de l'ancien régime, et et de croire nécessaires, dans l'état de force et de santé, les mêmes mesures, les mêmes préservatifs que dans l'état de faiblesse et de maladie. En créant de meilleures lois, en instituant une éducation vraiment nationale, en rappelant partout l'égalité, en rendant l'estime publique nécessaire, que ne faisons-nous pas pour les bonnes mœurs et pour en inspirer le goût au jeune âge!

Tout est lié dans l'état civil. Si l'on voit la jeunesse se corrompre, c'est que les sources de la corruption sont ouvertes. Le fils privilégié n'est pas toujours séduit le premier par ces espérances de fortune. Souvent cette perspective appelle de bonne heure les faux amis; elle provoque les offres des avides séducteurs, des complaisants mercenaires. Etablissez l'égalité dans les familles, vous écartez le piège, vous attaquez le désordre dans les premiers ferments qui l'excitent. Prévenir le mal, c'est mieux faire qu'y remédier.

Eh! dira-t-on encore, les pères ne pourront-ils pas échapper également à l'intention de la loi par des dons arbitraires faits de leur vivant aux objets de leur prédilection?

Messieurs, quand la loi a tout fait pour le bon ordre, on ne peut pas s'en prendre à elle si les hommes sont encore plus adroits pour l'éluder qu'elle n'est puissante pour les contenir. Mais dans un gouvernement libre, osons croire à l'amour des lois et à leur empire sur le cœur de l'homme. Osons croire qu'un bon citoyen rougirait de transgresser des lois dans le sein même de sa famille, et qu'il ne se permettra pas pendant sa vie des préférences injustes qui lui sont interdites après sa mort. Enfin il y a toujours une grande différence entre l'état des choses où le mal est permis, favorisé par la loi, et celui où il est commis malgré la loi même.

Croyez-le, Messieurs, l'éducation domestique, pour être bonne, doit être fondée sur des principes d'exacte justice, de douceur et d'égalité. Moins les lois accorderont au despotisme paternel, plus il restera de force au sentiment et à la raison. Dites aux pères que leur principal empire doit être resserré dans l'autorité de leurs vertus, dans la sagesse de leurs leçons et les témoignages de leur tendresse. Faites-leur sentir que ce sera là désormais leur première puissance domestique, et vous verrez qu'ils seront d'autant plus excités à faire usage de ces douces armes, à les aiguiser en quelque sorte, à les rendre sûres et irrésistibles. Ainsi l'union, les soins réciproques, l'amour fraternel et filial, s'enrichiront de tout ce qu'aura perdu l'esprit de domination et d'intérêt. Il n'existera plus alors qu'une sorte d'enfants privilégiés, d'enfants qui recueilleront ce qu'il y a de plus précieux dans l'héritage de leurs pères : ce seront ceux qui emporteront le plus de fruit de la bonne éducation qu'ils auront reçue.

Je conclus donc à ce que l'Assemblée nationale adopte les dispositions qui sont la base du projet soumis à son examen, savoir :

1° Qu'à l'avenir toutes institutions de préciputs, majorats, fidéicommis par contrats ou testament, soient prohibées entre toutes personnes ; et qu'à l'égard de ces institutions actuellement existantes, il soit statué des mesures convenables pour assurer la jouissance de celles échues et l'abolition des autres.

Que toute personne ayant des descendants en ligne directe ne puisse disposer par testament que d'une quotité : soit le quart des biens du testateur, selon le projet du comité. Cette proportion beaucoup trop forte étant contraire aux principes que j'ai développés, et reproduisant en grande partie les vices d'inégalité dont il faut extirper ici la racine, ce qu'il sera aisé de démontrer quand la discussion aura atteint cet article, je demande donc que cette quotité, dont les chefs de famille pourront disposer par testament, soit bornée à la dixième partie de leurs biens. C'est assez pour ceux qui désirent laisser après eux quelque témoignage d'affection, de reconnaissance particulière ; et c'est trop pour ceux qui sont animés d'autres sentiments.

Je demande donc :

1° Que l'ordre et le partage des successions en ligne directe ascendante et descendante soient invariablement fixés par la loi ;

Qu'il soit assuré, aux héritiers dans cette ligne, les neuf dixièmes de la masse des biens de celui auquel ils succéderont.

Et qu'en conséquence, l'usage des donations entre vifs, institutions contractuelles, dispositions testamentaires sans charge de rapport, et généralement toutes autres dispositions tendantes à déranger l'ordre de succéder et à rompre l'égalité dans les partages, soient prohibées aux ascendants envers leurs descendants, et respectivement jusqu'à concurrence de neuf dixièmes dans la dite masse, sauf la libre disposition de la dixième partie en faveur des personnes étrangères à la ligne.

2° Que les substitutions et fidéicommis soient à l'avenir prohibés entre toutes personnes ;

Et qu'à l'égard des substitutions qui ont commencé d'avoir leur exécution, ou sous la foi desquelles il a été contracté des alliances ; elles ne conservent d'effet que dans un degré et par une seule mutation, toute extension au-delà d'un degré étant révoquée et abolie.

A la fin de la lecture de ce discours, qui avait été écouté avec un profond recueillement, les applaudissements se font entendre, et l'impression est unanimement demandée.

———

JUGEMENTS ET OPINIONS SUR MIRABEAU.

———

M. Mirabeau est mort. Toutes les passions et tous les partis se sont réunis à donner les mêmes regrets et les mêmes larmes au talent que la patrie a perdu. Son nom est celui que la postérité rencontrera le plus souvent dans les événements, dans les lois et dans les monuments oratoires de la Révolution. Dévoué à la cause de la liberté et de la nation, par ces engagements qui lient un homme dans tous les points de son existence, il a pu flotter dans le choix des moyens de faire triompher cette cause, jamais dans la résolution de tout sacrifier au désir et au besoin de lui assurer un triomphe immuable. Parmi les acclamations qui accompagnaient son nom depuis deux ans, de graves inculpations, il est vrai, se faisaient aussi entendre; mais les premières étaient méritées par des talents et par des services dont on ne pouvait contester l'éclat; les secondes environnées pour ses ennemis mêmes, des obscurités de l'incertitude, jusqu'à ce qu'elles fussent prouvées avec évidence, devaient être regardées comme les vengeances d'un parti qui a succombé, ou des envieux que Mirabeau désolait autant que les aristocrates.   (*Journal de Paris*, 3 avril 1791.)

J'ai dit assez librement ma façon de penser sur ce fameux personnage, quand il vivait, pour avoir acquis le droit de faire éclater mes sentiments à sa mort. Je me borne aujourd'hui à parler de l'effet qu'a produit dans l'Assemblée cette nouvelle. Une consternation générale a paru peinte sur tous les visages. On dit même que deux membres distingués du côté droit se sont vus forcés de cacher leurs larmes, tandis que d'autres du côté gauche s'efforçaient avec un égal soin de déguiser leur joie. C'est du côté droit qu'est partie la demande de l'impression et de l'insertion au procès-verbal du discours composé par M. de Mirabeau.
                            (*L'Ami du Roi*, 6 avril.)

M. de Mirabeau est mort. Nous qui l'avons connu particulièrement, et qui chérissions sincèrement son caractère aimant et sensible, en admirant hautement ses talents supérieurs, nous lui devions des larmes, et nous en avons versé. Mais ce deuil universel des patriotes ne doit pas être un découragement pour nous, ni une fête pour les ennemis de la patrie et de la liberté. Il naîtra, je le jure, des cendres du grand Mirabeau, des milliers d'athlètes et d'orateurs qui doubleront les plus intrépides défenseurs du peuple. Son ombre, dégagée d'une dépouille mortelle, présidera dans toute la pureté des vrais principes au milieu de nous, et ses vaillants collègues, émules de ses talents et de sa gloire, redoublant de zèle et d'énergie, s'il le faut, feront voir à nos ennemis que l'œuvre de notre sainte constitution ne dépend pas d'un seul homme, mais de la force des choses et de la volonté suprême de la Providence. Donnons-lui des pleurs, amis! Mais retournant sur-le-champ au combat, montrons plus d'ardeur et d'intrépidité que jamais.
                            (CARRA. *Annales patriotiques*, 3 avril.)

M. Mirabeau avait de grands torts aux yeux de ses compatriotes, mais il avait rendu de grands services à la patrie : et ce qui prouve la rectitude de l'instinct du peuple, c'est la différence d'accueil que l'homme extraordinaire qui nous est ravi obtint pendant sa vie, au lit de mort et dans le cercueil. Quand du haut de la tribune, lors du décret sur le droit de paix et de guerre, il prononça ce mot éloquent et profond : *Il n'y a pas loin du Capitole à la roche Tarpéienne ;* malgré sa pénétration, il n'avait pas encore le décret du peuple à son égard, et le peuple lui-même ne savait pas combien il était attaché à ce même homme, qu'il traitait parfois avec tant de sévérité. Sa tombe devint la véritable pierre de touche de son mérite ; tous les souvenirs honorables formèrent une garde autour du grand homme qui achevait de vivre, et ne laissèrent approcher rien de ce qui pouvait les affaiblir et les contrister.   (*Révolut. de Paris*, LXLI.)

Distinguons deux hommes dans M. Mirabeau, la seconde partie de sa carrière politique a terni l'éclat de la première. Pourquoi faut-il qu'il n'ait point associé aux talents de Cicéron, l'incorruptible probité du consul de Rome? Pourquoi faut-il que le vil amour de l'or ait desséché en lui les sources pures du patriotisme? Oh ! c'est alors que son tombeau serait arrosé des larmes de tous les siècles ! On vante son éloquence, et on oublie l'usage perfide qu'il en a fait, en faveur du *veto*, de la loi *martiale*, etc. On vante son éloquence! mais le diable dans Milton, est éloquent aussi.   (*L'orateur du peuple.* t. v, p. 297.)

Quel est donc l'homme qui a triomphé ainsi de tant de contradictions, dont une seule aurait perdu tout autre, si ce n'est un de ces êtres extraordinaires qui, après avoir excité l'étonnement de tous, finissent par frapper d'admiration la multitude, qui ne voit que la grandeur colossale, et qui se prosterne devant elle?

Pour atteindre à cette grandeur, Mirabeau ne regarde pas comme indifférent l'art de la coquetterie. Vouliez-vous le combattre, son éloquence animée et verbeuse vous fermait la bouche. Etiez-vous de son avis ; il se taisait et semblait méditer avec complaisance sur l'étalage de ces principes qui étaient les siens ; enfin lorsqu'il croyait avoir assez donné d'aliment à votre amour-propre, un sourire ou une affaire pressée terminait, à votre satisfaction, une conversation dont vous sortiez content.

Voilà pour la séduction des hommes ; voici pour celle des femmes : Mirabeau savait et ne dissimulait pas auprès d'elles que les plaisir de l'amour étaient leurs premiers besoins ; sa tournure, un peu satyrisée, il la rendait plus attrayante par la promesse d'un amour ardent : on oubliait qu'il n'était pas beau quand il prouvait qu'il était fort ; et il ajoutait par un régime analogue à la multiplicité et à la vigueur de ses arguments.

C'est ainsi qu'il réussit à devenir l'homme de tout le monde : il n'y avait pas dans toute sa conduite morale et physique un moment perdu pour toutes ses ambitions, dont la plus forte était de maîtriser les âmes et les volontés.

Recherché par tous les partis, vanté par toutes les bouches, pleuré par beaucoup de beaux yeux, il était imposssible qu'une illusion grande et générale n'enivrât pas toute la France sur cet homme vraiment extraordinaire. Eh! à quoi lui auraient servi toutes les qualités qui constituent un bon et honnête citoyen? Sont-elles prises, peuvent-elles l'être dans le délire de la fermentation du jour? A quoi lui aurait servi la moralité des principes, tandis qu'ils ont tous cédé aux circonstances : c'était un hardi narrateur qu'il vous fallait.

(*Actes des Apôtres.*)

Peuple! rends grâces aux dieux! ton plus redoutable ennemi vient de succomber sous la faux de la parque; Riquetti n'est plus, il tombe victime de ses nombreuses trahisons; victime de la barbare prévoyance de ses complices atroces, alarmés d'avoir vu flottant le dépositaire de leurs affreux secrets; frémis de leur fureur et bénis la justice céleste. Mais que vois-je? des fourbes adroits dispersés dans les groupes, ont cherché à surprendre ta pitié; et déjà dupe de leurs faux-discours, tu regrettes ce perfide comme le plus zélé de tes défenseurs; ils t'ont représenté sa mort comme une calamité publique, et tu le pleures, comme un héros qui s'est immolé pour toi, comme le sauveur de la patrie..........

Je ne m'arrête pas au ridicule qu'offre une Assemblée d'hommes bas, rampants, vils et ineptes, se constituant juges d'immortalité. Comment des hommes couverts d'opprobre ont-ils le front de s'ériger en dispensateurs de la gloire? Comment ont-ils la bêtise de croire que la génération présente et les âges futurs souscrivent à leurs arrêtés? Mais le moyen de ne pas se récrier en voyant des hommes qui, ne s'occupant qu'à trahir la patrie, prétendent distribuer des récompenses dues à ses défenseurs, et avoir seuls le droit d'ouvrir et de fermer le temple des vertus civiques? Il ne s'ouvrira pas pour eux et leurs pareils; jugez-en par leur début. Voilà donc un fourbe, un fripon, un traître, un conspirateur, à la tête des bienfaiteurs de l'humanité, des défenseurs du citoyen opprimé, des martyrs de la liberté! Quel homme de bien voudrait que ses cendres repossassent dans le même lieu? Cet honneur ne peut appartenir qu'à un Chapelier, un Demeunier, un Voidel, un Dandré, un Malouet, un Bouillé, un Motier (Lafayette)... Puisse le ciel propice à nos vœux le leur faire partager au plus tôt.

(J.-P. MARAT, *L'Ami du Peuple*, avril 1791, nᵒˢ 419 et 420.)

.... On sait qu'à l'imitation des acteurs du théâtre romain, qui étaient toujours deux pour un rôle, l'un pour la déclamation, et l'autre pour le geste, M. de Mirabeau ne s'est presque jamais réservé que le geste, et s'est toujours reposé du son, sur un personnage caché derrière la toile; par exemple, les trois quarts du discours, sur le droit de faire la paix et la guerre; c'est-à-dire, toute la partie de la discussion est de M. P...; le député n'a fait qu'y répandre la chaleur et les mouvements en quelques endroits.

Les véritables amis de Mirabeau publient qu'il n'avait pas même lu ce fameux discours, lorsqu'il l'apporta à la tribune, qu'il n'en avait vu que les conclusions et le décret. A mesure qu'il le débitait il en était véritablement honteux, et en rentrant chez lui, il reprocha à M. P..., d'avoir si mal gouverné le soufflet pendant qu'il jouait l'orgue. Il l'avait déshonoré et lui avait fait perdre toute sa popularité. Comment pourrait-il être réélu par les Marseillais, si zélés républicains? Malheureux, disait-il au souffleur, tu n'avais donc pas lu ma *théorie de la royauté*, cet ouvrage où j'ai pris la peine de commenter *Milton*, et où j'ai montré, pour les principes diamétralement contraires, une admiration et un enthousiasme qui m'ont gagné alors la confiance de tous les Jacobins. Aujourd'hui, tu m'as fait m'extasier devant un roi, comme un imbécile, grands yeux ouverts, bouche béante; et au mois de décembre, je faisais imprimer qu'un roi était le plus grand fléau des peuples. Il n'y a pas une ligne dans ma théorie d'alors qui ne soit un démenti pour ma théorie de ce matin: ah! du moins *J. F. Maury*, et mon frère *Tonneau*, n'ont jamais varié dans leur principes.

(CAMILLE DESMOULINS, *Révolutions de France et de Brabant*, nᵒ 28.)

On a nommé son frère *Mirabeau-Tonneau*, pour lui, c'est *Mirabeau-Tonnerre* qu'il faut l'appeler. Au seul son de sa voix, tout le cul-de-sac tremble. La veille on l'accusait d'aller chez la femme du roi, et de recevoir cent mille écus de l'ambassadeur de Vienne. Il répond le lendemain à l'accusation, en arrachant de dessus le fauteuil du roi, ce pavillon blanc dont la vue nous tint de si mauvaise humeur le 14 juillet au champ de la Fédération........................
....

.... Quand je lis le discours admirable que notre Mirabeau a improvisé à cette séance du 21, pour hisser au milieu des voiles de l'escadre, la cocarde nationale, et ces trois couleurs qui vont crier sur les mers à tous les peuples ! *Vive la Nation! Vive la liberté!* Je ne suis plus maître de ma reconnaissance, je lui jette alors à la tête toutes les places de la République de *France*, et j'ai regret de ne pas disposer, comme les poètes, des places du ciel. Je lui dirais comme Virgile à Auguste : *Dive Mirabeau*, veux-tu être un des douze signes du zodiaque, le *Capricorne*, par exemple, ou bien aimerais-tu mieux être le gendre de *Thétis?* Tu aimeras mieux être le gendre de *Thétis*, et tu connais une fille de la mer.

..... Il faut que le journal de *M. Gorsax* soit répandu dans le Brabant, et que d'après un numéro de son journal, les Belges aient cru que Mirabeau, ami intime et déclaré de M. de Lamarck, avait reçu cent mille écus du comte *de Mercy*, puisqu'il a été délibéré par des patriotes Brabançons, de couvrir les enchères de l'ambassadeur d'Autriche, et d'offrir à Mirabeau deux cent mille florins. J'ai refusé de faire une pareille proposition à saint *Mirabeau*, et je le plains de voir sa gloire ternie par de pareils soupçons. L'exemple de Démosthènes philippisant et son argyrancie n'est pas une bonne excuse. La source des richesses de Cicéron était bien plus pure. Antoine lui reprochait un jour sa grande fortune, et prétendait qu'elle ne provenait pas toute entière des legs que lui avaient laissés ses amis en mourant : *Plût à Dieu que tu eusses dit vrai*, lui répondit Cicéron, *un plus grand nombre de mes amis vivraient*. A la vérité, je ne conseillerais pas à un orateur de bâtir sa fortune sur les legs des mourants; et tant d'exemples de l'ingratitude du peuple pour des patriotes peuvent bien apprendre aux plus zélés défenseurs de la Révolution, à se défier de la reconnaissance publique. Au demeurant, je n'accuse point ici *Mirabeau* de cette ressemblance entière avec Démosthènes, que lui reprochent ses ennemis. Je raconte seulement les faits. Et les offres dont je viens de parler sont encore plus injurieuses à l'Assemblée nationale, qui passe dans l'esprit des étrangers pour être moutonnière à ce point, et pour se traîner sur les pas de ses orateurs, qu'à *Mirabeau*, à qui son grand talent procure au moins cet avantage, qu'étant marchandé par les deux partis pour l'attirer à soi, il peut concilier, avec sa conscience et son patriotisme, certaines précautions contre l'ingratitude de ses concitoyens. Encore une fois, je n'inculpe point notre cher *Mirabeau*. Je lui dois même ce témoignage, que je l'ai vu refuser de fortes sommes pour soutenir une bonne cause, ce qui est une grande présomption de sainteté. Il a démenti aux Jacobins le fait des cent mille écus, consignés dans Gorsax....

..... Les factieux, les ennemis de la Constitution, ce sont ceux qui ne seraient pas pendus, s'il y avait une contre-révolution, parce qu'ils ont été applaudis vingt fois de tous les partis, et que les Maury, les Cazalès, les Malouet, voient en eux maintenant leur chef d'opinion. Je parle avec cette franchise,

parce que je ne suis plus de ceux qui pensent que la bonne politique veut
qu'on ménage M. Mirabeau, qu'on ne le désespère pas ; je suis fermement persuadé, au contraire, que si M. Mirabeau n'était pas au milieu de nous, il ne serait pas plus dangereux que les Cazalès et les Maury, il serait à leur niveau ; la
Révolution n'est pas l'ouvrage de quelques particuliers ; elle n'est due, ni à Mirabeau, ni à Barnave, ni même à l'Assemblée nationale ; il n'y a aucun homme
dont l'existence soit tellement liée au succès de la Révolution, qu'il soit possible de dire que sans lui elle ne se fut pas opérée, ou qu'elle ne puisse s'achever.
Ce ne sont plus les aristocrates que nous pouvons craindre, ce sont ceux qui
ont gagné la confiance du peuple par un manque de patriotisme. Ce n'est que du
milieu de cette société que M. Mirabeau peut remuer le levier de l'opinion ; hors
de cette enceinte, toute sa force ne lui sert de rien ; aussi méprisé que Maury, il
devient aussi nul. C'est pourquoi je ne crains pas d'aliéner son amour-propre et
de provoquer un courroux impuissant, s'il s'exclut de la société des Jacobins.
Mais non, il sent trop qu'il a besoin de l'opinion, qu'elle seule le soutient ; et il
va nous remplacer à cette tribune : là il vous dira que la liberté n'a point de
meilleur ami que lui. Il vous prouvera qu'il n'a point été dans presque toutes
les grandes questions du parti opposé au peuple ; qu'il ne voulait point qu'on
renvoyât la déclaration des droits à la fin de la Constitution, qu'il ne voulait
point que le roi eut le *veto*, qu'il ne voulait point qu'il pût faire à son gré la
paix et la guerre. Et qui doute que si son décret eut passé, les Autrichiens ne
seraient entrés en France il y a deux mois ! Il vous prouvera que depuis huit jours,
tous les aristocrates de l'Assemblée nationale ne se disent pas : Courage, Mirabeau est des nôtres, — et que Maury, ne lui cède pas l'honneur de défendre l'intérêt commun. Mais les discours de Mirabeau passeront, et les procès-verbaux de
l'Assemblée nationale ne passeront pas...

Véritablement, quand je considère cette idolâtrie de la presque universalité de
l'Assemblée nationale, je sens tomber un peu les bouillons de ma colère contre
Mirabeau. Comment croire que l'auteur de l'ouvrage sur *les Lettres de cachet*, où
il a tracé si fidèlement le portrait des rois ; celui qui, le lendemain du jour où j'ai
proposé au peuple le choix de deux couleurs pour sa cocarde, ou le vert, couleur
de l'espérance, ou le ruban bleu de Cincinnatus, couleur de la République, celui
qui disait publiquement le lendemain : « *Ils n'ont pas assez d'esprit pour prendre
le bleu,* » l'homme qui a traduit et commenté la théorie de la royauté, par Milton,
comment croire, dis-je, qu'il fût monarchien par principe ? Mais que voulez-vous
qu'il fasse quand il voit tout le peuple aller sacrifier à Baal, sur la montagne ! Un
homme d'esprit, en pareil cas, qui n'aurait pas la rigidité de principes de Caton,
et qui ne serait pas un Pétion ou un Robespierre, mais jaloux pourtant de sauver
sa réputation d'homme de sens, en cédant au torrent, pourrait-il s'y prendre autrement que fait Mirabeau dans le discours sur la régence ? Et peut-on mieux se
moquer de ses auditeurs en feignant de penser comme eux ?

. . . .

Le grand Mirabeau est malade, et l'Écriture défend d'ajouter l'affliction à une
affliction. Et puis il y a une charmante lettre de Pline qui commence par ces mots :
« *Quand nous sommes malades, nous devenons bons.* » Il faut donc espérer que
notre Mirabeau deviendra meilleur. Que lui sert-il de s'être pressé si fort d'acheter
cette belle maison de Flesselles et d'Argenteuil, et cette belle terre du Marais ?
Vous aurez toujours des voisins. Mais si Mirabeau avait voulu, c'est dans la car-

rière de la législation qu'il n'eût point eu de voisins ; c'est parmi les orateurs que personne n'eut approché de lui ; au lieu qu'il a manqué souvent à son éloquence cette élévation d'idées qui tient à l'élévation de l'âme. L'affluence des patriotes chez Mirabeau dans sa maladie, l'intérêt général que prennent les Jacobins à sa convalescence, ont dû le toucher. Quoiqu'il nous eût quitté encore une fois, nous serions désolés qu'il nous manquât, et qu'il ne vît pas s'achever la Révolution, à laquelle il a eu tant de part. . . . .

Mais..... Mirabeau se meurt ! Mirabeau est mort ! *De quelle immense proie la mort vient de se saisir !* J'éprouve encore en ce moment le même choc d'idées, de sentiments qui me fit demeurer sans mouvement et sans voix, devant cette tête pleine de systèmes, quand j'obtins qu'on me levât le voile qui le couvrait, et que je cherchais encore son secret, que le silence de la mort ne gardait pas mieux que la vie [1] !

J'avais renoncé à la place que l'amitié me donnait auprès du lit de Mirabeau, par mon numéro 67, où j'ai fait une si vive peinture de la séance immortelle du 28 février aux Jacobins. Cette séance n'avait pu lui faire perdre ni mon admiration pour ses grands talents, ni même l'extrême intérêt pour sa personne qu'il avait su m'inspirer. La mort, qui ranime tous les attachements, m'a ramené chez lui bien avant elle, comme auraient fait tous ses périls, et il n'y eut pas de ma faute si ses domestiques ne lui firent point part de la douleur où me jetait sa maladie. J'avais préféré mon amour pour la vérité à l'amitié de Mirabeau, et il convenait de laisser le malade au milieu de ceux qui devaient lui paraître l'aimer davantage. Je n'ai pu le suivre dans ses derniers moments, et j'y ai grand regret pour mes lecteurs. Les plus secrets mouvements de son cœur ne me seraient pas échappés. Je le connaissais déjà assez bien ; mais j'aurais voulu observer si alors. comme il n'y a qu'un mois, il partageait avec Buffon la puérilité, bien plus ridicule depuis le décret, de se faire appeler, par ses domestiques, *monsieur le comte* ; j'aurais voulu observer s'il ambitionnait encore le rôle de Richelieu et de Pitt, plus que celui de Caton, de Cicéron et de Milton ; s'il trouvait encore plus beau d'être le *protecteur des rois* que le protecteur des nations ; s'il aimait mieux, au lit de mort, reposer sa tête sur une chimère, une ombre de gloire, sur je ne sais quel oreiller enflé de vent, que sur un cœur pur ; et enfin si c'était l'ambition et la soif de l'or, ou la supériorité de ses lumières, et la profonde connaissance des hommes qui l'avait mis si souvent en opposition de principes avec moi. Dans ces moments où toutes les passions étaient mortes avec le corps, il devait être curieux d'observer un homme dont la tête vivait encore lorsque le corps n'existait plus. Il est vrai que pour un révolutionnaire tel que Mirabeau, voué à l'immortalité, qui a devant les yeux la place que lui gardent les continuateurs de Plutarque, et qui jouit de toute sa tête, il n'est point de moment où on puisse dire que toutes

---

[1] C'est à M. Carteaux, officier de la cavalerie parisienne, auteur du magnifique tableau représentant Louis XVI à cheval, qui est exposé dans la galerie, que je dois d'avoir pu contempler encore un moment Mirabeau mort. Le célèbre Houdon venait de le modeler. Cette tête semblait vivre encore, et avait conservé tout son caractère ; c'était un sommeil, et ce qui me frappa au-delà de toute expression ; telle on peint la sérénité du sommeil du juste ou du sage. Jamais je n'oublierai cette tête glacée, et la situation déchirante où sa vue me jeta. Mirabeau est mort en *odeur de patriotisme.* Tous les spectacles ont été fermés ; tous les journaux ont déjà fait de lui un pompeux éloge. Aujourd'hui, c'est l'oraison funèbre ; demain sera le jour de l'histoire. Je me tairai. La postérité n'est pas encore née pour ce grand homme.

(*Note de Desmoulins.*)

les passions sont mortes, puisqu'il lui reste l'amour d'une renommée qui va le suivre. Aussi Mirabeau a-t-il recueilli toutes ses forces en mourant. Comme Sénèque, avec qui il eut plus d'une ressemblance, il mourait entouré d'écrivains qui recueillirent ses dernières paroles.

. . . .

La mort d'Hercule Mirabeau est tellement devenue la matière de toutes les conversations, tout ce qui le regarde a acquis une telle importance, que le lecteur ne me saura pas mauvais gré de recueillir toutes les opinions, et de le laisser flotter entre elles, incertain à laquelle il se fixera sur les causes de cette mort. Voici ce que me disait quelqu'un : Je ne sais comment il arrive que Marat, qui se trompe si souvent et si lourdement sur les accessoires, rencontre presque toujours juste, et ait cette supériorité de tact sur le fait principal. *Mirabeau*, dit Marat, fut patriote un jour, et il est mort. Voici une raison qui s'éloigne furieusement de toutes les autres; mais dans la fluctuation des idées qui se présentent, combien de raisons font pencher vers cette dernière! Guignard, dont on avait fait les malles, reste toujours à la cour! Crois-tu qu'il n'y soit pas pied à boule, qu'il n'y soit pas plus véritablement ministre, que tel qui en porte le nom? Crois-tu que toi, et moi, et Mirabeau, le révolutionnaire par excellence, ne soyons pas aux yeux de la cour des brigands dignes de mille morts, dont le procès est fait et parfait, et qui ne vivons que par sursis? Le poison leur semble, envers nous, légitime et donné par arrêt. — Soit, mais ils faisaient principalement fond sur Mirabeau; lui seul pouvait rebâtir le temple de Versailles. Vois comme Sulleau en parlait à l'archevêque de Bordeaux. — Cela est vrai, mais la contre-révolution de Brabant leur a tourné la tête; ils ont demandé à Mirabeau une monarchie pleine, une contre-révolution dans les formes. Mirabeau leur en a montré l'impossibilité. Il aimait l'argent, mais il aimait aussi la gloire, et il était incapable de tremper dans la contre-révolution telle qu'ils la voulaient. Il avait leur secret. Ils ont vu, à n'en pas douter, qu'il serait contre eux. Ils sont assez bêtes pour croire que lui seul rendait la contre-révolution impossible. Ils savent que Mirabeau avait un plan de république tout prêt en cas d'événement. (En effet, je me rappelle fort bien qu'un jour Mirabeau, se plaignant de l'éloignement de la confiance du parti populaire que quelques-uns lui disputaient, me dit, il n'y a pas longtemps, en faisant une supposition : Ils seraient bien embarrassés alors; moi seul j'ai dans ma tête un plan de république, et je puis faire face à tous.) Ils ont pensé que la contre-révolution échouerait toujours contre son génie, mais qu'on pouvait se passer de son génie, et, pour lever l'obstacle, ils ont pris le moment où les Lameth et Barnave, et ses liaisons avec la cour, aidaient à faire rejeter sur eux tous les soupçons de l'empoisonnement. As-tu remarqué l'audace et le concert avec lesquels tous les papiers monarchiens jetaient des soupçons sur les Lameth? Ils ne se contentaient pas de l'insinuer. On croit qu'il a été empoisonné, dit l'un de ces journaux. Il avait osé démasquer les trente voix des Jacobins. Rien n'a pu l'excuser aux yeux de Barnave et de Lameth. Ces bruits se sont soutenus jusqu'au moment où, se trouvant démentis par le procès-verbal des médecins, on n'en a plus eu besoin. — Mais ce procès-verbal et l'ouverture du cadavre prouvent, mon ami, que tu rêves en ce moment. — Est-ce qu'un procès-verbal de médecine ne dit pas au peuple tout ce qu'on veut qu'il dise? Est-ce que tous les poisons laissent des traces? Le docteur Marat compte jusqu'à six sortes de poisons, dont une seule, ceux qu'on nomme *irritants*, laisse des traces visibles.

Est-ce que le peuple peut discerner, à l'inspection du corps, les traces du poison? Est-ce que tu crois Vicq-d'Azir? — Mais Cabanis, l'ami de Mirabeau? —Sais-tu si Cabanis a eu le courage qu'il faut pour dire ce qu'on pense en pareil cas? La pusillanimité s'excuse, en disant: Ma déclaration ne le ressusciterait point. — Mais Mirabeau avait fermé un cautère, il y a quatre mois. Le corps était plein d'humeur, et le sang vicié tournait en décomposition. Il est mort étouffé de truffes et brûlé de vin de Côte-Rôtie. Et cette orgie que tout le monde raconte? — Je sais tout cela mieux que toi. — Je l'ai vu la veille de sa maladie. Frappé de son teint plombé et de son mauvais visage, je ne pus m'empêcher de lui dire : Prenez garde à vous, voilà un œil qui vous dit bonsoir. Il ne fit qu'en rire. Je n'en persiste pas moins dans mon opinion, que sa mort n'est pas plus naturelle que celle de Loustalot, et je dis ici que c'est la seconde épître aux Romains. Mon camarade, le peuple pardonne, et surtout celui de Paris. Que Maury et Cazalès se convertissent, le peuple les portera sur ses épaules à Sainte-Geneviève. Mais la cour ne pardonne jamais. Qu'on me dise si les médecins ont rien compris à sa maladie? Qu'on m'explique, surtout, pourquoi le secrétaire a varié dans ses déclarations? On dit bien plus..... Du moins, personne ne conteste que la garde étant montée chez lui pour l'arrêter, on l'entendit s'écrier : *Lumière, tu éclaires un grand scélérat!* On a prétendu que Mirabeau avait fait monter la garde, parce que le secrétaire avait détourné 22.000 francs, et que celui-ci, se voyant découvert, s'était frappé de plusieurs coups de canif. S'il eût commis ce vol, Mirabeau eût-il fait, dans le même moment, un legs au voleur? Je le trouve sur le testament pour un legs de 24,000 francs. Quelle vaste carrière aux réflexions!... Le secrétaire pourrait fournir les meilleurs mémoires pour l'histoire de la Révolution.

J'oubliais un autre discours qu'on fait tenir à Mirabeau. La Société des Amis de la Constitution avait envoyé, le mercredi, une députation pour s'informer de sa santé. Lorsqu'il apprit que Ch. Lameth, avait refusé d'en être, on raconte qu'il dit : *Je savais bien qu'ils étaient vils et lâches, mais je ne les croyais pas si bêtes.*

Ceci mérite une explication :

Ch. Lameth, en s'excusant d'aller chez Mirabeau, avait dit assez haut pour être entendu de vingt personnes : « Je me ferais un devoir d'aller chez le patriote le plus obscur, mais j'ai accusé M. Mirabeau, ici même, en face, d'être l'ennemi mortel de cette Société. Sa maladie ne change point mon opinion, et je ne sais point mentir. » Ce refus de Ch. Lameth, a soulevé contre lui au dernier degré l'indignation publique. Pour moi, j'allai lui en faire mon compliment. C'est à présent, lui dis-je, que je vous estime en raison de l'indignation universelle. Il est impossible que, voyant l'intérêt général qu'excitait la maladie de Mirabeau, vous n'ayez pas senti que c'était perdre votre popularité que de refuser d'aller le voir, je sais que vous méprisez la popularité, que vous avez plus besoin de votre estime que de celle du public, et que vous dédaignez des suffrages captés par l'hypocrisie. Quoique moi, je sois allé chez Mirabeau, cédant, non au torrent de la multitude, mais à l'attachement que je conserve pour lui, et à mon habitude de me souvenir du bien plutôt que du mal, je sens que la patrie a plus besoin de la fermeté de caractères comme le vôtre, que de ma facilité à oublier les plaies que Mirabeau a faites à la liberté. La réponse de Lameth dut ajouter à mon estime. Il me dit : « qu'il ne méritait ni mes éloges, ni les injures du public ; qu'il avait refusé d'aller, non pas chez Mirabeau mourant, mais chez Mirabeau indisposé, comme il l'avait été vingt fois. Lorsqu'il avait refusé, on disait le malade si peu en danger, que Barnave, qui fut de la députation, avait rapporté à la Société cette réponse du médecin : *Je réponds de M. de Mirabeau, et dans trois jours il sera hors de péril.* Si j'avais su la maladie de M. de Mirabeau sérieuse, le souvenir de ses grands services eût fait taire toute autre considération. »

Je devais cette justification à Ch. Lameth, dans ce moment où je le vois attaqué par la calomnie avec une fureur sans exemple. Ce ne serait encore qu'un demi hommage à la vérité, si je n'ajoutais encore qu'il m'est difficile de croire que Mirabeau ait dit : *Je les connaissais vils et lâches.* Il est possible qu'il ait dit le reste de cette phrase : *Je ne les croyais pas si bêtes.* Ce que Mirabeau appelle de la *bêtise,* et qui en serait véritablement, si Lameth préférait à tout la faveur du vulgaire, parce qu'alors il aurait manqué grossièrement son but, n'est plus bêtise, mais loyauté et franchise de caractère, dans un homme qui ne veut pas dissimuler un sentiment qu'il a su exprimer. Ce mot ne ferait donc tort qu'à Mirabeau, qui aurait avoué par là, qu'il préférait la politique, c'est-à-dire, la dissimulation à la franchise. C'est donc à l'historien de ses derniers moments à désarmer les autres pour la gloire de son héros. Quand au texte du propos, s'il l'a tenu, ce ne peut être, pour me servir de ses expressions, que *ab irato, à moroso, a deliro,* et il pensait bien autrement. Moi aussi, j'ai connu Mirabeau, j'ai vécu avec lui, et ma franchise habituelle a quelquefois provoqué la sienne. Je l'ai souvent entendu s'exprimer sur les hommes et sur les choses ; et puisqu'on veut se servir de la religion que les hommes attachent aux dernières paroles des mourants, pour perdre dans l'opinion les meilleurs citoyens, et après avoir divinisé Mirabeau, les présenter au peuple comme jugés et condamnés par l'oracle, je dois rapporter les paroles que m'a dit l'oracle, quand il n'était point malade, ni aigri par un rapport infidèle et des paroles envenimées.

A mesure que les matières que je traiterai me rappelleront quelques mots de Mirabeau sur ces matières ou sur les personnes, s'il m'arrive de les citer, on pourra se fier à mes citations. Aujourd'hui, pour diminuer les exagérations de la douleur de sa perte, je dois dire, par exemple, qu'il existe un homme dans l'Assemblée nationale, dont Mirabeau m'a paru révérer la tête comme celle de Platon, et la priser plus que la sienne, cette tête *sans pareille.* Il ne m'a jamais parlé de ce député qu'avec l'espèce de culte que j'avais pour lui-même. Il semblait abandonner tout le reste de l'Assemblée nationale à ma censure, mais il ne me pardonnait pas la plus légère raillerie sur ce collègue. L'éloge ne sera pas suspect dans ma bouche ; ce collègue, c'est l'abbé Syéyes. Combien de fois il m'a dit : *Sachez que c'est l'abbé Syéyes et moi qui sommes les pères de la Constitution.* Je ne puis pas affirmer s'il mettait toujours dans cette phrase le nom de l'abbé Syéyes avant le sien, mais peu importe. On sait qu'après la victoire de Salamine, quand il fut question de juger, au scrutin, des chefs d'escadre, celui à qui elle était principalement due, tous les généraux écrivaient d'abord leurs noms, et puis celui de Thémistocle. Celui qu'en pareil cas, on place le second, est toujours le premier. C'est un fait, que quand Mirabeau eût voulu que je le regardasse comme une horloge que remontait Syéyes, et qui ne faisait que sonner à la tribune les idées de Syéyes, il ne m'en aurait pas parlé plus pompeusement.

Depuis, il ne parlait si magnifiquement des Lameths. Depuis sa querelle sur le droit de paix et de guerre, il les regardait comme ses ennemis. Il s'était persuadé que c'étaient eux qui avaient fait faire à M. La Croix, *la grande trahison du comte de Mirabeau*. Il me dit un jour à ce sujet : « *J'ai la preuve* que c'est l'ouvrage de Lameth, et je garde dans mon secrétaire le décret de prise-de-corps que j'ai obtenu contre M. la Croix ; je n'en ai point fait usage , parce que je crois *qu'il fallait alors non-seulement la liberté, mais la licence de la presse.* » — Comment pouvez-vous *avoir la preuve*, lui dis-je, que le pamphlet de la Croix est l'ouvrage de Lameth , ce pamphlet est du mois de juin, et c'est moi qui, plus de six semaines après , le 3 août, comme je cherchais avec la Croix une retraite à la campagne, pour me dérober à la poursutite de la Sainte Hermandad, que Critias-Malouet me lâchait aux jambes, et allant m'informer chez Barnave comment il avait laissé rendre le décret de la veille , c'est moi qui présentai à Lameth, l'auteur du pamphlet, qui ne l'avait vu et qui voulait bien m'accompagner. Comment pensez-vous répondre à un *alibi* de cette force? La prévention de Mirabeau contre les Lameth , ne l'empêchait pas de leurs rendre justice. Il aimait l'esprit, la franchise et le patriotisme de Charles, et disait de lui tout le contraire de ce qu'on lui a fait dire dans ses derniers moments. Il s'en faut bien qu'il parlât de même d'Alexandre Lameth. Il ne me parlait que de sa fausseté, sans m'avoir jamais articulé un fait qui montrât qu'il était faux. Il le regardait comme l'homme *le plus ardent* de l'Assemblée nationale. et son plus dangereux adversaire. Je ne sais ce que Duport lui avait fait , mais il me semble qu'il le haïssait encore davantage.

Il haïssait Barnave, qui n'avait point de secrétaire, qui ne lisait point à la tribune ; mais il n'avait guère contre lui que cette haine, qu'on a pour un rival de gloire, et non de pouvoir; le procès qu'ils avaient entre eux, était comme celui de Démosthènes et d'Eschyle *pour la couronne*. Si Barnave avait été vaincu comme Eschyle , il eût trouvé dans son rival la même générosité que celui-ci dans Démosthènes. Mirabeau aurait aimé Barnave, si Barnave n'était pas demeuré si souvent vainqueur. Ses victoires sur Mirabeau n'ont pas été toutes également honorables à Barnave; mais toutes ont donné de l'humeur au vaincu , à qui la passion dictait alors des expressions qui n'étaient pas celles de sa pensée. Dans d'autres moments, il a porté un jugement bien différent. Qui ne lui entendit dire que *Barnave était un grand arbre qui deviendrait un mât de vaisseau.* Je voudrais, pour l'honneur de Barnave, que celui-ci eût dit un aussi beau mot sur Mirabeau.

Voilà les trois personnes dont il parut le plus s'éloigner par humeur , et le plus se rapprocher par estime : (Je mets à part l'abbé Syéyse, plutôt son guide que son collègue). *Si ce gueux-là était traitable*, disait-il, dans la plus grande intimité, c'est avec lui qu'il faudrait marcher. C'est aussi sur les Lameth, qu'il compta, malgré son éclatante rupture avec eux , au sujet de la discussion sur le droit de paix ou de guerre, lorsque peu de temps après il fut décrété par le Châtelet. Mirabeau apprit de M. le Jay, que la *buanderie de la reine* allait le décerner. Sa première parole fut : *Je serai abandonné par mes amis, et sauvé par mes ennemis.* En effet, comme l'a fait observer Danton à la tribune des Jacobins, ce fut à cette tribune qu'Alexandre Lameth, le jour même de la dénonciation, prit le premier, avec tant de chaleur, la défense d'un accusé avec qui il vivait hostilement. « Ne vous y trompez pas, dit Alexandre Lameth, c'est à la Révolution qu'on veut faire le procès. C'est la Constitution qu'on attaque dans la personne de Mirabeau, sûrement vous ne l'abandonnerez pas. Quant à moi, je déclare que je le défendrai de tout le courage qui m'anime. »Mirabeau fut sensible à cette conduite. Il admira la religion des Jacobins : il revint parmi eux, il y était aussi ramené par l'espoir de la présidence ; car, si on ne peut obtenir cette présidence sans leurs secours, au moins ce ne peut être qu'avec honneur.

Jamais Mirabeau n'a montré un plus grand caractère, et plus de courage, que lorsque la nature et toutes ses forces l'avaient abandonné. Son originalité lui restait encore. Sentant sa fin approcher, et son estomac ne pouvant rien garder. *Quand le premier fonctionnaire public est mauvais*, dit-il, *il faut en finir.*

A la nouvelle de sa mort, un silence de stupeur a régné quelque temps dans l'Assemblée nationale. Tous se sont tu devant son cercueil. On eût dit qu'ils ne pouvaient croire que ce flambeau qui depuis deux ans versait des torrents de lumière au milieu d'eux, eût pu s'éteindre. C'est ainsi que le peuple qui remplissait la rue autour de sa maison, lorsqu'il savait que la moitié du corps était déjà glacé par la mort, ne pouvait se faire à l'idée que Mirabeau fut mortel.

On gagne à mourir d'être loué généralement, dit la Bruyère. Qui l'a mieux éprouvé que Mirabeau? Comme Homère, dont sept villes après sa mort se disputèrent la naissance, il semblait que toutes les passions et tous les partis se disputassent, à qui l'avait eu de son côté et dans ses principes. Nègres, monarchiens, quatre-vingt-neuvistes, jacobins, tous l'ont honoré d'une oraison funèbre à leur manière, mais on put remarquer que les patriotes le regrettaient et que les aristocrates le pleuraient, et j'en ai fait convenir quelques-uns que leur deuil était peu honorable au défunt. Pour moi, lorsqu'on m'eut levé le drap mortuaire, à la vue d'un homme que j'avais idolâtré, j'avoue que je n'ai pas senti venir une larme, et que je l'ai regardé d'un œil aussi sec que Cicéron regardait le corps de César percé de vingt-trois coups ; je contemplais ce superbe magasin d'idées démeublé par la mort : je souffrais de ne pouvoir donner des larmes à un homme, et qui avait un si bon génie, et qui avait rendu de si éclatants services à sa patrie, et qui voulait que je fusse son ami. Je pensais à cette réponse de Mirabeau mourant, à Socrate mourant, à sa réfutation du long entretien de Socrate sur l'immortalité par ce seul mot : *dormir.* Je considérais son sommeil, et ne pouvant m'ôter l'idée de ses grands projets contre l'affermissement de notre liberté, et jetant les yeux sur l'ensemble de ses deux dernières années, sur le passé, et sur l'avenir ; à ce dernier mot, à cette profession de matérialisme et d'athéisme, je répondais aussi par ce seul mot : *tu meurs !*

La douleur du peuple de le perdre, l'a jugé moins sévèrement. Le jour de sa mort à la séance du soir, une députation des quarante-huit sections, vint *demander un deuil public pour ce citoyen éloquent et* VERTUEUX, et le lendemain je crus qu'on en voulait faire un saint tout de bon. « M. de Mirabeau, disait la *Gazette universelle*, n'a point vu le curé de sa paroisse ; mais il a resté à deux reprises différentes, plus d'une demi-heure chaque fois, avec M. Lamourette, évêque de Lyon. »

On ne parla pendant trois jours que de Mirabeau. Le peuple effaça le nom de la rue de la Chaussée-d'Antin, qu'il habitait, et écrivit à la place : *rue de Mirabeau.* Le doyen des gens de lettres, M. de la Place. entrant chez un restaurateur au Palais-Royal, un garçon lui dit : — M. de la Place, il fait bien beau aujourd'hui : — *Oui, mon ami, il fait bien beau, mais Mirabeau est mort.* On prendrait ce beau mot d'un académicien pour le mot d'une femme du peuple ; et voici un mot d'une femme du peuple, qu'on aurait pris du temps de Balzac, et il n'y a pas si longtemps encore, pour le mot d'un bel esprit. Cent mille personnes suivaient le convoi. Des élégantes se plaignant de l'excessive poussière, et disant que la municipalité aurait bien dû faire arroser le boulevard, une poissarde répondit : *elle a compté sur nos pleurs.*

. . . .

Je trouve excessifs les honneurs rendus à Mirabeau. Il était mort *en odeur* de patriotisme, comme je l'ai remarqué, et ce mot dit tout. Dès-lors, le mouvement du peuple, son enthousiasme est bon et louable. L'hypocrisie a cet avantage sur l'impiété, dit Massillon, qu'elle est au moins un hommage rendu à la vertu. Tous les patriotes doivent se réjouir de voir que l'esprit public s'est formé dans la Révolution, que le culte des talents remplace aujourd'hui la superstition de la royauté. Quel roi alla jamais à Saint-Denis, escorté d'autant de chevaux, d'esclaves et d'ânes, que Mirabeau d'hommes libres en allant à Sainte-Geneviève?

Pendant sa vie, j'ai appelé Mirabeau, le grand Mirabeau, Démosthènes-Mirabeau, Mirabeau-Tonnerre, Hercule-Mirabeau, saint Mirabeau. Ces hyperboles étaient permises alors. Je savais qu'il aimait la gloire : plus d'une fois il envoya son secrétaire à deux lieues me prier d'effacer de ma feuille, telle page dont il craignait la censure. Je n'avais que mes éloges à opposer à l'éclat de l'or, par lequel les despotes l'attiraient. Et quel bonheur pour la patrie d'avoir une monnaie qui coûte si peu que la louange, et qui lui rend tout! Ce langage ne nous est plus permis en ce moment. La louange peut tendre la main à l'homme faible pendant sa vie; mais à sa mort l'histoire sévère lui reproche jusqu'au besoin qu'il eut d'un autre soutien que la vertu.

Cérutti a prononcé à Saint-Eustache une oraison funèbre de Mirabeau, où il n'a pas eu honte de soutenir que c'était lui qui avait fait prendre les armes aux Parisiens le 12 juillet, *lui* qui avait mis en fuite les troupes du Champ-de-Mars, *lui* qui avait terrassé le clergé, *lui* qui avait conduit la nation au *sommet* de l'*indépendance*, *lui* qui avait *sauvé* la France, en immolant les tyrans sur les ruines de la Bastille, et les *factieux* dans le temple de la Constitution, en jurant de combattre tous les *perturbateurs*, que son éloquence *tuait* ou *ressuscitait* à son gré les passions, que tant de travaux ont consumé l'infatigable artiste de la Révolution, que le trône s'est ému en apprenant la chute de son rempart, que Brutus et Cassius furent nommés les derniers Romains, que Mirabeau sera nommé le premier Français.—Ainsi parle une oraison funèbre; il y a long-temps qu'on dit : *menteur comme une oraison funèbre.* Et il n'est pas maladroit à l'exécuteur testamentaire, d'avoir choisi pour embaumer Mirabeau, Cérutti, qui avait tant parfumé Necker, et ce panégyriste à la grand'manche.

Mirabeau, le premier des Français!... J'ai vu la lettre où Turgot se déclare républicain et démocrate dans toute l'étendue du terme: il y a quatorze ans. Et Turgot était ministre. N'est-ce pas des Français que Mably, Diderot, Catinat, Coligny et cette foule d'archi-jacobins que je pourrais citer? Mirabeau, le premier des Français! Qui voudrait être le second? s'écrie Brissot, avec l'indignation de la vertu. Non, M. Cérutti, ce n'est pas lui qui a conseillé de courir aux armes. Ce n'est pas lui qui a dispersé les troupes du Champs-de-Mars; c'est le bruit de la chute de la Bastille. Ce n'est pas lui qui a donné le signal de la chute de tous les donjons seigneuriaux, de tous les préjugés de la fameuse nuit du 4 août; c'est

M. Louis Noailles. Il *a sauvé la France par son génie constitutionnel !*... Qu'est-ce que le génie constitutionnel d'un homme dont les motions sont en contradiction perpétuelle avec son livre des lettres de cachet, avec sa théorie de la royauté? Et dans son avant-dernier discours sur la régence, ne l'a-t-on pas vu conclure blanc et noir? M. Cérutti n'est pas mieux fondé à dire qu'il *a sauvé la France par son génie révolutionnaire !* Il n'a pas sauvé le peuple français; comme le fils de Dieu, le peuple français s'est ressuscité lui-même! Est-ce Mirabeau qui a proposé le serment du jeu de paume? qui a constitué nos représentants en Assemblée nationale? Quand le 23 juin il a répondu à Brézé : nous ne partirons d'ici que de par les baïonnettes, auparavant, Syéyes avait dit : nous sommes aujourd'hui ce que nous étions hier; et l'Assemblée avait pris son parti de ne bouger non plus qu'un terme. *Il a conduit la nation au sommet de l'indépendance !*... Est-ce en faisant présent au peuple de la loi martiale et au roi du veto absolu, et du droit de paix et de guerre? *La tombe dévora celui qui dévora le despotisme!*... Antithèse aussi fausse que de mauvais goût. Est-ce en refusant de reconnaître l'indépendance des Belges qu'il a dévoré le despotisme? Est-ce en les remettant sous le joug autrichien? est-ce en s'opposant au paiement des sommes dues aux Liégeois, dont le remboursement eut sauvé Liége? Mirabeau était éloquent; mais fort de sa raison, il dominait dans la tribune, plutôt par les talents du comédien que par les moyens de l'orateur. Il se distingua par sa véhémence, par de beaux mouvements, comme lorsqu'il montrait la fenêtre de Charles IX; par la hauteur de ses pensées, le bouillonnement de son patriotisme et des illuminations soudaines; mais ce n'est pas à ceux qui l'ont vu plus mort que vif à la séance du 23 février, aux Jacobins, que M. Cérutti fera croire, qu'il tuait ou ressuscitait les passions à son gré. Dans les louanges outrées et exclusives qu'on fait aujourd'hui de son éloquence, je vois plus d'envie et de haine pour les rivaux, que d'admiration pour le défunt. Combien des pygmés, dit la chronique, vont devenir des géants!

Soldats sous Alexandre et rois après sa mort.

Cinq fois Barnave a combattu dans de grandes questions l'avis de Mirabeau, et autant de fois l'avantage est demeuré à Barnave, qui n'est pas pourtant le premier orateur de l'Assemblée. Quoique Mirabeau se soit appelé naïvement *Achille*, je conclus que presque tout ce qui s'est fait de bien dans l'Assemblée nationale se serait fait sans lui, et que presque tout ce qui s'est fait de mal n'a été fait que par lui, et que la patrie avait plus à craindre qu'à espérer de lui. Cette réflexion doit tempérer nos regrets. Tout observateur attentif, en considérant les intelligences que Mirabeau avait dans tous les partis et les espérances que formaient sur lui tant de gens qui marchent en sens contraire, ne pourra comparer Mirabeau qu'à cette joyeuse coquette, dont j'ai vu quelque part le portrait. Attentive à la fois à tenir son jeu et à occuper trois amants, elle a ses deux pieds sous la table, posés sur ceux de ses voisins, et tourne ses regards languissamment vers le troisième, en sorte que tous jouissent d'une préférence qu'ils regardent comme unique. Chacun des trois rit des deux autres et les prend pour dupes, ce qui n'empêche point la belle de prendre du tabac d'un quatrième près d'elle, d'appuyer ses doigts dans sa tabatière incessamment et longtemps, et de serrer la main d'un cinquième, sous prétexte de voir sa manchette de point. Tel fut Mirabeau, au milieu de tous les partis, ne marchant jamais plus avec 89 que lorsqu'il était au milieu des jacobins; obtenant du Châtelet un décret de prise de corps contre M. la Croix, dans le temps que le Châtelet paraissait vouloir l'appréhender lui-même au corps ; reconnaissant l'indépendance des noirs et refusant de reconnaître celle des Belges et des Avignonnais ; au mois de février 1789, se faisant marchand drapier à Marseille, et au mois de février 1791, se faisant appeler monsieur le comte ; à Paris, réunissant au chevet de son lit Trouard de Riolles, qui menaçait Camille Desmoulins d'être pendu, et Camille Desmoulins, qui répondait à Trouard : prends garde à la lanterne ; déjeunant avec les Jacobins, dînant avec 89 et soupant avec Lamarck et les monarchiens. Où il couchait n'est pas de mon récit.

. . . .

Je n'en ai pas moins conclu, pour Mirabeau au triomphe funèbre et aux honneurs de la sépulture à Sainte-Geneviève, à côté de Soufflot ; le plan de l'église n'appartenant pas plus à l'un, que le plan de la Constitution, et tant d'autres ouvrages, n'appartiennent à l'autre.

(Révolutions de France et de Brabant.)

BAILLEUL. — Figurez-vous un homme d'une force prodigieuse, ayant devant lui un énorme fardeau, qu'il veut pourtant faire avancer : il lui applique toute sa vigueur ; on le voit au déploiement de ses membres, au gonflement de ses muscles, à la contraction de toutes les parties de son visage, et au feu de ses regards. La résistance ne fait qu'irriter son courage ; la fierté de ses mouvements prouve sa confiance dans le succès, et le fardeau cède à ses efforts.

Je crois, dans ce tableau, avoir tracé une image assez fidèle de ce qu'était Mirabeau à la tribune. C'était avec la confiance de ses forces qu'il s'y présentait, mais plus encore avec la confiance de ce que l'événement avait d'imposant et de majestueux. Ce qu'il fallait détruire, ce qu'il fallait créer, remplissait toute l'étendue de sa pensée. C'est de ce foyer, où tant d'intérêts venaient se combiner, où des conceptions, gages de l'avenir, et les plans de conduite pour vaincre des difficultés si multipliées, occupaient une place égale ; c'est de ce foyer, dis-je, qu'il faisait jaillir ces traits dont l'effet était, ou de terminer une discussion par l'accord des esprits qu'ils avaient éclairés, ou de repousser une entreprise dangereuse et perfide. Mais ces traits, c'était Hercule qui les lançait ; l'effort que l'on remarquait annonçait sa puissance, et non son embarras. Il parlait avec tous ses sens, parce que tous ses sens étaient pénétrés de ce qu'il avait à dire ; et la lenteur avec laquelle il laissait quelquefois échapper ses paroles, ne refroidissait point son discours, parce qu'une chaleur concentrée, et pourtant visible, je dirai presque palpable, soutenait son action et pénétrait son auditoire.

. . . .

On a souvent demandé, dans le cas où Mirabeau aurait vécu, ce qu'il aurait fait, et s'il eût prévenu les catastrophes qui ont suivi sa mort. Je crois qu'un homme de cette portée eût pu régler les destinées de l'État, s'il était parvenu à se rendre absolument maître du roi et de la cour, attendu qu'il eût mis en harmonie la force populaire avec l'action de l'autorité ; autrement il eût succombé comme tant d'autres.

(Examen critique de l'ouvrage posthume de madame de Staël int. : Considérations sur la Révolut. française, t. I, 2e partie, ch. I et XX (1818).

BLANC (Louis). — En Provence, un nom résuma les troubles, et il est impossible que, rencontrant ce nom pour la première fois, l'histoire passe sans s'arrêter.

Laideur resplendissante, figure flétrie, imposante et livide, effronterie de la lèvre se mariant à l'éclair des yeux, tel était Mirabeau. Et il avait l'âme de son visage.

En lui semblaient être venues se confondre au hasard et se heurter toutes les qualités, tous les vices de la *tempestueuse race* des Riquetti.

Quelles passions le poussaient en avant et quel était son dessein? Bientôt nous le verrons, double et puissante nature, traîner à sa suite le peuple méprisé par lui. Plein de véhémence et d'artifices, avec le geste, avec l'accent d'un tribun, il vantera les rois; il osera appeler à lui la révolte, s'en servir, la licencier, la calomnier; et, seul entre tous les hommes de son siècle, il essayera d'emporter les colères publiques insolemment enveloppées dans les siennes. C'est qu'en effet l'audace révolutionnaire de Mirabeau ne fut qu'un emportement d'orgueil et d'égoïsme. Heureux quand il trouvait à rappeler son origine patricienne et que l'amiral de Coligny était son cousin; il n'avait ni la vigueur morale, ni les vertus dont l'amour de la liberté se compose, et l'austère image des républiques épouvantait de loin sa corruption. Tête froide avec un tempérament de feu, sa grande ambition eût été de se poser en chef de l'État, réserve faite pour sa vie privée des bénéfices du désordre; car les mouvements populaires lui étaient importuns, et il avait horreur du bruit qu'il n'avait point fait lui-même. Il se présentait cependant aux élections du midi comme adversaire de la noblesse, comme agitateur; et ceci ne se peut expliquer que par son éducation et les influences de sa jeunesse.

A son égard, on le sait, son père fut presque fou: il eut la monomanie de la haine. L'existence de Mirabeau avait donc été de bonne heure empoisonnée. Enfant, il fut difforme et persécuté; sa famille avait hâte de le renier et l'appela par dérision *monsieur Pierre Buffière*. Ses premiers spectacles furent des scènes d'infidélité brutale et de jalousie; la première langue qu'on lui enseigna fut celle de l'injure. Et, à mesure qu'il grandissait, les persécutions paternelles allumaient de plus en plus la révolte dans son sang.

Ce n'est pas qu'il n'eût déjà donné de lui une idée effrayante. A Aix, la tradition locale disait que voulant épouser mademoiselle de Marignane, malgré la résistance des parents, il avait eu recours à une ruse qui était une calomnie, et s'était un jour montré, à dix heures du matin, sur le balcon de l'hôtel des Marignane, en robe de chambre, en pantoufles et les cheveux épars. Ses désirs de vautour, ses amours qui le montraient courant au plaisir comme à une proie; les mères, aux environs de Manosque, cachant leurs filles à son approche; Sophie Monnier, par lui séduite et enlevée, tout cela, ce semble, fournissait à ses ennemis des armes suffisantes. Mais non: comme si la fortune eût voulu qu'un tel homme fût personnellement intéressé à la chute des tyranniques institutions d'alors, on châtia le bien en lui aussi rudement que le mal; on ne craignait pas de lui imputer à crime d'avoir vengé la réputation de sa sœur; et de ses mérites, odieusement interprétés, on se plut à grossir la liste de ses attentats. Traîné de prison en prison, de Manosque au château d'If, du château d'If au fort de Joux, réduit à se cacher, contraint de fuir entre les terreurs de l'indigence et les tragédies de l'amour, il fut poursuivi jusqu'au fond de son exil, ramené despotiquement, renfermé au donjon de Vincennes. Et c'est ainsi qu'il apprenait à maudire les pouvoirs sans frein. La persécution lui composait un rôle.

Après quarante-deux mois d'imprécations, il fut rendu à la liberté, c'est-à-dire à la Révolution. Il était temps. La misère venait de déchirer le dernier vêtement du captif. En couvrant de neige le petit jardin qui servait à ses promenades, l'hiver avait fait un monde de dix pieds carrés à l'homme le plus actif qui fût jamais, et l'ardeur d'oublier le poussait à des travaux excessifs, admirables ou dégradants. Tantôt approfondissant la débauche ; tantôt s'élevant jusqu'à la tendresse et traçant ses lettres à Sophie d'une plume que les honteuses pages de *l'Erotika biblion* venait de salir, il se formait un cœur également disposé aux grandes choses et aux infamies. L'étude, d'ailleurs, et la maladie avaient étendu sur ses yeux un nuage qui s'épaississait de jour en jour, d'heure en heure ; et en songeant à cet amer trésor de vengeance qu'il avait à répandre, il hurlait de désespoir. Car combien n'eût pas été plus terrible que celle d'Ossian et de Milton la destinée de Mirabeau aveugle ! Il ne faut que sentir pour accorder une lyre, il ne faut que penser pour composer un poëme ; mais, pour frapper, il importe d'y voir.

Frapper ! là devait être désormais la vie de Mirabeau ; et il se prépara aux luttes de tribuns par mille déclamations où respirait l'homme de guerre, par des procès qui révélèrent un orateur incomparable.

Mais, manquer de respect à son génie est la dernière des insolences. C'est ce que ne comprit pas Mirabeau. Libelliste pour vivre, détracteur acharné de Necker, dénonciateur de Lavater, adversaire de Beaumarchais, prôneur des chiffres suspectés de Clavière et de Panchaud, avocat de Calonne, il se fit un jeu de vendre des manuscrits déjà payés, il se mit à la solde de quelques ambitieux vulgaires, il se mit à la suite des pensées d'autrui, il mérita cette injure de son père : Mon fils, le marchand de paroles.... Seulement, sa fière attitude et ses airs superbes ne l'abandonnèrent pas un instant. Il était homme à donner des proportions héroïques même à la bassesse.

Voilà comment s'explique la candidature révolutionnaire de Mirabeau. Las de sa mauvaise renommée et sentant son génie, il entendit qu'à son égard désormais l'estime fût remplacée par l'admiration et la peur. Le bruit d'un royaume bouleversé lui plut comme devant couvrir le retentissement de ses désordres, et il eût l'inconcevable orgueil de croire qu'il n'avait plus qu'à prendre la Révolution à son service, sauf à s'en défaire quand il cesserait d'en avoir besoin.

Ce fut avec cette audacieuse pensée qu'il alla se montrer à la Provence. Bien décidé à y combattre ceux de sa caste, il les devinait déjà et les bravait « Si la noblesse veut m'empêcher d'arriver, écrivait-il, il faudra qu'elle m'assassine, comme Gracchus. » Il arrivait précédé par un scandale ; il venait de livrer au public des lettres particulières de Cérutti, et, révélateur indélicat des confidences de l'amitié, il avait consenti à ce qu'on publiât la transcription presque libérale de la correspondance diplomatique et secrète de Berlin. Cependant, à peine monté sur le théâtre où l'appelait son génie, il put écrire : « Le Tiers me poursuit de marques de confiance et d'enthousiasme, très-imprudentes pour sa cause même car il met le comble à la rage des nobles, qui ont toutes les convulsions du Turnus expirant. »

(Histoire de la Révolution française, t. II.)

BUCHEZ et ROUX. — En Provence, les classes supérieures étaient disposées à tenter la lutte ; mais les circonstances étaient si graves, les masses étaient si profondément émues, que les privilégiés eussent eu tout à craindre d'une opposition déclarée aux prétentions du tiers-état. Aussi la résistance s'arrêta dès ses premiers

pas. D'abord, ce fut le Parlement qui voulut rompre les assemblées du tiers, qui
ne pouvaient pas encore, il est vrai, être considérées comme légales; car l'ordonnance particulière de convocation des colléges électoraux pour ce pays n'était point
publiée. On lui obéit avec peine, et ses membres furent insultés et poursuivis dans
les rues; ensuite, l'opposition se manifesta dans les Etats de la province asssemblés
à Aix, selon l'usage. La majorité de la noblesse rédigea une protestation contre le
résultat du conseil du roi; elle en proposa la signature aux Etats. Cette démarche
n'eut d'autre conséquence que de populariser le nom de Mirabeau, qui était ac-
couru de Paris pour paraître dans cette assemblée. Il n'était encore connu que
par les persécutions qu'il avait subies, par son emprisonnement à la Bastille, par
quelques brochures et par ses liaisons avec le duc d'Orléans. Ici il acquit une réputation de parti. « Je ne comprends pas, dit-il, en quel sens cette protestation
pourrait être utile, convenable ou légitime.

« Utile ! elle ne portera pas le gouvernement à rétracter le règlement de convocation que l'opinion publique a conquis; elle n'empêchera pas les communes de
France de se présenter aux Etats-Généraux dans la proportion qui leur est accordée.

« Convenable ! pourquoi protesteriez-vous contre le vœu du monarque, contre
le vœu de la nation? On vous parle des corps de noblesse qui ont protesté ; mais
que ne vous parle-t-on des trois cents pétitions qui ont invoqué le règlement contre
lequel on voudrait que nous réclamassions? On vous parle des mémoires des
princes ! et moi, pour ne pas faire injure au sang de l'illustre délégué de la nation,
je vous observerai que la pluralité des princes (ceux de la branche d'Orléans), et
surtout Monsieur, frère du roi lui-mème, ont ouvertement professé d'autres principes...

« Enfin, la protestation ne saurait être légitime. Comment douter que le roi
ne soit le convocateur naturel, le président nécessaire, le législateur provisoire
des Etats-Généraux?... L'éternelle raison veut que l'Assemblée nationale puisse
s'organiser régulièrement; mais elle ne saurait s'organiser avant de s'assembler :
il faut donc que quelqu'un l'assemble et la compose provisoirement.

« Sous quel prétexte sollicite-t-on de vous cette étrange déclaration? C'est, dit-
on, parce qu'il résulte du rapport de M. Necker que le gouvernement veut faire
opiner par tète, et non par ordre, et que ce changement dans la Constitution entraînerait le bouleversement de la monarchie...

« D'abord, le règlement de convocation ne dit pas un mot de ce qui vous donne
tant d'émoi. Ensuite M. Necker y est textuellement contraire. Enfin, si les Etats-
Généraux ordonnent que l'on opine par tète, il faudra bien que nous nous y soumettions...

« Est-ce de bonne foi que nous prétendons donner des ordres à nos députés
des Etats-Généraux? Toute partie, toute subdivision du royaume est-elle autre
chose que sujette? et la souveraineté repose-t-elle ailleurs que dans la collection
des représentants de la nation présidée par le roi? Depuis quand une nation ne
peut elle bouleverser sa Constitution? etc. »

Ce discours ne changea point les dispositions de la noblesse. Elle persista; mais
il fut imprimé et répandu à profusion, en France, et surtout dans la Provence,
et mis en parallèle avec la protestation des privilégiés, où on lisait cette singulière phrase, que les *systèmes moraux tendaient au renversement du principe de*
la monarchie, à établir l'égalité des rangs et des propriétés, à détruire la di-

gnité de la noblesse. Ce discours acquit à son auteur l'affection du Tiers-Etat. Mirabeau fit plus; il se mêla dans ses assemblées et sollicita ses suffrages. Il opta pour cette dernière députation. Mirabeau était devenu une puissance en Provence. On avait de la reconnaissance pour un homme d'une haute naissance, et d'un plus haut talent, qui renonçait à sa caste, et qui prenait hardiment le parti du Tiers, se mêlait à lui comme s'il y fut né. On lui attribuait de mauvaises mœurs; mais ceux qui l'attaquaient avaient-ils bien le droit de lui jeter la pierre? était-il même aussi coupable qu'eux?

L'enthousiasme qui accompagna les promenades de Mirabeau en Provence, et son influence dans les troubles que causa la disette dans ce pays, donnent la juste mesure et du sentiment révolutionnaire, et de la profonde méfiance contre les hautes classes qui animaient la bourgeoisie. Il était accompagné dans ses courses par une bande d'une centaine de jeunes gens armés, qui lui offrirent de le suivre jusqu'à la porte des État-Généraux. A son entrée à Marseille, on tira le canon et l'on sonna toutes les cloches.

La bourgeoisie, d'ailleurs, se remuait pour la moindre circonstance. Ainsi, à Aix, une assemblée tumultueuse se réunit à l'occasion d'une petite brochure de l'opposition qu'on attribuait à un président du Parlement. On alla chercher le bourreau, et on le força de brûler l'écrit injurieux en place publique. Ailleurs, la présence de l'un des imposants provoquait une émeute. Ainsi, l'évêque de Siste-ron, qui s'était distingué sous ce rapport aux États, fut poursuivi par des rassemblements depuis Aix jusqu'à la petite ville de Manosque, où il fut assiégé par un soulèvement de paysans. Mirabeau dispersa cet attroupement, et sauva le malheureux aristocrate.

La politique ne fut pas la seule cause des désordres de la Provence : c'était surtout la faim qui ameutait et poussait le peuple. A Toulon, à Marseille, à Aix, elle provoqua des rassemblements qu'on ne put dissiper que par la force. Il y eut du sang de répandu. A Aups, le consul, ou maire, périt victime dans une insurrection causée par la disette. En même temps, la misère multipliait les vols et les assassinats sur les grands chemins. Des bandes de paysans affamés parcouraient les campagnes, insultant et menaçant de l'incendie les fermes et les châteaux, et demandant du pain.

Comment les partis interprétaient-ils ces mouvements? L'aristocratie prétendait qu'ils étaient les symptômes d'une grande conspiration contre elle, que la disette n'était qu'un *prétexte.* (C'est à cette occasion que *l'Ami du Roi* avance que Mirabeau n'était que l'agent de l'ambition de d'Orléans.) Le haut clergé les attribuait aux sollicitations des Calvinistes. Le Tiers-État les croyait excités par la noblesse. Mirabeau leur enseigna à tous le vrai moyen d'y mettre un terme. Dans la grande émeute de Toulon, il obtint une diminution d'un sou sur le pain, et le calme succéda aussitôt à l'agitation. Alors le Parlement nomma des commissaires, qui furent chargés de parcourir les différentes villes pour empêcher les accaparements, pour prendre connaissance des dépôts de blé et de farine, et contraindre ceux à qui ils appartenaient à venir vendre dans les marchés ce qui était nécessaire pour la consommation journalière. Comment Mirabeau n'eût-il pas été admiré, lui qui avait trouvé si vite le secret qui était un problème pour tous, et le remède du mal? Cependant les préventions restèrent; seulement elles prirent d'autres prétextes.

(*Histoire parlementaire de la Révolution française,* t. 1er.)

Les derniers actes parlementaires auxquels Mirabeau attacha son nom, furent la loi sur la régence, et le rejet de celle concernant les émigrés. Il avait dominé et gouverné la discussion de ces deux décrets, de manière à en recueillir la plus complète responsabilité. Depuis longtemps les démocrates ne croyaient plus en lui; ce fut le tour des constitutionnels. Ils reconnurent qu'il venait de rompre la ligne de ses hésitations, et de fléchir ouvertement vers le but contre-révolution-naire.....

(Même ouvrage, t. IX.)

CABET. — Qu'il est désolant de voir l'éloquence, le courage, le génie révolu-tionnaire, le tribun du peuple, *Mirabeau*, se laisser séduire, corrompre, acheter!

Si, dans sa conscience et son génie, il trouvait la Constitution trop démocrati-que et le peuple trop effervescent; si, simple dans ses goûts, modeste, frugal, désintéressé, incorruptible, il jugeait que la liberté doit marcher plus lentement pour arriver plus sûrement et plus vite à son but, qui pourrait l'accuser? Car qui pourrait se placer au-dessus de lui pour le juger?

Mais malheureusement (et c'est un malheur auquel il faut bien se résigner, car ce sont des malheurs de ce genre qui compromettent les révolutions depuis le commencement du monde) Mirabeau, cet athlète géant, a des passions dé-sordonnées, de l'ambition, de la vanité même; avide de jouissances et de plaisirs, il a besoin de beaucoup d'argent; il est criblé de dettes; il désire ar-demment le ministère... et pour l'obtenir on dit (et le fait est infiniment vraisem-blable) qu'il s'attache d'abord au duc d'Orléans.

La cour qui connaît ses besoins, ses passions, ses vices, qui le sait ambi-tieux, entraîné, corruptible, ne néglige rien pour le corrompre et l'acheter; on lui offre beaucoup d'or, on lui promet le ministère..., et Mirabeau accepte!... Désormais il défendra le pouvoir royal et Louis XVI! Il se gardera bien sans doute, et la Cour aussi, de laisser connaître son infâme marché, son odieuse corruption; il mettra dans sa trahison toute l'adresse, toute l'habileté, tout le génie dont est capable un homme et même un démon; les accusations et les soup-çons viendront se briser devant l'apparence de son patriotisme et la puissance de son talent; il sera porté au Panthéon...! Mais il n'en est pas moins un traître, sa trahison n'en sera pas moins découverte un jour; et ses cendres déshonorées seront arrachées du séjour des grands hommes pour être dispersées dans la boue.

(Hist. pop. de la Rév· Franç. de 1789 à 1830, t. Ier.)

CHATEAUBRIAND. — Mêlé par les désordres et les hasards de sa vie aux plus grands événements et à l'existence des repris de justice, des ravisseurs et des aven-turiers, Mirabeau, tribun de l'aristocratie, député de la démocratie, avait du Gracchus et du Don Juan, du Catilina et du Gusman d'Alfarache, du cardinal de Richelieu et du cardinal de Retz, du roué de la Régence et du sauvage de la Révolution; il avait de plus du Mirabeau, famille florentine exilée, qui gardait quelque chose de ces palais armés et de ces grands factieux célébrés par Dante; famille naturalisée française, où l'esprit républicain du moyen-âge de l'Italie et l'esprit féodal de notre moyen-âge se trouvaient réunis dans une succession d'hommes extraor-dinaires.

La laideur de Mirabeau, appliquée sur le fond de beauté particulière à sa race, produisait une sorte de puissante figure du *jugement dernier* de Michel-Ange, compatriote des Arrighetti. Les sillons creusés par la petite vérole sur le visage de l'orateur, avaient plutôt l'air d'escarres laissées par la flamme. La nature semblait avoir moulé sa tête pour l'empire ou pour le gibet, taillé ses bras pour étreindre une nation ou pour enlever une femme. Quand il secouait sa crinière en regardant le peuple, il l'arrêtait ; quand il levait sa patte et montrait ses ongles la plèbe courait furieuse. Au milieu de l'effroyable désordre d'une séance, je l'ai vu à la tribune, sombre, laid et immobile, il rappelait le chaos de Milton, impassible et sans forme au centre de sa confusion.

Mirabeau tenait de son père et de son oncle qui, comme Saint-Simon, écrivaient à la diable, des pages immortelles. On lui fournissait des discours pour la tribune ; il en prenait ce que son esprit pouvait amalgamer à sa propre substance. S'il les adoptait en entier, il les débitait mal ; on s'apercevait qu'ils n'étaient pas de lui par des mots qu'il y mêlait d'aventure, et qui le révélaient. Il tirait son énergie de ses vices ; ces vices ne naissaient pas d'un tempérament frigide, ils portaient sur des passions profondes, brûlantes, orageuses. Le cynisme des mœurs ramène dans la société en annihilant le sens moral, une sorte de barbares ; ces barbares de la civilisation, propres à détruire comme les Goths, n'ont pas la puissance de fonds comme eux, ceux-ci étaient les énormes enfants d'une nature vierge ; ceux-là sont les avortons d'une nature dépravée.

Deux fois j'ai rencontré Mirabeau à un banquet, une fois chez la nièce de Voltaire, la marquise de Villette, une autre fois, au Palais-Royal, avec des députés de l'opposition que Chapelier m'avait fait connaître : Chapelier est allé à l'échafaud dans le même tombereau que mon frère et M. de Malesherbes.

Mirabeau parla beaucoup, et surtout beaucoup de lui. Ce fils des lions, lion lui-même à tête de chimère, cet homme si positif dans les faits, était tout roman, tout poésie, tout enthousiasme par l'imagination et le langage ; on reconnaissait l'amant de Sophie exalté dans ses sentiments et capable de sacrifice. « Je trouvai, dit-il, cette femme adorable ;.... je sus ce qu'était son âme, cette âme formée des mains de la nature dans un moment de magnificence. »

Mirabeau m'enchanta de récits d'amour, de souhaits de retraite dont il bigarrait ses discours arides. Il m'intéressait encore par un autre endroit : comme moi, il avait été traité sévèrement par son père, lequel avait gardé, comme le mien, l'inflexible tradition de l'autorité paternelle absolue.

Le grand convive s'étendit sur la politique étrangère, et ne dit presque rien de la politique intérieure ; c'était pourtant ce qui l'occupait ; mais il laissa échapper quelques mots d'un souverain mépris contre ces hommes se proclamant supérieurs, en raison de l'indifférence qu'ils affectent pour les malheurs et les crimes. Mirabeau était né généreux, sensible à l'amitié, facile à pardonner les offenses. Malgré son immoralité, il n'avait pu fausser sa conscience ; il n'était corrompu que pour lui, son esprit droit et ferme ne faisait pas du meurtre une sublimité de l'intelligence ; il n'avait aucune admiration pour des abattoirs et des voiries.

Cependant, Mirabeau ne manquait pas d'orgueil ; il se vantait outrageusement ; bien qu'il se fût constitué marchand de drap pour être élu par le Tiers-État (l'ordre de la noblesse ayant eu l'honorable folie de le rejeter), il était épris de sa naissance : *oiseau hagard, dont le nid fut entre quatre tourelles*, dit son père. Il n'oubliait pas qu'il avait paru à la cour, monté dans les carosses et chassé avec le roi. Il exigeait qu'on le qualifiât du titre de comte : il tenait à ses couleurs, et couvrit ses gens de livrée quand tout le monde la quitta. Il citait à tout propos et hors de propos *son parent*, l'amiral de Coligny. Le *Moniteur* l'ayant appelé Riquet : « Savez-vous, dit-il avec emportement au journaliste, qu'avec votre Riquet, vous avez désorienté l'Europe pendant trois jours? » Il répétait cette plaisanterie impudente et si connue : « Dans une autre famille, mon frère, le vicomte, serait l'homme d'esprit et le mauvais sujet; dans ma famille, c'est le sot et l'homme de bien. » Des biographes attribuent ce mot au vicomte; se comparant avec humilité aux autres membres de la famille.

Le fond des sentiments de Mirabeau était monarchique; il a prononcé ces belles paroles : « J'ai voulu guérir les Français de la superstition de la monarchie, et y substituer son culte. » Dans une lettre destinée à être mise sous les yeux de Louis XVI, il écrivait : « Je ne voudrais pas avoir travaillé seulement à une vaste destruction. » C'est cependant ce qui lui est arrivé : le ciel, pour nous punir de nos talents mal employés, nous donne le repentir de nos succès.

Mirabeau remuait l'opinion avec deux leviers : d'un côté, il prenait son point d'appui dans les masses dont il s'était constitué le défenseur en les méprisant; de l'autre, quoique traître à son ordre, il en soutenait la sympathie par des affinités de castes et des intérêts communs. Cela n'arriverait pas au plébéien, champion des classes privilégiés; il serait abandonné de son parti sans gagner l'aristocratie, de sa nature ingrate et ingagnable, quand on n'est pas né dans ses rangs. L'aristocratie ne peut d'ailleurs improviser un noble, puisque la noblesse est fille du temps.

Mirabeau a fait école. En s'affranchissant des liens moraux, on a rêvé qu'on se transformait en homme d'État. Ces imitations n'ont produit que de petits pervers : tel qui se flatte d'être corrompu et voleur, n'est que débauché et fripon; tel qui se croit vicieux, n'est que vil ; tel qui se vante d'être criminel, n'est qu'infâme.

Trop tôt pour lui, trop tard pour elle, Mirabeau se vendit à la cour, et la cour l'acheta. Il mit en jeu sa renommée devant une pension et une ambassade. Cromwel fut au moment de troquer son avenir contre un titre et l'ordre de la Jarretière. Malgré sa superbe, Mirabeau ne s'évaluait pas assez haut. Maintenant que l'abondance du numéraire et des places a élevé le prix des consciences, il n'y a pas de sautereau dont l'acquêt ne coûte des centaines de mille francs et les premiers honneurs de l'État. La tombe délia Mirabeau de ses promesses, et le mit à l'abri des périls que vraisemblablement il n'aurait pu vaincre : sa vie eût montré sa faiblesse dans le bien ; sa mort l'a laissé en possession de sa force dans le mal.

En sortant de notre dîner, on discutait des ennemis de Mirabeau; je me trouvais à côté de lui et n'avais pas prononcé un mot. Il me regarda en face avec ses yeux d'orgueil, de vice et de génie ; et, m'appliquant la main sur l'épaule, il me dit : « Ils ne me pardonneront jamais ma supériorité! » Je sens encore l'impression de cette main, comme si Satan m'eût touché de sa griffe de feu.

Lorsque Mirabeau fixa ses regards sur un jeune muet, eut-il un pressentiment de mes futuritions? pensa-t-il qu'il comparaîtrait un jour devant mes souvenirs? J'étais destiné à devenir l'historien de hauts personnages : ils ont défilé devant moi, sans que je me sois appendu à leur manteau pour me faire traîner avec eux à la postérité.

Mirabeau a déjà subi la métamorphose qui s'opère parmi ceux dont la mémoire doit demeurer ; porté du Panthéon à l'égout, et reporté de l'égout au Panthéon, il s'est élevé de toute la hauteur du temps qui lui sert aujourd'hui de piédestal. On ne voit plus le Mirabeau réel, mais le Mirabeau idéalisé, le Mirabeau tel que le font les peintres, pour le rendre le symbole ou le mythe de l'époque qu'il représente : il devient ainsi plus faux et plus vrai. De tant de réputations, de tant d'acteurs, de tant d'événements, de tant de ruines, il ne restera que trois hommes, chacun d'eux attaché à chacune des trois grandes époques révolutionnaires, Mirabeau pour l'aristocratie, Robespierre pour la démocratie, Bonaparte pour le despotisme ; la monarchie n'a rien : la France a payé cher trois renommées que ne peut avouer la vertu.   (*Mémoires d'outre-tombe*, t. II.)

CHÉNIER (J.). — On aperçoit ici, comme en tout autre genre, les progrès de l'esprit du siècle. Un esclave ne peut être éloquent : cet axiome est de Longin, et rien n'est mieux senti ni mieux prouvé. Quand la Grèce cessa d'être libre, ses orateurs disparurent : elle eut des rhéteurs et des sophistes. Le plus éloquent des Romains mérita le surnom de père de la patrie. Après Cicéron, plus de patrie, comme aussi plus de tribune. Grâce à Tite-Live, à Tacite, l'éloquence romaine se réfugia dans l'histoire, avec le génie de la république. Chez les Français, la chaire fut éloquente, parce qu'elle fut libre ; l'orateur républicain, l'orateur sacré, jouissent de la même indépendance : protégés, l'un par la loi commune, l'autre par le privilége de la religion, tous deux s'élèvent à un point d'où ils peuvent tout dire. Si, du haut de la tribune populaire, Démosthènes réveille la Grèce assoupie, et tonne contre l'ambition d'un roi conquérant, du haut de la chaire évangélique, et, par moments, du haut du ciel, Bossuet proclame le néant du trône et foudroie les grandeurs humaines. En acquérant une liberté tardive, le barreau s'approcha de la haute éloquence.

Enfin, la Révolution française éclata, de nouvelles institutions renouvelèrent l'art de parler ; et durant l'espace de quinze ans toutes nos assemblées politiques ont pu citer des orateurs plus ou moins célèbres. Le premier en date comme en renommée, fut Mirabeau.

Doué d'un esprit vigoureux et d'une âme ferme, instruit par les malheurs, par les fautes même d'une jeunesse orageuse, ayant vu cinquante-quatre lettres de cachet dans sa famille, et dix-sept pour lui seul, selon la déclaration qu'il ne manqua pas d'en faire à la tribune, Mirabeau, soit à la Bastille, soit à Vincennes, soit dans les autres prisons d'État, où comme il le dit encore, *il n'avait pas élu domicile*, mais où, pourtant, s'était consumé le tiers de sa vie, avait eu le temps de mûrir sa haine contre le despotisme, et d'étudier à loisir les principes de la liberté, toujours plus chérie quand elle est absente. Les États-Généraux furent convoqués ; la Provence, sa patrie, le revit paraître au moment des élections, et là, rejeté par la noblesse, il fut adopté par le peuple, alors nommé le *Tiers-État*. Les discours qu'il prononça dans cette occasion doivent être cités parmi ses meilleurs ouvrages, et sont de beaux monuments de l'éloquence tribunitienne. Il fallait un grand théâtre à l'étendue de ses talents ; il les déploya dans l'Assemblée constituante, où ses travaux furent immenses. Des tours habiles, des expressions pesées, la force et la mesure, caractérisent son adresse au roi sur le renvoi des troupes. On se rappelle encore la séance, où peignant à grands traits le tableau hideux d'une banqueroute générale, il fit adopter sans examen le plan des finances proposé par un ministre alors favori du peuple, et sur qui, par cette confiance même, il faisait tomber tout le poids d'une responsabilité sans partage. L'orateur improvisa sa courte harangue, et jamais improvisation plus énergique ne produisit de plus grands effets. Entre une foule de morceaux, dont l'exacte énumération serait déplacée, on a remarqué sa réponse à M. l'abbé Maury sur les biens ecclésiastiques; un brillant discours sur la constitution du clergé; un discours très-sage sur le pacte de famille, base d'une longue alliance entre la France et l'Espagne; deux discours sur la sanction royale; deux autres sur le droit important de faire la paix et la guerre; et le second surtout, où combattant Barnave, et le prenant pour ainsi dire corps à corps, Mirabeau, sans changer d'opinion, parvint à ressaisir une popularité qui lui échappait. Il excellait spécialement dans la partie polémique de l'art oratoire. Il en donna des preuves signalées, soit en réclamant l'abolition de l'ancienne caisse d'escompte, qui prétendait soutenir son crédit par des arrêts de surséance; soit en dénonçant la Chambre des vacations du parlement de Rennes, qui croyait ne pouvoir obtempérer aux décrets de l'Assemblée nationale; soit lorsque, à l'occasion de la procédure du Châtelet, sur une émeute passagère d'accusé qu'il était il se rendit accusateur; soit enfin lorsque, devenu à la tribune le patron de sa ville natale, il invoqua pour elle le secours des lois contre les vexations arbitraires du prévôt de Marseille. C'est là que Mirabeau quelquefois atteignit les fameux orateurs de l'antiquité; c'est dans notre langue, ce qui approche le plus de ces beaux discours où Cicéron mêle aux débats judiciaires les discussions politiques. Laissons à l'histoire un droit qui n'appartient plus qu'à elle : il ne nous convient pas de juger ici l'homme tout entier; nous apprécions seulement les ouvrages et le génie de l'homme public. En considérant Mirabeau comme écrivain, on lui a reproché du néologisme : ce reproche, qui n'est pas tout à fait injuste a été du moins fort exagéré. Qu'on relise avec attention ses discours, et ils composent cinq volumes : qu'y pourra-t-on reprendre à cet égard? douze ou quinze termes nouveaux, dont quelques-uns étaient nécessaires pour exprimer des idées nouvelles. Comme orateur, il possédait la plupart des qualités essentielles : élocution noble et grave, désir imposant, dialectique pressante, élévation, force, entraînement; ajoutez-y de vastes connaissances, et une portée plus grande, qui lui faisait presque deviner les connaissances qu'il n'avait pas encore acquises. Il ne faut pas oublier un amour-propre habile et caressant pour celui des autres, l'art de profiter de toutes les lumières, de rallier à lui tous les talents distingués, d'en faire les artisans de sa gloire, les collaborateurs de ses travaux, et de conserver sur eux l'ascendant, non de l'orgueil, mais d'une vraie supériorité. Nul ne sut mieux à la fois convaincre la raison et remuer les passions d'une assemblée. Tout ce qui le distinguait au milieu des hommes réunis, il le conservait dans l'intimité; séduisant par les charmes d'une conversation riche, animée originale; réunissant, ce qui semble contraire aux esprits étroits, le goût des études abstraites, le goût des beaux-arts, celui même des plaisirs; et faisant tout servir à son ambition, qu'il ne cachait pas, mais qu'il gouvernait comme son éloquence, et qu'il justifiait par l'éclat de ses différents mérites. Homme du premier ordre à la tribune, il l'eût encore été dans le ministère, surtout à la suite d'une révolution qui avait désabusé des vieilles routines. Les intérêts, les événements, à mesure qu'ils acquéraient de l'importance, s'élevaient au niveau de son caractère et de son talent. Gêné dans les objets vulgaires, il était à son aise dans les grandes choses. . . . .

(*Tableau histor. de l'état et des progrès de la littérature franç. depuis* 1789.)

CORMENIN. — Il faut, dans une assemblée de douze cents législateurs, que l'orateur soit vu de loin, et Mirabeau était vu de loin ; il faut qu'il soit entendu de loin, et Mirabeau était entendu de loin ; il faut que les détails de la physionomie disparaissent dans l'ensemble, que l'homme intérieur se révèle dans ses traits, et que la grandeur de l'âme passe sur le visage et dans le discours. Or, Mirabeau avait cet ensemble, il avait ces traits, il avait cette âme ; Mirabeau, à la tribune, était le plus beau des orateurs.

Orateur tellement accompli, qu'il est plus difficile de dire ce qu'il ne possédait pas que ce qu'il possédait.

Mirabeau avait une corpulence massive et carrée, des lèvres épaisses ; un front large, osseux, protubérant ; des sourcils arqués, un regard d'aigle, des joues grosses et un peu pendantes ; la figure parsemée, piquée de trous et de taches ; une voix tonnante, une chevelure énorme, une face de lion.

Né avec un corps de fer, avec un tempérament de feu, il surpassa la vertu et les vices de sa race. Les passions le prirent presque dans son berceau et le dévorèrent toute sa vie. Ses exhubérantes facultés, ne pouvant se développer au dehors, se concentrèrent sur elles-mêmes. Il se fit en lui un amas, un travail, un bouillonnement de toutes choses, comme le volcan qui condense, amalgame, fond et broie ses laves avant de les lancer dans les airs par sa bouche enflammée. Littérature grecque et latine, langues étrangères, mathématiques, philosophie, musique, il apprenait tout, retenait tout, savait tout. Escrime, natation, équitation, danse, course, tous les exercices gymnastiques lui étaient familiers.

. . . .

Partout, partout, déjà, Mirabeau se révèle : dans ses lettres, dans ses plaidoyers, dans ses mémoires, dans ses ouvrages sur les emprisonnements arbitraires, sur la liberté de la presse, sur les priviléges des nobles, sur l'inégalité des distinctions, sur les matières financières et sur la situation de l'Europe. Ennemi de tous les abus, chaleureux polémiste, hardi réformateur, plus remarquable, il est vrai, par l'élévation, la hardiesse et l'originalité des pensées, par la vérité des observations et par la vigueur du raisonnement, que par les grâces de la forme ; verbeux, mais lâche, incorrect, inégal ; mais entraînant et coloré dans son style, style parlé plutôt qu'écrit, ainsi que font les orateurs.

. . . .

On s'imagine vulgairement que la force de Mirabeau consistait dans les fanons de son poitrail et dans les touffes épaisses de sa crinière de lion ; qu'il balayait ses adversaires d'un coup de sa queue ; qu'il roulait sur eux avec les mugissements et la fureur d'un torrent ; qu'il les atterrait de son regard ; qu'il les écrasait avec les éclats de sa voix, semblable au tonnerre : c'est là le louer par les qualités extérieures du port, de l'organe et du geste, comme on louerait un gladiateur du cirque ou un comédien ; ce n'est pas le louer comme doit l'être ce grand orateur.

Sans doute, Mirabeau dut beaucoup, dans le commencement de sa fortune oratoire, au prestige de son nom ; car il était déjà maître de l'Assemblée par la renommée de sa parole, avant de l'être par sa parole elle-même.

Sans doute, Mirabeau dut beaucoup à cette voix pénétrante, flexible et sonore, qui remplissait aisément les oreilles de douze cents personnes ; à ces fiers accents, qui passionnaient une cause ; à ces gestes impétueux, qui portaient à ses adversaires effrayés des défis sans réponse.

Sans doute, Mirabeau dut beaucoup à l'infériorité de ses émules ; car, devant lui, les autres renommées s'effaçaient, ou plutôt elles ne se groupaient, comme des satellites autour de cet astre, que pour le faire briller d'un éclat plus vif. L'abbé Maury n'était qu'un élégant rhéteur; Cazalès, un parleur facile; Siéyes, un métaphysicien taciturne; Thouret, un jurisconsulte; Barnave, une espérance.

Mais ce qui établit son incomparable domination sur l'Assemblée, c'est d'abord la prédisposition enthousiaste de l'Assemblée elle-même, c'est l'ensemble et le concours de ses étonnantes facultés, la fécondité de son travail, l'immensité de ses études et de ses connaissances; c'est la grandeur et l'étendue de ses vues politiques, la solidité de sa dialectique, la méditation et la profondeur de ses discours, la véhémence de ses improvisations et le tranchant de ses réparties

. . . .

. . . . . Mirabeau représentait et conduisait son époque. On croit le voir encore dans la nuit orageuse du passé, debout sur la montagne, comme un autre Moïse, au milieu de la foudre et des éclairs, portant les tables de la loi entre ses bras et le front couronné d'un auréole de feu, jusqu'à ce qu'il aille se perdre et s'enfoncer dans l'ombre qui monte et qui l'enveloppe.

C'est à la voix de Mirabeau que les États-Généraux s'assemblent; c'est à la lueur de son flambeau qu'ils vont marcher. L'ordre de la noblesse se sépare violemment et s'insurge. Mirabeau tempère, par sa longanimité, les impatiences du Tiers-État. Il flatte, il caresse, il honore la minorité du clergé pour l'attirer dans ses rangs, et il prête au roi ses propres pensées pour intimider la noblesse.

. . . .

Les discours de Mirabeau n'ont été presque que le commentaire éloquent de sa *Déclaration des droits*. Il ne se contentait pas, ce hardi novateur, de découvrir des rivages inconnus et d'y planter quelques jalons. Il y bâtissait des murailles et des villes, et sous les plâtres et les Constitutions qui se sont écroulées les unes sous les autres, on retrouve encore aujourd'hui les fondements de granit qui les portaient.

Il semait avec profusion dans sa course immense, toutes les grandes et sacrées maximes du gouvernement représentatif : la souveraineté du Peuple, la délégation des pouvoirs, le refus éventuel de concours, l'indépendance, la responsabilité et le contre-seing des ministres, l'initiative de l'accusation, l'égalité de l'impôt.

Il parle avec autant de diversité que d'abondance pour la liberté de la presse, des cultes, de l'individu, de la locomotion; pour l'amovibilité des emplois, la constitution des municipalités et des tribunaux; l'établissement de la garde nationale et du jury; la viagérité de la liste civile et sa réduction à un million de rentes; l'exemption de l'impôt pour les classes nécessiteuses, l'unité monétaire et le calcul décimal; la liberté des associations pacifiques; le secret des lettres; le renouvellement périodique et fréquent de la législature; le vote annuel des troupes; la responsabilité pécuniaire des collecteurs et la responsabilité pénale des communes; les passeports des députés; la vente des biens nationaux; la vérification des pouvoirs parlementaires par le Parlement; l'emploi de la force armée, à la réquisition et en présence des officiers municipaux élus par le peuple; les maisons de correction paternelle; la loi martiale; l'égalité des successions; la présence loyale et l'interpellation facultative des ministres dans le sein de l'Assemblée; la dénomination des départements; une éducation civique.

Il parle contre les mandats impératifs, contre la dualité des chambres, contre l'immutabilité des biens du clergé, contre l'initiative directe et personnelle du roi, contre la permanence des districts, contre la loterie.

On est surpris, on s'arrête, on recule effrayé devant les œuvres de géant accomplies par Mirabeau, pendant les deux années de sa vie parlementaire. Grands discours, apostrophes, répliques, motions, adresses, lettres à ses commettants, polémique de la presse, rapports, séances du matin, séances du soir, conférences de comités, il fait de tout et il est à tout. Rien pour lui de trop grand et rien de trop petit. Rien de trop complexe et rien de trop simple. Il porte sur ses épaules un monde de travaux, et il semble, dans cette carrière d'Hercule, n'éprouver ni fatigue, ni dégoût.

Au procès d'Aix, il terrassa Portalis par son éloquence! Le public sortit de la salle ivre d'admiration.

Il se multipliait à la fois dans sa propre personne et dans tous ceux qui l'approchaient. Il les occupait, il les laissait, il les épuisait tous à la fois; amis, électeurs, rédacteurs, secrétaires. Il conversait, il pérorait, il écoutait, il dictait, il lisait, il compilait, il écrivait, il déclamait, il correspondait avec toute la France, il digérait les travaux des autres et il les assimilait comme sa propre substance, il recevait des notes au bas de la tribune, à la tribune même et il les passait, sans s'interrompre, au fil de son discours. Il retouchait les harangues et les rapports dont il avait donné le cadre, le plan, l'idée. Il les châtiait de sa verge, il les colorait de son expression, il les fortifiait de sa pensée. Ce plagiaire sublime, ce grand maître employait ses aides et ses élèves à tirer le marteau de la carrière et à dégrossir son œuvre, comme le statuaire qui, lorsque le bloc est à moitié taillé, s'approche, prend son ciseau, lui donne la respiration et la vie, et en fait jaillir un héros ou un Dieu.

Mirabeau avait une intelligence parfaite du mécanisme et des droits d'une Assemblée délibérante. Il savait jusqu'où elle peut aller et où elle doit s'arrêter. Ses formules disciplinaires ont passé dans nos réglements, ses maximes dans nos lois, et ses conseils dans notre politique. Ses paroles faisaient arrêt. Il présidait comme il parlait, avec une dignité grave, et il répondait aux députations avec une verve d'éloquence et un bonheur d'expressions tels, qu'on peut dire que l'Assemblée constituante n'a jamais été mieux représentée que par Mirabeau, sur le fauteuil du président et à la tribune de l'orateur.

Et lui, quelle grande idée il se faisait de la représentation nationale! lui, Mirabeau, disant : « Toute députation étonne mon courage. » C'est avec ces saints frémissements qu'il aborda la tribune.

Il préméditait la plupart de ses discours.

. . . .

Sa manière oratoire est celle des grands maîtres de l'antiquité, avec une admirable puissance de gestes, et une véhémence de diction que peut-être ils n'eurent jamais. Il est fort, parce qu'il n'est pas tendu; il est naturel, parce qu'il ne met pas de fard; il est éloquent, parce qu'il est simple; il n'imite pas les autres, parce qu'il n'a besoin que d'être lui-même; il ne surcharge pas son discours d'un bagage d'épithètes, parce qu'il le ralentirait; il ne se jette pas dans les digressions, parce qu'il craindrait de s'égarer.

Ses exordes sont tantôt vifs, tantôt majestueux selon que la matière le com-

porte. Il narre les faits avec clarté. Il pose la question avec certitude, sa phrase
ample et sonore est assez semblable à la phrase parlée de Cicéron. Il dé-
roule, avec une solennelle lenteur, les ondes de son discours. Il n'accumule pas
ses énumérations comme des ornements, mais comme des preuves. Il ne cherche
pas l'harmonie des mots, mais l'ensemble des idées. Il n'épuise pas un sujet de
sa lie, mais de sa fleur. S'il veut éblouir, les images naissent sous ses pas ; s'il
veut toucher, il abonde en élans du cœur, en persuasions délicates, en mouvements oratoires qui ne se heurtent pas, mais qui se succèdent, qui s'engendrent
les uns des autres, et qui s'échappent avec un désordre heureux de cette riche
nature.

Mais dès qu'il aborde le débat, dès qu'il entre dans le cœur de la question,
il est substantiel, nerveux, logicien autant que Démosthènes ; il s'avance dans
un ordre serré, impénétrable ; il fait la revue de ses preuves, dispose leur
plan d'attaque et les range en bataille.

Couvert des armes de la dialectique, il sonne la charge, fond sur ses adversaires, les saisit, les frappe au visage et ne les lâche pas qu'il ne les ait forcés,
le genou sur la gorge, à s'avouer vaincus ; s'ils tournent le talon, il les poursuit,
il les bat par derrière comme par devant, et il les presse, il les pousse, et il
les ramène invinciblement dans le cercle impérieux qu'il leur a tracé. Comme
ces marins qui, sur le pont d'un étroit navire pris à l'abordage, placent un
ennemi sans espérance entre leur gloire et l'Océan.

. . . .

Mirabeau discoureur était admirable. Mais que n'était pas Mirabeau impro-
visateur ! La véhémence naturelle dont il comprimait les élans dans ses harangues méditées, débordait dans ses improvisations. Une sorte d'irritabilité ner-
veuse donnait alors à toute sa personne l'animation et la vie. Sa poitrine se
gonflait d'un souffle tempétueux. Sa face de lion se plissait et se crispait.
Ses yeux dardaient des flammes. Il rugissait, il bondissait, il secouait son
épaisse crinière toute blanchie d'écume, et il prenait possession de la tribune
avec la suprême autorité d'un maître et d'un roi.

Qu'il était beau à le voir, de moment en moment, se hisser et grandir sous
l'obstacle ! Comme il étalait l'orgueil de son front dominateur. Ne l'eût-on pas
pris pour l'orateur antique qui, avec toutes les puissances déchaînées de sa
parole, soulevait et réprimait dans le Forum, les flots irrités de la multitude ?
Alors il laissait là les notes mesurées de sa déclamation habituellement grave et
solennelle. Il lui échappait des cris entrecoupés, des voix de foudre, et des accents déchirants et terribles. Il recouvrait de chair et de coloris, les arguments
osseux de sa dialectique ; il passionnait l'Assemblée, parce qu'il se passionnait
lui-même ; il entraînait, parce qu'il était entraîné. Et cependant, tant sa force
était grande ! Il se précipitait sans s'égarer, il s'emparait des autres avec le
souverain empire de son éloquence, sans cesser de la gouverner.

Ses improvisations, soit épuisement rapide, soit plutôt instinct de son art,
étaient brèves. Il savait que les émotions perdent de leur effet par leur durée,
qu'il ne faut pas laisser à l'enthousiasme de ses amis le temps de se refroidir, ni
aux objections de ses rivaux le temps d'apparaître ; qu'on se rit bientôt de la
foudre qui gronde en l'air sans tomber, et qu'on doit abattre vite son adversaire,
comme le boulet de canon qui tue d'un seul coup.

. . . .

J'ai dit que ce qui a élevé Mirabeau, sans aucune comparaison, au-dessus des autres orateurs, c'est la profondeur et l'étendue de ses pensées, la solidité de sa dialectique, la véhémence de ses improvisations; mais c'est surtout la fortune inouie de ses réparties.

En effet, les auditeurs et principalement les rivaux des orateurs se tiennent en garde contre des discours préparés. Comme ils savent que l'orateur a tendu d'avance ses piéges pour les surprendre, ils s'arrangent aussi d'avance pour lui échapper. Ils cherchent, à mesure qu'il parle, ils devinent, ils trouvent, ils disposent eux-mêmes dans un ordre plus ou moins habile, les arguments qu'il a dû employer, ses faits, ses preuves, ses inspirations, et quelquefois même ses figures et ses mouvements les plus heureux. Ils ont, toutes prêtes contre lui leurs objections. Ils ferment les trous de leurs visière et bouchent les défauts de leur cuirasse, par où son fer pourrait s'introduire, et quand l'orateur franchit la barrière et qu'il s'élance, il rencontre devant lui un ennemi armé de pied en cap, qui lui barre le chemin et qui dispute vaillamment la victoire.

Mais le bonheur d'une répartie oratoire étonne et charme jusqu'à vos adversaires : elle produit l'effet des choses inattendues, c'est une péripitie saisissante qui tranche les nœuds du drame et qui le précipite; c'est l'éclair qui brille au milieu de la nuit; c'est la flèche qui s'arrête dans le bouclier de l'ennemi, qui l'en retire aussitôt et qui revient percer le sein de celui qui l'avait lancée.

La répartie ébranle les masses irrésolues et flottantes d'une assemblée. Elle fond sur vous, comme l'aigle caché dans le fond d'un rocher fond sur sa proie et l'emporte toute palpitante dans ses serres, avant même qu'elle n'ait jeté un cri.

Elle réveille, par la secousse de sa nouveauté, les députés épais, lymphatiques et mous qui s'abandonnaient au sommeil; elle attendrit soudainement les âmes; elle fait crier aux armes! aux armes! elle arrache des exclamations de colère; elle provoque un rire inextinguible; elle contraint l'adversaire, chef ou soldat, à aller cacher sa rougeur et sa honte dans les rangs de sa troupe, qui ne les lui ouvre qu'avec pitié ou moquerie; elle résout d'un mot la question; elle signifie un événement; elle révèle un caractère; elle peint une situation; elle résume un débat; elle absout un parti, elle le condamne; elle fait une réputation ou elle la défait; elle glorifie, elle flétrit, elle abat, elle relève, elle délie, elle rattache, elle sauve, elle tue; elle attire, elle suspend magiquement, comme une chaîne d'or, toute une assemblée aux lèvres d'un seul homme; elle concentre à la fois toute son attention sur un seul point, engendre pour un moment l'unanimité, et peut décider tout à coup la perte ou le gain d'une bataille parlementaire.

Jamais Mirabeau ne reculait devant aucune objection ni devant aucun adversaire. Il se redressait de toute sa hauteur sous la menace de ses ennemis, et il enfonçait à coups de massue le tronçon de lance qu'on voulait qu'il arrachât.

Il bravait, à la tribune, les préjugés, les objurgations sourdes et les impatiences frémissantes de l'Assemblée. Immobile comme un roc, il croisait les bras et il attendait le silence.

Il ripostait à l'instant même, coup sur coup, à tous et sur tous, avec une rapidité d'action et une justesse d'à-propos surprenantes.

Mirabeau a souvent regretté ces débauches d'imagination et de tempérament qui déflorèrent sa jeunesse. Il les a noblement réparées en les avouant, même à la tribune. Il portait le cœur aussi haut que la tête.

J'ajoute que ses discours, ses motions, ses adresses, ses amendements respirent, comme homme public, une pure moralité.

Il disait : « Il est plus important de donner aux hommes des mœurs et des habitudes, que des lois et des tribunaux. »

Chose singulière! c'est lui qui fit, par sentiment religieux, maintenir l'intitulé : *Louis par la grâce de Dieu, roi des Français.*

Il aimait, lui échappé des cachots de Vincennes, la liberté avec fanatisme, avec idolâtrie. Il avait pour les droits et les misères du peuple un respect profond, élevé, délicat. Il voulait qu'on établît dans la société un tel ordre de choses que partout les vieillards eussent un asile, et les pauvres du travail et du pain.

Plus vicieux de tempérament que de cœur; extrême dans ses passions, hautain dans ses repentirs; impatient de tout joug, insouciant du lendemain à la manière des gens de lettres; oublieux des injures, comme toutes les grandes âmes; pauvre, travaillé de besoins, affamé de représentation, entêté de gentilhommerie et tranchant à la fois du grand seigneur et du tribun; séduisant à fasciner ses ennemis mêmes.

Son âme était un foyer de sensibilité d'où sortaient les soudaines illuminations de son éloquence. Vif, oseur, naturel, enjoué, humain, généreux à l'excès. Expansif jusqu'à la familiarité et familier jusqu'à l'indiscrétion. Prompt d'esprit, étincelant de verve et de saillies, avec une immensité de mémoire, de goût, de talent et de connaissances, et avec un travail d'une facilité prodigieuse : tel était Mirabeau.

Mirabeau avait longuement médité sur la stratégie militaire. Brave de sa personne et né d'un sang héroïque, son tempérament de fer, son coup d'œil étendu, ses vastes facultés, sa présence d'esprit et son insurmontable fermeté dans le péril, l'eussent porté bien vite aux premiers honneurs de la guerre. Il eût été aussi bon général que bon harangueur.

Homme à peu près complet et le seul de sa sorte, Mirabeau a été le plus grand orateur, le plus grand politique de son temps. Il en eût été le plus grand ministre; car il avait le génie des affaires, l'ensemble et la certitude des systèmes, la patience des détails, la connaissance des hommes, la vision de l'avenir, la fertilité des expédients, l'affabilité des manières, l'énergie du vouloir, l'instinct du commandement, la confiance du pays et l'universalité de la renommée.

Napoléon et Mirabeau ont tous les deux, chacun relativement au temps où il a paru et à la spécialité de ses travaux, le plus contribué à organiser la France moderne, car l'un a constitué la Révolution et l'autre l'Empire.

Mirabeau, enfin, a été l'homme de ce temps-là à qui il avait été donné, s'il avait vécu, de plus détruire et de plus réédifier; également propre à ces deux choses, par la puissance de son génie et la persévérance de sa volonté.

(Le livre des orateurs.)

Droz. — Je donnerai quelques détails sur l'élection de Mirabeau, que son génie appelait à jouer un si grand rôle. Son ambition lui faisait désirer ardemment de paraître aux États-Généraux. Plein du sentiment de sa force, né pour exercer l'empire de la parole, il était certain, s'il montait à la tribune, d'exciter l'enthousiasme de ceux dont il protégeait la cause, et d'imposer l'admiration même à ses ennemis. Il résolut de se rendre aux États particuliers de Provence, où il avait le droit de siéger; du moins, les possédants-fiefs contestèrent-ils bien tard ses titres, qui furent d'abord admis. Les désordres de sa vie privée s'élevaient contre le vœu qu'il osait former, et, cependant, il ne craignait point d'ajouter aux difficultés de sa situation. Dès longtemps il était un antagoniste de Necker : ce ministre fit rendre un arrêt du Conseil (29 décembre) qui continuait, pour six mois, force de papier-monnaie aux billets de la caisse d'escompte. Mirabeau, dans son orgueil que légitimait son talent, ne connaissait personne qu'il dût redouter, et, près de partir pour Aix, il attaqua l'arrêt et le ministre qui était encore l'idole de la France. Assurément, il fallait un rare courage pour se prendre à une si haute renommée, dans une position délicate qui devait conseiller la prudence; mais l'attaque était injuste. Necker savait tous les inconvénients de la mesure à laquelle il se résignait, n'ayant pas d'autre moyen pour obtenir de la caisse d'escompte un emprunt de 25 millions indispensable au Trésor. Ajoutons que, dans cette affaire, Mirabeau eut le tort de rendre publique sa correspondance avec Cérutti, qui réclama vivement contre un pareil abus de confiance. Ce n'est pas tout, Mirabeau, toujours besogneux, imagina, pour subvenir aux dépenses de son voyage, de tirer parti des lettres secrètes qu'il avait écrites sur la cour de Berlin pendant sa mission; il en composa un libelle, et fit proposer par le duc de Lauzun, au comte de Montmorin, de ne pas publier son manuscrit, si le ministre voulait l'acheter. Celui-ci imposa pour conditions que l'auteur renoncerait à se faire élire député et n'irait point en Provence. Le duc accepta; Mirabeau reçut l'argent et ne regarda point sa parole comme engagée. Il fit plus : un libraire, qui était près de tomber en faillite et dont la femme était sa maîtresse, le pressa de lui livrer le manuscrit dont le scandale assurait la vente rapide, et, ce qu'on ne peut répéter sans honte, non-seulement Mirabeau consentit, mais il prit un nouveau salaire. Le libelle devait inévitablement être poursuivi. C'est sous de tels auspices que Mirabeau allait s'offrir à ses concitoyens pour les représenter dans l'Assemblée qui devait régler nos finances, régénérer nos lois et nos mœurs !

Sa conduite aux États de Provence a été l'objet des plus graves accusations. On l'a peint comme un énergumène qui répand le trouble dans une contrée paisible, qui pousse la populace à égorger les nobles, et qui ne parvient à faire sortir son nom que d'une urne sanglante. Il faut examiner les faits, et connaître d'abord qu'elle était la situation de la Provence lorsque Mirabeau y parut. Dans les États de ce pays, les trois ordres étaient représentés par les prélats, par les gentilshommes possédant fiefs, et par des officiers municipaux que le peuple n'avait pas choisis. Les États avaient la prétention de représenter leur province, et d'élire ses députés aux États-Généraux. Ils refusaient au roi le titre de législateur provisoire, protestaient contre les décisions du Conseil qui n'étaient pas conformes à leurs vues, et déclaraient ces décisions attentatoires aux droits de la Provence; c'est-à-dire qu'environ deux cents Provençaux, intéressés au maintien de coutumes abusives et surannées, s'obstinaient à les défendre, tandis que l'immense majorité de leurs compatriotes réclamaient ces droits contre leurs privilèges. Les nobles qui ne possédaient pas de fiefs désiraient être représentés, et le Tiers-État multipliait les pétitions pour demander la convocation des trois ordres. Dans la lutte qui s'engageait, l'irritation était ardente de part et d'autre; le climat et la politique mettaient en état d'incandescence toutes ces têtes méridionales.

L'homme que nous avons vu s'avilir possédait de grandes ressources en lui-même pour se relever de son ignominie. Ses vices, dont la source était dans ses

passions bouillantes et dans l'excessive sévérité de son père, n'avaient détruit ni
sa force de tête, ni l'élévation naturelle à son âme, ni sa magique éloquence.
Mirabeau parut aux États de Provence avec calme et dignité. Les prétentions et
les assertions des privilégiés étaient si positivement absurdes, que la raison, non
la fougue, devenait son arme la plus sûre. Dans ses premiers discours, il fait
entendre les mots de liberté et de constitution; il les prononce sans emportement; il invite les hommes, dont il partage les vœux, à redouter la précipitation,
et lorsqu'enfin il juge arrivé pour lui le moment de traiter la question qui divise
les esprits, de s'unir au Tiers-État pour demander la convocation générale des
ordres, il s'exprime encore avec modération. Dans un discours plein de mesure
et de fermeté, il prouve que les États, tels qu'ils sont composés, ne représentent
point la Provence; il démontre que les membres de ces États ne peuvent plus conserver leurs priviléges abusifs, et touchent au moment de se les voir enlever; il
presse, il conjure les prélats et les nobles, possesseurs de fiefs, de renoncer volontairement à des avantages qui leur échappent, et d'acquérir un titre éternel à
la reconnaissance publique, en demandant eux-mêmes la convocation des trois
ordres. Le courroux des privilégiés alla jusqu'à la fureur, tandis que le Tiers-État
applaudissait avec ivresse le seul noble qui prit sa défense. Les privilégiés signèrent une protestation véhémente contre la proposition de Mirabeau. Accusé
d'être un ennemi de la paix, de violer ses devoirs de sujet et de citoyen, il fit
éclater contre ses adversaires la puissance de son talent. On avait cru échapper à
sa réponse, en suspendant les séances; elle fut imprimée et lue avec avidité.
Cette réponse révèle le génie de l'orateur; elle offre des tons variés, mais elle
est surtout remarquable par les traits de cette éloquence de tribune qui ressemble
à la peinture à fresque.

A la reprise des séances, les adversaires de Mirabeau attaquèrent le titre en
vertu duquel il siégeait, et firent prononcer son exclusion. Repoussé par la noblesse, il devint le fils adoptif des communes. Cependant, une crainte secrète
l'agitait. Le roi lui-même avait ordonné de poursuivre le libelle publié contre la
cour de Berlin. Pour détourner le danger, Mirabeau s'était hâté d'écrire à son
secrétaire une lettre destinée à être rendue publique; il demandait le livre qu'on
lui attribuait, et qu'il serait, disait-il, curieux de connaître. Cette ruse, qui ne
pouvait tromper personne, lui laissa des alarmes, et, redoutant un décret de
prise de corps, il partit pour Paris. Bientôt rassuré[1], il retourna rapidement dans
la province où se préparaient les élections dont dépendait son sort. Cette absence
le servit mieux que n'auraient pu faire ses discours les plus éloquents et ses intrigues les plus habiles. Les Provençaux accourent en foule sur son passage: ils
semblaient retrouver un ami, un défenseur, un père qu'ils croyaient avoir perdu.
A Marseille, la bourgeoisie, les jeunes gens et le peuple lui décernèrent un véritable triomphe[2]. La haine de ses ennemis fut encore irritée par de tels succès, et
bientôt elle l'accusa des troubles qui désolèrent la Provence. Si l'on disait que
son retour, que les fêtes qui lui furent prodiguées ajoutèrent à l'effervescence des
Provençaux, on dirait un fait incontestable: mais qu'il ait été l'instigateur des

[1] Le Parlement condamna l'ouvrage à être brûlé, mais ne fit pas de poursuites contre
l'auteur.

[2] On dit qu'à Marseille il avait ouvert une boutique sur l'enseigne de laquelle on lisait :
« Le comte de Mirabeau, marchand de draps. » L'anecdote est fausse et manque de vraisem-
blance; le caractère de Mirabeau se refusait à l'espèce de bouffonnerie qu'on lui prête.

troubles que la populace, alarmée sur la subsistance, fit éclater à Marseille peu
de jours après qu'il eût quitté cette ville, c'est une accusation que rejettera tout
homme impartial, parce qu'il est impossible d'apercevoir quel intérêt, quel motif
l'eût porté à commettre un tel crime. Voulait-il effrayer ses ennemis? Sa nomination était assurée ; il n'aurait pu que la compromettre en jouant le rôle d'un misérable fauteur d'émeutes. Les faits qui le justifient sont d'ailleurs positifs. Dès qu'il
connut les malheurs de Marseille [1], il s'y rendit avec le consentement du gouverneur de la province qui, fort embarrassé, mit en lui son espérance. Il se hâta de
répandre un écrit où il expose, avec une étonnante clarté, la théorie du prix des
subsistances, et démontre au peuple que le pain est taxé trop bas. Tels étaient sa
fermeté et son ascendant, qu'il fit hausser le prix du pain et rétablit l'ordre.
A peine achevait-il de dissiper cet orage, qu'une dépêche du gouverneur réclama
sa présence à Aix, où venait d'éclater une autre tempête. Le premier consul de
la ville, après avoir fait tirer sur la multitude soulevée, avait été contraint de
prendre la fuite ; les municipaux, éperdus, avaient livré les clefs des greniers de
réserve, qui étaient aussitôt devenus la proie du pillage. Mirabeau courut à Aix,
en fit sortir les troupes, remit la police à la garde bourgeoise, et rétablit le calme.
Il a fallu sa honteuse renommée pour faire ajouter foi aux imputations dirigées
contre lui par des privilégiés dont l'égoïsme et l'entêtement, l'orgueil et l'ineptie,
furent les premières causes de l'agitation provençale. Le Tiers-État d'Aix et celui
de Marseille élurent en même temps Mirabeau pour leur député. Autant il était
indigne de cet honneur par les vices qu'attestent sa vie privée et ses écrits cy-
niques, autant il le méritait par l'éloquence et la force de caractère qu'il avait
déployées.

. . . .

Mirabeau aurait eu besoin que la confiance l'environnât, et ce sentiment était
loin de lui être accordé. Les murmures qui s'étaient élevés, lorsqu'il parut pour
la première fois dans l'Assemblée des représentants de la nation, semblaient le
poursuivre encore ; il n'obtenait que difficilement la parole ; et, quand il l'avait
conquise par la force de ses poumons, il n'avait pas pour cela vaincu les trop
justes préventions de ses auditeurs. Bientôt, cependant, on fut contraint de l'é-
couter ; on éprouva du charme à l'entendre ; il fallut céder à sa dialectique pressante ; on ne put échapper à son art de s'adresser dans un même discours, à la
raison des hommes modérés, à la passion des hommes ardents ; l'Assemblée,
dans ces séances mémorables, fut entraînée par le feu de son éloquence et par
la magie de son action oratoire. D'autres, à la tribune, parlaient avec talent, lui
seul était un orateur. On sent d'où naissait son immense supériorité, lorsqu'on
l'entend dire d'un de ses émules : *Il n'y a point de divinité en lui.*

(*Histoire de Louis XVI*, t. II.)

Il est impossible d'expliquer et de juger Mirabeau, si l'on ne distingue pas trois
phases dans sa vie politique à l'Assemblée constituante. Nous avons vu le député
de Provence arriver aux États-Généraux, agité par tous les genres d'ambition : il
a soif de gloire, de puissance et d'argent. Ses lumières, son éloquence, son audace et son habileté lui donnent d'immenses moyens de succès ; et son influence

---

[1] La maison du fermier des octrois avait été saccagée, des boutiques de boulangers avaient
été pillées ; les officiers municipaux, contraints par la force, avaient baissé extraordinairement
le prix du pain. Il paraissait tout à la fois impossible de révoquer cette baisse, et de soutenir les
sacrifices qu'elle exigeait.

serait irrésistible, s'il était estimé. Sa honteuse réputation, trop méritée par ses désordres, repousse la confiance : il le sait. Jaloux d'acquérir le seul avantage qui lui manque, il s'approche d'hommes intègres ; il veut les convaincre de la droiture de ses intentions et de la justesse de ses idées politiques ; il fait négocier un entretien avec les deux principaux ministres . si leur plan pour diriger les affaires publiques est conforme aux intérêts du trône et de la liberté, il en secondera l'exécution avec zèle. Ses offres sont rejetées ; il conserve la hauteur et la modération de ses vues. Nul n'est plus convaincu qu'il faut réunir les trois ordres en une seule assemblée ; mais il veut que, pour y parvenir, les communes suivent une marche légale ; et non que tumultueuses, indisciplinées, elles hasardent le sort de la France par une précipitation téméraire. Les passions l'emportent sur son éloquence, sans le déconcerter. Trois jours après son triomphe à la fameuse séance royale, il veut profiter de l'ascendant qu'il vient d'acquérir pour imprimer aux esprits une direction nouvelle ; il lève la bannière de la modération, il présente un projet d'adresse aux Français, rempli d'idées sages et de sentiments généreux : mais son projet a peu de succès, son discours manque de l'autorité que les vertus de l'orateur donnent à l'éloquence.

Regrettons amèrement que cet homme d'état ait rencontré tant d'obstacles lorsqu'il voulait entrer dans les voies qui conduisent à la vraie liberté, à la liberté sous la loi ; mais c'est lui-même surtout qu'il faut en accuser. Si sa vie passée l'eut mis en possession de l'estime publique, il eût à son gré disposé des esprits, il eût entraîné l'Assemblée et dirigé la France. Sa fatale réputation pesait sur sa tête, c'était un poids accablant dont jamais ses talents et ses efforts n'ont pu le délivrer. Rien n'est plus commun que d'entendre traiter de théoriciens ceux qui parlent d'idées morales aux hommes politiques ; mais qu'on interroge Mirabeau, il dira que les théoriciens, les rêveurs, sont ceux qui, dans le maniement des affaires d'État, croient qu'il suffit d'un mélange d'adresse et d'audace. Sa vie est un beau sujet d'études morales ; nul autre ne peut mieux nous apprendre l'importance de ce qui lui manquait, de ce qu'il s'efforça toujours, mais en vain, de suppléer par ses qualités étonnantes.

On ne saurait blâmer ceux de ses collègues qui, en arrivant aux États-Généraux, refusèrent de s'entendre avec lui ; on sent qu'on aurait éprouvé la même répugnance. Mais deux hommes placés dans une autre position, Necker et Montmorin, sont inexcusables de n'avoir pas même écouté ses offres. Méconnaître son caractère et son génie, ne pas apercevoir l'influence qu'ils pourraient exercer, le contraindre en quelque sorte à les déployer dans les rangs ennemis, c'était manquer de l'habileté la plus vulgaire pour des ministres.

Le fier orateur se rendait justice en croyant à sa supériorité sur les hommes qui l'entouraient. Le sentiment intime de sa force lui donnait une conviction profonde que lui seul était capable de tenir les rênes de l'Etat ; pour nous sauver il lui fallait une grande puissance : il voulait gouverner. Au milieu des applaudissements qu'impose son génie, fatigué de ne pouvoir dissiper ni vaincre la défiance, de voir qu'on remarque toujours un contraste entre sa vie et ses paroles, lorsqu'il exprime des idées sages, il se jette dans un complot ; il sert le projet d'élever aux fonctions de lieutenant-général du royaume un prince dont il croit devenir le ministre et le maître. Mais, à l'épreuve, jugeant bientôt le caractère de ce prince, et rendu plus fort par le cours des événements qui se pressent, il ressaisit l'espoir d'être appelé par Louis XVI au secours de la monarchie. Nous avons vu, après le 14 juillet, le comte de Lamarck chargé de porter aux pieds du trône des offres analogues à celles dont Mallouet avait été l'intermédiaire près des ministres : la reine eut l'imprudence de refuser avec dédain.

Mirabeau descend au rôle de factieux dans la seconde phase de sa vie politique, mais il n'y a rien en lui d'un factieux vulgaire ; ses talents, son caractère, ses étonnantes facultés lui restent. Pour en reconnaître la supériorité, deux observations suffisent. Presque tous les hommes qui, dans les révolutions, s'agitent pour atteindre au pouvoir, ne portent pas leur vue plus loin, leur esprit est absorbé par la difficulté de vaincre les obstacles qui les environnent ; ils caressent la multitude, et s'ils triomphent par son redoutable secours, ils se trouvent dans l'alternative, ou d'essayer de gouverner avec des principes impossib.es, ou de perdre leur force d'emprunt en abjurant les principes. Mirabeau embrasse à la fois deux ordres d'idées : la manière dont il affermit le pouvoir l'occupe autant que les moyens de l'envahir. S'il fait des concessions dangereuses, coupables, il fait aussi des réserves avec une énergie qui ne permettra pas d'en perdre la mémoire. Une voix dans l'Assemblée l'accuse de méconnaître la prérogative royale ; il déclare qu'elle est *le plus précieux domaine du peuple*, qu'un jour *on jugera s'il en connaît l'étendue*, et que d'avance *il défie le plus respectable de ses collègues d'en porter plus loin le respect religieux*. Dans une vive discussion, il prononce ces paroles pleines de vérité : *Vous ne ferez jamais la Constitution française, ou vous aurez trouvé un moyen de rendre quelque force au pouvoir exécutif et à l'opinion*. Dans le débat sur le *veto*, il dit que sans cette garantie, il aimerait mieux vivre à Constantinople qu'à Paris ; et il lance aux agitateurs le morceau véhément que terminent ces mots : *Hommes frénétiques, que feriez-vous de plus si vous aviez juré d'anéantir la liberté ?* Ce ne sont pas là de ces protestations banales de l'amour de l'ordre, à l'usage des factieux ordinaires. Quel sacrifice Mirabeau, devenu ministre, aura-t-il à faire de ses opinions ? Quand il voudra qu'on restitue au pouvoir royal les moyens de réprimer le désordre, ne lui suffira-t-il pas d'invoquer les principes qu'il a proclamés d'avance avec toute l'autorité de sa parole ?

Une autre observation constate mieux encore ses ressources prodigieuses. On a vu dans nos assemblées, tout député jaloux d'exercer une grande influence, réunir une partie de ses collègues autour de lui, se concerter avec eux, souvent les diriger, souvent aussi recevoir d'eux l'impulsion ; leurs forces sont mises en commun, et fréquemment ils comptent avec anxiété si leur nombre croît ou diminue. Mirabeau, repoussé par les hommes modérés, et tenant à distance la faction exaltée, marche seul vers son but ; il parle sans s'informer qui le soutiendra ou qui le combattra, et heurte tour à tour les partis qui siégent sur des bancs opposés. Ses alternatives de raison et de fougue se succèdent avec d'autant plus de rapidité qu'il veut, sans relâche, prouver au faible gouvernement qu'on peut tout craindre et qu'on peut tout espérer de lui. Il ne cherche plus à se faire un parti ; s'il en avait un, il en serait gêné ; quel parti pourrait le suivre ? C'est avec la seule puissance de son talent et de son caractère qu'il veut entraîner l'Assemblée et soumettre la cour.

. . . .

Peu de jours s'étaient écoulés depuis la visite de Monsieur à l'Hôtel-de-Ville, lorsque Mirabeau essaya de tirer parti de ses relations indirectes avec ce prince. Il espéra que Monsieur, dont la malheureuse tentative annonçait l'ambition de jouer un rôle politique, ne refuserait pas de substituer à un projet mal concerté, un autre projet mal conçu, qui ne l'exposerait point aux dangers que venait d'entraîner le premier. Un ancien intendant de Provence, Sénac de Meilhan, à qui Monsieur accordait des bontés, n'avait point contre Mirabeau les préventions qu'aurait pu lui donner une manière de voir très-opposée à la Révolution; il pensait qu'un homme doué de si rares talents pourrait et voudrait sauver la monarchie. C'est par lui que Mirabeau fit remettre au prince un mémoire sur la situation de la France et sur le principal moyen de salut public.

Aux yeux de l'orateur les Français forment quatre partis. Il y a « ceux qui veulent la Révolution, sans borne et sans mesure, faute d'instruction et de principes;

« Ceux qui, sans bonne foi et sans esprit croient ou feignent de croire au rétablissement de l'ancien système;

« Ceux qui ne voulaient pas de révolution, mais qui aujourd'hui comprennent qu'elle est faite, et veulent de bonne foi la circonscrire et la consolider;

« Ceux, enfin, qui ont toujours voulu la Révolution, mais sans être envieux du temps, et en désirant de la mesure, des gradations et une hiérarchie, pour l'intérêt même de la liberté.

« Cette dernière classe gouvernera à la fin les opinions et les affaires; du moins si la décomposition générale ne range pas ses vœux et ses projets parmi les nombreux rêves des gens de bien. Cette classe peut aisément se coalitionner avec la précédente; mais il n'existe point de point central.

« Tous les liens de l'opinion sont dissous, elle ne sait plus où se rallier. Les excès des ministres ont travaillé si longtemps à démocratiser les Français, qu'ils y sont parvenus. Pour rallier tous les manques de respect, toutes les indécences de l'indiscipline, toutes les orgies de la licence, on isole de la cause de l'autorité royale, l'individu du monarque; et, au moyen de cette fiction, l'autorité royale et la monarchie avec elle sont en péril, et le roi lui-même n'est pas en sûreté, du moins en tant que les complots des factieux ou de leurs amis d'une part, l'emportement puéril et l'ignorance du parti aristocratique de l'autre, et enfin l'inexpérience indocile de l'Assemblée, peuvent compromettre cette précieuse sûreté dans des circonstances si difficiles, et au sein d'une capitale oisive, misérable et enivrée d'une sorte de fanatisme.

« Mais, dans toute société où il y a des restes d'organisation, on trouve toujours une grande ressource; c'est que les gens qui ont quelque chose à perdre ou à conserver, sont de beaucoup plus nombreux. Cette ressource a chez nous un puissant auxiliaire; c'est notre mobilité prodigieuse, mère de cette impatience corrosive qui fait que jusqu'ici il n'y a eu en France ni mal, ni bien durable, disposition toute particulière à notre nation, qui ne changera que par la lente influence de l'instruction et d'un bon système d'éducation publique.

« Profitons de l'inquiétude des honnêtes gens, et de l'amour des nouveautés. On se sépare du roi, parce que l'on voit qu'il s'abandonne lui-même, que ses ministres ne pensent qu'à eux, et à échapper comme ils pourront à l'agonie générale, sans mort violente, et que l'autorité royale trop faible pour lutter contre l'anarchie, paraît la favoriser pour se ressaisir d'une plénitude de prétentions et de prérogatives qu'on sent très-bien qu'elle ne recouvrera jamais.

« Que le roi s'annonce de bonne foi pour adhérer à la Révolution, à la seule condition d'en être le chef et le modérateur; qu'il oppose à l'égoïsme de ses ministres, un représentant de sa famille dispersée, qui ne soit pas lui, parce que son métier de roi est et doit être exclusif de l'esprit de famille; mais qui soit tout à la fois la caution de cette famille et en quelque sorte son ôtage, et l'organe non ministériel du chef de la nation : aussitôt on verra la confiance ou du moins l'espoir renaître, le goût de la monarchie reparaître, et les partis qui veulent de bonne foi que l'empire français ne se décompose pas ou ne devienne pas, pour un demi-siècle, l'arène des jeux sanglants de quelques ambitieux subalternes ou de quelques démagogues insensés, se rallier autour d'un Bourbon, devenu le conseil du roi, et le chef des amis de l'autorité royale, régler et subjuguer l'opinion, et dompter les factieux. Le choix de ce Bourbon est indiqué, non-seulement par la nature, mais par la nécessité des choses, puisque tous les princes du sang, excepté un seul, sont en conspiration réelle ou présumée, et regardés comme les ennemis de la nation si universellement, qu'il est douteux qu'ils puissent être sauvés par l'avénement de Monsieur, mais qu'il est certain qu'ils ne peuvent l'être que par là.

« Pour peu que cet évènement tarde, il ne paraîtra plus qu'une intrigue; tandis que lié à l'évènement où Monsieur a eu le courage de placer, dans un discours populaire, le roi à la tête de la Révolution, il aurait l'incalculable avantage d'être l'adhésion du roi; et, en réchauffant toutes ses ressources dans l'opinion, les seules sur lesquelles il puisse compter, de lui préparer les moyens de renouveler sans secousse et sans difficulté son conseil, qui n'est aujourd'hui que le plus embarrassant de ses bagages, et la première maladie de l'État. »

On le voit, Mirabeau dans ses notes secrètes, ne fait aucune concession aux regrets et aux désirs des hommes qu'il veut dominer : il déteste l'anarchie; mais il est convaincu qu'on ne rétablira l'ordre qu'en maintenant tout ce que la Révolution a produit de juste et d'utile. Mirabeau parle à Monsieur comme il s'expliquerait avec ses collègues les plus intimes; on sent en lui la fermeté et l'assurance de l'homme qui a foi dans sa supériorité.

Monsieur lut avec un intérêt très-vif le projet qui lui était présenté; mais il craignait de rencontrer des obstacles insurmontables, s'il voulait à l'instant le réaliser complètement. Ce prince était mal dans l'esprit de la reine, et Louis XVI n'était point disposé à se donner un régent. Monsieur, avec plus d'esprit, d'instruction et de connaissances des hommes que n'en avait son frère, se croyait en état de mieux diriger les affaires publiques; et plus d'une fois il avait songé que, s'il entrait au conseil, il rendrait des services : mais lorsqu'il lui était arrivé d'offrir quelques avis, on ne l'avait point encouragé; et il s'était gardé d'insister, parce qu'il y avait dans son caractère une extrême prudence. Cependant il désira, dans l'intérêt général et dans le sien, tirer parti des dispositions de Mirabeau; sans communiquer au roi et à la reine ni le mémoire, ni l'idée principale de l'auteur, il leur dit que Mirabeau persistait dans des vues qu'on rendrait facilement utiles à la monarchie, et leur expliqua comment, au moyen d'un intermédiaire, ils pourraient tantôt le faire parler, tantôt l'obliger au silence. On ne saurait avoir de détails sur des conversations qui furent parfaitement secrètes; mais il en résulta l'acte qu'on va lire :

« 1° Le roi donne à M. de Mirabeau la promesse d'une ambassade; cette promesse sera annoncée par Monsieur lui-même à M. de Mirabeau; 2° Le roi fera sur-le-champ, en attendant l'effet de cette promesse, un traitement particulier à M. de Mirabeau, de 50,000 livres par mois, lequel durera au moins quatre mois.

« M. de Mirabeau s'engage à aider le roi de ses lumières, de ses forces et de son éloquence, dans ce que Monsieur jugera utile à l'intérêt de l'Etat et au bien du roi, deux choses que les bons citoyens regardent sans contredit comme inséparables ; et dans le cas où M. de Mirabeau ne serait pas convaincu de la solidité des raisons qui pourraient lui être données, il s'abstiendra de parler sur cet objet.

« *Approuvé* : LOUIS.

« Le comte de MIRABEAU. »

J'ai longtemps, je l'avoue, mis en doute l'authenticité de cette pièce ; les motifs, pour la rejeter, sont certainement très-sérieux. Comment Mirabeau, qui se définissait lui-même, *un homme dont on a tout dit excepté qu'il fût un sot*, aurait-il consenti à s'interdire la tribune chaque fois que la cour l'eût exigé ? Quelque peu scrupuleux qu'on le suppose à tenir ses engagements dès qu'il avait intérêt à les rompre, a-t-il pu faire une promesse qu'il aurait été obligé de violer dans peu de jours ou même le lendemain, sous peine de perdre tout crédit dans l'Assemblée et de s'humilier par un honteux silence ? Ces idées me préoccupaient encore lorsque les *Mémoires de Mirabeau*, écrits par son fils adoptif, furent publiés ; et l'auteur, en général bien instruit, nie l'authenticité du mémoire et du traité en question (t. VII, p. 283 et 284). Mais des raisonnements, des autorités, ne sauraient prévaloir contre un fait ; et c'est avec raison que j'ai continué mes recherches.

M. le docteur Descurez a dissipé mes doutes ; il m'a communiqué le brouillon du mémoire écrit et corrigé de la main de Mirabeau. J'ai acquis également la certitude que le traité fut écrit et fait double par Monsieur lui-même. Le possesseur du brouillon précieux dont je viens de parler, avait aussi un des doubles du traité ; une copie exacte lui reste, et il explique comment l'original a été perdu. Enfin, l'autre double doit se trouver dans les papiers laissés par le duc de Blacas. Un homme très-digne de foi m'a dit l'avoir lu à Rome, où le duc de Blacas le lui montra ainsi que d'autres pièces intéressantes.

. . . .

Tandis que des intérêts sacrés auraient dû absorber Mirabeau tout entier, il éprouvait encore une soif d'argent[1] qui l'avilissait encore devant ceux qu'il voulait dominer ; tandis que sa santé défaillante lui donnait des avertissements sérieux, il cédait encore à l'attrait de funestes plaisirs ; et toutefois cet homme, inconcevable mélange d'indignes faiblesses et de nobles sentiments, s'élevait jusqu'à la vertu du repentir, quand il parlait des torts de sa jeunesse. Dans les derniers mois de sa vie, il eut plusieurs entretiens avec des députés modérés dont il recherchait l'approbation et l'appui. La défiance qu'il lisait dans leurs yeux, qu'il entendait jusque dans leurs paroles polies, lui causait une douleur poignante. Jamais il n'a plus souvent répété des mots tels que ceux-ci : *Je paie bien cher les fautes de ma jeunesse !... Pauvre France ! on te les fait payer aussi !* A l'époque de sa présidence, il eut, avec un des Crillon, une conversation dont j'ai souvent entendu parler, et dont je ne rapporterai que ce que je sais exactement ; il la commença par ces mots : *Vous ne m'aimez pas... je dis plus, vous ne m'estimez pas.* Il attribua toutes les difficultés qu'il rencontrait en voulant faire le bien, à l'idée que donnait de lui sa jeunesse orageuse. *Je pourrais*, dit-il, *expliquer mes désordres, mais je ne veux jamais les excuser.* En effet, il ne se défendit que par de nobles regrets, et termina ainsi : « Cependant, regardez bien autour de vous,

[1] C'est tout ce qu'il est possible de conclure des singulières lettres du marquis de Luchet et de La Porte, trouvées dans l'armoire de fer.

il n'y a que moi, moi seul qui puisse abattre l'anarchie qui va dévorer, vous, vos amis, le trône, la France ; il faut qu'on m'écoute, qu'on me suive, ou nous périssons tous.» Un jour, à Auteuil, seul avec Cabanis, il était assailli de tristes pressentiments sur l'avenir de la France, sur la mémoire qu'il laisserait après lui. Son ami voulut changer le cours de ses idées, et lui parla avec chaleur de ses talents, de ses triomphes ; il ne l'entendait point, absorbé qu'il était par ses pensées, et tout à coup il dit avec un accent indéfinissable : « Oh ! si j'eusse apporté dans la Révolution une réputation semblable à celle de Malesherbes !... Quelles destinées j'assurais à mon pays ! qu'elle gloire j'attachais à mon nom !

. . . .

Lumières, éloquence, courage, habileté, que de moyens cet homme possédait pour exercer une prodigieuse influence ! A ces qualités imposantes, il en réunissait d'aimables. Son dévouement en amitié lui faisait des amis dévoués. Il se plaisait dans ses relations intimes, à déposer sa supériorité, et si c'était encore une manière d'en jouir, elle était douce à ceux qui l'entouraient. Le fier orateur, le fougueux tribun avait, dans quelques moments, la simplicité, l'abandon, l'enjouement d'un enfant. Sa parole avait autant de charme dans la conversation, qu'elle avait d'éclat à la tribune. Cent fois il alla dans des salons où se trouvaient des femmes qui détestaient ses opinions, mais qu'attirait la curiosité de le voir. Ses manières nobles et naturelles, son tact des convenances, son esprit et sa grâce les captivaient bientôt ; elles disaient qu'il était séduisant. Avec tous ces talents, toutes ces qualités, il lui fut impossible d'obtenir jamais la considération, sans laquelle l'homme d'État est privé d'une force que nulle autre ne supplée. Mort, une douleur presque universelle honorera son cercueil, vivant, la défiance l'environnait, le poursuivait ; il ne pouvait effacer la tache d'immoralité empreinte sur son front.

Les idées qui dirigèrent souvent sa conduite politique manquèrent souvent de justesse. Vainement un homme a-t-il de hautes facultés ; si la morale ne l'éclaire, souvent son jugement est faux. Quelquefois, Mirabeau eut trop de confiance dans ses forces, il se trompa en croyant qu'il lui serait toujours facile de réprimer les passions qu'il exaltait, de remuseler le tigre qu'il déchaînait. Ses faux calculs l'entraînèrent à commettre un grand crime, celui de pousser une révolution au delà des bornes qu'elle tend d'elle-même à franchir. D'autrefois, il n'eut pas une assez haute idée de sa puissance. Pourquoi se trouve-t-il réduit à tant de manœuvres, d'intrigues, pour servir la monarchie et la liberté? Parce qu'il n'a pas su juger le moment où il pouvait, après le 14 juillet, arrêter les troubles et faire adopter la Constitution, que proposaient les hommes dont, au fond de son âme, il partageait les principes. S'il eut à cette époque écouté la voix du devoir, il aurait soutenu contre l'anarchie une lutte dont il fut sorti vainqueur ; il n'osa combattre, il douta de sa force, parce qu'il ne puisait pas la force où la trouve un homme de bien.

Mirabeau fut honoré sur sa tombe du titre de grand homme ; et ses contemporains ont eu raison de le lui donner, car il avait sur ceux qui l'entouraient une grande supériorité. Mais on peut mettre en doute que la postérité lui conserve ce titre. Trop de nuages obscurcissent sa gloire, son éclat ne fut pas celui d'un astre, ce fut celui d'un météore.

Quelles conjectures peut-on former sur nos destinées, si sa carrière eut été prolongée ? Il fut resté fidèle au vœu d'établir une constitution monarchique et libre ;

il avait en lui des ressources pour atteindre son but par la force et l'adresse; par des luttes ou des transactions; cependant, si l'on considère les obstacles que ses projets allaient rencontrer, l'exaltation de la masse bruyante du peuple, le despotisme des sociétés démocratiques, la désorganisation de l'armée, la démence des partisans de l'ancien régime, le découragement d'une partie des hommes modérés, l'enthousiasme de presque tous les autres pour une constitution si favorable à l'anarchie, la faiblesse d'un roi qui se préparait à multiplier ses dangers et les nôtres, enfin, les trop justes défiances dont Mirabeau était environné, il est bien difficile de croire au succès de ses plans compliqués. Cet homme extraordinaire laisse après lui un doute honorable qu'aucun de ses contemporains n'aurait pu inspirer; mais, selon toute probabilité, Mirabeau est mort à propos pour sa gloire.

(Histoire de Louis XVI, t III.)

DUMONT (Etienne). — Mirabeau avait au-dedans de lui un sentiment de ses forces qui l'avait soutenu dans les positions les plus propres à avilir un autre caractère; son imagination aimait le grand, son esprit saisissait le vrai : il avait du goût naturel, et il l'avait cultivé par la lecture des auteurs classiques de plusieurs langues. Il savait peu, mais ce peu lui servait toujours. Dans le tourbillon de sa vie orageuse, il n'avait pas eu le loisir d'étudier; mais dans sa prison de Vincennes, il avait fait des lectures générales, il s'était exercé par des traductions, il avait fait un recueil d'extraits et de passages de quelques grands auteurs. Tout cela contenait à peine le fonds ordinaire d'un homme de lettres, et quand il parlait à cœur ouvert, il n'était pas fier de ses connaissances; mais ce qui lui était particulier, c'était une âme éloquente et passionnée qui animait tous les traits de sa physionomie dès qu'il était ému, et rien n'était plus facile à émouvoir que son imagination. Il s'était accoutumé, dès sa jeunesse, à s'occuper des grandes questions de politique et de gouvernement; il n'était pas né pour les approfondir; le travail de la discussion, l'examen, le doute étaient peu faits pour lui : il avait trop de chaleur et de bouillonnement dans l'esprit pour une méthode didactique et une application laborieuse; son âme allait par sauts et par bonds, mais elle avait des élancements vigoureux et hardis; il abondait en expressions saillantes, et il s'en faisait même une étude particulière. Il était précisément né pour briller dans une assemblée politique, à une époque orageuse où l'on avait besoin d'audace et de force.

. . . .

Comme orateur, Mirabeau avait les talents les plus éminents dans certaines parties : un coup d'œil prompt, un tact sûr, un art de démêler immédiatement le véritable esprit de l'Assemblée, et d'appliquer sa force tout entière au point de résistance, sans l'user mal à propos sur des accessoires. Personne n'a plus fait avec un seul mot, personne n'a frappé le but avec plus de précision, et n'a plus souvent entraîné l'opinion générale, soit par une insinuation heureuse, soit par un trait qui intimidait ses adversaires. A la tribune il était immobile; ceux qui l'ont vu savent que les flots roulaient autour de lui sans l'émouvoir, et que même il restait maître de ses passions au milieu de toutes les injures.

. . . .

La voix de Mirabeau était pleine, mâle, sonore; elle remplissait l'oreille et la flattait : toujours soutenue, mais flexible, il se faisait aussi bien entendre en la baissant qu'en l'élevant; il pouvait parcourir toutes les notes et prononçait les finales avec tant de soin qu'on ne perdait jamais les derniers mots; sa manière ordinaire était un peu traînante : Il commençait avec quelque embarras, hésitait souvent, mais de manière à exciter l'intérêt; on le voyait, pour ainsi dire, chercher l'expression la plus convenable, écarter, choisir, peser les termes jusqu'à ce qu'il se fût animé et que les soufflets de la forge fussent en fonction. Dans les moments les plus impétueux, le sentiment qui lui faisait appuyer sur les mots pour en exprimer la force, l'empêchait d'être rapide; il avait un grand mépris pour la volubilité française, et la fausse chaleur qu'il appelait les tonnerres et les tempêtes de l'Opéra. Il n'a jamais perdu la gravité d'un sénateur, et son défaut était peut-être à son début un peu d'apprêt et de prétention; il relevait la tête avec trop d'orgueil et marquait quelquefois son dédain jusqu'à l'insolence. Ce qui est incroyable, c'est qu'on lui faisait parvenir au pied de la tribune ou à la tribune même de petits billets au crayon (comme il s'en écrivait un nombre infini dans l'Assemblée), et qu'il avait l'art de lire ces notes tout en parlant, et de les introduire dans le corps de son discours avec beaucoup de facilité. Garat le comparait à ces charlatans qui déchirent un papier en vingt pièces, l'avalent aux yeux de tout le monde et le font ressortir tout entier. Il faisait emploi de tout; l'esprit des autres lui servait comme le sien.

. . . .

Rien ne lui échappait en fait de vanité, de prétentions, d'ambition déguisée, de marches détournées; mais il savait voir de même le bon, le moral, le pur, et personne n'avait une estime plus haute pour des caractères énergiques et vertueux. Il y avait en lui une sorte d'enthousiasme du beau qui ne se laissait dégrader par ses propres vices; c'était comme une glace qui pouvait être obscurcie et qui reprenait ensuite son éclat. Sa conduite était souvent en contradiction avec ses discours, non par fausseté, mais par inconséquence; il avait une raison pure qui élevait son âme, et des passions violentes qui la jetaient hors de ses mesures; en un mot, colossal à tous égards, il y avait en lui beaucoup de tout, beaucoup de bien, beaucoup de mal; on ne pouvait le connaître sans être fortement occupé de lui, et c'était un homme né pour remplir de son immense activité une grande sphère.

. . . .

L'évêque d'Autun, qui l'a beaucoup vu dans la maladie qui l'a emporté, m'a dit qu'aussitôt que les accès de douleur atroce étaient finis, il reprenait sa sérénité, sa douceur, son amabilité pour tous ceux qui l'environnaient; mais il a été le même jusqu'au dernier moment; il se voyait l'objet de l'attention générale, et il n'a cessé de parler et de se conduire comme un grand et noble acteur, sur le théâtre national. L'expression de l'évêque d'Autun était si heureuse que je n'ai pu l'oublier. *Il a dramatisé sa mort*, me disait-il; dans l'angoisse extrême des convulsions, couvert d'une sueur froide, il y avait des moments où il ne pouvait plus supporter la vie. « Je souffrirai, disait-il, tant que vous aurez la plus faible espérance de me guérir; mais si vous n'en avez plus, ayez l'humanité d'abréger des tourments dont vous n'avez point d'idée. » Et après un de ces accès violents qui avaient arraché ses cris et vaincu toute sa patience, il se fit apporter ses papiers, il en choisit un qui contenait un discours sur les *testaments* : « Voilà, dit-il, à l'évêque d'Autun, voilà les dernières pensées qu'on aura de moi; je vous en fais dépositaire, vous le lirez quand je ne serai plus, c'est mon legs à l'Assemblée. » Ce discours sur les testaments était, à ma connaissance intime, un ouvrage de

M. Reybaz. Il est fait avec beaucoup de soin, il est écrit dans un genre qui n'est point celui de Mirabeau, et il est remarquable que, jusqu'à son lit de mort, il ait conservé ce désir de gloire empruntée, l'orsqu'il avait acquis tant de gloire personnelle, et que sa réputation n'avait plus besoin des dépouilles des autres.

(*Souvenirs sur Mirabeau ; ouvrage posthume ;* CH. XIV et XV.)

FALLOUX. — Gabriel-Honoré de Mirabeau était né le 7 mars 1749; l'origine de sa famille remontait aux temps les plus orageux des factions florentines. Sa mère fut mise dans le plus grand danger à la suite d'une grossesse pénible, par la dimension prodigieuse de la tête de l'enfant. Le marquis de Mirabeau raconta souvent qu'avant même de connaître le sexe du nouveau-né, les premiers mots qu'il entendit furent ceux-ci : Ne vous effrayez pas.

La correspondance du marquis et du bailly de Mirabeau initient graduellement à son caractère : Un an après la naissance, le marquis écrit à son frère : « Je n'ai rien à te dire de mon énorme fils, sinon qu'il bat sa nourrice, qui le lui rend bien, et ils se gourment à qui mieux mieux : ce sont deux bonnes têtes ensemble. » Plus tard il écrivait : « C'est un cœur haut sous la jaquette d'un bambin. Cela a un étrange instinct d'orgueil, noble pourtant; c'est un embryon de matamore ébouriffé qui veut avaler tout le monde avant d'avoir douze ans. » Après plusieurs changements de gouverneurs, il écrivait encore : « Mon rude fils est enfin en résidence bien appropriée à ses mérites. J'ai voulu lui donner la dernière façon par l'éducation publique, et je l'ai mis chez l'abbé Chopard. Cet homme est raide et force les punitions dans le besoin. Je lui ai dit de ne pas les épargner, et j'ai mes raisons. Ce dernier essai fait et rempli, s'il n'y a pas d'amendement, comme je n'en espère point, je le dépayserai à forfait. Je n'ai pas voulu qu'un nom habillé de quelque lustre fut traîné sur les bancs d'une maison de correction. J'ai fait inscrire sous le nom de Pierre Bufflère, ce monsieur, qui a récalcitré, pleuré, ratiociné en pure perte, et je lui ai dit de gagner mon nom, que je ne lui rendrai qu'à bon escient. »

Le 17 juillet 1757, il fut placé au régiment, et d'aventure en aventure, il se fit condamner à la prison, on le confina dans l'île de Ré.

« C'est un drôle qui a toute l'intrigue du diable, et de l'esprit comme un démon, continue son père. Le marquis de Lamsted (son colonel) me disait l'autre jour qu'il avait partagé la ville et la province entre la raison et lui, et que, malgré son caractère odieux, il aurait trouvé dans la ville vingt mille livres qui n'y sont pas. »

Rendu à la liberté, il passa en Corse dans la légion de M. Viosménil, et s'y distingua. Après la campagne, son père lui permit de revenir en France, et le confia aux soins de son oncle, le bailli, qui écrivait à son tour au marquis :

« Je t'assure que je le trouvais très-repentant de ses fautes passées. Il me paraît avoir le cœur sensible. Pour de l'esprit, je t'en ai parlé, et le diable n'en a pas tant. Je te le répète, ou c'est le plus habile persiffleur de l'univers, ou ce sera le plus grand sujet de l'Europe pour être général de terre ou de mer, ou ministre, ou chancelier, ou pape, tout ce qu'il voudra. Tu étais quelqu'un à vingt-et-un ans, mais pas la moitié, et moi qui cependant, sans être grand'chose, était quelque chosette alors, je t'assure sans modestie ni fausse vanité, qu'à trente-cinq ans... Je n'étais pas digne de jouer près de lui le rôle de Strabon auprès de Démocrite. »

Le marquis n'en recommandait pas moins au bailli « de garder longtemps à la longe son neveu l'ouragan. » Il finit cependant par recevoir son fils, et lui rendit son nom; il le conduisit à Paris et à Versailles, le fit nommer capitaine de dragons, et rendit compte ainsi au bailli du succès de ce voyage :

« Ton neveu a fait toutes ses présentations à Versailles favorablement; il va aujourd'hui chez le duc d'Orléans, le prince de Condé, de là leurs diners, leurs soupers; les autres princes, etc., etc. On l'a prévenu pour la chasse, les carrosses, etc. Il est trois jours par semaine à Versailles. Il n'usurpe rien et atteint tout, attrape les entrées partout. Au fond, puisque c'est un homme à qui l'action est nécessaire, il vaut mieux qu'il se démène là qu'ici. Tout le monde est son parent : les Guéméné, les Carignan, les Noailles, et je ne sais combien d'autres le portent. Il étonne ceux-là même qui ont rôti le balai à Versailles. Je n'ai pas du tout l'intention qu'il y vive et qu'il y fasse, comme le autres, métier d'arracher ou dérober sa substance au roi, de patrouiller dans les fanges de l'intrigue, de patiner sur les glaces de la faveur; mais il faut, pour mon but, qu'il voie ce dont il s'agit. Et du reste, quand on me dit pourquoi, moi, qui n'ai jamais voulu m'enversailler, je l'y laisse aller si jeune, je réponds qu'il est d'une autre argile que moi, oiseau hagard, dont le nid fut entre quatre tourelles; que là il n'extravaguera qu'en bonne compagnie, soi-disant; que tant que je l'ai vu à gauche, je l'ai caché; sitôt que je le trouve à droite, il a son droit; qu'au reste, comme depuis cinq cents ans on a toujours souffert des Mirabeau qui n'ont jamais été fait comme d'autres, on souffrira encore celui-ci, qui, je le promets, ne descendra pas le nom. »

Mirabeau revient bientôt auprès de son père et épouse mademoiselle de Marignane, héritière d'une des plus belles fortunes de la Provence. Mais de nouvelles dettes, de nouvelles prodigalités, refroidirent promptement la bienveillance de sa nouvelle famille, et réveillèrent la rigueur de son père, qui le fit interdire juridiquement. On l'exile à Minorque; il brise son ban pour un exploit romanesque, se bat en duel avec le baron de Villeneuve, et attire sur sa tête de nouvelles haines. Ecroué au château d'If, puis transféré à Pontarlier, où on lui assigne la ville pour prison, Mirabeau fut reçu avec curiosité, et bientôt avec intérêt, chez le marquis de Monnier, président de la Cour des comptes, marié dans un âge avancé avec une femme de dix-huit ans. Ce ne fut plus alors auprès de ses geôliers que Mirabeau imposa le prestige de son esprit et de ses malheurs. Le cœur de la jeune marquise de Monnier se laissa subjuguer, et leur passion rencontrant des obstacles qu'ils ne voulaient pas respecter, ils s'enfuirent en Suisse, puis en Hollande. Les familles des deux fugitifs se réunirent pour les poursuivre. Mirabeau fut arrêté à La Haye et amené à Vincennes; madame de Monnier se retira dans un couvent.

Mirabeau trouva à Vincennes égards et considération. Le lieutenant de police lui-même reçut les confidences du captif, et toléra la correspondance publiée depuis sous le titre de *lettres à Sophie*. Cependant le marquis de Mirabeau sentait amèrement l'isolement de sa vieillesse. Il se détermina à solliciter sa liberté, et l'obtint. Mirabeau quitta sa prison. Les jouissances d'une liberté presque inconnue, des complications inouies dans son intérieur, le séparèrent encore de Sophie. Néanmoins la correspondance continuait et s'entretenait de projets passionnés; mais l'inconstance naturelle de Mirabeau amena bientôt un relâchement dans ces liens coupables, qui achevèrent de se rompre de part et d'autre après une seule entrevue pleine de reproches. Sophie mena une vie retirée, et, après avoir aimé un prisonnier, s'attacha à un mourant. Elle se vit enlever, malgré ses vœux, l'objet de ce fatal amour, et acheva par un suicide sa déplorable carrière.

Mirabeau, cédant aux instances de sa famille, voulut se rapprocher de sa femme. Le marquis de Marignane et madame Mirabeau elle-même témoignèrent une grande répugnance pour ce rapprochement. Mirabeau entra alors, avec une hardiesse toujours la même dans une voie de scandales nouveaux. Une condamnation par contumace avait suivi l'enlèvement de madame de Monnier. La position des deux familles rendait désirable et facile l'anéantissement des procédures. Mais Mirabeau ne veut pas être amnistié dans l'ombre; il reparaît à Pontarlier, somme la justice de revenir sur ses arrêts, publie des mémoires, plaide lui-même sa cause, et la gagne. Cette éloquence, qui vient de se révéler avec éclat, ne souffre plus de repos. Il attaque la famille de sa femme, et demande la séparation juridique. Le marquis de Marignane publie des correspondances intimes; Mirabeau réplique. Le procès est porté à Aix, et toute la ville se partage avec emportement entre les deux époux.

Mirabeau reparaît à Paris, et prend l'attitude d'un homme politique. Il fait un voyage en Prusse, se présente au grand Frédéric expirant, revient en France, s'empare de la presse, et publie d'ardentes brochures. On le menace du mécontentement de la cour et de nouvelles proscriptions. Il répond, par ce confiant hommage au caractère personnel de Louis XVI :

« Quoi! le roi, qui n'a pas dédaigné de lire mes ouvrage, et même d'y applaudir comme aux efforts d'un bon citoyen; qui m'a, je ne dis point pardonné, mais loué d'avoir démontré que l'usage des lettres de cachet est la destruction de tout droit; le roi, zélateur de la justice, aurait fait gronder les foudres de l'arbitraire sur la tête du même homme aux écrits duquel il accorde de l'estime! Non, Monsieur, cela ne peut être[1]! »

Il avait raison de compter sur l'indulgence du roi, et bien peu de temps après, il fut employé à Berlin par M. de Vergennes. Sa commission était secrète, mais ses dépenses ne l'étaient pas, et l'attention publique, qu'il avait éveillée tant de fois, s'occupa de cette position équivoque. Les bruits les plus injurieux circulaient; Mirabeau ne l'ignorait pas, et voici en quels termes il s'en explique avec son père :

« 4 Octobre 1788.

« . . . . On me mande à Paris. On m'y demande des notions sur la Prusse, et je les donne en homme libre, non en courtisan. On me remet instructions, chiffres, etc., et je repars pour Berlin, n'ayant d'autres frais sur l'argent que des comptes de clerc à maître. Quand on m'avait demandé quel traitement je voulais, j'avais répondu ces propres mots : Je ne dépenserai que pour vous, ainsi vous paierez ce que je dépenserai. Quant à l'avenir, puisque vous me mettez dans les affaires, c'est à moi de m'y conduire assez bien pour que vous ne soyez pas tenté de m'en ôter. J'ai dépensé 42,000 livres en huit mois et demi, y compris plusieurs dépenses secrètes, les frais de voyage et de deux secrétaires; le luxe des vêtements nécessaires dans une cour du Nord, les chevaux de tout genre indispensables à Berlin, et l'acquisition des matériaux de la monarchie prussienne,

---

[1] Tome IV, page 224, *Mémoires de Mirabeau.*

primitifs éléments de mémoires pour eux. De ces 42,000 livres, le roi m'en doit douze, que je ne toucherai probablement jamais. Si vous ajoutez que je n'ai pas prédit un événement qui ne soit arrivé, et qu'il n'est pas arrivé un événement prussien que je n'aie prédit; si vous ajoutez cinquante-quatre dépêches chiffrées, dont la moindre de seize pages et quelques-unes de cinquante, je doute que vous trouviez que j'aie coûté plus que je n'ai valu. »

Au moment des élections, Mirabeau se rendit à Aix, théâtre des triomphes de sa parole. Le collège de la noblesse l'exclut comme non possesseur de fiefs. Il se présente au peuple, il est accueilli avec transports, et revient à Paris, député du Tiers-État.

Sans l'histoire de ses premières années, il serait impossible de se former une idée exacte de ce Coriolan parlementaire.

En prison à Vincennes, il écrit contre les lettres de cachet; exclu par la noblesse, il provoque la confusion des classes; impatient du joug domestique, il brise dans la loi les liens de la famille, étranger à toute notion religieuse, il mutile et dépouille l'église

Le mouvement qui prenait cet homme pour chef, cessait d'être la révision équitable, la combinaison nécessaire de vieilles lois et de nouvelles mesures. Ce mouvement devenait une révolution, et cette révolution, modelée sur un pareil type, devait receler, comme cet homme, un ressentiment derrière chaque idée, une passion derrière chaque parole. Ennemi de toutes les faiblesses de la cour, mais ami de tous les vices de l'humanité, il devait remplacer d'incontestables abus par d'incalculables désordres.

. . . .

Obligé de tourner, pour la défense de la monarchie, toutes les batteries qu'il avait dressées contre elle, Mirabeau avait raison de dire qu'il dépenserait, à cette entreprise, un courage inouï; mais quelle dépense de courage et de force il eût pu s'épargner, quelle suite de douleur et de deuil il eût pu épargner à sa patrie, en s'apercevant plus vite qu'il avait pris une torche au lieu d'un flambeau.

La mort vint, à l'improviste, arracher Mirabeau à ses engagements; Louis XVI perdit cet ennemi le jour où il s'était changé en auxiliaire. Les peuples aussi firent une perte, car cette mort leur enlevait une leçon essentielle à la morale de l'histoire : l'homme exercé à faire le mal, ne devient-il pas inhabile à faire le bien! il importe que les hommes éminents approfondissent leur responsabilité; qu'ils ne s'imaginent pas que leur caprice, et que leurs facultés, jouet indifférent du mensonge et de la vérité, obéiront toujours à l'arbitraire, également flexibles et fortes. Mirabeau s'était cru permis d'enchaîner la royauté humiliée à son insolent triomphe, mais lorsqu'il se retourna pour la délivrer, pensait-il lui rendre autre chose qu'un sceptre dérisoire. Il expira cependant dans sa dernière illusion, en disant : « J'emporte avec moi les lambeaux de la monarchie. »

(*Louis XVI.*)

GENOUDE. — Quand on considère ceux qui ont renversé la monarchie, et que l'on cherche d'où venait leur haine contre le régime qu'ils ont détruit, on trouve que les deux hommes qui ont porté les plus grands coups à la monarchie ont été poussés aux violences parce qu'ils avaient été eux-mêmes victimes des abus introduits dans l'Église et dans l'Etat. Mirabeau, ayant pris parti pour sa mère contre son père, a été jeté dans les prisons par la vengeance et la haine de celui-ci, qu trouvait un instrument de tyrannie dans les mauvaises lois de cette époque ; et M. de Talleyrand, l'aîné de sa famille, a été envoyé dans un séminaire, parce qu'il était boiteux, et qu'on espérait le faire nommer, après son oncle, à l'archevêché de Reims.

Ainsi, Mirabeau et M. de Talleyrand ont puisé, l'un dans les prisons d'Etat, l'autre dans les séminaires, l'instruction dont ils se sont servis pour détruire la royauté et la religion. L'injustice dont l'Etat et la famille s'étaient rendus coupables envers eux, les a poussés à la destruction de l'Etat et de la famille elle-même.

Mirabeau, sorti d'une prison d'Etat avec la haine contre l'ancien régime dans le cœur, a renversé la monarchie, et M. de Talleyrand, sorti d'un séminaire où il avait été placé malgré lui, a renversé la religion.

Ce qui servit le plus Mirabeau dans son élection aux Etats-Généraux, ce fut le souvenir de ses luttes contre le despotisme et des mesures arbitraires prises contre lui. On ne saurait trop admirer comment les abus se corrigent par eux-mêmes. Mirabeau, victime d'un des plus grands abus de l'ancien régime, les lettres de cachet, au moyen desquelles les chefs de famille noble faisaient séquestrer leurs enfants, entra dans l'Assemblée de la noblesse en protestant en faveur des droits de tous ; et, rayé de son ordre, il se réfugia dans le Tiers, où il prit bientôt cette position qui a renversé l'ancien régime.

Mirabeau, en butte aux accusations les plus contradictoires, fut accusé de n'être qu'un agent corrompu du pouvoir ; il le fut ensuite d'avoir consacré les derniers temps de sa carrière politique à détruire ce qu'il avait fait dans les premiers pour la liberté. Il fut rayé d'abord de l'Assemblée des nobles, et l'on cria plus tard dans les rues de Paris à la trahison du comte de Mirabeau, et Marat disait qu'il fallait le frapper d'un poignard, comme traître à la patrie.

Mirabeau eut des rapports avec le roi, il reçut même de l'argent ; mais il pouvait dire au rebours de Rivarol, qui s'écriait *je suis vendu et non payé : Je suis payé et non vendu.*

Il faut l'avouer, parce que c'est la vérité, Mirabeau a eu des convictions politiques sincères et un amour de l'humanité réel. Il avait quelquefois des doutes sur Dieu ; mais la conscience, le lien entre Dieu et l'homme n'était pas détruit en lui, et il portait très-haut le sentiment de l'indépendance des opinions et de la puissance du talent. « Tu es un grand médecin, disait avant de mourir Mirabeau à Cabanis ; mais il est un plus grand médecin que toi, l'auteur du vent qui renverse tout, de l'eau qui pénètre et féconde tout, du feu qui vivifie ou décompose tout. » On sait qu'il avait plutôt la haine que l'amour de la famille. Il aimait la liberté, et croyait sincèrement que la royauté était nécessaire à la France. Une mobilité effrayante, l'entraînement des passions, l'ont jeté dans les plus grands désordres. Cependant Mirabeau n'est pas un Catilina ; il faut regretter profondément que l'égarement de son siècle et l'entraînement de ses premières années aient perdu un homme qui avait de si hautes facultés. Il a cru pouvoir se poser en factieux, d'abord pour résister à la cour, comptant sur son énergie et son talent pour défendre la monarchie. L'orgueil l'a aveuglé, mais il était sincère dans son amour de la liberté et sa conviction de la nécessité de la royauté. Ses premiers actes ont été de la passion, mais de la passion contre l'aveuglement de la cour.

On se tromperait si on croyait que Mirabeau a porté dans sa vie politique l'immoralité de sa vie privée. Cela n'est pas. Il n'a pas vendu ses opinions, il voulait sincèrement l'accord de la royauté et de la liberté. Qu'on y regarde bien, il y a peu d'hommes qui ne conservent en eux quelque chose qu'ils peuvent estimer. C'est dans cette opinion vraie qu'ils peuvent concevoir d'eux-mêmes qu'ils se réfugient contre la réprobation publique.

(*Histoire de France, Révolution française*, t. II.)

Hugo (Victor). — En 1781, un sérieux débat s'agitait en France au sein d'une famille entre un père et un oncle. Il s'agissait d'un mauvais sujet dont cette famille ne savait plus que faire. Cet homme, déjà hors de la première phase ardente de la jeunesse, et pourtant plongé encore tout entier dans les frénésies de l'âge passionné, obéré de dettes, perdu de folies, s'était séparé de sa femme, avait enlevé celle d'un autre, avait été condamné à mort et décapité en effigie pour ce fait, s'était enfui de France, puis il venait d'y reparaître, corrigé et repentant, disait-il, et, sa contumace purgée, il demandait à rentrer dans sa famille et à reprendre sa femme.

Le père souhaitait cet arrangement, voulant avoir des petits-fils et perpétuer son nom, espérant être plus heureux comme aïeul que comme père. Mais l'enfant prodigue avait trente-trois ans. Il était à refaire en entier. Éducation difficile! Une fois replacé dans la société, à quelles mains le confier? Qui se chargerait de redresser l'épine dorsale d'un pareil caractère? de là, controverse entre les vieux parents. Le père voulait le donner à son oncle, l'oncle voulait le laisser au père. — Prends-le, disait le père. — Je n'en veux pas, disait l'oncle. « Pose d'abord en fait, répliquait le père, que cet homme là n'est rien, mais rien du tout. Il a du goût, du charlatanisme, l'air de l'acquit, de l'action, de la turbulence, de l'audace, du bout-en-train, de la dignité quelquefois. Ni dur ni odieux dans le commandement. Eh bien! tout cela n'est que pour le faire voir livré à l'oubli de la veille, au désouci du lendemain, à l'impulsion du moment; enfant perroquet, homme avorté, qui ne connaît ni le possible, ni le malaise, ni la commodité, ni le plaisir, ni la peine, ni l'action, ni le repos, et qui s'abandonne tout aussitôt que les choses résistent. Cependant je pense qu'on en peut faire un excellent outil en l'empoignant par le manche de la vanité. Il ne s'échapperait pas. Je ne lui épargne pas les ratiocinations du matin. Il saisit ma morale bien appuyée, et mes leçons toujours vivantes, parce qu'elles portent sur un pivot toujours réel, à savoir que sans doute on ne change guère de nature; mais que la raison sert a couvrir le côté faible, et à le bien connaître pour éviter l'abordage par là. »—« Te voilà donc, reprenait l'oncle, grâce à ta po-téromanie, occupé à régenter un poulet de trente-trois ans! c'est prendre une furieuse tâche que de vouloir arrondir un caractère qui n'est qu'un hérisson tout en pointes avec très-peu de corps! »

. . . .

Ainsi, un *homme avorté*, *une créature disloquée*, un sujet *dont on ne peut rien faire*, une tête bonne à faire casser aux insurgens, un criminel flétri par la justice, un fléau d'ailleurs, voilà ce que Mirabeau était pour sa famille en 1781.

. . . .

Mirabeau qui parle, c'est Mirabeau; Mirabeau qui parle, c'est l'eau qui coule, c'est le flot qui écume, c'est le feu qui étincelle, c'est l'oiseau qui vole, c'est une chose qui fait son bruit propre, c'est une nature qui accomplit sa loi. Spectacle toujours sublime et harmonieux!

Mirabeau à la tribune, tous les contemporains sont unanimes sur ce point maintenant, c'est quelque chose de magnifique. Là, il est bien lui, lui tout entier, lui tout puissant. Là, plus de table, plus de papier, plus d'écritoire hérissée de plumes, plus de cabinet solitaire, plus de silence et de méditation · mais un marbre qu'on peut frapper, un escalier qu'on peut monter en courant, une tribune, espèce de cage de cette sorte de bête fauve, où l'on peut aller et venir, marcher, s'arrêter, souffler, haleter, croiser ses bras, crisper les poings, peindre sa parole avec son geste, et illuminer une idée avec un coup d'œil, un tas d'hommes qu'on peut regarder fixement ; un grand tumulte, magnifique accompagnement pour une grande voix, une foule qui hait l'orateur, l'Assemblée ; enveloppé d'une foule qui l'aime, le peuple ; autour de lui toutes ces intelligences, toutes ces âmes, toutes ces passions, toutes ces médiocrités, toutes ces ambitions, toutes ces natures diverses et qu'il connaît, et desquelles il peut tirer le son qu'il veut comme des touches d'un immense clavecin ; au-dessus de lui, la voûte de la salle de l'Assemblée constituante, vers laquelle ses yeux se lèvent souvent comme pour y chercher des pensées ; car on renverse les monarchies avec les idées qui tombent d'une pareille voûte sur une pareille tête.

Oh! qu'il est bien là sur son terrain, cet homme ! Qu'il y a bien le pied ferme et sûr ! Que ce génie qui s'amoindrissait dans des livres est grand dans un discours ! Comme la tribune change heureusement les conditions de la production extérieure pour cette pensée : après Mirabeau écrivain, Mirabeau orateur, quelle transfiguration !

Tout en lui était puissant. Son geste brusque et saccadé était plein d'empire. A la tribune, il avait un colossal mouvement d'épaules ; comme l'éléphant qui porte sa tour armée en guerre, lui, il portait sa pensée. Sa voix, lors même qu'il ne jetait qu'un mot de son banc, avait un accent formidable et révolutionnaire qu'on démêlait dans l'Assemblée comme le mugissement du lion dans la ménagerie. Sa chevelure, quand il secouait la tête, avait quelque chose d'une crinière ; son sourcil remuait tout, comme celui de Jupiter *Cuncta supercilio moventis*. Ses mains quelquefois semblaient pétrir le marbre de la tribune. Tout son visage, toute son attitude, toute sa personne était bouffie d'un orgueil pléthorique qui avait sa grandeur. Sa tête avait une laideur grandiose et fulgurante dont l'effet, par moments, était électrique et terrible. Dans les premiers temps, quand rien n'était encore visiblement décidé pour ou contre la royauté, quand la partie avait l'air presque égale entre la monarchie encore forte et les théories encore faibles ; quand aucune des idées, qui devaient plus tard avoir l'avenir, n'étaient encore arrivées à leur croissance complète ; quand la Révolution, mal gardée et mal armée, paraissait facile à prendre d'assaut, il arrivait quelquefois que le côté droit, croyant avoir jeté bas quelque mur de la forteresse, se ruait en masse sur elle avec des cris de victoire, alors la tête monstrueuse de Mirabeau apparaissait à la brèche et pétrifiait les assaillants. Le génie de la Révolution s'était forgé une égide avec toutes les doctrines amalgamées de Voltaire, d'Helvétius, de Diderot, de Bayle, de Montesquieu, de Hobbes, de Locke et de Rousseau, et avait mis la tête de Mirabeau au milieu.

Il n'était pas seulement grand à la tribune, il était grand sur son siége ; l'interrupteur égalait en lui l'orateur. Il mettait souvent autant de choses dans un mot que dans un discours. *Lafayette a une armée*, disait-il à M. de Suleau, mais j'ai ma tête. Il interrompait Robespierre avec cette parole profonde : « *Cet homme ira loin, car il croit tout ce qu'il dit.* »

Il interpellait la cour dans l'occasion : *La cour affame le peuple! Trahison! Le peuple lui vendra la Constitution pour du pain!* Tout l'instinct du grand révolutionnaire est dans ce mot.

« *L'abbé Siéyes!* disait-il, *métaphysicien voyageant sur une mappemonde!* » posant ainsi une touche vive sur l'homme de théorie toujours prêt à enjamber les mers et les montagnes.

Il était, par moments, d'une simplicité admirable. Un jour, ou plutôt un soir, dans son discours du 3 mai, au moment où il luttait comme l'athlète à deux cestes, du bras gauche contre l'abbé Maury, et du bras droit contre Robespierre, M. de Cazalès, avec son assurance d'homme médiocre, lui jetta cette interruption : « Vous êtes un bavard, et voilà tout. — Mirabeau se tourne vers l'abbé Gouter, qui occupait le fauteuil : « Monsieur le président, dit-il avec une grandeur d'enfant : *Faites donc taire M. de Cazalès qui m'appelle bavard!* »

L'Assemblée nationale voulait commencer une adresse au roi par cette phrase : « *L'Assemblée apporte aux pieds de Votre Majesté une offrande*, etc.— *Sa Majesté n'a pas de pieds!* dit froidement Mirabeau. »

L'Assemblée veut dire un peu plus loin *qu'elle est ivre de la gloire de son roi.* Y pensez-vous? objecta Mirabeau, *des gens qui font des lois, et qui sont ivres!*

Quelquefois il caractérisait d'un mot, qu'on eût dit traduit de Tacite, l'histoire et le genre de génie de toute une maison souveraine. Il criait aux ministres, par exemple : « *Ne me parlez pas de votre duc de Savoie, mauvais voisin de toute liberté!* »

Quelquefois il riait. Le rire de Mirabeau, chose formidable! Il raillait la Bastille. « Il y a eu, disait-il, cinquante-quatre lettres de cachet dans ma famille, et j'en ai eu dix-sept pour ma part. Vous voyez que j'ai été traité en aîné de Normandie. » Il se raillait lui-même. Il est accusé, par M. de Valfond, d'avoir parcouru. le 6 octobre, les rangs du régiment de Flandre, un sabre nu à la main, et parlant aux soldats. Quelqu'un démontre que le fait concerne M. de Gamacher et non pas Mirabeau, et Mirabeau ajoute : « Ainsi, tout pesé, tout examiné, la déposition de M. de Valfond n'a rien de bien fâcheux que pour M. de Gamacher, qui se trouve légalement et véhémentement soupçonné d'être fort laid, puisqu'il me ressemble. »

Quelquefois il souriait. Lorsque la question de la régence se débat devant l'Assemblée, le côté gauche pense à M. le duc d'Orléans, et le côté droit à M. le prince de Condé, alors émigré en Allemagne. Mirabeau demande qu'aucun prince ne puisse être régent sans avoir prêté serment à la Constitution. M. de Montlosier objecta qu'un prince peut avoir des raisons pour ne pas devoir prêter serment ; par exemple, il peut avoir fait un voyage outre-mer... Mirabeau répond : « Le discours du préopinant va être imprimé; je demande à en rédiger l'erratum : *outre-mer,* lisez : *outre-Rhin.* » Et cette plaisanterie décide la question. Le grand orateur jouait ainsi quelquefois avec ce qu'il tuait. A en croire les naturalistes, il y a du chat dans le lion.

Une autre fois, comme les procureurs de l'Assemblée avaient barbouillé un texte de loi de leur mauvaise rédaction, Mirabeau se lève : « Je demande à faire quelques réflexions timides sur les convenances qu'il y aurait à ce que l'Assemblée nationale de France parlât français, et même écrivît en français les lois qu'elle propose. »

Par moment, au beau milieu de ses plus violentes déclamations populaires, il se rappelait tout à coup qui il était, et il avait de fières saillies de gentilhomme. C'était une mode oratoire alors de jeter dans tout discours une imprécation quelconque sur les massacres de la Saint-Barthélemy. Mirabeau faisait son imprécation comme tout le monde ; mais il disait en passant : *Monsieur l'amiral de Coligny, qui, par parenthèse, était mon cousin.* La parenthèse était digne de l'homme dont le père écrivait : *Il n'y a qu'une mésalliance dans ma famille : les Médicis.* — *Mon cousin, monsieur l'amiral de Coligny*, c'eût été impertinent à la cour de Louis XIV, c'était sublime à la cour du peuple de 1791.

Le 22 septembre 1789, le roi fait offrir à l'Assemblée l'abandon de son argenterie et de sa vaisselle pour les besoins de l'Etat. Le côté droit admire, s'extasie et pleure. *Quant à moi*, s'écrie Mirabeau, *je ne m'apitoie pas aisément sur la faïence des grands.*

Son dédain était beau, son rire était beau, mais sa colère était sublime.

Quand on avait réussi à l'irriter, quand on lui avait tout à coup enfoncé dans le flanc quelqu'une de ces pointes aiguës qui font bondir l'orateur et le taureau, si c'était au milieu d'un discours, par exemple, il quittait tout sur le champ ; il laissait là les idées entamées, il s'inquiétait peu que la voûte de raisonnement qu'il avait commencé à bâtir s'écroulât derrière lui faute de recouvrement, il abandonnait la question net, et se ruait tête baissée sur l'incident. Alors, malheur à l'interrupteur ! malheur au toréador qui lui avait jeté la vanderille ! Mirabeau fondait sur lui, le prenait au ventre, l'enlevait en l'air, le foulait aux pieds. Il allait et venait sur lui, il le broyait, il le pilait, il saisissait dans la parole l'homme tout entier, quel qu'il fût, grand ou petit, méchant ou nul, boue ou poussière, avec sa vie, avec son caractère, avec son ambition, avec ses vices, avec ses ridicules ; il n'omettait rien, il n'épargnait rien, il ne manquait rien : il cognait désespérément son ennemi sur les angles de la tribune ; il faisait trembler, il faisait rire ; tout mot portait coup, toute phrase était flèche ; il avait la furie au cœur ; c'était terrible et superbe. C'était une colère lionne. Grand et puissant orateur, beau surtout dans ce moment-là ! C'est alors qu'il fallait voir comme il chassait au loin tous les nuages de la discussion ! C'est alors qu'il fallait voir comme son souffle orageux faisait moutonner toutes les têtes de l'Assemblée ! Chose singulière ! il ne raisonnait jamais mieux que dans l'emportement. L'excitation la plus violente, loin de disjoindre son éloquence dans les secousses qu'elle lui donnait, dégageait en lui une sorte de logique supérieure, et il trouvait des arguments dans la fureur comme un autre des métaphores. Soit qu'il fit rugir son sarcasme aux dents acérées sur le front pâle de Robespierre, ce redoutable inconnu qui, deux ans plus tard, devait traiter les têtes comme Phocion les discours ; soit qu'il mâchât avec rage les dilemmes filandreux de l'abbé Maury, et qu'il les recrachât au côté droit, tordus, déchirés, disloqués, dévorés à demi et tout couverts de l'écume de sa colère. Soit qu'il enfonçât les ongles de son syllogisme dans la phrase molle et flasque de l'avocat Target, il était grand et magnifique, et il avait une sorte de majesté formidable que ne dérangeaient pas ses bonds les plus effrénés : nos pères nous l'ont dit, qui n'avait pas vu Mirabeau en colère, n'avait pas vu Mirabeau. Dans la colère, son génie faisait la roue et étalait toutes ses splendeurs. La colère allait bien à cet homme comme la tempête à l'Océan.

Et sans le vouloir, dans ce que nous venons d'écrire pour figurer la surnaturelle éloquence de cet homme, nous l'avons peinte par la confusion même des images. Mirabeau, en effet, ce n'était pas seulement le taureau, ou le lion, ou le tigre, ou l'athlète, ou l'archer, ou l'aigle, ou le paon, ou l'aquilon, ou l'océan ; c'était une série indéfinie de surprenantes métamorphoses, tout cela à la fois. C'était Protée. . . . .

C'était une chose qui devait avoir une forme monstrueuse que l'embryon de la Convention dans le flanc de la Constituante : œuf de vautour porté par un aigle! C'est dans ces moments où l'Assemblée qui devait venir un jour faisait peur à l'Assemblée qui existait, c'est alors que se manifestait avec splendeur le pouvoir d'exception de Mirabeau. Dans le sentiment de sa toute-puissance, et sans se douter qu'il fît une chose si grande, il criait au groupe sinistre qui coupait la parole à la Constituante : *Silence aux trente voix!* et la Convention se taisait.

Si nous avions à résumer Mirabeau d'un mot, nous dirions : Mirabeau, ce n'est pas un homme, ce n'est pas un peuple, c'est un événement qui parle.

Un immense événement! La chute de la forme monarchique en France.

Pour Mirabeau, ni la monarchie, ni la république n'étaient possibles. La monarchie l'excluait par sa hiérarchie, la république par son niveau. Toute institution assise a des angles auxquels le génie de Mirabeau se fut peut-être brisé l'aile.

(*Philosophie et littérature mêlées*, t. II.)

JANIN (Jules). — Il est fatigant d'entendre dire à chaque instant que M. de Buffon ne savait pas l'histoire naturelle, qu'un pied-plat est l'auteur du *Joueur* de Regnard, que Beaumarchais n'a pas trouvé *Figaro*, et que *Gil-Blas* est Espagnol. Il y en a qui disputent à Homère l'*Iliade*. Accusations banales! récriminations stupides! On ne tient pas compte de ses maçons à l'architecte, et l'on inquiète le génie sur ses manœuvres! Cela ne peut pas durer, en vérité, surtout pour un homme tel que Mirabeau; surtout pour cette chose qu'on appelle éloquence! L'éloquence, cette puissance toute personnelle, ce mouvement spontané qui vient de l'âme, qui se fait jour lui-même à travers les passions de celui qui parle, qui se démène à ses haines, qui se conduit par son amour; l'éloquence, qui est l'homme bien plus qu'un livre, bien plus qu'un drame; l'éloquence, dont la partie écrite n'est que la moitié, et la mauvaise moitié, encore! L'éloquence, qui se compose du geste, du cri, de la voix, de l'âme, du cœur, du visage, du regard! Venez donc prendre quelque chose à ce tonnerre qui éclate! Venez donc revendiquer quelques-uns de ces éclairs qui tombent de la tribune nationale! Dites à la nation, qui tremble ou qui s'émeut à la voix de Mirabeau : Ceci est ma terreur! cette force est ma force! Mensonge insipide! Pour nous, nous avons pitié de ces hommes qui crient en fausset : C'est nous qui sommes Mirabeau! Nous avons pitié de ces pulmoniques qui grossissent leurs voix et qui disent : Nous sommes Mirabeau! — Citoyens! si vous avez du cœur, soufflez sur ces pâles visages, sur ces étiques visages, sur ces imberbes visages, qu'on vous donne pour le visage de Mirabeau! Couvrez d'un bonnet de coton ces crânes chauves qu'on veut vous faire admirer comme le crâne de Mirabeau! A de pareils amours-propres, nous devons toute notre pitié et toute notre colère, car nous avons tous empreint dans notre cœur l'âme du tribun qu'ils dépouillent; car nos pères entendent encore toutes les paroles de nos assemblées; car nous savons tous, à n'en pas douter, quel était ce redoutable visage, quelle était cette sublime laideur! Combien c'était beau à voir cette face bouleversée par les passions, sillonnée par la petite vérole

et dans tous les sens ! Combien était difficile à supporter ce regard qui devenait
charmant quand il se reposait sur une femme ! Combien était formidable cette voix
qui était si douce quand il parlait à son enfant ! Nous savons tous comment, dans
les instants de passion, se redressait sur son front élevé la crinière de Mirabeau,
semblable à la crinière du lion en colère ou en amour !

L'âme, le cœur, le courage, ces choses *qu'on dit soi-même*, selon l'expression
de Socrate, ce sont là, en effet, et principalement, les qualités qui font l'orateur,
surtout l'orateur des temps modernes. La parole moderne est une puissance indépendante des rhétoriques. L'âme, le cœur, le courage, le sangfroid au milieu
des orages ; l'intelligence profonde des traits qui se heurtent, la prévision dans le
monde politique qui se détraque ; un regard élevé au milieu de ces ruines ; un
attendrissement profond à l'aspect de ce trône lézardé, et enfin des larmes véritables répandues sur les mains de cette reine de France, Marie-Antoinette, la
première qui eût compris Mirabeau et sa valeur dans cette imprévoyante cour !
Voilà ce qui a fait Mirabeau le roi des orateurs modernes. Mirabeau montant à la
tribune est déjà orateur. Sa vie passée en bien ou en mal, qu'importe, le dénonce
à l'attention des hommes. Mais enfin sa jeunesse le dénonce à l'attention publique. Il se trouve tout préparé aux luttes oratoires par ses luttes continuelles et
déjà si admirablement éloquentes avec son père, avec sa femme, avec les parents
de sa maîtresse, avec le lieutenant de police, avec Rulhière, avec Champfort,
avec l'opposition du midi. Mirabeau empruntant son éloquence à quelqu'un, Mirabeau tendant la main au talent d'Etienne Dumont ! Mirabeau fait orateur par
les trois Génevois, Dumont, Duroseray et l'autre ! Mais, par le ciel, qui le croirait ? Mirabeau n'était-il pas orateur avant que personne le fût en France et même
à Genève, excepté Jean-Jacques Rousseau ? Mais songez donc à cela, vous tous
que Mirabeau a volés, et qui criez : au voleur, quand Mirabeau est mort et
quand vous-mêmes vous êtes morts, grands orateurs dont on n'a jamais parlé !
Songez donc qu'à la première lettre qu'il écrivit à son père, Mirabeau était orateur !
Songez donc que chez mademoiselle de Marignane, à genoux devant elle, quand
il l'enleva, lui, cet homme si laid, elle, cette jolie fille et d'un cœur si méridio-
nal, Mirabeau était éloquent ! Et quand il défendit sa mère avec tant de cœur et
de larmes ! Et quand il séduisit la femme du cantinier, au fort du Joux, était-il
orateur ? Et quand il vit Sophie, quand il fit quitter à Sophie son mari, sa famille,
sa patrie, ses remords, était-il orateur ? Et quand, au retour de la Hollande, suivant Sophie, poussé par l'amour, séparé de Sophie par l'exempt de police,
quand il fléchit l'exempt lui-même, qui lui laissa sa maîtresse jusqu'à la frontière,
était-il orateur ? Regardez-le, je vous prie, regardez dans le donjon cet homme
nu, sans linge, sans livres, abandonné à toute la rage de ses passions, se
livrant corps et âme à cette horrible volupté de la tête et des sens qui a jeté
tant de grandes âmes dans le délire ; regardez cet homme ! C'est Mirabeau,
l'amant de Sophie, l'éloquent, le puissant Mirabeau ! Lisez ses lettres du donjon,
quoi qu'en dise M. Dumont, c'est de l'éloquence ! Lisez ses plaidoyers à M. Lenoir,
c'est de l'éloquence, de l'éloquence n'est-ce pas ? Et les supplications à son père,
qui font un si touchant contraste avec les imprécations du premier temps ! N'est-
ce pas de l'éloquence ? Et quand il est sorti du donjon, sa plaidoirie au parlement
d'Aix, quand il redemande sa femme, n'est-ce pas de l'éloquence ? Une vive,
entraînante, soudaine, sympathique éloquence ; l'éloquence du cœur, de l'âme,
des sens, de la colère, de l'amour, de la pitié ! Où donc étiez-vous, M. Dumont, et

vous M. Duroseray, et vous tous collaborateurs de Mirabeau? Ils étaient à Genève, ils étaient en Russie, ils étaient en Angleterre, loin de la France, loin de nos mœurs, loin de ce mouvement de décadence qui jetait la nation à sa ruine. Ils avaient pour eux, il est vrai, quelques notions d'économie politique, nouvelles alors, vieilles et rebattues aujourd'hui, et que Mirabeau leur a empruntées comme il empruntait un écu à un riche, sauf à donner dix louis à un plus pauvre que lui le lendemain!

Ceux qui crient le plus au plagiat, à propos de cette grande renommée, ne comprennent rien à l'éloquence de 89, et, en général, ne comprennent rien à l'éloquence de la tribune nationale. L'éloquence de la tribune échappe à l'art en France. Tous les arts sont accomplis chez nous, quand l'éloquence politique y prend naissance. L'éloquence politique, c'est bien plus un besoin, une nécessité de l'époque, qu'une spéculation de l'esprit. L'éloquence, c'est une supériorité qui arrive tout d'un coup le jour où le peuple en a besoin, ce sont les langues de feu qui descendent du ciel sur les apôtres d'élite; ce n'est pas une science qu'on apprend, ce n'est pas une étude de rhéteur, ce n'est pas un morceau qu'on prépare comme un éloge de Thomas ou de Champfort. Où eût été le temps pour se préparer à l'éloquence en 89? C'est quelque chose de subit et d'inspiré, qui naît et qui meurt, qui vient et qui s'en va, comme une cantate qu'on improvise. Qu'importe que vous donniez à Mirabeau les paroles de sa cantate? Trop heureux ceux à qui Mirabeau les a demandées, ces paroles. Rossini paie dix écus les libretti de ses opéras, et ces libretti sont bien payés. Moi, qui vous parle, j'ai taillé un jour la plume de M. de Lamartine, j'ai donné une feuille de papier à M. de Châteaubriand : est-ce à dire que j'aurai bonne grâce à écrire dans mes Mémoires, quand je serai mort, et que Châteaubriand et M. de Lamartine seront plus vivants que jamais, l'histoire de cette plume et de ce morceau de papier?

Laissons donc à l'artiste le tableau qu'il a signé, à l'écrivain la page qu'il avoue. N'allons pas chercher le nom obscur de celui qui broya les couleurs. N'effaçons pas du Panthéon le nom de Mirabeau pour y écrire celui de M. Dumont. Ayons assez d'intelligence pour comprendre quelle distance sépare les matériaux de la mise en œuvre, la matière de la forme, la parole de l'action, la page écrite de la page parlée, la note morte de la note chantée, le méchant drame mal pensé et mal écrit, du tragédien qui lui donne le mouvement et la vie! Bien loin de reculer devant ces posthumes amours-propres, qui voudraient emporter les meilleurs morceaux du géant, notre idole, laissons venir à nous ces révélations tardives. Rendons aux Génevois ce qu'ils ont donné à Mirabeau. Ceci nous expliquera pourquoi la moitié des discours de Mirabeau ne sont pas lisibles; pourquoi souvent cette phrase languit et se meurt misérablement; pourquoi cette période expire désenchantée; pourquoi cette passion s'endort, pourquoi ce grand cœur ne bat plus! Grâce aux révélateurs nous le comprenons à présent. Grâce à eux, nous savons pourquoi nous ne trouvons pas le même charme à ses discours qu'à ceux de l'orateur romain, par exemple.

Cela tient à deux causes : d'abord pour la raison que je vous ai dite, que l'éloquence a échappé à l'art antique en France, l'éloquence elle seule; ensuite, par la raison que vous donne ingénûment Etienne Dumont, c'est que souvent, en effet, le discours est d'Etienne Dumont ou des autres faiseurs; c'est que souvent c'est le cœur, c'est l'âme, c'est l'esprit génevois, anglais, russe, des secrétaires de Mirabeau. Je vous le demande : quel esprit à côté de quel esprit, quel cœur à côté de quel cœur ! La neige sur le volcan, voilà tout. Heureusement qu'à ses heures le volcan s'agite jusque dans ses fondements : Mirabeau lève la tête ; la lave et le feu se font jour en même temps ; tout tremble, la terre et le ciel ; la neige s'efface sur les rocs de la Sicile, la prose d'Etienne Dumont à la tribune s'efface en même temps ; Salut à l'Etna ! Salut à Mirabeau !

Voulez-vous avoir une idée de la manière dont Mirabeau prenait la prose étrangère ? Voici un exemple sur cent : Dumont porte un discours sur la traite des nègres ; dans ce discours il y avait cette phrase : « Suivons sur l'Atlantique ce vaisseau chargé de captifs. » Mirabeau ajoute ces mots à la phrase de Dumont : *ou plutôt cette longue bière*, et il termine par cette admirable figure, une phrase froidement commencée. Je vous le demande, à qui appartient ce discours ? appartient-il à Etienne Dumont ?

Il en est ainsi de tout ce que Mirabeau empruntait ; il le refaisait, ou plutôt il le faisait tout entier. Il lui donnait une forme, une couleur, un son ; il en faisait son bien à lui ; cela fait, il ne pensait plus au fétus, il ne défendait plus que son enfant. Il est fâcheux que ces questions de *fétus*, qu'il méprisait si fort de son vivant, se soient renouvelées après sa mort et si tard ; il est fâcheux que M. Dumont se soit exposé à ce reproche de légèreté, que je ne puis rétracter malgré tous ses amis, car j'ai mes preuves, moi aussi, et celles-là sont irrécusables.

. . . .

. . . C'était un des mérites de ce grand homme, être aimé ! Cette puissance d'amour ne s'étendait pas seulement sur les femmes. Il fascinait par son regard, par sa parole, par son sourire, quiconque l'approchait. Il a fasciné Etienne Dumont lui-même. Il y a des hommes qui n'ont pas eu d'autre existence aujourd'hui, que d'avoir entendu, d'avoir approché, d'avoir vu mourir Mirabeau. Les pauvres femmes qui lui ont survécu et auxquelles il a parlé, entendent encore sa voix dans son cœur. C'était un amoureux plein de grâce, un ami affable et indulgent, le meilleur des pères, un excellent maître. Que de belles pages il a écrites sur la mort de ses deux enfants. L'enfant de sa femme, son Ada ; l'enfant de son amour, sa Sophie ; deux enfants qu'il perdit, comme Byron a perdus les siens, deux enfants pleurés comme les pleura Byron ! Or, quand elles le quittent, ses maîtresses meurent de chagrin ; quand il meurt, lui, quand il meurt au plus bel instant de sa gloire, quand il meurt à temps, comme tous les grands hommes, son secrétaire se poignarde, ses amis recueillent sa mémoire comme celle d'un saint, ses domestiques le pleurent avec des larmes de sang ! Toute la France est en deuil ! La cour est en deuil ! Quelle puissance dans ce prisonnier échappé de Vincennes ! Après Mirabeau, quel roi de la terre mourra, comme est mort Mirabeau ! Après cela venez disputer à sa mémoire les lambeaux de vos discours, Etienne Dumont et Durozeray ?

(*Journal des Débats*, 21 avril 1832.)

LACRETELLE. — Mirabeau semblait quelquefois tirer avantage de sa laideur même et de l'effroi qu'il inspirait. Quand on venait de le provoquer fortement dans l'Assemblée : « Je vais, disait-il, leur présenter la hure [1]. » Il réussissait par une décla-

---

[1] Un jour, une dame se trouvant à Versailles au milieu d'un grand nombre de députés, lui dit sans le connaître : « Montrez-moi s'il vous plaît, M. de Mirabeau. On dit qu'il est si laid. » — « Fort laid en effet, madame, imaginez-vous un tigre qui a eu la petite vérole, et vous pourrez en juger ; car c'est lui qui a l'honneur de vous parler. »

mation artificielle et calquée sur celle de Lekain, à corriger les désavantages
d'un organe qui passait souvent des sons rauques à des sons singulièrement
aigus. Quand il improvisait, son élocution était d'abord lourde, embarrassée,
surchargée de grand mots et de néologismes; mais il semblait forcer les auditeurs à participer au travail difficile de sa pensée, aux orages de son âme, et
chacun attendait avec frémissement les grands coups de tonnerre de son éloquence. Du reste, il était peuple, caressant, et l'hyperbole qui régnait dans ses
flatteries semblait échapper à la force de ses impressions. C'était un homme
vicieux à qui il restait une assez belle imagination pour concevoir et pour exprimer de nobles sentiments; vénal, prodigue et obéré, jusque dans le cœur de ses
actions les plus basses, il se sentait relevé par une haute ambition. Il brûlait
d'être à la fois le Fox et le Pitt de son pays. Croyait-il les esprits portés à quelque blâme de ses actions, il affectait de se dessiner noblement [1]. Tel que je viens
de le dépeindre, dans sa jeunesse, il avait été, en amour, un séducteur habile.

. . . .

Auteur infatigable et saisissant toujours l'à-propos du moment, il n'avait encore
acquis qu'une gloire incertaine. Son usage était d'acheter, quelquefois même
de piller des ouvrages où il plaçait des pages éloquentes. Il se garda bien
d'abandonner une méthode si facile, quand l'empire de l'Assemblée constituante lui fut décerné, mais il marquait follement de son empreinte des
ouvrages dont il avait emprunté le fond. Par une conversation riche de faits,
de pensées et de mouvement, il tirait des étincelles de génie de ses nombreux secrétaires, et il ne leur fut donné d'avoir du talent qu'avec lui. Sa
plus grande force était dans sa colère. Cette passion, par un singulier phénomène, en l'élevant au-dessus des souvenirs importants et des triste témoignages de sa conscience, lui inspirait comme subitement de l'ordre dans ses
pensées, un éclat vif et pur dans les images, de l'à-propos, des saillies, enfin
des mouvements généreux. Elevé à cette hauteur, il gouvernait l'Assemblée,
comme il savait se gouverner lui même. Son instruction politique était variée,
nette et profonde; même en faisant le mal, il ne rompait pas avec l'espoir de
faire du bien : c'était un orateur incorrect, brusque, pénible, mais adroit; puissant, redoutable et quelquefois sublime. La vertu en eut fait un orateur accompli.

(*Hist. de l'Assemblée constituante*, t. 1er, éd. 1821.)

La liberté purifiait tout alors, jusqu'à l'âme de Mirabeau. Les souillures de sa
vie privée disparaissaient à ses yeux et aux nôtres. Il est vrai que le désintéressement qui formait l'ivresse commune, n'était pas sa loi; mais il sentait sa force,
et sa force pouvait faire notre salut. A sa puissance tribunitienne, révolutionnaire, il avait bientôt fait succéder, et quelquefois entremêler, un pouvoir modérateur qui ne pouvait plus appartenir qu'à lui seul. Il était loin d'être beau
comme Alcibiade, mais il en avait la souplesse. Il possédait les grâces, le manège
et la politesse souvent perfide de l'homme de cour. Favori du peuple, il savait
dans l'occasion lui parler un langage altier. *Qu'on fasse retirer les femmes!* disait-
il dans la journée même du 5 octobre; *sommes-nous ici pour subir leur loi?* On a
fait de Mirabeau le type de la première révolution, comme Robespierre le
type de la seconde. Il semble qu'on ait voulu par là rappeler la différence du lion
au tigre.

---

[1] Un jour un de ses amis lui dit : Mirabeau, je vous trouve aujourd'hui l'air bien superbe; je
parie que vous avez fait ce matin quelque chose où la délicatesse est un peu compromise.

Mirabeau était le véritable représentant des mœurs d'un siècle avancé en corruptions, mais il devançait une autre époque par une âme impétueuse, capable à la fois des plus nobles et des plus viles passions, et surtout par un esprit aussi vaste que positif. Dans l'Assemblée constituante, lui seul était doué du génie constituant. Mais son éloquence n'avait ni cette autorité que donne la sainteté de l'âme, ni ce charme continu que donne la pureté du goût. Il n'était Démosthènes que par accès. Sa plus grande similitude était avec le cardinal Retz, mais il l'était en grand. Par-dessus tout, il était un élève du célèbre Lekain. Il savait tirer parti de ses défauts mêmes. Sa laideur avait une expression tragique, et disparaissait quand il était sublime. Son tonnerre grondait sourdement, pesamment, avant que l'éclair et la foudre en sortissent.

(Id. — *Dix ans d'épreuves pendant la Révolution.*)

LAMARTINE. — Mirabeau venait de mourir. L'instinct du pays le portait à se presser en foule autour de la maison de son tribun pour demander encore des inspirations à son cercueil ; mais Mirabeau, vivant lui-même, n'en aurait plus eu à donner. Son génie avait pâli devant celui de la Révolution ; entraîné à un précipice inévitable par le char même qu'il avait lancé, il se cramponnait en vain à la tribune. Les derniers mémoires qu'il adressait au roi, et que l'armoire de fer nous a livrés avec le secret de sa vénalité, témoignent de l'affaissement et du découragement de son intelligence. Ses conseils sont versatiles, incohérents, presque puérils. Tantôt il arrêtera la Révolution avec un grain de sable, tantôt il place le salut de la monarchie dans une proclamation de la couronne et dans une cérémonie royale propre à populariser le roi. Tantôt il veut acheter les applaudissements des tribunes et croit que la nation lui sera vendue avec eux. La petitesse des moyens de salut contraste avec l'immensité croissante des périls. Le désordre est dans ses idées. On sent qu'il a eu la main forcée par les passions qu'il a soulevées, et que, ne pouvant plus les diriger, il les trahit, mais sans pouvoir les perdre ; le grand agitateur n'est plus qu'un courtisan effrayé qui se réfugie sous le trône, et qui, balbutiant encore les mots terribles de Nation et Liberté, qui sont dans son rôle, a déjà contracté dans son âme toute la petitesse et toute la vanité des pensées du cœur. Le génie fait pitié quand on le voit aux prises avec l'impossible. Mirabeau était le plus fort des hommes de son temps ; mais le plus grand des hommes se débattant contre un élément en fureur, ne paraît plus qu'un insensé. La chute n'est majestueuse que quand on tombe avec sa vertu.

Les poètes disent que les nuages prennent la forme des pays qu'ils ont traversés, et se moulant sur les vallées, sur les plaines, ou sur les montagnes, en gardent l'empreinte et la promènent dans les cieux. C'est l'image de certains hommes dont le génie, pour ainsi dire collectif, se modèle sur leur époque et incarne en eux toute l'individualité d'une nation. Mirabeau était un de ces hommes. Il n'inventa pas la Révolution, il la manifesta. Sans lui, elle serait restée peut-être à l'état d'idée et de tendance. Il naquit, et elle prit en lui la forme, la passion, le langage, qui font dire à la foule en voyant une chose : la voilà.

Il était né gentilhomme, d'une famille antique, réfugiée et établie en Provence mais originaire d'Italie. La souche était toscane. Cette famille était de celles Florence avait rejetées de son sein, dans les orages de sa liberté, et dont reproche en vers si âpres l'exil et la persécution à sa patrie. Le chiavel et le génie remuant des républiques italiennes se retrouvait individus de cette race. Les proportions de leur âme sont au-dessus de leur destinée. Vices, passions, vertus, tout y est hors de ligne. Les femmes y sont angéliques ou perverses, les hommes sublimes ou dépravés, la langue même y est accentuée ou grandiose comme les caractères. Il y a dans leurs correspondances les plus familières, la coloration et la vibration des langues héroïques de l'Italie. Les ancêtres de Mirabeau parlent de leurs affaires domestiques comme Plutarque des querelles de Marius et de Sylly, de César ou de Pompée. On sent des grands hommes dépaysés dans de petites choses. Mirabeau respira cette majesté et cette virilité domestiques dès le berceau. J'insiste sur ces détails, qui semblent étrangers au récit et qui l'expliquent. La source du génie est souvent dans la race, et la famille est quelquefois la prophétie de la destinée.

L'éducation de Mirabeau fut rude et froide comme la main de son père qu'on appelait l'*ami des hommes*, mais que son esprit inquiet et sa vanité égoïste rendirent le persécuteur de sa femme et le tyran des ses enfants. Pour toute vertu, on ne lui enseigna que l'honneur. C'est ainsi qu'on appelait cette vertu de parade qui n'était souvent que l'extérieur de la probité et l'élégance du vice. Entré de bonne heure au service, il ne prit des mœurs militaires que le goût du libertinage et du jeu. La main de son père l'atteignait partout, non pour le relever, mais pour l'écraser davantage sous les conséquences de ses fautes. Sa jeunesse se passe dans les prisons d'Etat, ses passions s'y enveniment dans la solitude, son génie s'y aiguise contre les fers de ses cachots, son âme y perd la pudeur qui survit rarement à l'infamie de ces châtiments précoces. Retiré de prison pour tenter, de l'aveu de son père, un mariage difficile avec mademoiselle de Marignane, riche héritière d'une des grandes maisons de Provence, il s'exerce, comme un lutteur, aux ruses et aux audaces de la politique sur ce petit théâtre d'Aix. Astuce, séduction, bravoure, il déploie toutes les ressources de sa nature pour réussir : il réussit ; mais à peine est-il marié, que de nouvelles persécutions le poursuivent, et que le château-fort de Pontarlier s'ouvre pour lui. Un amour que les *Lettres à Sophie* ont rendu immortel, lui en ouvre les portes. Il enlève madame de Monnier à son vieil époux. Les amants, heureux quelques mois, se réfugient en Hollande. On les atteint, on les sépare, on les enferme, l'une au couvent, l'autre au donjon de Vincennes. L'amour, qui, comme le feu dans les veines de la terre, se découvre toujours dans quelque repli de la destinée des grands hommes, allume en un seul et ardent foyer toutes les passions de Mirabeau. Dans la vengeance, c'est l'amour outragé qu'il satisfait ; dans la liberté, c'est l'amour qu'il rejoint et qu'il délivre ; dans l'étude, c'est encore l'amour qu'il illustre. Entré obscur dans son cachot, il en sort écrivain, orateur, homme d'Etat, mais perverti, prêt à tout, même à se vendre pour acheter de la fortune et de la célébrité.

Le drame de sa vie est conçu dans sa tête ; il ne lui faut plus qu'une scène, et le temps la lui prépare. Dans l'intervalle du peu d'années qui s'écoule pour lui entre sa sortie du donjon de Vincennes et la tribune de l'Assemblée nationale, il entasse des travaux polémiques qui auraient lassé tout autre homme, et qui le tiennent seulement en haleine. La banque de Saint-Charles, les institutions de la Hollande, l'ouvrage sur la Prusse, le pugilat avec Beaumarchais, son style et son rôle, ses grands plaidoyers sur des questions de guerre, de balance européenne, de finances ; ces mordantes invectives, ces duels de parole avec les ministres ou les hommes populaires du moment, participent déjà du forum romain aux jours de Clodius et de Cicéron. On sent l'homme antique dans des controverses toutes modernes. On

croit entendre les premiers rugissements de ces tumultes populaires qui vont
éclater bientôt et que sa voix est destinée à dominer. Aux premières élections
d'Aix, rejeté avec quelque mépris de la noblesse, il se précipite au peuple, bien sûr
de faire pencher la balance partout où il jettera le poids de son audace et de son
génie. Marseille dispute à Aix ce grand plébéien. Les deux élections, les discours
qu'il y prononce, les adresses qu'il y rédige, l'énergie qu'il y déploie occupent
la France entière. Ses mots retentissants deviennent les proverbes de la Révolution. En se comparant dans ses phrases sonores aux hommes antiques, il se place
lui-même, dans l'imagination du peuple, à la hauteur des rôles qu'il veut rappeler.
On s'accoutume à le confondre avec les noms qu'il cite. Il fait un grand bruit pour
préparer les esprits aux grandes commotions ; il s'annonce fièrement à la nation
dans cette apostrophe sublime de son adresse aux Marseillais : « Quand le dernier des Gracques expira, il jeta de la poussière vers le ciel, et de cette poussière
naquit Marius ! Marius, moins grand pour avoir exterminé les Cimbres que pour
avoir abattu dans Rome l'aristocratie de la noblesse. »

Dès son entrée dans l'Assemblée nationale, il la remplit, il y est lui seul le
peuple entier. Ses gestes sont des ordres, ses motions sont des coups d'État. Il se
met de niveau avec le trône. La noblesse se sent vaincue par cette force sortie de
son sein. Le clergé, qui est peuple, et qui veut remettre la démocratie dans l'Église,
lui prête sa force pour faire écrouler la double aristocratie de la noblesse et des
évêques. Tout tombe en quelques mois de ce qui avait été bâti et cimenté par
les siècles. Mirabeau se reconnaît seul au milieu de ces débris. Son rôle de tribun
cesse. Celui d'homme d'État commence. Il y est plus grand encore que dans le
premier. Là où tout le monde tâtonne, il trouve juste, il marche droit. La Révolution dans sa tête n'est plus une colère, c'est un plan. La philosophie du dix-
huitième siècle, modérée par la prudence du politique, découle toute formulée de
ses lèvres. Son éloquence, impérative comme la loi, n'est plus que le talent de
passionner la raison. Sa parole allume et éclaire tout ; presque seul dès ce moment, il a le courage de rester seul. Il brave l'envie, la haine et les murmures,
appuyé sur le sentiment de sa supériorité. Il congédie avec dédain les passions
qui l'ont suivi jusque-là. Il ne veut plus d'elles le jour où sa cause n'en a plus besoin ; il ne parle plus aux hommes qu'au nom de son génie. Ce titre lui suffit pour
être obéi. L'assentiment que trouve la vérité dans les âmes est sa puissance. Sa
force lui revient par le contre-coup. Il s'élève entre tous les partis et au-dessus
d'eux. Tous le détestent, parce qu'il les domine ; et tous le convoitent, parce qu'il
peut les perdre ou les servir. Il ne se donne à aucun, il négocie avec tous ; il pose,
impassible, sur l'élément tumultueux de cette Assemblée, les bases de la Constitution réformée : législation, finances, diplomatie, guerre, religion, économie politique, balance des pouvoirs, il aborde et il tranche toutes les questions, non en
utopiste, mais en politique. La solution qu'il apporte est toujours la moyenne
exacte entre l'idéal et la pratique. Il met la raison à la portée des mœurs, et ses
institutions en rapport avec les habitudes. Il veut un trône pour appuyer la démocratie, il veut la liberté dans les Chambres, et la volonté de la nation, une et
irrésistible dans le gouvernement. Le caractère de son génie, tant défini et tant
méconnu, est encore moins l'audace que la justesse. Il a sous la majesté de l'expression, l'infaillibilité du bons sens. Ses vices mêmes ne peuvent prévaloir sur
la netteté et sur la sincérité de son intelligence. Au pied de la tribune, c'est un
homme sans pudeur et sans vertu ; à la tribune, c'est un honnête homme. Livré

à ses déportements privés, marchandé par les puissances étrangères, vendu à la cour pour satisfaire ses goûts dispendieux, il garde, dans ce trafic honteux de son caractère, l'incorruptibilité de son génie. De toutes les forces d'un grand homme sur son siècle, il ne lui manqua que l'honnêteté. Le peuple n'est pas une religion pour lui, c'est un instrument; son Dieu à lui, c'est la gloire; sa foi, c'est la postérité; sa conscience n'est que dans son esprit, le fanatisme de son idée est tout humain, le froid matérialisme de son siècle enlève à son âme le mobile, la force et le but des choses impérissables. Il meurt en disant : « Enveloppez-moi de parfums et couronnez-moi de fleurs pour entrer dans le sommeil éternel. » Il est tout du temps; il n'imprime à son œuvre rien d'infini. Il ne sacre ni son caractère, ni ses actes, ni ses pensées d'un signe immortel. S'il eût cru en Dieu, il serait peut-être mort martyr, mais il aurait laissé après lui la religion de la raison et le règne de la démocratie. Mirabeau, en un mot, c'est la raison du peuple; ce n'est pas encore la foi de l'humanité !

De magnifiques apparences jetèrent le voile d'un deuil universel sur les sentiments secrets que sa mort inspira aux divers partis. Pendant que les cloches sonnaient les glas funèbres, que le canon retentissait de minute en minute, et que, dans une cérémonie qui avait réuni deux cent mille spectateurs, on faisait à un citoyen les funérailles d'un roi; pendant que le Panthéon, où on le portait, semblait à peine un monument digne d'une telle cendre, que se passait-il dans le fond des cœurs?

Le roi, qui tenait l'éloquence de Mirabeau à sa solde; la reine, avec qui il avait eu des conférences nocturnes, le regrettaient peut-être comme un dernier instrument de salut: toutefois, il leur inspirait moins de confiance que de terreur; et l'humiliation du secours demandé par la couronne à un sujet, devait se sentir soulagée dans cette puissance de destruction qui tombait d'elle-même avant le trône. La cour était vengée par la mort des affronts qu'il lui avait fait subir. L'aristocratie, irritée, aimait mieux sa chute que ses services. Il n'était pour la noblesse qu'un apostat de son ordre. La dernière honte pour elle était d'être relevée un jour par celui qui l'avait abaissée. L'Assemblée nationale était lasse de sa supériorité. Le duc d'Orléans sentait qu'un mot de cet homme éclairerait et foudroierait des ambitions prématurées; M. de Lafayette, le héros de la bourgeoisie, devait redouter l'orateur du peuple. Entre le dictateur de la cité et le dictateur de la tribune, une secrète jalousie devait exister.

Mirabeau, qui n'avait jamais attaqué M. de Lafayette dans ses discours, avait souvent laissé échapper dans la conversation sur son rival de ces mots qui s'impriment d'eux-mêmes en tombant sur un homme. Mirabeau de moins, M. de Lafayette paraissait plus grand : il en était de même de tous les orateurs de l'Assemblée. Il n'y avait plus de rival, mais il y avait des envieux; son éloquence, toute populaire qu'elle fût, était celle d'un patricien. Sa démocratie tombait de haut : elle n'avait rien de ce sentiment de convoitise et de haine qui soulève les viles passions du cœur humain, et qui ne voit dans le bien fait au peuple qu'une insulte à la noblesse. Ses sentiments populaires n'étaient en quelque sorte qu'une libéralité de son génie. Les magnifiques épanchements de sa grande âme ne ressemblaient en rien aux mesquines irritations des démagogues. En conquérant des droits pour le peuple, il avait l'air de les donner. C'était un volontaire de la démocratie. Il rappelait trop par son rôle et par son attitude aux démocrates rangés derrière lui, que, depuis les *Gracques* jusqu'à lui-même, les tribuns les plus puissants pour servir le peuple étaient sortis des patriciens. Son talent, sans égal par la philosophie de la pensée, par l'étendue de la réflexion et par le grandiose de l'expression, était une autre espèce d'aristocratie qu'on ne lui pardonnait pas davantage. La nature l'avait fait premier, la mort faisait jour autour de lui à tous les seconds. Ils allaient se disputer cette phrase qu'aucun n'était fait pour conquérir. Les larmes qu'ils versaient sur son cercueil étaient feintes. Le peuple seul le pleurait sincèrement, parce que le peuple est trop fort pour être jaloux, et que, bien loin de reprocher à Mirabeau sa naissance, il aimait en lui cette noblesse comme une dépouille qu'il avait conquise sur l'aristocratie. De plus, la nation inquiète, qui voyait tomber une à une ses institutions et qui craignait un bouleversement total, sentait par instinct que le génie d'un grand homme était la dernière force qui lui restait. Ce génie éteint, elle ne voyait plus que les ténèbres et les précipices sous les pas de la monarchie. Les Jacobins seuls se réjouissaient tout haut, car cet homme seul pouvait les contrebalancer.

Ce fut le 6 avril 1791 que l'Assemblée nationale reprit ses séances. La place de Mirabeau restée vide attestait à tous les regards l'impuissance de le remplacer. La consternation était peinte sur le front des spectateurs dans les tribunes. Dans la salle, le silence régnait. M. de Talleyrand annonça à l'Assemblée un discours posthume de Mirabeau. On voulut l'entendre encore après sa mort. L'écho affaibli de cette voix semblait revenir à sa patrie du fond des caveaux du Panthéon. La lecture fut morne. L'impatience et l'anxiété pressaient les esprits. Les partis brûlaient de se mesurer sans contre-poids. Ils ne pouvaient tarder de se combattre. L'arbitre qui les modérait avait disparu.

(*Histoire des Girondins*, t. I.)

LA MARCK (comte de). — Sur quelques mots plus positifs, que Mirabeau dit à M. de La Marck, au sortir d'un dîner où il s'était exprimé avec modération : « Faites donc qu'au Château on me sache plus disposé pour eux que contre eux. » M. de La Marck se décida à quelques ouvertures précises. Mais il ne le fit point sans s'être auparavant convaincu que le soupçon de *vénalité*, assez généralement répandu sur Mirabeau, était sans fondement; non pas que dans sa vie besogneuse, depuis sa sortie de Vincennes jusqu'à son entrée aux Etats-Généraux, Mirabeau, pour subvenir à ses besoins de tout genre, intellectuels et autres, n'ait eu souvent recours à des expédients dont on aimerait mieux que la fortune l'eût affranchi. Mais, en mainte circonstance notable, manquant de tout, lui homme de puissance et de travail, qui avait besoin de bien des instruments à son usage, lui qui était naturellement *de grande et forte vie* (comme disait son père), manquant même d'un écu, réduit à mettre jusqu'à ses habits habillés et ses dentelles en gage, il avait résisté à rien écrire qui ne fût dans sa ligne et dans sa visée politique, à prendre du moins les choses dans leur ensemble. M. de La Marck, après s'être bien assuré du fond de la situation, et particulièrement que Mirabeau ne trempait en rien, comme ses ennemis l'en accusaient, dans le parti d'Orléans, ne trouvant en lui qu'un homme du plus haut talent et de la première capacité entravé par des *embarras subalternes*, résolut de l'aider à en sortir et à reconquérir dignité, liberté d'action, indépendance : ce point gagné, le reste devait suivre immanquablement. Il commença par l'aider directement lui-même et en ami délicat; puis il fit quelques tentatives auprès d'un des membres du ministère, M. de Circé, archevêque de Bordeaux, alors garde-des-sceaux, pour voir si la

bonne volonté de Mirabeau ne pourrait pas être mise à profit pour le bien de
tous. Mais rien n'était à espérer de ce côté tant que M. Necker serait le maître.
« Cependant, disait Mirabeau à M. de La Marck, quelle position m'est-il donc
possible de prendre? Le gouvernement me repousse, et je ne puis que me placer
dans le parti de l'opposition, qui est révolutionnaire, ou risquer de perdre ma
popularité qui est ma force. Les armées sont en présence; il faut négocier ou se
battre; le gouvernement qui ne fait ni l'un ni l'autre joue un jeu très-dangereux. »

A quelque temps de là, M. de La Marck fit dire un mot à la reine au sujet de
ses liaisons déjà intimes et remarquées avec Mirabeau; il faisait pressentir dis-
crètement quel était son espoir en les entretenant, et qu'il y avait peut-être à
tirer parti d'un tel homme, dans l'intérêt même de la monarchie. Peu de jours
après, la reine répondit elle-même à M. de La Marck : « Je n'ai jamais douté de
vos sentiments, et quand j'ai su que vous étiez lié avec Mirabeau, j'ai bien pensé
que c'était dans de bonnes intentions; mais vous ne pourrez jamais rien sur lui;
et quant à ce que vous jugez nécessaire de la part des ministres du roi, je ne
suis pas de votre avis. Nous ne serons jamais assez malheureux, je pense, pour
être réduits à la pénible extrémité de recourir à Mirabeau. »

Ces résistances que Mirabeau rencontrait de toutes parts pour un emploi salutaire et régulier de toute sa force le faisaient souffrir; il ressentait profondément
ce manque d'autorité morale au sein de sa renommée et de son génie. « Ah! que
l'immoralité de ma jeunesse fait de tort à la chose publique! » répétait-il souvent.
Il se rejetait alors vers ce qui lui était le plus ouvert et le plus facile, vers ces
larges pentes de l'orateur éloquent et populaire où tout le conviait. Il s'y précipitait de toute l'impétuosité et de tout le torrent de sa parole qui lançait le tonnerre et recueillait l'applaudissement. Puis, tout à coup, sa perspicacité d'homme
d'Etat revenait à la traverse pour l'avertir qu'il poussait lui-même à l'abîme; et
redescendu du théâtre et du rôle : « Mais à quoi donc pensent ces gens-là? disait-
il en parlant de la Cour (septembre 1789); ne voient-ils pas les abîmes qui se
creusent sous leurs pas? »

Une fois même, poussé à un état d'exaspération plus violent que de coutume,
il s'écria : « Tout est perdu; le roi et la reine y périront, et vous le verrez : *la
populace battra leurs cadavres.* » Il remarqua, ajoute M. de La Mark, l'horreur
que me causait cette expression. « Oui, oui, répéta-t-il, on battra leurs cadavres;
vous ne comprenez pas assez les dangers de leur position; il faudrait cependant
les leur faire connaître. »

. . . .

Alors, avec cette conscience de lui-même qu'il était en droit d'avoir, mettant
sous le pied toute fausse modestie, Mirabeau se présentait avec cordialité et franchise. Il tendait la main à Lafayette, et lui disait : « Me voilà! unissons-nous. »
Il le lui redisait même après le décret de l'Assemblée qui interdisait à ses membres de devenir ministres. Il ne voulait qu'être le conseiller, mais un conseiller
écouté. Il faut entendre cet incomparable appel :

« Ici ce qui me reste à vous dire, écrivait Mirabeau à Lafayette, le 1ᵉʳ juin
1790, deviendrait embarrassant si j'étais, comme tant d'autres, gonflé de respect
humain, cette ivraie de toute vertu; car, ce que je pense et veux vous déclarer,
c'est que je vaux mieux que tout cela, et que, borgne peut-être, mais borgne
dans le royaume des aveugles, je vous suis plus nécessaire que tous vos comités
réunis. Non qu'il ne faille des comités, mais à diriger, et non à consulter; mais

à répandre, propager, disperser, et non à transformer en conseil privé; comme si l'indécision n'était pas toujours le résultat de la délibération de plusieurs, lorsque ce résultat n'était pas la précipitation, et que la décision ne fût pas notre premier besoin et notre unique moyen de salut. Je vous suis plus nécessaire que tous ces gens-là; et toutefois, si vous ne vous défiez pas de moi, au moins ne vous y confiez-vous pas du tout. Cependant, à quoi pensez-vous que je puisse vous être bon, tant que vous réserverez mon talent et mon action pour les cas particuliers où vous vous trouverez embarrassé? et qu'aussitôt sauvé ou non sauvé de cet embarras, perdant de vue ses conséquences et la nécessité d'une marche systématique dont tous les détails soient en rapport avec un but déterminé, vous me laisserez sous la remise pour ne me provoquer de nouveau que dans une crise? »

Et il s'offre nettement, hardiment à lui pour être son conseil habituel, *ami abandonné*, « *le dictateur enfin*, permettez-moi l'expression, dit-il, *du dictateur :* —

« Car je devrais l'être, avec cette différence que celui-là doit toujours être tenu de développer et de démontrer, tandis que celui-ci n'est plus rien s'il permet au gouvernement la discussion, l'examen. Oh! M. de Lafayette, Richelieu fut Richelieu contre la nation pour la Cour, et, quoique Richelieu ait fait beaucoup de mal à la liberté publique, il fit une assez grande masse de bien à la monarchie. Soyez Richelieu sur la Cour pour la nation, et vous referez la monarchie, en agrandissant et consolidant la liberté publique. Mais Richelieu avait son capucin Joseph; ayez donc aussi votre *Éminence grise*, ou vous vous perdrez en ne nous sauvant pas. *Vos grandes qualités ont besoin de mon impulsion; mon impulsion a besoin de vos grandes qualités;* et vous en croyez de petits hommes qui, pour de petites considérations, par de petites manœuvres, et dans de petites vues, veulent nous rendre inutiles l'un à l'autre, et vous ne voyez pas qu'*il faut que vous m'épousiez et me croyiez*, en raison de ce que vos stupides partisans m'ont plus décrié, m'ont plus écarté. — *Ah! vous forfaites à votre destinée!* »

. . . .

Impatient de ces éternelles remises de *l'homme aux indécisions* (c'est ainsi qu'il appelle Lafayette), et de cette *pudibonderie* si hors de propos, irrité de voir en tout et partout les *honnêtes gens* de ce bord en réserve et en garde contre lui, il s'écrie : « Je leur montrai, ce qui est très-vrai, qu'ils n'ont ni dans la tête, ni dans l'âme aucun élément de *sociabilité politique*. » Et relevant la tête en homme qui, avec ses taches, avait son principe d'honneur aussi et le sentiment de sa dignité, il écrivait un jour (1er décembre 1789) à Lafayette, sans craindre d'aborder le point délicat et qui recélait la plaie :

« J'ai beaucoup de dettes, qui en masse ne font pas une somme énorme; j'ai beaucoup de dettes, et c'est la meilleure réponse que les événements puissent faire aux confabulations des calomniateurs. Mais *il n'est pas une action dans ma vie, et même parmi mes torts, que je ne puisse établir de manière à faire mourir de honte mes ennemis, s'ils savaient rougir.* Croyez-moi, M. le marquis, si ce n'est qu'ainsi qu'on veut m'arrêter, ma course n'est pas finie, car je suis ennuyé plutôt que las, et las plutôt que découragé ou blessé; et si l'on continue à me nier le mouvement, pour toute répon e je marcherai. »

« Il n'y a qu'une chose de claire, écrivait-il (29 décembre 1789), c'est qu'ils voudraient bien trouver pour s'en servir des êtres amphibies qui, avec le talent d'un homme, eussent l'âme d'un laquais. *Ce qui les perdra irrémédiablement, c'est d'avoir peur des hommes, et de transporter toujours les petites répugnances et les frêles attraits d'un autre ordre de choses dans celui où ce qu'il y a de plus fort ne l'est pas encore assez*; où ils seraient très-forts eux-mêmes, qu'ils auraient encore besoin, pour l'opinion, de s'entourer des gens forts. »

Et un peu après (27 janvier 1790) :

« Du côté de la Cour, oh! quelles balles de coton! quels tâtonneurs! quelle pusillanimité! quelle insouciance! quel assemblage grotesque de vieilles idées et de nouveaux projets, de petites répugnances et de désirs d'enfants, de volontés et de *nolontés*, d'amour et de haines avortés! »

« Il n'est plus temps, écrit-il (20 juin 1790, à la veille de la Fédération), de se confier à demi, ni de servir à demi. On a assez de preuves que Lafayette est également ambitieux et incapable. Il va se faire faire généralissime, c'est-à-dire se faire proposer le généralat, c'est-à-dire encore recevoir la dictature de fait, de ce qui est la nation, ou de ce qui a l'air de la nation. Tout son projet, quant à présent, est là. Un plan, il n'en a pas. Des moyens, il les reçoit de la main de chaque journée. Sa politique est tout entière à susciter une telle fermentation chez les voisins, qu'on lui laisse la faculté d'étendre sur tout le royaume l'influence de la Courtille. Il n'y a de ressource à cet ordre de choses que l'imbécilité de son caractère, la timidité de son âme, et les courtes dimensions de sa tête. *Le roi n'a qu'un homme, c'est sa femme. Il n'y a de sûreté pour elle que dans le rétablissement de l'autorité royale. J'aime à croire qu'elle ne voudrait pas de la vie sans sa couronne; mais ce dont je suis bien sûr, c'est qu'elle ne conservera pas sa vie si elle ne conserve pas sa couronne.*

« Le moment viendra, et bientôt, où il lui faudra essayer ce que peuvent une femme et un enfant à cheval ; c'est pour elle une méthode de famille; mais, en attendant, il faut se mettre en mesure, et ne pas croire pouvoir, soit à l'aide du hasard, soit à l'aide des combinaisons, sortir d'une crise extraordinaire par des hommes et des moyens ordinaires. »

(*Extrait d'un article de M. Sainte-Beuve sur la correspondance de Mirabeau avec le comte de La Marck.*)

—Le surlendemain de mon arrivée à Paris, j'allai (de La Marck) chez le comte de Mercy; je ne le trouvai point; mais, informé de ma visite, il me fit prier de l'attendre chez moi le jour après, à onze heures du matin, il s'y rendit exactement. Je pensais qu'il allait me parler des affaires du Pays-Bas; mais il ne m'en dit pas un mot, et la conversation commença ainsi :

« Vous avez, me dit-il, des relations intimes avec le comte de Mirabeau? —Oui, monsieur le comte. —Le roi et la reine qui ont eu connaissance de ces relations, ont pensé qu'en les entretenant, vous aviez eu l'intention de leur être utile. — Ils ne se sont pas trompés; d'ailleurs, la reine en a été avertie à plusieurs reprises. — Leurs Majestés m'ont chargé de vous demander votre opinion sur les dispositions actuelles que vous supposez à M. de Mirabeau. — Le comte de Mirabeau avait cru, au commencement des Etats-Généraux, que les ministres du roi agiraient comme le font les ministres en Angleterre; qu'ils chercheraient à former dans l'Assemblée un parti pour le gouvernement, et à rattacher les hommes les plus propres, par leurs talents, leurs connaissances, leur popularité, à fortifier ce parti. A l'ouverture des Etats-Généraux, le parti populaire était celui que la masse générale de l'opinion favorisait. Mirabeau s'est jeté dans ce parti et s'y est montré violent, pour se faire craindre et rechercher par le gouvernement. Ses calculs ont été déçus, et depuis il n'a pas dépendu de lui de prendre une meilleur position, je veux dire celle qui convenait à ses opinions et à ses principes politiques. Il m'en a souvent témoigné ses regrets. Il n'a vu que de l'incapacité dans le ministère, et il regarde M. Necker comme l'auteur des malheurs actuels de la France et de ceux qu'elle est destinée encore à éprouver. Mirabeau a désiré que le roi eût connaissance de ses dispositions à le servir : il y a plus de cinq mois que j'en ai fait part à *Monsieur*, frère du roi, qui n'a pas jugé à propos d'en informer Sa Majesté. Alors je me suis retiré de cette affaire, et j'ai quitté Paris, où je ne serais probablement pas revenu, sans l'invitation que vous m'avez adressée. »

— Eh bien! dit M. de Mercy, c'est cette affaire même qu'il s'agit d'entamer. Le roi et la reine sont décidés à réclamer les services du comte de Mirabeau, s'il est, lui, disposé à leur être utile. Ils s'en rapportent à vous sur ce qu'il y a à faire dans cette circonstance; leur confiance à cet égard est sans réserve; ils vous laissent maître des conditions, et ne veulent avoir de rapports avec le comte que par votre entremise. Vous serez leur seul intermédiaire. On attend de vous le plus grand secret, et vous en comprenez l'importance. Il est essentiel que M. Necker, dont ils sont très-mécontents, ignore cette négociation. La reine compte particulièrement sur vous. Nous vous attendions ici depuis un mois : c'est parce que vous n'arriviez pas que je me suis décidé à vous écrire. — Monsieur le comte, répliquai-je, le mal déjà fait est bien grave, et je doute que Mirabeau lui-même puisse réparer celui qu'on lui a laissé faire.

Je déclarai ensuite au comte de Mercy que je ne consentirais à être l'intermédiaire de la négociation que si lui-même y prenait part, et que ma première condition était qu'il eût avec Mirabeau une conversation qui le mît en état de le juger et de connaître ses principes et ses dispositions.

M. de Mercy hésita à me répondre sur ce point, et me dit seulement qu'il rendrait compte au roi de notre entretien, et qu'il me ferait connaître ensuite les ordres de Sa Majesté. Je vis bien qu'il craignait de compromettre son caractère d'ambassadeur dans une affaire de ce genre; mais, de mon côté, j'étais fermement résolu à ne m'y engager que conjointement avec lui et sous sa direction. Nous nous séparâmes là-dessus.

Plus de quinze jours se passèrent sans que j'eusse aucune communication à ce sujet avec M. de Mercy. Ce fut au commencement du mois d'avril qu'il me fit prier par son secrétaire d'ambassade, M. de Blumendorf, de passer chez lui. Je m'y rendis. L'ambassadeur me parla d'abord des scrupules qu'il éprouvait à intervenir dans une affaire si complètement en dehors du poste qu'il remplissait. Je convins que la question était délicate; mais néanmoins je répétai que rien ne me ferait départir de ma résolution : M. de Mercy finit par céder, et me demanda alors comment il lui serait possible de voir Mirabeau sans que cela fût su, et dans quel endroit leur entrevue pourrait avoir lieu. Je lui proposai ma maison. J'occupais l'hôtel Charost, dans la rue du Faubourg-Saint-Honoré. Cet hôtel avait une sortie par le jardin des Champs-Elysées. La plupart de mes gens étaient étrangers, et ceux qui étaient Français, d'anciens serviteurs sur la discrétion desquels je pouvais compter.

Il fut donc convenu que l'entrevue aurait lieu chez moi, où le comte de Mercy se rendrait en voiture par la rue Saint-Honoré, comme à l'ordinaire, tandis que Mirabeau arriverait à pied par les Champs-Elysées, entrerait par la porte du jardin, dont je lui remettrais la clef, et viendrait directement dans ma chambre ; sans passer dans l'antichambre des domestiques.

Quand je fis part au comte de Mercy du montant des dettes de Mirabeau, il me dit : — Puisqu'il n'y a pas davantage, le roi fera bien de tout payer ; j'en parlerai dans ce sens à la reine.

Peu de jours après la reine me fit appeler. Cette fois, c'est par madame Campan, seconde femme de chambre de la reine, que je fus reçu. Je l'avais vue quelquefois chez la reine auparavant, mais je ne la connaissais pas. Sans beaucoup de grâce et sans physionomie, madame Campan avait cependant une certaine beauté que gâtaient toutefois ses manières et son ton prétentieux. Elle me reçut comme une personne à laquelle j'aurais fait une visite, et me dit que la reine étant encore occupée, ne pourrait me recevoir qu'un peu plus tard. Elle engagea alors une conversation dans laquelle je trouvai que l'affectation et la recherche étouffaient un peu l'esprit. — La reine ne tarda pas cependant à me faire avertir, et j'entrai chez elle.

« En attendant que le roi vienne, — me dit-elle tout de suite, — je veux vous dire qu'il est décidé à payer les dettes du comte de Mirabeau. Il a d'autres intentions à ce sujet, et il vous en parlera lui-même. M. de Mercy a déjà pu vous dire que le roi était très-satisfait de la lettre de M. de Mirabeau ; il ne désire et ne peut pas désirer plus que ce que M. de Mirabeau promet dans cette lettre ; nous espérons seulement que celui-ci tiendra sa parole : nous y comptons bien, vous pouvez l'en assurer. Le roi vous demande de vous occuper du paiement des dettes et de vous charger de toute cette affaire : mais ne perdez jamais de vue que nos rapports avec M. de Mirabeau doivent rester secrets. »

Je rassurai d'abord la reine sur ce dernier point ; mais quant au paiement des dettes, je la suppliai d'en charger une autre personne que moi, et lui dis qu'il lui serait facile de trouver quelqu'un assez sûr et assez discret pour lui confier cette mission. La reine insista pour que ce fût moi ; mais, de mon côté, je persistai respectueusement dans mes représentations à ce sujet, et elle finit par céder à mes objections. Je lui fis observer en même temps qu'il était essentiel qu'elle choisît cette personne parmi celles qui avaient l'habitude de la voir souvent, afin que je pusse aussi m'adresser à elle chaque fois que j'aurais à faire passer les notes, avertissements, etc., qui résulteraient nécessairement des relations qu'on établissait avec Mirabeau. Cette précaution était indispensable ; sans cela, on n'aurait pas manqué de tirer des inductions compromettantes de mes liaisons intimes avec Mirabeau et de mes fréquentes apparitions aux Tuileries. La reine, après avoir cherché, me proposa M. de Fontanges, archevêque de Toulouse. Il avait été l'un de ses aumôniers, et lui devait son archevêché. Il lui était très-dévoué, et elle le voyait ou communiquait avec lui presque tous les jours.

Ce point arrêté, je fis part à la reine de mes réflexions sur le peu d'utilité qu'on tirerait des rapports avec Mirabeau, s'ils devaient se borner à des communications clandestines entre le roi et moi. . . . .

. . . . . . « Vous me faites plaisir, me répondit la reine d'un ton plus rassuré : j'avais grand besoin d'être détrompée sur ce point ; car, d'après les bruits qui ont couru dans le temps, j'avais conservé pour le comte de Mirabeau, je l'avoue, un sentiment d'horreur qui n'a pas peu contribué à retarder notre résolution de nous adresser à lui, pour arrêter, s'il est possible, les funestes conséquences de la Révolution. »

Dans ce moment le roi entra. Sans passer par aucun préambule, et avec sa brusquerie habituelle, il me dit : « La reine vous aura déjà dit que je voulais employer le comte de Mirabeau, si vous pensez qu'il soit dans ses intentions et en son pouvoir de m'être utile. Que croyez-vous à cet égard? »

Je répondis franchement au roi que je croyais que c'était s'y prendre bien tard.

J'essayai de lui faire comprendre que la première chose à faire serait de mettre Mirabeau en relation avec les ministres, pour qu'il pût, d'accord avec eux, défendre leurs projets dans l'Assemblée.

La reine me répondit qu'elle croyait que cette idée serait impraticable dans la disposition où étaient les ministres actuels; mais que, d'ailleurs, je pouvais en parler au roi.

Le roi commença par me répéter les paroles de la reine sur la lettre de Mirabeau, qui lui avait causé, me dit-il, une extrême satisfaction. De même que la reine, et plus qu'elle encore, il semblait avoir dans l'avenir une confiance sans bornes; il regardait comme facile de rétablir les choses sur un pied supportable. A cet égard, je lui dois la justice de dire qu'il exigeait peu pour lui personnellement. Il pensait d'ailleurs que, si les ministres devaient à l'avenir avoir plus de difficultés et d'embarras, lui, aurait moins de responsabilité, et par conséquent plus de tranquillité.

Le roi voyait dans ses relations personnelles avec Mirabeau un moyen de s'assurer d'avance cette tranquillité; mais il repoussa mes observations sur la nécessité, indispensable à mes yeux, que ces relations s'étendissent aux ministres. Était-ce par défiance envers ceux-ci ou envers Mirabeau? C'est ce que je ne pus démêler, et je serais plutôt porté à croire que c'était un effet de la faiblesse de son caractère, qui lui permettait rarement de prendre une résolution complète et de la suivre dans toutes ses conséquences. Tel était le malheureux Louis XVI, dont on pourrait dire que la Providence se trompa lorsqu'elle le fit roi, à une époque comme celle de la Révolution française, tandis qu'il aurait été un roi constitutionnel d'Angleterre excellent.

Le roi me rendit l'original de la lettre de Mirabeau, en me disant : « Vous la garderez, ainsi que ces quatre billets de ma main, chacun de 250,000 livres. Si, comme il le promet, M. de Mirabeau me sert bien, vous lui remettrez, à la fin de la session de l'Assemblée nationale, ces billets pour lesquels il touchera un million. D'ici là je ferai payer ses dettes, et vous déciderez vous-même quelle est la somme que je dois lui donner chaque mois pour pourvoir à ses embarras présents. »

Je répondis que je croyais que 6,000 livres par mois le satisferaient. — « C'est bien, dit le roi, je le ferai très-volontiers. » —Peu après notre conférence finit, et le roi me congédia.....

> (*Extrait de la correspondance entre Mirabeau et le comte de La Marck,*
> *recueillie par M. de Bacourt.*)

LERMINIER. — Mirabeau!..... on a épuisé les phrases sur ce colosse; laissons donc de côté sa fougueuse jeunesse, le tumulte et la furie de ses passions, cette sensibilité ardente et fiévreuse qui le précipitait dans ses travaux, comme dans ses excès; ne célébrons même pas cette immense faculté oratoire qui lui fait surpasser dès son début tout l'éclat de la tribune anglaise, l'associe à la gloire séculaire de ceux qui ont le mieux parlé dans Rome et dans Athènes, sur-le-champ, aux yeux même de ses contemporains, et ne lui laisse peut-être d'autre rival parmi les modernes qui se sont servis de la parole que Bossuet. Mais prenons Mirabeau au sein même la Constituante, dans son bon sens et dans son esprit d'homme d'Etat, maître de l'Assemblée, devinant avec un instinct rapide, jusqu'où il faudra frapper et détruire, ayant marqué d'avance le point où il voudra s'arrêter, de tribun, devenir ministre, et imposer à la démocratie, comme à la royauté, la dictature, de son génie. Supérieur à la coterie anglomane qui avait la fatuité de s'impatienter contre un pays qu'elle ne comprenait pas, il ne s'arrêta pas à la tentation de transplanter en France la division des deux chambres; il savait que cette séparation historique séculaire, contemporaine de la liberté anglaise, était aussi belle dans la Grande-Bretagne qu'impraticable à une époque où le peuple était souverain. La politique de Mirabeau fut de combiner l'unité du pouvoir exécutif avec l'unité du pouvoir législatif; il avait reconnu que le peuple seul était puissant, et qu'un roi seul était encore possible. Si nous descendons aux détails, Mirabeau sait tout, a tout étudié, a tout compris; il est versé dans l'histoire anglaise, dans les précédents parlementaires, non pour les copier, mais pour y puiser une expérience nécessaire; prenez-le sur les questions les plus diverses, droits de timbre, *veto*, tabac, théâtre, succession, droit de paix et de guerre, assignats et monnaies, politique étrangère, il est également sur tout habile, profond et passionné. Il a toute l'étendue philosophique de l'esprit national, et de plus il est positif comme un Pitt et un Chatam; enfin il résume à lui seul les trois premières années de la Révolution; c'est le manœuvre immortel qui en a posé la première pierre.

(Philosophie du droit, t. 1er.)

Louis XVI. — A propos d'une brochure, *Dénonciation de l'agiotage, au roi et à l'Assemblée des notables :* « Quand le comte de Mirabeau sert le gouvernement, il faut bien que ce soit avec le caractère d'indépendance qu'il a toujours professé. Du reste, toutes ses observations ne sont pas irrépréhensibles, parce qu'il est un homme, et non un dieu. Mais après tout il a rendu un grand service. »

Lucas Montigny. — On a dit du père du comte de Mirabeau qu'il haïssait son fils; on a dit que, devinant sa future supériorité, il en était jaloux, et voulait l'étouffer. Ajoutons que Mirabeau lui-même le pensait ainsi, comme le prouvent, notamment, ces mots d'une lettre autographe et inédite que nous avons sous les yeux. « Tous mes malheurs viennent dans leur première origine d'avoir offusqué mon père, à qui j'ai dit, il y a plus de dix ans, avec l'ingénuité et l'imprudence de la jeunesse, ces mots touchants et trop bien sentis, que, pour mon malheur, il ne l'oubliera jamais, *hélas!* Quand vous n'auriez que de l'amour-propre, mes succès ne seraient-ils pas encore les vôtres ?

Eh bien! nous démentons hautement ces suppositions, et nous sommes assurés qu'en nous lisant on nous croira, parce que notre témoignage doit recevoir une grande autorité de l'incontestable certitude des documents, jusqu'alors inconnus, sur lesquels nous travaillons.

Non! le marquis de Mirabeau n'éprouva ni haine ni jalousie contre son fils, quoiqu'il l'ait persécuté, depuis l'enfance jusqu'à la virilité, avec tout l'acharnement d'un ennemi mortel.

. . . .

Jouissant d'une demi liberté dans la prison de Pontarlier, Mirabeau devait naturellement être présenté dans la seule maison où il pût se lier, c'est-à-dire chez le marquis de Monnier, le plus notable et peut-être le seul notable habitant de cette petite ville ; il y fut affectueusement accueilli par le marquis, qui se plaisait à lui entendre raconter ses malheurs et jusqu'à ses fautes, qui lui prodiguait les consolations et les conseils.

Claude-François, marquis de Monnier, seigneur de Courrière, Mamerole et autres lieux, avait été premier président de la Chambre des comptes de Dôle. Parvenu à une vieillesse avancée, veuf d'un premier mariage, irrité contre sa fille unique, mariée malgré lui et judiciairement à M. de Valdahon, il avait, pour s'en venger, épousé, le 1ᵉʳ juillet 1771, Marie-Thérèse Richard de Ruffey, fille d'un président de la Chambre des comptes de Bourgogne et alors âgée d'un peu plus de dix-huit ans. Cette union mal assortie ne pouvait pas assurer le bonheur d'une jeune femme, d'autant plus fondée cependant à le désirer, que jusqu'alors elle ne l'avait guères connu au sein d'une famille austère qui, dans l'intérêt des enfants mâles, avait fait ou laissé cloîtrer la fille aînée, avait voulu marier la cadette à l'illustre Buffon, alors âgé de soixante-trois ans, et enfin la livrait au marquis de Monnier, plus vieux encore. « Vous dites, lui écrivait sa mère, n'avoir jamais été heureuse : Que vous a-t-il manqué pour l'être dans votre enfance ? Les deux années que vous avez passées avec moi, avant votre mariage, n'ont-elles pas été employées de ma part à prévenir vos désirs ? Aucune fille a-t-elle été plus chérie de sa mère, plus aimée ? » « Ma mère, répondait Sophie, tout n'est pas exact dans la récapitulation de mon bonheur ; il y a des choses vraies ; mais que sont les joies d'un enfant de huit ans, qui est content s'il a du bonbon et des caresses ? Mon seul bien-être tenait, plus tard, à la crainte que j'avais d'un mari que je ne pourrais aimer ; et comment aurais-je pu être heureuse ? Vous n'étiez pas tout dans la maison ; n'y étais-je pas dans une gêne éternelle, dans l'ennui de tout, dans la peur de mon père ? Vous dites que les dix-huit premiers mois de mon mariage j'ai été très-contente, et que je m'en suis expliquée tant avec vous qu'avec mes amies, en qui j'avais encore plus de confiance qu'en vous ; il est vrai que j'avais désiré une autre vie ; mariée, j'ai voulu me lier à ce que je nommais mes devoirs, et me persuader que j'étais heureuse en le faisant croire aux autres, mais plus j'ai persisté dans cette idée, et plus le fardeau en est devenu lourd ; l'année que je passai esclave et seule avec le marquis, que vous nommez mes dix-huit mois de bonheur, fut cruellement ennuyeuse et triste ; je n'avais pas un sou ; j'étais querellée sans cesse pour des affaires de ménage ; je ne pouvais ni recevoir ni visiter personne, toute ma vie se passait à jouer au whist, partnaire avec le marquis ; eh bien ! quoique je vive isolée, et qu'il ne me fût permis ni de danser, ni presque de parler avec personne, on parlait déjà de moi, et le marquis se montrait de plus en plus tracassier et de plus en plus jaloux, sans savoir de qui ni de quoi. »

De telles circonstances domestiques, l'âge et la dévotion monacale du mari, la contrainte et l'ennui où vivait une jeune femme, en qui le germe des passions avait sommeillé jusque-là, devait nécessairement lui rendre dangereuse la société habituelle d'un homme, qui, à défaut des agréments de la figure, réunissait toutes les séductions de la jeunesse, de l'esprit et du malheur. Aussi, la candeur et la simplicité de Sophie la livraient sans défense à un sentiment qui l'enivrait à son insu, et qui s'exaltait chaque jour davantage.

Mirabeau, quoique bien plus expérimenté, n'était pas moins exposé qu'elle.

« J'étais très-malheureux, et le malheur double la sensibilité ; on me témoignait de l'intérêt, on me développait tous les charmes qui peuvent me séduire fortement, ceux d'une âme généreuse et d'un esprit agréable ; je cherchais un consolateur, et quel consolateur plus délicieux que l'amour ? Jusque-là je n'avais connu qu'un commerce de galanterie qui n'est point l'amour, qui n'est que le mensonge de l'amour. Oh ! la froide passion auprès de celle qui commençait à m'embraser ! J'ai les qualités et les défauts de mon tempérament ; s'il me rend excessivement vif, et même fougueux, il forme le cœur de feu qui alimente mon inexprimable tendresse ; il me fait brûler de cette sensibilité précieuse et fatale qui est la source des belles imaginations, des impressions profondes, des grands talents, des grands succès, mais trop souvent des grandes fautes et des grands malheurs. Ce n'était plus cette forte invitation de la nature, fondée sur les délices attachées aux sens, qui m'entraînait ; ce n'était pas même le désir de plaire à un juge d'un goût exquis qui m'excitait : je sentais trop pour avoir de l'amour-propre ; la convenance, l'uniformité des goûts, le besoin d'une société intime, d'une confidente que l'on maîtrise presque toujours plus qu'on n'est maîtrisé, n'entraient presque point dans mes vues ; de plus puissants attraits avaient remué mon cœur ; je trouvais une femme qui, bien différente de moi, a toutes les vertus de son tempérament et aucun de ses défauts ; elle est douce, et n'est ni tiède ni nonchalante, comme tous les caractères doux ; elle est sensible et n'est point facile ; elle est bienfaisante, et sa bienfaisance n'exclut ni le discernement, ni la fermeté. Hélas ! toutes ses vertus sont à elle, toutes ses fautes sont à moi... Je la trouvai, cette femme, adorable et toute aimante, je l'étudiai dans toutes les circonstances, je l'étudiai trop profondément, je m'arrêtai trop à cette contemplation délicieuse ; je sus ce qu'était son âme, cette âme formée des mains de la nature dans un moment de magnificence, et elle réunit les raisons éparses de ma brûlante sensibilité. »

Quelles que fussent les perfections que réunissait Sophie, « ses agréments, sa fraîcheur, sa physionomie fine, douce et voluptueuse ; ses saillies si heureuses et si naturelles qui sortent comme un éclair et frappent d'autant mieux qu'elles sont plus imprévues, ses discours qui allaient jusqu'à l'âme. » Mirabeau, cependant, résistait aux excitations de son cœur et de ses sens. « Quand je réfléchissais, j'étais troublé ; je craignais terriblement l'amour. Si c'est un crime de n'avoir pu résister à une séduction si puissante, ce ne fut pas le crime de ma volonté : j'avais agité d'abord avec effroi le trouble intérieur qui fermentait dans son sein ; je m'efforçai de résister à l'entraînement. »

Sophie lui reproche dans les Dialogues d'avoir fui toute société pendant plusieurs mois, malgré les efforts de M. de Monnier pour le ramener chez lui ; elle attribue cette résistance à des assiduités auprès d'une jeune Bélinde, coquette assez subalterne ; et Mirabeau, qui en convient, avance qu'il a voulu se distraire et se défendre ainsi d'un attachement plus sérieux, et que ses soins envers Bélinde sont très-indépendants du cœur, car ils se réduisent à des caprices d'imagination et à des suggestions de la nature.

Mirabeau ajoute : « Je tentai de me faire une égide de mes devoirs ; je vous demandai madame de Mirabeau ; je sentais que ce frein me devenait nécessaire, parce que le respect humain m'aurait peut-être retenu. Je lui écrivis la lettre la plus forte, la plus pressante, la plus étincelante de l'éloquence du moment, de la chose, pour l'engager à s'associer à mon sort, comme toutes les lois divines et humaines le lui ordonnaient ; je reçus d'elle quelques lignes glacées, où l'on m'in-

sinuait avec douceur que j'étais fou... Vous me refusâtes celle qui portait mon
nom, et je cédai à l'amour ; ses philtres m'avaient enivré ; je me livrai à ma tendresse par impuissance de m'y dérober. »

Cette démarche prouvait assurément la bonne foi de Mirabeau et son désir de
dompter « ce cœur sensible et honnête, mais trop inflammable. » Il était sauvé si
son motif eût été compris. Ce fait ne peut pas justifier, sans doute, les égarements qui le suivirent ; mais, tout en condamnant Mirabeau, il faut le
plaindre.

En janvier 1789, pendant les rudes travaux et les agitations morales qu'imposèrent à Mirabeau les événements de Marseille et d'Aix, sa santé et ses yeux
souffrirent beaucoup ; à l'ouverture de l'Assemblée nationale, il était affecté d'un
ictère qui disparut, mais que suivirent plusieurs indispositions toujours négligées,
et qui n'interrompirent jamais ni ses démarches de chef de parti, ni ses méditations d'homme d'État, ni ses travaux d'orateur ; « car il traita plusieurs questions
importantes dans de véritables accès de fièvre, et les profondes combinaisons de
son esprit ne s'en ressentaient pas plus que la vigueur de son éloquence[1]. »

Mirabeau fut, à diverses reprises, affecté d'ophtalmies tenaces, et plusieurs fois
on le vit siéger avec un bandeau sur les yeux ; ses habitudes privées avaient
d'ailleurs changé totalement. Jusque-là, il avait pris beaucoup d'exercice, faisant
de longues courses à pied, se livrant avec plaisir à l'équitation, à l'escrime, à la
natation, quand la saison le permettait. « Du moment que l'Assemblée eut ouvert
ses séances, il n'en fut plus de même. A dater de cette époque, le seul exercice
de Mirabeau consistait dans le trajet de sa demeure à la salle, et même, depuis
la translation de l'Assemblée à Paris, il ne faisait ce court chemin qu'en voiture.
Or, voilà la seule chose qu'il avait changé dans son genre de vie ; il n'avait pas
voulu sentir que, dès-lors, il n'était plus le même homme, et qu'il ne lui était
plus permis de hasarder ce dont il n'avait plus les moyens de réparer les inconvénients, ou de prévenir les suites fâcheuses. L'attachement des personnes auxquelles il avait donné son cœur, ses espérances et ses projets de travail ; la noble
ambition dont il était animé, l'amour de la gloire, l'image même du bien qu'il
pouvait faire à ses semblables, rien n'arrêtait dans ses désirs cet homme impétueux, qui se sentait immortel par trop de points pour se croire sujet aux lois
communes des infirmités et de la mort. Pourquoi faut-il donc que de si rares
talents, cette hauteur d'âme, cette énergie et cette susceptibilité tiennent au
même principe qui produit les grandes erreurs ? Pourquoi des hommes, divins à
tant de titres, ne le sont-ils point encore par la sagesse qui les conserverait à
l'humanité ? Mais gardez-vous, lecteurs, de croire aux calomnies répandues sur
Mirabeau. Aucune de ces habitudes, dont on est obligé de se déguiser la honte
à soi-même, n'était faite pour lui ; il avait tous les goûts passionnés, il n'en avait
aucun qui fut avilissant ; il ruinait ses forces, il ne dégradait jamais son cœur. »

Indépendamment des fréquentes secousses fébriles et des ophtalmies réitérées,
« ses entrailles s'étaient affaiblies. Il éprouvait souvent des douleurs sourdes. Ses
jambes s'engorgeaient de temps en temps : les bras et la poitrine étaient attaqués
par intervalles d'un rhumatisme vague, qui n'occasionnait pas des souffrances
aiguës, mais qui ne se terminait aussi par aucune crise complète. » D'autres fois,
« le gonflement passager des jambes, des oppressions, des crispations diaphrag-

[1] Cabanis, *Journal de la maladie et de la mort de H.-G. Riquetti Mirabeau.*

matiques, des malaises douloureux de l'orifice supérieur de l'estomac, affectaient tout à coup et vivement Mirabeau. »

Cabanis attribuait ces sinistres symptômes au dépérissement d'une complexion naguères encore si forte.

Mais une autre conviction alarmait la famille. L'entourage de Mirabeau le croyait incessamment menacé par des attentats soit cachés, soit à force ouverte. D'un côté, des avertissements venus de différentes personnes, notamment du loyal Cazalès, avaient déterminé madame Du Saillant à commettre son fils pour que, bien armé à l'insu de son oncle, et secrètement suivi de domestiques sûrs, il accompagnât Mirabeau, lorsque celui-ci partait tard pour aller à Argenteuil, les samedis de chaque semaine.

D'un autre côté, la famille était persuadée qu'on avait plusieurs fois tenté d'empoisonner Mirabeau, et il n'était pas lui-même éloigné de partager cette opinion, car il avait dit : « Si je croyais aux poisons lents, je ne douterais pas que je ne fusse empoisonné; je me sens dépérir, je me sens consumer à petit feu.. »

Bien plus, il avait eu la connaissance certaine d'un projet d'assassinat.

Enfin, nous tenons de madame Du Saillant que, fort incommodé le lendemain d'un de ses soupers, hors de chez lui, il lui dit : « Tu avais raison, je le sens ; ils me tiennent, ils m'auront. »

C'est au Marais, près d'Argenteuil, que, dans la nuit du samedi au dimanche, 27 mars 1791, il fut attaqué d'une nouvelle colique, moins douloureuse peut-être que les précédentes, mais compliquée d'angoisses inexprimables, dont l'éloignement de tous secours aggravait encore les sinistres impressions.

Dès le premier jour, la maladie de Mirabeau était devenue un intérêt public. Le mardi soir, on accourait de tous côtés pour savoir de ses nouvelles; l'idée qu'il avait couru le plus grand péril, commençait à faire sentir combien cette tête était précieuse..... Sa porte ne cessa tous les jours d'être assiégée par une suite nombreuse d'hommes de tout état, de tout parti, de toute opinion. La rue se remplissait déjà de peuple, et, dans tous les lieux publics, les groupes ne s'entretenaient que de cette maladie qu'on regardait, avec raison, comme un très-grand événement.

Ajoutons que le roi s'associait à la sollicitude générale; que deux fois par jour, ostensiblement, et plus souvent en secret, il envoyait chercher des nouvelles de Mirabeau.....

Le soir (mercredi 30), la société des Amis de la Constitution envoya une députation, à la tête de laquelle était M. Barnave. Le malade fut très-touché de cette marque d'intérêt.

.....La magnanimité de Mirabeau mourant est énergiquement caractérisée par un passage de celui des journaux ultra-démocratiques, qui s'expliqua sur le compte de l'illustre malade avec le plus d'intérêt, de bienveillance et de justice : « Chaque phrase tombée de ses lèvres expirantes décelait une âme étrangère, pour ainsi dire, aux atteintes mortelles de son corps. On eût dit que cet homme extraordinaire assistait à sa propre dissolution, et qu'il n'était que le témoin de son trépas. »

L'autopsie du corps de Mirabeau fut provoquée par un réquisitoire de l'accusateur public du premier arrondissement du département de Paris; ce réquisitoire est motivé dans les termes suivants . « La clameur publique et les regrets

universels du peuple ont annoncé la mort de M. Riquetti l'aîné, ci-devant Mirabeau, décédé aujourd'hui à neuf heures trois quarts du matin. La violence de la
maladie, ses progrès rapides, la promptidude de la mort, peut-être les craintes
exagérées que la célébrité de M. Riquetti, les services qu'il a rendus à la chose
publique, et le malheur des circonstances semblent le justifier jusqu'à un certain
point, ont fait soupçonner que la mort de M. Riquetti pouvait n'être pas naturelle. Pour vérifier le fait, ou pour détruire les soupçons peut-être mal fondés, il
est nécessaire de procéder à l'ouverture et à la visite du cadavre, et de mettre
toute la publicité, toute l'authenticité possible dans cette visite. »

Plusieurs médecins, dit Cabanis, manifestèrent un *grand esprit de sagesse*
lors de l'ouverture du corps.....

Quant aux médecins qui ne manifestèrent pas le *grand esprit de sagesse*, il y
en eut, en effet, plusieurs qui crurent apercevoir des traces de poison. Tels furent
le docteur Chevetel; M. Forestier, maître en chirurgie; M. Paroisse, chirurgien-
major du bataillon des Capucins; MM. Larue et Couad, chirurgiens; M. Rondel,
chirurgien-major de la cavalerie de la garde nationale; M. Soupé, chirurgien di-
visionnaire, l'un des trois opérateurs qui concoururent principalement à l'ouverture du corps. Tous nous ont déclaré, à diverses époques, qu'ils avaient reconnu
des traces indubitables de poison.....

Le terme d'*érosions* fut prononcé, et le docteur Ath. Barbier atteste encore que
cette exclamation fut arrachée par une intime conviction qu'il partageait et qu'il
conserve. Mais J.-J. Sue imposa brusquement silence à ses deux élèves, en leur
disant tout bas: *Il n'est pas empoisonné, il ne peut être empoisonné, entendez-
vous, imprudents! Voulez-vous faire égorger le roi, la reine, et l'Assemblée, et
nous tous?*

M. Rondel nous a déclaré de plus un fait, que M. le baron Ath. Barbier, chirurgien en chef du *Val-de-Grâce* pendant trente ans, se rappelle également, c'est
que, ayant eu un moment sous la main l'estomac, évidemment corrodé et perforé
par quelque substance vénéneuse d'ailleurs inaperçue, il fut distrait par une
question qui lui fit porter les yeux d'un autre côté, et quand il se retourna, après
avoir répondu en peu de mots, voulant continuer son examen, il se trouva que
le viscère avait disparu sans qu'il lui ait été possible de le revoir [1].

Le jour de la mort de Mirabeau, le peuple fit fermer toutes les salles de spectacle; il alla jusqu'à disperser tumultueusement et de vive force, plusieurs lieux
de réjouissances particulières. Exalté par l'enthousiasme universel, un jeune
homme offrit son sang pour opérer une transfusion, si on la jugeait possible et
salutaire. Le département et la municipalité s'imposèrent la loi de porter le deuil
pendant huit jours; plusieurs autres corps administratifs imitèrent cet exemple.
La société des Amis de la Constitution délibéra, le dimanche 3 avril, qu'elle
assisterait en corps aux obsèques; qu'elle porterait le deuil huit jours, qu'elle le
reprendrait chaque année, le 2 avril; qu'elle ferait exécuter en marbre le buste
de Mirabeau. Enfin, au moment où l'on apprenait qu'il avait exprimé, en mourant,

---

[1] Mirabeau paraît avoir éprouvé dans toute son atrocité l'horrible supplice de la péricardite
compliquée, et l'on sait que l'immortel orateur suppliait Cabanis, son médecin, de mettre un
terme à ses angoisses, à son martyre, en lui donnant de fortes doses d'opium. Si Cabanis eut
connu et mis en pratique la méthode (que nous suivons aujourd'hui), il eût sauvé la vie à son
illustre ami, et lui eût épargné de terribles souffrances!

(J. BOUILLAUD, *professeur de clinique médicale à la Faculté de médecine de Paris.*)

le désir d'être inhumé au Marais, à Argenteuil, entre son aïeule et son père, et qu'une députation des sections de Paris demandait que le corps fut déposé au Champ-de-Mars, sous l'autel de la Patrie, tous les contemporains de Mirabeau, anticipant sur l'avenir et se faisant pour lui la postérité même, s'il est permis de parler ainsi, préparaient au grand homme, encore couché sur son lit de mort, un hommage national dont l'histoire ne présente pas d'exemple aussi éclatant.

Le 3 avril, sur la proposition du duc Alexandre de Larochefoucauld, président du département de Paris, présentée à la Chambre par Chapelier, l'Assemblée décréta :

« Art. 1er. Le nouvel édifice de Sainte-Geneviève sera destiné à réunir les cendres des grands hommes, à dater de l'époque de la liberté française.

« Art. 2. Le Corps législatif décidera, seul, à quels hommes cet honneur sera décerné.

« Art. 3. Honoré Riquetti Mirabeau est jugé digne de recevoir cet honneur.

« ..... Seront gravés au-dessus du fronton ces mots : *Aux grands Hommes, la Patrie reconnaissante.* »

Voici le texte du procès-verbal rédigé, le 4 avril, par le président et les commissaires de la section Grange-Batelière, sur le territoire de laquelle avait logé Mirabeau :

« Nous nous sommes rendus..... rue de la Chaussée-d'Antin, au-devant de la maison de M. de Mirabeau, où nous sommes restés jusqu'au moment de la cérémonie, et où nous avons été joints par le juge-de-paix de la section, et M. Cérutti, électeur et membre du département de Paris, chargé, par ses concitoyens de la section, de prononcer en l'église de Saint-Eustache l'éloge funèbre de M. de Mirabeau. Sont survenus M. Tronchet, président, et MM. les membres de l'Assemblée nationale, précédés de M. le commandant-général (M. Lafayette) et de l'état-major de la garde nationale, et accompagnés d'un détachement de cavalerie et d'infanterie ; les membres de la société des Amis de la Constitution, marchant immédiatement après l'Assemblée nationale ; les membres du département de Paris, plusieurs des ministres du roi, une députation du corps municipal ; les membres du corps électoral, escortés aussi des détachements ; une quantité de présidents et commissaires de sections, ces derniers invités à la cérémonie par lettres que nous leur avons écrites le jour d'hier ; et un grand nombre d'officiers et sous-officiers et volontaires de la garde nationale parisienne, députés par les bataillons, sont arrivés dans ladite rue pour assister à ladite cérémonie, etc.

« A cinq heures et demie du soir, le cortége s'est mis en marche ; il était disposé de la manière suivante :

« Un détachement de cavalerie ouvrant la marche ;

« Une députation des sapeurs et canonniers des soixante bataillons, et des vainqueurs de la Bastille ;

« Une députation des Invalides, composée des soldats les plus estropiés et marchant sur les côtés ;

« Une députation de soixante bataillons, précédée de l'état-major de la garde nationale, à la tête duquel était M. de Lafayette, commandant-général ;

« Une partie des Cent-Suisses et de la garde de la prévôté de l'hôtel, mêlés avec ces députations ;

« Une partie du clergé, les Suisses marchant avec ces députations, suivis des tambours et de la musique militaire de la garde nationale ;

« Les membres du Comité, le secrétaire-greffier, le juge-de-paix de la section et M. Cérutti;

« M. le curé de la paroisse Saint-Eustache, accompagné d'une partie du clergé et des enfants-bleus;

« La compagnie du centre du bataillon avec son drapeau, ayant à sa tête M. Derineau, capitaine faisant les fonctions de chef de bataillon;

« Le corps de M. de Mirabeau, orné de la couronne civique et des attributs militaires, entouré de grenadiers et fusiliers du bataillon, ayant les armes basses; il était porté par douze sergents dudit bataillon, qui se sont fait honneur d'un poids aussi glorieux; les coins du drap mortuaire, portés par quatre de MM. les députés de l'Assemblée nationale, nommés, ainsi que M. de Mirabeau, par les communes de la sénéchaussée d'Aix;

« Le cœur, orné d'une couronne de fleurs, porté à la suite du corps;

« (Dans la suite de la marche et sur le boulevart de la Chaussée-d'Antin, la musique militaire a été déplacée et chargée de marcher après le corps.)

« La famille et les personnes portant le deuil de M. de Mirabeau;

« MM. le président et les membres de l'Assemblée nationale, précédés des huissiers, accompagnés d'un détachement des bataillons, des vieillards et des enfants;

« La société des Amis de la Constitution;

« Plusieurs ministres du roi;

« Les membres du département de Paris;

« La députation de la municipalité, plusieurs officiers municipaux des lieux circonvoisins;

« Les juges des tribunaux;

« Les électeurs;

« Les présidents et commissaires des députés des quarante-sept autres sections, un grand nombre de personnes, et un détachement considérable d'infanterie et de cavalerie fermant la marche;

« Le surplus des volontaires du bataillon et plusieurs autres volontaires bordaient la haie.

« A huit heures du soir, le cortége est arrivé dans l'église de Saint-Eustache; l'Assemblée nationale s'est placée au chœur, ainsi que le Comité qui environnait l'autel. Le corps et le cœur de M. de Mirabeau ont été déposés sur une estrade surmontée d'un dais; sa famille s'est aussi placée dans le chœur avec les ministres; les autres corps et membres qui assistaient à la cérémonie, et le clergé, ont rempli soit le chœur, soit la nef, et l'office funèbre a été célébré. . . . .

« Les honneurs militaires ont été rendus à M. de Mirabeau, en faisant plusieurs décharges de mousqueterie dans l'église et de pièces de canon étant sur la place.

« Après l'oraison funèbre de M. Cérutti, le cortége s'est remis en marche pour se rendre à l'ancienne église de Sainte-Geneviève, où le corps doit être inhumé. Le cercueil a toujours été porté par douze sergents du bataillon, qui n'a pas voulu souffrir qu'il fut mis dans un corbillard. Arrivé à Sainte-Geneviève, le clergé s'est trouvé dans la nef.

« L'Assemblée nationale entrée, avec les corps déjà nommés, et la famille et le clergé, M. le curé de Saint-Eustache a présenté le corps et le cœur de Mirabeau. Le corps a été porté et déposé dans un caveau sous le cloître; le cœur a été reporté à la paroisse de Saint-Eustache, accompagné de M. le curé et de son clergé. » . . . .

En rendant compte, le 5 décembre 1792, des papiers trouvés dans l'*armoire de fer*, Rhul ne manqua pas de mentionner ceux où Mirabeau était nommé, sans qu'il y eût d'ailleurs un seul mot de sa main. Un député demanda que l'on retirât du Panthéon les cendres de Mirabeau. La Convention, ce jour-là, se borna à décider, non pas *que sa mémoire serait mise en état d'arrestation*, comme le proposait Manuel, mais que sa statue serait voilée jusqu'à la présentation du rapport, dont, sur l'avis du même Manuel, le comité d'instruction publique fut chargé.

Enfin, onze mois après, le *quindidi* 5 frimaire an II (27 novembre 1793), M. Joseph Chénier apporta son rapport à la Convention ; il présenta comme démonstratifs les documents si vagues dont nous avons ailleurs donné l'analyse ; il rappela et incrimina les principes monarchiques que Mirabeau avait constamment soutenus, avant l'époque à laquelle on rattachait son *apostasie* ; il le montra ne songeant depuis « qu'à rebâtir le despotisme avec des matériaux constitutionnels. » Il conclut en proposant « d'exclure Mirabeau du Panthéon français, » et le décret, rendu séance tenante, fut conçu en ces termes : « La Convention nationale, après avoir entendu le rapport de son comité d'instruction publique, considérant qu'il n'y a point de grand homme sans vertu, décrète que le corps d'Honoré-Gabriel Riquetti Mirabeau sera retiré du Panthéon français. — Le même jour que le corps de Mirabeau sera retiré du Panthéon français, celui de Marat y sera transféré. »

Cependant près de dix mois s'étaient écoulés sans que le décret eût été mis à exécution, et, dans cet intervalle, s'était accomplie, par le grand événement du 9 thermidor, an II (27 juillet 1794), la chute de Robespierre et de ses principaux séïdes, à qui la mémoire de Mirabeau était si justement odieuse ; mais ce n'était encore là que la victoire de quelques complices sur leurs chefs ; ils n'avaient voulu que sauver leur vie ; ils n'avaient frappé le bourreau de la France que parce qu'il allait être le leur ; échappé à sa dictature sanguinaire, ils voulaient l'exercer pour leur compte ; ils préparaient de nouvelles proscriptions aux vivants ; ils ne pouvaient, dès-lors, rétracter celles qu'ils avaient prononcées avec lui contre l'illustre mort. Aussi vit-on, le 21 fructidor (7 septembre 1794), la société des Jacobins demander l'exécution du décret du 5 frimaire ; le 26 fructidor (12 septembre 1794), la Convention nationale, sur le rapport de Léonard Bourdon, fixa l'époque au dernier jour des *sans-culottides*, destiné à célébrer « les victoires de la République et les charmes de la fraternité, etc.; » et l'exécution des deux décrets fut constatée par deux procès-verbaux que nous transcrivons littéralement et *figurativement* d'après la minute originale :

« L'an second de la République française une et indivisible, le cinquième jour « sanculotide (21 septembre 1794), trois heures après-midy en exécution du dé- « cret du 26 fructidor rendu sur la fête de ce jour nous Silvain-Barnabé Lardy « commissaire de police de la section du Panthéon français accompagné des deux « citoyens commissaires de ladite section et du citoyen secrétaire-greffier de la « police avec nous soussigné nous nous sommes rendu au temple du Panthéon « français où étant le cortège de la fête arrivant et s'étant arrêté sur la place « dudit Panthéon un des citoyens huissier de la Convention s'est avancé vers la « porte d'entrée dudit Panthéon y a fait lecture du décret qui exclus d'yceluy les « restes d'Honoré-Riquetti Mirabeau qui aussitôt ont été portés dans un cerceuil

« de bois hors de l'enceinte dudit Temple et nous ayant été remis nous avons
« fait conduire et déposer ledit cercueil dans le lieu ordinaire des sépultures pour
« y demeurer a titre de dépôt jusqu'a nouvel ordre ce qui sera exécuté, et avons
« signé.

« Signé : MORICHON, commissaire ; SAGAULT, commissaire ;
« LARDY ; DESGRANGES, secrétaire-greffier.

« Et le trois desdits mois et an conformément à ce qu'il nous a été prescrit
« par les citoyens membres du comité d'instruction public les citoyens Garnier
« et Parot tous deux commissaires civil de cette section se sont rendu au lieu du
« dépôt dudit cercueil et ont fait distraire celuy de bois, que nous avons fait dé-
« poser aux magasins dudit Panthéon ainsy qu'il résulte du reçu qu'en à donné
« le sieur Soufflot ci-annexé, dans lequel s'est trouvé un morceau contenant le
« nom d'Emberville menuisier qui à fait ledit cercueil de bois, et un morceau de
« parchemin conçu en ces termes *l'an mil sept cent quatre-vingt-onze*, etc, les-
« quelles pièces seront annexé au présent pour le tout être envoyé au comité
« d'instruction public avec expédition du présent.

« Et à l'égard du cercueil de plomb, nous y avons fait faire plusieurs trous pour
« l'évaporation, d'après laquelle il sera avisé ce que de raison et avons
« signé.

« Signé : LARDY, greffier ; DESGRANGES, secrétaire.

« Suit la teneur de l'épitaphe en cuivre rouge étant sur ladite tombe : *Ci-gît
« Gabriel-Honoré Riquetti Mirabeau, député à l'Assemblée nationale, décédé le
« 2 avril 1791, âgé de quarante-deux ans et un mois.* Requlescant (*sic*) in
« pace. »

(*Mémoires de Mirabeau.*)

MAISTRE (Joseph de). — Le torrent révolutionnaire a pris successivement différentes directions; et les hommes les plus marquants dans la Révolution n'ont
acquis l'espèce de puissance et de célébrité qui pouvait leur appartenir, qu'en suivant le cours du moment : dès qu'ils ont voulu le contrarier, ou seulement s'en
écarter en s'isolant, en travaillant trop pour eux, ils ont disparu de la scène.

Voyez ce Mirabeau, qui a tant marqué dans la Révolution. Au fond, c'était
le roi de la halle. Parmi les crimes qu'il a faits, et par ses livres qu'il a fait
faire, il a secondé le mouvement populaire. Il se mettait à la suite d'une masse
déjà mise en mouvement, et la poussait dans le sens déterminé; son pouvoir
ne s'étendit jamais plus loin; il partageait avec un autre héros de la Révolution
le pouvoir d'agiter la multitude, sans avoir celui de la dominer, ce qui forme
le véritable cachet de la médiocrité dans les troubles politiques.

Des factieux moins brillants, et en effet plus habiles et plus puissants que lui
se servaient de son influence pour leur profit. Il disait en mourant, *que s'il avait
vécu, il aurait rassemblé les pièces éparses* de la monarchie; et lorsqu'il avait
voulu, dans le moment de sa plus grande influence, viser seulement au ministère, ses subalternes l'avaient repoussé comme un enfant.

Enfin, plus on examine les personnages en apparence les plus actifs à la
Révolution, et plus on trouve en eux quelque chose de passif et de mécanique.
On ne saurait trop le répéter, ce ne sont point les hommes qui mènent la Révolution, c'est la Révolution qui emploie les hommes. On dit fort bien, quand on dit
qu'elle va toute seule. Cette phrase signifie que jamais la Divinité ne s'était

montrée d'une manière si claire dans aucun événement humain. Si elle emploie les instruments les plus vifs, c'est qu'elle punit pour régénérer.

(Considérations sur la France.)

MICHELET. — Mirabeau était présent[1], et il attirait tous les regards. Son immense chevelure, sa tête léonine, marquée d'une laideur puissante, étonnaient, effrayaient presque; on n'en pouvait détacher les yeux. C'était un homme celui-là, visiblement, et les autres étaient des ombres; un homme malheureusement de son temps et de sa classe, vicieux comme l'était la haute société du temps, scandaleux, de plus, bruyant et courageux dans le vice : voilà ce qui l'avait perdu. Le monde était plein du roman de ses aventures, de ses captivités, de ses passions; car il avait eu des passions violentes et furieuses... Qui alors en avait de telles? Et la tyrannie de ces passions exigentes et abondantes, l'avait souvent mené bien bas... Pauvre par la dureté de sa famille, il eut les misères morales, les vices du pauvre, par dessus les vices du riche. Tyrannie de la famille, tyrannie de l'Etat, tyrannie morale, intérieure, celle de la passion... Ah! personne ne devait saluer avec plus d'ardeur cette aurore de liberté. Il ne désespérait pas d'y trouver la liberté, le renouvellement de l'âme, il le disait à ses amis[2]. Il allait renaître jeune avec la France, jeter son vieux manteau taché... Seulement, il fallait vivre encore; au seuil de cette vie nouvelle qui s'ouvrait, fort, ardent, passionné, il n'en était pas moins entamé profondément; Son teint était altéré, ses joues s'affaissaient... N'importe! il portait haut sa tête énorme, son regard était plein d'audace. Tout le monde pressentait en lui la grande voix de la France.

. . . .

Le grand écrivain du temps, âme naïve, jeune, ardente, qui en représente le mieux les passions, les fluctuations, je parle de Desmoulins, varie étonnamment en quelques jours dans son jugement sur Mirabeau, et finit par porter sur lui l'arrêt le plus accablant. Nul spectacle plus curieux que celui de ce violent nageur, battu, comme par la vague, de la haine à l'amitié, enfin échoué à la haine.

D'abord, dès qu'il le sait malade, il se trouble, et tout en l'attaquant encore, il laisse échapper son cœur, il rappelle les services immortels que Mirabeau rendit à la Liberté. « Tous les patriotes disent, comme Darius dans Hérodote : Histiée a soulevé l'Ionie contre moi, mais Histiée m'a sauvé quand il a rompu le pont de l'Ister. »

« Mais Mirabeau se meurt, Mirabeau est mort! *De quelle immense proie la mort vient de se saisir!* J'éprouve encore en ce moment le même choc d'idées, de sentiments, qui me fit demeurer sans mouvement et sans voix, devant cette tête pleine de systèmes, quand j'obtins qu'on me levât le voile qui la couvrait, et que j'y cherchais encore son secret. C'était un sommeil, et ce qui me frappa au-delà de toute expression, telle on peint la sérénité du juste et du sage. Jamais je n'oublierai cette tête glacée, et la *situation déchirante* où sa vue me jeta...»

Huit jours après, tout est changé! Desmoulins est un ennemi. La nécessité d'éloigner les affreux soupçons qui planaient sur les Lameth jette le mobile écrivain dans une violence terrible. L'amitié lui fait trahir l'amitié!... Sublime enfant! mais sans mesure, toujours extrême en tout sens!

---

[1] Il s'agit ici de l'ouverture des Etats-Généraux.

[2] Etienne Dumond. *Souvenirs*, p. 27. (*Note de l'auteur.*)

« Pour moi lors qu'on m'eut levé le drap mortuaire, à la vue d'un homme que j'a-
vais idolâtré, j'avoue que je n'ai pas senti venir une larme, et que je l'ai regardé d'un
œil aussi sec que Cicéron regardait le corps de César percé de vingt-trois coups. Je
contemplais ce superbe magasin d'idées, démeublé par la mort ; je souffrais de ne
pouvoir donner des larmes à un homme, et qui avait un si beau génie, et qui avait
rendu de si éclatants services à sa patrie, et qui voulait que je fusse son ami. Je
pensais à cette réponse de Mirabeau mourant à Socrate mourant, à sa réfutation
du long entretien de Socrate sur l'immortalité, par ce seul mot : *Dormir*. Je considérais son sommeil ; et ne pouvant m'ôter l'idée de ses grands projets contre
l'affermissement de notre liberté, et jetant les yeux sur l'ensemble de ses deux
dernières années sur le passé, et sur l'avenir ; à son dernier mot, à cette profession de matérialisme et d'athéisme ; je répondais aussi par ce seul mot : *Tu
meurs.* »

Non, Mirabeau ne peut mourir. Il vivra avec Desmoulins. Celui qui appelait le
peuple au 12 juillet 89, celui qui, le 23 juin, dit la grande parole du peuple à la
vieille monarchie, le premier orateur de la Révolution, et son premier écrivain,
vivront toujours dans l'avenir et rien ne les séparera.

Sacré par la Révolution, identifié avec elle, avec nous par conséquent, nous
ne pouvons dégrader cet homme sans nous dégrader nous-mêmes, sans décou-
ronner la France.

Le temps qui révèle tout, n'a d'ailleurs rien révélé qui motive réellement le reproche de trahison. Le tort réel de Mirabeau fut une erreur, une grave et funeste
erreur, mais alors partagée de tous à des degrés différents. Tous alors, les
hommes de tous les partis, depuis Cazalès et Maury, jusqu'à Robespierre, jusqu'à
Marat, croyaient que la France était royaliste, tous voulaient un roi. Le nombre
des républicains était vraiment imperceptible.

Mirabeau croyait qu'il faut un roi fort, ou point de roi. L'expérience a prouvé
contre les essais intermédiaires, les Constitutions bâtardes, qui, par les vices du
mensonge, mènent aux tyrannies hypocrites.

Le moyen qu'il propose au roi pour se relever, c'est d'être plus révolutionnaire que l'Assemblée même.

Il n'y eut pas trahison, mais il y eut corruption.

Quel genre de corruption ? l'argent ? Mirabeau, il est vrai, paraît avoir reçu des
sommes qui devaient couvrir la dépense de son immense correspondance avec
les départements, une sorte de ministère qu'il organisait chez lui. Il se dit ce mot
subtil, cette excuse qui n'excuse pas : qu'on ne l'avait point acheté, *qu'il était
payé, non vendu.*

Il y eut une autre corruption. Ceux qui ont étudié cet homme la comprendront
bien. La romanesque visite de Saint-Cloud, au mois de mai 90, le trouble du fol
espoir d'être le premier ministre d'un roi ? Non, mais d'une reine, une sorte
d'époux politique, comme avait été Mazarin. Cette folie resta d'autant mieux dans
son esprit, que cette unique et rapide apparition fut comme une sorte de songe
qui ne revint plus, qu'il ne put comparer sérieusement avec la réalité. Il en
garda l'illusion. Il la vit, comme il la voulait, une vraie fille de Marie-Thérèse,
violente, mais magnanime, héroïque. Cette erreur fut d'ailleurs habilement cul-
tivée, entretenue. Un homme lui fut attaché jour et nuit, M. de La Marck, qui
lui-même aimait beaucoup la reine, beaucoup Mirabeau, et qui, ne le quittant pas,
fortifia toujours en lui ce rêve du génie de la reine... Si belle, si malheureuse, si

courageuse! Une seule chose lui manquait, la lumière, l'expérience, un conseil hardi et sage, une main d'homme où s'appuyât la forte main de Mirabeau! Telle fut la véritable corruption de celui-ci, une coupable illusion de cœur, pleine d'ambition, d'orgueil.

Maintenant, assemblons en jury les hommes irréprochables, ceux qui ont le droit de juger, ceux qui se sentent par eux-mêmes, *purs d'argent*, ce qui n'est pas rare, *purs de haine*, ce qui est rare. (Que de puritains qui préfèrent à l'argent la vengeance et le sang versé!...) Assemblés, interrogés, nous nous figurons qu'ils n'hésiteront pas à décider comme nous:

Y eut-il trahison?... Non.

Y eut-il corruption?... Oui.

Oui, l'accusé est coupable. — Aussi, quelque douloureuse que la chose soit à dire, il a été justement expulsé du Panthéon.

La Constituante eut raison d'y mettre l'homme intrépide qui fut le premier organe, la voix même de la liberté. — La Convention eut raison de mettre hors du temple l'homme corrompu, ambitieux, faible de cœur, qui aurait préféré à la patrie une femme et sa propre grandeur.

. . . .

Nous ne croyons pas à la légitimité des peines éternelles. C'est assez pour ce pauvre grand homme de cinquante ans d'expiation. La France, n'en doutons pas, dès qu'elle aura des jours meilleurs, ira le chercher dans la terre, et le remettra où il doit rester, dans son Panthéon; l'orateur de la Révolution aux pieds des créatures de la Révolution, Descartes, Rousseau, Voltaire. L'exclusion fut méritée, mais le retour est juste aussi. Pourquoi lui envierions-nous cette sépulture matérielle, quand il en a une morale dans le souvenir reconnaissant, au cœur même de la France?

(*Histoire de la Révolution française.* — t. ii.)

MIGNET. — Mirabeau obtint à la tribune le même ascendant que Siéyès dans les comités. C'était un homme qui n'attendait qu'une occasion pour être grand. A Rome, dans les beaux temps de la République, il eût été un des Gracques; sur son déclin, un Catilina; sous la Fronde, un cardinal de Retz; et dans la décrépitude d'une monarchie où un être tel que lui ne pouvait exercer ses immenses facultés, que dans l'agitation, il s'était fait remarquer par la véhémence de ses passions, les coups de l'autorité, une vie passée à commettre des désordres et à en souffrir. A cette prodigieuse activité il fallait de l'emploi; la Révolution lui en donna; habitué à la lutte contre le despotisme, irrité des mépris d'une noblesse qui ne le valait pas, et qui le rejetait de son sein; habile, audacieux, éloquent, Mirabeau sentit que la Révolution serait son œuvre et sa vie. Il répondait aux principaux besoins de son époque. Sa pensée, sa voix, son action, étaient celles d'un tribun. Dans les circonstances périlleuses il avait l'entraînement qui maîtrise une assemblée; dans les discussions difficiles, le trait qui les termine; d'un mot il abaissait les ambitions, faisait taire les inimitiés, déconcertait les rivalités. Ce puissant mortel, à l'aise au milieu des agitations, se livrant tantôt à la fougue, tantôt aux familiarités de la force, exerçait dans l'Assemblée une sorte de souveraineté. Il obtint bien vite une popularité immense, qu'il conserva jusqu'au bout, et celui qu'évitaient tous les regards lors de son entrée aux États, fut à sa mort porté au Panthéon, au milieu du deuil et de l'Assemblée et de la France. Sans la Révolution

Mirabeau eût manqué sa destinée ; car il ne suffit pas d'être grand homme, il faut venir à propos.   (*Révolution française*, 5ᵉ éd., t. i, ch. iii.)

NETTEMENT. — La race dont Mirabeau sortait était originaire de Florence. Les Arrighetti avaient été obligés de quitter cette ville à l'époque des guerres des Guelfes et des Gibelins. C'étaient des hommes de parti, de haute taille, aristocrates turbulents, de tout temps initiés aux factions civiles ; et la chaleur de leur sang n'avait pas dégénéré sous le ciel brûlant de la Provence, à laquelle ils avaient demandé l'hospitalité depuis plusieurs siècles. Alliés aux premières familles du pays, il s'étaient enrichis par le commerce à Marseille, cette ville si essentiellement commerçante que le négoce n'y fit jamais déroger. Leur race avait produit plusieurs hommes remarquables, d'intrépides généraux, presque toujours d'un caractère aussi indomptable que leur courage, des esprits d'une indépendance républicaine et d'une hauteur aristocratique, lorsqu'elle enfanta Gabriel-Honoré de Mirabeau.

A trois ans, il avait eu une petite vérole très-maligne, qui, grâce à un cataplasme d'empirique que sa mère lui appliqua sur la face, y laissa des traces profondes. Gabriel-Honoré ne ressembla pas mal, après cette époque, à l'un des anges foudroyés, dont le front atteste le ravage de la foudre. « Ton neveu, écrivait le marquis de Mirabeau à son frère, est laid comme le neveu de Satan. » On a beaucoup recherché la cause de la conduite dure et cruelle du marquis de Mirabeau envers son fils, et de la manière injurieuse dont il le juge dès sa plus tendre enfance. Cette cause n'est pas difficile à trouver pour ceux qui étudient le caractère de ces deux personnes : le premier était absolu, le second indomptable. Le père, qui affichait la mission de chef de secte et de Mahomet des sciences économiques, aurait aimé à ne rencontrer chez lui que des Séïdes ; et Gabriel-Honoré de Mirabeau n'avait aucune vocation pour ce rôle. Il y avait donc incompatibilité entre les défauts du père et ceux du fils. Si vous ajoutez à cela que le marquis de Mirabeau s'était de bonne heure séparé de sa femme, et l'avait remplacée par une étrangère (madame de Pailly), qui haïssait naturellement le fils, comme le représentant et le souvenir de l'épouse légitime, vous comprendrez toute la rigueur d'une éducation pendant laquelle l'indulgence de la mère ne s'assit pas au foyer domestique entre le despotisme du père et l'indépendance du fils.

Dans le voyage que Mirabeau fit en 1771 dans le Midi, pour arranger les démêlés qui s'étaient élevés entre les hommes d'affaires de son père et les communes, son mariage avec mademoiselle Corande Marignane se noua... Il fallut que Mirabeau emportât ce mariage de haute lutte. Il avait pour concurrents toute la noblesse de Provence, les d'Albertas, les Valbelle, les Caumont, les Chabrillants, les Lavalette. On regardait le mariage de ce dernier, avec mademoiselle de Marignane, comme conclu. Mirabeau qui, comme il le dit dans une lettre, ne « reconnaissait rien d'invincible et fort peu d'inattaquable, » rompit cette affaire, presque arrangée, en exerçant sur toutes les femmes de la famille de celle qu'il voulait épouser, et sur elle-même, cet ascendant qui le suivait partout.

... Interdit, condamné à résider à Manosque, il écrit son *Essai sur le despotisme*... Bientôt il rompt son banc pour réconcilier deux personnes, a le malheur de voir cette rupture constatée officiellement à la suite du procès suscité par la correction qu'il donne à un gentilhomme qui avait insulté sa sœur, est tranféré au château d'If d'après les sollicitations de son père; puis, comme il a mis le gouverneur sous le joug de cette influence persuasive à laquelle tout cède, il se voit enfermé, le 23 mai 1775, au fort de Joux, situé sur les frontières de la Suisse.

A peu de distance du fort de Joux, se trouve la petite ville de Pontarlier. La maison la plus considérable de cette ville était celle du marquis de Monnier, ancien président de la Cour des comptes, à Dôle, qui, à l'âge de soixante-dix ans, avait épousé une jeune femme de dix-huit ans pour exhéréder sa fille, mariée sans son consentement. Le marquis de Monnier accueillit Mirabeau avec une bonté toute paternelle; il se plaisait à lui entendre raconter ses malheurs et jusqu'à ses fautes, et lui prodiguait des consolations et des conseils. Un autre auditeur écoutait avec plus d'attention et de plaisir encore ce dangereux narrateur; c'était la jeune marquise de Monnier, alors âgée de vingt-quatre ans, nouvelle Desdémona suspendue aux lèvres d'un autre Othello. Les femmes se laissent prendre comme les assemblées aux fascinations de la parole, et ce devait être un éloquent orateur que Mirabeau à vingt-sept ans, prodiguant, pour gagner le cœur d'une maîtresse, les trésors de génie qui lui livrèrent plus tard les destinées d'un peuple, et étendant sur Sophie de Ruffey cette parole, sceptre royal, par lequel il régna sur les assemblées. Cependant il semble que Mirabeau ait hésité avant de mettre entre lui et sa femme le scandale de cette liaison. On ne peut guère douter que, se défiant de lui-même, il ait voulu prévenir ses entraînements en provoquant la présence de la comtesse. La comtesse ne vint pas, et Mirabeau se précipita dans sa passion. Ce ne fut pourtant qu'après bien des hésitations, et sur les instances réitérées de madame de Monnier, que, quittant la Suisse où il s'était réfugié, il revint pour favoriser sa fuite. Partis le 17 septembre 1776 de Vessières pour la Hollande, Mirabeau et Sophie entrèrent à Amsterdam le 17 octobre. Comme au crime de sa fuite, madame de Monnier n'avait pas ajouté l'ignominie d'un vol domestique, il fallut songer, en arrivant, à trouver des moyens de subsistance. Mirabeau dut attendre pendant quelque temps la confiance hollandaise des libraires d'Amsterdam, toujours tardive à se manifester. Enfin il obtint quelques occupations, et grâce à un travail opiniâtre qui durait jusqu'à douze heures, il put gagner un louis par jour... Une condamnation pour rapt et séduction, émanée du baillage de Pontarlier, intervint contre Mirabeau et sa complice. Le premier était condamné à avoir la tête tranchée, la seconde à être enfermée, sa vie durant, dans une maison de refuge de Besançon, et à être rasée et flétrie comme les filles de la communauté.

... Arrêtés, séparés et conduits en France, Mirabeau fut enfermé au donjon de Vincennes, tandis que Sophie était incarcérée dans l'établissement de mademoiselle Douynie, rue de Charonne; c'était une sorte de maison de correction... Par une tolérance qui peint l'époque, le lieutenant de police Lenoir, ou plutôt M. Boucher, commis principal au secret, permit aux deux amants de correspondre, à condition que la correspondance passerait sous ses yeux, et que les originaux demeureraient dans les cartons de la police. C'est là que Manuel, procureur de la commune, les trouva, treize ans plus tard, et s'en empara pour les publier. Cette correspondance avait fini par être un mauvais livre. La captivité, qui améliore tant d'hommes, pervertit celui-ci. Toute issue lui étant fermée, il se développait du côté du vice; sous d'autres points de vue encore, la correspondance de Vincennes a quelque chose d'abominable...

A côté de cette correspondance secrète, Mirabeau en entretenait une plus ho-

norable et aussi active, où il pouvait donner carrière à son génie. En entrant à
Vincennes, sa pensée est d'en sortir. Pendant quatre ans il marche à ce but, avec
une puissance de volonté et une fécondité de moyens incomparables. D'abord tout
le monde est contre lui, sa famille, le ministère, le public, la police ; à la fin, il a
rangé tout le monde de son parti. Son père, persuadé le dernier, comprend que si
le captif ne sort point par lui, il sortira sans lui ; alors il se décide à mettre un terme
à cette longue prison, et, dans ce moment, il ne peut, en dépit de toutes ses préventions, s'empêcher de reconnaître l'habileté haute et digne avec laquelle Mirabeau
traite l'affaire de sa mise en liberté. Cette volumineuse correspondance si passionnée, si éloquente, ajoutée à la correspondance secrète, si brillante, si désordonnée, n'a pas suffi encore à l'immense activité du captif. Homère, Ovide, Catulle,
Properse, Tibulle, Le Tasse, Tacite, Silvius Italicus, traduits en totalité ou en partie ;
une grammaire générale, un drame, une tragédie composés, des dissertations de
tous genres sur les troupes réglées, sur les maisons religieuses, sur tous les sujets ;
des vues et des directions politiques adressées au roi et à la reine, comme si, par une
merveilleuse intuition, le captif de Vincennes devinait qu'il tendrait un jour à cette
grande et malheureuse reine son bras de géant pour l'inviter à y appuyer la monarchie ; des projets d'embellissements pour Paris, qui présageaient et indiquaient
la plupart des travaux qui ont été accomplis depuis, entre autres le pont construit
devant le Jardin-des-Plantes et celui qui regarde l'Hôtel des Invalides, le perce-
ment de la rue qui ouvre à la place Vendôme une issue sur les boulevarts ; plusieurs ouvrages originaux, tels que *les Lettres de cachet*, rugissement du lion
captif qui mord les barreaux de sa cage, voilà une partie des immenses labeurs
de Mirabeau. Cette intelligence, aux appétits de cyclope, dévorait tout et ne se
donnait le temps de rien digérer. Encore n'avons-nous pas parlé de plusieurs livres
érotiques, prostitution du talent, à l'aide desquels Mirabeau, suppléant à l'insuffisante pension de six cents livres que lui faisait l'avarice paternelle, pourvoyait aux
besoins de Sophie, aux siens, et au paiement de la nourrice de l'enfant qu'il en
avait eu ; triste fruit du vice que le produit de la peinture du vice servait peut-être
à alimenter.

On hésita longtemps avant de savoir dans laquelle de ces deux luttes judiciaires
(la purge de la contumace de Pontarlier, et la réunion avec la comtesse de Mirabeau) on s'engagerait d'abord ; mais l'on finit par comprendre que tant que la
contumace de Pontarlier ne serait point purgée, il n'y aurait, du côté de la Provence, aucun espoir d'arriver à un dénouement... Bientôt, de sa position d'accusé,
il se fit un rôle, de sa prison une tribune, et ses *Mémoires* pleins d'éloquence eurent un succès d'enthousiasme et rangèrent l'opinion de son côté...

Son père, désolé de la publicité des Mémoires, qui ne présentaient pas sous un
beau jour à l'opinion celui qui avait été le promoteur de la longue captivité de
Vincennes, entra dans des transports de colère, et fit ouvrir une négociation par
son gendre, M. du Saillant, pour amener une transaction. Mirabeau fut inflexible ;
il laissa la négociation secrète suivre son cours, et continua publiquement la guerre
des mémoires. Quand enfin il transigea, il reçut ses ennemis à merci. La procédure cassée, son absolution prononcée, Mme de Monnier recouvrant sa dot et recevant une pension viagère, telles avaient été les premières conditions imposées par
Mirabeau ; il fallut les subir.

Le 20 mars 1783, il était devant le tribunal, et plaidait lui-même sa cause (sa
réunion à madame la comtesse de Mirabeau). Le concours fut immense. Toute la

Provence accompagnait M. de Marignane. Trois Anglais, parmi lesquels on remarquait lord Péterborough, osèrent seuls assister Mirabeau de leur présence. Ce jour-là devait se manifester le terrible talent qui renversa la monarchie. Dans son plaidoyer, Mirabeau se révéla tout entier ; il courba la tête de M. de Marignane, lui arracha, à ce qu'assurent les correspondances du temps, des larmes à luimême, effraya Portalis soutenu par vingt avocats qu'on avait consultés pour que la partie adverse ne pût les avoir, et se retira au milieu des applaudissements universels.

. . . .

Ce fut dans un de ces plaidoyers (demande de Mirabeau de réunion avec sa femme) que, se trouvant en face de Portalis qu'on avait choisi à cause de ses emportements, il l'accabla de sa supériorité et le foudroya de son éloquence, si bien qu'il fallut emporter cet autre Eschine évanoui et terrassé par un autre Démosthènes qui, pendant un plaidoyer de cinq heures, pesa sur lui de tout le poids de son génie. Avec cela cependant Mirabeau perdit son procès.

Certes, à n'étudier que le procès et à ne considérer que l'incident sur lequel l'arrêt était rendu, cet arrêt pouvait paraître peu motivé ; la publication de la correspondance secrète de Vincennes, où la comtesse de Mirabeau est indignement calomniée, le motiva rétroactivement ; si donc alors il n'était pas juste, il se trouva plus tard équitable. Quoi qu'il en soit, l'événement de ce procès eut une grande et fâcheuse influence sur la destinée de Mirabeau Encore une fois, ses tentatives pour rentrer dans la vie régulière, dans la vie sociale étaient déjouées.

Pendant six ans encore, il devait attendre sa destinée. Il éparpilla ces six années dans toutes les questions et dans tous les excès ; dans ceux du travail comme dans ceux du plaisir. Voyant échouer, par l'opposition de son père, l'espoir qu'il avait conçu de faire réformer l'arrêt rendu en Provence, il s'embarque pour l'Angleterre, en partie pour éviter les poursuites que doit susciter contre lui la publication d'un mémoire où il attaque le garde-des-sceaux, M. de Miromesnil, en partie pour recueillir les documents qui lui sont nécessaires pour écrire son ouvrage contre l'*Ordre de Cincinnatus*. Il était dans la destinée de son intelligence de toucher à tous les hommes et à toutes les questions de son siècle, et la jeune Amérique qui se levait avait attiré ses regards. Au lieu d'une brochure qui suffisait au sujet, il écrit un ouvrage diffus et lourd qui doit procurer quelques ressources de plus à sa triste fortune: Il ne faut point l'oublier, son père l'ayant abandonné, il vivait de sa plume, circonstance qui explique la diffusion et la défectuosité de la plupart de ses écrits. A côté de l'écrivain plein d'intelligence qui écrivait sa pensée, il y avait l'ouvrier qui gagnait son pain, et le premier de ces deux hommes était sans cesse dominé par le second. Au moment de la publication de l'ouvrage contre l'*Ordre de Cincinnatus*, Mirabeau se trouva en correspondance avec Champfort. Champfort, cet homme de tant d'esprit et de si peu de génie, s'était fait le pédagogue de ce rude et puissant écolier littéraire ; ce persiffleur éternel des naïvetés d'autrui eut la naïveté insolente de protéger Mirabeau.

Mirabeau, bientôt revenu de l'Angleterre (1785) qu'il avait admirée du premier coup d'œil, jugée du second, continua à aiguiser ses armes dans le pamphlet et dans le libelle. Sa situation, assiégée par le besoin, flétrie par le mépris, ulcérée par l'abandon, était trop naturellement pleine des rancunes et des souffrances démocratiques, pour qu'il ne fût pas démocrate. Aussi, comme un bravo de cette Florence, la patrie de sa race, poignardait-il la société ancienne en détail et à coup de stylet au coin de chaque ruelle, en attendant qu'il levât sur elle sa parole comme une massue. S'il fallait en croire les écrits du temps, les hontes de la vénalité, cet égoût toujours ouvert sur la vie de la prodigalité indigente, seraient venues mêler leurs boues à cette existence qui se précipitait semblable au torrent. Ses passions nues et insatiables étaient, dit-on, toujours à louer et prenaient de toutes mains.

Où s'arrête la vérité, où commence la calomnie dans ces accusations, c'est ce qu'il est difficile de dire. On peut croire que dans plusieurs des polémiques qu'il soutint soit contre la liberté de l'Escaut, soit contre différents établissements financiers, ses amitiés et ses relations entraînèrent ses convictions ; or, comme Mirabeau empruntait toujours et de toutes mains, il est présumable que lorsqu'il plaida l'intérêt des détenteurs des fonds publics contre les entreprises particulières de la banque espagnole de Saint-Charles, des eaux de Paris et de la caisse d'escompte sur lesquelles les joueurs de la hausse avaient dirigé l'essor de tous leurs capitaux, il empruntait aussi volontiers à ses amis et à ses clients qu'à ses adversaires. Mais il importe de reconnaître aussi que relativement à la banque de Saint-Charles, établissement étranger qui absorbait nos fonds, comme aussi dans sa querelle avec les agioteurs, il soutint les vrais principes financiers avec une éloquence qui n'aurait demandé qu'à être moins violente et moins entachée de personnalités pour être tout à fait digne de louanges. Ce fut dans la guerre qu'il avait entreprise contre la compagnie des eaux de Paris qu'il rencontra pour adversaire Beaumarchais. Il l'accabla de sa furieuse dialectique, éteignit le feu de ses épigrammes sous le poids de ses invectives redoutablement éloquentes et odieusement personnelles. Figaro était devenu vieux et digne. Il fut clair, précis et froid, et soutint la lutte, rompant sans engager le fer. C'était le combat d'un fleuret émouché contre une massue. Beaumarchais fut l'homme de sa cause et non l'homme de son talent ; ce scandale vieilli et énervé recula épouvanté devant ce scandale fleurissant de jeunesse, de puissance et de génie, qu'on appelait Mirabeau.

. . . .

Mirabeau, qui avait cherché un refuge en Allemagne, conçut alors l'idée de son grand ouvrage sur la monarchie prussienne. Il alla à Berlin, obtint un accueil flatteur du grand Frédéric, l'admira et recueillit, pour ainsi dire, le dernier rayon de cette intelligence qui allait s'éteindre. Quelques écrits, entre autres son ouvrage en faveur des juifs et sa lettre sur Lavater et Cagliostro, remplirent ses journées vouées à ce travail opiniâtre qui était devenu pour lui une habitude, sans pourtant l'empêcher de voir le monde, car Mirabeau suffisait à tout ; il vivait à la fois avec les livres et avec les hommes. Ses affaires particulières et surtout le réglement de sa pension dotale l'ayant ramené à Paris, ses amis le rapprochèrent du ministère. Il repartit trois mois après (juillet 1785) pour Berlin, avec mission de surveiller le changement de règne qui pouvait amener les plus graves complications pour la France, à qui l'Angleterre cherchait partout des embarras et des ennemis. Le ministère avait demandé à Mirabeau un mémoire sur la situation de l'Europe ; il lui remit un tableau plein de vérités hardies, qui tenait à la fois de l'histoire et du pamphlet. Arrivé à Berlin le 12 juillet 1786, il continua sa correspondance jusqu'au 19 janvier 1787, époque de son retour en France. Cette mission initia Mirabeau à la politique étrangère. Soixante-six let-

tres où la solidité de son jugement se laisse voir sous les bigarrures de son imagination, attestent que son intelligence se pliait à tout. La chose qu'il faisait semblait toujours celle à laquelle la nature l'avait destiné. Il se trouvait diplomate
comme il s'était trouvé tour à tour orateur, financier, publiciste. Non content de
sa correspondance diplomatique, il conduisait de front ses autres occupations,
et c'est à cette époque qu'il écrivit à l'héritier du grand Frédéric, une lettre de
direction politique et de conseils, remarquable par le fond, malgré l'emphase de
la forme. Ce penchant à conseiller les gouvernements était naturel à Mirabeau; il
jugeait la partie des autres en attendant la sienne.

(*Gazette de France.*)

NISARD. — Mirabeau apprend à mesure qu'il écrit, écrit à mesure qu'il apprend.
Concevoir et produire sont chez lui deux choses simultanées; en même temps qu'il
lit, il juge; en même temps qu'il juge, il prend la plume; sa main court à la suite
de son esprit, où son esprit à la suite de sa main; il pense et écrit à tire-d'aile;
mais il n'écrit que parce qu'il ne peut pas parler. Tâchez de comprendre comment
un homme né pour les luttes de la parole, pour les longues improvisations, pour
rendre les idées en même temps et par le même effort qu'il les reçoit; comment
cet homme, tour à tour emprisonné, exilé, ne trouvant dans toutes ces solitudes
personne à qui parler, n'ayant autour de lui que des murs sans écho ou des
geôliers sans intelligence, cherche à s'épancher sur ce papier, où semble s'entasser son écriture, comme s'il craignait quelque jour d'en manquer. Sa plume, libre
et déchaînée, remplace sa parole interdite et mise sous les verroux. Voilà pourquoi
Mirabeau est écrivain comme on est orateur; c'est l'orateur empêché, comprimé,
qui se soulage par la voie de l'écrivain. Son style est empêché, abondant, peu
coupé, comme sera quelque jour sa parole; et il donne sa période pleine et peu
variée, comme il donnera sa phrase oratoire, de toute l'haleine d'une vaste poitrine, de la poitrine des Mirabeau. Il semble que tout ce qui a été écrit a été
parlé, et qu'une main mal cachée sténographiait à son insu ses allocutions solitai-
res. Mirabeau n'est écrivain qu'en attendant, vienne une révolution, une Assemblée, une tribune, il jettera la plume pour prendre la parole.

(Extrait du *National* du 4 juillet 1834.)

POUJOULAT. — Mirabeau, c'est le dix-huitième siècle fait orateur. Il est tout simple qu'on lui donne pour compagnons au Panthéon, Voltaire et Rousseau, quoique celui-ci pourtant eût fort peu goûté l'impiété extravagante des *Lettres
à Sophie*. Mirabeau n'adore que les choses du temps, ne croit à rien, et dit même
quelque part que s'il était assez faible pour avoir besoin d'une croyance, notre
religion serait la dernière qu'il choisirait. Il pense sérieusement que le peuple
ne saurait comprendre l'unité de Dieu, et que la multiplicité des dieux est le
dogme le plus favorable à la tranquillité de la société humaine! Ce qui lui dé-
plaît ensuite dans le christianisme, c'est que tout le monde y est peuple. Il y a
de grands esprits qui ne comprennent rien à la religion; Mirabeau fut de ce
nombre. Les immoralités de sa vie avaient obscurci en lui ce côté de l'entén-
dement par où nous arrive le sens des divines choses.

En 1778, Mirabeau, prisonnier à Vincennes, supplia qu'on lui permît de s'en
aller en Amérique. Si son père, l'impitoyable *ami des hommes*, eût écouté ce
vœu, peut-être Mirabeau, emporté par d'autres événements et un autre béu-

rant d'idées, ne serait point arrivé aux Etats-généraux, ou bien y aurait pris un autre rôle. Les grands coups que frappa d'abord son génie oratoire à l'Assemblée nationale furent une vengeance contre les oppressions de sa jeunesse. Ce ne sont pas des convictions, mais des blessures, qui firent de Mirabeau l'Hercule de la Révolution. Dans une lettre de 1777, il parle du *gouvernement doux de ce pays* et de Louis XVI, *père commun de tous les Français*. Comme Voltaire, il avait rompu avec le christianisme, et comme lui, il aurait défendu le pouvoir politique. Mirabeau était fait pour être le ministre d'une monarchie menacée par les révolutions. Cette montagne de mépris qui pesait sur lui, et que soulevaient à peine les plus rares prodiges d'éloquence, fut le malheur de sa destinée et s'établit comme une infranchissable barrière entre son génie et la confiance de Louis XVI. Il y avait déjà trop de ruines quand l'or de la cour solda son éloquence et ses conseils; et d'ailleurs le génie soldé ne sauva jamais un empire. Mais on ne peut se défendre d'une émotion très-vive en voyant les derniers temps de Mirabeau si sincèrement, si vigoureusement dévoués à la monarchie, qu'il s'efforce de retenir sur la pente rapide où le gouffre l'attend, cette pente où il l'a lancée lui-même. Dieu fait gronder la tempête, et puis tout à coup il nous rend le calme et le bleu du ciel; ainsi ne fait pas la main de l'homme, elle déchaîne et ne peut plus retenir. Mirabeau, âme de feu, esprit juste, homme d'Etat très-fort, orateur grandiose et incomparable, n'eût le temps que de déployer sa colère, et le monde n'a pu qu'entrevoir le reste. Le géant de la Révolution mourut royaliste, comme si la destinée eût voulu que nul parti ne pût se l'approprier, et que sa renommée, ballotée dans l'histoire, eût quelque chose des orages de sa vie.

Mirabeau était d'une effrayante laideur avec sa structure massive, son visage olivâtre profondément gravé et couturé de petite vérole, et l'irrégularité de sa bouche. Ses yeux paraissaient comme enchâssés sous de très-hauts sourcils. Une épaisse et vaste chevelure couronnait son front. Il disait quelquefois en parlant de ses adversaires : « Je leur montrerai ma hure. » Une fois à la tribune cette tête s'illuminait, se transformait, resplendissait d'une beauté inconnue sous les éclairs du génie. L'âpreté naturelle de la voix de Mirabeau s'adoucissait dans le discours et se changeait en grande musique qui remuait toutes les âmes. Mirabeau à la tribune, sentait venir le dieu du poète, ses soudaines inspirations en faisaient un autre homme. *Deus, ecce deus.*

(*Histoire de la Révolution française*, t. 1er.)

RIVAROL. — Tout pâlissait devant elles, excepté le seul comte de Mirabeau, qui leur demanda de quel droit elles venaient imposer des lois à l'Assemblée nationale. Et, chose étonnante, ces poissardes si terribles à ceux qui tremblaient devant elles, souriaient à celui qui les gourmandait ainsi.

Telle a toujours été, dans cette Révolution, la profonde sagesse de Mirabeau ; il n'est point de parti où il n'ait eu des intelligences et qui n'ait compté sur lui. Nous l'avons vu parler pour le *veto* absolu, dans un temps où ce seul mot conduisait à la mort, et le Palais-Royal n'en était pas moins sûr de son âme. Ici nous le voyons impunément affronter les poissardes, qui ne peuvent le regarder sans rire; dans peu nous le verrons chercher, à propos et devant témoins, une querelle au duc d'Orléans. C'est ainsi que, trafiquant sans cesse de sa personne, faisant et rompant ses marchés tous les jours, il a, par l'universalité de ses intrigues et la texture de ses perfidies, si bien embarrassé sa renommée, que la foule de nos écrivains ne sait plus à quel parti doit enfin rester la honteuse propriété du nom de Mirabeau.   (*Mémoires.*)

. . . .

« Je sais, me disait un jour M. de Mirabeau, que vous et tous les gens de l'art ne faites pas grand cas de mon style ; mais soyez sûr que je suis de moitié avec vous pour me moquer de ceux qui m'admirent. Je ne me sers de ma réputation et de la sottise de mes lecteurs que pour ma fortune. » Nous rapportons ce propos pour le petit nombre de ceux qui, en lisant M. de Mirabeau, sont étonnés qu'il soit *fameux*, et pour ceux qui, en songeant à sa célébrité, sont surpris qu'il écrive si mal. Il est, en effet, des gens dont le goût chancelle devant toutes les réputations, et qui trouveraient le testament de Cartouche bien écrit. Que cette classe de lecteurs apprenne qu'il serait encore plus aisé de trouver M. de Mirabeau honnête homme que bon écrivain. Le grand et le seul avantage de M. de Mirabeau a toujours été d'écrire sur des à-propos, sur des événements récents, sur des objets encore tout chauds de l'intérêt public. Son style était mort ou corrompu, mais son sujet était plein de vie, voilà ce qui l'a soutenu. Quand il a voulu porter ce même style sur des matières mortes, alors il s'est établi un accord parfait entre le sujet et le style, et le tout est tombé des mains de l'écrivain dans l'oubli. Témoin sa grosse histoire du roi de Prusse. Les temps modernes n'offraient pourtant pas de sujet plus grand que la vie de Frédéric II ; mais ce héros n'a pu résister aux mortels pinceaux du député de Provence, toujours éloquent aux yeux des Parisiens, à condition qu'il parlera toujours à la Bourse ou dans l'Assemblée nationale, dans le moment et pour le moment.

(*Tableau historique et politique des travaux de l'Assemblée constituante.*)

Mirabeau était l'homme du monde qui ressemblait le plus à sa réputation : il était *affreux*.

Mirabeau, capable de tout pour de l'argent, même d'une bonne action.

(*Pensées*, 5ᵉ vol. des Œuvres complètes.)

Je compare les ouvrages de Mirabeau à des brûlots lâchés au milieu d'une flotte : ils y mettent le feu, mais ils s'y consument.

(*Pensées.*)

SAINTE-BEUVE. — Lorsque Mirabeau arriva, le 25 mai 1775, pour être détenu au fort de Joux, sur la demande de son père qui l'y faisait transférer du château d'If où il avait été enfermé dix mois, il était âgé de vingt-six ans, et en butte, depuis plus de dix ans déjà aux sévérités et aux persécutions paternelles. Né le 9 mars 1749 d'une race florentine établie depuis cinq siècles en Provence, le cinquième de onze enfants et l'aîné des garçons, Gabriel-Honoré de Mirabeau avait, en naissant, apporté plusieurs des traits essentiels de la famille paternelle, mais en les combinant avec d'autres qu'il tenait de sa mère. Il fut *énorme* dès l'enfance : « Ce n'était, suivant la définition de son père, qu'un *mâle monstrueux* au physique et au moral. » Défiguré, à l'âge de trois ans, par une petite vérole maligne et confluente, sur laquelle sa mère, pour l'achever, s'avisa d'appliquer je ne sais quel onguent, il acquit ce masque qu'on sait, mais où la physionomie, qui exprimait tout, triomphait de la laideur. A le bien voir, et la première impression passée, derrière ces coutures de petite-vérole et cette bouffissure, on distinguait du fin, du noble, du gracieux, les lignes primitives de ses pères. Il avait

une main des plus belles. Il avait les gros yeux de la race, et qui, charmants
dans les portraits de ses père, oncle et aïeul, le devenaient aussi chez lui toutes
les fois qu'une femme s'oubliait à le regarder : « Ce sont *ces certains yeux cou-
chés*, disait-il, que, sur mon honneur, je ne saurais appeler *beaux*, dusses-tu
me battre (c'est à Sophie qu'il écrivait cela), mais qui enfin disent assez bien,
et quelquefois trop bien, tout ce que sent l'âme qu'ils peignent. » Il tenait pourtant de sa mère (Mlle de Vassan) des caractères qui gâtaient fort, et qui rava-
laient même, disait son père, la hauteur originelle du type, qui en altéraient
certainement la noblesse, mais qui en corrigeaient aussi la dureté. Il tenait de sa
mère la largeur du visage, les instincts, les appétits prodigues et sensuels, mais
probablement aussi ce certain *fond gaillard* et gaulois, cette faculté de se fami-
liariser et de s'humaniser que les Riquetti n'avaient pas, et qui deviendra un des
moyens de sa puissance. Partout où il était de sa personne, ce jeune homme
d'une atroce laideur, n'imposait pas seulement, il séduisait. Quand on parle de
Mirabeau, on ne saurait assez insister sur cette organisation physique si singulière, si déterminante en lui. Son père, jusque dans ses plus grandes rigueurs,
ne pouvait s'empêcher de le reconnaître : « Il y a bien du physique dans ses
écarts. » Que ne pouvait-on pas attendre, en fait de fougue et d'exubérance, de
celui qui, en venant au monde, avait dans la bouche deux dents molaires déjà
formées ; qui, sortant de Vincennes après quarante-deux mois de réclusion, à
l'âge de plus de trente ans, se trouvait non-seulement grossi, mais *grandi* au
physique, et dont la chevelure immense était douée d'une telle vitalité, que, vers
la fin, dans ses maladies, le médecin, avant de lui tâter le pouls, demandait
en entrant au valet de chambre, comment était ce jour-là la chevelure de
son maître, si elle se tenait droit d'elle-même, ou si elle était molle et ra-
battue ?

Ce n'est là qu'un aperçu du *monstre* comme Eschine disait de Démosthènes ;
mais il ne faut rien s'exagérer et ne pas faire comme les enfants qui se prennent au masque et s'y tiennent. Le dessous, encore une fois, était d'une nature
moins effrayante, d'une nature riche, ample, copieuse, généreuse, souvent gros-
sière et viciée, souvent fine aussi, noble, même élégante, et, en somme, pas
du tout monstrueuse, mais des plus humaines. Je reviendrai fort dans la suite
sur ce dernier point.

. . . .

Mirabeau arrivait au fort de Joux près Pontarlier, dans le Jura, pour y être
gardé sévèrement et pour s'y morigéner dans la solitude. Le commandant du
fort, M. de Saint-Mauris, homme déjà vieux, vaniteux et capable de passions
chétives, ne se démasqua que par degrés, et accorda d'abord à son prisonnier
bien des facilités voisines de l'indulgence. Mirabeau n'en profita dans les premiers temps, et aux heures qu'il n'employait pas à l'étude, que pour chercher
quelques distractions auprès d'une personne assez vulgaire, appartenant à la
classe moyenne, et qui ne nous est connue que sous le nom de *Bélinde*. Cette
Bélinde, qui était de Pontarlier, venait souvent au Franc-Bourg, village situé au
pied du château de Joux et où demeurait son beau-père. C'est par suite de ce voisinage qu'elle avait connu Mirabeau, qui n'attachait à ce commerce que peu d'importance. Il n'en fut pas ainsi d'une autre liaison qui était d'un ordre tout différent. Un jour que Mme de Monnier était venue dîner au château de Joux, chez
M. de Saint-Mauris, Mirabeau vit pour la première fois cette jeune dame qui n'a-

vait pas de peine à être la première de Pontarlier par la beauté et les manières
comme par la condition. Qu'était-ce alors que Mme de Monnier?

Mlle Marie-Thérèse Richard de Ruffey, si connue sous le nom de *Sophie*, fille
d'un président à la Chambre des comptes de Bourgogne, née le 9 janvier 1754,
avait été sacrifiée à dix-sept ans au marquis de Monnier, premier président de la
Chambre des comptes de Dôle, déjà veuf, et père d'une fille mariée malgré lui ;
c'était pour s'en venger qu'il se remariait lui-même. Mlle de Ruffey avait dû épouser Buffon, dont la gloire du moins couronnait la mâle et verte vieillesse. En
épousant le marquis de Monnier, elle ne trouvait qu'un vieillard triste et renfermé, qui paraissait plus près de soixante-dix ans que de soixante, et quand elle
rencontra Mirabeau, âgé de vingt-six ans, elle en avait vingt-et-un. Au diner où
il la vit d'abord, Mirabeau, déjà tenté, après avoir causé avec Mme de Monnier,
la pria de demander au commandant la permission pour lui de venir le lendemain
à Pontarlier : « Je n'imaginais pas, écrivait-il plus tard à Sophie elle-même, qu'il
fût possible de vous refuser, et je le craignais d'autant moins dans cette occasion
que, peu de jours auparavant, Bélinde avait obtenu cette grâce légère....., M. de
Saint-Mauris ne se rendit point aux instances que vous voulûtes bien lui faire, et
cette espèce de brusquerie ne vous étonna pas ; pour moi, j'en fus offensé et
surpris. »

A quelques jours de là, Mirabeau ayant rencontré par hasard Mme de Monnier
à la promenade, elle lui demanda s'il n'irait point à un bal, à une fête champêtre
qui avait lieu à Monpetot, à une lieue de Pontarlier. Il y alla ; « toutes les dan-
seuses furent enchantées de lui, » et il ne perdit pas l'occasion, à travers toutes
ces gaietés, de s'entretenir plus particulièrement et plus sérieusement avec Mme de
Monnier. Ils s'ouvrirent avec liberté sur M. de Saint-Mauris : « Vous me le dépei-
gnîtes, disait dans la suite Mirabeau à Sophie en lui rappelant cette journée, tel
que je le pressentais alors et que je l'ai connu depuis. Vous me *montrâtes* une
sorte d'esprit et une manière de sentir et d'observer que je ne m'attendais point
à trouver au pied du Mont-Jura. » — « J'avoue, lui répondit Mme de Monnier,
que vous m'*inspirâtes* cette prévention qui donne de la confiance. Vous me *par-
lâtes* de M. de Saint-Mauris avec une franchise qui excita la mienne. Je connaissais le personnage et je savais mieux que vous combien il pouvait vous nuire. En
un mot, nous fûmes très-raisonnables à la fin d'une journée où nous avions joué
à *Colin-Maillard*. »

Après le bal de Monpetot, qui faisait la troisième rencontre de Mirabeau avec
madame de Monnier, il y eut un temps d'arrêt dans leur commencement de
liaison.

. . . .

Mirabeau, entouré de tracasseries chétives, courba la tête et subit la nécessité ;
il ne bougea plus du Franc-Bourg où s'était établie Bélinde, et il ne parut plus à
Pontarlier, chez madame de Monnier. Celle-ci était partie pour ses terres. Mirabeau fit lui-même des courses en Suisse. Pourtant madame de Monnier, de retour
de la campagne, désira avoir un Catalogue du libraire Fauche de Neufchâtel, et
Mirabeau saisit ce prétexte pour le lui porter lui-même. Ils se revirent, ils s'expli-
quèrent, et le temps perdu fut réparé.

. . . .

La marquise trouve moyen d'attaquer Mirabeau sur le chapitre de la Bélinde,
et celui-ci se défend, en homme de bonne compagnie, de l'avoir jamais aimée :

«Veuillez m'en croire, Madame la marquise, si vous en exceptez un petit nombre de moments qui sont bien courts, quand aucun intérêt ne les précède et ne les suit, j'y ai trouvé beaucoup d'ennui ; mais je n'y restais pas autant que vous l'avez pu penser. Le frère de Bélinde a des livres, et je conversais avec eux tandis que vous me croyiez égaré avec sa sœur. » Et il continue de dire des choses assez vives, mais qui se peuvent dire pourtant, et qui étaient loin de déplaire dans la circonstance. Enfin la marquise, après cette explication, se dit *convaincue*, mais non pas *persuadée* encore ; elle n'est pas fâchée d'avoir à entendre une autre fois de nouvelles raisons : « Mais six heures sonnent, et la foule des beaux esprits et des élégantes de Pontarlier va vous assaillir, lui dit Mirabeau. Les détails de ce qui me reste à vous dire pourraient m'entraîner loin. Nous remettrons donc, s'il vous plaît, Madame, à un autre jour cet entretien. » A dater de cette première conversation, les petites intrigues qui s'étaient ourdies pour empêcher Mirabeau de voir ce qu'il y avait de mieux en femmes à Pontarlier, furent complètement déjouées, et, une fois accueilli, il n'était pas homme à s'embarrasser du reste.

Le second entretien ou dialogue, sous prétexte de reprendre la suite des explications de Mirabeau, va nous présenter celles de madame de Monnier elle-même, et son récit. Dès le début, elle paraît s'inquiéter de l'idée qu'on a pu donner d'elle à Mirabeau, et elle se peint naturellement à son tour dans cette existence monotone à laquelle elle est condamnée :

« Je sais tous les ridicules que l'on m'a donné dans cette ville, mais il y a des gens qui ne mettent point en colère. Je n'ai pas une amie à Pontarlier : j'y ai vingt espions et cent critiques. Je les entends de sang-froid ; je ne les vois que pour n'être pas toujours seule. Je reste des journées entières chez moi : je lis, j'écris pour les affaires de M. de Monnier. Je m'occupe sérieusement à des chiffons ; je fais un reversis le soir : j'écoute des médisances, je les oublie bien vite ; je dors et je recommence. En un mot, je tue le temps. Avec cela on n'est pas bien heureuse, mais on est assez tranquille. Les plaisirs vifs donnent des secousses, et plus on les ressent, moins les intervalles où ils nous échappent sont supportables. On dit que l'ennui naquit un jour de l'uniformité : l'uniformité me sauve au contraire de l'ennui... Mais c'est trop parler de moi. Je me souviens que vous m'avez promis de nouvelles preuves de votre indifférence pour Bélinde, et j'ai quelque envie de vous sommer de tenir votre parole. »

Mirabeau profite de cette insistance de la marquise au sujet de Bélinde, pour lui fournir la preuve la plus satisfaisante qu'il n'est point amoureux de celle-ci : « C'est, dit-il, que je le suis d'une autre. » Là-dessus questions, raillerie, curiosité coquette et imprudente, déclaration moins qu'à demi voilée, impatience et curiosité nouvelle, puis l'entière déclaration au bout, telle qu'on la prévoit :

« Il faut vous contenter, dit enfin Mirabeau qu'on a amené où il a voulu. Vous désirez que je m'explique plus clairement, c'est me le permettre. J'ai cru qu'il était facile de me deviner et de lire dans mes regards que celui qui vous voit et vous entend n'est point amoureux d'une autre. Vous ne l'avez point compris, madame la marquise ; eh bien ! écoutez moi. Ce que je connais de votre esprit, ce que j'ai pénétré de votre âme, a fait naître en moi des sentiments que vos yeux, tout beaux qu'ils sont, n'auraient jamais produit. »

La marquise alors devient sérieuse, dès qu'elle s'est assurée qu'on ne persifle pas. Puisqu'on est franc, elle va répondre avec franchise à son tour, et elle raconte sa vie, comment elle fut sacrifiée à dix-sept ans à des arrangements de famille, quels furent les premiers piéges qu'on lui tendit dans une société médisante et rétrécie, quelles fausses amies essayèrent de s'insinuer près d'elle, quels adorateurs elle eut d'abord à évincer. Saint-Mauris fut le premier :

« Il était le seul, dit la marquise, qui pouvait pénétrer dans ma maison. Il entreprit d'égayer ma solitude : il m'assura qu'il était amoureux de moi, et qu'il me convenait d'autant mieux qu'étant ami de M. de Monnier, ma réputation et mon repos domestique n'avaient rien à craindre de ses empressements. Je vous répète ses propres expressions. Sa déclaration me parut très-ridicule, et les motifs dont il l'appuyait fort odieux. M. de Monnier, aussi jeune que M. de Saint-Mauris, quoiqu'en dise celui-ci, est certainement plus aimable. Dans toute la personne de M. de Saint-Mauris, je ne voyais rien que de très-repoussant; jamais il n'est si laid que lorsqu'il s'attendrit. Ses airs de commandant m'ennuyaient autant que son ton de caporal bel-esprit... En un mot, son amour me donna une si grande envie de me moquer de lui que je ne l'épargnai pas. Je l'assurai de plus qu'il était indigne d'un honnête homme de regarder la confiance de son ami comme une facilité pour le tromper, et que cette façon de penser suffirait pour m'éloigner de celui qui était capable de l'avouer, fût-il à mes yeux le plus beau et le plus aimable des mortels. »

Après avoir fait ainsi les honneurs de son premier prétendant, la marquise poursuit sa confidence. C'est pour une femme la moins embarrassante manière de répondre à quelqu'un qui vient de lui dire : *Je vous aime*. On ajourne la réponse, et, en attendant, on se met à ouvrir son cœur. Après Saint-Mauris, il y a un M. de Sandone, qui aurait bien pu devenir pour elle dangereux : il jouait avec elle *Zaïre* et faisait Orosmane. « C'était un jeune homme de mon âge, beau, bien fait, et d'une modestie plus touchante que toutes les grâces d'un petit maître. On sait gré de la timidité; elle donne à deviner et n'inspire point de méfiance, M. de Sandone crut devoir se rendre propre le sentiment qu'il avait à feindre, et devint amoureux de moi pour mieux exprimer son rôle. Il intéressait, car il était malheureux... » M. de Sandone ne déplaisait pas: une correspondance même s'engagea indirectement; il risqua une lettre : « Je la refusai d'abord; je la reçus ensuite; j'eus la faiblesse de répondre; cela fut répété quelquefois : je n'écrivais que des choses très-indifférentes, mais écrire ne l'était pas. » Heureusement ce M. de Sandone se retira à temps; son service l'appela loin de Pontarlier, avant que sa timidité eût tiré parti de la faiblesse de la marquise; « Je m'en suis consolée aisément, parce qu'il n'avait que bien légèrement effleuré mon cœur. La meilleure preuve en est que je fus peu piquée de son silence; je recouvrai donc ma liberté avant de l'avoir absolument aliénée. »

Il n'en est pas ainsi d'un troisième personnage que la marquise ne peut se dispenser de nommer, car le public le nommait déjà, et d'ailleurs elle est franche et sincère; du moment qu'on se confesse, il faut tout dire, et les demi-confidences lui paraissent ridicules autant que malhonnêtes. M. de Montperreux, jeune militaire, plus avantageux et plus hardi que M. de Sandone, a dirigé ses attentions du côté de la marquise, et il a mieux réussi à s'attirer d'elle un retour. Qu'avait-il donc pour séduire ou pour agréer? la marquise serait assez embarrassée de se le dire : « Ce jeune homme, qui n'a rien de très-séduisant à l'extérieur, n'est remarquable ni par son esprit ni par sa stupidité... Son étourderie est fatigante, son ton tranchant est présomptueux, ses manières évaporées. Souvent il se contenait devant moi; mais quelquefois il s'échappait. Je lui disais sèchement ma façon de penser, qui rarement se rencontrait avec la sienne. En un mot jamais on n'est parti de plus loin pour aimer un homme. » Madame de Monnier finit pourtant par trouver la vraie raison de la faiblesse avec laquelle elle en vint à écouter M. de Montperreux : « Il est difficile peut-être à une femme aussi jeune, aussi ennuyée, aussi obsédée que je l'étais, de s'entendre dire long-temps qu'elle est aimée sans en être émue. Chaque jour je le paraissais davan-tage, et M. de Montperreux se crut payé de retour longtemps avant que je le lui eusse appris. » Tout ce récit que Mirabeau met dans la bouche de Sophie, et qui fait le milieu du second Dialogue, est plein de noblesse, de raison, de dignité dans l'aveu d'une faute, d'une demi-faute. Sophie parle comme parlerait en pareil cas une des femmes de Rousseau, ou la Claire ou la Julie, ou la Sophie de l'*Emile*, ou cette madame de La Tour-Franqueville que nous connaissons. Je ne sais si madame de Monnier causait aussi bien en réalité, avec cette suite et cette tenue ; les lettres qu'on a d'elle ne sont pas tout à fait à ce ton.

Le résumé de la confidence au sujet de ce Montperreux, c'est qu'elle s'est aveu-glée sur lui, sur sa fatuité, sur ses défauts, c'est qu'il a abusé de l'ascendant qu'il se sentait sur elle ; cet homme, « qui n'a d'autre passion que la fatuité », s'est conduit en malhonnète homme. Il s'est plu à afficher en tout lieu madame de Monnier. A l'heure où elle parle il est à son régiment, et il continue de mon-trer un portrait qu'il a d'elle, et des lettres.

« Jugez de mon indignation et de ma douleur. J'ai écrit à M. de Montperreux qu'il m'avait trompée pour la dernière fois, et je lui ai demandé les monuments de mon fol attachement : il n'a pas même daigné me répondre. Dans toutes les lettres qu'il affiche peut-être, l'adresse seule peut me faire rougir. On y verra ses vérités les plus humiliantes et mon imbécile bonté qui tempérait toujours des reproches amers par l'assurance du pardon sous la condition d'une conduite plus honnête. Mais ce portrait, que je n'ai pas craint de confier à des mains si perfides, peut me perdre et me perdra. Je connais M. de Monnier : dissimulé par nature, il affecte de la sécurité par amour-propre. Si la moindre circonstance de cette liaison, ou même un soupçon bien motivé parvient jusqu'à lui, il écla-tera par un coup de tonnerre. »

Et déjà la marquise a pris son parti, déjà elle est résignée à tout. La coutume du pays lui permet de disposer de son bien, toute jeune qu'elle est ; elle a donc fait son testament en faveur d'une amie (madame de Saint-Pelin), et, au pre-mier éclat qu'elle attend, elle est résolue de s'ensevelir dans un cloître. Ici Mirabeau se lève et l'interrompt :

« Madame, je ne puis plus respirer... vos alarmes sont trop vives... M. de Monnier ne saura rien : votre portrait, vos lettres vous seront rendus ; elles ne resteront point dans les mains infâmes qui les souillent. »

LA MARQUISE. Et qui les en retirera, Monsieur?

LE COMTE. Moi, Madame.

LA MARQUISE. Vous ! juste ciel ! et de quel droit ?

LE COMTE. Du droit que tout honnête homme a d'empêcher le crime et de dé-fendre l'innocence. Je vais en Suisse, Madame : il faut que j'y finisse une affaire qui me lie les mains. Avant huit jours, je suis ici, et je vole à Metz.

A Metz, où Montperreux est en garnison. Un combat de générosité s'engage La marquise se récrie à une telle idée :

Monsieur le conte, votre générosité vous aveugle. Pour empêcher un mal, vous en feriez un plus grand. Vous êtes prisonnier d'État, vous vous perdriez si vous alliez chercher une affaire loin des lieux où vous êtes relégué; vous me perdriez moi-même; on croirait que vous avez reçu le prix de ce service dangereux, et que j'ai été assez vile pour l'exiger.

Mirabeau réfute la marquise, il la rassure, lui montre qu'il n'y a aucun éclat à craindre, que le Montperreux rendra tout sans tant de façons.

LA MARQUISE. M. de Montperreux est un bretailleur qui passe sa vie dans les salles et sait se battre, tout coquin qu'il est.

LE COMTE. Je n'en crois rien, Madame; j'ai peu vu d'hommes si insolents avec les femmes n'être pas très-humbles avec nous. Quoi qu'il en soit, je ne vais point à Metz pour me battre, je ne me battrai point; je ne me mesure qu'avec mes égaux : un coquin n'est pas mon égal. S'il m'attaque, je sais me défendre, et son crime retombera sur sa tête ; mais il ne m'attaquera point, et j'aurai vos lettres.

Elle a beau réclamer, elle n'est plus libre; son plan à lui est déjà tout formé dans sa tête, il l'exécutera. C'est le gentilhomme, c'est le chevalier redresseur de torts, qui reparaît et se dessine ici de toute sa hauteur. Il est respectueux, il est familier, il est fraternel; c'est par moments l'ami et presque le camarade, qui veut obliger le camarade et l'ami.

« Ce n'est point mon amour que je veux vous faire valoir : regardez-moi comme votre frère; ne me croyez pas capable de vous rendre un service interressé... Ne soyez point femme en cet instant. Supposez que vous êtes mon *ami*; que vous ne pouvez vous absenter d'ici; qu'il vous importe que j'aille à Metz à votre place. Balancerai-je? Puis-je balancer? Non, sans doute. Eh bien! quelle différence met votre sexe à ce devoir? Parce que vous ne portez point une épaulette comme moi, je ne vous obligerai pas? »

Puis tout aussitôt le galant homme, l'homme amoureux se retrouve :

« Permettez que je baise cette belle main; je fais serment d'y remettre le portrait et les lettres qu'elle a trop légèrement confiés. Ne me faites donc plus de défense; car vous ne voudriez pas me rendre parjure, et, quand vous le voudriez, vous ne le pourriez pas. »

Il est pressant, irrésistible; il ne veut entendre à aucune objection, à aucun ajournement :

« Quoi! vous voulez que je remette à quatre mois ce que je puis aujourd'hui, tandis que quatre jours peuvent vous perdre! N'en parlons plus, Madame, je vous le demande à genoux. Je pars après-demain pour Berne; je serai ici à la fin de la semaine. Vous voudrez bien me donner un billet qui enjoindra simplement à M. de Montperreux de remettre au porteur votre portrait et vos lettres. Je vous dirai ensuite les mesures que je compte prendre : vous les approuverez. Je serai en vingt heures à Metz; j'y resterai à peine un jour, et, vingt heures après, vous serez tranquille, et moi heureux, très-heureux d'avoir pu vous être utile. Je ne veux point désirer en ce moment aucune autre félicité; je suis votre ami; je veux l'être : j'en remplirai les devoirs avant de prononcer un nom plus doux. »

Le dialogue se termine ici : la marquise demande encore à en reparler, elle essaie de ne pas consentir au projet aventureux qui la charme; elle lance d'une voix touchée une dernière et faible défense : « Songez que je ne vous permets rien, que je veux vous parler, que, si vous faites la moindre démarche sans mon aveu, je ne vous reverrai de ma vie. » Mais que de chemin en un jour! Mirabeau ne lui a pas demandé de répondre à sa déclaration d'amour du commencement : au milieu de tout ce détour et de cet apparent oubli, n'y a-t-elle pas déjà répondu?

Il est un point pourtant sur lequel je voudrais ne pas laisser d'incertitude. Si loin que madame de Monnier eût poussé la faiblesse avec M. de Montperreux, il n'y avait point eu de sa part faute entière et irréparable. Mirabeau la trouvait très-engagée, très-compromise, et rien de plus.

Le troisième Dialogue revient sur le hardi projet de réparation, sur les moyens: la marquise sent bien que si elle charge Mirabeau de cette office d'aller redemander ses lettres, elle lui donne des gages, le gage le plus délicat qu'une femme puisse donner, et lui, il sent aussi, malgré toutes les belles protestations d'amitié pure, que, s'il obtient un billet de la marquise qui dise: *Remettez mes lettres et mon portrait au porteur*, il a tout obtenu. La marquise ne se défend plus que pour s'assurer de la résolution de celui qui la combat en la servant; elle ne fait des objections que dans le désir d'être réfutée. Elle ne se dissimule pas que tout cela mène à l'amour, et elle en craint les suites. Mirabeau lui dit: « Vous ai-je demandé de la reconnaissance, Madame? » Elle lui répond bien sensément:

« Vraiment non, mais moins vous m'en demanderez et plus je vous en devrai. Cela est trop évident pour que je me déguise. En vain me répéteriez-vous que vous ne voulez être que mon ami, vous m'avez déjà parlé comme un amant. Je ne vous en deviendrai que plus chère quand vous vous serez exposé pour moi. A votre âge on n'est pas l'ami d'une jeune femme, et je ne veux point être votre maîtresse. Quand l'expérience du passé et la crainte de l'avenir ne m'éloigneraient pas de tout attachement, j'aurais mille objections contre vous. Vous n'êtes que pour un moment à Pontarlier, et je ne sais point aimer pour un moment. Une absence peut-être éternelle m'affligerait cruellement et me rendrait fort malheureuse. Je n'ai point assez de vanité pour douter que les femmes des grandes villes ne m'eussent dans peu d'instants chassée de votre cœur. Vous avez vingt-six ans, bientôt l'amour ne sera plus l'occupation essentielle de votre vie. L'ambition vous appelle et vous séduira... »

Objections éternelles, et que la raison d'une femme (pour peu qu'elle en ait) fait aisément à son cœur, mais que celui-ci toujours réfute ou étouffe non moins aisément! Mirabeau répond à cette crainte, et il le fait avec une sincérité incontestable dont il a donné assez de preuves dans ce qui a suivi. Selon lui, son séjour dans ce pays du Jura ne doit pas être aussi court qu'on le suppose; le dessein de son père n'est pas d'abréger cet exil; et lui-même il en est venu à renoncer à toute carrière d'ambition:

« Depuis que j'ai été à même et en état d'observer, les temps ont été si difficiles, les circonstances si fâcheuses, l'esprit du gouvernement si bizarre, son despotisme à la fois si odieux et si insensé, que je me suis accoutumé à regarder la vie privée comme la place d'honneur. »

Il le disait et il le pensait alors. Cinq années de passion, d'erreurs, d'entraînement et de délire, mais aussi de dévoûment, de souffrance et de persécution vaillamment endurée, en seront la preuve. La singulière *place d'honneur*, pourtant, qu'il s'était choisie, en entendant de la sorte la vie privée, et en ne l'embrassant ainsi que pour la consumer tout entière et la ravager!

Enfin, de raison en raison, la marquise, forcée dans tous ses retranchements, cède et ne sait plus qu'opposer. Il lui présente la plume pour qu'elle écrive les deux lignes à Montperreux: elle la prend de guerre lasse:

« Ah! que vous êtes pressant! »

LE COMTE. Pressant, pressé, importun... tout ce que vous voudrez..... Madame la marquise voudrait-elle écrire ?.... (*Pendant qu'elle écrit.*) Ah ! si vous saviez comme la complaisance vous embellit, vous ne me résisteriez jamais.

LA MARQUISE. Peut-être me préparé-je de longs et cruels repentirs.

LE COMTE. Madame, je n'ai plus rien à répondre, c'est à l'événement à me justifier.

Et il emporte le billet qui le constitue le fondé de pouvoirs et le chevalier de l'offensée.

Que se passa-t-il alors? Mirabeau fit le voyage de Suisse. Fit-il également le voyage de Metz? Alla-t-il chercher Montperreux, ou employa-t-il quelqu'autre moyen? Dans une lettre de Sophie, de décembre 1775, c'est-à-dire du mois suivant, et qu'elle adressait à un ami, magistrat à Pontarlier, on lit simplement ces mots : « M. de Montperreux a rendu le portrait et trois lettres, mais on sait qu'il en a davantage. »

L'essentiel était le portrait, et Mirabeau avait droit à la reconnaissance. Le quatrième Dialogue nous montre qu'il n'était pas homme à demeurer en chemin. Ici notre analyse s'arrête. Ce Dialogue se passe tout entier à combattre les scrupules de Sophie, à réfuter philosophiquement ses idées sur le devoir, sur la pudeur. Sophie, comme la plupart des femmes qui, encore innocentes et pures, ont donné leur cœur, voudrait en rester là : elle voudrait concilier les garanties et les charmes de deux situations incompatibles. Elle dirait volontiers avec un poète :

> Si l'austère Pudeur voile un moment sa joue,
> Que sa ceinture d'or jamais ne se dénoue !

Illusion et faux espoir! J'ai sous les yeux une lettre d'elle à Mirabeau, écrite à ce moment, et de sa meilleure écriture, d'une écriture d'enfant, sans orthographe, mais avec un caractère visible d'ingénuité. La voici :

« Ah ! mon ami, que ne puis-je faire passer dans votre âme le sentiment de bonheur et de paix qui règne au fond de la mienne; que ne puis-je vous apprendre à jouir tranquillement du plus délicieux état de la vie! Les charmes de l'union des cœurs s'y joignent pour nous à ceux de l'innocence. Nulle crainte, nulle honte, ne troublera notre félicité : au sein des vrais plaisirs de l'amitié, nous pouvons parler de la vertu sans rougir. »

C'est précisément pour réfuter cette disposition platonique, qui lui était, il faut en convenir, la moins supportable de toutes, que l'ardent et fougueux jeune homme entreprend de réfuter Sophie. Il le fait de cette façon directe, didactique, indélicate, qui est proprement le caractère et l'affiche de la passion au dix-huitième siècle. Le plaisant est que cette conversation, telle qu'elle est consignée dans le quatrième Dialogue, eut lieu, en effet, entre eux à très-peu près la même, mais qu'ils l'eurent dans une soirée *devant trente personnes*, et tout en causant (à voix basse, il est vrai) dans un coin du salon. Mirabeau aimait beaucoup ce quatrième Dialogue, et le trouvait *très-joli*; il est, du moins, tout à fait dans le goût du siècle, dans celui de Diderot cette fois bien plus que de Rousseau; et, tel quel, il fut d'un effet victorieux auprès de Sophie. C'est à ce propos que Mirabeau écrivait encore, et il n'y a pas lieu de le démentir : « O mon amie, d'un bout à l'autre, ils sont bien uniques, nos amours! »

A partir de ce jour, de ce 13 décembre 1775 dont Sophie et lui nous ont conservé la date, Mirabeau entra pour l'amour d'elle dans une carrière d'aventures et d'entreprises romanesques les plus osées les unes que les autres. Nous ne l'y suivrons que bien rapidement. L'intelligence établie entre la marquise et lui n'avait pas échappé au commandant Saint-Mauris, qui avait hâte de ressaisir et de confiner celui qu'il avait trop laissé s'émanciper. Il fallait un prétexte. On le trouva dans un billet à ordre souscrit par Mirabeau lors d'une de ses courses en Suisse. Ce billet n'était que pour une somme modique, et la date du paiement n'était pas même arrivée. Ainsi on ne pouvait dire que Mirabeau avait fait de nouvelles dettes. Le voyage en Suisse avait d'ailleurs été autorisé par le commandant. Qu'importe! ordre fut donné par lui au prisonnier de rentrer dans son fort. Ici Mirabeau lutta de ruse. A un dîner du jour des Rois (janvier 1776) chez M. de Monnier, la fève lui était échue, et il avait naturellement choisi madame de Monnier pour reine. Celle-ci allait donner un bal en son honneur; c'était le marquis de Monnier qui l'avait voulu, car lui aussi, Mirabeau l'avait complètement séduit comme il faisait aisément de tous ceux qu'il approchait. Mirabeau demanda à Saint-Mauris d'éviter un éclat, et de vouloir bien différer l'exécution de ses rigueurs jusqu'au lendemain du bal. Saint-Mauris y consentit, et, durant cette soirée à laquelle il assistait, il ne cessa de regarder Mirabeau et la marquise avec une joie maligne. Mais, un peu avant la fin, Mirabeau s'éclipse, et le lendemain on ne le retrouve plus. A-t-il passé en Suisse comme on le dit, et comme cela lui était si facile à cette frontière? Non; il est et il reste caché pendant plusieurs jours dans un cabinet noir de l'appartement même de la marquise. La témérité du fait était précisément ce qui devait éloigner tout soupçon.

Une seule femme de chambre sûre est dans la confidence. Pourtant des bruits vagues commencent à se répandre parmi les gens de la maison, et il devient urgent de lui chercher un autre asile. On lui en trouve un chez une demoiselle Barbaud, qui était toute dévouée à la marquise; la prudence ne l'y retient pas longtemps. Un jour, un soir d'hiver, Mirabeau devait pénétrer chez la marquise et y arriver juste pendant le souper des gens. La femme de chambre affidée devait seule l'attendre et l'introduire; elle manque le moment : dans la cour il rencontre et accoste brusquement une autre domestique qui donne l'alarme et rentre à l'office en criant qu'un voleur est dans la maison. Tous les laquais s'arment de pieux et de fourches; la marquise, au bruit, accourt et veut les arrêter; elle ne peut modérer leur zèle, et, dans son angoisse, elle prend le parti de les suivre. Ils se dirigent du côté du jardin où Mirabeau s'était jeté. Du plus loin qu'ils le virent, le cocher, chef de la bande, dit à la marquise : « Vous voyez bien, madame, qu'il y avait quelqu'un. » Mais Mirabeau vient à leur rencontre d'un air à les faire repentir de leur obstination; et voilà que commence une de ces scènes de haute comédie et de théâtre où il était passé maître : « Que venez-vous chercher ici? » leur dit-il. — « Monsieur, répondit le cocher, nous n'imaginions pas que ce fût vous. » — « Et que ce soit moi ou un autre? pourquoi avez-vous l'insolence de désobéir à votre maîtresse? Retirez-vous. Et vous, *Saye* (c'était un laquais de la marquise), menez-moi chez M. de Monnier. » Tous obéirent. Chemin faisant, Mirabeau avertit en deux mots la marquise de se contenir et de se régler sur ce qu'elle entendra. Mais laissons parler Sophie elle-même dans le cinquième Dialogue, où elle est censée s'entretenir avec une amie :

« Le comte, au milieu d'une crise si imprévue, si inquiétante, se remet dans le peu d'instants qu'il fallait pour franchir l'escalier, entre chez M. de Monnier de l'air le plus libre, l'embrasse et lui fait une histoire détaillée et vraisemblable. Il arrivait de Berne, il allait droit à Paris se présenter au ministre ; il avait arrangé sa course de manière à entrer le soir à Pontarlier, ne voulant point y passer sans nous voir et nous remercier de nos bontés. Il avait pris l'heure du souper de nos gens pour s'introduire dans la maison, afin de n'avoir aucun domestique dans sa confidence. Le hasard lui avait fait rencontrer *Marie* dans la cour. Elle ne l'avait point reconnu ; l'alarme avait été donnée, et il s'était vu poursuivi et découvert par tous nos gens. Il pria le marquis de les sonner pour leur ordonner le silence. Cette précaution était absolument nécessaire, disait-il, pour lui assurer un retour et fermer la bouche à ceux qui auraient pu débiter cette nouvelle assez tôt pour qu'on eût le temps de l'arrêter. Remarquez avec quel art il saisissait le seul moyen de mettre les apparences de mon côté et de légitimer aux yeux de tant de témoins son entrée nocturne dans ma maison. Le marquis sonna avec empressement. Les domestiques, qui n'auraient jamais imaginé que le comte eût osé se présenter à M. de Monnier, furent stupéfaits de nous voir tous trois ensemble. M. de Monnier donna ses ordres d'un ton très-ferme, et ils se retirèrent. Le comte reprit et continua son discours avec la même tranquillité. Il tira de sa poche une lettre de son père, qu'il composa sur-le-champ, conformément à ses vues, la commenta, et conversa avec la même netteté que s'il eût fait une visite ordinaire. M. de Monnier lui offrit de l'argent, qu'il refusa ; et, prenant le prétexte de la rumeur qu'avait excitée son arrivée, il se retira une demi-heure après, annonçant qu'il partirait à la pointe du jour. Je le conduisis jusqu'à la porte du salon, et il me dit qu'il retournerait chez son ami. Le marquis n'eut pas l'ombre d'un soupçon ; il le plaignit, il discuta tous les détails de son récit, et me laissa dans l'admiration, etc., etc. »

Est-ce donc ainsi qu'il est utile de savoir de bonne heure jouer la comédie et se faire un front, quand on est destiné à devenir le premier des orateurs ?

Ce même homme, qui trompait ainsi le marquis et le retournait à son gré, aurait pu s'adresser à lui-même pour lui demander asile dans sa maison, et le marquis, dans les commencements, le lui eût, sans nul doute, accordé ; mais Mirabeau avait repoussé bien loin de lui une pareille idée ; toutes les adresses, toutes les audaces, il se les permettait : « Ce sont, disait-il, des ruses de bonne guerre ; mais trahir l'hospitalité, demander une grâce pour tromper son bienfaiteur, ce serait d'horribles perfidies, et ce remords aurait empoisonné jusqu'à ses plaisirs. » Je donne ce sophisme de la passion pour ce qu'il vaut. Notons seulement ce reste de générosité jusque dans le faux honneur.

Les soupçons de M. de Monnier ayant fini pourtant par éclater, d'autant plus amers qu'ils avaient été plus en retard et plus en défaut, et la position devenant insoutenable à Pontarlier, madame de Monnier demanda à se retirer dans sa famille et s'en retourna à Dijon. Elle n'y était pas plus tôt arrivée que Mirabeau l'y suivit. Mais il n'y était que depuis peu de jours, quand la mère de Sophie, madame de Ruffey, l'y découvrit, et elle n'eut pas besoin pour cela de beaucoup de ruse. « Madame de Ruffey était à un bal chez M. de Montherot (grand-prévôt) avec ses deux filles et madame de Saint-Belin, leur amie. On annonça le marquis de *Lancefoudras*, et, sous ce nom étrange, parut hardiment Mirabeau, dont la vue causa une telle émotion à Sophie, que sa mère en devina tout de suite le sujet. Elle sortit brusquement après la première contredanse que Mirabeau dansa avec madame de Saint-Belin ; elle emmena les trois jeunes personnes, et cette sortie eut précisément pour effet de rendre manifeste à tous les témoins ce que madame de Ruffey voulait cacher. » Ici le trop d'audace avait dépassé le but, et la scène, qui supposait le parfait sang-froid des deux acteurs, avait manqué.

La famille de madame de Monnier la renvoya à Pontarlier, et Mirabeau devint prisonnier au château de Dijon. Il y intéressa le commandant, le grand-prévôt, tous ceux qui le virent. Il avait écrit à M. de Malesherbes encore ministre, et qui allait cesser de l'être; Malesherbes lui fit répondre qu'il n'avait qu'un dernier conseil à lui donner, c'était de passer en pays étranger, et de s'y faire une carrière. Chacun se prêtait à cette évasion. Mirabeau sortit donc de France, au mois de juin 1776. Mais la passion continuait de l'en rapprocher.

Madame de Monnier, poussée à bout par les rigueurs de sa famille et surtout par le sentiment passionné qui s'était exalté en elle, brûlait de l'aller retrouver. Ils n'avaient pas cessé de correspondre. Elle finit par le rejoindre en Suisse, aux Verrières, le 24 août 1776, et ils partirent de là pour la Hollande. Pendant neuf mois, Mirabeau, caché à Amsterdam avec Sophie, mena une vie de labeur, une vie d'homme de lettres à la solde des libraires, et qu'il a appelée à la fois *disetteuse* et *heureuse*, la plus heureuse, disait-il, qu'il eût jamais connue. C'est là qu'ils furent arrêtés l'un et l'autre, le 14 mai 1777, par ordre de leurs familles qui avaient fait agir les puissances. Madame de Monnier, arrivée à Paris, fut mise dans une espèce de pension rue de Charonne, puis envoyée dans un couvent à Gien. Mirabeau fut enfermé au donjon de Vincennes, où il resta prisonnier quarante-deux mois, pour n'en sortir que le 13 décembre 1780. Ce donjon de Vincennes fut le dur cabinet d'études où il acheva de se former. On a en masse et surabondamment les témoignages, tant imprimés que manuscrits, de ses travaux pendant cet intervalle, de ses pensées, de ses sentiments, de ses tortures, et aussi de ses égarements, hélas! et de son délire. La publication des *Lettres écrites du donjon de Vincennes* en a trop appris. J'ai là (ce qui vaut mieux) sur ma table ses grandes feuilles manuscrites toutes chargées de notes gracieuses ou sévères, d'extraits d'auteurs latins, grecs, anglais, italiens, provisions de toute sorte et *pierres d'attente* qu'il amassait pour des temps meilleurs et pour l'avenir. J'ai à en tirer plus d'une réflexion sur sa méthode, sur la formation de son talent. Des sujets tels que Mirabeau ne sont pas de ceux qui s'étranglent. Je n'ai voulu aujourd'hui que le poser.

Au milieu de tout cela, je m'aperçois que j'ai oublié de dire comment était Sophie, et de donner son portrait. On ne l'a que d'après les descriptions de Mirabeau. Elle était grande et d'une belle taille; elle avait un beau front. « Si je n'avais trouvé en elle *Vénus*, j'aurais cru voir une *Junon. O dea certe!* comme dit Virgile. Elle avait de la déesse. » Son nez pourtant était celui de *Roxelane*, un peu retroussé par conséquent, mais sans être malin; ses yeux étaient doux et *traînants* et modestes. Elle avait les cheveux noirs. En tout, la tendresse respirait en elle et la douceur, avec un air d'ingénuité. Elle avait l'esprit naïf quoique fin, solide et gai tout ensemble, des saillies d'enfant, et, quand la passion l'eut touchée une fois, cette âme douce devint forte, résolue, courageuse. La voilà dans son beau. Pourtant, quand on suit Sophie dans ses lettres manuscrites, on croit apercevoir qu'elle n'était guère au moral que ce que Mirabeau l'avait faite; il l'avait élevée, il l'avait exaltée: lui s'éloignant, elle baisse, elle se rapetisse, elle tombe dans les misères et les mesquineries de ses alentours. Ajoutez qu'elle garde de lui et qu'elle emporte une tache morale, une crudité sensuelle qu'il lui a inoculée, qui est la plaie de tout le siècle, et qui dépare, qui dégrade par moments cet amour, à le voir même du seul côté romanesque. J'y reviendrai, et les leçons sérieuses ne manqueront pas.

(*Mirabeau et Sophie, Dialogues inédits.*)

STAEL (madame de). — Cet homme qui brava souvent l'opinion publique, mais soutint toujours la volonté générale, s'était mis depuis quelque temps à la tête du vœu que je crois celui du plus grand nombre, à la tête de ces amis de l'ordre et de la monarchie, non moins défenseurs que les républicains des immortelles bases de la Constitution française, la liberté et l'égalité. Il pouvait avoir des principes modérés, celui qui les soutenait avec passion; il pouvait attaquer les factions, celui qui avait si bien mérité le nom de révolutionnaire.

. . . .

La terreur qui s'est emparée des esprits en apprenant sa perte, annonçait-elle seulement l'effroi qu'inspire la disparition d'un grand talent, d'une puissante force de santé, sur laquelle on se reposait pour reculer les bornes de l'esprit humain? Non, cette terreur est surtout l'irrécusable signe du vœu de la majorité de la nation; les regrets sont donnés à l'homme qui, véritable ami de la liberté, croyait que l'existence d'un roi armé par la Constitution d'une force suffisante pour faire exécuter les lois, était nécessaire à la France, et qui, depuis quelque temps, paraissait vouloir se vouer à la défense de cette vérité. Les esprits sages se reposaient sur son éloquence, et les âmes faibles qui redoutent, par un instinct secret, l'impression même que peuvent leur faire les déclamations de ceux qu'elles ont dû croire amis de la liberté, aimaient un homme assez dévoué et assez intéressé au succès de la Révolution pour qu'on pût l'entendre parler d'ordre, sans craindre qu'il ne voulût conduire au despotisme, et de sûreté pour tous, sans redouter qu'il n'aspirât à l'exception pour quelques-uns.

(*Mélanges.*)

THIERS. — Le plus audacieux des chefs populaires, celui qui, toujours en avant, ouvrait les délibérations les plus hardies, était Mirabeau. Les absurdes institutions de la vieille monarchie avaient blessé des esprits justes et indigné des cœurs droits; mais il n'était pas possible qu'elles n'eussent froissé quelques âmes ardentes et irritées de grandes passions. Cette âme fut celle de Mirabeau, qui, rencontrant dès sa naissance tous les despotismes, celui de son père, du gouvernement et des tribunaux, employa sa jeunesse à les combattre et à les haïr. Il était né sous le soleil de la Provence, et issu d'une famille noble. De bonne heure il s'était fait connaître par ses désordres, ses querelles et une éloquence emportée. Ses voyages, ses observations, ses immenses lectures, lui avaient tout appris, et il avait tout retenu. Mais outré, bizarre, sophiste même quand il n'était pas soutenu par la passion, il devenait tout autre par elle. Promptement excité par la tribune et la présence de ses contradicteurs, son esprit s'enflammait : d'abord ses premières vues étaient confuses, ses paroles entrecoupées, ses chairs palpitantes, mais bientôt venait la lumière; alors son esprit faisait en un instant le travail des années; et à la tribune même, tout était pour lui découverte, expression vive et soudaine. Contrarié de nouveau, il revenait plus pressant et plus clair, et présentait la vérité en images frappantes ou terribles. Les circonstances étaient elles-mêmes difficiles, les esprits fatigués d'une longue discussion, ou intimidés par le danger; un cri, un mot décisif s'échappait de sa bouche, sa tête se montrait effrayante de laideur et de génie, et l'Assemblée, éclairée ou raffermie, rendait des lois ou prenait des résolutions magnanimes.

Fier de ses hautes qualités, s'égayant de ses vices, tour à tour altier ou souple, il séduisait les uns par ses flatteries, intimidait les autres par ses sarcasmes, et les conduisait tous à sa suite par une singulière puissance d'entraînement. Son parti était partout : dans le peuple, dans l'Assemblée, dans la cour même, dans tous ceux enfin auxquels il s'adressait dans le moment. Se mêlant familièrement avec les hommes, juste quand il fallait l'être, il avait applaudi au talent naissant de Barnave, quoiqu'il n'aimât pas ses jeunes amis ; il appréciait l'esprit profond de Sieyès et caressait son humeur sauvage ; il redoutait dans Lafayette une vie trop pure ; il détestait dans Necker un rigorisme extrême, une raison orgueilleuse, et la prétention de gouverner une révolution qu'il savait lui appartenir. Il aimait peu le duc d'Orléans et son ambition incertaine ; et, comme on le verra bientôt, il n'eut jamais avec lui aucun intérêt commun. Seul ainsi avec son génie, il attaquait le despotisme qu'il avait juré de détruire. D'ailleurs, dévoré de besoins, mécontent du présent, il s'avançait vers un avenir inconnu, faisant tout supposer de ses talents, de son ambition, de ses vices, du mauvais état de sa fortune, et autorisant par ses propos, tous les soupçons et toutes les calomnies.

(*Histoire de la Révolution française*, t. 1er.)

TISSOT. — L'impartialité de l'histoire nous a fait dire tout ce que Mirabeau avait de grand et de populaire ; c'est elle aussi qui nous force à rappeler les défauts et les vices de ce génie révolutionnaire. Si Mirabeau avait pu se contenter d'une vie simple et frugale, si les passions de ce génie n'avaient pas été aussi impétueuses et irrésistibles que sa fougueuse éloquence, nous n'hésitons pas à le croire, nul homme n'aurait laissé un plus beau souvenir.

Couvert de dettes, pressé de besoins sans cesse renaissants, il n'était que trop exposé à se laisser tenter par l'appât d'un avenir heureux et indépendant que la cour lui offrait. En vain les défenseurs de Mirabeau ont-ils dit que l'argent donné à ce tribun n'était qu'un moyen de l'affranchir des entraves et des embarras qui arrêtaient l'essor de ses grands desseins sur la France, la morale ne permet point d'admettre cette excuse. Qu'effrayé de la marche désordonnée de la Révolution, il ait voulu opposer une barrière au torrent ; qu'alarmé sur le sort de la liberté elle-même menacée, suivant lui, de succomber au milieu de la dispersion de tous les éléments de l'ordre social, il ait voulu le reconstituer, nous le croyons sans peine ; mais si son âme de citoyen et ses lumières d'homme d'Etat lui prescrivaient le devoir de prêter son appui à la couronne ; s'il voulait devenir l'Atlas de la monarchie, il ne devait, sous aucun prétexte, accepter un salaire pour accomplir les impérieuses lois de sa conscience ; il devait s'abstenir de toute transaction intéressée, rester libre de lui-même, conserver son indépendance pour s'établir le gardien des tables de la nouvelle loi, et pouvoir dire, avec une égale autorité, au peuple qui connaissait si bien la voix de son tribun, au roi qui avait tremblé si souvent devant elle : « Voilà l'arche sainte qui contient le salut de tous ! Malheur à qui la touche ! » Comment, pour un peu d'or jeté à ses mauvaises passions, Mirabeau a-t-il perdu la plus pure des gloires ? Pourquoi faut-il trouver trop souvent, dans l'histoire, des faits qui rabaissent un grand génie ? Raconter de si tristes vérités, c'est éprouver le supplice d'un enthousiaste qui, à genoux devant la statue d'une idole, découvre des vers dans le dieu qu'il adorait.

. . . .

Ce fut au commencement de mars 1790 que fut terminé le traité définitif entre la cour et Mirabeau.

La fille de Marie-Thérèse vainquit sa répugnance pour l'orateur qui avait été sur le point de la dénoncer lors du repas des gardes-du-corps, et consentit à voir le révolutionnaire. Mirabeau partit de Paris sous le prétexte d'aller chez un de ses amis, M. de Clavières; mais il s'arrêta à une porte du jardin de Saint-Cloud. La reine l'attendait dans un endroit reculé, à un rond-point qui existe encore dans les jardins particuliers de Saint-Cloud. Quelle ne dut pas être l'émotion de la reine en s'approchant de Mirabeau, du chef de la Révolution ! Mais, soit qu'elle sentit profondément la grandeur des services que l'on pouvait attendre de ce génie, soit qu'il exerçât sur elle une espèce de fascination par sa renommée, Marie-Antoinette se félicita tout le reste de sa vie d'avoir trouvé en ce moment des paroles dignes de la circonstance et du personnage. Elle répéta plus d'une fois avec plaisir à ses confidents la phrase avec laquelle elle avait abordé l'orateur ; « Si je parlais à un autre homme qu'à un Mirabeau. » Le tribun à moitié séduit s'empressa de répondre en exposant ses projets, ses espérances et ses ressources pour le rétablissement de l'autorité royale, et fit passer sa confiance à Marie-Antoinette. En la quittant : « Madame, lui dit-il, quand votre illustre mère faisait à l'un de ses sujets l'honneur de le recevoir, elle ne le congédiait jamais sans lui donner sa main à baiser. » Avec cette grâce de femme qu'elle avait reçue de la nature, Marie-Antoinette lui tendit sa main. Le révolutionnaire la baisa, et en se relevant, le regard plein de feu, il s'écria : « Madame sauve la monarchie, » La reine, qui n'avait vu jusqu'alors dans le déserteur du patriciat que le Satan de la Révolution, crut voir en ce moment un ange libérateur. Mirabeau croyait l'être : il se trompait. On ne rétablit pas les trônes renversés par l'opinion ; on ne rend point aux personnes royales le magique respect qui les environne comme un rempart. Il en est des rois ainsi que des statues des dieux en butte à des outrages et des violences : le premier coup seul frappe la divinité.

Mirabeau ne devait pas oublier cette vérité empreinte en caractères de feu dans les tableaux de Tacite. L'histoire lui donnait encore d'autres avertissements : les révolutions sont des torrents qu'on ne peut ni remonter ni arrêter dans leurs cours. Entraîné par le courant, Mirabeau aurait été jeté mort sur le rivage, par une tempête, et le renversement d'un projet téméraire n'aurait fait peut-être que déprécier son génie, montrer les bornes de sa raison, et dépopulariser à jamais sa mémoire.

. . . .

Au moment où Mirabeau mourut [1], tout concourait à augmenter son influence. Il tenait à la force armée par le grade de chef de bataillon, à l'administration comme membre du directoire du département, à différents districts de la capitale par des intelligences ménagées de longue main, qui avaient souvent inquiété Lafayette. Orateur et tribun, révolutionnaire et homme d'Etat, capable de tout, même d'un grand attentat pour arriver à un grand but, membre de la représen-

[1] A peine Cérutti venait-il de fermer les yeux à Mirabeau, qu'il reçut la lettre suivante :

« Monsieur, j'ai lu dans les papiers publics que la transfusion du sang avait été exécutée avec succès, en Angleterre, dans les maladies graves. Si, pour sauver M. de Mirabeau, les médecins le jugeaient convenable, j'offre une partie de mon sang, et je l'offre de grand cœur : l'un et l'autre sont purs. Signé : Mornais ou Marnais, rue Neuve-Saint-Eustache, n° 32. »

tation nationale qu'il commençait à subjuguer, investi de la confiance du peuple qu'il commençait à retenir après l'avoir poussé, comme on l'avait vu dans les troubles de Provence, lui seul pouvait étayer la royauté près de crouler; le colosse, en tombant, entraîna la monarchie.

(*Histoire complète de la Révolution française.*)

VILLEMAIN. — Deux duels, un enlèvement, quatre lettres de cachet, un procès criminel et un procès en séparation, voilà les moyens de célébrité de Mirabeau, voilà sa présentation au public. Cependant il était d'une naissance illustre; gentilhomme de Provence, il appartenait à la classe des nobles possédant fief; son père, le marquis de Mirabeau, était considérable par son nom, sa fortune, et par plusieurs écrits consacrés à des généralités philantropiques, quoiqu'il eût obtenu cinquante lettres de cachet contre sa famille.

Nous verrons le génie oratoire renaître au milieu des orages de la vie à demi-romanesque, à demi-coupable du jeune Mirabeau, puis se produire avec éclat à la faveur des premières mutations politiques. Cette éloquence qui, sous des formes si différentes, tour à tour est sortie des agitations de la liberté ou des méditations de la foi religieuse, du forum ou du cloître, Mirabeau semble nous la rendre au milieu des scandales de sa vie tumultueuse. Lui-même disait, de l'un de ses mémoires contre sa femme, avec cet orgueil qu'il opposait au sentiment de ses vices : « Si ce n'est pas là de l'éloquence inconnue à nos siècles barbares, je ne sais quel est ce don du ciel si rare et si grand ! »

. . . .

Bientôt cette France, qui était devenue un immense auditoire entraîné par une foule d'écrivains, va se concentrer dans une seule assemblée, où ne dominera plus que la parole. C'est là que paraît l'orateur moderne, l'orateur des intérêts politiques, les plus grands après ceux de la religion, et les plus faits pour inspirer une vive et soudaine éloquence. Ne me demandez pas ce que fut Mirabeau selon les maximes de la morale, mais ce qu'il fit, et quelle puissance il exerça sur les autres hommes.

Si nous consultons les mémoires du temps, si dans ses paroles à demi-figées sur le papier, nous cherchons à reconnaître l'inspiration primitive, nous voyons un homme, audacieux par le caractère autant que par le génie, attaquant avec véhémence lorsqu'il aurait eu peine à se défendre, faisant passer le mépris qu'on lui avait d'abord montré pour le premier des préjugés qu'il veut détruire, y réussissant à force de hardiesse et de talent, et ressaisissant par l'éloquence l'ascendant sur les passions populaires qu'il cesse de flatter. Ces dons naturels, cette voix tonnante, cette action, tout cela était enseveli dans les livres des rhéteurs; mais tout cela est ressuscité par Mirabeau. Cet homme était né orateur; sa tête énorme, grossie par son énorme chevelure, sa voix âpre et dure, longtemps traînante avant d'éclater; son débit, d'abord lourd, embarrassé, tout, jusqu'à ses défauts, impose et subjugue.

Il commence par de graves et lentes paroles qui excitent une attente mêlée d'anxiété. Lui-même il attend sa colère; mais qu'un mot échappe du sein de la tumultueuse assemblée, ou qu'il s'impatiente de sa propre lenteur, tout hors de lui, l'orateur s'élève; ses paroles jaillissent énergiques et nouvelles; son improvisation devient pure et correcte, en restant véhémente, hardie, singulière; il méprise, il menace, il insulte. Une sorte d'impunité est acquise à ses paroles comme à ses actions. Il refuse des duels avec insolence, et fait taire les factieux du haut de la tribune.

Cette puissance oratoire le suit partout avec une majesté théâtrale. A la séance fameuse où tous les nobles de l'Assemblée avaient abandonné leurs titres, le comte Mirabeau n'avait plus été désigné, dans les feuilles publiques, que sous son ancien et obscur nom de famille, *Riquetti*. La plaisanterie parut mauvaise à l'orgueilleux tribun, et s'approchant des logographes en descendant de la tribune : « Avec votre Riquetti, dit-il, vous avez désorienté l'Europe pendant trois jours. »

Les discours médités de Mirabeau surpassaient encore, pour la vigueur et la logique, sa parole improvisée. A la vérité, il a des hommes de talent à son service; il a des ouvriers qui travaillent à son éloquence; il est parfois plagiaire à la tribune, comme il l'était dans les gros volumes qu'il compilait pour vivre pendant les mauvais jours de sa jeunesse; mais il est plagiaire inspiré, et, par un mouvement, par un mot, il rend éloquent comme lui ce qu'il emprunte aux autres.

(*Cours de littérature française*, tableau du dix-huitième siècle.)

ALISON (Archibald). — Comme orateur Mirabeau est un des plus puissants qui aient jamais paru sur le grand théâtre des affaires publiques, une âme ardente, une élocution facile, une grande énergie d'expression, une imagination brillante, une voix de tonnerre, une indomptable volonté, firent de lui le chef naturel d'une Assemblée, dans laquelle les passions égoïstes et généreuses se heurtaient dans une confusion sauvage et cherchaient, les unes et les autres, leur satisfaction dans les systèmes les plus extravagants de reconstruction de la société. Comme M. Fox, il n'avait pas un grand fonds de connaissances acquises; il s'en rapportait à d'autres pour la substance matérielle de ses discours ; et la majeure partie des compositions les plus célèbres et les plus élaborées qui portent son nom furent l'œuvre d'un cercle d'amis pleins de savoir, qui, fascinés par son talent, étaient devenus ses collaborateurs [1]. Mais quoique d'autres lui en eussent préparé les éléments et souvent l'exorde, le mérite éclatant et le succès immense de ses discours lui reviennent en propre. Plein de confiance en lui-même, aucune opposition ne pouvait le dompter, aucunes clameurs ne le déconcertaient; la promptitude de répartie dont il était doué, lui permettait presque toujours de retourner avec avantage une interruption contre ses adversaires; véhément et passionné, il savait toujours, même lorsqu'il n'était pas sincère, jeter dans ses discours cette vigueur d'expression, cette sévérité de manière qui contribuent si puissamment à la fascination oratoire. Personne ne savait distinguer comme lui quel était le point de la question ; personne ne connaissait comme lui la manière de s'adresser, soit pour, soit contre, aux sentiments dominants de la majorité. Quoique plongé dans des idées grossières, et avide de jouissances sensuelles, personne ne savait exprimer des sentiments plus élevés, ou profiter avec plus d'habileté des affections généreuses. Ambitieux à l'extrême, ayant la conscience de la force qui lui donnait le droit de prétendre au commandement, il était impatient de l'atteindre, et s'irritait de tous les obstacles qu'il rencontrait. Suivant que ses discours étaient applaudis ou interrompus, il s'abandonnait aux plus vives espérances ou stigmatisait l'Assemblée comme le plus déplorable assemblage

[1] Dumont, Duroveral et Clavières, étaient les hommes les plus remarquables de cet entourage et composèrent presque tous les écrits qui, avant que ses talents oratoires se fussent révélés au monde, donnèrent une réputation colossale à Mirabeau, etc.

d'imbéciles qui eût jamais été réuni dans la même enceinte. Cependant sa confiance en lui-même ne l'abandonna jamais. Il y avait quelque chose qui sentait la grandeur même dans la résolution dont la source était dans ses vices.

Perdu de réputation comme homme privé, même dans les cercles corrompus de Paris, il résolut de se créer une nouvelle influence fondée sur des exploits publics ; il s'éleva graduellement au-dessus de ses rivaux dans l'Assemblée ; et par son courage dans les difficultés et son énergie au milieu des hésitations des autres, il en acquit enfin la direction suprême. C'était peut-être le seul homme, en France, qui eût chance de modérer ou d'arrêter l'effervescence de la Révolution. Il disait souvent de Lafayette, lorsque celui-ci était à la tête de la garde nationale de Paris : « Lafayette a une armée ; mais, croyez-moi, ma tête aussi est une force. » (*Les Annales de l'Europe*. Edimb., 1849, 1ᵉʳ vol., page 455, trad. de M. Bergeau.)

CARLYLE (Thomas). — Parmi les six cents individus en cravates blanches qui sont là pour régénérer leur pays, tâchons de deviner quel sera le roi ; car il faut un roi, un chef à tous les hommes assemblés, quelque soit leur œuvre. Il leur faut un homme qui, par sa position, son caractère, ses facultés, soit le plus propre de tous à faire l'œuvre. Cet homme, ce roi non élu, ce roi nécessaire de l'avenir marche là parmi les autres et comme un autre. Ne serait-ce pas celui-ci, dont la chevelure est si dense, cet homme à la hure terrible, comète flamboyante devant laquelle les trônes trembleront ? A travers ses épais sourcils, ses traits taillés avec une hache, sa figure couturée et bourgeonnée, vous lisez la petite-vérole, le libertinage, la banqueroute, mais aussi le feu brûlant du génie. Cet astre fumeux qu'on ne peut méconnaître, n'est-ce pas là Gabriel-Honoré-Riquetti de Mirabeau, l'homme chargé de pousser le monde dans sa voie nouvelle, n'est-ce pas le roi des hommes, le député d'Aix ? S'il faut en croire madame de Staël, qui l'a bien vu, son pas est fier, quoiqu'on le regarde de travers, et il secoue déjà sa crinière de lion.

Oui, lecteurs, c'est le type des Français de 1789, comme Voltaire fut le type des Français de 1750. Il est Français dans ses désirs, ses espérances, ses conquêtes, ses ambitions ; il résume, il exprime, il domine les vertus et les vices du temps. Il est plus Français que tout autre, aujourd'hui du moins. Voilà pourquoi il est roi de France dans la réalité, dans la vérité du fait ; puis, intrinsèquement, profondément, c'est un homme et un homme très-viril. Remarquez-le bien : sans lui, l'Assemblée nationale ne serait pas du tout ce qu'elle est. Il peut, s'il le veut, dire comme Louis XIV : « L'Assemblée nationale, c'est moi...

(*The French Revolution*, *à History*. — Fragment traduit par M. Philarète Chasles. — *Revue des Deux-Mondes*, t. 1ᵉʳ, oct. 1840.)

DAHLMANN. — Les Arrighetti, ancêtres de Mirabeau, étaient des Ghibellins à Florence ; le parti du pape les exila en 1267 ; ils se réfugièrent en Provence. Beaucoup de membres de cette famille étaient chevaliers de Malte. Cette bonne race italienne de guerriers savait toujours tenir la tête haute vis-à-vis des gens d'autorité : un Mirabeau donna un soufflet au commandeur de Malte ; un autre Mirabeau, guerrier et grand-père de l'orateur, donna une réponse cruelle au roi de France, et dérogea hardiment à l'étiquette du roi d'Espagne. Ce grand-père avait un point d'honneur tel que, retiré dans son marquisat de Mirabeau, et vénéré par tous ses voisins pour son zèle d'administrateur et pour sa bravoure guerrière, il refusa de payer ses dettes avec *le mauvais papier-monnaie* qu'il avait reçu depuis la chute de Law ; il préféra la ruine financière de sa maison. Son fils était, non guerrier, mais écrivain, et cela avec l'habituelle *furie* qui caractérise la race des Mirabeau ; économiste à la Quesnay, tapageur, mais, comme ses ancêtres, doué d'un naturel riche. L'orateur Mirabeau, son fils, lui impose tant par son génie et par sa constitution physique, que le père s'écrie : « Quelle abondance d'esprit et de sang ! Ce gaillard ferait bien d'épouser l'impératrice Catherine de Russie, sans cela, je ne sais pas d'autre femme qui lui conviendrait. » L'orateur, après sa prison de trois années et demi, a le bonheur d'être enfin accueilli par son père, et trouve un protecteur dans Talleyrand, qui le recommande à Calonne. A Berlin, l'orateur adresse une lettre très-importante à Frédéric-Guillaume II, successeur de Frédéric-le-Grand, et lui conseille de réformer l'armée par l'institution de compagnies nationales, d'après les paroisses, et qui éliraient leurs chefs ; il lui conseille d'instituer des juges inamovibles avec salaire et sans casuel exorbitant, la liberté absolue de la presse, la suppression de la loterie, l'abolition du trésor de Frédéric-le-Grand. Bientôt il attaque Calonne par une admirable brochure sur *l'agiotage*, et écrit deux fois à Necker pour lui démontrer l'insuffisance du système des emprunts et les avantages du système des impôts. Cette prédilection de l'orateur pour l'économie politique date évidemment de la lecture qu'il était pour ainsi dire *forcé* à faire dans sa jeunesse, des interminables écrits économiques de son père. Calonne était vindicatif, il lança une lettre de cachet, à laquelle Mirabeau échappe par un troisième voyage en Allemagne ; cette fois il écrit, avec le professeur Mauvillon, dans la ville de Brunswick, l'ouvrage célèbre sur la monarchie prussienne.

L'orateur avait fait une *Histoire secrète de la cour de Berlin*. Il en offrit le manuscrit au comte Montmorin, pour avoir de l'argent ; le comte lui en fournit, mais sous la condition que Mirabeau renoncerait à la candidature provençale aux Etats-Généraux.

Mirabeau se rend malgré cela en Provence pour pousser sa candidature, et la jolie femme d'un libraire lui fait fournir de l'argent par son mari. Le Parlement brûle son livre, le lâche Talleyrand abandonne son ami ; mais celui-ci porte la tête haute comme toujours et se rend en Provence. Depuis quinze ans, membre des Etats provinciaux de la Provence, il y avait représenté un fief de noblesse. Louis XVI ordonne que les Etats-Généraux seront élus par tout le clergé, par toute la noblesse ; Mirabeau, le seul orateur sensé de la Provence d'alors, appuie cette ordonnance, en démontrant que 600,000 habitants valent plus que 180 privilégiés. Alors ses collègues, pour se débarrasser de lui, cherchent querelle et l'excluent comme non propriétaire d'un fief ; remarquez qu'ils n'ont fait cette invention qu'après avoir senti son terrible talent. Il est faux que Mirabeau ait brigué les comices du Tiers-Etat en renonçant à sa noblesse et en achetant un magasin de draps ; mais le fait est, qu'ayant obtenu une réputation par ses écrits antérieurs et par une petite feuille volante, dans laquelle il prouva au bas peuple de Marseille qu'il devait renoncer au prix trop déprimé du pain, qui fut écoutée par le bas peuple, — Mirabeau fut élu représentant, au moment où il apaisait un mouvement du bas peuple à Aix.

Les destinées de la France se remplirent, puisque deux Provençaux, Talleyrand et Mirabeau, *l'eau et le feu*, furent élus membres du Tiers-Etat.

. . . .

Après le 4 août, Mirabeau, *père de la Révolution*, dit à Sieyès, autre *père de la Révolution* (comme ils aiment à se faire appeler) : « Cher abbé, vous avez déchaîné « votre taureau, ne vous étonnez pas quand il vous fait sentir ses cornes… »

Dans la question du *veto*, Mirabeau montra un immense talent, tandis que Sieyès y devint assez médiocre.

. . . .

L'esprit ironique de Mirabeau jetait alors (91) des étincelles et produisait des brûlures fort douloureuses; ses ennemis faisaient, parfois, semblant de ne rien sentir, ils s'efforçaient même à rire, mais en vain : ils ne pouvaient jamais s'empêcher de l'admirer au fond de leur âme.

Faut-il considérer sa conduite après avoir fait alliance avec Louis XVI, comme une conduite légère et misérable? comme le triste résultat de certaines contradictions intérieures? Voici mon opinion : D'abord, gardons-nous de faire confondre l'essence intime de cet homme étrange avec sa situation extérieure, bien que l'une et l'autre soient souvent mêlées. Nul doute, Mirabeau avait soif de gloire et de puissance, il tendait vers un but supérieur; il espérait que l'avenir dirait de lui : « Voilà un homme qui, pour sauver la France, a ébranlé l'ordre; « la France en est devenue libre; et ce même homme a su rétablir l'ordre « ébranlé par lui; il a fini par laver ses fautes de jeunesse par la vertu civique « de son âge avancé. » — Cet ouvrage cependant, commencé par Mirabeau, était bien lourd aux épaules d'un seul; sa mauvaise réputation lui refuse la place auprès du trône, bien que cette place fût méritée par le génie de l'homme. D'un autre côté, il devint ami et conseiller intime des royaux époux; ceux-ci ne prennent pas la résolution ferme et hardie que l'orateur leur prescrit. En même temps le monde commence à murmurer tout bas, et puis à crier tout haut, le mot de *traître*, puisque Mirabeau prêche parfois la modération. De là l'orateur commence à souffrir horriblement; son âme est déchirée, sa *position* devient par l'ambiguité des circonstances plus pénible encore que sa *réputation*. Il dit à un député: « Vous ne m'aimez pas, je le sais, et je sais aussi que vous ne m'estimez pas non plus. » A un confident, il dit: « Ah! si j'eusse apporté dans la Révolu- « tion une réputation pure, comme par exemple Malesherbes, quel bel avenir « n'aurais-je pas assuré à ma patrie, et quelle grande gloire à mon nom! » Mais son courage ne le quittait pas. « Mes adversaires, dit-il, ne me déroberont « point le soin d'avoir donné un terrain solide à la liberté, en France et en Eu- « rope. » Il aimait souvent à jeter un coup d'œil sur toute la société humaine. Le vieux fardeau du moyen-âge vient d'être jeté; Mirabeau y a contribué, dit-il; et il va poursuivre son œuvre, tout en se mettant en secret dans le parti du roi et de la reine. *A-t-il donc trompé la cour? a-t-il menti à la nation?* Non. Il dit à la reine, au roi, à Montmorin, pour les empêcher de le tourmenter perpétuellement : « J'arrange les affaires afin de donner à l'Assemblée nationale « des armes mortelles contre elle-même. » En disant cela, il disait le contraire de ce qu'il pensait; il désirait vivement la destruction rapide et radicale des abus innombrables en France; bien qu'il aurait préféré de simplifier, pour le commencement au moins, les questions destructives en matière politique et administrative. Mais jamais on ne saurait dire, que les conseils qu'il donnait à la maison royale, étaient mauvais ou ineptes.

A tout prendre, la vie de Mirabeau représente une tragédie saisissante, mais d'après les mœurs et le caractère de la France.

(*Histoire de la Révolution Française. — Leipzig, 1847, traduction du docteur Hermann Ewerbeck.*)

SCHLOSSER [1]. — Deux hommes avaient, depuis 1789, beaucoup d'influence, Talleyrand et Mirabeau; ils ont fait usage de tous les talents, de tous les rapports et de tous les ressorts qui existaient dans l'ancienne époque, et surtout de tous ses vices, pour en créer une époque nouvelle qui leur permettrait de recommencer leur carrière de débauches et d'excès, et d'y briller encore une fois, comme dans la société précédente, par leur génie et par leur esprit, par leurs sophismes et par leurs gracieusetés...... Mirabeau avait la lâcheté de trahir et de quitter une grande dame mariée, quand elle lui avait sacrifié son honneur et sa fortune... Toute l'existence de cet orateur ne fut qu'un tissu d'excès, de vices, de crimes, interrompu de temps à autre par des travaux intellectuels fort rudes et pénibles... Dans ce temps-là, à peu près comme dans le nôtre, les mœurs de l'aristocratie de naissance et d'argent comportaient avec elles que le titre de *Roué rempli d'esprit* y fut bien-venu; par conséquent, le *roué* Mirabeau, renvoyé de ses prisons, fut fort recherché chez toutes les cours régnantes, principalement chez celles d'Allemagne. On s'y servit de Mirabeau comme on se sert d'un espion, sans qu'il eût été spécialement accrédité. C'est dans cette qualité *quasi*-diplomatique que Mirabeau a produit un ouvrage, pas trop véridique, sur l'histoire secrète de la cour prusienne, et quelques lettres fort injustes contre l'empereur Joseph, sur les sept provinces des Pays-Bas.

Mirabeau avait plusieurs bonnes qualités qui manquaient à Talleyrand; dans leur conduite ces deux hommes s'égalaient tout à fait. Ils connaissaient (chose bien rare alors en France) profondément l'Allemagne... Mirabeau s'est toujours moqué du civisme de Jean-Jacques Rousseau, si adoré par les députés de la Bretagne et des villes commerçantes du Midi, si prôné par Robespierre, Saint-Just, Rolland et Bailly. L'orateur Mirabeau aurait assurément pu être gagné plus tôt par Louis XVI : il ne le fut que quand le moment favorable était déjà passé.

La noblesse provençale, se méfiant de lui, ne le choisit pas pour représentant; c'était le tiers-état auquel il s'adressa, et ce tiers-état français ne doit qu'à Mirabeau son influence actuelle, et l'avantage de pouvoir envoyer aujourd'hui à la Chambre des députés ceux qui possèdent de l'argent et une langue déliée, et l'habileté de s'entourer de partisans. Je crois que la petite farce que Mirabeau joua en transformant son nom aristocratique en un simple nom roturier à l'aide de l'enseigne au-dessus du magasin de draps à Aix, n'a point beaucoup contribué à le faire élire. Je crois plutôt que son choix n'eut lieu que parce que sa famille y était très-connue, et que partout où il s'agit de manifester le zèle de la discussion et de l'action, un prosélyte récent vaut mieux qu'un croyant d'ancienne date. Lui et Talleyrand se rencontrèrent à Paris avec Danton, aussi poursuivi qu'eux par des créanciers, et doué d'un talent et d'une éloquence populaire qui le rendaient un instrument fort utile à leurs intentions. Mirabeau et Talleyrand, n'ont tant pu faire et fait, qu'à l'aide de l'immense connaissance qu'ils possédaient de l'âme humaine? Quel énorme distance entre eux et l'évêque Grégoire, de Blois, homme bon et pieux, connu en 1822, mais aussi inconnu avec le monde et les mortels comme l'a été déjà en 1789, ce janséniste zélé.

[1] Schlosser est le modèle d'un savant allemand *de la vieille école*, c'est-à-dire, c'est un homme éminemment érudit, mais plus ou moins borné, pour ne pas dire servile; un homme fort versé dans toutes les questions et diatribes scientifiques, mais en même temps un pédant. Il est bon que la jeune France apprenne à apprécier cette classe si dangereuse à l'Allemagne.

(*Le Traducteur.*)

— Le *Livre Rouge*, publié par morceaux, malgré l'opposition de Necker, dit (page 25) : « Comte de Mirabeau, 200,000 livres en 1776; 5,000 livres en 1789; 195,000 livres.

(*Histoire du dix-huitième siècle*, Heidelberg, 1844. — *Traduction du docteur Hermann Ewerbeck.*)

WALTER SCOTT. — Le premier des agents secrets de Louis XVI, en 1791, n'était autre que Mirabeau, ce même Mirabeau, l'un des principaux auteurs de la Révolution, mais aristocrate au fond du cœur, gagné au parti royaliste par de grandes promesses de fortune et d'avancement, et qui travaillait sérieusement alors à renverser son propre ouvrage. Il se proposait de faire servir au rétablissement de l'autorité royale l'Assemblée elle-même, où il régnait, pour ainsi dire, par le talent, l'éloquence et l'audace. Son dernier avis fut que le roi devait se retirer à Metz, alors sous le gouvernement du marquis de Bouillé; et il espérait, grâce à l'influence qu'il exerçait dans l'Assemblée, déterminer une forte majorité à écouter des propositions raisonnables d'accommodement. Il est certain qu'aucun orateur de l'époque n'exerça sur ses collègues un ascendant égal à celui de Mirabeau, et que lui seul osa renvoyer le défi et la menace aux formidables jacobins. « J'ai résisté au despotisme militaire, dit-il en s'opposant à la loi contre les émigrants; j'ai combattu le despotisme ministériel; supposera-t-on que je cède au despotisme d'un club? — De quel droit, s'écriait Goupil, Mirabeau s'érigerait-il en dictateur de l'Assemblée? — Goupil, s'écria Mirabeau, ne me connaît pas mieux aujourd'hui en m'appelant dictateur, qu'il ne me connaissait naguère en me nommant Catilina. » En vain les jacobins de la Montagne s'efforcèrent de l'interrompre par leurs rugissements : « Silence aux trente voix ! » s'écria Mirabeau d'une voix de tonnerre; et à cet ordre le volcan rentra dans son repos. Mirabeau, cependant, ne réfléchit peut-être pas assez que son génie, tou supérieur qu'il était, en effet, aurait bien moins de force en s'armant pour la cause royale, que lorsqu'il avait pour lui toute la faveur d'un peuple enthousiaste, et l'impulsion énergique du torrent révolutionnaire. Mirabeau n'était pas moins remarquable par son immoralité que par ses talents prodigieux. Le danger que courait Louis XVI, en s'embarquant avec cet homme, rappelle celui du prince de ce conte oriental, qui, pour s'échapper d'une île déserte, fut obligé de se placer dans un esquif dirigé à travers des écueils par un pilote moitié homme et moitié tigre. La maladie subite et la mort de Mirabeau, qui périt victime de ses débauches, fit avorter le projet. Sa perte fut l'objet d'une douleur publique. Il est probable, néanmoins, si l'apôtre de la Révolution eût vécu plus longtemps, ou qu'il eût arrêté le progrès, ou que ses propres membres déchirés eussent orné les piques de cette multitude qui le conduisit au tombeau les armes renversées et poussant des cris funèbres.

. . . .

L'extérieur de Mirabeau pouvait donner une idée de son caractère. Petite taille, tête de taureau, formes d'Hercule, chevelure épaisse, en désordre, ombrageant un visage difforme et couvert de cicatrices. « Imaginez-vous, disait-il, en se dépeignant lui-même à une dame qui ne le connaissait pas, imaginez-vous un tigre qui a eu la petite vérole. » Quand il s'apprêtait à réfuter ses adversaires dans l'Assemblée, il avait coutume de dire : « Je vais leur montrer la hure du sanglier, » faisant ainsi allusion à sa tête aux crins hérissés et armée de défenses.

(*Histoire de Napoléon.*)

Le *Dictionnaire allemand de Conversation* ou *l'Encyclopédie générale de l'Allemagne* s'exprime ainsi :

Il est impossible de dire si la naissance de cet homme supérieur ou si sa mort prématurée a porté le plus grand malheur à la royauté en France. Nous ne devons point juger Mirabeau de la mesure ordinaire; c'est quelque chose de plus qu'un simple mortel individuel, c'est, pour ainsi dire, *une époque incarnée dans un individu.* Quand on juge la seconde moitié du XVIII° siècle, on juge par là, en même temps, ce personnage étrange, appelé Mirabeau. Aux beaux temps de Rome ancienne il aurait été un Gracque, au temps de la décadence romaine il aurait été Catilina; dans la Fronde, en France, il aurait été le cardinal de Retz. Dans le XVIII° siècle, époque très-corrompue, et appartenant à une classe également corrompue, le gentilhomme français Mirabeau n'a pu se montrer grand que par des vices sensuels [1]. L'immense compression qu'il avait à subir de la part de son père, homme fort corrompu en mœurs et fort dur de cœur, de même la sévérité injuste dont les lois d'alors sévissaient en plusieurs circonstances contre Mirabeau, lui inspirèrent le sentiment le plus déterminé de la liberté. Une partie de ses meilleurs ouvrages doit le jour à son séjour dans les prisons; ses *Lettres à Sophie*, semblables aux lettres de Rousseau dans *Héloïse*, sont plus vraies que celles-ci; mais, comme l'époque tout entière, elles contiennent, sur une même page, souvent ce qu'il y a de plus pur et de plus sublime, entremêlé avec ce qu'il y a de plus obscène. Ses discours de défense contre son père sont des modèles d'éloquence et de logique. L'Assemblée était tout à fait sous sa domination, et le peuple le déifiait; il n'appartenait à aucun parti, lui seul était un parti tout entier. — Le roi et la reine lui proposèrent de se taire, quand il aurait reçu, une fois pour toute, une somme extraordinaire; Mirabeau refusa leur offre importune; c'est alors qu'ils se le firent présenter par l'intermédiaire d'un prince allemand. Il demanda dans cette audience à Louis XVI, s'il espérait peut-être voir rétablir son autorité absolue d'avant 1789? question à laquelle le roi répondit négativement. — Mirabeau lui promit son secours.

Personne n'osera décider si cet orateur aurait pu, en effet, sauver *la monarchie*, même quand Louis XVI avait eu pleine confiance en lui; mais il est évident que *le monarque*, par son défaut complet de raisonnement et d'habileté, s'efforça pour ainsi dire à se ruiner personnellement. Louis XVI fit payer les dettes colossales de l'orateur et un salaire mensuel de six mille francs; ce fait n'implique point une trahison de la cause populaire, car il n'y a point de crime à servir en même temps le roi et la nation.

Cet orateur ne peut se comparer ni à Démosthènes, ni à Cicéron, ni à Fox ou à Pitt; comme écrivain, il n'appartient pas non plus à la première classe; mais ce qui le distingue parmi tous, c'est son immense coup d'œil, sa profonde connaissance de l'âme humaine, et l'admirable talent de convertir en sa propriété, et avec une vitesse incroyable, tout ce qu'il jugeait à propos de savoir.

(*Traduction du docteur Hermann Ewerbeck.*)

---

[1] Ici le *Dictionnaire allemand*, rédigé, en 1838, par des savants un peu myopes et très-faibles en politique rationnelle, commet une erreur ridicule; il se trouve en contradiction avec lui-même, quand il raconte, ailleurs, que Mirabeau était remarquable par son talent. Il était donc remarquable non-seulement par ses excès, mais aussi par sa force spirituelle.

(*Note du Traducteur.*)

BIBLIOGRAPHIE.

DES ŒUVRES DE MIRABEAU.

Lettre à M. Franc, de la Garde, sur Cagliostro et Lavater. Berlin, 1768, in-8°.

Mémoires à consulter pour Jean-Baptiste Jeanret contre le nommé Bricard, employé des fermes. Délibéré à Pontarlier, le 16 décembre 1775, et signé Bricard, avocat. *Neufchatel,* 1775, in-12 de 20 pages.

Lettres de M*** à M*** sur le sacre de Louis XVI, 1776, in-8°, de 16 pages.

Essai sur le despotisme. Londres, 1776, in-8°, 3ᵉ édit., corrigée de la main de l'auteur sur l'exemplaire de la 2ᵉ édit. acheté à sa vente ; précédé d'une lettre de M. S. M. aux auteurs de la *Gazette Littéraire* et de la *Réponse aux conseils de la raison. Paris,* Lejay, 1792, in-8°. Autre édition. *Paris,* Baudoin frères (Renard), 1821, in-8°, 2 fr. 50 c.

Le lecteur y mettra un titre, ouvrage plein d'excellentes vues sur la musique. *Londres,* 1777, in-8°, de 95 pages.

La Gusmanade, ou *l'Etablissement de l'Inquisition. Amsterdam,* 1778, in-8°.

Des Lettres de Cachet et des prisons d'Etat. Hambourg, 1792, 2 vol. in-8° ; et *Paris,* Brissot-Thivaux, Blanchard, 1820, in-8°, 7 fr. (On attribue ces lettres au bailli de Mirabeau.)

Traduction de l'histoire du règne de Philippe II, roi d'Espagne, de Walson, entreprise avec Durival, 1777.

Précis historique de la maison des Comnènes, où l'on trouve l'origine, les mœurs et les usages des Maniotes, précédé de la filiation directe et reconnue par lettres patentes du roi au mois d'avril 1782, depuis David, dernier empereur de Trébisonde, jusqu'à Démétrius Comnène, actuellement capitaine de cavalerie en France. *Amsterdam,* 1784, in-8°, de 184 pages. (Cet ouvrage passe généralement pour être de Démétrius.)

Erotika Biblion. Rome, imp. du Vatican. Paris, 1783, in-8°. Autre édit., 1792, in-8°. Nouv. édit. corrigée sur un exemplaire, revu par l'auteur. *Paris,* Vatas-Jouannet, an IX (1801), in-8° de IV et 248 pages, 1 fr.

Ma conversion, 1783. Ouvrage écrit dans le goût de l'Arétin.

Recueil de Contes et de Nouvelles. Londres, 1780, *ou* avec un nouveau frontispice, *Londres,* 1785, 2 portr., in-8°.

Rubicon. (Sans date.)

Mémoires, 1783, in-8°.

Le libertin de qualité, ou *Confidences d'un prisonnier au château de Vincennes. Hambourg,* 1784, in-8°.

De la banque d'Espagne dite *de Saint-Charles,* 1785, in-8°, de 144 pages ; plus 162 pages de pièces justificatives.

De la caisse d'escompte (sans lieu d'impression), 1785, in-8°, de XVJ et 226 pages.

Doutes sur la liberté de l'Escaut, 1785, in-8°, 5 schl.

Seconde lettre d'un défenseur du peuple à Joseph II. Dublin, 1785, in-8°.

Réponse du comte de Mirabeau à l'écrivain des administrateurs de la compagnie des eaux de Paris. (Beaumarchais.) *Bruxelles,* 1785, in-8° de XIJ et 104 pages.

Recueil de divers écrits de Mirabeau sur les eaux de Paris. Londres, (Paris), 1786, in-8°.

Tableau raisonné de l'état actuel de la banque de Saint-Charles. Amsterdam, 1786, in-8°.

Lettre sur l'invasion des Provinces-Unies à M. le comte de Mirabeau et sa réponse. Bruxelles, 1787; in-8°.

Lettre remise à Frédéric-Guillaume II, roi régnant de Prusse, le jour de son avénement au trône, 1787, in-8°.

Dénonciation de l'agiotage au roi et à l'Assemblée des notables, 1787, in-8°.

Suite de la dénonciation de l'agiotage, 1788, in-8°.

Aux Bataves sur le Stathoudérat, avec des notes attribuées à Dumont Pigalle et à Marron. *Sans nom de ville,* 1788, in-8°.

Considérations sur l'ordre de Cincinnatus, ou Imitation d'un pamphlet américain, par le comte de Mirabeau et par Chamfort. *Londres,* Johnson, 1788, in-8°.

Le même ouvrage (nouvelle édition), sous ce titre : *Opinion du comte de Mirabeau sur la noblesse ancienne et moderne. Paris,* Chaigneau jeune, 1815, in-8°.

Participation à la relation des îles Pelew, De Gkeate, 1788.

Observations d'un voyageur anglais sur la maison de force (Bicêtre), suivies de *Réflexions* sur les effets de la sévérité des peines, et sur la législation criminelle de la Grande-Bretagne, imité de l'anglais, par le comte de Mirabeau, avec une lettre de Benjamin Franklin. 1788, in-8°, de 128 pages.

Réponse aux alarmes des bons citoyens. 1788, in-8°.

Lettre à Guibert sur son Eloge de Frédéric, et son Essai général de tactique. Paris, 1788, in-8°.

Conseils à un jeune prince qui sent la nécessité de refaire son éducation. Lettre à Guillaume II, roi de Prusse. 1788, in-8°.

De la Monarchie prussienne sous Frédéric-le-Grand ; avec un *Appendice* contenant des recherches sur la situation actuelle des principales contrées de l'Allemagne. *Londres.* (*Paris,* Lejay), 1788, 4 vol. in-4°, ou 8 vol. in-8°, avec un Atlas composé de 10 Cartes géographiques, par Mentelle, de 200 tableaux et 93 planches pour le système militaire de la Prusse. In-4°, 72 fr., et in-8°, 48 fr.

(Ouvrage dont les matériaux ont été fournis par le major prussien Mauvillon).

Le Despotisme de la maison d'Orange prouvé par l'Histoire. En Hollande, 1788, in-8°. (Publié sous le pseudonyme de Karel Van Ligtdal).

Les Candidats de Paris jugés, ou Contre-poison adressé à MM. les électeurs de Paris par le comte de M***. *Paris,* 1789, in-8°, de 16 pages.

Courrier de Provence. 1789-91, 122 n°s, formant 8 vol. in-8°. (Les premiers numéros portent le titre de *Journal des Etats-Généraux*).

Sur la liberté de la presse, imité de l'anglais de Milton. *Londres,* 1789, in-8°, de 64 pages.

Théorie de la royauté d'après la doctrine de Milton. (Traduction de l'anglais, attribuée à Salaville), 1789 et 1791, in-8°.

Histoire secrète de la cour de Berlin, ou Correspondance d'un voyageur français, depuis le 5 juillet 1786, jusqu'au 19 janvier 1787. Alençon, Malassis, 1789, 2 vol. in-8° (Ouvrage désavoué par Mirabeau).

La galerie des Etats-Généraux. Collaboration de Mirabeau : Portrait de Necker sous le nom de Narse. 1791, 2 part. in-8°.

Correspondance entre M. Cérutti et le comte de Mirabeau. 1790, in-8°.

Plan de division du royaume et réglement pour son organisation. 1790, in-8°.

Avis aux Princes de l'Europe sur le mal français. Francfort, Varrentrapp, 1790, in-4°.

Lettres de Mirabeau à ses commettants pendant le terme de la première législature. Paris, 1791, in-4°. (Ces lettres, au nombre de dix-neuf, sont tirées du *Journal de Provence*).

Observations sur l'état de commerce des Etats-Unis d'Amérique. Traduit de l'anglais, 1791.

Travail sur l'Education publique, trouvé dans les papiers de Mirabeau, et publié par Cabanis. *Paris,* de l'Imprimerie nationale, 1791, in-8°.

Discours sur l'Éducation nationale (non prononcé et attribué à Chamfort). *Paris*, 1791, in-8° de 79 pages.

Elégies de Tibulle, avec des notes; suivies *des Baisers de Jean Second*, traduction nouvelle , 1796.

Lettres de Mirabeau à Chamfort, imprimées sur les originaux écrits de la main de Mirabeau, et suivies d'une *Traduction de la dissertation allemande* (de Schwab), *sur la Cause de l'universalité de la langue française*; qui a partagé le prix de l'Académie de Berlin. Traduction attribuée à Mirabeau et imprimée sur le manuscrit corrigé de sa main : avec les *Discours de Rivarol* sur le même sujet. *Paris*, de l'imp. de la Décade philosophique, an v (1796), in-8°.

Contes et Nouvelles adressés du donjon de Vincennes à Sophie Ruffey. 1797, in-8°.

Nouvelles de J. Bocace, trad. de l'italien, 1802.

De l'Usure. (Sans date)

———

Collection complète des travaux de Mirabeau l'aîné, à l'Assemblée nationale, recueillis par Eti. Mejan. *Paris*, Buisson, 1791, 5 vol. in-8°.

Mirabeau peint par lui-même, ou *Recueil des discours , motions , etc. Paris* , Buisson, 1791, 4 vol. in-8°, avec cette épigraphe : *Que serait-ce si vous l'aviez entendu?*

Mirabeau à la tribune, ou *Choix des meilleurs discours de cet orateur.* 1792, in-8°.

Lettres originales de Mirabeau, écrites du donjon de Vincennes , pendant les années 1777-80. Contenant tous les détails de sa vie privée , ses malheurs et ses amours avec Sophie de Ruffey, marquise de Monnier, recueillies par L. P. Manuel. *Paris*, J.-B. Garnery, 1792, 4 vol. in-8°; ou 1792, 1798, 8 vol. in-8°. *Paris*, Brissot-Thivars , 1820, 3 vol. in-8°, 18 fr.

Les mêmes , abrégées, sous le titre de : *Choix de lettres à Sophie. Paris*, Depelafol , 1812-19; ou *Paris*, Denn, 1824, 4 vol. in-18, 5 fr.

Lettres du comte de Mirabeau à un de ses amis en Allemagne, (Jacq. Mauvillon), écrites durant les années 1786-90; publiées par Jacq. Mauvillon, avec un avant-propos. *Brunswick*, 1792, in-8°.

Les mêmes. Paris, Dauthran, 1828, 6 vol. in-32, 4 fr. 50 cent.

Mémoires du ministère du duc d'Aiguillon, rédigés par le comte de Mirabeau et publiés par Soulavi. *Paris*, Buisson, 1792, in-8°.

Lettres inédites de Mirabeau; Mémoires et extraits de mémoire, écrits en 1781, 1782, 1783, dans le cours de ses procès, de Pontarlier (en réhabilitation), et de Provence (en réunion avec sa femme); le tout faisant suite aux *Lettres écrites du donjon de Vincennes*, 1777-1780. Publié par J.-F. Vitry, ancien employé au ministère des relations extérieures. *Paris*, Fain et Cᵉ, 1806, in-8° de xuj, et 484 pages, 5 fr.

OEuvres oratoires de Mirabeau , recueil de ses discours, rapports , adresses , opinions , discussions, réparties, à l'Assemblée nationale, précédées d'une Notice historique sur sa vie, et terminées par l'*Oraison funèbre de Cérutti. Paris*, P. Blanchard (Guien et Cᵉ), 1819, 2 vol. in-8°, 44 fr.

Les Orateurs Français, ou *Discours choisis de Mirabeau, de Barnave et Vergniaud*, précédés de Notices, par M. Barthe, avocat; des jugements de Garat et Chénier sur Mirabeau: de son *Oraison funèbre*, par Cérutti, et d'un *Parallèle entre Mirabeau et le cardinal de Retz*, par M. Boissy-d'Anglas. *Paris*, Kleffer et Aug. Cauner, 1820 , 3 vol. in-8°, 19 fr.

OEuvres de Mirabeau, précédées du portrait de Sophie et d'un *Essai sur la vie privée de Mirabeau*, par Cadet Gassicourt. *Paris*, Brissot-Thivars , P. Blanchard (Guien et Cᵉ), 1820, 18 vol. in-8°, 48 fr. (Edition incomplète).

Les mêmes , précédées d'une Notice sur Mirabeau et ses ouvrages, par M. Mérilhou. *Paris*, Brissot-Thivars, P. Dupont , 1825-27, 9 vol. in-8°. (Edition moins complète encore que la précédente, mais laquelle comprend pourtant *les discours et opinions de Mirabeau*, qui ne font pas partie de celle qui l'a précédée).

Chefs-d'œuvre oratoires de Mirabeau, ou *Choix des plus éloquents discours de cet orateur*; précédés d'une *Notice biographique*, par Hypp. Legrand, et suivi du *Plaidoyer* que Mirabeau prononça, à la sénéchaussée d'Aix, dans son procès avec sa femme. *Paris*, de l'imp. de Fain, 1822, 2 vol. in-18. Deuxième édition, revue et augmentée. *Paris*, de l'imprimerie de F. Didot. — P. Bavoyer, 1823, 2 vol. in-18, 6 fr.

ŒUVRES SUR MIRABEAU.

Portrait ou *Éloge critique de M. le comte Hon.-Gab Riquetti de Mirabeau*, par un ami de la vérité. *Paris*, 1789, in-8°. Berlin, 1789, in-8°.

Précis de la Vie, ou *Confession générale du comte Hon.-Gabr. Riquetti de Mirabeau*, par Marol. *Paris*, 1789, 8 D. Trad. en allem. s. l. *Leipsick*, 1790, 8 D.

Anecdoten und Characterzüge aus dem Leben des Grafen Hon.-Gabr. Riquetti von Mirabeau. Leipzick, 1790, 8 D., avec son portrait.

Mirabeau jugé par ses amis et ses ennemis, in-12 de 142 pages. *Paris*, L.-P. Couvet, 1791.

Vie politique et privée d'Hon.-Gabr. Riquetti, comte de Mirabeau. Paris, 1791, 8 D. Accompagnée de son portrait.

REGNAULT-WARIN, (Jean-Baptiste-Joseph-Innocent-Philadelphe). *Éloge d'Hon.-Gabr., Riquetti, comte de Mirabeau. Paris*, 1791, in-8°.

CHAUSSARD (Jean-Baptiste-Publicola). *Esprit de Mirabeau*, ou *Manuel de l'homme d'État, des publicistes et des orateurs. Paris*, 1797, 2 vol. in-8°, précédés d'une Notice sur cet homme célèbre. *Paris*, 1804, 2 vol. in-8°.

La première édition est anonyme.

DEBRY (Jean Antoine). *Éloge funèbre de Hon.-Gabr. Riquetti, comte de Mirabeau. Laon*, 1791, in-8°, imprimé aux frais du département de l'Aisne.

CÉRUTTI. *Oraison funèbre du comte Hon.-Gabr. Riquetti de Mirabeau, membre de l'Assemblée nationale et du département de Paris. Paris*, 1791, in-8°.

PITHOU (N...-N...). *Abrégé de la vie et des travaux de Mirabeau*, suivi de son *Testament*, de son *Oraison funèbre* et de son *Épitaphe. Paris*, 1791, in-8°, orné de son portrait.

GRENUR (Jacques). *Éloge d'Hon.-Gabr. Riquetti, comte de Mirabeau. Sainte-Claude* (en Suisse), 1791, in-8°.

JEAN DE LAUNAY (Pierre-Louis-Athanase). *Éloge funèbre de Hon.-Gabr. Riquetti de Mirabeau. Tours*, 1791, in-8°.

CABANIS (Pierre-Jean-George). *Journal de la maladie et de la mort de Hon.-Gabr. Riquetti de Mirabeau. Paris*, 1791, in-8°.

GAETANI (Pietro). *La mort d'Honoré Riquetti, Olim, comte de Mirabeau. Cologne*, 1791, in-8°.

Mémoires sur Mirabeau et son époque; sa vie littéraire et privée. Paris, 4 vol. in-8°.

DUMONT (Étienne). *Souvenirs sur Mirabeau et sur les deux premières Assemblées législatives*, publiés par J.-L. Duval. *Paris*, 1832, in-8°. *Bruxelles*, 1832, in-18.

LUCAS-MONTIGNY. *Mémoires biographiques, littéraires et politiques de Mirabeau*, avec préface de Victor Hugo. *Paris*, 1833-34, 8 vol. in-8°.

SCHNEIDAWIND (H...-G...-T...-R...). *Hon.-Gabr.-Vict Riquetti de Mirabeau*, und *Seine Zeit. Leipzick*, 1831, in-8°.

MAHIR (Jules-Edouard). *Der Graf Hon.-Gabr. Riquetti, V. Mirabeau. Kempton*, 1832, in-8°.

Mirabeau; a life history in four books. Londres, 1848, 2 vol. in-8°, accompagnés de plusieurs portraits.

Correspondance entre Mirabeau et le comte de La Mark, recueillie par M. de Bacourt.

FRANZ ERNST. *Pipilz docenten an der Universität. Zurich. Mirabeau; Gine Lenbensgeschichte. Leipzig*, F. U. Brodhaus, 1850, in-8°.

TABLE DES MATIÈRES.

1790.

Bibliographie.

Paris. — Imp. BLONDEAU, rue du Petit-Carreau, 32.

CPSIA information can be obtained at www.ICGtesting.com
Printed in the USA
BVOW01s0110231014

371919BV00013B/53/P